KB060413

[개정판]

로스쿨 민법총칙

GENERAL PROVISIONS OF THE CIVIL CODE

김학동 외

博 英 社

개정판 머리말

　　로스쿨제도가 시행되면서 이 새로운 법학교육에 맞는 교재를 만들어보자고
시작한 작업이 4년 여 만에 결실을 보아, 그동안 민법 재산법분야에 관한 5권의
교재를 출간하였습니다. 그리고 이제 이를 보완하는 작업이 시작되었습니다.

　　이번 개정판에서는 약간의 새로운 판례를 추가하기도 하였지만, 그보다는 그
동안 독자들로부터 지적받은 불편함 내지 문제점을 보완한 것이 크게 달라진 것
입니다. 독자들이 지적한 가장 큰 문제점은, 관련사례를 소개하거나 검토할 질문
을 던질 뿐 그에 관한 판결결과를 소개하거나 답을 제시하지 않아 너무 어렵다거
나 읽기가 불편하다는 점이었습니다. 그 외에도 수록된 판례가 너무 많아 한 학
기에 소화하기에는 벅차다는 점도 지적되었습니다. 그래서 이번 개정판에서는
「학생들이 읽기 편하게 한다」는 것을 개정의 기본방향으로 잡고, 다음과 같은 점
을 보완하였습니다.

　　첫째 [관련사례]에서 판결요지를 소개하고, [기타 검토사항]에서 질문에 대한
해답을 제시하였습니다. 다만 독자로 하여금 스스로 판결요지나 해답을 찾아보도
록 하기 위하여 그 내용을 책 후단에 한꺼번에 집어넣었습니다. 그 외에 [검토사
항]은 판결문의 내용을 보다 명확하게 이해하도록 하기 위하여 이의 핵심적인 사
항을 되묻는 것이므로, 중복해서 해답을 제시하지는 않았습니다.

　　둘째 판례— 기본판례와 관련사례— 에 관해서는, 그것이 당해 주제를 이해
하기 위하여 필수적인 것인가, 아니면 주제를 보다 폭넓게 이해하는데 적절한 것
인가 또는 나아가 많은 법률문제가 얽혀 있어 주제를 더욱 깊게 이해하는데 유용
한가 하는 점을 고려해서, 그 난이도를 구별하여 이를 [기초 / 응용 / 심화]로 나누
어 표시하였습니다. 따라서 독자마다 자신의 이해도·숙련도를 고려해서 판례를
선별하여 살필 수 있을 것입니다.

그 외에 이번 개정작업에서 새로 보완한 것으로는, 각 절마다 앞머리에 간단히 어떤 의미에서 그 판례가 다루어지는지를 소개한 점입니다. 이 책자의 기본방향은——각 주제에 관한 설명은 기성의 교과서에 맡기고—— 실제 사례를 통하여 법을 공부하도록 하려는 것이지만, 판례만을 소개하다 보니 그것이 제목인 주제와 어떤 관련 속에 자리하는지를 알기 어렵습니다. 이런 점을 보완하기 위하여 위와 같은 점을 추가했습니다.

끝으로 이 책자는 주제에 대한 필자들의 개인적 의견을 피력하는 것이 아니고, 많은 분들이 함께 논의하여 보다 나은 교재를 만들고자 시작한 것입니다. 그래서 각 주제별 집필책임자는 다른 필자들의 의견을 반영하여 원고를 보완하였습니다. 주제별 필자를 적지 않은 것은 이러한 이유 때문이었습니다. 그런데 [기타 검토사항]의 해답에는 필자의 의견이 들어가지 않을 수 없습니다. 그래서 개정판에서는 주제별로 필자를 적었습니다. 다만 이번에도 각 필자는 다른 공동필자의 의견을 참조하여 원고를 마무리하였음을 말씀드립니다.

이 책자를 처음 발간할 때 과연 이 책자가 새로운 교육제도에 적절한지 조심스럽게 독자들의 평가를 기다린다고 했었는데, 그러한 마음은 개정판을 내면서도 마찬가지입니다. 앞으로도 독자들의 평가에 귀 기울여 보다 나은 교재를 만들도록 노력하겠습니다.

끝으로 이 책자를 만드는 데 수고해 주신 박영사 한현민 님께 감사드립니다.

2015. 2. 10.

김학동 씀

머리말

　이제 법학전문대학원, 즉 일명 로스쿨 제도가 시행되고 1년을 맞았습니다. 과연 로스쿨 제도가 우리의 법제도나 법문화에 적절한가 하는 점은 아직도 의문이지만, 이 제도가 도입된 현실에서는 이 제도 하에서 최선의 교육방법이 무엇인가를 고민하는 것이 법학교육을 맡은 우리의 임무일 것입니다. 물론 로스쿨이라고 하여 기존의 학부과정에서의 법과대학에서와 그 교육방법이 반드시 달라져야 하는 것은 아니지만, 적어도 로스쿨을 마친 후 종전의 사법연수원과 같이 법의 실무를 수습할 장치가 없는 점에서나, 기본과목이 가능한 한 1학년 과정에서 모두 이수되어야 하는 점에서 종전의 교육내용을 그대로 유지할 수는 없을 것입니다.

　이제 로스쿨에서 무엇을 어떻게 가르칠 것인가, 모범적인 교재는 어떤 것인가 하는 점이 모든 교수들의 초미의 관심사가 되면서, 이 책의 공동저자들 간에 이 문제를 함께 고민하고 상의하기 위한 자리가 만들어졌습니다. 이들은 이미 상당 기간 전부터 민법에 관한 판례 전반을 분석 정리하는 작업을 함께 해 왔으며, 그 결과물을 晴軒法律財團에서 간행하던 「私法硏究」라는 논문집에 게재해 왔었습니다. 그러던 중 로스쿨 준비관계로 이러한 판례분석작업이 중단되었고, 반면에 각자 로스쿨에서 무엇을 어떻게 가르칠 것인가를 고민하던 중, 2008년 여름에 학술진흥재단에서 로스쿨교재 지원사업을 추진하는 프로그램이 나오자 그 고민을 함께 풀어보자고 하여 다시 공동작업의 장을 마련하였습니다. 그리고 보다 나은 답을 얻기 위하여 더 많은 분들이 작업에 참여하게 된 것입니다.

　이 책자는 이렇게 함께 고민하던 분들이 내놓는 첫 작품입니다. 그런데 여기에 담겨진 교재의 틀과 형태는 많은 논의와 시행착오를 거쳐 만들어진 것입니다. 처음에는 각자가 자신의 생각에 따라 원고를 작성하였는데, 그 모습은 매우 제각각이었습니다. 특히 각 주제마다 간단히 개괄적 설명을 할 것인가, 아직 판례가 없는 주제에 관해서는 판례 아닌 사례를 추가할 것인가 하는 점이 그러했습니다. 그리하여 교재의 기본성격을 어떻게 할지부터 다시 논의하였습니다. 그 외의 점에 관해서도 일단 작성된 원고 중에서 모범적이라고 여겨지는 것을 선택하고 이를 계속해서 보완해 갔습니다. 이러한 과정을 거쳐 교재의 틀과 원고작성요령이 정리되고, 이제 드디어 책자가 완성되게 되었습니다.

* * *

이하에서는 저자들이 지침으로 삼았던 원고작성요령을 통하여 이 책자의 성격과 서술방식을 간단히 적고자 합니다.

첫째, 이 책자는 지도적 판결(리딩케이스)을 선정 정리하는 판례집으로 만들어진 것이 아니고, 교육을 위한 교재로서 만들어진 것이다. 이런 점에서 판결문에 충실하기보다는 판결내용의 이해를 돕는 데 주안을 두었다. 그리하여 사안은 주제를 이해하는 데 필요한 범위에서 간략히 소개하거나 변형시켰으며, 판결 내용은 가능한 원문대로 하면서도 때로는 이해의 편의를 위하여 이를 압축하거나 일부를 생략하였다. 그리고 하나의 판례에서 여러 주제가 다루어진 경우, 동일한 판례를 주제별로 나누어 소개하였다.

둘째, 이 책자는 부교재로 만들어진 것이다. 즉 주제에 관한 이론적 설명은 기성의 교과서 기타의 교재에 맡기고, 판례를 통하여 주제를 이해하는 데 도움을 주기 위한 것이다. 그러므로 이 책자 이외에 주교재로서 기성의 교과서가 필요할 것이다.

셋째, 이 책자는 구체적 사례를 통하여 민법상의 개념과 제도에 접근하고, 그럼으로써 특히 이의 실제적 의미를 이해하는 데 도움을 주고자 하는 것이다. 그리하여 판례 부분에서 [판지]에 앞서 [사안]에서 쟁점이 부각될 정도의 사실관계를 소개하였다. 그리고 설명 부분을 두어 먼저 [쟁점]을 정리하고, 다음의 [검토할 사항]에서 교과서상의 개념과 제도가 실제 사안에서 어떻게 적용되는가, 이의 실제적 의미는 무엇인가, 판례가 그와 같은 태도를 취한 이유는 무엇인가 하는 점 등을 생각해 보도록 하였다. 아울러 판례에서 실제로 다루어진 쟁점뿐만 아니라 그 외에 당해 사례에서 이론상 문제될 수 있는 점도 [기타의 쟁점]으로 검토함으로써 판례를 다각적으로 분석해 보도록 하였다.

　넷째, 각 주제별로 기본적인 판례를 다루는 이외에, [관련사례]에서 부수적 내지 세부적 사항에 관한 판례들을 검토하도록 함으로써, 판례 전반에 대한 이해를 심화시키고자 하였다.

　끝으로, 각 저자마다 주제별로 원고를 분담하였으나, 원고작성에 있어서는 전체 모임에서 결정된 위와 같은 작성요령에 입각하였으며, 나아가 일단 원고를 작성한 후에도 다른 저자의 검토를 거쳐 수정 보완하였다. 이런 점에서 모든 원고가 공동저자의 합작품이라고 할 수 있기 때문에, 주제별로 저자를 명시하지 않았다.

＊＊＊

　이 책자가 로스쿨이라는 새로운 교육제도에 적절한 교재가 될지, 저자들은 조바심을 가지고 여러 분들의 평가와 힐책을 기다릴 것입니다. 그리고 보다 나은 교재를 만들도록 계속 노력하겠습니다.

　끝으로 이 책자를 만드는 데 수고해 주신 박영사 나경선 과장님께 이 자리를 빌어 감사드립니다. 이러한 형태의 책자가 처음인지라 주문도 많았고 수정도 많았는데, 나경선 과장께서는 이를 언제나 웃음으로 받아들여 주었습니다. 그리고 서울시립대 대학원의 장석권 군은 학술진흥재단에 교재작업을 신청하는 일부터 수차례 원고를 수정하고 마무리하는 작업에 이르기까지 모든 기술적인 일을 전적으로 도맡아 해 주었습니다. 장석권 군에게도 이 자리를 빌어 감사드립니다.

2010. 1. 11.

저자를 대표하여　김학동 씀

차 례

제 3 장　권리의 객체(물건)〈강봉석〉

제 4 장　법률행위

제 1 장

총 설

제 1 절 법 원(法源)

> 민법 제1조는 법원으로 법률과 관습법, 조리 등을 규정한다. 그 외에 판례법도
> 법원이 되는가 하는 점에 관해서는 다툼이 있다. 이하에서는 관습법에 관한 판례만
> 을 살핀다.

❖ 관 습 법

대판(전) 2005. 7. 21. 2002다1178 〈기초〉 ·····································

[사안] 甲(피고)은 용인 A씨 시조 B의 18세손 C를 중시조로 하는 종중이고, 乙
등(원고)은 C의 후손인 여성들로서 용인 A씨 33세손이다. 甲의 종중규약 제3조
에는 '본회는 용인 A씨 C의 후손으로서 성년이 되면 회원자격을 가진다'고 규정
하고 있다. 甲 소유의 임야 3만여 평이 아파트 부지로 350억원에 매각되었다. 그
리하여 甲은 매각대금을 종중 회원인 성인 남성과 미성년 남성에게 차등적으로
분배하였으며, 성년 여성과 미성년 여성에게는 증여의 형식으로 일정액을 지급하
였으나, 출가여성 乙 등에게는 전혀 지급하지 않았다. 이에 乙 등은 규약 제3조
에서는 남성만이 종중의 회원이 된다고 규정하고 있지 않으므로 자신도 종중의
회원이라고 하면서 회원확인의 소를 제기하였다. 이에 대하여 甲은 관습법에 의
하면 여성은 종원이 될 수 없으므로 종중규약에서 회원의 자격을 명시적으로 남
자로 제한하지 않는다고 하더라도 乙 등은 종중의 회원자격을 가지지 않는다고
항변하였다.

[판지] 가. 종중에 대한 종래의 대법원판례   종래 대법원은 관습상의 단체

인 종중을 공동선조의 분묘수호와 제사 및 종원 상호간의 친목을 목적으로 하여 공동선조의 후손 중 성년 남자를 종원으로 하여 구성되는 종족의 자연적 집단이라고 정의하면서, 종중은 공동선조의 사망과 동시에 그 자손에 의하여 성립되는 것으로서 종중의 성립을 위하여 특별한 조직행위를 필요로 하는 것이 아니므로, 반드시 특별하게 사용하는 명칭이나 서면화된 종중규약이 있어야 하거나 종중의 대표자가 선임되어 있는 등 조직을 갖추어야 하는 것은 아니라고 하였고, 종원은 자신의 의사와 관계없이 당연히 종중의 구성원이 되는 것이어서 종원 중 일부를 종원으로 취급하지 않거나 일부 종원에 대하여 종원의 자격을 영원히 박탈하는 내용으로 규약을 개정하는 것은 종중의 본질에 반하는 것으로 보았으며, 혈족이 아닌 자나 여성은 종중의 구성원이 될 수 없다고 하였다.

나. 관습법의 요건   관습법이란 사회의 거듭된 관행으로 생성한 사회생활규범이 사회의 법적 확신과 인식에 의하여 법적 규범으로 승인·강행되기에 이른 것을 말하고, 그러한 관습법은 법원(法源)으로서 법령에 저촉되지 아니하는 한 법칙으로서의 효력이 있는 것이며, 또 사회의 거듭된 관행으로 생성한 어떤 사회생활규범이 법적 규범으로 승인되기에 이르렀다고 하기 위하여는 헌법을 최상위 규범으로 하는 전체 법질서에 반하지 아니하는 것으로서 정당성과 합리성이 있다고 인정될 수 있는 것이어야 하고, 그렇지 아니한 사회생활규범은 비록 그것이 사회의 거듭된 관행으로 생성된 것이라고 할지라도 이를 법적 규범으로 삼아 관습법으로서의 효력을 인정할 수 없다고 할 것이다. 따라서 사회의 거듭된 관행으로 생성된 사회생활규범이 관습법으로 승인되었다고 하더라도 사회 구성원들이 그러한 관행의 법적 구속력에 대하여 확신을 갖지 않게 되었다거나, 사회를 지배하는 기본적 이념이나 사회질서의 변화로 인하여 그러한 관습법을 적용하여야 할 시점에 있어서의 전체 법질서에 부합하지 않게 되었다면 그러한 관습법은 법적 규범으로서의 효력이 부정될 수밖에 없다.

다. 종중 구성원의 자격을 성년 남자로 제한하는 종래 관습법의 효력

⑴ 종중에 대한 사회일반의 인식 변화   종중은 조상숭배의 관념을 바탕으로 제사를 일족일가(一族一家)의 최중요사(最重要事)로 하는 종법사상(宗法思想)에 기초한 제도로서, 조상에 대한 제사를 계속 실천하면서 남계혈족(男系血族) 중심의 가(家)의 유지와 계승을 위하여 종원들 상호간에 긴밀한 생활공동체를 달성하는 것을 주된 목적으로 성립되었으며, 성년 남자만을 종중의 구성원으로 하는 종래

의 관행은 이러한 종법사상에 기초한 가부장적, 대가족 중심의 가족제도와 자급
자족을 원칙으로 한 농경중심의 사회를 그 토대로 하고 있었다. 그런데 우리 사
회는 1970년대 이래의 급속한 경제성장에 따른 산업화·도시화의 과정에서 교통
과 통신이 비약적으로 발달하고 인구가 전국적으로 이동하면서 도시에 집중되며
개인주의가 발달하는 한편 대중교육과 여성의 사회활동참여가 대폭 증대되고 남
녀평등의식이 더욱 넓게 확산되는 등 사회 환경이 전반적으로 변화하였고, 이에
따라 가족생활과 제사문화 등에 있어서도 커다란 변화가 있게 되었다.

가족생활에서는 부모와 미혼의 자녀를 구성원으로 하는 핵가족의 생활공동체를
바탕으로 출산율의 감소와 남아선호(男兒選好) 내지 가계계승(家系繼承) 관념의 쇠
퇴에 따라 딸만을 자녀로 둔 가족의 비율이 증가하게 되었고, 부모에 대한 부양
에 있어서도 아들과 딸의 역할에 차이가 없게 되었으며, 핵가족의 확산 등에 따
라 과거의 엄격한 제사방식에도 변화가 생겨 여성이 제사에 참여하는 것이 더 이
상 특이한 일로 인식되지 않게 되었다. 그리고 국토의 효율적인 이용을 위한 국
토이용계획의 수립과 묘지제도의 변화로 화장(火葬)이 확산됨에 따라 조상의 분
묘수호를 주된 목적의 하나로 하는 종중의 존립기반이 동요될 수 있는 요인이 생
겼고, 개인주의의 발달과 함께 조상숭배관념이 약화됨으로써 종중에 대하여 무관
심한 현상이 일부 나타나고 있기도 하며, 다른 한편으로는 교통·통신의 발달, 경
제적 생활여건의 개선과 더불어 자아실현 및 자기존재확인 욕구의 증대 등으로
종중에 대한 관심이 고조되는 현상도 일부 나타나고 있다. 이러한 변화된 사회현
실은 종중의 구성원에 대한 국민의 인식에도 적지 않은 변화를 가져오게 되었는
바, 종중이 종원의 범위를 명백히 하기 위하여 일족의 시조를 정점으로 그 자손
전체의 혈통, 배우자, 관력 등을 기재하여 반포하는 족보의 편찬에 있어서 과거
에는 아들만을 기재하는 경우가 보통이었으나 오늘날에는 딸을 아들과 함께 기재
하는 것이 일반화되어 가고 있고, 전통적인 유교사상에 입각한 가부장적 남계혈
족 중심의 종중 운영과는 달리 성년 여성에게도 종원의 지위를 부여하는 종중이
상당수 등장하게 되었으며, 나아가 종원인 여성이 종중의 임원으로 활동하고 있
는 종중들도 출현하게 되었다.

결국 위와 같은 사회 환경과 인식의 변화로 인하여 종원의 자격을 성년 남자로만
제한하고 여성에게는 종원의 자격을 부여하지 않는 종래의 관습에 대하여 우리
사회 구성원들이 가지고 있던 법적 확신은 그것이 현재 소멸되었다고 단정할 수

는 없으나 상당 부분 흔들리거나 약화되어 있고, 이러한 현상은 시일의 경과에 따라 더욱 심화될 것으로 보인다.

(2) 우리 사회 법질서의 변화   우리 헌법은 1948. 7. 17. 제정 시에 모든 국민은 법률 앞에 평등이며 성별에 의하여 정치적, 경제적, 사회적 생활의 모든 영역에 있어서 차별을 받지 아니한다고 선언하였으나, 가족생활관계를 규율하는 가족법 분야에서는 헌법에서 선언한 남녀평등의 원칙이 바로 반영되지는 못하였다. 그 후 1980. 10. 27. 전문 개정된 헌법에서는 혼인과 가족생활은 개인의 존엄과 양성의 평등을 기초로 성립되고 유지되어야 한다는 규정이 신설되었는바, 이는 유교사상에 의하여 지배되던 우리의 전통적 가족제도가 인간의 존엄과 남녀평등에 기초한 것이라고 보기 어렵기 때문에 헌법이 추구하는 이념에 맞는 가족관계로 성립되고 유지되어야 한다는 헌법적 의지의 표현이라고 할 것이다.

한편, 1985. 1. 26.부터 국내법과 같은 효력을 가지게 된 유엔의 여성차별철폐협약(CONVENTION ON THE ELIMINATION OF ALL FORMS OF DISCRIMINATION AGAINST WOMEN)은 위 협약의 체약국에 대하여 여성에 대한 차별을 초래하는 법률, 규칙, 관습 및 관행을 수정 또는 폐지하도록 입법을 포함한 모든 적절한 조치를 취할 의무를 부과하였다. 그리고 1991. 1. 1.부터 시행된 개정민법은 가족생활에서의 남녀평등의 원칙을 특히 강조하고 있는 헌법정신을 반영하여 친족의 범위에 있어서 부계혈족과 모계혈족 및 부족인척(夫族姻戚)과 처족인척(妻族姻戚) 사이의 차별을 두지 아니하고, 호주상속제를 폐지하는 대신 호주승계제도를 신설하면서 실질적으로 가족인 직계비속 여자가 호주승계인이 되어 조상에 대한 제사를 주재(主宰)할 수 있도록 하였으며, 재산상속분에 있어서도 남녀의 차별을 철폐하였다. 또한 1996. 7. 1.부터 시행된 여성발전기본법은 모든 국민은 남녀평등의 촉진과 여성의 발전의 중요성을 인식하고 그 실현을 위하여 노력하여야 하고, 국가 및 지방자치단체는 남녀평등의 촉진, 여성의 사회참여확대 및 복지증진을 위하여 필요한 법적·제도적 장치를 마련하고 이에 필요한 재원을 조달할 책무를 지며, 여성의 참여가 현저히 부진한 분야에 대하여 합리적인 범위 안에서 여성의 참여를 촉진함으로써 실질적인 남녀평등의 실현을 위한 적극적인 조치를 취할 수 있도록 규정하였다. 나아가 2005. 3. 31.에 개정된 민법은, 호주를 중심으로 가(家)를 구성하고 직계비속의 남자를 통하여 이를 승계시키는 호주제도가 남녀평등의 헌법이념과 시대적 변화에 따른 다양한 가족형태에 부합하지 않는다는 이유에서 호주에 관한 규정과 호주제도를 전제로 한 입적·복적·일가창립·분가 등에 관한 규정을 삭제하고, 자녀의 성(姓)과 본(本)은 부(父)의 성과 본을 따르는 것을 원칙으로 하되 혼인신고 시 부모의 협의에 의하여 모(母)의 성과 본을 따를 수도 있도록 규정하기에 이르렀다.

⑶ 종중 구성원에 관한 종래 관습법의 효력 앞에서 본 바와 같이 종원의 자격을 성년 남자로만 제한하는 종래 관습에 대하여 우리 사회 구성원들이 가지고 있던 법적 확신은 상당 부분 흔들리거나 약화되어 있고, 무엇보다도 헌법을 최상위 규범으로 하는 우리의 전체 법질서는 개인의 존엄과 양성의 평등을 기초로 한 가족생활을 보장하고, 모든 영역에서 여성에 대한 차별을 철폐하고 남녀평등을 실현하는 방향으로 변화되어 왔으며, 앞으로도 이러한 남녀평등의 원칙은 더욱 강화될 것인바, 종중은 종족단체로서 공동선조의 사망과 동시에 그 후손에 의하여 자연발생적으로 성립하는 것임에도, 공동선조의 후손 중 성년 남자만을 종중의 구성원으로 하는 종래의 관습은, 공동선조의 분묘수호와 봉제사 등 종중의 활동에 참여할 기회를 출생에서 비롯되는 성별 만에 의하여 생래적으로 부여하거나 원천적으로 박탈하는 것으로서, 위와 같이 변화된 우리의 전체 법질서에 부합하지 아니하여 정당성과 합리성이 있다고 할 수 없다. 따라서 종중 구성원의 자격을 성년 남자만으로 제한하는 종래의 관습법은 이제 더 이상 법적 효력을 가질 수 없게 되었다고 할 것이다.

라. 종중 구성원의 자격 민법 제1조는 민사에 관하여 법률에 규정이 없으면 관습법에 의하고 관습법이 없으면 조리에 의한다고 규정하고 있는바, 성문법이 아닌 관습법에 의하여 규율되어 왔던 종중에 있어서 그 구성원에 관한 종래 관습은 더 이상 법적 효력을 가질 수 없게 되었으므로, 종중 구성원의 자격은 민법 제1조가 정한 바에 따라 조리에 의하여 보충될 수밖에 없다. 종중이란 공동선조의 분묘수호와 제사 및 종원 상호간의 친목 등을 목적으로 하여 구성되는 자연발생적인 종족집단이므로, 종중의 이러한 목적과 본질에 비추어 볼 때 공동선조와 성과 본을 같이 하는 후손은 성별의 구별 없이 성년이 되면 당연히 그 구성원이 된다고 보는 것이 조리에 합당하다고 할 것이다.

☑ 쟁   점

위 판결은 남성만이 종중 구성원(종원)이 된다는 종래의 관습이 관습법으로서의 효력을 갖느냐 하는 점이 문제된 것이다.

☑ 검토할 사항

- ◆ 관습법의 의의, 특히 사실인 관습과의 차이를 살피시오.
- ◆ 관습법이 효력을 가지기 위한 요건을 살피시오.
- ◆ 종중의 본질을 살피시오.
- ◆ 남성만이 종중의 회원(구성원)이 된다는 종래의 관습법이 관습법으로서의 효력을 가지지 못한다고 한 이유를 살피시오.
- ◆ 판결에 대한 각자의 견해를 표하시오.

☑ 관련사례

1) 갑은 A와 B의 장자인데, A는 생존하나 B는 사망하여 갑이 B의 분묘를 설치하고 이를 수호 관리하고 있다. 그런데 위 분묘는 을 소유의 임야에 위치한다. 가정의례에 관한 법률에 따라 제정(1973. 5. 17.)된 가정의례준칙 제13조는 사망자의 배우자와 직계비속이 상제가 되고 주상은 장자가 된다고 규정한다. 그리하여 을이 갑을 상대로 위 분묘의 철거 및 묘역에 해당하는 임야부분의 인도를 청구하였다. 이에 대하여 갑은, 분묘의 소유권은 관습상 제사상속인에 전속하는 권리인데 처가 먼저 사망한 경우에는 그 부가 망실의 제사를 통제하는 제주가 되는 것이 관습이므로, 갑에게는 위 분묘의 소유권 또는 처분권한이 없다고 항변하였다. 갑이 주장하는 위와 같은 관습은 가정의례준칙상의 규정과 배치되는 바, 그럼에도 관습에 법적 효력을 부여할 수 있는가? 관습의 존재와 내용은 누가 주장 입증해야 하는가? (대판 1983. 6. 14. 80다3231 〈기초〉)

☑ 기타 검토사항

1) 앞선 판례를 변경하는 판결이 내려진 경우, 그 판결은 어느 시점부터 적용되는가?
2) 종중원의 자격에 관한 위의 새로운 판결은 어느 시점부터 적용되는가?
3) 제1조가 법원의 하나로 규정하는 「법률」에는 헌법이나 명령·규칙 등도 포함되는가? 만약 포함된다면 헌법은 민법에 직접 적용되는가? 즉 예컨대 헌법 제11조의 평등권 규정은 사인간의 관계에도 직접 적용되어, 사인간의 약정이 평등권을 해치는 때에는 위 규정에 의하여 무효가 되거나 불법행위로 되는가?
4) 관련사례로 소개한 80다3231은 관습법 이후에 이와 다른 제정법이 만들어진 경우이다. 그러면 이와 반대로 제정법이 만들어진 이후에 그와 다른 관습법이 생성되었다면, 관습법이 우선하는가?

☑ **참고문헌**

- ◆ 김학동, 법원의 의의 및 제정법·관습법, 채권법에 있어서 자유와 책임(김형배교수 화갑기념논문집), 66면 이하, 1994.
- ◆ 문영화, 종원의 자격을 성년남자로 제한하는 종래 관습법의 효력, 21세기 사법의 전개(최종영대법원장 재임기념논문집), 421면 이하, 2005.
- ◆ 이호정, 임의규정, 관습법과 사실인 관습, 서울대 법학 제37권 2호, 20면 이하, 1996.
- ◆ 정종휴, 관습법과 사실인 관습, 한국민법이론의 발전 Ⅰ(이영준박사 화갑기념논문집), 3면 이하, 1999.

제 2 절   신의성실의 원칙

> 민법 제2조는 신의성실의 원칙을 규정한다. 그런데 어떻게 하는 것이 신의와 성실에 맞는지 그 기준은 매우 불명료하다. 그리하여 보다 구체적 기준을 갖춘 이의 파생적 원칙이 발전하였다. 신의성실의 원칙은 이러한 파생적 원칙에 포섭되지 않는 경우에 비로소 적용된다. 이하에서는 파생적 원칙에 관한 판례를 먼저 살피고, 끝으로 신의성실의 원칙에 관한 판례를 살핀다.

1. 사정변경의 원칙

● 판례 1

대판 1990. 2. 27. 89다카1381 〈기초〉 ·······································

[사안]   甲(원고)은 시멘트 등의 공동구매사업을 영위하는 조합이고, 乙(피고)은 이 조합의 조합원인 A회사에 재직하는 직원인데, 乙은 1985. 8. 21. A회사와 甲조합 간의 시멘트 외상거래로 인하여 향후 3년 동안에 발생하게 될 甲조합에 대한 위 회사의 외상대금 지급채무 및 이와 관련된 특별회비 지급채무를 그 구매금액의 한도 내외를 불문하고 전액 연대보증하였다. 乙은 그 후 A회사의 다른 보증요청이 계속되자 그 요청을 받아들일 수 없어 1985. 9. 3. A회사를 퇴사하고 9. 30. 甲조합의 상무이사인 B를 찾아가서 위 사정을 알리고 구두로 연대보증계약

을 해지한다는 통고를 하였다. 그런데 甲조합은 1986. 8. 29.부터 1987. 3. 30.까지 A회사와 계속 거래하여 생긴 외상채권에 관하여 乙에게 보증채무의 이행을 소구하였다.

[판지] 이른바 계속적인 보증계약에 있어서 보증계약 성립 당시의 사정에 현저한 변경이 생긴 경우에는 보증인은 보증계약을 해지할 수 있다고 보아야 할 것인바, 회사의 임원이나 직원의 지위에 있기 때문에 회사의 요구로 부득이 회사와 제3자 사이의 계속적 거래로 인한 회사의 채무에 대하여 보증인이 된 자가 그 후 회사로부터 퇴사하여 임원이나 직원의 지위를 떠난 때에는 보증계약 성립 당시의 사정에 현저한 변경이 생긴 경우에 해당하므로 사정변경을 이유로 보증계약을 해지할 수 있다고 보아야 하며, 위 계속적 보증계약에서 보증기간을 정하였다고 하더라도 그것이 특히 퇴사 후에도 보증채무를 부담키로 특약한 취지라고 인정되지 않는 한 위와 같은 해지권의 발생에 영향이 없다.

☑ 쟁 점

위 판결은 회사의 임원이 회사의 요구로 부득이 회사와 제3자 사이의 계속적 거래로 인한 회사의 채무에 대하여 보증을 섰는데 그 후 회사에서 퇴사한 경우, 퇴사 이후에 발생한 회사의 채무에 대하여도 보증책임을 지는가 하는 점이 문제된 것이다.

☑ 검토할 사항

◆ 사정변경의 원칙의 의의 및 요건을 살피시오.
◆ 회사의 임원이 임원으로 재직하던 중에 체결한 제3자와의 보증계약을 퇴사 후에 해지할 수 있기 위한 요건 및 근거를 살피시오.

☑ 관련사례

1) 단순한 이사(고용직)로서 부득이 보증을 선 것이 아니라 회사의 대주주로서 이사의 직에 있는 자가 보증을 선 경우에도 퇴사 후에 해지권이 인정되는가? (대판 1995. 4. 25. 94다37073) 〈응용〉
2) 회사의 이사가 특정채무에 관해서 보증을 선 경우에도 퇴사 후에 해지권이 인정되는가? (대판 1991. 7. 9. 90다15501) 〈응용〉

☑ 기타 검토사항

1) 신의성실의 원칙과 사정변경의 원칙(및 이하의 실효의 원칙·금반언의 원칙)의 관계를 살피시오.

2) 위의 사건에서 乙의 보증책임의 범위는 어떠한가?

3) 위의 사건에서 乙의 보증의 성질 및 이의 유효성을 살피시오.

4) 일반적으로 해지권의 행사는 상대방에 대한 의사표시로 해야 하고, 행사함으로써 비로소 효력(계약의 소멸)이 생긴다. 그리고 그 효력은 장래에 미친다. 위의 사건에서 乙의 해지의 특수성(즉 사정변경의 원칙에 기하여 발생한 해지권의 특수성)을 살피시오.

5) 위의 사건에서 의사표시의 해석을 통하여 보증책임을 부인하는 방법(예: 대판 1987. 4. 28. 82다카789)이 타당한지를 살피시오.

6) '보증인보호를 위한 특별법'(2008. 3. 21. 제정)의 내용 및 이 법을 위 사건에 적용하여 문제를 해결할 수 있는가를 살피시오.

☑ 참고문헌

◆ 강영호, 사정변경(이사의 퇴직)과 보증채무의 제한, 대법원판례해설 28호, 72면 이하, 1997.

◆ 백태승, 사정변경의 원칙, 고시연구 26권 6호(1999. 5), 41면 이하.

◆ 이영준, 사정변경의 원칙에 관한 연구 — 독일의 행위기초론을 중심으로 — , 사법논집 제5집, 67면 이하, 1974.

● 판례 2

대판 1963. 9. 12. 63다452 〈기초〉 ··

[사안] 甲(원고)은 1948. 11. 29. 乙(피고, 국가)로부터 임야를 대금 1,100원에 매수하기로 하는 매매계약을 체결하였다. 甲이 10년 이상 지난 후에 국가에 대하여 위 매매를 원인으로 한 소유권이전등기의 이행을 소구하였다. 이에 대하여 국가는 甲이 계약금 100원만을 지급하였을 뿐 잔대금을 지급하지 아니하였을 뿐더러, 위 계약체결일 이후 급격한 경제변동으로 부동산가격에 있어서 현저한 차이가 생겼으므로 사정변경의 원칙에 의하여 위 계약을 해제한다는 의사표시를 1심 계속 중인 1962. 6. 5.에 하였다. 위 임야의 현재 시가는 1,780,000원 상당이다.

[판지] 원심은 그 판결이유에서 본건 매매계약에 인한 잔대금인 1,000원과 이 부동산에 관한 소유권의 완전 이전과의 사이에는 경제적 사정의 격변이 있었다고 할 것이고 이 사정은 계약 당시 당사자가 도저히 예견할 수 없었던 사실로서 피고에게 그 책임을 문의할 수 없는 사유로 인한 사정의 변경이 있음에 해당한다고 보고, 그렇다면 피고에게 이 사정변경을 원인으로 위 매매계약에 대한 해제권이

발생하였다라고 판단하고 있다. 그러나 매매계약을 맺은 때와 그 잔대금을 지급할 때와의 사이에 장구한 시일이 지나서 그 동안에 화폐가치의 변동이 극심하였던 탓으로 매수인이 애초에 계약할 당시의 금액표시대로 잔대금을 제공한다면 그 동안에 앙등한 매매목적물의 가격에 비하여 그것이 현저하게 균형을 잃은 이행이 되는 경우라 할지라도, 민법상 매도인으로 하여금 사정변경의 원리를 내세워서 그 매매계약을 해제할 수 있는 권리는 생기지 않는다 할 것이다.

☑ 쟁 점

위 판결은 매매계약 후 10여 년이 지나 매매목적물의 가격이 큰 폭으로 오른 경우, 매도인에게 사정변경의 원칙에 기해서 해제권이 인정되느냐 하는 점이 문제된 것이다.

☑ 검토할 사항

◆ 위 판결의 취지를, 위와 같은 경우에는 사정변경의 원칙을 내세워 매매계약을 해제하는 것 자체를 부인하는 것으로 이해할 것인가, 아니면 단지 위와 같은 사정만으로는 사정변경의 원칙에 기한 해제권의 발생요건이 갖추어지지 않아 해제권이 발생하지 않는다는 것일 뿐 다른 사정이 더 있다면 위와 같은 경우에도 사정변경의 원칙에 기해서 해제권의 발생을 인정할 수 있다는 것으로 이해할 것인가?

☑ 관련사례

1) B소유의 X부동산을 매수한 A가 그 매매계약이 B의 기망에 의하여 체결된 것으로 알고 B를 상대로 사기죄로 고소하는 한편 이를 이유로 이미 지급한 매매대금의 반환소송을 제기하였다. 이 소송에서 A의 패소판결이 확정되어 A가 다시 B에게 X부동산에 대한 이전등기절차의 이행을 구하자 B는 위 매매계약이 체결한 지 9년이 지났고 시가가 올랐다 하며 위 매매계약을 해제한다고 주장한다. B의 주장은 타당한가? (대판 1991. 9. 26. 90다19664) 〈기초〉

2) A시가 B의 Y건물 앞에 위치한 파출소 건물을 철거하여 주는 대신, 1979년 B가 A시에게 Y건물 일부를 파출소로 임대하였다. 임대차기간은 20년으로 정하고 기간 만료시 10년간씩 기간을 연장하기로 하였으며 임료는 매년 1원을 받기로 약정하였다. 그 후 20년의 기간이 만료하고 다시 10년간 기간이 연장되어 있던 중 B가 A시를 상대로 차임증액을 청구할 수 있는가? (대판 1996. 11. 12. 96다34061) 〈응용〉

3) B시가 공개매각하는 Z토지의 매각조건에는 'Z토지가 개발제한구역에 속해 있고, Z토지의 매각 후 매각 후 행정상의 제한 등이 있을 경우 B시가 이에 대하여 책임을 지지 아니한다'는 내용이 명시되어 있었다. 그 후 Z토지에 대한 개발제한구역 지정이 해제됨에 따라 A는 Z토지가 건축 등이 가능한 토지로 알고 당시의 객관적

인 시가보다 훨씬 비싼 가격에 Z토지를 B시로부터 매수하였다. 그런데 그 후 B시에 의하여 Z토지가 공공용지로 지정되어 건축개발이 불가능해지고 공공용지개발계획에 따라 Z토지가 수용될 상황이 되었다. A는 사정변경을 사유로 하여 매매계약을 해제하고 매매대금의 반환을 구할 수 있는가? (대판 2007. 3. 29. 2004다31302) 〈심화〉

☑ 기타 검토사항

1) 위의 사건에서 매수인이 10년이 지나 이전등기를 청구하였다면, 그의 등기청구권은 소멸시효가 완성되어 소멸된 것이 아닌가?

2) 매수인이 대금을 완납하지 않은 경우, 매도인은 채무불이행을 이유로 해제할 수도 있지 않은가? 사정변경의 원칙에 기해서 해제하는 것과 채무불이행을 이유로 해제하는 것은 어떻게 다른가?

☑ 참고문헌

◆ 권영준, 위험배분의 관점에서 본 사정변경의 원칙, 민사법학 제51호, 203면 이하, 2010.

◆ 박영목, 사정변경으로 인한 등가관계 장애의 법적 해결, 고려법학 제71호, 423면 이하, 2013.

◆ 정진명, 사정변경원칙의 명문화방안, 비교사법 제18권 3호, 645면 이하, 2011.

2. 실효의 원칙

● 판례 1

대판 1990. 8. 28. 90다카9619 〈기초〉 ·····································

[사안]   甲(원고)은 乙(피고, 한국전력공사)의 송배전원으로 근무하였는데, 乙은 1978. 6. 16. 인사위원회를 개최하여 甲이 수용가로부터 금품을 받았다는 이유로 조건부 징계해임결의를 하였다. 이를 통지받은 甲은 7. 5. 사직원을 제출하였으며, 그리하여 乙은 甲을 의원면직으로 처리하였다. 그런데 乙의 취업관리요령에 의하면 인사위원회가 징계결의를 함에는 반드시 본인을 출석시켜 그의 진술을 듣도록 되어 있음에도, 위 인사위원회는 甲의 출석 없이 징계결의를 하였던 것이다. 그리하여 甲과 같은 경위로 사직했던 동료 중 수인이 1984년부터 위 징계처분의 효력을 다투는 소송을 제기하였는데, 하급심에서는 승패가 엇갈리다가 1988. 4. 25.에 그 중 1인인 A의 승소판결이 확정되었다. 甲은 다른 사람들의 위

소송결과를 지켜보다가, 이 확정판결이 있자 1989. 5. 8. 위 조건부 징계해임처분은 무효이고 이에 따른 의원면직처분 또한 무효이므로 자신은 乙의 사원임의 확인을 구한다는 소송을 제기하였다. 이에 대하여 乙은 甲이 위 조건부 징계해임처분에 승복하여 그 효력을 다투지 아니한 채 약 10년이 경과하여 甲이 더 이상 위 징계처분의 효력을 다투지 아니할 것으로 신뢰하고 새로운 인사질서를 구축하였는데, 이제 와서 甲이 새삼스럽게 소를 제기하여 위 징계처분의 효력을 다투는 것은 신의칙에 반하여 허용될 수 없다고 주장하였다.

[판지] 권리의 행사는 신의에 좇아 성실히 하여야 하고 남용할 수가 없는 것이고, 특히 권리자가 장기간에 걸쳐 그의 권리를 행사하지 아니하여 의무자인 상대방으로서도 이제는 권리자가 그 권리를 행사하지 아니할 것으로 믿을 만한 정당한 사유를 갖게 되거나 행사하지 아니할 것으로 추인하게 되고 새삼스럽게 그 권리를 행사하는 것이 신의성실의 원칙에 반하는 결과가 될 때에는 이른바 실효의 법리에 따라 그 권리행사가 허용되지 않는다고 볼 것이다. 여기서 권리자가 그 권리를 행사하지 않은 것이 문제가 되는 것은 비록 권리자의 주관적인 동기가 고려되지 않는다 하더라도 그에게 권리행사의 기회가 있어서 이를 현실적으로 기대할 수가 있었음에도 불구하고 행사하지 않은 경우에 한하는 것이다. 그런데 원고와 같은 경위로 의원면직처분을 받은 사람들이 1984.경부터 소송을 제기하기 시작하였으나 하급심에서 승패가 엇갈리자 원고는 그 최종적인 결과에 관심을 가지고 있다가 1988. 4. 25.경에 대법원의 상고기각판결로 A의 승소가 확정되자 이 사건 소를 제기하게 된 것이고, 한편 피고로서도 그동안 이 사건 징계처분의 효력을 다투는 소송이 잇달아 제기되어 왔고 그 중 일부에 대하여는 피고가 패소판결을 받아 확정되는 등의 사정이 있었던 것임을 알 수 있으므로, 이로써 보면 원고의 이 사건 권리행사의 지체가 그의 단순한 주관적인 동기에 비롯된 것으로 보기 어렵고, 상대방인 피고로서도 이제는 원고가 그의 권리를 행사하지 아니할 것이라고 신뢰할 정당한 사유가 있었다고 볼 수 없으니, 원고의 이 사건 권리행사가 신의성실에 반하여 그 권리가 실효되었다고 단정할 수는 없는 것이다.

● 판례 2

대판 1992. 1. 21. 91다30118 〈응용〉 ·

[사안] 甲(원고)은 앞의 대판 1990. 8. 28. 90다카9619 사건에서와 마찬가지로 한국전력공사 乙(피고)에 근무하던 중 그와 동일한 경위로 해임되었는데, 동료 A의 승소판결이 확정되고 2년 4개월이 지난 1990. 9. 3.에 소를 제기한 경우이다.

[판지] 1) 일반적으로 권리의 행사는 신의에 좇아 성실히 하여야 하고 권리는 남용하지 못하는 것이므로, 권리자가 실제로 권리를 행사할 수 있는 기회가 있어서 그 권리행사의 기대가능성이 있었음에도 불구하고 상당한 기간이 경과하도록 권리를 행사하지 아니하여 의무자인 상대방으로서도 이제는 권리자가 권리를 행사하지 아니할 것으로 신뢰할 만한 정당한 기대를 가지게 된 다음에, 새삼스럽게 그 권리를 행사하는 것이 법질서 전체를 지배하는 신의성실의 원칙에 위반하는 것으로 인정되는 결과가 될 때에는, 이른바 실효의 원칙에 따라 그 권리의 행사가 허용되지 않는다고 보아야 할 것이다. 특히 이 사건과 같이 사용자와 근로자 사이의 고용관계(근로자의 지위)의 존부를 둘러싼 노동분쟁은, 그 당시의 경제적 정세에 대처하여 최선의 설비와 조직으로 기업활동을 전개하여야 하는 사용자의 입장에서는 물론, 근로자로서의 임금수입에 의하여 자신과 가족의 생계를 유지하고 있는 근로자의 입장에서도 신속히 해결되는 것이 바람직한 것이므로, 위와 같은 실효의 원칙이 다른 법률관계에 있어서보다 더욱 적극적으로 적용되어야 할 필요가 있다고 볼 수 있다. 더군다나 사용자에 의하여 해고된 근로자가 해고의 효력을 다투는 경우, 해고가 부당노동행위라고 주장하여 노동위원회에 부당노동행위 구제신청을 하는 경우에 관하여는 노동조합법 제40조 제2항에 그 구제신청을 하여야할 기간이 부당노동행위가 있은 날로부터 3월 이내로 규정되어 있으나, 해고가 무효라고 주장하여 법원에 해고무효확인의 소 등을 제기하는 경우의 제소기간에 관하여는 우리 법에 아무 것도 규정되어 있지 않기 때문에, 위와 같은 필요성은 더 절실하다. 이와 같은 관점에서 이 사건을 검토하여 보건대, 원고가 이 사건 의원면직처분을 받을 당시에는 그 기초가 된 조건부 징계해임처분에 무효사유가 있음을 알지 못하였다고 하더라도, 1988. 4. 25. 대법원판결이 선고됨으로써 A에 대한 의원면직처분이 무효인 것으로 판명된 때부터는 이 사건 의원면직처분이 무효인 것도 알게 되었다고 봄이 상당하다고 할 것인바, 그 때부터 원고가 이

사건 소를 제기한 1990. 9. 3.까지 무려 2년 4개월 남짓한 동안 원고가 이 사건 의원면직처분이 무효인 것이라고 주장하여 자신의 권리를 행사하였음을 인정할 만한 자료를 기록에서 찾아볼 수 없다.

2) 실효의 원칙이 적용되기 위하여 필요한 요건으로서의 실효기간(권리를 행사하지 아니한 기간)의 길이와, 의무자인 상대방이 권리가 행사되지 아니하리라고 신뢰할 만한 정당한 사유가 있었는지의 여부는 일률적으로 판단할 수 있는 것이 아니라, 구체적인 경우마다 권리를 행사하지 아니한 기간의 장단과 함께 권리자 측과 상대방 측 쌍방의 사정 및 객관적으로 존재하는 사정 등을 모두 고려하여 사회통념에 따라 합리적으로 판단하여야 할 것으로서, 이 사건과 같은 징계해임처분의 효력을 다투는 분쟁에 있어서는 징계사유와 그 징계해임처분의 무효사유 및 징계해임된 근로자가 그 처분이 무효인 것을 알게 된 경위는 물론, 그 근로자가 그 처분의 효력을 다투지 아니할 것으로 사용자가 신뢰할 만한 다른 사정(예를 들면, 근로자가 퇴직금이나 해고수당 등을 수령하고 오랫동안 해고에 대하여 이의를 하지 않았다든지 해고된 후 곧 다른 직장을 얻어 근무하였다는 등의 사정), 사용자가 다른 근로자를 대신 채용하는 등 새로운 인사체제를 구축하여 기업을 경영하고 있는지의 여부 등을 모두 참작하여 그 근로자가 새삼스럽게 징계해임처분의 효력을 다투는 것이 신의성실의 원칙에 위반하는 결과가 되는지의 여부를 가려야 할 것이다. 이 경우 근로자의 권리가 부당하게 침해되는 일이 없도록 신중하게 판단하여야 할 것임은 물론이다. 그런데 원고에 대한 이 사건 의원면직처분의 기초가 된 조건부 징계해임처분의 사유는 원고가 수용가로부터 금품을 받았다는 것이고, 위 징계해임처분의 무효사유는 피고가 인사위원회의 심리기일에 결석한 원고에 대하여 심리기일을 1회 연기하지 아니하고 막바로 징계결의를 하였다는 것인바, 이러한 사정들과 원고가 이 사건 의원면직처분이 무효인 것임을 알고서도 2년 4개월 남짓한 동안이나 그 처분이 무효인 것이라고 주장하여 자신의 권리를 행사한 바 없다는 점을 함께 고려하여 보면, 원고가 이 사건 의원면직처분으로 면직된 때로부터 12년 이상이 경과된 후에 새삼스럽게 그 처분의 무효를 이유로 피고와의 사이에 고용관계가 있다고 주장하여 이 사건과 같은 소를 제기하는 것은, 앞에서 본 바와 같은 노동분쟁의 신속한 해결이라는 요청과 신의성실의 원칙 및 실효의 원칙에 비추어 허용될 수 없는 것이라고 볼 여지가 없지 아니하다. 또 만일 원고가 피고로부터 퇴직금을 수령한 바 있다면, 원고가 이 사건 의원면직처분

이 무효인 것임을 알게 된 후에도 수령한 퇴직금을 반환하지 아니하고 그대로 보유하고 있다는 사정도 위와 같은 실효의 원칙을 적용함에 있어서 고려되어야 할 것이다.

☑ 쟁　　점

위의 두 판결은 적법한 절차 없이 징계처분을 받은 자가, 같은 경위로 징계처분을 받은 동료들이 제기한 소송에서 승패가 엇갈려 그 결과를 지켜보다가 승소판결이 확정되자 비로소 징계처분의 효력을 다투는 소를 제기한 경우, 그러한 소의 제기가 신의성실의 원칙(실효의 원칙)에 위배되어 허용되지 않느냐 하는 점이 문제된 것이다.

☑ 검토할 사항

◆ 실효의 원칙의 의의와 요건을 살피시오.
◆ 동일한 경위로 징계처분을 받은 동료가 징계처분의 효력을 다투는 소를 제기하였는데 그에 대한 하급심의 판단이 엇갈려 이를 지켜보다가 권리행사가 지체된 경우, 실효의 원칙의 요건이 갖추어지지 않았다고 한 이유는 무엇인가?

☑ 관련사례

1) A가 회사로부터 해고통지를 받고 나서 며칠 후 동종업체에 취업하고 또 위 회사로부터 퇴직금을 수령하였는데, 해고통지 후 8개월이 지나 해고무효확인청구소송을 제기한 경우, A의 청구는 정당한가? (대판 1991. 5. 28. 91다9275) 〈응용〉
2) A 등 수인이 국보위의 정풍사업으로 사직서를 제출하였는데 그 후 10년이 지나 소를 제기한 경우, A의 청구는 정당한가? (대판 1992. 5. 26. 92다3670) 〈심화〉

☑ 기타 검토사항

1) 실효의 원칙을 고용관계의 존부를 둘러싼 노동분쟁에 적용하는 경우의 특수성을 살피시오.
2) 실효기간의 길이와 상대방의 신뢰의 정당성을 판단할 때 고려할 점을 살피시오.
3) 위 사건에서 甲은 징계처분을 받고 10년이 지나서 소송(사원지위확인청구소송)을 제기하였는바, 甲의 권리는 소멸시효 완성으로 소멸된 것이 아닌가? 실효의 원칙과 소멸시효제도의 유사성과 차이점이 무엇인지를 살피시오.

☑ 참고문헌

◆ 김상용, 공평의 원칙의 파괴와 실효의 법리적용 여부, 민사판례평석 (1), 12면 이하, 1995.
◆ 김용빈, 근로자가 징계면직처분을 받은 후 임의로 사직원을 제출하여 종전의 징계

면직처분이 취소되고 의원면직 처리된 경우, 그 사직의 의사표시를 비진의 의사표시로 볼 수 있는지 여부와 해고무효소송에 있어 신의성실(실효)의 원칙, 대법원판례해설 제34호, 15면 이하, 2000.

◆ 김학동, 실효의 원칙에 관한 판례분석, 사법연구 제7집, 109면 이하, 2002.

◆ 최광준, 신의칙에 관한 민사판례의 동향 — 실효의 원칙을 중심으로 —, 부산대 법학연구 제31권 1호, 213면 이하, 1998.

3. 금반언의 원칙

● 판례 1

대판 1987. 5. 12. 86다카2788 〈기초〉 ·························

[사안] 甲(피고)은 1981. 3. 5. A로부터 X건물을 임차하여 주민등록을 마치고 거주하고 있었다. 그 후 A는 B회사가 은행 乙(원고)로부터 대출받음에 있어서 위 건물을 담보로 제공하기로 하면서, 이의 담보가치를 높이기 위하여 甲에게 乙은행에서 나와 묻거든 임대인과는 친척이기 때문에 임차보증금 없이 입주하고 있다고 대답해 달라고 부탁하였다. 甲은 이에 응하여 위 건물의 담보가치를 조사하기 위하여 찾아온 乙은행의 직원에게 A로부터 부탁받은 바와 같은 내용의 말을 하였고, 그리하여 1982. 4. 27. 위 건물에 乙명의의 근저당권설정등기가 경료되었다. 그리고 같은 해 5. 3.에는 甲이 위와 같은 내용을 기재한 확약서를 작성하여 乙은행에 교부하였다. 그 후 B회사가 채무를 변제하지 않아 위 건물에 관하여 임의경매절차가 진행되었는데, 경매절차가 끝날 때까지도 乙은 위와 같은 임대차관계를 모르고 있었다. 乙은 위 건물을 경락받아 1985. 2. 2. 그 명의로 소유권이전등기를 경료하고, 甲에 대하여 건물의 명도를 청구하였다. 그러자 甲은 보증금의 반환을 내세워 명도를 거절하였다.

[판지] 피고가 A의 부탁을 받고 원고 은행 직원에게 보증금 없이 입주하고 있다고 말하고 그와 같은 내용의 확약서까지 만들어 주어서 원고 은행으로 하여금 위 부동산에 대한 담보가치를 높게 평가하도록 하여 위 회사에게 계속 대출하도록 하였고, 원고가 부동산에 대한 경매절차가 끝날 때까지도 위와 같은 임대차관계를 모르고 있었던 경우에는, 피고가 원고의 명도청구에 즈음해서 이를 번복하면서 위 임차보증금의 반환을 내세워 그 명도를 거부하는 것은 금반언에 위반되

는 것이다.

☑ 쟁　　점

　위의 판결은 임차인이 임차건물에 저당권을 설정하려는 자에게 임대인의 부탁에 따라 그 건물의 담보가치를 높이기 위하여 임차보증금 없이 입주하고 있다고 말하고 나서, 후에 이르러 말을 바꾸어 임차보증금에 관한 권리를 행사하는 것이 허용되는가 하는 점이 문제된 것이다.

☑ 검토할 사항

　◆ 금반언의 원칙의 의의 및 요건을 살피시오.

☑ 관련사례

　1) 임차인이 저당권을 설정하려는 은행의 직원에게는 임대차 사실을 숨겼으나 그 경매절차가 개시되어 법원이 작성한 임대차조사보고서에는 임대차 사실이 기재된 경우에도 임차인은 임차권에 기한 권리를 주장할 수 없는가? (대판 1987. 1. 20. 86다카1852) 〈응용〉

☑ 기타 검토사항

　1) 금반언의 원칙과 실효의 원칙의 차이를 살피시오.
　2) 임차인이 주민등록을 마치고 입주한 이후에 그 건물에 저당권이 설정되었는데 그 후 저당권이 실행되었다면, 임차인은 건물의 경락인에 대하여 어떠한 권리를 가지는가?
　3) 만약 임차인이 이미 저당권이 설정되어 있는 건물을 임차하여 주민등록을 마치고 입주하였는데 저당권이 실행되었다면, 임차인은 건물의 경락인에 대하여 어떠한 권리를 가지는가?
　4) 위의 사건에서 A는 B의 채무를 담보하기 위하여 자신의 건물에 저당권을 설정하였는데, B가 채무를 이행하지 않음으로써 건물을 상실하게 된다. A는 B에 대하여 어떠한 권리를 가지는가?

☑ 참고문헌

　◆ 권혁재, 금반언 원칙의 실체법적·소송법적 적용에 관한 유형별 고찰, 민사법이론과 실무 7집, 181면 이하, 2004.
　◆ 백태승, 선행행위와 모순되는 행위의 금지의 원칙, 연세대 법학연구 5권, 121면 이하, 1995.
　◆ 진병춘, 선행행위와 모순되는 행위와 신의성실의 원칙, 대법원판례해설 제14호,

135면 이하, 1991.

◆ 황병일, 모순행위 금지의 원칙, 변호사 29집(서울지방변호사회), 124면 이하, 1999.

● **판례 2**

대판 2000. 6. 9. 99다70860 〈기초〉 ···

[사안] 甲(원고)은 E유치원이 교지 및 교사로 사용하던 이 사건 부동산을 매수하여 자신 명의의 소유권이전등기를 경료하고, 유치원의 설립자 명의를 자신으로 변경하고 이를 경영하여 오던 중, 乙(피고) 및 은행 丙(피고, 서울은행)에게 위 부동산을 담보로 제공하여 이들에게 각기 가등기 및 근저당권설정등기를 경료하여 주었다. 그런데 甲이 위 각 등기는 학교법인이 학교교육에 직접 사용되는 학교법인의 재산 중 교지, 교사 등은 이를 매도하거나 담보에 제공할 수 없다고 규정하는 사립학교법 제28조 제2항에 위반하여 무효라고 주장하면서 그 말소를 소구하였다.

[원심] 원고는 위 등기 이전에 이미 3회에 걸쳐 금원을 차용하고 근저당권설정등기를 경료하였다가 이를 말소한 바 있고, 丙 은행으로부터 금원을 차용함에 있어서는 스스로 위 부동산이 법률상 담보로 제공할 수 없음을 알고도 관할 교육구청장의 확인을 얻는 형식을 갖추는 등 피고 丙을 적극적으로 기망하려 한 것으로 보이는 점, 원고는 유가증권위조 등의 죄로 징역 10월의 형을 선고받고 그 형의 집행을 종료하여 유치원에 대한 관할 교육구청장의 설립인가 처분이 취소될 여지가 있는 점, 원고가 차용한 금원은 유치원의 유지·존속 및 발전을 위하여 사용된 것이 아니라 원고가 경영하는 여러 회사의 사업자금으로 사용되었고, 원고가 이 사건 소송을 제기한 목적도 유치원의 건전한 발전을 도모하려는 것이 아니라 오로지 피고들의 채권추심을 면하는 데에 있는 것으로 보이는 점, 학교법인 소유의 재산과 달리 사인(私人)인 학교경영자 소유의 재산은 학교경영자가 사립학교의 경영을 포기하거나 학교교육에 직접 사용하는 재산에서 제외하기만 하면 법상의 아무런 제약도 받지 않고 유효하게 처분할 수 있는 점에 비추어, 위 각 등기를 무효로 하여 위 부동산을 원고에게 계속하여 보유시키는 것은 사립학교의 존립 및 목적수행에 필수적인 교육시설을 보전함으로써 사립학교의 건전한 발달을 도모하고자 하는 목적에 부합한다고 보기도 어렵다는 점 등을 이유로, 이러한 경우에는 강행규정을 스스로 위반한 원고가 법규에 위반하였음을 이유로 무효를 주

장하는 것은 신의성실의 원칙에 위반된다고 하였다.

[판지] 1) 사립학교법 제28조 제2항, 법시행령 제12조가 학교법인이 학교교육에 직접 사용되는 학교법인의 재산 중 교지, 교사 등은 이를 매도하거나 담보에 제공할 수 없다고 규정한 것은 사립학교의 존립 및 목적수행에 필수적인 교육시설을 보전함으로써 사립학교의 건전한 발달을 도모하는 데 그 목적이 있는 것이라고 해석되는바, 강행법규인 법 제28조 제2항을 위반한 경우에 위반한 자 스스로가 무효를 주장함이 권리남용 내지 신의성실 원칙에 위배되는 권리의 행사라는 이유로 배척된다면 위와 같은 입법취지를 완전히 몰각시키는 결과가 되므로, 명목상으로만 학교법인에 직접 사용되는 재산으로 되어 있을 뿐 실제로는 학교교육에 직접 사용되는 시설·설비 및 교재·교구 등이 아니거나 학교 자체가 형해화되어 사실상 교육시설로 볼 수 없는 경우와 같은 특별한 사정이 있다면 매도나 담보제공을 무효라고 주장하는 것은 법규정의 취지에 반하는 것이므로 신의성실의 원칙에 반하거나 권리남용이라고 볼 것이지만, 그와 같은 특별한 사정이 없이 사립학교 경영자가 매도나 담보제공이 무효라는 사실을 알고서 매도나 담보제공을 하였다고 하더라도 매도나 담보제공을 금한 관련 법규정의 입법취지에 비추어 강행규정 위배로 인한 무효주장을 신의성실의 원칙에 반하거나 권리남용이라고 볼 것은 아니다.

2) 근저당권자인 피고 丙은 전문금융기관으로 법 제28조 제2항에 의하여 유치원의 교지 및 교사로 이용되는 부동산을 담보로 제공받을 수 없음을 몰랐다고 보기도 어렵고, 허가나 신고사항이 아닌 이 사건 담보제공과 관련하여 관할 교육구청장으로부터 유치원 근저당에 대하여 이의 없음을 확인한다는 유치원 근저당이용가능 확인서를 원고가 받았다는 사정만으로 피고 丙에 대한 유치원시설의 담보제공이 유효한 것처럼 원고가 피고 丙을 적극적으로 기망하였다고 단정할 수도 없다. 가령 원고에게 기망행위가 있었다고 하더라도 원고를 사기죄로 처벌하는 것은 별론으로 하고, 그러한 사유가 특별한 사정이 된다고 보아 유치원 교육에 직접 사용하는 재산의 처분을 용인한다면 사립학교 경영자의 불법행위 때문에 유치원의 존립 및 목적 수행에 필수적인 교육시설을 보전함으로써 유치원의 건전한 발달의 도모라는 입법취지를 살릴 수 없을 것이다. 또 원고가 형을 선고받아 집행되었다는 사정만으로 설립인가처분이 취소될 여지가 있다고 할 수도 없다. 그리고 원고가 무효를 주장함으로써 결과적으로 피고들의 채권추심에 지장을 초래

하는 것은 분명하나, 기록에 의하니 이 사건 유치원은 1999년 6월 현재 교직원 7명, 원생 90명으로 정상적으로 운영되고 있음을 알 수 있어 근저당권 등의 효력이 인정되지 않는다고 하여 오로지 원고 개인의 채권추심 면탈의 효과만 있을 뿐 유치원의 건전한 발전이라는 법이 정한 입법취지를 살릴 수 없다고 단정할 것도 아니며, 법인 소유의 재산과 달리 사인(私人)인 학교경영자 소유의 재산은 학교경영자가 사립학교의 경영을 포기하거나 학교교육에 직접 사용하는 재산에서 제외하기만 하면 법상의 아무런 제약도 받지 않고 유효하게 처분할 수 있다고 하더라도, 이 사건 부동산은 여전히 유치원 교육에 직접 사용되는 재산으로서 정상적으로 유치원이 운영되고 있는 이때에 장래 발생할지도 모르는 가능성만 가지고 신의성실의 원칙 위배와 권리남용 여부를 판단할 수는 없을 것이다. 그 밖에 피고들에 대한 이 사건 담보목적의 가등기나 근저당권설정 이전에 근저당권을 설정한 후 말소한 적이 있다거나, 피고 丙에 대해 근저당권이 설정되어 있어 나머지 피고들이 이를 신뢰하였다거나, 원고가 이 사건 부동산을 담보로 제공하여 차용한 금원을 유치원의 유지·존속 및 발전에 사용하지 않았다는 사정을 함께 고려하더라도, 매도나 담보제공을 금함으로써 유치원의 존립과 건전한 발달을 도모하려는 입법취지를 상기할 때, 강행규정 위반에 따른 이 사건 무효주장을 신의성실의 원칙에 반하거나 권리남용이라 하여 물리쳐도 될 정도의 근거라고 할 수는 없다.

☑ 쟁   점

위 판결은 학교법인이 사립학교법에 위반하여 학교교육에 사용되는 부동산(교사 및 교지)에 저당권을 설정시킨 후에, 자신의 그러한 행위는 강행법규에 위배된 것이라는 이유로 이의 무효를 주장하는 것이 신의칙에 위배되는가 하는 점이 문제된 것이다.

☑ 검토할 사항

◆ 스스로 강행법규에 위반하는 행위를 하고 이의 무효를 주장하는 것이 신의칙에 위배되지 않는다고 하는 이유를 살피시오.

☑ 관련사례

1) 학교법인의 기본재산을 감독관청의 허가 없이 처분하여 그 대금을 학교법인의 채무변제에 사용하고 처분 후 4년이 지나서 그 처분행위의 무효를 주장하는 것은 신의칙에 반하는가? (대판 1994. 12. 22. 94다12005) 〈응용〉

2) 甲이 운영하는 유치원의 건물에 강제경매가 실행되어 乙이 이를 경락받고 이전등

기를 마쳤는데, 甲이 乙에게의 위 이전등기는 사립학교법 제28조 제2항에 위반하여 무효라고 주장하였다. 그런데 위 건물의 일부는 실제로는 유치원의 교사로 사용되지 않고 타인에게 임대되었으며, 甲은 유치원의 운영을 타인에게 맡기다가 학생모집이 어려워 이를 폐원하였던 것이다. 甲의 주장은 신의칙에 위배되는가? (대판 2002. 9. 27. 2002다29152) 〈심화〉

3) 비자경농지를 농지개혁법에 위반하여 타인에게 매각한 후에 20여 년이 지나서 이의 무효를 주장하는 것은 신의칙에 위배되는가? (대판 1977. 11. 22. 77다1947) 〈심화〉

4) 국토이용관리법에 위반하여 허가 없이 규제지역 내의 토지를 매도한 자가 이의 무효를 주장하는 것은 신의칙에 위배되는가? (대판 1995. 11. 21. 94다20532) 〈기초〉

4. 권리남용 금지의 원칙

● 판례 1

대판 1993. 5. 14. 93다4366 〈기초〉 ···

[사안] 甲(원고)은 1989. 12. 29. 이 사건 X토지에 관하여 소유권을 취득하고 이전등기를 하였으며, 乙(피고)은 위 토지와 인접한 Y토지의 소유자로서 1950년에 이 토지 위에 2층 건물을 지어 이를 점유 사용하여 왔다. 甲은 X토지상에 건립되어 있는 기존 병원을 확장하는 한편, 대로변에 위치한 Y토지상의 乙의 건물이 위 병원의 전면에 위치하게 되어 이를 철거하기 위하여 Y토지를 매수하려고 하였으나 성사되지 않았다. 그런데 甲이 위 병원확장공사를 하면서 토지를 측량한 결과 乙의 건물이 甲의 토지 중 0.3평방미터(Z부분)를 침범하여 건립되어 있음이 드러났다. 이에 甲은 Z부분의 대지인도 및 그 위에 지어진 乙의 건물부분의 철거를 소구하였다.

[판지] 권리의 행사가 주관적으로 오직 상대방에게 고통을 주고 손해를 입히려는 데 있을 뿐 이를 행사하는 사람에게는 아무런 이익이 없고, 객관적으로 사회질서에 위반된다고 볼 수 있으면 그 권리의 행사는 권리남용으로서 허용되지 아니한다고 할 것이고, 그 권리의 행사가 상대방에게 고통이나 손해를 주기 위한 것이라는 주관적 요건은 권리자의 정당한 이익을 결여한 권리행사로 보여지는 객관적인 사정에 의하여 추인할 수 있을 것이다. 원고가 이 사건 제소에 이르게 된 과정 이외에도, 원고가 Z부분 지상에 세워진 건물부분을 철거하여 그 부지를

인도받는다 하더라도 그 면적이 0.3평방미터에 불과하고, 피고의 이 사건 건물과 인접한 원고의 병원 신축건물은 거의 완공상태에 있어서 이를 어떠한 용도에 사용할 수 있는지 알 수 없는 데 반하여, 피고로서는 위 토지상의 건물부분이 1층 식당 및 2층 사무실의 일부이어서 그 철거에 상당한 비용이 소요되고 철거 후에도 그 잔존 건물의 효용이 크게 감소되리라고 보여지는바, 이러한 사정 아래에서는 권리남용의 법리에 비추어 원고의 위 청구가 떳떳한 권리행사라고는 보여지지 않는다.

☑ 쟁   점

위 판결은 이웃의 건물이 토지경계를 넘어 자신의 토지 위에 지어진 경우, 그 건물 중 경계를 넘은 부분의 철거를 청구하는 것이 권리남용이 되는가 하는 점이 문제된 것이다.

☑ 검토할 사항

◆ 권리남용의 요건은 무엇인가?

◆ 권리남용을 주장하는 사람은 권리자의 권리 행사가 상대방에게 고통이나 손해를 주기 위한 것이라는 점까지 증명하여야 하는가?

☑ 관련사례

1) A와 B는 인접한 X · Y 대지를 각각 13년 째 소유하고 있는데, A의 건물 신축을 둘러싸고 분쟁이 발생하자, A는 B 소유 Y 지상 건물의 일부가 경계를 침범하여 A 소유 X 대지 일부에 건축되어 있다는 사실을 들어 B를 상대로 경계를 침범한 B 소유 건물 일부의 철거와 경계를 침범한 X 대지 15평방미터의 인도를 청구하였다. 그런데 이와 같은 경계 침범은 지적도 작성과정에서의 측량기술상 오류로 인하여 발생한 결과로서 B가 현재 점유하고 있는 Y 대지의 면적은 등기부상 면적과 같고, 만일 인접 대지 경계는 그대로 두고 A · B 사이의 경계선만 시정되는 경우에는 A 가 점유하게 되는 면적은 등기부상 면적보다 많게 되고, B는 등기부상 면적보다 줄어들게 되는 문제가 발생한다. 이러한 문제는 A · B 간의 대지 경계 시비가 연쇄적으로 그 인접 대지의 소유자 사이에도 영향을 끼치는 관계로 이 일대의 경계선이 모두 새로 확정되지 아니하면 해결이 안 되는 것이다. 한편 A가 위 점유부분을 인도받더라도 A 소유 건물과 피고 건물 사이 폭 약 1.9미터 면적 15평방미터의 공간이 생길 뿐인 데 반하여, Y 토지의 건물은 지하 1층 및 지상 3층 건물로서 위 침범부분을 철거하면 B의 건물 또한 막대한 피해가 예상된다. A의 소제기는 권리

남용에 해당하는가? (대판 1991. 6. 14. 90다10346) 〈기초〉

2) A(道)는 B의 X토지를 포함하여 그 둘레의 17필지의 토지 위에 고등학교를 세워 운영하고 있었으며, B의 토지는 학교부지의 중앙에 위치하여 그 위에는 학교 제2 동 교사의 교실 6개 중 3개의 교실이 위치하고 있었다. 위 학교는 이미 1938년에 현 위치에 설립되었던 △△실습학교의 후신으로서 이미 50년에 걸쳐 B의 토지를 학교부지로 사용하여 왔었다. B는 위 토지에 관하여 1986. 1. 13. 소유권보존등기를 하고, 같은 날 이를 C에게 이전하였다. C는 위 토지 위에 학교교사가 있음을 알면서 이를 매입한 것으로 만일 C의 권리행사로 인하여 위 학교의 교사 등이 철거된 다면 그로 인하여 C가 얻을 수 있는 이익보다는 위 교사를 다른 곳에 이전하고 학교부지의 한 가운데를 개인의 점유사용에 제공함에 따른 A(道)의 손실이 월등히 많을 것일 뿐만 아니라 그로 인하여 위 학생들의 교육에 미치는 영향과 사회에 미칠 영향이 큰 상황이다. C가 A에 대하여 학교건물철거 및 토지인도를 청구하는 것은 권리남용에 해당하는가? (대판 1988. 12. 27. 87다카2911) 〈기초〉

3) 건축된 지 수년이 지난 병원으로 사용 중인 A의 연건평 594.42㎡의 4층 건물이 B소유의 토지로부터 민법 제242조에 따른 0.5m의 거리를 두지 않고 0.3m만의 거리만을 둔 채로 건축되어 동 건물의 각층마다 1.2평씩이 법정거리 내에 들어 있다. 이를 이유로 B가 A의 위 건물의 철거를 청구하는 경우, 권리남용에 해당하는가? (대판 1982. 9. 14. 80다2859) 〈응용〉

4) 성년을 불과 수개월 남짓 남겨둔 미성년자인 자(子) A의 법정대리인인 친권자가 A 소유의 부동산을 A의 반대에도 불구하고 성년자인 그 장남 B에게 무상 증여한 경우 이러한 행위는 효력이 있는가? 그 유무효의 근거는 무엇인가? (대판 1981. 10. 13. 81다649) 〈응용〉

5) A와 B는 K 증권회사 지점장 C를 통하여 환매채거래를 하였는데, C는 A와 B로부터 환매채예수금을 교부받아 이를 보관하다가 횡령하였다. 그러나 C는 장기간에 걸쳐 예수금 명목으로 돈을 건네받고 수시로 입출금확인서 등을 발행하여 A와 B를 안심시킴으로써 A와 B는 자신들의 예수금청구 또는 손해배상청구 등의 권리행사를 할 수 없었다. K 증권회사가 파산한 후 C가 A와 B의 환매채예수금을 모두 횡령하였다는 사실이 밝혀진 후 A와 B가 K회사에 대하여 손해배상을 청구하자, K회사는 C의 불법행위에 대하여 이미 소멸시효가 완성되었다는 항변을 하였다. 이는 받아들여질 수 있는가? (대판 1999. 12. 7. 98다42929) 〈응용〉

6) A는 X납골당을 공매절차에서 매입하였는데, 그 매입 당시 B가 이미 X납골당에 관한 유치권 신고를 하였다는 사실을 숙지하고 있었다. 그러나 B와의 협의 내지 정식의 법적 절차를 거쳐 위 각 부동산의 점유를 이전받으려는 노력은 하지 않은 채 직원을 시켜 그 주도하에 대규모 인원을 동원하여 폭력을 행사하는 방법으로

불법적으로 B로부터 위 납골당의 부동산의 점유를 빼앗았다. 이에 B가 A를 상대로 점유회수의 소를 제기하여, '이 사건 각 부동산을 인도하라'는 B 승소판결이 선고되어 확정되었다. 그럼에도 A는 위 판결에 따라 침탈한 점유를 반환하기는커녕 오히려 위 각 부동산에 관한 점유를 C회사에 이전함으로써 B의 위 판결에 기한 강제집행을 방해하여 결국 B는 위 X납골당에 관한 점유를 회복하지 못하였다. A의 대표자 갑은 C회사의 설립 당시 위 회사의 대표자였고, 임대차계약 및 봉안시설 운영대행계약 체결 당시 A 및 C회사의 대표자였는데, B가 법적 절차를 통해 점유를 회수하기 위해 A 및 C회사를 상대로 여러 차례 소송을 제기하여 장기간 진행해 오고 있는 동안에도 막상 점유를 침탈한 A 및 그로부터 점유를 이전받은 C회사는 다수의 납골당을 지속적으로 분양하면서 B를 상대로 유치권부존재확인의 소를 제기하였다. 이 소는 받아들여질 수 있는가? (대판 2010. 4. 15. 2009다96953 판결) 〈응용〉

7) A는 B로부터 건물 신축공사를 수급하여 X건물을 신축하였는데, B가 선급금을 지급한 것 이외에는 기성공사대금을 전혀 지급하지 않았다. A가 B를 상대로 공사대금의 지급을 청구하자, B는 X건물에 대하여 슬라브, 보, 기둥 부분에 광범위하게 하자가 발생하였고 이를 보수하지 않으면 X건물을 사용할 수 없고 그 보수를 위하여 약 676,401,000원의 비용이 소요된다는 점을 들어 하자보수청구권을 주장하며 공사대금의 전액의 지급을 거절하였다(위 하자의 정도가 중하여 반드시 하자보수가 필요하고 그 보수를 위하여 과다한 비용이 소요되는 정도라고 보이지 않는 사정이 밝혀졌다). 그런데 B는 선급금을 지급한 이래 약정에 따른 기성공사대금 5,402,595,000원을 전혀 지급하지 않고 있을 뿐만 아니라 현재 자력이 없고, 앞으로 하자보수공사가 완성되어도 공사대금을 지급할지 여부가 불확실한 상태임이 인정되었다. A의 주장은 타당한가? (대판 1992. 4. 28. 91다29972) 〈응용〉

8) 채권자인 A가 연대보증인 중 1인인 B에 대하여 연대보증채무 3억 원 전액에 대한 이행청구의 소를 제기하여 의제자백의 승소판결을 받아 그대로 확정되었다. 그런데 A는 그 소송의 변론종결일 전에 다른 연대보증인의 변제 및 담보물건에 대한 경매로 1억 4천여 만 원을 변제받았음에도 그 후 주채무자에 대하여 연대보증인들의 보증한도인 3억 원을 초과하는 채무가 남아 있고 보증인들 각자가 주채무 완제시까지 3억 원씩을 갚기로 하였다는 해석을 전제로 청구 전부를 그대로 유지하여 판결이 그대로 확정된 것이었다. 이 판결이 그 후 연대보증한 채무의 원금과 이자는 모두 변제되었고 이는 다른 연대보증인에 대한 소송에 이미 확정되었으나 A는 위 판결에 기하여 B를 상대로 B 거주 아파트에 대한 강제경매를 신청하였다. 이에 대하여 B는 청구이의의 소를 제기하여 위 판결의 변론종결일 이전에 변제된 위 금원에 대하여 이 사건 판결에 기하여 강제집행을 하는 것은 권리남용이므로 불허되

어야 한다고 주장하였다. B의 주장은 받아들여질 수 있는가? (대판 1997. 9. 12. 96다4862) 〈응용〉

☑ 기타 검토사항

1) 권리남용의 요건에 관한 판례의 태도를 살피시오.

2) 권리남용이 되기 위한 주관적 요건으로 상대방에게 고통이나 손해를 가할 의사를 요구하는 것이 민법 제2조의 규정 및 그 취지에 부합하는가?

☑ 기타 쟁점

1) 토지대장 및 지적도상의 토지경계와 현실의 경계가 다른 경우, 소유권의 범위는 어느 것을 기준으로 하는가?

☑ 참고문헌

◆ 김학동, 토지소유자의 방해제거청구권과 권리남용──판례를 중심으로──, 부동산법학의 제문제(김기수교수 화갑기념논문집), 57면 이하, 1992.

◆ 윤용섭, 권리남용에 관한 판례의 동향, 민사판례연구 제10집, 298면 이하, 1988.

◆ 한삼인, 권리남용금지의 원칙에 관한 판례분석, 고시연구 29권 11호(2002. 11), 226면 이하.

● 판례 2

대판 1986. 7. 22 85다카2307 〈응용〉 ···

[사안] 서울시(피고들 보조참가인)는 78. 12.경 남북회담에 대비하여 통일로 주변의 불량건물을 정비하는 계획을 세우고, 당시 전답으로서 개발제한구역이며 군사보호지역이었던 이 사건 토지를 포함한 일대의 토지 16,500평을 매입하여 택지를 조성한 후 건물을 신축하여 철거주민에게 분양하였다. 그리고 이러한 사업진행과정에서 서울시는 위 사업 당시 그 대상토지들에 대하여 2개 감정기관에 시가감정을 시행하여 지주들로부터 토지를 매수하였다. 그런데 이 사건 토지의 소유자 甲(원고)은 감정가격이 지나치게 저렴하다는 이유로 그 매수협의에 불응하여, 서울시는 이를 매수하지 못한 채 위 주택단지 조성공사에 착수하였다. 그러자 甲은 79. 4. 초순경 서울시를 상대로 위 토지에 대한 주택단지 조성공사 금지의 가처분신청을 하여 가처분결정이 있었다. 그러나 서울시는 공사의 성질상 甲소유의 토지를 제외한 채로 위 공사를 시행할 수 없다는 이유로 공사를 계속하였으며, 다른 한편으로 甲과 수차례에 걸쳐 토지매수를 위한 협의를 시도하였다.

그러나 서울시는 개발이익을 공제한 가액을, 甲은 대지화한 시가 상당액을 주장하여 매수가 이루어지지 않았으며, 그러는 사이에 택지조성공사가 완료되고 주택이 신축되었다. 이에 甲은 자신의 토지 위에 지어진 주택을 분양받고 입주한 乙등 수인(10인)을 상대로 하여 건물철거 및 토지인도청구를 소구하였다.

[원심] 위의 사업시행 이전 및 그 이후의 이 사건 각 토지의 용도, 서울시의 취락구조개선사업 경위, 이에 투자된 비용, 그동안 서울시가 행한 매수협의의 진행정도와 이에 대한 원고의 희망내용 등에 비추어 볼 때, 위 사업 이후 상당기간이 흐른 지금에 와서 서울시의 지시만 믿고 이에 순응한 피고들에 대하여 그들 소유의 건물의 철거와 이를 전제로 한 토지의 인도를 구하는 것은 필경 권리행사의 이름을 빌려 이 사건 각 토지의 사용수익보다도 피고들에게 고통을 줌으로써 서울시와 사이에 비싼 값으로 토지를 매도하려는 데에 그 진정한 의도가 있는 것이라고 할 수밖에 없어, 이는 권리의 사회성에 반하여 권리의 행사로서는 용인될 수 없는 것이라고 판단하였다.

[판지] 권리행사가 권리의 남용에 해당한다고 할 수 있으려면, 주관적으로 그 권리행사의 목적이 오직 상대방에게 고통을 주고 손해를 입히려는 데 있을 뿐 행사하는 사람에게 아무런 이익이 없을 경우이어야 하고, 객관적으로는 그 권리행사가 사회질서에 위반된다고 볼 수 있어야 하는 것이며, 이와 같은 경우에 해당하지 않는 한 비록 그 권리의 행사에 의하여 권리행사자가 얻는 이익보다 상대방이 입을 손해가 현저히 크다 하여도 그러한 사정만으로는 권리남용이라 할 수 없는 것이다. 이 사건 토지가 위와 같은 경위로 택지로 조성된 전후를 막론하고 개발제한구역 또는 군사보호지역으로 지정되어 있어 토지 내에서의 건축물 등의 건축이 불가능하게 되어 있다 하더라도, 토지소유자인 원고로서는 개발제한구역 또는 군사보호지역 지정으로 인한 이용상의 제한을 받는 범위 내에서 토지를 사용수익할 권리와 이익이 있다 할 것이니, 거기에 장해가 되는 지상건물의 철거와 토지인도를 구하는 원고의 권리행사가 오직 상대방인 피고들에게 고통만을 주고 손해를 입히려는 데 있을 뿐 원고 자신에게 아무런 이익이 없는 경우에 해당한다고 단정할 수 없을 것이다. 원심은 원고가 판시 취락구조개선사업 시행 이전에 이 사건 각 토지에서 특용작물을 재배하여 상당한 수익을 얻고 있었다는 증인 K의 증언은 믿을 수 없고 달리 증거가 없다 하여 배척함으로써 원고의 토지소유권에 기한 침해배제청구가 결국은 아무런 이익이 없는 경우에 해당한다고 본 듯하

나, 위 K의 증언내용을 믿지 못할 합리적인 이유를 찾아 볼 수도 없으려니와, 원고가 원래 농지인 이 사건 토지에서 특용작물을 재배한 사실이 없다 하여 바로 그 점만으로 토지이용상의 이익이 전혀 없었거나 장래에도 없을 것이라고 단정할 수 없을 것이고, 본래 원고의 토지소유권 행사가 그 행사자인 원고에게 아무런 이익이 없다는 점은 그 권리행사가 권리남용에 해당한다고 주장하는 피고 측에서 주장, 입증하여야만 할 사항에 속한다 할 것이므로, 원심이 위 판시와 같은 이유를 들어 원고의 권리행사가 권리남용에 해당한다고 본 것도 잘못이다. 또 이 사건 토지소유권의 침해상태는 피고들 보조참가인인 서울특별시가 소유자인 원고와의 원만한 협의절차 없이 이 사건 토지에 무작정 택지조성공사를 시행하려 하자, 원고가 법원으로부터 그 공사금지 가처분결정까지 받아 집행하였음에도 이를 무시한 채 택지조성공사를 강행한 후 그 지상에 피고들 소유의 이 사건 분양건물을 신축한 불법행위에 의하여 초래된 것이어서 원고에게 그 침해상태를 그대로 감수하라고 강요하는 것은 사회정의감에도 반한다 할 것이니, 이 사건 토지가 택지로 조성된 경위와 목적, 그 지상에 피고들에게 분양한 건물을 건축하게 된 당시의 사정, 피고들이 입주한 경위 기타 피고들 보조참가인이 토지매수를 위하여 원고와 협의를 거친 정도 등이 원심 판시와 같고, 피고들이 비록 가처분결정의 상대방이 아니었다 하여도, 앞서와 같은 경위로 이루어진 불법적인 침해상태를 배제하려는 원고의 이 사건 권리행사를 가리켜 사회질서에 반하는 것으로서 용인될 수 없는 것이라고 보기 어렵고, 그 밖에 원고가 피고들 보조참가인에게 과다한 보상을 요구하고 있다는 사유는 피고들 보조참가인이 스스로 자초한 결과이며 택지조성공사 및 건축에 투입된 비용이 많다는 사유는 원고의 이 사건 권리행사로 원고가 얻게 될 이익보다 상대방인 피고들이나 피고들 보조참가인이 입게 될 손해가 현저히 크다는 사정에 불과하므로 어느 것이나 원고의 권리행사를 권리남용이라고 단정할 사유가 못된다.

☑ 쟁   점

위 판결은 서울시가 주택단지 조성사업을 시행함에 있어서 토지소유자가 협의매수에 불응하였음에도 공사를 강행하여 주택이 건립되고 이를 분양받은 자가 입주한 경우, 토지소유자의 주택피분양자에 대한 토지인도 및 주택철거청구가 권리남용이 되는가 하는 점이 문제된 것이다.

☑ 검토할 사항

◆ 권리남용의 요건으로서 '권리행사가 권리자에게 아무런 이익도 되지 않는다'는 점이 요구되는가? 만약 요구된다면 그에 관한 입증책임은 누가 부담하는가?

◆ 위 판결의 타당성과 특히 권리남용이 아니라고 한 결정적 이유가 무엇인가를 살피시오.

☑ 관련사례

1) 미등기의 X토지는 A의 소유인데, B가 부동산이전등기등에관한특별조치법(법률 제3094호)에 의하여 자기 명의로 이전등기하였다. C시(市)는 위 토지 등에 시(市) 청사를 신축하기로 하고 위 토지상에 있던 A의 선대 분묘 9기의 철거를 요구하자 A는 철거를 승낙하였다. 이를 계기로 A는 위 토지가 B의 명의로 등기되어 있음을 알아내고는 C시에 대하여 위 토지의 소유권을 주장하며 B에게의 토지대금지급을 보류할 것을 건의하였다. 그럼에도 C시는 B와 토지매매계약을 체결하여 대금 일부를 지급하고 시청사의 신축공사를 시작하려 하자, A는 B를 고소하고(B는 유죄판결을 받았다) B를 상대로 소유권보존등기말소청구소송을 제기하면서 토지에 대한 처분금지가처분결정을 받아 그 사실을 C시에 통보하였다. C시는 위 신축공사를 계속하여 이를 완성하였으며, 얼마 후 A의 위 소송에서 승소판결이 확정되었다. A는 C시에게 적정가격에 위 토지의 매수를 청구하였으나 C시가 아무런 성의 있는 대응을 하지 않자 A는 C시를 상대로 토지명도 및 C시의 신축 청사 건물철거를 청구하였다. 그런데 이 청구가 인용되는 경우에는 위 시(市) 청사 건물의 절반 가까이가 헐리게 되어 시 청사로서는 물론 건물로서의 효용을 다할 수 없어 시 행정 수행에 막대한 지장을 초래할 우려가 있다. A의 청구는 권리남용에 해당하는가? (대판 1990. 5. 22. 87다카1712) 〈응용〉

5. 기타의 신의칙 위반

● 판례 1

대판 1971. 3. 31. 71다352, 353, 354 〈기초〉 ·······································

[사안] 甲(원고)은 乙(피고)에게 이 사건 부동산을 대금 2,000만 원에 매각하고 이전등기를 경료하였다. 乙이 변제기에 이 중 105,000원을 지급치 않았으며, 그리하여 乙은 미지급액에 관하여 월 5부의 지연이자를 지급하겠다고 약속하였다. 그런데 甲이 乙의 채무불이행을 이유로 매매계약을 해제한다고 하면서 위 등기의

말소를 소구하였다. 甲은 경제적 어려움으로 매매대금의 대부분을 기존채무의 변제에 충당하기 위하여 위 부동산을 매각한 것이었다.

[판지] 원심은 피고의 미지급액은 105,000원에 불과하였고 그 미지급액에 관하여 월 5부의 지연이자를 지급하기로 약정하였던 점, 위 매매의 총대금액이 2,000만 원이었던 점 등에 비추어 위와 같은 근소한 액의 미지급을 이유로 위 계약 전체를 해제하는 것은 신의칙에 위배된다고 하여 그 해제 주장을 이유 없다고 배척한 것인바, 그 사실인정에 어떠한 잘못이 있었다거나 그 사실에 대한 신의칙의 적용에 법리의 오해가 있었다고는 인정되지 않는다. 원고의 상고이유는 자신이 위 매매 당시 경제적으로 심히 궁박한 사정에 있었고 그 매매대금의 대부분들이 기존채무의 변제에 충당시키기로 하고 불과 기백만 원만을 현금으로 지급받기로 하였던 원고의 입장으로서는 위 미지급액 105,000원도 결코 근소한 금액이 아니었다 하여 원판결의 신의칙 적용을 논란하는 것이니(위 근소성은 각 당사자의 주관적 사상을 떠나 매매대금과의 관계에서 객관적으로 인정한 것이었음을 알 수 있다), 그 논지 역시 이유 없다.

☑ 쟁   점

위 판결은 매수인이 매매대금 중 대부분을 지급하고 극히 사소한 정도의 금액만을 미지급한 경우, 매도인이 매수인의 대금채무불이행을 이유로 계약을 해제하는 것이 신의칙에 비추어 허용될 것인지 여부가 문제된 것이다.

☑ 검토할 사항

◆ 채무불이행의 경우에 해제권을 인정하는 취지는 무엇인가?

☑ 관련사례

1) A의 토지 위에 B가 건물을 신축하였으며 B는 그 건물을 위한 법정지상권을 취득하였다. B는 그 법정지상권과 함께 위 건물을 C에게, C는 다시 D에게 이를 양도하였다. 이러한 상태에서 A가 D에 대하여 건물철거를 청구하였다. 이 청구는 받아들여질 것인가? (대판 1988. 10. 24. 87다카1604) 〈응용〉

● 판례 2

대판 1992. 3. 31. 91다29804 〈응용〉 ··

[사안] 변호사 甲(원고)은 乙(피고)로부터 A·B·C 등을 상대로 하는 손해배상 청구사건의 제소와 제1심에서의 소송수행을 위임받으면서 착수금으로 2,000,000원을 수령하고 승소판결이 선고되면 보수로 30,000,000원을 지급받기로 약정하였으며, 丙(피고)은 乙의 甲에 대한 위 보수금 지급채무를 연대보증하였다. 甲은 위 위임계약에 따라 乙의 소송대리인으로 소를 제기하여 약 11개월 간 소송이 진행되는 동안 9차에 걸친 변론기일을 통하여 4회에 걸쳐 준비서면을 제출하고 증인 2인을 소환하여 신문하는 등 소송을 수행한 결과, 제1심 법원은 A 및 B에 대하여는 청구한 바대로 각자 80,000,000원 및 A에 대하여 별도로 172,000,000원의 지급을 구하는 범위 내에서 청구를 인용하였으나, C에 대하여는 청구를 기각하는 일부 승소판결이 선고되었다. 乙은 위 판결에 대하여 항소를 하여 甲이 아닌 다른 변호사가 소송을 수행한 결과 항소심법원은 B에 대하여 187,000,000원(제1심이 인용한 80,000,000원이 포함된 것)의 지급을 구하는 범위 내에서 청구를 인용하고 나머지 항소는 모두 기각되었다.

[판지] 변호사의 소송위임 사무처리에 대한 보수의 액에 관하여 의뢰인과 사이에 약정이 있는 경우에 위임사무를 완료한 변호사는 특별한 사정이 없는 한 약정된 보수액을 전부 청구할 수 있는 것이 원칙이기는 하지만, 의뢰인과의 평소부터의 관계·사건 수임의 경위·착수금의 액·사건처리의 경과와 난이도·노력의 정도·소송물 가액·의뢰인이 승소로 인하여 얻게 된 구체적 이익과 소속 변호사회의 보수규정 등 기타 변론에 나타난 제반 사정에 비추어, 약정된 보수액이 부당하게 과다하여 신의성실의 원칙이나 형평의 원칙에 반한다고 볼 만한 특별한 사정이 있는 경우에는, 예외적으로 위와 같은 제반 사정을 고려하여 상당하다고 인정되는 범위 내의 보수액만을 청구할 수 있다고 보아야 할 것이다. 원심은 甲이 乙의 소송대리인으로서 제기한 위 소송이 특별히 복잡 중대하여 장기간이 소요되었다거나 원고가 유난히 많은 정성을 들였다고 볼만한 사정은 없는 반면, 변호사 보수기준에 관한 규칙(대한변호사회 규칙 제19호)에 의하면 이 사건에서의 성공보수액은 6,790,000원(30%까지 증감이 가능)이고, 변호사보수의 소송비용 산입에 관한 규칙(대법원 규칙 제758호)에 의하면 소송물 가액이 282,000,000원인 이 사건

의 경우에 소송비용에 산입되는 변호사의 보수는 3,460,000원에 불과할 뿐 아니라, 피고 乙은 원고가 친구의 아버지여서 위 사건을 위임하게 된 것인데, 원고가 당초 소를 제기할 때에는 B를 피고에서 누락시켜서 추가로 제소하게 됨으로 말미암아 피고 乙로 하여금 인지 상당액의 손해를 입게 하였고, B에 대하여는 187,000,000원을 청구할 수 있었음에도 정당한 이유 없이 80,000,000원만 청구하였으며(항소심에서 바로 이 부분만이 변경되었음), 또 A에 대하여는 의제자백으로 승소하였으나 그는 소재불명이고 가압류하여 놓은 재산도 없어서 집행가능성이 희박한데다가 부동산을 가압류하여 놓았던 C에 대하여는 모두 패소하였으며, B는 그 소송에서 거의 다투지 아니하였던 사실을 인정할 수 있는바, 이와 같은 제반 사정을 참작하여 보면 위 30,000,000원의 보수금은 부당히 과다하고 그 보수의 액은 11,000,000원이 상당하다고 할 것이므로, 그 금액을 초과하는 보수금의 약정은 신의성실의 원칙에 반하여 무효라고 할 것이라고 판단하였다. 관계증거 및 기록과 관계법령의 규정내용에 비추어 볼 때, 원심의 위와 같은 인정판단은 정당한 것으로 수긍이 된다.

☑ 쟁   점

위 판결은 변호사의 수임료로 약정한 금액(성공보수)이 그 수임사건의 내용에 비추어 볼 때 지나치게 많은 경우, 그러한 약정이 신의칙에 반하여 무효인지 여부가 문제된 것이다.

☑ 검토할 사항

◆ 변호사의 보수에 관한 약정이 신의칙에 부합하는가를 판단함에 있어서 고려되는 사항을 살피시오.

◆ 변호사의 보수를 과다하게 약정한 경우, 계약 자체(보수에 관한 약정 전부)가 무효로 되는가, 아니면 과다한 보수를 약정한 부분만이 무효로 되는가?

☑ 참고문헌

◆ 권오승, 변호사의 성공보수, 민사판례연구 16권, 167면 이하, 1994.

제 2 장 권리의 주체

제1절 자 연 인

권리의 주체는 人이고, 권리의 객체는 物이다. 人은 자연인(自然人)과 법인(法人)으로 구분되며, 物은 동산(動産)과 부동산(不動産)으로 구분된다. 여기서는 人 중에서도 사람인 자연인에 관한 쟁점들을 살펴본다.

Ⅰ. 권리능력

(1) 권리능력의 시기: 태아

● 판례 1

대판 1976. 9. 14. 76다1365 〈기초〉 ·····························

[사안] 甲(원고)의 처 A가 乙(피고)의 불법행위로 인하여 사망하였으며, 그로 인하여 그 당시 A가 잉태 중이던 태아도 사망하였다. 甲은 태아도 불법행위로 인한 손해배상청구권을 가진다고 하면서, 乙에 대하여 자신이 상속하게 된 태아의 손해배상청구권을 행사하여 손해배상을 청구하였다.

[판지] 사람은 생존하는 동안이라야 권리의무의 주체가 되나니, 어머니 뱃속에 있는 태아는 권리능력이 있을 수 없다. 그러나 태아를 보호할 필요가 있음을 숨길 수 없어 실정법에 있어서는 보호의 규정을 두고 있다(일반적 보호주의와 개별주의). 우리 민법도 특정한 중요관계에서만 보호하고 있는 터로서(민법 762조 같은 것이 그런 것이다), 민법 762조는 태아는 손해배상의 청구권에 관하여는 이미 출생한 것으로 본다고 규정하고 있다. 특정한 권리에 있어서 태아가 이미 태어난

것으로 본다는 것은 무엇을 말하나? 설사 태아가 권리를 취득한다 하더라도 현행 법상 이를 대행할 기관이 없으니 태아로 있는 동안은 권리능력을 취득할 수 없으니 살아서 출생한 때에 출생시기가 문제의 사건의 시기까지 소급하여 그 때에 태아가 출생한 것과 같이 법률상 보아준다고 해석하여야 상당하므로(법정정지조건설, 인격소급설), 원심이 이와 같은 취지에서 원고의 처 A가 사고로 사망할 당시 임신 8개월 된 태아가 있었음과 그가 모체와 같이 사망하여 출생의 기회를 못 가진 사실을 인정하고, 살아서 태어나지 않은 이상 배상청구권을 논할 여지없다는 취의로 판단하여 이 청구를 배척한 조치는 정당하다. 또 설사 태아를 위한 법률관계의 보존을 위한 목적에서 태아 중에도 출생한 것으로 인정되는 범위에서 제한적 권리능력을 주고 따라서 법정대리인에 의한 권리보전수단을 쓸 수 있으며 살아서 태어나지 않을 때엔 그 권리능력이 소급적으로 소멸한다고 보는 견해(법정해제조건설, 제한적인격설)에 따른다고 하더라도, 태아가 사산과 같은 경우인 본건에 있어서는 결론은 달라지지 아니한다.

● 판례 2

대판 1993. 4. 27. 93다4663 〈응용〉 ···

[사안] 甲(피고)이 1990. 9. 28. 운전 중 편도 3차선의 도로를 무단횡단하던 乙(원고)을 치어 상해를 입혔다. 위 사고 당시 乙의 처 A는 태아 丙(원고)을 포태 중이었으며, 丙은 1991. 4. 23.에 출생하였다. 그리하여 乙과 함께 丙도 甲에 대하여 손해배상을 소구하였다.

[판지] 태아도 손해배상의 청구권에 관하여는 이미 출생한 것으로 보는바, 원고 乙이 이 사건 교통사고로 상해를 입을 당시는 원고 丙이 출생하지 아니하였다고 하더라도 그 뒤에 출생한 이상 아버지인 원고 乙의 부상으로 인하여 입게 될 정신적 고통에 대한 위자료를 청구할 수 있다.

☑ 쟁   점

위의 두 판결은 불법행위 당시 태아였던 자는 손해배상청구권을 가지는가 하는 점이 문제된 것이다. 이 중에서 판례 1은 불법행위로 인하여 모가 사망함으로써 태아가 함께 사망한 경우이고, 판례 2는 불법행위 이후에 태아가 출생한 경우이다.

☑ 검토할 사항

♦ 사람이 권리의무의 주체가 되는 시기는 언제부터 언제까지인가?

♦ 민법이 예외적으로 태아를 출생한 것으로 보는 취지는 무엇인가? 그리고 민법은 태아의 보호를 위하여 어떠한 입법주의를 취하는가?

♦ 판례 1에서 태아의 손해배상청구권을 부인한 이유는 무엇인가?

♦ 태아를 출생한 것으로 보는 경우, 태아의 법률적 지위에 관한 견해를 살피시오.

♦ 태아의 법률적 지위에 관한 견해에 따라서 실제로 법률관계에 차이가 생기는 경우는 태아인 동안에 한하는가, 아니면 태아가 출생한 경우 혹은 사산한 경우에도 차이가 생기는가?

☑ 관련사례

1) 산전 기형아검사를 통하여 태아가 정상이라고 판단되었음에도 불구하고 다운증후군의 장애를 가지고 태어난 사람이 그 산전검사를 한 의사를 상대로 출생하지 않았어야 함에도 장애를 가지고 출생한 것이 손해라는 취지로 주장할 수 있는가? (대판 1996. 6. 11. 98다22857) 〈응용〉

2) 재산상속의 선순위나 동순위에 있는 태아를 낙태한 것이 상속결격사유에 해당하는가? (대판 1992. 5. 22. 92다2177) 〈응용〉

☑ 참고문헌

♦ 김상용, 태아의 법률상의 지위, 고시연구 18권 3호(1991. 02), 124면 이하.

♦ 이화숙, 태아의 법률상의 지위, 채권법에 있어서 자유와 책임(김형배교수 화갑기념 논문집), 95면 이하, 1994.

♦ 사동천, 타인의 불법행위로 인한 태아의 손해배상: 태아가 사망한 경우를 중심으로, 중앙법학 10집 4호(2008), 33면 이하.

♦ 윤진수, 임신중절이 허용되지 않는 태아의 장애를 발견하지 못한 의사의 손해배상 책임 : 대법원 2002. 6. 25 선고 2001다66321 판결을 중심으로, 민법학의 현대적 양상: 나암 서 민교수정년기념논문집(2006. 05), 323면 이하.

♦ 이성룡, 상속결격자에 관한 구민법 제992조 제1호, 제1004조 제1호 소정의 '고의'에 '상속에 유리하다는 인식'도 필요한지 여부, 법조 41권 7호(통권430호)(92. 07), 121면 이하.

(2) 태아의 수증능력

대판 1982. 2. 9. 81다534 〈기초〉 ···

[사안] K는 1941. 6. 1. 자신의 처와 자녀들에게 재산을 분배해 주면서 이 사건

X토지를 장남인 甲(피고)과 차남 이하 아들 A·B·C 3인 및 당시 잉태중이던 乙 (원고) 등 5인에게 분할 특정하지 않은 채 증여하였다. K는 동년 9.5. 사망하였으며, 乙은 1942.1.14. 남아로 태어났다. 그런데 甲이 위 토지에 관하여 1946. 4.24. (가독)상속을 원인으로 자기 앞으로 소유권이전등기를 경료하였다가, 다시 증여를 원인으로 자신의 4남 丙(피고) 앞으로 이전등기하였다. 乙은 위 토지는 K 가 생전행위로 5인의 자식에게 증여한 재산이므로 甲이 공유지분등기를 하지 않고 (가독)상속한 것처럼 자기 앞으로 이전등기한 뒤 丙과 통정하여 가장 양도하였으니 위 각 등기는 원인무효라고 하면서, 위 양도된 등기의 말소와 동시에 5분의 1 지분에 대한 이전등기절차의 이행을 소구하였다.

[판지] 1) 원심은 태아도 그 어머니의 대리행위를 통하여 증여를 받을 능력이 있다는 전제 아래, 원고가 증여받은 위 1/5지분에 대한 지분이전등기청구를 인용하였다. 그러나 현행 민법이 태아의 권리능력에 관하여 개별주의를 취하고 있는 것과 마찬가지로, 이 사건 증여행위가 있은 당시에 시행되던 조선민사령에 의한 의용민법이나 구관습(이하, 구법이라 약칭한다) 아래에서도 태아에게는 일반적으로 권리능력이 인정되지 아니하고 손해배상청구권(위 의용민법 제721조 참조) 또는 상속 등 특별한 경우에 한하여 제한된 권리능력을 인정하였을 따름이었으며, 증여에 관하여는 태아의 수증능력을 인정하는 구법상 근거가 없다. 더욱이 증여는 구법 하에서도 증여자와 수증자 간의 계약으로서 수증자의 승낙을 요건으로 하는 것이므로 태아에 대한 증여에 있어서도 태아의 수증행위가 필요한 것인바, 구법 하에서 개별적으로 태아의 권리능력이 인정되는 경우에도 그 권리능력은 태아인 동안에는 없고 살아서 출생하면 문제된 사건의 시기까지 소급하여 그때에 출생한 것과 같이 법률상 간주되었던 것이므로, 태아인 동안에는 법정대리인이 있을 수 없고, 따라서 법정대리인에 의한 수증행위도 불가능한 것이어서 증여와 같은 쌍방행위가 아닌 손해배상청구권의 취득이나 상속 또는 유증의 경우를 유추하여 태아의 수증능력을 인정할 수 없는 것이다.

☑ 쟁   점

위 판결은 K가 乙이 태아인 상태에서 乙에게 한 증여가 유효한가 하는 점이 문제된 것이다.

☑ 검토할 사항

◆ 판결이 태아의 수증능력을 부인하는 근거는 무엇인가?

◆ 판결이 구법(의용민법 및 구 관습법)에서 태아에게 권리능력이 인정되지 않음을 근거로 원고의 청구를 배척하는 이유는 무엇인가?

◆ 현행 민법이 증여에 관하여 예외적으로 태아를 출생한 것으로 본다는 규정을 두고 있지 않음에도 해석에 의해서 태아의 수증능력을 인정하는 것은 타당한가?

◆ 만약 태아에게 수증능력이 인정되지 않는다면, K는 태아인 乙에게 위 부동산에 관한 일정 지분을 귀속시킬 방법이 없는가?

◆ K는 당시 태아였던 乙에게도 재산을 분배한다는 의사를 표시하였는데 태아의 수증능력이 부인된다면 K의 그와 같은 의사표시는 아무런 효력도 가지지 않는가?

☑ 기타 검토사항

1) 乙은 K의 X토지를 제외한 재산에 관하여 상속을 받는가?

2) K가 1946. 4. 24. 사망하였다면 甲이 K의 재산을 혼자 단독으로 상속을 받는가?

☑ 참고문헌

◆ 이기영, 태아의 수증능력, 대법원판례해설 1호, 7면 이하, 1987.

II. 행위능력

1. 제한능력자

⑴ 미성년자

㈎ 법정대리인의 동의

대판 2000. 4. 11. 2000다3095 〈기초〉 ···

[사안] A는 甲(원고)으로부터 금전을 차용하였는데 부도가 나자 도피하였다. 그리하여 甲이 A의 처 乙(원심 공동피고)에 대하여 대여금의 지급을 독촉하자, 乙 및 당시 미성년인 딸 丙(피고)이 연대하여 A의 채무를 지급하겠다고 하는 지불각서를 작성하여 甲에게 교부하였다. 이에 기해서 甲은 乙 및 丙에 대하여 위 채무의 이행을 소구하였다. 이에 대하여 丙은 위 채무지급약정 당시 미성년이었음을 이유로 이를 취소한다고 하면서 그 지급을 거절하였다. 그런데 위 각서의 작성시

乙과 丙은 함께 있었다.

[판지]　원심은, 피고 丙이 위 약정을 할 당시에 미성년자였고, 그가 법정대리인의 동의를 얻어 그와 같은 약정을 하였음에 대한 아무런 주장·입증이 없으므로, 피고 丙의 위 약정은 적법하게 취소되었다고 판단하였다. 그러나 피고 丙과 그 어머니인 乙은 위와 같은 약정을 하면서 원고에게 지불각서를 작성하여 교부하였는데, 그 당시 乙은 피고 丙과 같은 자리에 함께 있었고, 위 지불각서 다음에 주민등록등본을 첨부하였던 사실을 인정할 수 있는바, 사안이 그와 같다면 乙은 피고 丙의 위 약정의 의사표시에 대하여 법정대리인으로서 묵시적으로 동의한 것으로 볼 여지가 있다. 그렇다면 원고로서는 피고 丙의 위 약정에 대하여 법정대리인의 동의가 있었다는 점을 입증한 것으로 볼 수 있다(A는 당시 도피중이었으므로 민법 제909조 제3항이 정한 부모의 일방이 친권을 행사할 수 없을 때에 해당한다).

☑ 쟁　점

위 판결은 丙이 미성년인 상태에서 A의 채무를 연대해서 지급하겠다고 약정한 것이므로 취소할 수 있는가 하는 점이 문제된 것이다.

☑ 검토할 사항

◆ 행위능력의 의의 및 제도적 취지, 그리고 제한능력자의 행위능력의 내용을 살피시오.
◆ 행위능력과 의사능력, 책임능력──특히 정신적 판단능력의 내용──을 비교하시오.
◆ 법정대리인의 동의가 있었다는 점에 관한 주장·입증책임은 누가 지는가?
◆ 미성년자의 父 혹은 母 중 일방만이 동의한 경우, 그 동의는 유효한가? 만약 이 사안과 같이 그 일방이 도피 중이어서 동의할 수 없는 경우에는 어떠한가?

☑ 기타 검토사항

1) 형사상 반의사불벌죄에서 미성년자의 형사상 처벌불원의 의사표시에도 법정대리인의 동의가 필요한가? (대판 2009. 11. 19. 2009도6058 전합) 〈기초〉
2) 소송행위에 관해서 미성년자가 부제소합의를 한 후 성년이 된 후 3년이 이내에 그 부제소합의를 취소할 수 있는가? (대판 1989. 10. 10. 89다카1602) 〈기초〉

☑ 참고문헌

◆ 문흥안, 현행법상 무능력자보호의 제도적 한계, 채권법에 있어서 자유와 책임(김형배교수 화갑기념논문집), 127면 이하, 1994.

◆ 이병준, 행위능력이 제한된 미성년자의 법률행위에 대한 동의 및 허락, 고시계 48
권 9호(2003. 09), 79면 이하.

㈏ 미성년자가 단독으로 할 수 있는 행위

대판 2007. 11. 16. 2005다71659, 71666, 71673 〈기초〉·······················

[사안] 甲(원고)은 1982. 8. 26.생으로서, 2001. 10월부터 12월경 사이에 부모의
동의 없이 신용카드를 이용하여 가맹점으로부터 물건을 신용구매하였다. 그런데
그 당시 甲은 월 60만 원 이상의 소득을 얻고 있었으며, 구매한 물품은 대부분
식료품·의류·화장품·문구 등이었다. 신용카드회사인 乙(피고)이 甲에 대하여
신용구매한 위 물품에 대한 대금을 청구하였다. 이에 대하여 甲은 乙에 대하여
위 구매행위는 법정대리인의 동의없이 행한 것으로서 취소한다고 하면서 채무부
존재확인 및 기존에 지급된 대금의 부당이득반환의 소를 제기하였다.

[원심] 원고가 이 사건 각 신용구매계약을 취소하는 것이 신의칙에 위반된다는
이유로 원고의 주장을 배척하였다.

[판지] 가. 행위무능력자 제도는 사적자치의 원칙이라는 민법의 기본이념, 특히
자기책임 원칙의 구현을 가능케 하는 도구로서 인정되는 것이고, 거래의 안전을
희생시키더라도 행위무능력자를 보호하고자 함에 근본적인 입법취지가 있는 것인
바, 행위무능력자 제도의 이러한 성격과 입법취지 등에 비추어 볼 때, 신용카드
가맹점이 미성년자와 사이에 신용구매계약을 체결할 당시 향후 그 미성년자가 법
정대리인의 동의가 없었음을 들어 스스로 위 계약을 취소하지는 않으리라고 신뢰
하였다 하더라도 그 신뢰가 객관적으로 정당한 것이라고 할 수 있을지 의문일 뿐
만 아니라, 그 미성년자가 가맹점의 이러한 신뢰에 반하여 취소권을 행사하는 것
이 정의관념에 비추어 용인될 수 없는 정도의 상태라고 보기도 어려우며, 미성년
자의 법률행위에 법정대리인의 동의를 요하도록 하는 것은 강행규정이라 할 것인
데, 위 규정에 반하여 이루어진 신용구매계약을 미성년자 스스로 취소하는 것을
신의칙 위반을 이유로 배척한다면, 이는 오히려 위 규정에 의해 배제하려는 결과
를 실현시키는 셈이 되어 미성년자 제도의 입법취지를 몰각시킬 우려가 있다고
할 것이므로, 법정대리인의 동의 없이 신용구매계약을 체결한 미성년자가 사후에
법정대리인의 동의 없음을 사유로 들어 이를 취소하는 것이 신의칙에 위반된 것
이라고 할 수 없음은 상고이유에서 주장하는 바와 같다. 나. 그러나 미성년자가

법률행위를 함에 있어서 요구되는 법정대리인의 동의는 언제나 명시적이어야 하는 것은 아니고 묵시적으로도 가능한 것이며, 한편 민법은, 범위를 정하여 처분을 허락한 재산의 처분 등의 경우와 같이 행위무능력자인 미성년자가 법정대리인의 동의 없이 단독으로 법률행위를 할 수 있는 예외적인 경우를 규정하고 있고, 미성년자의 행위가 위와 같이 법정대리인의 묵시적 동의가 인정되거나 처분허락이 있는 재산의 처분 등에 해당하는 경우라면, 미성년자로서는 더 이상 행위무능력을 이유로 그 법률행위를 취소할 수는 없다고 할 것이다. 그리고 이 경우 묵시적 동의나 처분허락이 있다고 볼 수 있는지 여부를 판단함에 있어서는, 미성년자의 연령·지능·직업·경력, 법정대리인과의 동거 여부, 독자적인 소득의 유무와 그 금액, 경제활동의 여부, 계약의 성질·체결경위·내용, 기타 제반 사정을 종합적으로 고려하여야 할 것이고, 위와 같은 법리는 묵시적 동의 또는 처분허락을 받은 재산의 범위 내라면 특별한 사정이 없는 한 신용카드를 이용하여 재화와 용역을 신용구매한 후 사후에 결제하려는 경우와 곧바로 현금구매하는 경우를 달리 볼 필요는 없다고 할 것이다. 다. 기록에 의하면, 원고는 1982. 8. 26.생으로서 이 사건 각 신용구매계약 당시 성년에 거의 근접한 만 19세 2개월 내지 4개월[2013. 7. 1. 이후 개정민법 시행으로 미성년 연령이 19세 미만으로 됨]에 이르는 나이였고, 당시 경제활동을 통해 월 60만원 이상의 소득을 얻고 있었으며, 이 사건 각 신용구매계약은 대부분 식료품·의류·화장품·문구 등 비교적 소규모의 일상적인 거래행위였을 뿐만 아니라, 그 대부분이 할부구매라는 점을 감안하면 월 사용액이 원고의 소득범위를 벗어나지 않는 것으로 볼 수 있는바, 이러한 제반 사정을 종합하면, 원고가 당시 스스로 얻고 있던 소득에 대하여는 법정대리인의 묵시적 처분허락이 있었고, 이 사건 각 신용구매계약은 위와 같이 처분허락을 받은 재산범위 내의 처분행위에 해당한다고 볼 수 있다 할 것이다. 라. 따라서 원심이 원고가 이 사건 각 신용구매계약을 취소하는 것이 신의칙에 위반된다는 이유로 원고의 위 주장을 배척한 것은 신의칙에 관한 법리를 오해한 것이라 할 것이나, 이 부분에 관한 원고의 본소청구를 배척하고 피고의 반소청구를 인용한 결론에 있어서는 정당하므로, 결국 판결에 영향을 미친 위법이 있다고 할 수는 없다.

☑ 쟁   점

위 판결은 미성년자가 법정대리인의 동의 없이 신용카드로 가맹점과 물품구매계약을
체결하였는데, 그 미성년자가 경제활동을 통하여 소득을 얻고 있었으며 구입한 물품
이 대부분 비교적 소규모의 일상적인 생활용품이고 그 구입액이 자신의 월 소득액의
범위 내인 경우, 미성년자는 그 계약을 취소할 수 있는가 하는 점이 문제된 것이다.

☑ 검토할 사항

◆ 법정대리인이 미성년자에게 동의를 하거나 처분을 허락함에 있어서 그 동의나 허
  락은 명시적으로 해야 하는가?
◆ 위 판결이 甲의 청구를 배척한 근거는 무엇인가?
◆ 미성년자 스스로 자신이 단독으로 행한 법률행위를 취소할 수 있는가?
◆ 미성년자가 스스로 법정대리인의 동의없이 단독으로 법률행위를 하고, 법정대리인
  의 동의 없음을 이유로 그 행위를 취소하는 것은 신의칙에 반하는가?

☑ 관련사례

1) 미성년자가 고용계약을 맺고 노무를 제공하였으나 사용주가 임금을 지급치 않는
   경우, 미성년자는 단독으로 사용주에 대하여 임금의 지급을 청구할 수 있는가? (대
   판 1981. 8. 25. 80다3149) 〈기초〉
2) 미성년자는 생부(生父)에 대하여 인지 및 부양료의 지급을 청구할 수 있는가? (대
   판 1972. 7. 11. 72므5) 〈응용〉

☑ 기타 검토사항

1) 만약 甲이 구입한 물품이 소득액을 초과하는 비일상적인 고액의 물품이라면 어떠
   한가?
2) 甲이 가맹점과의 물품거래행위가 아니라 신용카드회사 乙과의 신용카드 이용계약
   자체를 법정대리인의 동의없이 체결한 경우에, 그러한 계약을 취소할 수 있는가?
   (대판 2005. 4. 15. 2003다60297) 〈응용〉
3) 만약 甲의 취소가 인정된다면, 甲은 물품대금을 전적으로 지급하지 않아도 되는
   가? (대판 2005. 4. 15. 2003다60297) 〈응용〉

☑ 참고문헌

◆ 양창수, 미성년자가 단독으로 할 수 있는 법률행위, 고시연구 21권 8호(1994. 07),
  169면 이하.
◆ 장수영, 미성년자가 법정대리인의 동의 없이 체결한 신용구매계약의 취소 및 그 제
  한, 민사판례연구 31권(2009. 2.), 1면 이하.

㈐ 미성년자 상대방의 보호

대판 1971. 6. 22. 71다940 〈기초〉 ·······································

[사안]   미성년자 甲(원고)과 A는 乙(피고)로부터 석유난로를 외상으로 공급받아
이를 판매하는 사업을 동업하기로 하였는데, 乙과 계속적인 거래를 하려면 외상
대금채무의 확보를 위하여 乙에게 적당한 담보물을 제공하여야 했다. 그리하여
甲은 乙에게 그 담보로서 자신이 소유하는 이 사건 부동산에 근저당권설정등기를
하여 주었다. 그런데 甲과 A는 甲이 미성년자라는 사실을 乙이 알면 乙이 甲과의
근저당권설정계약 체결을 거부할 것이 명백하므로, 乙로 하여금 甲을 성년자로
믿게 하기 위하여 미리 동사무소 직원과 통정하여 甲의 생년월일을 허위로 기재
한 인감증명을 교부받아 이를 乙에게 제시하였다. 그런데 甲은 그 후에 미성년을
이유로 위 근저당권등기의 말소를 소구하였다.

[판지]   원고는 피고로 하여금 원고를 성년자로 오신케 하여 이 사건 근저당권
설정계약을 체결한 것이므로, 근저당권설정계약의 의사표시를 취소할 수 없다.

☑ 쟁   점

위 판결은 무능력자가 사술을 써서 자신을 능력자로 믿게 한 경우에도 취소할 수 있
는가 하는 점이 문제된 것이다.

☑ 검토할 사항

1) 제17조가 무능력자가 사술을 쓴 경우에 취소할 수 없다고 규정하고 있는데, 그 입
   증책임은 누구에게 있는가? (대판 1971. 12. 14. 71다2045) 〈기초〉

☑ 관련사례

1) 무능력자가 상대방으로 하여금 자신을 능력자로 믿게 하기 위하여 단순히 자기가
   능력자라고 거짓말한 경우, 혹은 스스로 사장이라고 말하고 아울러 그와 동석한 사
   람이 미성년자를 회사의 사장이라고 호칭한 경우에도 위 규정에서 말하는 사술에
   해당하여 취소할 수 없는가? (대판 1971. 12. 14. 71다2045) 〈기초〉

☑ 참고문헌

◆ 권용우, 무능력자의 사술과 취소권의 배제, 월간고시 19권 7호(1992. 06), 130면 이
  하.

(2) 피성년후견인(금치산자)

대판 1992. 10. 13. 92다6433 〈응용〉 ·······································

[사안] A는 1989. 11. 5. 가출하여 甲(원고)에게 자신 소유의 건물을 매각하고 이전등기를 경료하였다. 이에 기해서 甲이 위 건물에 거주하는 A의 처 乙 및 자녀 丙 등(피고)에 대하여 건물의 명도를 소구하였다. 이에 대하여 乙·丙 등은 A가 의사무능력상태에서 가출하여 위와 같은 매매계약을 체결하고 이전등기를 한 것이므로 이는 무효이거나, 혹은 A는 위 매매계약을 할 때 심신상실 내지 심신미약상태에 있었으므로 乙이 그의 법정후견인이 되고 따라서 乙이 위 매매계약을 취소한다고 주장하면서 甲의 청구를 거절하였다. 그런데 A는 다소 심한 의처증과 가족들에 대한 의심증 때문에 가족들 모르게 위 건물을 시세보다 상당히 헐하게 甲에게 팔아치웠던 것이고, 그 후 乙 등이 법원에 A가 심신상실상태에 있다 하여 그에 대한 금치산선고를 신청하였으나, 단지 심신이 박약한 상태에 불과하다는 이유로 1991. 8. 20.에 한정치산선고가 내려졌다.

[판지] 이 사건 매매계약 당시 A가 의사무능력상태에 있었으므로 위 계약이 무효라는 피고들의 항변을 인정할 증거가 부족하다 하여 이를 배척한 원심은 정당하다. 그리고 표의자가 법률행위 당시 심신상실이나 심신미약상태에 있어 금치산 또는 한정치산선고를 받을 만한 상태에 있었다고 하여도 그 당시 법원으로부터 금치산 또는 한정치산선고를 받은 사실이 없는 이상 그 후 금치산 또는 한정치산선고가 있어 그의 법정대리인이 된 자는 금치산 또는 한정치산자의 행위능력 규정을 들어 그 선고 이전의 법률행위를 취소할 수 없다.

☑ 쟁   점

위 판결은 정신능력이 다소 낮으나 금치산 혹은 한정치산선고를 받지 않은 자가 단독으로 행한 행위는 취소할 수 있는가 하는 점이 문제된 것이다.

☑ 검토할 사항

◆ 2013. 7. 1. 개정민법 시행으로 금치산제도가 폐지되고, 성년후견제도가 시행되었는데, 위의 경우에 A가 한정치산선고 대신에 한정후견심판을 받았다고 하더라도 동일한가?

◆ 금치산선고(또는 성년후견심판)를 받은 경우 소송의 제기는 어떻게 할 수 있는가?

◆ 금치산자와 피성년후견인의 법적 지위를 비교하여 검토해 보시오.

☑ 기타 검토사항

1) 식물인간 상태여서 성년후견심판을 받은 사람(피성년후견인)이 배우자를 상대로 이혼소송을 제기할 수 있는가? (대판 2010. 4. 29. 2009므639) 〈응용〉

☑ 참고문헌

◆ 이원범, 의사무능력 상태에 있는 금치산자의 재판상 이혼 청구의 가부 및 금치산자의 이혼의사를 객관적으로 추정하기 위하여 고려할 사항, 대법원판례해설 83호 (2010 상반기) 703면 이하.

(3) 의사무능력자

대판 2002. 10. 11. 2001다10113 〈기초〉 ·

[사안] 甲(원고)은 1997. 1. 14. 동네 사람인 A와 함께 조합 乙(피고)을 방문하여 2,000만원을 대출받고 이를 담보하기 위하여 자신이 거주하는 주택 및 그 대지에 대하여 근저당권을 설정하고, 같은 해 2. 25. 역시 동네 사람인 B와 함께 乙 조합을 방문하여 3,000만원을 대출받고 이를 담보하기 위하여 자신 소유의 밭에 대하여 근저당권을 설정하였다. 그런데 甲은 어릴 때부터 지능지수가 낮아 정규 교육을 받지 못한 채 가족의 도움으로 살아 왔으며, 자신의 명의로 이 사건 주택과 그 대지·전 등을 소유하고 있지만 이들 부동산의 관리는 동생인 A가 甲을 대리하여 행해왔다. 그리고 甲은 이 사건 계약 당시 의사로부터 정신과적 진단을 받은 적은 없지만, 그로부터 1년 6개월 후 정신병원에서 실시한 검사 결과 지능지수는 64, 일상생활 속에서의 실제 지능수준을 반영하는 사회연령은 5세 4개월에 불과하여 교육 및 취업이 불가능하다는 진단을 받았으며, 이 사건 계약일 2년 8개월 후 실시된 신체감정 결과 지능지수는 73, 사회연령은 6세 수준으로서 이름을 정확하게 쓰지 못하고, 시계를 볼 줄 모르며, 간단한 셈도 불가능한 정도였다. 甲은 위 근저당권설정계약을 체결할 당시 의사무능력자였으므로 그 계약은 무효라고 하면서 위 근저당권등기의 말소를 소구하였다.

[판지] 의사능력이란 자신의 행위의 의미나 결과를 정상적인 인식력과 예기력을 바탕으로 합리적으로 판단할 수 있는 정신적 능력 내지는 지능을 말하는 것으로서, 의사능력의 유무는 구체적인 법률행위와 관련하여 개별적으로 판단되어야

할 것이다. 원고는 이 사건 계약일 무렵 그 지능지수는 70 정도이고, 사회연령은 6세 정도에 불과하며, 읽기·쓰기·계산능력을 제대로 갖추지 못한 상태였다고 볼 여지가 있는바, 이러한 원고의 지능지수와 사회적 성숙도에다가, 장애인복지법상 지능지수 70 이하의 사람을 정신지체인(정신장애자)으로서 보호의 대상으로 삼고 있는 점, 원고가 대출받은 금원이 5,000만원으로서 결코 소액이라고 할 수 없는 점, 계약관계자들은 모두 면 지역의 동네 사람들로서 원고의 정신상태를 알 만한 처지라는 점을 보태어 보면, 원고가 이 사건 계약 당시 5,000만원이라는 금액을 대출받고 이에 대하여 자기 소유의 부동산을 담보로 제공함으로써 만약 대출금을 변제하지 못할 때에는 근저당권의 실행으로 인하여 그 소유권을 상실할 수 있다는 일련의 법률적인 의미와 효과를 이해할 수 있는 의사능력을 갖추고 있었다고는 볼 수 없고, 따라서 이 사건 계약은 의사능력을 흠결한 상태에서 체결된 것으로서 무효라고 보아야 할 것이다. 비록 원고가 이 사건 계약 당시 직접 피고 조합을 방문하여 일부 서류에 서명·날인하였다고 하더라도, 이를 가지고 원고가 그 행위의 법률적 의미와 효과까지 이해하였다고 볼 수도 없다.

☑ 쟁 점

위 판결은 한정치산 혹은 금치산선고를 받지 않았으나 지능지수가 낮아 자신의 행위의 법률적 의미와 효과를 이해하지 못하는 사람이 행한 행위의 효력이 문제된 것이다.

☑ 검토할 사항

◆ 의사능력의 의의 및 의사능력이 없는 자의 행위를 무효로 하는 근거를 살피시오.
◆ 의사능력과 행위능력의 관계를 살피시오.

☑ 관련사례

1) 의사무능력자가 사실상의 후견인의 보조를 받아 대출계약을 체결하고 자신 소유의 부동산에 관하여 근저당권을 설정한 경우, 그의 특별대리인이 위 대출계약 및 근저당권설정계약의 무효를 주장하는 것이 신의칙상 허용될 수 없는가? (대판 2006. 9. 22. 2004다51627) 〈응용〉

2) 지능지수가 58로서 경도의 정신지체 수준에 해당하는 38세의 정신지체 3급 장애인이 2,000만 원이 넘는 채무에 대하여 연대보증계약을 체결한 경우 그 연대보증계약은 유효한가? (대판 2006. 9. 22. 2006다29358) 〈기초〉

3) 의사무능력자가 자신이 소유하는 부동산에 근저당권을 설정해 주고 금융기관으로

부터 금원을 대출받아 이를 제3자에게 대여한 사안에서, 금융기관은 의사무능력자에게 대출금 청구를 하여야 하는가? 아니면 다른 유형의 청구를 하여야 하는가? (대판 2009. 1. 15. 2008다58367) 〈심화〉

☑ 참고문헌

◆ 조한창, 의사능력의 흠결과 법률행위의 무효, 대법원판례해설 42호, 135면 이하, 2003.

◆ 이준현, 의사무능력자의 법률행위, 인권과 정의 404호(2010. 4.), 94면 이하

2. 법정대리인

🌑 판례 1

대판 1989. 10. 10. 89다카1602, 1619 〈응용〉·····································

[사안] A는 1972. 5. 30. 이 사건 부동산을 미성년의 아들 甲(원고, 1966. 3. 15. 출생)(및 D)에게 증여하고, 그 날 마침 그 자리에 동석하였던 乙(피고)에게 수증자인 甲을 위하여 甲이 성년이 될 때까지 소유명의를 신탁 받고 甲이 성년이 되면 그에게 소유명의를 넘겨주라고 부탁하고 인감증명서 등 등기절차에 필요한 서류를 교부하였다. 이에 기해서 乙은 위 부동산에 관하여 자신의 이름으로 소유권이전등기를 마쳤다. A는 얼마 후 사망하였으며, 그의 처(甲의 생모) B는 A가 사망한 이후인 1974. 7. 30. C와 혼인하였다. B는 1975년 이후 乙에게 끊임없이 위 부동산 명의의 반환을 요구하여 오다가, 1983. 5. 14.에 이르러 그간 乙로부터 융통한 바 있던 100만원 외에 추가로 500만원을 교부받고 乙의 요구에 따라 위 금원으로 위 부동산에 관한 매매대금이 청산되는 것으로 보기로 하고, 甲을 대리해서 甲이 위 부동산에 관하여 이후 민·형사상의 이의를 제기하지 않기로 하는 취지의 약정서를 작성하였다. 甲은 1987. 6. 19.에 위 약정 당시 미성년자였음을 이유로 약정을 취소한다고 하면서, 乙에 대하여 위 부동산에 관하여 이전등기의 이행을 소구하였다. 이에 대하여 乙은 B가 甲의 후견인으로서 위 부제소합의를 하였으므로 甲은 이를 취소할 수 없다고 항변하였다.

[판지] 원고는 위 합의 당시 행위무능력자[제한능력자]이고, 생모 B는 위와 같이 재혼함으로서 친권을 상실한 자라고 할 것이고, 설사 B가 원고에 대한 후견인의 지위에서 피후견인인 원고의 이 사건 부동산 지분에 관한 권리의 득실변경을 목

적으로 하는 행위를 동의하거나 이를 대리하는 취지로 위 부제소합의를 하게 된
것이라고 하더라도 이에 관하여 친족회의 동의를 얻었음에 대한 아무런 주장, 입
증이 없고, 이 부제소합의는 원고가 성년에 달한 후 3년 이내인 1987. 6. 19. 원
고에 의하여 적법하게 취소된 것이므로, 원·피고 간에 유효한 부제소합의가 있
음을 전제로 한 피고의 항변은 이유가 없다.

● **판례 2**

대판 1994. 4. 29. 94다1302 〈응용〉 ··

[사안] A는 B와 혼인하여 1972. 3. 1. 甲(원고)을 출생하였는데, 그 후 B와 협의
이혼하였으며, 1986. 9. 21. 사망하였다. 그리하여 甲이 A의 단독상속인이 되었다.
그런데 A의 아버지인 C가 A의 사망 후 A의 소유로 등기되어 있던 이 사건 부동
산에 관하여 A의 명의로 이전등기신청에 소요되는 서류들을 작성하여 乙(피고)
앞으로 소유권이전등기를 경료하였으며, 그 후 위 등기에 터잡아 丙(피고) 앞으로
소유권이전등기가 경료되었다. B는 1991. 3. 29. C가 A명의의 서류들을 위조하여
위 부동산을 권한 없이 처분하였다는 혐의로 C 및 乙을 고소하였는데, 그 수사가
진행중이던 5. 13. C와 사이에서 C로부터 甲에 대한 학비보조금 명목으로
12,000,000원을 6. 30.까지 지급받기로 약정한 다음 위 고소를 취소하였으며, C
는 1992. 1. 23. 위 약정한 금원(및 그 동안의 지연이자)를 B에게 지급하였다. 그
후 甲은 한편으로 乙 명의의 소유권이전등기는 C가 A의 사망 후 아무런 권한 없
이 A 명의로 등기신청을 하여 이루어진 것으로서 원인무효의 등기이고, 이에 터
잡아 이루어진 丙 명의의 소유권이전등기 역시 원인무효의 등기로서 말소되어
야 한다고 하고, 다른 한편으로 C가 위 처분행위를 함에 있어서 민법 제950조
제1항 제3호에 의한 친족회의 동의가 없었으므로 같은 조 제2항에 따라 위 처분
행위를 취소한다고 하면서, 乙·丙에 대하여 등기말소를 소구하였다. 참고로
1981년 A가 위 부동산을 취득할 당시의 이의 매수가격은 12,600,000원 정도이
고, 1988. 5.경 乙이 이를 丙에게 처분할 당시의 그 매도가격은 20,000,000원 정
도이다.

[판지] 1) 원심은 원고의 위 주장에 대하여, 1990. 1. 13. 개정되기 이전의 민법
제909조 제5항에 의하면, 부모가 이혼한 경우에 그 모는 전혼인 중에 출생한 자

의 친권자가 되지 못한다고 규정하고 있어, A가 사망함에 따라 원고에 대하여는 친권자가 없게 되어 민법 제928조, 제932조, 제935조의 각 규정에 의하여 조부인 C가 원고의 후견인으로서 원고의 재산을 관리하고 그 재산에 관한 법률행위에 대하여 원고를 대리하게 되었으므로, 원고의 후견인인 C가 원고의 재산인 이 사건 부동산에 관하여 피고 乙 앞으로 소유권이전등기를 경료하여 준 이상 C의 이러한 처분행위는 피후견인인 원고를 대리하여 한 행위로서 원고에 대하여 그 효과가 발생한다고 보아야 할 것이라고 판단하여 원고의 위 주장을 배척하였다. 미성년자의 법정대리인의 법률행위는 미성년자를 위하여 한 행위로 추정된다 할 것이므로, 이와 반대되는 증거가 없는 이 사건에 있어서 같은 취지에서 C의 위 처분행위가 피후견인인 원고를 대리하여 한 행위로서 원고에 대하여 그 효과가 발생한다고 판단한 원심의 조치는 정당한 것으로 수긍이 간다.

2) 1991. 1. 1.부터 개정된 민법이 시행되면서 이혼한 모의 친권제한에 관한 위 제909조 제5항이 삭제되고, 부칙 제9조에서 "구법에 의하여 개시된 친권에 관하여도 이 법 시행일부터 이 법의 규정을 적용한다"고 규정됨으로써 이혼으로 인하여 모가 친권을 상실하고 후견이 개시된 경우라도 위 개정된 민법의 시행일부터는 모의 친권이 부활되어 모가 전혼인 중의 자에 대하여 친권자로 되고 후견인의 임무는 종료된다고 보아야 할 것이므로, 같은 취지에서 B가 원고의 모로서 1991. 1. 1.부터 원고에 대하여 친권을 행사할 수 있게 되었다고 판단한 원심의 조치는 정당하다.

3) B는 원고의 친권자로서 원고의 학비보조금으로 12,000,000원을 C로부터 지급받은 대신에 동인의 위 처분행위를 추인하였다고 봄이 상당하고, 일단 추인된 법률행위는 이를 다시 취소할 수 없는 것이라고 판단하여 C가 위 처분행위를 함에 있어서 민법 제950조 제1항 제3호에 의한 친족회의 동의가 없었으므로 같은 조 제2항에 따라 위 처분행위를 취소한다는 원고의 주장을 배척한 조치는 정당하다.

☑ 쟁 점

위의 두 판결은 미성년자 甲의 모친 B가 재혼 후에 甲의 대리인으로서 행한 행위──판례 1에서는 甲이 취득할 재산의 포기약정 및 부제소합의, 판례 2에서는 甲의 재산의 편취행위에 대한 추인──를 甲이 취소할 수 있는가 하는 점이 문제된 것이다.

☑ **검토할 사항**

◆ 위의 두 사건에서 B의 지위는 어떠한가?

◆ 친권자가 자의 행위를 대리하는 경우와 후견인이 위와 같은 행위를 하는 경우에 어떠한 차이가 있는가?

◆ B가 父 A의 사망 후 재혼한 경우에, B는 여전히 甲의 친권자인가 아니면 후견인이 되는가?

◆ 후자의 사건에서 C가 행한 甲의 부동산의 무단 처분행위의 원래의 효력은 어떠한 가?

◆ 후자의 사건에서 만약 B가 1991. 1. 1. 이전에 위와 같은 행위를 하였다면 그 효력 은 어떻게 될 것인가?

☑ **관련사례**

1) 식물인간 상태의 의사무능력자인 피성년후견인(금치산자)의 어머니가 민사소송법 상 특별대리인으로 선임되어 피성년후견인(금치산자)을 대리하여 성년후견인인 배 우자를 상대로 이혼소송을 제기하고, 그 후 그 어머니가 후견인으로 개임되어 이혼 소송을 수행하는 것이 가능한가? (대판 2010. 4. 8. 2009므3652) 〈응용〉

☑ **기타 검토사항**

1) 법정대리인이 미성년자를 대리해서 그의 재산을 처분하거나 혹은 제3자가 행한 처분행위를 추인하는 경우, 그 처분행위 혹은 추인행위의 목적——즉 예컨대 미성 년자의 경제적 이익을 위하여 하였는가 아니면 자신의 이익을 위하여 하였는가 하 는 점——이 그 행위의 효력에 영향을 미치는가? (대판 2002. 1. 11. 2001다65960, 대판 1993. 4. 13. 92다54524) 〈응용〉

2) 법정대리인이 자신의 이익을 위하여 미성년자의 재산을 처분하는 것을 방지하기 위한 법적 조치로는 어떠한 것이 있는가? (대판 1997. 1. 24. 96다43928) 〈기초〉

☑ **참고문헌**

◆ 윤진수, 친권자와 자녀 사이의 이해상반행위 및 친권자의 대리권 남용, 민사재판의 제문제 11권(2002. 12), 733면 이하.

◆ 김상용, 소위 「친권행사자론」에 대한 비판적 고찰, 가족법연구 11호, 253면 이하, 1997.

◆ 이희배, 단독 친권행사자가 사망한 경우, 생존친의 친권행사권능의 부활 여부와 친 권상실의 사유, 가족법연구 10호, 351면 이하, 1996.

◆ 최진섭, 재혼부모의 사망 및 이혼에 따른 자녀보호의 법적 문제점, 가족법연구 11 호, 281면 이하, 1997.

Ⅲ. 부재 및 실종

1. 부재자의 재산관리

(1) 부재자 재산관리인의 지위

❖ 법정대리인의 동의

대결 1976. 12. 21. 75마551 〈응용〉 ···

[사안] 부재자 甲(재항고인, 신청인)의 재산관리인 A는 甲 소유였던 본건 잔류
부동산에 대하여 1963. 6. 4. 법원으로부터 매각처분 허가를 받았다. 이에 기해서
A는 1965. 11. 25. 주식회사 B의 C은행에 대한 채무의 담보로 위 부동산에 관하
여 근저당권설정등기를 경료하였다. C은행이 위 근저당권에 기하여 위 부동산에
대한 임의경매를 신청하여 경매절차가 개시되었다. 그러자 甲이 위 경매개시결정
에 대한 이의신청을 제기하였다.

[판지] 원심은 본건 부재자 재산관리인이 부재자 재산에 대한 법원의 매각허가
를 받아 이를 매각치 않고 타인의 채무의 담보를 위하여 이에 근저당권을 설정하
는 경우에는 따로이 위 근저당권 설정에 관한 허가를 받을 필요가 없고 이 허가
를 받지 아니하였다 하여 동 근저당권설정행위가 권한 없이 행하여진 것이라 볼
수 없을 뿐 아니라 이를 반사회적 행위라고 볼 수도 없다는 취지에서, 본건 부동
산에 관한 임의경매개시결정에 대하여 신청인(재항고인)의 이의신청 기각결정에
대한 항고를 이유 없다고 하여 이를 배척하고 있다. 그러나 부재자 재산관리제도
의 취지는 부재자 재산관리인으로 하여금 부재자의 잔류재산을 본인의 이익과 더
불어 사회경제적 이익을 기하고 나아가 잔존배우자와 상속인의 이익을 위하여 관
리케 하고 귀래(歸來)하는 부재자 본인 또는 그 상속인에게 그 관리해 온 재산
전부를 인계케 하는 데 있다 할 것이며, 법원이 선임한 부재자 재산관리인은 부
재자 본인의 의사에 의하는 것이 아니라 법률에 규정된 자의 청구로 법원에 의하
여 선임되는 일종의 법정대리인으로서 법정위임관계가 있다 할 것이니 모름지기
위 취지에 따른 선량한 관리자의 주의의무로서 그 직무수행을 하여야 할 것이므
로 그 관리행위는 부재자를 위하여 그 재산을 보존·이용·개량하는 범위로 한정
된다 할 것이고, 위 범위를 넘는 법원의 허가를 얻어야 하는 처분행위에 있어서

도 그 행위는 부재자를 위하여 (위와 같은) 범위에 한정된다 할 것이다. 그런데 위 근저당권설정에 있어서 부재자와 B와의 사이에는 채권채무 등 아무런 관련도 없으며 순전히 B의 C은행에 대한 채무의 담보만을 부담하는 것이므로 그러한 처분은 부재자를 위한 것으로 볼 수 없으며, 뿐만 아니라 이는 부재자를 위하는 뜻에서 한 본건 법원의 처분허가 취지에도 어긋나는 것이다. 따라서 본건 부재자 재산관리인의 위 근저당권설정행위는 그 허용된 권한을 넘는 무효의 처분이라 할 것이다. 또한 본건 처분행위의 상대방에 있어서 부재자 재산관리인이 법원의 매각처분허가를 얻었다 하더라도 위와 같이 부재자와 아무런 관계가 없는 남의 채무의 담보만을 위하여 부재자 재산에 근저당권을 설정하는 행위는 보통 있을 수 없는 드문 처사라 할 것이니, 통상의 경우 객관적으로 그 행위가 부재자를 위한 처분행위로서 당연하다고는 경험칙상 쉽사리 볼 수 없는 처사라 할 것이므로, 달리 그 권한 있는 것으로 믿음에 잘못이 없다고 인정되는 정당한 이유가 있다면 모르거니와 그렇지 않다면 그 권한 있다고 믿음에 있어 선의 무과실이라 할 수 없을 것이다. 그렇다면 원심으로서는 위 설시사항 등을 마땅히 살펴야 함에도 불구하고 이에 이르지 않고 위와 같이 판단하였음은 필경 심리미진 이유불비이거나 부재자 재산관리 제도의 취지 내지 처분행위의 범위와 권한을 넘는 표현대리에 관한 법리를 오해한 잘못이 있다 할 것이다.

☑ 쟁 점

　위 판결은 부재자재산관리인이 부재자의 부동산을 매각처분하는 데 관하여 법원의 허가를 받고는, 부재자와 사이에 채권채무 등 아무런 관련이 없는 제3자의 채무를 담보하기 위하여 위 부동산에 근저당권을 설정시킨 경우, 그 행위가 유효한가 하는 점이 문제된 것이다.

☑ 검토할 사항

◆ 부재자 재산관리제도의 취지를 살피시오.

◆ 부재자의 재산관리인의 지위와 권한, 특히 대리인과의 차이를 살피시오.

◆ 위 판결이 부재자의 재산관리인이 부재자의 부동산에 관하여 법원으로부터 매각처분의 허가를 받고는 그와 달리 위 부동산에 부재자와는 아무 관련이 없는 제3자의 채무를 담보하기 위하여 저당권을 설정한 경우, 이를 재산관리인의 권한에 속하지 않는다고 한 근거는 무엇인가?

◆ 위 판결이 근저당권자가 재산관리인에게 근저당권설정행위에 관한 권한이 있다고 믿은 데 정당한 이유가 있는 경우(즉 선의 무과실)에는 근저당권이 유효가 된다고 하는 의미는 무엇인가? 그리고 근저당권자에게 그러한 믿음에 정당한 이유가 없다고 한 근거는 무엇인가?

☑ 관련사례

1) 부재자 A의 가족으로는 모와 처가 있었는데, 모가 A의 부동산을 제3자인 B에게 매각하였다가(매수인 B는 모가 A의 상속인이 될 자로 알고 그와 매매계약을 체결하였던 것임) 후에 매수인 B의 지적과 조언에 따라 처가 부재자의 재산관리인으로 선임받고 또 위 처분행위에 관하여 법원의 허가를 받은 경우, 처는 위의 부동산매매계약이 법원의 허가 없이 행해진 것임을 이유로 매수인의 등기청구를 거절할 수 있는가? (대판 1982. 12. 14. 80다1872, 1873) 〈응용〉

2) 부재자 A의 재산관리인 B가 C에게 A의 부동산을 처분한 후 법원의 허가를 얻어 주기로 약정하였는데 B가 법원의 허가신청을 이행하지 않는 경우, C는 B에 대하여 허가신청절차의 이행(이와 아울러 A에 대하여 위 부동산에 관한 이전등기의 이행)을 소구할 수 있는가? (대판 2000. 12. 26. 99다19278) 〈심화〉

☑ 기타 검토사항

1) 부재자의 재산관리인에 의하여 소송절차가 진행되던 중 부재자 본인에 대한 실종선고가 확정되면 그 소송은 어떻게 되는가? (대판 1987. 3. 24. 85다카1151) 〈응용〉

2) 부재자의 재산관리인이 법원의 허가 없이 권한을 초과하여서 부동산 매매계약을 체결하였는데, 그 상대방인 매수인이 소유권이전등기청구소송을 제기하였으나 법원의 허가를 받지 아니한 매매여서 무효라는 이유로 청구가 기각되어 확정된 후 위 권한 초과행위에 대해 법원의 허가를 받으면 매수인이 다시 위 매매계약에 기한 소유권이전등기청구의 소를 제기할 수 있는가? (대판 2002. 1. 11. 2001다41971) 〈응용〉

☑ 참고문헌

◆ 최공웅, 부재자재산관리인의 처분권한 초과행위와 표현대리, 민사판례연구 1권, 11면 이하, 1979.

◆ 변진장, 부재자의 재산관리제도, 재판자료 18집, 175면 이하, 1983.

(2) 부재자의 사망확인과 재산관리인의 권한

대판 1971. 3. 23. 71다189 〈응용〉 ······························

[사안] 본건 임야는 A의 소유였는데, A가 1949년경 행방불명되어 그의 어머니
인 B가 법원의 결정에 의하여 A의 부재자 재산관리인에 선임되어 그 임야를 관
리하여 왔으며, 그러던 중 1968. 9. 19. A의 사망이 확인되었다. 그리하여 A의 처
C와 아들 D, 딸 E 등이 위 임야를 공동상속하게 되었다. 그런데 B는 A의 사망
이 확인된 후인 1969. 1. 5. A의 부재자 재산관리인 자격으로 법원의 초과행위 허
가를 받고 위 임야를 F에게 매도하고 소유권이전등기를 경료하였다. 이에 甲(원
고)은 위 등기의 원인인 매매는 당연무효라고 하면서 이의 말소를 소구하였다.

[판지] 법원의 결정으로서 부재자의 재산관리인에 선임된 자는 그 부재자의 사
망이 확인된 후라 할지라도 그에 대한 부재자관리인 선임결정이 취소되지 않는
한 그 관리인으로서의 권한이 소멸되는 것은 아니며, B에 대한 부재자 재산관리
인 선임결정은 아직 취소되지 않았다. 그러므로 원고의 청구는 부당하다.

☑ 쟁   점

위 판결은 부재자의 사망사실이 드러나자 부재자의 재산관리인이 법원의 허가를 받
아 부재자의 재산을 처분한 경우, 그 처분행위의 효력이 문제된 것이다.

☑ 검토할 사항

◆ 부재자의 사망사실이 확정된 경우, 그러한 사실만으로 당연히 재산관리인의 권한이
소멸되는가?

◆ 부재자의 사망사실이 확정되어 법원이 부재자 재산관리인의 선임을 취소한 경우,
그 취소는 소급효를 가지는가?

◆ 부재자 재산관리인의 권한은 부재자의 재산의 관리 혹은 처분(법원의 허가 필요)에
관한 것이다. 그런데 부재자의 사망이 확인됨으로써 부재자의 재산은 상속인에게
귀속된다. 그렇다면 위의 경우에 부재자의 재산관리인은 부재자가 아니라 그의 상
속인의 부동산을 처분한 것이 된다. 그럼에도 판결이 그러한 처분행위를 유효라고
한 근거는 무엇인가?

◆ 앞의 대결 1976. 12. 21. 75마551은 부재자 재산관리제도의 취지에서 볼 때 재산관
리인의 권한은 법원의 허가를 얻어 처분행위를 함에 있어서도 부재자를 위하여 그
재산을 보존·이용·개량하는 범위로 한정된다고 한다. 그렇다면 부재자의 사망이
확인되어 재산관리인이 그러한 사정을 알면서도 법원의 허가를 받고 부재자의 재

산(법적으로 이미 부재자의 상속인에게 귀속된)을 처분한 행위를 유효라고 하는 것이 앞의 판결과 조화되는가?

☑ 기타 검토사항

1) 부재자의 사망사실이 확인된 이후에 부재자 재산관리인으로 선임되어 법원의 허가를 받고 처분행위를 한 경우에도, 그 처분행위는 유효한가? (대판 1970. 1. 27. 69다719) 〈응용〉

2) 재산관리인의 처분이 실종선고에 의한 실종자의 사망추정시기 이후에 행해진 경우에도 그 처분행위는 유효한가? (대판 1991. 11. 26. 91다11810 ─ 이의 내용은 후술함) 〈심화〉

3) 법원에 의해 선임된 부재자 재산관리인이 부재자 소유의 부동산이 제3자로부터 침해되어 이를 막기 위해 소유권이전등기말소나 인도청구를 구하는 소를 제기하는 경우 법원의 허가가 필요한 것인가? (대판 1964. 7. 23. 64다108) 〈응용〉

☑ 참고문헌

◆ 김형배, 부재와 실종, 고시연구 20권 7호(1993. 06), 186면 이하.
◆ 고형규, 특별대리인 및 재산관리인의 선임, 재판자료 18집, 119면 이하, 1983.

2. 실종선고

대판 1991. 11. 26. 91다11810 〈응용〉 ·······································

[사안] 이 사건 부동산의 소유자 A는 6. 25사변 중인 1950. 9. 30.에 행방불명되어 그 재산관리에 관하여 1962. 9. 26. 그의 처 B가 재산관리인으로 선임되었다. 그리고 1966. 6. 11. 자로 위 부동산에 관하여 甲(피고) 명의로 소유권이전등기가 경료되었다. 그런데 1980. 11. 18. A에 대하여 실종선고가 내려졌다. A의 장녀인 乙(원고)은 甲에 대하여 위 등기는 A의 생사불명의 상태에서 법률상 원인 없이 경료된 것이고, 또한 B가 Y부동산을 甲에게 처분함에 있어서 법원으로부터 처분허가를 받지 않았다고 하면서, 위 등기의 말소를 소구하였다.

[판지] 사망자 명의의 등기신청에 의하여 경료 된 등기는 일단 원인무효의 등기로서 그 등기에 추정력이 인정되지 아니하고, 실종선고가 확정되면 실종기간이 만료된 때에 사망한 것으로 간주됨은 소론이 내세우는 바와 같으나, 사망한 것으로 간주된 자가 그 이전에 생사불명의 부재자로서 그 재산관리에 관하여 법원으로부터 재산관리인이 선임되어 있었다면 그 재산관리인은 그 부재자의 사망을 확

인했다고 하더라도 그 선임결정이 취소되지 아니하는 한 계속하여 그 권한을 행사할 수 있다 할 것이므로, 그 재산관리인에 대한 선임결정이 취소되기 전에 그 재산관리인의 처분행위에 기하여 경료된 등기는 그 경료에 필요한 법원의 처분허가 등 모든 절차를 거쳐 적법하게 경료된 것이라고 추정된다 할 것이다. 따라서 이 경우 법원의 처분허가 없이 위조된 허가결정 등으로 등기를 경료하였다는 사실은 위 등기의 추정력을 번복시켜 그 등기의 말소를 구하는 원고에게 그 입증책임이 있다고 할 것이다. 이와 같은 취지로 판단한 원심판결에는 등기의 추정력 및 실종신고의 효과, 입증책임 등에 관하여 위법이 없다.

☑ 쟁   점

위 판결은 재산관리인이 있는 부재자(생사불명)의 부동산에 관하여 제3자에게의 이전등기가 경료되고 그 후 실종선고가 내려진 경우, 상속인은 그 등기가 법원의 처분허가 없이 행해진 것임을 입증해서 이의 무효를 주장해야 하는가 하는 점—즉 그 등기는 적법하게 경료된 것으로 추정되는가 여부 그리고 따라서 입증책임의 소재—이 문제된 것이다.

☑ 검토할 사항

• A가 사망한 것으로 간주되는 시기는 언제인가?
• 등기에 추정력이 인정된다는 의미는 무엇인가?
• 사망자 명의의 등기신청에 의하여 경료된 등기는 추정력을 가지는가? 부재자의 재산관리인의 선임이 취소되지 않은 상태에서 부재자(실종자) 명의의 부동산에 관하여 이전등기가 행해진 경우에는 어떠한가?
• 만약 乙이 B의 丙에게의 처분이 법원의 허가 없이 행해진 것임을 입증하였다면, 그 행위의 효력은 어떠한가?

☑ 기타 검토사항

1) 행방불명의 부재자에게 어머니가 있는 경우, 부재자의 동생이 부재자에 대한 실종선고를 청구할 수 있는가? (대결 1986.10. 10. 86스20) 〈기초〉
2) 이해관계인은 실종선고가 내려진 자가 그 이후 생존하였다고 하는 자료에 기해서 실종선고로 상속을 받은 자에 대하여 이의 무효를 주장(등기말소청구)할 수 있는가? (대판 1995. 2. 17. 94다52751) 〈기초〉
3) 행방불명인 A를 상대로 B가 A의 부동산에 관하여 이전등기의 이행을 구하는 소송을 제기하여 승소판결을 받고 그 확정판결에 기해서 B에게로 이전등기를 경료하

였는데, 그 후 A에 대한 실종선고가 내려져 그의 사망 간주시점이 위 승소판결의 확정 이전으로 된 경우, B 명의의 위 이전등기는 사자(死者)를 당사자로 하는 판결에 기한 것으로서 무효가 되는가? (대판 1992. 7. 14. 92다2455) 〈응용〉

4) A가 원양어선에 승선하여 작업 중 강풍으로 해상에 추락하여 행방불명되어 A의 유족이 원양어선의 선주에 대하여 A의 사망으로 인한 손해배상청구소송을 제기한 경우, 법원은 A에 대한 인정사망 혹은 실종선고가 없음에도 불구하고 甲의 사망사실을 인정할 수 있는가? (대판 1989. 1. 31. 87다카2954) 〈응용〉

☑ 참고문헌

◆ 오영권, 실종선고의 효력과 사망간주된 이후 실종선고 이전의 재산처분의 효력, 대법원판례해설 16호, 27면 이하, 1992.
◆ 윤진수, 실종자를 피고로 하는 판결확정 후 실종선고가 확정된 경우 판결의 효력, 대법원판례해설 제18호, 219면 이하, 1993.
◆ 한상호, 실종선고의 효과, 법학논집(김용철선생 고희기념논문집), 345면 이하, 1993.

제 2 절 법   인

법인은 사람이 아니나 법에 의하여 권리의무의 주체로 인정된 것인 바, 먼저 법인 중 사단법인의 본질이 무엇인가를 살핀다(Ⅰ). 다음으로 법인의 성립과 관련하여 문제되는 점을 살핀다(Ⅱ). 법인은 독립한 권리주체로서 스스로 행위하는데, 과연 어떤 행위를 할 수 있는가, 그리고 법인의 행위가 타인에게 손해를 가한 경우에 법인 스스로 불법행위책임을 지는가 하는 점이 문제된다(Ⅲ). 법인은 스스로 행위한다고 하지만 이는 물리적인 행동체가 아니고 관념적 존재이므로 법인의 행위는 어떤 사람에 의하여 행해질 수밖에 없는바, 누가 법인의 행위를 담당하는가, 행위에 앞서 어떻게 법인의 의사를 결정하는가, 사원의 지위는 어떠한가 하는 점 등이 문제된다(Ⅳ). 법인은 근본규칙인 정관을 가지게 되는데, 이를 둘러싸고 문제가 생긴다(Ⅴ). 법인이 활동을 종료하면 해산하게 되는데, 이때 남은 법률관계를 어떻게 정리할 것인가 하는 문제가 생긴다(Ⅵ).

I. 총   설

❖ 사단의 본질 ― 사단과 조합

대판 1992. 7. 10. 92다2431 〈기초〉 ··

[사안] 소외 A조합은 수산업협동조합중앙회 여수공판장으로부터 선어중매인으로 지정받아 위 공판장에서 위판되는 선어의 중매영업을 하는 중매인 60여 명 중 조합설립취지를 찬동하고 조합원 가입신청을 한 甲 등(피고) 50여 명이 구성원이 되어 조직한 단체로서, 명칭·목적사업·조합기관(총회 및 역원회)과 그 권한 및 의결방법·조합재산관리·조합원 지위의 특성과 지분권·후생공제 및 상부상조사업 등을 규정하는 정관을 가지고 있다. 그런데 위 조합의 조합장 B는 상무, 과장 등과 공모하여 K의 사업자금조달을 위해 조합 명의의 약속어음을 발행하였으며(조합장 B로부터 포괄적인 권한 위임을 받은 C가 대표자격을 밝히고 어음을 발행하였음), 상호신용금고인 乙(원고)은 할인에 의해 위 어음을 취득하였다. 그런데 위 어음이 부도되자, 乙은 위 조합이 민법상의 조합임을 전제로 조합원인 甲 외 45인에 대하여 조합원으로서의 책임으로서 위 어음금의 지급을 소구하였다.

[원심] 소외 조합은 독립한 명칭을 가지고 기관구성, 대표방법, 총회운영 및 재산관리 등이 정관으로 확정되고 단체의 의사결정이 대체로 다수결 원리에 입각하고 구성원의 교체가 비교적 용이하는 등 그 외형면에서는 다소 사단적 모습을 띠고 있으나, 단체의 목적사업이 구성원 각자의 사업을 영리적·비영리적 방법의 공동노력에 의하여 확대 달성하고자 하는 데 바탕을 두고 친목도모와 상부상조를 겸하고자 하는 데 있으며, 이를 뒷받침하기 위한 단체재산의 출연·관리 및 귀속의 면에서 구성원 각자의 출자 및 손실분담의무와 이윤분배 및 지분의 환급이 인정되고 있으며, 그 구성원이 공동의 사업목적을 수행하는 데 필요한 범위 내에서 제한을 받을 뿐 여전히 단체로부터 분리하여 존재하고 구성원들의 개성이 강하게 표면에 나타나는 민법상 조합임이 명백하다 할 것이고, 조합의 어음행위는 전조합원이 어음에 기명날인하여 할 수 있지만 한편으로 그 대표자인 조합장이 대표자격을 밝히고 조합원 전원을 대리하여 기명날인을 함으로써 할 수도 있는 것이므로, 소외 조합의 구성원들인 피고들은 이 사건 어음의 공동발행인의 지위에서 그 소지인인 원고에게 이를 합동하여 변제할 의무가 있다.

[판지] 민법상의 조합과 법인격은 없으나 사단성이 인정되는 비법인사단을 구별함에 있어서는 일반적으로 그 단체성의 강약을 기준으로 판단하여야 하는바, 조합은 2인 이상이 상호간에 금전 기타 재산 또는 노무를 출자하여 공동사업을 경영할 것을 약정하는 계약관계에 의하여 성립하므로(민법 제703조) 어느 정도 단체성에서 오는 제약을 받게 되는 것이지만 구성원의 개인성이 강하게 드러나는 인적 결합체인 데 비하여, 비법인사단은 구성원의 개인성과는 별개로 권리의무의 주체가 될 수 있는 독자적 존재로서의 단체적 조직을 가지는 특성이 있다 하겠는데, 민법상 조합의 명칭을 가지고 있는 단체라 하더라도 고유의 목적을 가지고 사단적 성격을 가지는 규약을 만들어 이에 근거하여 의사결정기관 및 집행기관인 대표자를 두는 등의 조직을 갖추고 있고, 기관의 의결이나 업무집행방법이 다수결의 원칙에 의하여 행해지며, 구성원의 가입·탈퇴 등으로 인한 변경에 관계없이 단체 그 자체가 존속되고, 그 조직에 의하여 대표의 방법·총회나 이사회 등의 운영·자본의 구성·재산의 관리 기타 단체로서의 주요사항이 확정되어 있는 경우에는 비법인사단으로서의 실체를 가진다고 할 것이다. 이 사건에 있어서 소외 조합은 앞에서 본 기준에 비추어 볼 때 원심이 판시한 단체의 목적사업의 내용, 단체재산의 출연, 관리 귀속의 면을 감안하더라도 조합이 아니라 비법인사단으로서의 실체를 갖추고 있음이 명백하다. 따라서 소외 조합의 대표자의 위임에 따른 C의 이 사건 어음행위로 인한 어음금의 지급책임은 독립한 권리의무의 주체인 소외 조합에게 귀속되는 것이지 그 구성원인 피고들이 부담하는 것은 아니라 할 것이다.

☑ 쟁   점

위 판결은 50여 명의 구성원을 가지고 정관을 갖춘 조합의 조합장이 조합 명의로 어음을 발행한 경우, 조합원이 어음채무에 대하여 책임을 지는가 하는 점이 문제된 것이다.

☑ 검토할 사항

◆ 위의 쟁점의 해결에서 관건이 되는 것은 무엇인가?

◆ 단체의 명칭과 단체의 성격(사단인가 조합인가)의 관계는 어떠한가?

◆ 단체의 성격이 사단인가 조합인가를 구별하는 표지는 무엇인가? 위 A조합의 성격에 관한 원심과 대법원의 입장의 차이는 무엇인가?

◆ 단체에서 구성원의 개성이 전면에 나타난다는 의미는 무엇인가? 3인이 음식점을 동업하는 경우와 주식회사의 경우를 예로 해서, 단체의 의사결정에 구성원이 어느 정도 참여하는가, 단체가 제3자와 거래행위를 함에 있어서 구성원이 직접 이를 담당하는가, 단체의 재산과 구성원의 재산과의 분리의 정도, 구성원의 변경이 자유로운가, 그리고 제3자 측에서 단체와 거래를 함에 있어서 단체 자체의 자산과 신뢰도를 염두에 두고 거래하는가 구성원의 그것을 염두에 두고 거래하는가 하는 점 등을 비교하시오.

◆ 비법인사단에서는 왜 조합장의 어음행위에 대하여 조합원이 책임(어음금지급의무)을 지지 않는가? 반대로 조합에서는 왜 조합장의 어음행위에 대하여 조합원이 책임을 지는가?

◆ 조합장이 조합과는 무관하게 타인의 사업자금을 위하여 어음을 발행한 경우, 이는 조합의 행위가 되는가(대표권의 남용)?

☑ 관련사례

1) 주택조합이 아파트를 신축한 경우, 아파트의 소유권은 조합 자체에게 귀속되는가(권리능력)? 또 조합 명의로 등기할 수 있는가(등기능력)? (대판 1994. 4. 26. 93다51591) 〈응용〉

2) 회사가 채무를 완제하지 못하게 되자 그에 대한 채권자들이 채권단을 조직한 경우, 채권단의 대표자는 대표자 명의로 소송을 제기할 수 있는가(당사자능력)? (대판 1968. 7. 16. 68다736; 대판 1992. 10. 9. 92다23087 및 대판 1999. 4. 23. 99다4504 (양자는 대립됨)) 〈심화〉

☑ 기타 검토사항

1) 법인에게 독립한 법인격을 인정한 이유는 무엇인가?

2) 법인의 종류로는 무엇이 있는가? 그리고 법인의 종류에 따라 어떠한 차이가 있는가?

3) 단체의 실체가 사단인 경우에 한해서 법인이 될 수 있는가?

4) 비법인사단의 예로는 어떤 것이 있는가?

☑ 참고문헌

◆ 고의영, 각종 단체에 대한 법적 규율, 민사판례연구 19권, 672면 이하, 1997.

◆ 김진현, 권리능력 없는 사단, 민사법학 11·12호, 509면 이하, 1995.

◆ 안영문, 민법상의 조합과 비법인사단의 구별표준 및 비법인사단의 채무의 귀속, 대법원판례해설 18호, 137면 이하, 1993.

Ⅱ. 법인의 성립

1. 설립허가의 성질

대판 1996. 9. 10. 95누18437 〈기초〉 ···

[사안] 甲(원고)은 1986. 1. 15. 창립총회를 거쳐 "전국공인중개사연합회"라는 명칭으로 설립된 법인격 없는 비영리사단인데, 甲은 1993. 10. 4. 명칭을 "한국공인중개사회"로 변경하고 정관을 작성한 다음, 주무관청인 乙(피고, 건설교통부장관)에게 민법 제32조에 따른 비영리사단법인 설립허가신청을 하였다. 乙은 1993. 10. 27. 甲이 설립하고자 하는 법인의 설립목적이 부동산중개업법 제30조에 의하여 의무적으로 설립된 협회 丙(보조참가자, 전국부동산중개업협회)의 설립목적과 중복·경합되고 甲에게 법인격을 부여할 경우 부동산중개업자 간에 분열과 혼란을 초래할 우려가 있다는 이유로 '건설부장관주관에속하는비영리법인의설립및감독에관한규칙'(이하'설립규칙'이라 한다) 제4조 제1항 제5호를 적용하여 법인설립 불허가처분을 하였다. 그러자 甲은 乙에 대하여 위 처분의 취소를 소구하였다.

[원심] 원고 甲과 보조참가자인 협회 丙은 구성원을 달리하는 점(甲의 회원은 공인중개사로서 그 설립목적에 찬동하여 등록한 자로 하고 있는 반면, 협회 丙의 회원은 부동산중개업법에 따라 중개업허가를 받은 중개업자(공인중개사 및 중개인) 전원이 당연직 회원으로 됨), 목적사업이 현저히 중복·경합되는 것은 아니라는 점 등을 근거로, 원고의 법인설립허가신청을 불허가한 피고의 처분은 재량권을 일탈·남용한 것이라고 판시하였다.

[판지] (가) 민법은 제31조에서 "법인은 법률의 규정에 의함이 아니면 성립하지 못한다"고 규정하여 법인의 자유설립을 부정하고 있고, 제32조에서 "학술, 종교, 자선, 기예, 사교 기타 영리 아닌 사업을 목적으로 하는 사단 또는 재단은 주무관청의 허가를 얻어 이를 법인으로 할 수 있다"고 규정하여 비영리법인의 설립에 관하여 허가주의를 채용하고 있으며, 현행 법령상 비영리법인의 설립허가에 관한 구체적인 기준이 정하여져 있지 아니하므로, 비영리법인의 설립허가를 할 것인지 여부는 주무관청의 정책적 판단에 따른 재량에 맡겨져 있다고 할 것이다. 따라서 주무관청의 법인설립 불허가처분에 사실의 기초를 결여하였다든지 또는 사회관념

상 현저하게 타당성을 잃었다는 등의 사유가 있지 아니하고, 주무관청이 그와 같은 결론에 이르게 된 판단과정에 일응의 합리성이 있음을 부정할 수 없는 경우에는, 다른 특별한 사정이 없는 한 그 불허가처분에 재량권을 일탈·남용한 위법이 있다고 할 수 없다.

㈏ 원심판결 이유에 관하여 보건대, (ⅰ) 먼저 원심은 원고와 협회가 그 회원을 달리함을 그 주요 논거로 삼고 있는바, 양자의 각 정관을 비교하여 보면 원고와 협회가 그 회원의 자격을 달리하고 있음은 일응 인정된다. 그러나 이는 정관의 규정에 따른 명목상의 차이에 불과할 뿐이고, 기록상 원고 회원의 거의 전부가 개업 공인중개사로서 부동산중개업법상 당연히 협회의 회원의 지위를 갖게 되는 점, 비개업 공인중개사의 경우 원고뿐만 아니라 협회도 준회원의 자격을 부여하고 있는 점, 중개인인 중개업자의 경우 1990년부터 신규허가 억제와 폐업 등으로 그 수가 해마다 감소하고 있고 그 대부분이 고령이어서 수년 후에는 공인중개사인 중개업자만으로 협회가 구성될 것인 점 등에 비추어 보면 원고와 협회의 회원상의 실질적인 차이는 없다고 할 것이고, 따라서 원고와 협회는 중복·경합되는 단체라고 보지 않을 수 없다. (ⅱ) 그리고 원고와 협회의 각 정관의 규정을 면밀히 살펴보면, 원고와 협회의 각 그 설립목적과 목적달성을 위한 사업의 내용은 일부 표현상의 차이 및 조문 배열상의 차이는 있으나 그 실질적인 내용에 있어서는 대동소이한 것으로 보여 그 목적사업이 현저히 경합되는 것으로 인정된다. (ⅲ) 만일 원고에 대하여 법인설립이 허가된다면 부동산중개업법에 의한 협회(법정단체)와 민법에 의한 원고(임의단체)가 서로 대립하여 중개업자 간의 혼란과 분열을 초래하고 상호간의 갈등이 증폭되리라는 점은 쉽게 예상할 수 있고, 또 원고에 대하여 법인설립을 허가한다면 이와 유사한 또 다른 단체들, 예컨대 원심이 인정한 전국부동산중개인협회, 전국여성공인중개사회, 공인중개사총연맹 등이 법인설립허가 신청을 하여 올 경우 이를 허가하지 않을 도리가 없게 되고, 그와 같은 경우 유사법인이 난립하게 되어 협회를 1개로 하되 전국에 지부·지회를 둘 수 있도록 한 부동산중개업법의 규정을 몰각케 하는 결과를 초래하게 된다. (ⅳ) 한편, 원심이 들고 있는 원고의 협회지 발행 등의 활동내역이나 비개업 공인중개사에 대한 단체적 보호와 권익옹호의 필요성, 원고의 회원이 된 개업 공인중개사에 대한 협회의 대의원후보 자격박탈 등의 조치가 원고를 법인으로 하여야 할 근거가 될 수는 없다고 할 것이다.

(ⅱ) 따라서 민법 및 부동산중개업법의 관계 규정과 원심이 적법하게 확정한 일부 사실 및 기록에 의하여 인정되는 다음과 같은 사정, 즉 (ⅰ) 헌법 제37조 제2항에 근거한 결사의 자유의 제한으로 민법 제31조, 제32조가 법인의 자유설립을 제한함과 동시에 허가주의를 취하고 있는 점, (ⅱ) 학설·판례상 법인설립허가에 있어 주무관청에 폭넓은 재량을 인정하고 있으므로 그 재량판단에 재량권의 일탈·남용이 없는 한 법원도 이를 존중하는 것이 타당할 것인 점, (ⅲ) 부동산중개업법이 부동산중개업협회를 1개로 하되 그 지부·지회를 둘 수 있고, 중개업자는 그 중개업허가를 받은 날로부터 당연히 협회의 회원이 되며, 회원이 된 자는 협회에 등록하도록 규정하고 있는 점, (ⅳ) 원고의 설립목적이나 사업 내용이 협회의 그것과 대동소이하고 그 회원에 있어 원고 회원의 거의 전부인 개업 공인중개사는 법률상 당연히 협회의 회원이 되는 점, (ⅴ) 원고의 법인설립을 허가할 경우 다른 유사단체의 법인화를 막을 방법이 없어 결국 유사법인의 난립을 조장하고 중개업자 간의 혼란과 분열을 초래하게 되는 점, (ⅵ) 나아가 피고는 이 사건 처분을 하기에 이른 판단 과정에서 위와 같은 여러 가지 사정을 고려한 것으로 보이는 점 등을 종합하여 보면, 피고가 이 사건 처분을 하기에 이른 판단과정에 일응의 합리성이 있음을 부정할 수 없으므로, 다른 특별한 사정이 있음을 찾아볼 수 없는 이 사건 처분에 재량권을 일탈·남용한 위법이 있다고 할 수 없다. 그럼에도 불구하고 원심은 그 판시와 같은 이유에서 이 사건 처분에 재량권을 일탈·남용한 위법이 있다고 판단하고 말았으니 원심판결에는 심리를 제대로 다하지 아니하여 사실을 잘못 인정하였거나 비영리법인 설립허가 및 재량권의 범위에 관한 법리를 오해한 위법이 있다고 할 것이므로, 이 점을 지적하는 논지는 그 이유가 있다고 할 것이다.

☑ 쟁   점

위 판결은 모든 중개업자를 회원으로 하는 부동산중개업법상의 의무설립단체(전국부동산중개업협회)가 존재함에도, 중개업자 중 일부가 임의가입하여 성립한 비법인사단(한국공인중개사회)이 법인설립 허가신청을 제출한데 대하여 주무관청이 불허가처분을 내린 경우, 그러한 처분이 적법한가 하는 점이 문제된 것이다.

☑ 검토할 사항

◆ 위의 쟁점에서 관건이 되는 것은 무엇인가?

◆ 주무관청이 법인허가신청을 불허하는 것이 재량권의 일탈로서 위법한 것이 되는 경우는 언제인가?

◆ 위의 판결이 주무관청의 불허가처분이 재량권을 일탈한 것이 아니라고 판단한 이유는 무엇인가?

◆ 법인의 허가 여부를 주무관청의 자유재량에 맡기는 소위 허가주의와 법인제도의 취지 및 헌법상의 결사의 자유와의 관계를 검토하시오.

☑ 관련사례

1) 법인의 일부 회원 사이에 회장선거 및 운영을 둘러싸고 불미한 일이 있었으며, 또 징수한 회비의 대부분을 부당한 용도로 사용한 사실이 있다는 이유로 주무관청이 법인설립허가 취소처분을 내린 것은 정당한가? (대판 1982. 10. 26. 81누363) 〈심화〉

2) 교회의 목사가 기독교교리에 전혀 없는 황당무계한 설교를 하여 신도들로부터 금품을 편취하는 등 종교적 활동에 빙자하여 불법행위를 하였다는 사유로 주무관청이 재단법인설립허가 취소처분을 내린 것은 정당한가? (대판 1976. 7. 13. 75누254) 〈심화〉

☑ 기타 검토사항

1) 법인의 성립요건을 살펴시오.

☑ 참고문헌

◆ 김용찬, 사회복지법인의 정관변경허가의 법적 성질(＝재량행위) 및 부관의 허용 여부(적극), 대법원판례해설 43호, 105면 이하, 2003.

◆ 한상우, 인·허가의 판단기준에 관한 입법적 고찰: 대법원판례 등을 통한 개관, 법제 533호(2002. 05), 3면 이하.

2. 재단법인에서의 출연재산의 귀속시기

대판(전) 1979. 12. 11. 78다481 〈기초〉 ·······························

[사안] A는 1956. 4. 10. 그 소유의 토지를 재단법인 甲(당사자참가인)의 설립을 위하여 출연하였고, 그 후 甲은 1960. 5. 9. 설립허가를 얻어 5. 20. 설립등기를 마쳤다. 다만 위 토지에 관하여 甲에게의 소유권이전등기는 행해지지 않았다. 그런데 위 토지에 대하여 1965. 3. 10. B 앞으로 소유권이전등기가 경료되었으며, 그 뒤 이에 터 잡아 乙 등(피고들 및 원심공동피고) 앞으로 공유지분 이전등기(또는 가등기)가 경료되었다. 그런데 丙(원고)은 乙 등 명의의 등기가 자신의 의사에

의하지 아니하고 이루어졌다고 하면서 그 등기의 말소를 소구하였다. 이에 뿌은 위 토지는 민법 제48조의 규정에 의하여 소유권이전등기의 유무에 관계없이 자신에게 귀속되었다고 주장하면서 당사자참가를 하였다.

[판지]   민법 제48조는 재단법인 성립에 있어서 재산출연자와 법인과의 간의 관계에서의 출연재산의 귀속에 관한 규정이고, 동 규정은 그 기능에 있어서 출연재산의 귀속에 관해서 출연자와 법인과의 관계를 상대적으로 결정함에 있어서 그의 기준이 되는 것에 불과하여 출연재산은 출연자와 법인과의 관계에서 그 출연행위에 터잡아 법인이 성립되면 그로써 출연재산은 민법의 위 조항에 의하여 법인 설립시에 법인에게 귀속되어 법인의 재산이 되는 것이라고 할 것이고, 출연재산이 부동산인 경우에도 위 양 당사자간의 관계에서는 위 요건(법인의 성립) 외에 등기를 필요로 하는 것이 아니라 함이 상당하다 할 것이다(출연행위는 재단법인의 성립 요소이므로 출연재산의 귀속에 관해서 법인의 성립 외에 출연행위를 따로 요건으로 둘 필요는 없는 것이라고 할 것이다). 원래 법적인 관념 따라서 물권변동에 관한 관념은 모든 다른 분야에 있어서의 그것과 마찬가지로 이를 실체화해서 고정적인 것으로 받아들이지 않으면 안 될 이론상 또는 사실상의 이유나 필요가 반드시 있는 것이 아니므로, 민법의 위 조항을 위와 같은 취지로 받아들이는 것이 이론상으로나 사실상으로나 무리라고 하여야 할 이유가 있다고 할 수 없으며, 또 동 조항을 위와 같은 취지로 받아들이는 것이 동 조항의 문언상 허용할 수 없다고 하여야 할 이유가 있다고도 할 수 없을 뿐만 아니라, 위 조항의 기능을 위와 같이 상대적인 것으로 받아들이는 것은 일반적으로 출연자의 의사에 합치되는 동시에 거래의 안전에 기여하는 결과가 되는 것이라고도 할 수 있고, 아울러 법인으로 하여금 성립 후 출연재산에 대하여 제3자에 대한 관계에 있어서 권리확보의 필요한 조치를 속히 취하도록 유도하므로서 법인의 재산 충실의 결과를 기대할 수 있게 되어 현실적으로도 출연자와 법인 그리고 제3자의 이해관계가 적절히 조화될 것이 기대할 수 있게 되는 것이라고 할 수 있다(원래 공시제도는 그 기능이 개개의 재산을 중심으로 하여 인정되는 것이고 재산의 주체를 중심으로 하여 인정되는 것이 아니므로 법인의 성립은 그로써 그의 재산의 공시를 결과케 하는 것이 아니며, 또 법인의 권리확보에 대한 해태의 결과를 제3자의 불이익으로 돌려야 할 합리적인 이유도 없는 것이다). 그러므로 제3자에 대한 관계에 있어서는 출연행위가 법률행위이므로 출연재산의 법인에의 귀속에는 부동산의 권리에 관해서는 법인 성립 외에 등기를

필요로 하는 것이라고 함이 상당하다 할 것이다.

☑ 쟁   점

위 판결은 재단법인의 설립자가 부동산을 출연하고 재단법인을 설립하였으나 아직 그에 관하여 재단법인에게로 소유권이전등기를 경료하지 않았고, 이러한 상태에서 출연자 측에서 위 부동산을 제3자에게 처분하고 이전등기를 경료한 경우, 그 제3자가 위 부동산을 유효하게 취득하느냐 하는 점이 문제된 것이다.

☑ 검토할 사항

◆ 위의 쟁점에서 관건이 되는 것은 무엇인가?
◆ 법인의 성립시기는 언제인가?
◆ 위의 판결은 민법 제48조의 의미를 어떻게 보는가? 그리고 그 근거는 무엇인가?
◆ 위의 판결이 소유권이전등기를 하지 않으면 출연부동산이 재단법인에게 귀속되지 않는다고 한 근거는 무엇인가?
◆ 위의 판결과 같이 해석하게 되면, 재단법인이 성립하더라도 아직 출연부동산이 재단의 소유가 되지 않으므로, 재단은 재산을 본체로 하는 조직임에도 아무런 재산도 보유하지 못한다는 모순이 생기는가?
◆ 위 판결과 같이 소유권의 귀속을 출연자와 재단법인과의 관계(소위 내부관계)와 법인과 제3자와의 관계(소위 외부관계)를 구별하여 규율하는 것은 우리 민법의 태도와 부합하는가?

☑ 관련사례

1) 부동산을 출연하여 재단법인을 설립한다는 유언을 한 경우, 부동산이 재단에 귀속되는 시기는 언제인가? (대판 1993. 9. 14. 93다8054) 〈응용〉

☑ 기타 검토사항

1) 재단법인이 출연부동산에 관하여 소유권이전등기를 하기에 앞서서 이를 인도받아 사용 수익한 경우, 이는 타인의 물건을 사용 수익한 것이 되어 재단은 부당이득반환의무를 지게 되는가?

☑ 참고문헌

◆ 김용한, 재단법인의 설립에 있어서의 출연재산의 귀속시기, 사법행정 21권 10호 (1980. 10), 39면 이하.
◆ 박철우, 재단법인의 설립과 출연재산의 귀속시기, 변호사 11집(서울변호사회), 121면 이하, 1980.

Ⅲ. 법인의 행위

1. 권리능력

● 판례 1

대판 1974. 11. 26. 74다310 〈기초〉 ···

[사안] 甲(원고)은 1969. 2. 5. 자신이 관리 경영해 오던 극장을 A에게 위탁 경영시키기로 하는 계약(계약기간 1969. 12. 31.까지)을 체결하였으며, 회사 乙(피고)은 A가 위 기간 중 그의 고의 또는 과실로 인하여 甲에게 입힐 손해에 대하여 연대책임을 진다는 신원보증서를 甲에게 교부하였다. A는 위 위탁경영기간이 경과하고도 묵시적으로 그 기간을 연장하여 위 극장을 운영하다가, 1971년 여름에 운영을 중단하고 도피하였다. 그런데 A는 甲에게 해마다 그 약정된 차임의 일부를 지급치 않았었다. 그리하여 甲이 乙에 대하여 보증채무의 이행으로서 지체된 차임 상당액의 지급을 소구하였다.

[판지] 민법 제34조에 의하면 법인은 법률의 규정에 좇아 정관으로 정한 목적의 범위 내에서 권리와 의무의 주체가 된다고 규정하고 있으므로 법인의 권리능력이 그 목적에 의하여 제한됨은 자명한 것이나, 그 목적의 범위 내라 함은 이를 광의로 해석하여 정관에 열거된 목적과 그 외에 법인의 목적을 달성함에 필요한 범위를 지칭하는 것으로 해석함이 타당할 것인바, 원심이 피고가 한 A의 위 계약에 대한 보증행위가 피고 회사의 목적범위 내에 속한 여부에 관하여는 아무런 심리를 한 바 없이 주식회사의 대표이사가 한 법률행위가 그 회사의 영업목적 범위에 포함되지 않는 것이라 하더라도 그 행위가 달리 강행법규나 공서양속에 위반되는 등의 특별한 사정이 없는 한 그 행위는 회사의 행위로 간주됨에는 아무런 지장이 없는 것이라고 판시하여 목적범위에 속하지 아니한다는 피고회사의 항변을 물리쳤음은 위의 법리를 오해한 것이다.

● 판례 2

대판 1987. 10. 13. 86다카1522 〈기초〉 ·······································

[사안] 소외 A회사가 금융기관 甲(원고)으로부터 금전을 차용하고 어음을 발행

하였으며, 단기금융회사인 乙(피고)의 대표이사 B는 위 어음의 지급을 담보하기 위해서 어음에 배서하였다. 그런데 B가 어음에 배서한 것은 乙의 업무와는 무관하게 오로지 A의 자금조달의 편의를 돌보아 주기 위한 것이었으며, B는 소정의 보증료조차 받지 않고 어음에 배서하였다. A가 어음금을 지급하지 않자, 甲은 乙에 대하여 어음금의 지급을 소구하였다(이의 사안은 대표권의 남용 부분에서 살피는 대판 1988. 8. 9. 86다카1858의 경위와 유사하고, 단지 당사자에 차이가 있을 뿐이다).

[판지] 회사도 법인인 이상 그 권리능력이 정관으로 정한 목적에 의하여 제한됨은 당연하나 정관에 명시된 목적 자체에는 포함되지 않는 행위라 할지라도 그 목적수행에 필요한 행위는 회사의 목적범위 내의 행위라 할 것이고, 그 목적수행에 필요한 행위인가 여부는 문제된 행위가 정관기재의 목적에 현실적으로 필요한 것이었던가 여부를 기준으로 판단할 것이 아니라 그 행위의 객관적 성질에 비추어 추상적으로 판단할 것이다. 원심은 단기금융업법의 적용을 받는 단기금융회사로서 위 법 제7조 소정의 어음 및 채무증서의 발행, 어음의 할인과 매매, 어음의 인수 및 보증, 어음매매의 중개 등의 업무를 정관상의 목적으로 표방하고 있는 피고회사의 대표이사인 B가 A회사가 원고로부터 금원을 차용하고 발행한 이 사건 어음에 그 지급을 담보하기 위하여 배서한 행위는 피고회사의 정관에 명시된 목적 그 자체는 아니라 할지라도 그 행위의 객관적 성질에 비추어 보아 그 목적수행에 필요한 행위로서 피고회사의 목적범위내의 행위라는 취지로 판단하였는바, 원심의 이러한 판단은 위에서 설시한 법리에 비추어 정당하다. 상고이유의 논지는 회사의 목적은 영리 그 자체이고 회사의 정관상 목적은 영리의 목적달성을 위한 사업의 종류를 열거한 것에 불과하므로 영리목적과 관계없는 행위는 정관기재의 목적에 형식상 해당한다 하더라도 회사의 권리능력 밖의 행위로서 무효로 보아야 할 것인바, 피고회사 대표이사인 B가 이 사건 어음에 배서한 것은 오로지 소외 A회사의 자금조달의 편의를 돌보아 주기 위하여 소정의 보증료조차 받지 않고 한 것이므로 위 행위는 피고회사의 목적범위내의 행위로 볼 수 없다는 것이나, 회사의 목적이 영리 그 자체이고 정관상 목적은 영리의 목적을 달성하기 위한 사업의 종류를 열거한 것에 불과하다 하더라도 회사의 정관에 기재된 목적범위내에 포함되는 행위는 결국 영리를 목적으로 한 행위로 보아야 할 것이므로, 논지는 이 사건 어음에 대한 피고회사 대표이사의 배서행위가 현실적으로 피고회사의 목적수행에 불필요한 것이었다는 구체적 사정을 들어 위 행위가 피고회사의

목적범위 밖의 행위라고 주장하는 것에 불과하여 받아들일 수 없다.

☑ 쟁   점

위의 두 판결은 회사의 대표자가 실제로는 회사의 목적과 무관하게 다른 사람의 채무를 담보하기 위해서 행위한 경우, 그러한 행위가 회사의 행위로 되는가 하는 점이 문제된 것이다.

☑ 검토할 사항

◆ 위의 쟁점의 해결에서 관건이 되는 것은 무엇인가?

◆ 제34조에서의 '목적범위 내'의 의미에 관한 판례의 태도는 어떠한가? 그리고 이에 관한 학설의 태도는 어떠한가?

◆ 목적수행에 필요한 행위인가는 어떻게 판단하는가?

◆ 목적범위를 넓게 해석하는 입장과 좁게 해석하는 입장의 실제적 차이는 무엇인가?

☑ 기타 검토사항

1) 판례 1에서, 乙의 보증행위의 성질은 용어 그대로 신용보증인가?

2) 판례 1에서, 乙의 보증책임의 범위는 지체된 차임액 전부에 미치는가?

3) 판례 1에서 대표자의 행위가 목적범위를 넘은 것으로 판단되는 경우, 상대방은 법인에 대하여 손해배상을 청구할 수 있는가? (대판 1975. 12. 23. 75다1479) 〈응용〉

4) 판례 2에서, 대표자가 회사 아닌 제3자의 이익을 위해서 대표행위를 한다는 사정을 상대방이 알았거나 알 수 있는 경우에도 상대방은 회사에 대하여 그 행위의 효과를 주장할 수 있는가? (대표권의 남용 부분에서 살핌)

☑ 참고문헌

◆ 김학동, 법인의 권리능력은 제한될 수 있는가?, 경영법률 18권 1호, 23면 이하, 2007.

◆ 박홍대, 판례에서 본 회사 대표자의 정관기재 목적범위 외의 행위, 상사법논총(상) (강위두박사 화갑기념논문집), 469면 이하, 1996.

◆ 이상원, 정관으로 정한 목적과 회사의 권리능력, 상사판례연구 I권, 303면 이하, 1996.

◆ 이호정, 법인의 권리능력, 고시계 27권 9호(1982. 08), 12면 이하.

2. 불법행위

대판 2003. 7. 25. 2002다27088 〈기초〉 ··

[사안] 무주택자인 직장인들 및 지역주민들로 구성되었던 4개의 단위조합이 아파트 2동 162세대의 건설을 위하여 결합하여 조합 甲(피고)을 설립하고, A를 조합장으로 선출하였다. 甲 조합의 대표자 A는 자신이 경영하는 B건설회사를 아파트 건축사업대행사로 지정하였으며, 이에 기해서 B회사는 아파트를 신축하였다. 그런데 신축아파트 중 각 단위조합의 조합원들에게 분양되고 남은 아파트 4세대가 생기자(원래의 조합원 중 일부가 거주기간 등의 수분양자격을 갖추지 못하자 조합원에서 제명됨으로써 그러한 결과가 생긴 것임), A는 C 등과 공모하여 위 잔여분 아파트를 중복 분양하여 분양금을 편취하기로 결의한 후, 조합원 총회의 결의를 거치지 않은 채 부동산 브로커들을 동원하여 甲조합의 자금사정이 좋지 않아 분양금을 일시불로 납입하는 조건으로 미분양된 아파트를 시가보다 싼값에 분양한다고 선전하면서 분양희망자들을 유인하였다. 이에 기하여 乙·丙·丁 등(원고)을 비롯한 108명이 A 또는 그 공범들과 사이에 위 미분양아파트에 관하여 매매계약을 체결하고 조합장의 직인이 날인된 아파트분양계약서 및 분양대금완납증명서를 교부받았다. 그리고 A 등은 위 잔여분 아파트를 중복 분양하고 받은 분양대금을 편취하였다. 乙·丙·丁 등은 이러한 중복분양 사실을 발견하고, 甲조합에 대하여 손해배상을 소구하였다.

[판지] 1) 피고 조합의 법적 성격은 이 사건 단위조합들과는 별개의 비법인사단이라고 할 것이고, 피고 조합과 같은 비법인사단의 대표자가 직무에 관하여 타인에게 손해를 가한 경우 그 사단은 민법 제35조 제1항의 유추적용에 의하여 그 손해를 배상할 책임이 있으며, 비법인사단의 대표자의 행위가 대표자 개인의 사리를 도모하기 위한 것이었거나 혹은 법령의 규정에 위배된 것이었다 하더라도 외관상, 객관적으로 직무에 관한 행위라고 인정할 수 있는 것이라면 민법 제35조 제1항의 직무에 관한 행위에 해당한다고 할 것이나, 다만 그 경우에도 대표자의 행위가 직무에 관한 행위에 해당하지 아니함을 피해자 자신이 알았거나 또는 중대한 과실로 인하여 알지 못한 경우에는 비법인사단에게 손해배상책임을 물을 수 없다고 할 것이고, 여기서 중대한 과실이라 함은 거래의 상대방이 조금만 주의를 기울였더라면 대표자의 행위가 그 직무권한 내에서 적법하게 행하여진 것이 아니

라는 사정을 알 수 있었음에도 만연히 이를 직무권한 내의 행위라고 믿음으로써 일반인에게 요구되는 주의의무에 현저히 위반하는 것으로 거의 고의에 가까운 정도의 주의를 결여하고, 공평의 관점에서 상대방을 구태여 보호할 필요가 없다고 봄이 상당하다고 인정되는 상태를 말한다고 할 것이다. 피고 조합은 조합원의 주거생활의 안정과 향상을 도모하기 위하여 아파트 건립과 이를 위한 자금조달 및 운영에 관하여 필요한 사업을 효율적으로 수행하기 위하여 설립되었고, 그 구성원은 이 사건 단위조합들의 조합원 전원이므로, 피고 조합원들의 총유재산인 이 사건 임의분양분을 비조합원에게 분양하는 업무는 피고 조합의 설립목적 범위 내에 포함된다고 할 것이니, 피고 조합장 A가 원고들에게 이 사건 임의분양분을 분양한 행위는 외관상, 객관적으로 보아 피고 조합장의 직무에 관한 행위라고 할 것이고, 구 주택공급규칙 제3조 제2항 단서에 의하면 주택조합이 그 조합원에게 공급하고 남는 주택이 20세대 미만인 경우에는 반드시 공개모집 및 추첨의 방법에 의하여 입주자를 선정할 필요는 없는 점, A가 원고들에게 피고 조합장의 직인이 날인된 분양계약서 및 대금완납증명서를 발급한 점, 피고 조합의 조합원이 아닌 원고들로서는 자신들이 납부한 분양대금이 조합원들의 부담금보다 저렴한지 알 수 없었던 점, 임의분양의 경우 분양대금의 액수, 납부방법, 납부시기 등은 당사자가 합의하는 대로 정하여지는 점, 중복분양 사실이 밝혀진 후에도 A는 원고들의 수분양권을 확인하여 준 점 등을 종합하면, 피고가 상고이유에서 주장하는 여러 가지 사정을 감안하더라도 원고들이 피고 조합장 소외 1이 공동불법행위자들과 공모하여 개인의 사리를 도모하기 위하여 이 사건 임의분양분을 중복분양하는 것을 알지 못한 데 중대한 과실이 있다고 할 수 없다.

2) 원심은 원고들에게는 피고 조합장의 권한에 대한 조사를 게을리하고, 인근 아파트의 시세보다도 낮은 분양대금으로 계약을 체결하는 등의 과실이 있다는 이유로, 이를 참작하여 피고가 배상할 손해액을, 원고 乙의 경우에는 20%, 원고 丙의 경우에는 30%, 원고 丁의 경우에는 50% 감액하였는바, 기록에 비추어 살펴보면 원심의 조치는 적절한 것으로 보이고, 거기에 과실상계에 관한 법리오해의 위법이 있다고 할 수 없다.

☑ 쟁   점

위 판결은 주택조합의 조합장이 조합원 총회의 결의를 거치지 않고 신축아파트 중
미분양부분을 다수인에게 중복 분양함으로써 이들에게 분양계약에 따라 아파트를 분
양해 줄 수 없게 된 경우, 조합은 이들 수분양자에 대하여 제35조의 불법행위책임을
지는가 하는 점이 문제된다.

☑ 검토할 사항

◆ 법인의 불법행위에 관한 제35조의 취지를 살피시오.

◆ 주택조합에도 법인에 관한 제35조가 적용되는가?

◆ 법인의 불법행위책임이 성립하기 위한 요건으로서 대표자가 "그 직무에 관하여"
  행위하였어야 하는바, 직무에 관한 것인가 여부는 어떻게 판단되는가?

◆ 대표자의 행위가 외관상, 객관적으로 직무에 관한 행위라고 인정되는 경우에는 언
  제나 법인의 불법행위책임이 인정되는가?

◆ 위 판결이 乙 등에게 중과실이 없다고 판단한 이유는 무엇인가?

☑ 관련사례

1) 주택조합 甲의 대표자가 乙에게 대표자의 모든 권한을 포괄적으로 위임하여 乙이
   그 조합의 사무를 집행하던 중 불법행위로 타인에게 손해를 발생시킨 경우, 불법행
   위 피해자는 주택조합 甲을 상대로 민법 제35조에서 정한 법인의 불법행위책임을
   물을 수 있는가? (대판 2011. 4. 28. 2008다15438) 〈응용〉

2) 비법인사단인 조합의 대표자가 조합에게 과다한 채무를 부담하게 하는 등 불법행
   위를 함으로써 조합이 손해를 입고 결과적으로 조합원의 경제적 이익이 침해되는
   손해가 발생한 경우, 조합원이 조합에 대하여 제35조에 의한 손해배상을 청구할
   수 있는가? (대판 1999. 7. 27. 99다19384) 〈응용〉

3) 학교법인의 대표자가 자신이 개인적으로 경영하던 회사의 사업자금에 쓸 목적으
   로 감독청의 허가를 받지 않고 금융기관으로부터 금전을 차용하였다. 금융기관은
   학교법인에 대하여 차용금반환채무의 이행 혹은 (이의 이행을 청구하지 못하는 경
   우에) 손해배상을 청구할 수 있는가? (대판 1987. 4. 28. 86다카2534——이 판결은 법
   률행위의 목적 중 목적의 적법 부분에서 살핌)

☑ 기타 검토사항

1) 위의 사안에서 乙 등은 甲 조합에 대하여 분양계약상의 채무의 이행을 청구할 수
   있는가? 즉 조합장 A의 乙 등과의 분양계약은 조합의 행위로서 유효한가?

2) 甲조합에 대한 불법행위책임이 인정되는 경우 혹은 인정되지 않는 경우, 乙 등은
   甲조합 이외에 A에 대하여 손해배상을 청구할 수 있는가?

3) A가 甲조합의 대표자로서 자신이 경영하는 B건설회사와 공사계약을 체결하는 것은 자기계약에 해당하여 효력이 부인되는가?

4) 조합이 신축한 아파트를 조합원의 총유재산이라고 하는 이유는 무엇인가?

☑ 참고문헌

- ◆ 유성균, 법인의 불법행위와 표현대리, 사법논집 제7집, 5면 이하, 1976.
- ◆ 진성철, 비법인사단의 불법행위책임과 피해자의 중과실, 대법원판례해설 46호, 326면 이하, 2004.
- ◆ 한웅길, 법인의 불법행위책임, 동아대 동아법학 2호, 353면 이하, 1986.

Ⅳ. 기   관

1. 대 표 자

⑴ 대표권의 범위

㈎ 주식회사의 대표이사가 이사회의 결의 없이 행위한 경우

대판 1978. 6. 27. 78다389 〈기초〉 ···

[사안]   甲회사(피고)는 선박매매의 알선업 등을 업으로 하는 회사로서, 회사의 정관과 사규에는 회사업무집행에 관한 중요사항 또는 중요한 사유자산의 처분에 관한 사항은 이사회의 결의를 거치도록 되어 있다. 그런데 甲회사의 대표이사 A는 회사의 중요자산인 본건 물건을 이사회의 결의 없이 乙(원고)에게 양도하는 계약을 체결하였다. 乙이 제기한 소송에서 甲회사의 위 양도계약이 회사의 행위로서 유효한가 하는 점이 문제되었다.

[판지]   주식회사 대표이사의 업무집행 중에서 특정사항에 관한 업무집행에 관해서는 이사회의 결의를 거치게 함으로서 그 특정사항에 대한 내부적 의사결정권한이 이사회에 속하는 경우에는, 이와 같은 특정사항의 업무집행에 있어서는 대표이사는 이사회의 결의에 따라서 주식회사를 대표하여 그 업무집행을 하여야 한다 함은 당연하다 할 것이나, 한편 대표이사는 주식회사의 업무에 관하여 재판상 또는 재판외의 모든 행위를 할 권한이 있음이 상법 제209조에 명정되어 있음에 미루어보면 대표이사가 이사회의 결의를 거쳐야 할 대외적 거래행위에 관하여 이를 거치지 아니하고 한 경우라도, 위와 같은 이사회의 결의사항은 회사의 내부적

의사결정에 불과하다 할 것이므로, 그 거래상대방이 그와 같은 이사회결의가 없었음을 알거나 알 수 있었을 경우가 아니라면 그 거래행위는 유효하다고 해석함이 상당하다 할 것이고, 이와 같은 상대방의 악의는 이를 주장하는 주식회사 측에서 주장 입증해야 한다(상법 제389조 제3항 및 제209조 제2항 참조). 본건의 경우에서 보면 본건에서 문제된 물건의 처분이 주주총회의 특별결의사항에 속하는 것이라 볼 수는 없고, 본건에서 문제된 물건의 처분은 피고회사의 중요한 사유자산으로서 이사회의 결의를 거쳐야할 것으로 본다 하더라도, 본건 물건 등의 처분에 있어서 이사회의 결의가 없었던 것이라면 이는 피고회사의 특정사항에 관한 업무집행에 있어서의 내부적 의사결정인 이사회의 결의가 없었던 것으로서 대표이사가 대내적으로 회사에 대하여 임무위배로 인한 책임을 지는 것은 별론으로 하고, 본건 물건의 양도계약에 있어서 그 상대방인 원고가 본건 물건의 양도계약은 피고회사의 이사회 결의사항임에도 이사회의 결의를 거치지 아니하였다는 것을 알거나 알 수 있었다는 것을 피고회사가 주장 입증하지 않는 한 그 거래행위는 유효하다 할 것이므로, 대표이사의 위와 같은 회사의 내부적인 권한의 제한만으로서 선의의 제3자에게 대항할 수는 없다. 원고가 본건 양도계약은 이사회의 결의가 없었다는 것을 알았거나 알 수 있었다는 점에 대한 피고회사 측의 주장 입증이 없는 본건에 있어서 이사회의 결의 없는 사유만으로서 본건 물건양도계약이 무효라고 단정할 수는 없다.

☑ 쟁   점

위 판결은 회사의 정관에 중요자산의 처분에는 이사회의 결의를 거치도록 되어 있음에도 불구하고 대표자가 이사회의 결의 없이 중요자산을 처분한 경우, 그 처분행위가 유효한가 하는 점이 문제된 것이다.

☑ 검토할 사항

◆ 법인의 대표자의 권한은 원칙적으로 어디까지 미치는가?

◆ 법인의 대표자의 대표권 자체가 제한되는 경우와 단지 내부적인 의사결정권한에 제한이 가해진 경우에, 이를 위반한 대표자의 행위의 효력은 어떠한가?

◆ 위 판결에 의하면 주식회사에서 일정한 행위는 이사회의 결의를 거치도록 규정된 경우, 이는 대표자의 대표권을 제한하는 것인가? 그러한 점이 정관에 규정되어 있는 경우와 그렇지 않은 경우에 차이가 있는가?

◆ 상대방은 대표자의 행위가 이사회의 결의 없이 행해진 것임을 알았거나 알 수 있
  는 경우에도 법인에 대하여 그 행위의 효력을 주장할 수 있는가? 상대방의 그와
  같은 주관적 사정에 관한 입증책임은 누가 부담하는가?
◆ 정관에 일정한 행위를 주주총회(사원총회)의 결의를 거치도록 규정한 경우와 이사
  회의 결의를 거치도록 규정한 경우에, 그 효력의 차이를 비교하시오.

☑ 기타 검토사항

1) 甲회사는 A에 대하여 어떠한 권리를 가지는가?
2) 비영리 사단법인에서 정관에 대표자가 일정한 행위를 함에는 이사회의 결의를 얻
   도록 한 경우, 이는 대표권 자체를 제한하는 것인가? 정관에는 그러한 점을 규정하
   지 않았다면 어떠한가?

☑ 참고문헌

◆ 김학동, 법인대표자의 직무위반행위의 효력에 관한 판례 소고, 서울시립대 서울법
  학 16권 1호, 33면 이하, 2008.

(나) 비법인사단의 대표자가 사원총회의 결의 없이 행위한 경우

대판 2003. 7. 11. 2001다73626 〈응용〉 ···

[사안]   주택조합 甲(피고)은 일정한 조건을 갖춘 서대전우체국 및 소속국에 근
무하는 무주택 세대주 공무원인 乙 등 30인(피고)을 조합원으로 하여 주택건설을
목적으로 결성된 단체로서 주택건설촉진법에 의하여 설립되었다. 위 조합의 조합
장인 丙(피고)은 총회의 결의가 없었음에도, 위 조합이 신축하는 건물의 일부(아
파트의 일부 세대)에 관하여 자신에게 처분권한을 부여한다는 내용의 총회 결의서
를 허위로 작성하여 丁(원고)과 이 사건 건물에 관하여 분양계약을 체결하였다.
그리고 丁이 납부한 분양대금은 조합아파트의 건설대금으로 충당되었고, 이에 대
하여 위 조합의 조합원들이 아무런 이의를 하지 않았다. 甲이 아파트를 완공하였
음에도 丁에게 위 분양계약상의 채무를 이행하지 않자, 丁이 甲에 대하여 분양계
약상의 채무의 이행(그리고——분양계약이 무효라면——사용자책임에 기한 손해배상,
乙 등 조합원에 대하여는 이미 납부한 분양대금의 반환)을 소구하였다.
[판지]   1) 무주택자들이 조합원이 되어 조합원들의 공동주택을 건립하기 위하
여 설립한 주택조합이 공동주택 건설사업이라는 단체 고유의 목적을 가지고 활동
하며 규약 및 단체로서의 조직을 갖추고 집행기관인 대표자가 있고 의결이나 업

무집행방법이 총회의 다수결의 원칙에 따라 행해지며 구성원의 가입 탈퇴에 따른 변경에 관계없이 단체 그 자체가 존속하는 등 단체로서의 중요사항이 확정되어 있다면 조합이라는 명칭에 불구하고 비법인사단에 해당하므로, 주택조합이 주체가 되어 신축 완공한 건물로서 일반에게 분양되는 부분은 조합원 전원의 총유에 속하며, 총유물의 관리 및 처분에 관하여 주택조합의 정관이나 규약에 정한 바가 있으면 이에 따라야 하고, 그에 관한 정관이나 규약이 없으면 조합원 총회의 결의에 의하여야 할 것이며, 그와 같은 절차를 거치지 않은 행위는 무효라고 할 것이다. 원심은 피고 甲조합은 비법인사단에 해당한다고 하고, 이의 조합장인 피고 丙에게 피고 甲조합의 총유에 속하는 이 사건 건물의 처분권한을 부여하는 것을 내용으로 하여 작성된 이 사건 결의서는, 실제로는 피고 丙이 피고 甲조합의 총회결의 없이 작성한 것에 불과하여 총회결의가 있었다고 볼 수 없고, 따라서 피고 甲조합의 적법한 총회결의를 거치지 않고 체결한 이 사건 분양계약은 무효라고 판단하였는바, 앞서 본 법리 및 기록에 비추어 살펴보면, 원심의 위와 같은 사실인정과 판단은 정당하다.

2) 비법인사단인 피고 甲조합의 대표자가 조합원 총회의 결의를 거쳐야 하는 조합원 총유에 속하는 재산의 처분에 관하여는 조합원 총회의 결의를 거치지 아니하고는 이를 대리하여 결정할 권한이 없다 할 것이어서, 피고 甲조합의 대표자가 행한 총유물인 이 사건 건물의 처분행위에 관하여는 민법 제126조의 표현대리에 관한 규정이 준용될 여지가 없다.

3) 이 사건 건물에 대한 분양대금이 피고 甲조합 아파트의 건설대금으로 충당되었고, 이에 대하여 피고 甲조합의 조합원들이 아무런 이의를 하지 아니하였으므로 피고 甲조합의 조합원들은 이 사건 분양계약을 묵시적으로 추인한 것이라거나, 피고 甲조합은 신의칙상 이 사건 분양계약의 무효를 주장할 수 없다는 상고이유의 주장은 원심에 이르기까지 제출한 바 없이 상고심에 이르러 새로이 하는 주장에 불과하여 적법한 상고이유로 삼을 수 없을 뿐만 아니라, 원고의 주장과 같은 사유만으로는 피고 甲조합의 조합원들이 이 사건 분양계약을 묵시적으로 추인하였다거나, 피고 甲조합이 이 사건 분양계약의 무효를 주장하는 것이 신의칙에 반한다고 볼 수도 없으므로, 이 부분 상고이유의 주장도 이유 없다.

☑ 쟁   점

위 판결은 주택조합의 조합장이 조합아파트 중 일반인에게 분양될 세대에 관하여 조
합원 총회의 결의를 거치지 않았음에도 마치 그러한 결의를 거친 것처럼 총회 결의
서를 허위로 작성하여 제3자와 분양계약을 체결한 경우, 그 분양계약의 효력이 문제
된 것이다.

☑ 검토할 사항

◆ 주택조합은 그 성질이 조합인가 사단인가?

◆ 비법인사단에서 사단의 재산(총유물)에 관한 관리 및 처분은 어떠한 절차를 거쳐야
하는가?

◆ 주택조합이 신축한 아파트를 처분함에는 어떤 절차를 거쳐야 하고, 그러한 절차를
거치지 않은 경우에 그 효력은 어떠한가?

◆ 주택조합의 대표자가 총회의 결의 없이 아파트의 일부 세대를 처분한 경우, 그 효
력은 어떠한가?

◆ 위 판결이 대표자가 총회의 결의 없이 체결한 분양계약에 관하여 표현대리의 적용
을 부인한 근거는 무엇인가?

◆ 조합의 대표자가 조합의 총유재산을 처분함에는 조합원 총회의 결의를 거쳐야 하는
경우, 그는 조합재산의 처분에 관하여 대표권을 전혀 가지지 않는가, 아니면 그에
관한 대표권을 가지나 단지 조합원 총회의 결의를 거치도록 대표권이 제한되는가?

◆ 조합의 대표자가 조합원 총회의 결의를 거치지 않고 조합의 총유재산을 처분한 경
우, 그는 전혀 대표권 없는 행위를 한 것인가 아니면 단지 대표권을 넘어 행위한 것
인가?

☑ 관련사례

1) 재건축조합의 대표자가 총회의 결의 없이 조합의 총유에 속하는 건물을 타인에게
양도담보로 제공하기로 약정한 경우, 그 약정의 효력은? (대판 2001. 5. 29. 2000다
10246) 〈응용〉

2) 상가설립조합의 조합장이 조합 명의로 조합장의 업무에 해당하는 주택공사와의 상
업용지 분양계약을 체결한 경우, 만약 그에 앞서 조합원 개개인이 조합장에 대하여
위의 분양계약 체결의 위임을 철회하는 방법으로 계약체결의 권한을 제한하였음에
도 불구하고 조합장이 위 계약을 체결하였다면 위 계약은 조합의 행위로 인정되는
가? (대판 1999. 7. 27. 98도4200) 〈심화〉

3) 재건축조합 A가 건설회사 B에게 아파트신축공사를 도급주었으며, B는 위 공사
중 토목공사를 C에게 하도급을 주었는데, A의 조합장이 B의 C에 대한 하도급공사

대금채무에 대하여 조합원총회의 결의 없이 보증을 섰다. 위 보증행위는 조합의 행위로서 유효한가? (대판(전) 2007. 4. 19. 2004다60072, 60089) 〈기초〉

4) 재건축조합 A의 정관에는 공동사업의 시행자나 설계자 등을 선정함에는 조합원총회의 결의를 거치도록 되어 있는데, 위 조합이 아파트신축공사를 함에 있어서 조합장이 조합원총회의 결의를 거치지 않고 B와 설계용역업무에 관하여 도급계약을 체결한 경우, 도급계약의 효력은 어떠한가? (대판 2003. 7. 22. 2002다64780) 〈응용〉

☑ 기타 검토사항

1) 주택조합이 신축한 아파트의 소유권은 누구에게 귀속되는가?

2) 丁의 甲과의 분양계약이 무효라면, 丁은 누구에 대하여 분양대금의 반환을 청구할 수 있는가?

3) 丁은 甲조합에 대하여 불법행위책임을 물을 수 있는가?

4) 丁은 조합원들에 대하여 불법행위책임을 물을 수 있는가?

5) 丁은 丁 등 조합원들에 대하여 조합원들이 조합장 丙에 대하여 사용자의 지위에 있다고 주장하여 사용자책임에 기해서 손해배상을 청구할 수 있는가?

6) 丁이 이미 지급한 분양대금 상당액을 반환받을 길은 무엇인가?

☑ 참고문헌

◆ 민유숙, 재건축조합의 사업시행으로 신축한 집합건물의 원시취득자, 대법원판례해설 57호, 63면 이하, 2006.

◆ 홍기태, 수개의 단위주택조합이 공동으로 사업을 추진하기 위하여 연합주택조합을 결성하고 그 연합주택조합이 아파트 분양을 한 경우, 연합주택조합의 법적 지위 및 수분양자가 단위주택조합에 대하여 분양계약의 효력을 주장할 수 있는지 여부, 대법원판례해설 42호, 880면 이하, 2003.

(2) 대표권의 제한

대판 1992. 2. 14. 91다24564 〈기초〉 ·······································

[사안]   甲법인(피고)은 건설회사 A에게 도로포장공사를 도급주었으며, 나아가 A가 위 포장공사에 소요되는 레미콘을 乙(원고)로부터 구입함에 있어서 甲법인은 乙과의 사이에서 A의 레미콘 대금채무를 연대보증하였다. A가 대금채무를 이행하지 않자, 乙이 甲에 대하여 보증채무의 이행으로서 대금의 지급을 소구하였다. 그런데 甲법인의 정관에는 대표자가 법인의 채무를 부담하는 계약을 함에 있어서 이사회의 결의를 거쳐 노회와 설립자의 승인을 얻고 주무관청의 인가를 받도록

규정되어 있음에도, 甲법인의 대표자는 그러한 절차를 거치지 않고 위 연대보증을 한 것이었다. 다만 甲법인은 위와 같은 정관상의 대표권 제한을 등기하지 않았다.

[판지] 법인의 대표자가 법인의 채무를 부담하는 계약을 함에 있어서 이사회의 결의를 거쳐 노회와 설립자의 승인을 얻고 주무관청의 인가를 받도록 정관에 규정되어 있다면, 그와 같은 규정은 법인대표권의 제한에 관한 규정으로서 이러한 제한은 등기하지 아니하면 제3자에게 대항할 수 없다고 할 것이다. 피고 법인의 정관 제10조에 그와 같은 취지의 법인 대표권의 제한에 관한 규정이 있음은 소론과 같으나 그와 같은 취지가 등기되어 있다는 주장 입증이 없는 이 사건에서, 피고 법인은 원고가 그와 같은 정관의 규정에 대하여 선의냐 악의냐에 관계없이 제3자인 원고에 대하여 이러한 절차의 흠결을 들어 이 사건 보증계약의 효력을 부인할 수 없다고 할 것이다.

☑ 쟁 점

위 판결은 법인이 대표권의 제한을 정관에 기재하였지만 이를 등기하지 않은 경우, 그러한 대표권 제한을 제3자에 대하여 대항할 수 있느냐 하는 점이 문제된 것이다.

☑ 검토할 사항

◆ 민법 제60조가 정관상의 대표권 제한을 등기하지 않은 경우에 제3자(즉 악의 여부를 불문)에게 대항할 수 없다고 하는 취지는 무엇인가?

◆ 민법 제60조와 상법 제37조와의 차이를 비교하고, 양 규정이 서로 조화를 이루는가를 검토하시오.

☑ 관련사례

1) 사단법인의 중요하고 유일한 재산을 처분하는 경우 당연히(즉 사원총회의 결의를 요한다는 점을 등기하지 않았더라도) 사원총회의 결의를 요하는가? (대판 1975. 4. 22. 74다410) 〈응용〉

☑ 기타 검토사항

1) 사단법인의 사원총회에서 법인의 중요재산인 X부동산을 처분함에는 사원총회의 결의를 거치도록 결의하였으나 그러한 결의내용을 정관에 규정하지 않은 경우, 사원총회의 결의만으로 대표권이 제한되는가?

2) 법인의 대표자가 정관상 규정된 대표권의 제한에 위반하여 행위한 경우(즉 대표권

의 범위를 넘은 행위)와 법인의 대표자가 법인의 권리능력에 속하지 않는 행위를
한 경우(즉 권리능력을 넘은 행위)에, 그러한 행위는 일단 법인의 행위로서의 효력
이 생기지 않는다. 그러면 양 행위의 효력에는 아무런 차이가 없는가?

☑ 참고문헌

- ◆ 박영복, 이사의 대표권의 제한, 고시연구 30권 4호(2003. 04), 114면 이하.
- ◆ 양창수, 민법 제60조에서 정하는 「제3자」의 범위, 판례월보 262호(1992. 07), 46면 이하.
- ◆ 이교림, 법인이사의 대표권의 제한, 대법원판례해설 17호, 145면 이하, 1992.
- ◆ 이호정, 사원총회의 결의에 의한 이사의 대표권의 제한, 고시계 31권 8호(1986. 7), 103면 이하.
- ◆ 홍성재, 민법상 이사의 대표권 제한에 관한 1고찰, 성균관대 수선논집 14집, 217면 이하, 1990.

(3) 대표권의 남용

대판 1988. 8. 9. 86다카1858 〈기초〉 ···

[사안] 보험회사 甲(원고)이 A회사에게 금전을 대여함에 있어서, 투자금융회사
인 乙(피고)의 대표이사 M은 A의 차용금채무에 관하여 연대보증을 하고 그 담보
로서 어음을 발행하였다. 그런데 위 연대보증은 회사의 업무와는 관련이 없는 것
이었다. 그럼에도 M이 보증을 하게 된 경위를 보면, 乙·A 등은 모두 동일한 그
룹에 소속된 기업체로서 K가 실질적 소유자인데, K가 M에게 위와 같은 연대보
증을 지시하여, M이 그 지시에 따라 통상의 절차를 밟지 않고 위의 행위를 한
것이었다. A가 위 차용금채무를 이행하지 않자, 甲이 乙에 대하여 이의 이행을
소구하였다.

[판지] 일반적으로 주식회사 대표이사의 대표권한의 범위는 회사의 권리능력의
범위와 일치되는 것이다. 그러나 회사는 정관, 이사회의 결의 등의 내부적 절차
또는 내규 등에 의하여 이러한 대표권한에 대하여 내부적인 제한을 가할 수가 있
는 것이고 이렇게 대표권한에 내부적인 제한이 가해진 경우에는 그 대표이사는
제한범위 내에서만 대표권한이 있는 데 불과하게 되는 것이지만, 그렇더라도 그
대표권한의 범위를 벗어난 행위 다시 말하면 대표권의 제한 위반행위라 하더라도
그것이 회사의 권리능력의 범위 내에 속한 행위이기만 하다면 대표권의 제한을

알지 못하는 제3자는 그 행위를 회사의 대표행위라고 믿는 것이 당연하고 이러한 신뢰는 보호되어야 하는 것이므로, 우리 상법이 대표권의 제한은 이로써 선의의 제3자에 대항할 수 없다고 규정하고 있는 것(제389조, 제209조)은 이러한 취지라 할 것이며, 따라서 대표권에 제한이 가해지고 있는 경우에 당해 대표이사의 그러한 구체적인 대표권한의 범위를 알고 있으면서도 그 범위를 벗어난 행위에 대하여 상대방이 된 악의의 제3자를 보호해야 할 필요성은 없는 것이므로 회사는 그의 악의를 입증하여 그 행위의 효력을 부인할 수 있는 것은 당연하다. 그리고 대표이사의 행위가 대표권한의 범위내의 행위라 하더라도 회사의 이익 때문이 아니고 자기 또는 제3자의 개인적인 이익을 도모할 목적으로 그 권한을 행사한 경우에 상대방이 대표이사의 진의를 알았거나 알 수 있었을 때에는 회사에 대하여 무효가 되는 것이다. 이 사안에서 원고가 위에서 본 대표권제한 또는 남용사실을 알고 있었거나 알 수 있었다는 점에 대한 증거가 없으므로, 위 차용행위는 피고의 행위로서 유효하다.

☑ 쟁   점

위 판결은 회사의 대표자가 회사의 업무와는 무관한 다른 회사의 차용금채무에 관해서 연대보증을 선 경우, 즉 대표자가 회사의 이익을 위해서가 아니라 제3자의 이익을 위해서 대표행위를 경우, 그러한 행위가 법인의 행위로서 유효한가 하는 점이 문제된 것이다.

☑ 검토할 사항

◆ 위의 사안에서 M의 연대보증행위는 그의 대표권의 범위에 속하는가?

◆ 대표자의 행위가 법인의 행위로 인정되기 위한 요건으로서 일반적으로 그 행위가 법인의 이익을 위한 것임이 요구되는가?

◆ 위 판결은 대표자가 대표자 자신 혹은 제3자의 이익을 위해서 행위한 경우(대표권 남용행위), 어떠한 근거에 기해서 그 행위의 효력을 부인하는가?

◆ 대표권남용행위는 비진의표시에 해당하는가?

☑ 기타 검토사항

1) 대표권남용행위의 무효의 근거를 위 판결과는 다른 점에서 구하는 판례가 있는가?
   (대판 1987. 10. 13. 86다카1522(전술)) 〈기초〉

2) 대표권남용행위의 무효의 근거에 관한 차이에 따라 어떠한 실제적 차이가 생기는가?

3) 법인의 대표자가 대표권의 범위를 넘은 행위를 한 경우와 대표권의 범위 내의 행위를 자신의 이익을 위하여 행한 경우, 그 효력에는 어떠한 차이가 있는가?

☑ 참고문헌

◆ 박태호, 회사의 대표이사가 그 권한을 남용한 행위의 효력, 대법원판례해설 9호, 113면 이하, 1989.
◆ 이동흡, 대표이사의 대표권 남용행위, 재판자료 38집, 5면 이하, 1987.
◆ 임홍근, 대표이사가 자기 또는 제3자의 이익을 도모할 목적으로 한 권리남용행위의 효력, 판례월보 257호(1992. 2), 28면 이하.
◆ 홍복기, 대표이사의 대표권 위반행위, 상사판례연구 6집, 112면 이하, 1994.

⑷ 대표이사의 사임

대판 1972. 9. 26. 71다2197 〈응용〉 ··

[사안] A는 甲회사(피고)의 대표이사였는데, 1969. 12. 2. 그 직을 사임하고 그 사임등기가 경료되었다. 그런데 A는 1970. 4. 11. 甲회사 대표이사 명의를 모용하여 甲회사 명의의 당좌수표를 발행하고, 이를 B를 통하여 乙(원고)에게 교부하였다. 乙이 위 수표를 그해 5. 9. 지급인에게 지급제시를 하였으나, 예금부족을 이유로 지급거절되었다. 그리하여 乙이 甲회사에 대하여 표현대리의 성립을 전제로 하여 수표금의 지급을 청구하였다.

[판지] 원심은, 원고가 설령 A가 피고회사의 대표이사직을 사임한 사실을 알지 못하였다 하더라도, A의 사임등기가 1969. 12. 5. 이미 경료된 이상, 원고는 위 사임등기가 경료된 사실을 알지 못하였음에 대하여 정당한 사유가 없는 한 피고회사는 그 등기로서 원고에게 대항할 수 있다 할 것이므로, 원고로부터 위의 정당한 사유가 있다는 별다른 주장, 입증이 없는 이 사건에 있어서 위 주장은 다른 점에 관하여 나아가 판단할 필요 없이 이유 없다 할 것이라고 판단하였는바, 이러한 판단은 정당하다.

───────────────────────────────

☑ 쟁   점

위 판결은 회사의 대표이사가 그 직을 사임하고 그 사임등기가 경료된 후에 대표이사 명의를 모용하여 회사 명의의 수표를 발행한 경우, 회사가 표현대리의 책임을 지는가 하는 점이 문제된 것이다.

☑ 검토할 사항

◆ 대표에 관해서는 대리에 관한 규정이 준용된다(제59조 2항). 그럼에도 대표자의 대표권 소멸 후의 대표행위에 관하여 표현대리 규정의 적용을 부인한 이유는 무엇인가?

☑ 기타 검토사항

1) 乙은 甲회사에 대하여 법인의 불법행위책임을 물을 수 있는가?

(5) 임기만료된 이사의 긴급업무수행권

대판 1982. 3. 9. 81다614 〈응용〉 ··

[사안] 재단법인 甲(피고)의 이사장 A는 1978. 3. 25.로 이사임기가 만료되게 되자 정관규정에 따라 이사장에 재선되어 3. 16. 문공부장관에게 이사취임 신청을 하였는데, 그해 9. 11. 부적격이라는 이유로 취임승인이 거부되었으며, 그 이후 현재에 이르기까지 3번째로 취임승인 신청 중에 있다. 그런데 A는 임기가 만료된 후인 1978. 4. 8. 이사 및 평의원 연석회의를 소집하여 임기가 아직 남은 乙(원고)을 이사직에서 해임하고 그 후임으로 B를 선임할 것을 제안하였으며, A 및 A와 함께 임기만료된 이사 3명이 참석하여 그 결과 이사 9명 중 7명, 평의원 7명 중 5명이 참석한 위 연석회의에서 전원 일치의 찬성으로 乙을 이사직에서 해임하였다. 이에 乙은 위 연석회의 결의는 법인 정관 제13조에 따른 평의원 재적의원 3분의 2 이상의 찬성에 의한 이사해임 요구가 없고, 또한 이사장 A는 이미 임기가 만료되어 이사장의 자격이 소멸되었을 뿐만 아니라 그의 위 제의는 긴급업무수행의 범위를 넘은 것이라고 주장하면서, 위 이사회결의의 무효확인을 소구하였다.

[판지] 원심은, 피고 법인의 이사장이었던 A는 다른 이사 3명과 더불어 1978. 3. 25. 그 이사의 임기가 만료되었으나 그 후임자가 선임되지 아니하여 이사장 직무집행정지가처분이 있기까지는 이사장의 직무를 수행할 권한이 있었다고 전제한 후, A가 이사장의 자격으로 1978. 4. 14. 임기만료 전의 이사인 원고의 해임과 그 후 임원선임을 위한 이사 및 평의원 연석회의를 소집개최하고, 그 회의에서 스스로 원고의 개임을 제안하여 의결케 한 조치를 적법하다는 취지로 판단하였다. 생각건대 민법상 법인과 그 기관인 이사와의 관계는 위임자와 수임자의 법률

관계와 같은 것으로서 이사의 임기가 만료되면 일단 그 위임관계는 종료되는 것이 원칙이나, 그 후임이사 선임시까지 이사가 존재하지 않는다면 기관에 의하여 행위를 할 수밖에 없는 법인으로서는 당장 정상적인 활동을 중단하지 않을 수 없는 상태에 처하게 되고, 이는 민법 제691조에 규정된 급박한 사정이 있는 때와 같이 볼 수 있으므로, 임기만료된 이사라고 할지라도 그 임무를 수행함이 부적당하다고 인정할 만한 특별한 사정이 없는 한 이사의 직무를 계속 수행할 수 있다고 보는 것이다. 그러나 위에서 본 바와 같이, 임기만료된 이사의 업무수행권은 법인이 정상적인 활동을 중단하게 되는 처지를 피하기 위하여 인정되는 것임에 비추어 본다면, 별다른 급박한 사정도 없이 임기만료 전의 현임이사를 해임하고 그 후임자를 선임하기 위한 이사 및 평의원 연석회의를 스스로 소집하여 이를 제안하는 것과 같은 일은 임기만료된 이사장에게 수행케 함이 부적당한 임무에 해당한다고 할 것이므로, 원심이 원고를 이사직으로부터 해임할 만한 급박한 사정이 있었는지에 관하여 전혀 심리한 바 없이 위와 같은 A의 조치가 적법한 업무수행의 범위에 속하는 것으로 판단한 것은 심리미진과 임기만료된 이사의 업무수행 권한의 범위에 관한 법리를 오해한 위법을 범한 것이다.

☑ 쟁 점

위 판결은 임기만료된 이사의 제안으로 현임의 이사의 해임이 의결된 경우, 그러한 의결이 유효한가 하는 점이 문제된 것이다.

☑ 검토할 사항

◆ 임기완료된 이사가 업무수행권을 가지는 근거 및 권한의 범위를 살피시오.

◆ 위의 쟁점에서 관건이 되는 것은 무엇인가?

☑ 관련사례

1) 임기가 만료된 학교법인의 이사나 감사가 후임이사나 감사의 선임시까지 종전 직무를 계속 수행할 긴급처리권이 인정되는가? 위 긴급처리권에 후임 정식이사를 선임할 권한이 포함되는가? (대판 2007. 7. 19. 2006두19297) 〈응용〉

2) 이미 사임한 종중 회장이 신임 회장의 선출 등을 위한 총회를 소집하여 이를 제안할 수 있는가? (대판 2006. 10. 27. 2006다23695) 〈응용〉

3) 임기만료된 이사의 긴급업무권한은 이사 전원의 임기가 만료된 경우에 한하여 인정되는가, 일부 이사의 임기는 만료하였으나 일부 이사의 임기는 남아 있는 경우에

도 인정되는가? (대판 1968. 9. 30. 68다515) 〈응용〉

☑ 참고문헌

- ◆ 손제희, 임기만료된 민법상 법인의 이사가 갖는 업무수행권한의 근거 및 한계, 대법원판례해설 1호, 17면 이하, 1987.
- ◆ 윤경, 이사회결의무효확인의 소, 직무집행정지 및 직무대행자선임가처분과 공동소송참가, 인권과 정의 303호(2001. 11), 80면 이하.

2. 사원총회

대판 1999.6.25. 99다10363 〈응용〉 ··

[사안] X동과 Y동은 인접지로서 각 동의 일부 주민들은 재건축추진위원회를 결성하였으며, X동의 위원장은 A이고 Y동의 위원장은 B였다. 그런데 위 두 개 동의 재건축추진위원회가 통합되었으며, 그리하여 A와 B가 이의 공동대표자로 활동하던 중, 통합재건축조합인 甲(피고)의 설립인가를 위한 단일대표자의 선출과정에서 법정 결격사유 없는 A가 甲의 단일대표자로 되어, 1993. 1. 5. 조합설립인가를 받았다. 그리하여 1993. 8. 19. 통합재건축추진위원회의 임원들인 A, B 등 22명이 위 조합의 최초의 총회를 개최하기로 결의하여 A가 1993. 12. 11. 이 사건 총회를 소집하여 정관을 의결 확정하였다. 위 총회의 결의에 기하여 주택건설공사가 진행되었는데, 乙 등 수인(원고)이 4년 여가 지난 후 공동대표 2인 중 1인이 총회소집통지를 한 점, 그 통지를 정관에서 정한 것보다 2일 늦게 한 점, 소집통지서에 의안으로 기재되지 않은 조합장 인준에 관한 의안을 상정·결의한 점 등과 같은 하자를 이유로 총회결의부존재확인의 소를 제기하였다.

[판지] 1) 총회의 소집권자인 공동대표 중의 1인이 나머지 공동대표자와 공동하지 않은 채 단독으로 총회를 소집하였다 하더라도 특단의 사정이 없는 한 그 총회의 결의가 부존재라거나 무효라고 할 정도의 중대한 하자라고 볼 수는 없다. 위와 같은 그 결의의 경위와 법리 그리고 관계 규정의 취지를 관련시켜 볼 때, 1993. 12. 11. 총회가 이사회의 결의를 거쳐 통합된 재건축추진위원회의 2인 공동대표 중의 1인이며 피고조합 설립인가에서의 명의상 조합장이던 A에 의하여 단독소집되었다 하여도 그 총회가 정관을 의결, 확정할 총회인 이상 그 정관의 규정에 의거한 소집권자에 의한 소집이 아니라는 점을 들어 그의 결의가 무효라고

단정할 것은 아니라고 본 원심의 인정·판단은 수긍된다.

2) 비법인사단의 총회개최에 일정의 유예기간을 두고 소집통지를 하도록 규정한 취지는 그 구성원의 토의권과 의결권의 행사를 보장하기 위한 것이므로, 회원에 대한 소집통지가 단순히 법정기한을 1일이나 2일 지연하였을 뿐이고 회원들이 사전에 회의의 목적사항을 알고 있는 등의 사정이 있었다면 회원의 토의권 및 결의권의 적정한 행사는 방해되지 아니한 것이므로 이러한 경우에는 그 총회결의는 유효하다. 따라서 원심이, 위의 총회소집통지를 정관에서 정한 것보다 약 2일 정도 늦게 한 사실만으로서는 의사정족수, 의결정족수는 충족된 그 총회에서 그 통지지연의 점에 대한 이의없이 이뤄진 각 결의가 부존재 또는 절차상 중대한 하자가 있다 할 수 없다고 판단한 것은 정당하다.

3) 피고 조합이 위의 총회에서 그의 소집통지서에 의안으로 기재되지 아니한 조합장 인준에 관한 의안을 상정·결의하여 법령 또는 정관에 위반된다는 원고들의 주장에 대하여, 원심은 그 총회에 전체조합원 176명 중 100명이 참석하여 조합업무의 촉진을 위한 조합장 선출결의에 참여하고 A를 조합장으로 인준한 후 A가 1994.에는 주택건설사업계획을 승인받고 이어 조합원 중 172명의 이주비 약 100억원을 지급하는 등 223억 여 원을 투입하여 이주, 철거업무 등 주택건설공사의 집행을 추진하였음에도 원고들을 비롯한 약 20여 명의 조합원들만이 이주금 또는 보상금에 관한 협상내용에 불만을 가진 나머지 4년여의 기간이 지난 시점에서 그 총회의 조합장 인준결의가 무효라고 주장하여 이 사건에 나아온 사실을 인정한 후, 피고 조합이 여러 사람의 이해관계가 얽혀 있는 장기적 사업체인 재건축조합인 점에서 그 결의에 기초한 조합활동이 상당기간 계속된 후에 그 결의의 효력을 다투는 것은 신의칙에 반하는 것이라고 판단하였다. 위의 인정 사실과 기록상 나타난 피고 조합의 결성 및 위의 결의 전후의 경위, 그 총회결의에서의 원고들의 참여상황과 행위내용, 피고 조합 구성에서의 원고들이 갖는 이해의 정도, 피고 조합의 성립 이후의 누적된 법률관계의 규모와 이 사건 제소시기 등 관련되는 모든 사정을 참작할 때 원심의 그 판단은 수긍되고, 그 판단에 신의성실의 원칙에 관한 법리오해의 위법을 찾을 수 없다.

☑ 쟁　점

위 판결은 2인의 공동대표자가 있는 조합에서 그중 1인이 총회를 소집하였으며, 또한 그 총회소집통지를 정관에서 정한 것보다 약 2일 정도 늦게 하였으며, 더욱이 총회의 소집통지서에 의안으로 기재되지 아니한 조합장 인준에 관한 의안을 총회에 상정해서 의결한 경우, 총회의 의결이 유효한가 하는 점이 문제된 것이다.

☑ 검토할 사항

◆ 수인의 공동대표 중 1인이 총회를 소집한 경우, 그 총회는 유효하게 성립하는가?
◆ 민법 제71조가 총회의 소집을 2주간 전에 통지하도록 하는 취지는 무엇인가?
◆ 위의 유예기간에 못 미치게 소집통지를 한 경우, 그 효력은 어떠한가?
◆ 총회에서 그 소집통지서에 의안으로 기재되지 않은 사항을 상정·의결한 경우, 그 의결의 효력은 어떠한가?
◆ 위의 경우에 총회의 의결에 기하여 사업이 진행되었는데 총회 후 4년 여가 지나서 총회의 의결의 무효를 주장하는 것은 타당한가?

☑ 관련사례

1) 종중원들이 종중의 규약에 따른 적법한 소집권자 또는 일반 관례에 따른 종중총회의 소집권자인 종중의 연고 항존자에게 임시총회의 소집을 요구하였음에도 그 소집권자가 정당한 이유 없이 이에 응하지 아니하는 경우, 반드시 민법 제70조를 준용하여 감사가 총회를 소집하거나 종원이 법원의 허가를 얻어 총회를 소집하여야 하는가? (대판 2011. 2. 10. 2010다82639) 〈심화〉
2) 재건축조합의 조합장이 '경과보고, 조합장 선임, 기타 사항'을 목적사항으로 하는 임시총회의 소집통지를 하였는데, 임시총회에서 조합장 이외의 임원(이사 및 감사)을 선출한 경우, 그러한 임원선출은 유효한가? 만약 그 뒤에 개최된 정기총회에서 그와 같은 임시총회에서의 결의사항(임원선출)을 추인하는 의결을 하였다면 어떠한가? (대판 1996. 10. 25. 95다56866) 〈심화〉

3. 이 사 회

대판 1992. 7. 24. 92다749 〈응용〉 ·

[사안]　재단법인 甲(피고)의 이사장이던 K가 1988. 6. 17. 경영부실에 대한 책임을 지고 사임하자 A의 지시에 따라 상근이사이던 B가 정관 소정의 소집통지절차를 거치거나 이사회를 개최하지도 아니한 채 6. 27. 이사회를 개최하여 C, D를

이사로, A를 이사장으로 선임하고, K의 이사직을 면하기로 하는 결의를 한 것처럼 이사회 의사록을 작성하고 이에 보관 중이던 乙(원고)의 인장을 날인하여 그 등기절차를 마쳤다. 그후 위 법인은 1989. 3. 25. 이사회를 소집하여 E, F를 이사로 선임하였다. 이 이사회에는 A·B·C·D 그리고 乙 등 5인의 이사가 참석하였는데, 乙을 제외한 다른 이사들은 E·F를 이사로 선임하는데 찬성하였다. 그런데 B는 위 재단법인의 상근이사로 재직하다가 1989. 2. 말경 사임서를 제출하였으며, 3. 25. 이사회 개최시에도 사임의 의사를 표시하였으나 이사장 A에 의하여 수리되지 아니하였기 때문에 위 이사회에 출석하여 그 결의에 관여하였다. 乙은 甲법인을 상대로, 1988. 6. 27.의 이사회결의는 무효이므로 C·D는 이사의 지위를 가지지 않으며, 1989. 3. 25.의 이사회 개최 당시 B는 이사가 아니었으므로 이때의 이사회결의 역시 무효라고 하면서, 이의 무효확인의 소를 제기하였다.

[원심]   1) 1988. 6. 27.의 이사회결의는 존재하지 아니하거나 당연무효이고, 당시 소집통지를 받지 못한 이사인 원고가 출석하여 반대의 표결을 하였다 하더라도 이사회결의의 성립에 영향이 없었다거나 그 결의의 내용이 사실상 출석하지 못한 이사의 의사에 합치되는 것이라 하더라도 그 이사회의 결의는 여전히 무효일 뿐이고 적법하게 되는 것은 아니라고 판시하였다.

2) E, F를 이사로 선임한 피고의 1989. 3. 25.자 이사회결의의 효력에 관하여, 위 이사회결의에 참가한 이사 C, D는 이들을 이사로 선임한 1988. 6. 27.자 이사회결의가 무효이기 때문에 이들은 피고 재단의 이사자격이 없어 유효한 표결권의 행사로 볼 수 없다 할 것이나, 이들을 제외하더라도 당시 피고 재단의 적법한 이사인 원고 및 A, B 등 3인 모두가 이사회에 출석하고 A, B 2인의 찬성을 얻어 그 결의에 이른 것인 만큼 결국 위 이사회결의는 정관에서 정한 의사정족수 및 의결정족수를 모두 충족하는 것으로서 적법하다고 판단한 다음, B는 위 재단의 이사직과 상근이사직을 겸하여 오다가 1989. 3.경 상근이사직을 사임하고 1989. 3. 25.에 개최된 이사회에서 이사직마저 사임코저 하였으나 다른 이사들의 만류로 이를 번의하여 그날의 이사회에서는 여전히 이사의 지위에서 그 권한을 적법하게 행사한 것이라고 하여, 위 이사회 개최 당시 B는 이사가 아니었다는 원고의 주장을 물리쳤다.

[판지]   1) 민법상 비영리 재단법인의 정관에 이사회를 개최하기에 앞서 미리 일정한 기한을 두고 회의안건 등을 기재한 소집통지서를 발송하도록 하고 있음에

도 불구하고 이러한 소집통지에 관한 절차를 거치지 아니한 관계로 그 소집통지
를 받지 못한 이사가 참석하지 아니하였고, 이사회를 개최하지도 아니하였으면서
일부 이사들이 이를 개최한 양 의사록만 작성하거나 일부 이사들만이 모여 이사
회를 개최하였다면 이러한 이사회의 결의는 존재하지 아니하는 것이거나 당연무
효라고 보아야 할 것이다. 이 경우 적법한 소집통지를 받지 못한 이사가 출석하
여 반대의 표결을 하였다 한들 이사회결의의 성립에 영향이 없었다고 하더라도
그 이사회결의가 당연무효라고 하는 결론에 지장을 주지 아니한다. 원심의 위와
같은 판단은 정당하다.

2) 재단법인의 이사는 법인에 대한 일방적인 사임의 의사표시에 의하여 법률관
계를 종료시킬 수 있고, 그 의사표시가 수령권한 있는 기관에 도달됨으로써 효력
을 발생하는 것이며, 법인의 승낙이 있어야만 효력이 있는 것은 아니다. 따라서
B가 사임서를 제출한 이상 그 사임서가 피고 재단법인에 도달됨으로써 효과가
발생하였다 할 것이고, 피고 재단법인에서의 수리 여부는 그 사임의 효력에 지장
이 없는 것이다. 그리고 B가 사임서를 제출함에 있어 상근이사직만을 사임한다고
기재하는 등 특단의 사정이 없는 이상 그 직을 모두 사임하는 취지로 해석하는
것이 옳고, 원심이 다른 사정에 관한 증거가 없음에도 불구하고 상근이사직과 비
상근이사직을 구분하여 B가 전자만을 사임하고 후자는 사임하지 아니하였다고
인정한 것은 잘못이라 할 것이다. 나아가 1989. 3. 25. E와 F를 이사로 선임하는
결의를 함에 있어 이사장인 A와 B·C·D가 찬성하였고 원고는 반대한 사실을
알 수 있는바, 원심이 인정한 바와 같이 C, D는 무효인 결의에 의하여 선임된
자들로서 이사로서의 자격이 없고, B가 사임함으로써 피고 재단법인의 적법한 이
사로는 결국 원고와 A가 남게 된다 할 것이다. 그런데 정관의 기재에 의하면 피
고 재단법인의 이사는 이사회에서 선출하여 노동부장관의 승인을 받아 취임하고,
이사회의 결의는 재직구성원의 과반수의 출석으로 개의하고 출석한 자의 과반수
의 찬성으로 결의한다고 규정되어 있으므로, 1989. 3. 25.자 이사선임결의는 원고
가 반대를 함으로써 A만이 찬성하여 한 것으로 결국 과반수 이상의 찬성이라는
결의방법상의 하자가 인정되는 것이다.

☑ 쟁   점

위 판결은 정관에 규정된 소집통지절차를 거치지 않고 일부 이사들만이 모여 이사회를 개최한 경우에 이사회의 결의가 유효한가 하는 점, 그리고 이사가 사임서를 제출하였으나 수리가 되지 않은 경우에 사임의 효력이 생기는가 하는 점이 문제된 것이다.

☑ 검토할 사항

◆ 정관에 규정된 소집통지절차를 거치지 않고 일부 이사들만이 모여 이사회를 개최한 경우, 이사회의 결의가 유효한가? 만약 그 자리에 의결정족수를 충족하는 정도의 이사가 참석하였다면 어떠한가?

◆ 재단법인의 이사가 사임을 함에 있어서 사임의 의사표시 외에 법인의 승낙을 요하는가?

☑ 기타 검토사항

1) 이사회는 민법상의 비영리법인에서 필수기관인가?

2) 일부 이사에게의 이사회 소집통지를 누락한 경우, 그 이사회에서의 결의가 유효한가? 만약 통지를 누락한 이사가 이사회에 참석하였더라도 이사회결의가 달라지지 않았더라면 어떠한가? (대판 1998. 12. 23. 97다26142) 〈응용〉

3) 임기가 만료된 이사들이 이사회결의의 무효확인을 소구할 수 있는가? 그리고 이사들이 이사회에 참석하여 이사회의 결의에 대하여 아무런 이의를 제기하지 않다가 이사회가 있은 후 2년여가 지나 이사회결의의 무효확인을 소구한 것이 신의칙에 반하는가? (대판 1998. 12. 23. 97다26142) 〈심화〉

☑ 참고문헌

◆ 최완진, 이사회결의 없이 대표이사가 제3자를 위하여 행한 보증행위의 효력, 고시연구 30권 5호(2003. 05), 222면 이하.

4. 사원의 지위

대판 1997. 9. 26. 95다6205 〈심화〉 ··

[사안] 1921. 2. 1. 당시 행정구역인 X(죽왕면 오봉리)에 거주하던 주민 86명을 대표한 A와 그에 이웃한 Y(죽왕면 공현진리) 주민 47명을 대표한 B가 두 지역에 걸쳐 있는 오음산 일원을 공동으로 대부받아 이를 분할하여 조림, 수확하기로 계

약하였으며, 1923. 3. 23. 지적복구 전의 이 사건 임야 일대를 A 외 109명의 명의로 조선총독으로부터 대부받아 조림사업에 성공하여, 1934. 5. 14. 구 삼림령 제7조에 의하여 이를 양여받았다. 그런데 Y지역 주민들은 위 임야를 A 명의로 등기하였다. 그 후 Y지역 주민 47명의 후손들은 이전의 Y지역 주민공동체의 조직을 복구하기 위하여 1977. 1. 11. 송계 甲(원고)의 설립을 위한 창립총회를 열어 성문화된 정관(계칙)을 작성하였다. 그리고 甲은 A의 상속인 乙(피고)에 대하여 위 임야에 관하여 명의신탁관계를 해지하고 이에 대한 소유권이전등기의 이행을 소구하였다. 그런데 위 임야에 관한 등기권리증은 송계의 계장 P가 소지하고 있었다.

[판지] 사단법인의 사원의 지위는 양도 또는 상속할 수 없다고 규정한 민법 제56조의 규정은 강행규정이라고 할 수 없으므로, 비법인사단에서도 사원의 지위는 규약이나 관행에 의하여 양도 또는 상속될 수 있다 할 것이다. 기록에 의하면, 일정 때의 Y지역 주민 47명의 공동체에서는 기존 회원의 사망 시 그 후손 중 1명이 회원자격을 승계하는 관행이 있었다는 것이고, 그 승계인은 반드시 Y지역에 거주하여야 한다거나 기존 2명의 회원자격을 1명이 승계할 수 없다는 규약이나 관행이 있었다고 볼 증거가 없으므로, 원고 송계가 이 사건 임야 등을 양여받은 Y지역 주민 47명의 공동체의 조직을 복구하면서 Y지역 주민 47명의 후손들 중 1명씩에 대하여만 회원 자격의 승계를 인정하고, 그 중에는 당시 Y지역에 거주하지 않거나 기존 2명의 회원자격을 승계한 자가 있다는 것만으로 원고 송계가 종전의 Y지역 주민 47명의 공동체와 동일성이 없다고 할 수는 없다. 그리고 원고 송계가 1977. 1. 11.에 이르러서야 창립총회를 열어 성문화된 계칙을 만들고 정식의 조직체계를 갖추었다고 하더라도, 그것이 일정 때부터 재산을 소유하면서 사회적 활동을 하는 등 그 실체가 존재하였던 Y지역 주민 47명의 공동체를 복구한 것인 이상 그 때 비로소 단체로서 성립하였다고 볼 것은 아니므로, 원고 송계가 1977. 1. 11. 비로소 성립하였음을 전제로 한 주장은 받아들일 수 없다.

☑ 쟁   점

위 판결은 산림의 조림사업에 성공하여 국가로부터 임야를 양여받은 주민들이 그 임야를 타인 명의로 등기해 두었다가, 상당기간이 지나서 위 주민들의 후손들이 송계를 조직하여 과거의 주민공동체를 복구하고 위 등기명의자에 대하여 이전등기의 이행을 청구하는 것이 타당한가 하는 점이 문제된 것이다.

☑ 검토할 사항

◆ Y지역 주민 47명이 임야를 공동으로 조림하여 이를 양여받은 경우, 이들 주민공동
체의 성질은 무엇인가? 그리고 이들이 임야에 대하여 가지는 권리의 형태는 무엇
인가?

◆ 위 임야를 양여받을 당시의 주민과 현재의 주민은 동일인이 아닌데, 그럼에도 두
공동체가 동일성을 가지는가?

◆ 송계가 성립한 시기는 언제인가? 공동체가 송계(정관)를 작성하지 않은 상태에서도
비법인사단으로 인정되는가?

☑ 관련사례

1) 종중이 종원의 자격을 박탈하는 징계처분(할종)은 유효한가? (대판 1983. 2. 8. 80
다1194) 〈심화〉

2) 공제조합의 회원 수인이 조합의 공제사업 내용에 대하여 조직적인 반대운동을 벌
린 데 대하여, 조합이 이는 정관 소정의 제명사유인 조합원으로서의 의무를 성실히
준수하지 않거나 조합의 발전에 저해되는 행위에 해당한다고 하여 이들을 제명처
분한 경우, 그러한 제명처분은 유효한가? (대판 1994. 5. 10. 93다21750) 〈심화〉

☑ 기타 검토사항

1) 사원의 지위에서 가지는 권리의 내용을 살피시오. 특히 비영리법인과 영리법인에
서의 내용의 차이를 살피시오.

☑ 참고문헌

◆ 이주홍, 주민공동체의 비법인사단으로서의 성립요건과 재산소유관계, 사법행정 31
권 12호(1990. 12), 75면 이하.

V. 정 관

1. 정관의 성질 및 해석

대판 2000. 11. 24. 99다12437 〈심화〉 ·····

[사안] 사단법인 甲(피고)은 회장의 중임으로 인한 회무의 경직과 정체, 회원
상호간의 분열과 반목 등을 방지하기 위하여 정관에 의하여 회장의 중임을 금지
하고 있다(정관 제12조 제1항 단서). 위 법인의 회장 A가 1995년 6월경 갑작스럽

게 사망하자 9. 29. 임시총회에서 B를 회장으로 선출하였다. B의 임기가 1997. 2. 28.로 만료되게 되자 3. 21. 통상총회를 소집하여 후임 회장을 새로 선출하게 되었는데, B가 후임 회장으로 다시 입후보하였다. 甲법인의 사무처는 총회 소집을 앞두고 위 법인의 회원인 변호사 1인과 국회 사무총장에게 '보궐선거로 당선된 회장에게도 정관 제12조 제1항 단서의 중임제한규정이 적용되는지의 여부'에 관하여 각 질의를 하였는데, 위 변호사로부터는 적용이 없다는 취지의 회신을 받고, 국회 사무총장으로부터는 이 문제는 민법에 의하여 총회결의에 따라야 할 사항이라는 취지의 회신을 받았다. 그리하여 위 총회의 소집통지를 함에 있어 그와 같은 내용이 기재된 회의서류를 대의원들에게 발송하였다. 회장 입후보자인 B와 C 양 측은 회장선출 안건의 진행에 관하여 합의하여, 그 합의에 따라 총회가 진행되고 투표가 실시되어 B가 회장으로 당선되었다(총 투표수 204표 중 107표). 그리고 위 총회의 임시의장은 임기가 만료된 부회장, 이사 및 감사의 선출권한을 B에게 일임하기로 하는 제안을 하여 참석한 대의원들의 박수를 받고 위 제안이 의결되었다고 선언하였다. 이에 기해서 B는 D 등을 부회장으로, E 등을 이사로, F 등을 감사로 선임하였고, 법인은 1997. 4. 11. 이들이 회장, 부회장 또는 이사로 각 취임하였다는 내용의 등기를 마쳤다. 그런데 회원인 乙등 수인(원고)이 B에게도 중임제한규정이 적용됨을 내세워 그를 회장으로 선임한 결의는 무효이고, 따라서 B가 D 등을 부회장이나 이사·감사 등으로 선임한 것도 무효라고 하면서, 이의 무효확인의 소를 제기하였다.

[원심] 임원선출의 선결문제로서 B의 피선거권 여부에 관한 논란이 포함된 회의자료 및 의안을 통지받고 이 사건 총회에 참석한 대의원들 모두가 위 합의 내용에 동의함으로써 피고 법인의 내부 구성원들 사이에서는 회장 선출의 전제가 되는 중임제한규정의 적용 여부에 관하여 보선회장에게는 이 규정이 적용되지 아니하는 것으로 해석하기로 하는 결의가 있었다고 봄이 상당하므로, 이와 같은 결의에 의하여 피고 법인 정관의 중임제한규정을 해석함에 있어서는 보선회장에게 그 규정이 적용되지 않는다고 해석함이 타당하고, 나아가 B에 대한 총회에서의 회장선출이 아무런 하자 없이 이루어졌고, 그 후 피고 법인의 부회장, 이사, 감사를 회장이 선임하도록 일임하자는 임시공동의장의 제안이 대의원들에 의하여 채택되어 통과되었으니 B가 부회장, 이사, 감사 등 임원을 선임한 행위는 정당하다고 하여, 원고들의 청구를 배척하였다.

[판지]   사단법인의 정관은 이를 작성한 사원뿐만 아니라 그 후에 가입한 사원이나 사단법인의 기관 등도 구속하는 점에 비추어 보면 그 법적 성질은 계약이 아니라 자치법규로 보는 것이 타당하므로, 이는 어디까지나 객관적인 기준에 따라 그 규범적인 의미 내용을 확정하는 법규해석의 방법으로 해석되어야 하는 것이지, 작성자의 주관이나 해석 당시의 사원의 다수결에 의한 방법으로 자의적으로 해석될 수는 없다. 따라서 어느 시점의 사단법인의 사원들이 정관의 규범적인 의미 내용과 다른 해석을 사원총회의 결의라는 방법으로 표명하였다 하더라도 그 결의에 의한 해석은 그 사단법인의 구성원인 사원들이나 법원을 구속하는 효력이 없다 할 것이다. 그런데 원심판결 이유에 의하면, 피고 법인의 정관은 제12조 제1항 단서에서 "회장은 중임할 수 없다"고만 규정하고 있을 뿐, 전임자의 궐위로 인하여 선임된 이른바 보선회장을 특별히 중임제한 대상에서 제외한다는 규정을 따로 두고 있지 아니함을 알 수 있는바, 위와 같은 정관 규정의 문언 내용에다가 보선회장의 지위를 통상의 회장과 달리 볼 이유나 정관상의 근거가 전혀 없는 점, 회무의 경직과 정체 및 회원 상호간의 분열과 반목의 방지라는 중임제한규정의 취지 등을 보태어 보면, 위 정관 제12조 제1항 단서에서 말하는 회장에는 보선회장도 당연히 포함된다고 해석함이 상당하다 할 것이다. 원심은 피고 법인의 대의원들이 임원선출의 선결문제가 되는 B의 피선거권 여부에 관한 논란이 포함된 회의자료 및 의안을 통지받고 총회에 참석하여, 회장에 입후보한 B와 C 양 후보가 B에게 피선거권이 있음을 전제로 한 합의내용에 일치하여 동의하였으니 피고 법인의 내부 구성원들 사이에서는 회장선출의 전제가 되는 중임제한규정의 적용 여부에 관하여 보선회장에게는 이 규정이 적용되지 아니하는 것으로 해석하기로 하는 결의가 있었다고 봄이 상당하다고 하고 있으나, 원심이 인정한 사실관계에 의하면 피고 법인의 대의원들이 일치하여 동의하였다는 후보자 간의 합의 내용이란 양 후보 측이 공동으로 의장을 맡아 총회를 진행한다는 등의 회장선출 안건에 관한 의사진행합의에 불과함을 알 수 있을 뿐이니, 대의원들이 그와 같은 합의 내용에 동의하였다 하여 그것을 가지고 '위 정관 제12조 제1항 단서에서 말하는 회장에 보선회장은 포함되지 않는 것으로 해석하기로 하는 결의'가 있었다고 하기 어려울 뿐 아니라, 설사 그러한 결의가 있었다 하더라도 앞서 본 바와 같이 사단법인의 정관은 사원의 다수결에 의한 방법으로 임의로 해석될 수 있는 성질의 것이 아니므로, 앞서 본 위 정관 조항 단서의 규범적 의미 내용과 다른

위 결의에 의한 해석은 피고 법인의 회원들이나 법원을 구속하는 효력이 없다 할 것이다. 그리고 위 결의를 위 정관 조항 단서의 개정을 위한 정관변경의 결의로 본다 하더라도, 사단법인의 정관의 변경은 주무관청의 허가를 얻지 아니하면 효력이 없는 것인데(민법 제42조 제2항), 기록을 살펴보아도 위 결의와 관련하여 주무관청의 적법한 허가가 있었음을 인정할 자료를 찾아볼 수 없으니, 결국 위 결의에 의한 해석에 구속력이 없다는 결론은 달라지지 않는다. 이와 같이 회장의 중임을 제한하는 위 정관 제12조 제1항 단서의 규정이 보선회장에게도 적용된다면, 보선회장으로 재임한 바 있어 회장으로 다시 선임될 자격이 없는 B를 회장으로 선임한 이 사건 총회의 결의는 그 내용이 정관의 규정에 반하여 무효라 할 것이고, 한편 B를 회장으로 선임한 결의가 무효라면 B가 총회의 위임을 받아 회장 자격으로 임원들을 선임한 행위 또한 무효이므로 B가 선임한 피고 법인의 부회장, 이사, 감사들은 모두 피고 법인 임원으로서의 적법한 지위에 있지 않다는 결론이 된다.

☑ 쟁   점

위 판결은 정관에 중임을 제한하는 정관규정의 해석방법, 특히 구성원들이 이 규정은 보선회장에게 적용되지 않는 것으로 해석한 경우에 그러한 해석에 구속되느냐 하는 점이 문제된 것이다.

☑ 검토할 사항

◆ 정관의 성질은 무엇인가?
◆ 정관규정의 해석방법을 살피시오.

2. 재단법인의 기본재산의 편임 혹은 처분

대판 1991. 5. 28. 90다8558 〈기초〉 ⋯⋯⋯⋯⋯⋯⋯⋯⋯⋯⋯⋯⋯⋯⋯⋯⋯⋯⋯⋯⋯

[사안] 교회 甲(원고)은 1969년경 설립되어 1971년경 교인들의 헌금으로 이 사건 토지를 매수하여 이를 교회목사 A 명의로 등기해 놓았었다. 위 교회는 당초 침례회에 가입하지 않았으나, 침례회 산하 B(한미교회 기금위원회)로부터 대출을 받기 위하여 침례회에 가입하는 한편 교회부지 중 100평을 분할하여 위 교회가 예배당으로 사용하고 있던 이 사건 건물과 함께 재단법인 乙(피고, 기독교 한국침

례회 유지재단) 앞으로 이전등기해 주고 B부터 금전을 대출받았다. 乙은 甲으로부터 이 사건 부동산들에 관한 등기를 경료받은 뒤 이를 재단의 기본재산으로 편입하기는 하였으나, 甲이 이를 사용·수익하는 데 대하여 아무런 제한을 가하지 아니하여 甲이 가입 이전과 다름없이 이 사건 부동산을 사용하여 왔다. 그리고 그 후 甲은 대출 원리금을 모두 변제하였다. 그런데 甲은 침례회와 교리상의 차이 등으로 갈등을 빚다가 1987. 10. 초순경 교회 사무처리회에서 침례회로부터 탈퇴할 것을 결의하고 이를 침례회에 통보하는 한편, 乙에 대하여 이 사건 부동산에 관하여 명의신탁 해지를 원인으로 소유권이전등기절차의 이행을 구하였다.

[판지] 재단법인의 기본재산에 관한 사항은 정관의 기재사항으로서 기본재산의 변경은 정관의 변경을 초래하기 때문에 주무장관의 허가를 받아야 하고, 따라서 기존의 기본재산을 처분하는 행위는 물론 새로이 기본재산으로 편입하는 행위도 주무장관의 허가가 있어야 유효한 것이다. 그러므로 원심으로서는 이 사건 부동산이 주무장관의 허가를 얻어 기본재산에 편입되어 이것이 정관의 기재사항의 일부가 된 것인지, 주무장관의 허가를 얻어 기본재산에 편입한 것이라면 이를 원고나 A에게 이전(또는 반환)함에 관하여 주무장관의 허가가 있었는지 여부를 심리하여 이전등기청구의 당부를 판단하여야 할 것이며, 일단 주무장관의 허가를 얻어 기본재산에 편입하여 정관 기재사항의 일부가 된 경우에는 비록 그것이 명의신탁관계에 있었던 것이라 하더라도 이것을 처분(반환)하는 것은 정관의 변경을 초래하는 점에 있어서는 다를 바 없으므로 주무장관의 허가 없이 이를 이전등기할 수는 없다고 보아야 할 것이다.

☑ 쟁   점

위 판결은 교회가 재단에게 명의신탁함으로써 재단의 기본재산으로 된 부동산에 관하여 단지 명의신탁 해지만으로 이전등기를 청구할 수 있는가 하는 점이 문제된 것이다.

☑ 검토할 사항

◆ 재단법인이 재산을 새로이 기본재산에 편입시키기 위해서는 어떠한 절차를 거쳐야 하는가?
◆ 재단법인이 기존의 기본재산을 처분하기 위해서는 어떠한 절차를 거쳐야 하는가?

☑ 관련사례

1) 재단법인의 설립과정에서 출연자가 장래 설립될 재단법인의 기본재산으로 귀속될 부동산에 관하여 재단에 형식적인 소유명의만을 신탁하고 실질적인 소유권은 계속 보유하기로 하는 약정을 한 경우, 관할관청은 이러한 부관이 붙은 출연재산을 기본재산으로 하는 재단법인의 설립을 허가할 수 있는가? 또 관할관청의 설립허가와 법인설립등기 및 새로 설립된 재단법인에 출연자의 조건 없는 증여를 원인으로 한 부동산의 소유권이전등기가 이루어진 후, 출연자가 위와 같은 명의신탁계약을 근거로 재단의 기본재산을 자신의 물적 요소로 주장하며 비법인사단인 사찰로서의 당사자능력을 주장할 수 있는가? (대판 2011. 2. 10. 2006다65774) 〈응용〉

2) 재단법인이 토지를 기본재산으로 편입하였으나 기본재산의 증가에 관하여 아직 주무관청의 인가를 받지 않은 경우, 그 토지는 기본재산이 되는가? 또한 재단이 그 토지를 주무관청의 허가 없이 처분한 행위는 무효로 되는가? (대판 1978. 7. 25. 78다783) 〈심화〉

3) 재단법인 A가 주무관청의 허가를 받지 않고 기본재산을 B의 부동산과 교환하기로 하는 계약을 체결하고는 주무관청의 허가를 신청하지 않고 위 기본재산을 C에게 증여하고 이전등기를 경료한 경우, A와 B 간의 위 교환계약은 채권계약으로서 유효한가? 따라서 A가 교환계약상의 의무인 주무관청의 허가를 신청하지 않았던 까닭에 이전등기절차를 이행할 수 없게 되었다면 이는 A의 귀책사유로 인한 후발적 불능으로서 A는 목적물에 갈음하는 전보배상의 책임을 지는가? 그리고 B의 전보배상의 청구에는 민법 제535조의 계약체결상의 과실로 인한 신뢰이익의 배상청구의 주장이 포함된 것인가? (대판 1974. 6. 11. 73다1975) 〈응용〉

4) 학교법인의 기본재산에 편입된 명의신탁 부동산에 관하여 관할청의 허가 없이 명의신탁 해지를 원인으로 하는 소유권이전등기를 청구할 수 있는가? (대판 1995. 5. 9. 93다62478) 〈응용〉

5) 학교법인 A가 소유의 토지를 주무관청의 허가없이 B에게 매각하였으며, 위 토지는 그후 수인에게 전매되어 C가 이를 매수하였다. C가 위 토지를 점유한 지 20년이 경과한 후 A가 C에 대하여 자신의 위 처분행위는 주무관청의 허가 없이 행해진 것으로서 무효라고 하면서 이의 인도를 청구하였다. A의 청구는 인용될 것인가? (대판 1987. 11. 10. 87다카1566, 1567) 〈응용〉 만약 매수자가 매매 당시 그 허가가 없었다는 사실을 알고 있었다면 어떠한가? (대판 1992. 5. 8. 91다37751) 〈응용〉

☑ 기타 검토사항

1) 정관의 변경을 위한 요건과 절차를 살피시오.

2) 사단법인에서 정관에 정관의 변경이 금지된 경우에도 정관의 변경이 가능한가?

☑ 참고문헌

◆ 노행남, 법인의 기본재산 처분에 대한 주무관청의 허가와 관련된 판례의 동향, 재판실무연구 2001(광주지방법원), 61면 이하, 2002.
◆ 박해성, 종교단체에 대한 법적 규율, 민사판례연구 19권, 583면 이하, 1997.

Ⅵ. 해   산

❖ 청산인의 권한

대판 1980. 4. 8. 79다2036 〈응용〉 ··

[사안] 재단법인 甲(피고)은 1969. 9. 10. 이 사건 토지를 지방자치단체 乙(원고)에게 증여(기부채납)하였으나, 이전등기를 경료하지 않았다. 甲은 1970. 7. 20. 해산등기를 하였다. 甲은 위 토지를 丙(피고)에게 매각하고 1972. 3. 6. 丙 앞으로 소유권이전등기를 경료하였으며, 丙은 이를 다시 丁(피고)에게 매각하고 1974. 4. 10. 丁 앞으로 소유권이전등기를 경료하였다. 다른 한편으로 甲법인은 1973. 5. 7 청산종결등기를 경료하였다. 그런데 위 법인의 정관 제28조는"본 법인의 해산시에 잔여재산은 이사회의 결의에 의하여 주무장관의 승인을 경하여 본 법인과 유사한 목적을 가진 단체에 기부함"이라고 규정하고 있다. 이에 乙은 甲에 대하여는 위 증여를 원인으로 이전등기의 이행을, 丙·丁 등에 대하여는 그 등기원인인 매매가 甲법인의 정관과 민법의 규정에 위반되어 무효라는 이유로 그 명의의 소유권이전등기의 말소를 소구하였다.

[원심] 피고 甲법인의 정관 제28조에 의하면 피고 법인의 해산시의 잔여재산은 이사회의 결의에 의하여 주무장관의 승인을 얻어 피고 법인과 유사한 목적을 가진 단체에 기부한다고 규정되어 있다 하더라도 이는 일종의 대표청산인의 대표권에 관한 제한이라고 볼 것이며, 대표청산인의 대표권에 대한 제한은 등기하지 아니하면 제3자에게 대항할 수 없는 것인바, 위와 같은 피고 법인의 대표청산인의 대표권의 제한에 관한 사항이 등기되어 있다고 볼만한 자료가 없는 본건에 있어 본건 대지의 처분행위가 피고 법인의 정관규정에 위반되었다 하더라도 이를 무효라고 단정할 수 없다 하여 원고의 위 주장을 배척하였다.

[판지] 법인은 법률의 규정에 좇아 정관으로 정한 목적의 범위 내에서 권리·의무의 주체가 되나, 민법 제81조는 해산한 법인은 청산의 목적범위 내에서만 권리가 있고 의무를 부담한다고 규정하고, 동 제87조에서 청산사무를 현존사무의 종결, 채권의 추심, 채무의 변제, 잔여재산의 인도와 위 사무를 행하기 위하여 필요한 행위로 규정하고, 특히 제80조는 해산한 법인의 잔여재산의 귀속에 관하여 규정하는바, 이러한 청산절차에 관한 규정은 모두 제3자의 이해관계에 중대한 영향을 미치기 때문에 소위 강행규정이라고 해석되므로 만일 청산법인이나 그 청산인이 청산법인의 목적범위 외의 행위를 한 때는 무효라고 아니할 수 없다. 피고 법인이 청산중에 본건 재산을 피고 丙에게 매도처분하였다면 이는 위 민법의 청산절차에 관한 규정 및 위 정관에 위반하는 청산목적 범위 외의 것으로 볼 것이며, 그렇다면 그 매매는 무효라고 아니할 수 없다. 그럼에도 불구하고 원심판결이 민법의 위 청산절차 내지 정관의 규정을 청산인에 대한 제한규정으로 보고 위와 같이 판시하였음은 청산법인의 능력 및 청산의 직무권한에 관한 법리를 오해한 위법을 범하였다 아니할 수 없다. 그리고 피고 법인이 1973. 5. 7. 청산종결등기를 하였음은 기록상 명백하나, 본건 재산을 해산 전에 원고에게 증여하고 그에 따른 소유권이전등기의무를 아직 이행하지 아니하고 있으므로 청산사무가 종료되었다 할 수 없으니, 실질적으로는 피고 법인은 청산법인으로 존속하고 있다고 할 것이다.

☑ 쟁   점

위 판결은 법인이 해산에 앞서 소유부동산을 타인에게 증여하고 이전등기를 경료하지 않았는데, 해산 후에 이를 제3자에게 이전하고 이전등기를 경료한 경우, 위 부동산의 소유권 귀속이 문제된 것이다.

☑ 검토할 사항

◆ 청산법인의 권리능력의 범위를 살피시오.
◆ 잔여재산을 당해 법인과 유사한 목적의 단체에 기부하도록 하는 정관의 규정은 권리능력을 제한하는 것인가?

☑ 기타 검토사항

1) 법인의 소멸과정을 살피시오.
2) 법인의 인격이 소멸하는 시점은 언제인가? 즉 위 법인은 이미 청산종결등기를 하였음에도 법인이 원고에게 위 토지에 관하여 소유권이전등기를 이행할 수 있는가?

3) 위의 사건에서 만약 甲이 아직 남아 있는 채무의 변제를 위하여 위 토지를 매각
   하였다면, 甲의 丙에게의 처분행위가 청산법인의 목적을 넘은 것이 되는가? 청산의
   목적에 필요한 것인가 하는 점이 행위의 객관적 성질을 고려해서 추상적으로 판단
   하는 것이라면, 甲의 매각행위를 청산의 목적을 넘은 것이라고 하는 것이 타당한
   가?

☑ 참고문헌

◆ 송진훈, 청산법인의 권리능력 및 청산종결등기의 효력, 법조 29권 9호(1980.09),
  68면 이하.

◆ 조인호, 민법상 청산법인의 잔여재산귀속과 대표권제한, 대법원판례해설 35호, 818
  면 이하, 2001.

제 3 장

권리의 객체(물건)

민법 제98조 이하는 권리의 객체 중에 물권의 객체인 물건에 관하여 규정하고 있다. 건물을 신축하는 경우 언제부터 독립한 건물이 되는지 또 신축과정 중에 토지에 대한 경매가 이루어진 경우 그 공작물의 소유권이 누구에게 귀속되는지에 관한 판례를 살피고, 증축건물에도 저당권의 효력이 미치는지 또한 집합물에 대한 양도담보의 효력이 집합물을 구성하는 개개의 물건이 변동된 경우에도 현재의 집합물에 미치는지에 관한 판례를 살핀다.

1. 부 동 산

대판 2001. 1. 16. 2000다51872 〈기초〉 ···

[사안] 甲(피고)이 토지 위에 건물(7층) 신축공사를 시작하였으나, 지하 1, 2층 및 지상 1층까지의 콘크리트 골조 및 기둥, 천장(슬라브)공사가 완료되고, 지상 1층의 전면(남쪽)에서 보아 좌측(서쪽) 벽과 뒷면(북쪽) 벽 그리고 내부 엘리베이터 벽체가 완성된 상태에서 공사를 중단하였다. 그 후 위 토지와 공작물이 경매되어 A가 이를 경락받고 다시 乙(원고)이 이를 양수하였다. 그리고 乙이 甲에 대하여 위 공작물 및 토지에 관하여 소유권확인의 소를 제기하였다.

[판지] 원심은 이 사건 공작물은 원고가 그 부지인 토지를 경락할 당시 지하 1, 2층, 지상 1층의 콘크리트 골조 및 천장공사, 지하 1, 2층에 흙이 무너져 내리는 것을 방지하는 옹벽공사만이 되어 있었고, 주벽은 설치되지 아니하였으며, 공사 진척도는 약 20 내지 30%에 불과하였던 사실을 인정한 다음, 이 사건 공작물을 독립된 건물로 보기는 어렵고 토지에 부합되어 토지와 함께 경락인을 거쳐 원고의 소유가 되었다고 판단하였다. 그러나 독립된 부동산으로서의 건물이라고 하기

위하여는 최소한의 기둥과 지붕 그리고 주벽이 이루어지면 된다고 할 것인바, 위와 같은 사실을 인정할 수 있으므로 이 사건 공작물은 최소한의 지붕과 기둥 그리고 주벽(主壁)이 이루어졌다고 할 것이어서 미완성 상태의 독립된 건물(원래 지상 7층 건물로 설계되어 있으나, 지상 1층만으로도 구분소유권의 대상이 될 수 있는 구조임이 분명하다)로서의 요건을 갖추었다고 할 것이다. 그럼에도 불구하고 이 사건 공작물에는 주벽이 완성되어 있지 아니하였고 공사 진척도가 20~30%에 불과하여 독립된 건물로 보기 어렵다는 이유를 들어 위와 같이 판단한 원심은 독립된 건물에 관한 법리를 오해한 위법을 범하였다고 할 것이다.

☑ 쟁　점

위 판결은 甲이 건물신축공사를 하던 중 공사가 중단되고 공사중인 공작물이 토지와 함께 경매되어 A가 이를 경락받은 경우, 그 공작물의 소유권은 누구에게 귀속되느냐 하는 점이 문제된 것이다.

☑ 검토할 사항

◆ 위의 쟁점에서 관건이 되는 점은 무엇인가? 즉 건물의 신축공사를 하던 중 완공되지 않은 상태에서 공작물이 타인에게 이전된 경우, 그 공작물의 소유권의 귀속을 결정하는 기준은 무엇인가?

◆ 건물의 신축공사에서 신축중인 공작물이 독립한 건물로 되기 위해서는 공작물이 어떠한 상태에 있어야 하는가? 즉 신축공사가 어느 정도 진행된 경우에 그 공작물이 독립한 건물로 되는가?

◆ 신축중인 공작물이 독립한 건물로 인정되지 않는 경우, 공작물은 토지를 경락받은 A의 소유로 되는가?

◆ 신축중인 공작물이 독립한 건물로 인정되는 경우, 공작물은 토지를 경락받은 A의 소유로 되는가?

◆ 위 사건에서 신축공사는 7층의 건물을 지으려는 것인데 공사는 7층건물의 골조·기둥·천장이 완성된 것이 아니라 단지 2층까지의 골조·기둥·천장이 완성되었다. 그럼에도 그러한 상태의 공작물을 독립한 건물로 인정한 이유는 무엇인가?

◆ 위 사건에서 乙이 건물완성 후에 이를 자신의 명의로 등기한 경우, 그러한 점은 건물의 소유권 귀속에 영향을 미치는가?

☑ 관련사례

1) 甲이 소유토지에 지하 3층 지상 12층의 주상복합건물의 신축공사를 하던 중 지상

부분은 지상 1층부터 지상 4층까지 에이치 빔(H-beam)으로 철골조공사가 이루어
졌으나 지하부분은 지하 1층부터 지하 3층까지 기둥, 주벽 및 천장 슬라브 공사가
완료된 상태였고 지하 1층의 일부 점포가 일반에 분양된 상태에서 공사가 중단되
었다면, 이 당시 신축공작물은 독립한 건물로 인정되는가? (대판 2003. 5. 30. 2002
다21592, 21608)

☑ 기타 검토사항

   1) 토지와 건물은 독립한 물건인가? 즉 토지에 있는 건물은 토지의 일부로서 토지소
      유자가 이의 소유자가 되는가? 또 토지에 저당권이 설정된 경우, 저당권은 토지상
      의 건물(저당권설정 이전부터 존재하였든 그 이후에 신축되었든)에 미치는가?

   2) 토지 위에 부착되어 있는 건물 이외의 물건——예컨대 나무, 다리, 담장, 철도레
      일, 이웃의 공장의 폐수처리시설 등——은 독립한 물건인가?

   3) A가 자신의 토지 위에 건물신축공사를 하던 중 자금이 부족해서 신축중이던 건물
      과 토지를 B에게 양도하여 B가 건물을 완공하였다. 그런데 B가 공작물의 대금을
      지급하지 않아 A가 건물을 자신의 명의로 등기(보존등기)하였다. A의 등기는 유효
      한가?

   4) 건축허가의 명의자가 누구인가 하는 점은 신축중인 건물의 소유권 귀속의 문제에
      영향을 주는가?

☑ 참고문헌

   ◆ 이상태, 완성건물의 소유권귀속에 관한 연구, 건국대 일감법학 2권, 93면 이하, 1997.
   ◆ 제철웅, 물권의 객체로서의 물건, 법조 49권 9호(2000. 09), 127면 이하.
   ◆ 조원철, 독립된 부동산으로서의 건물의 요건, 대법원판례해설 44호, 345면 이하,
     2004.

2. 종물·부속물

대판 1988. 2. 23. 87다카600 〈응용〉 ···

[사안] 甲(피고)은 저당권이 설정되어 있던 기존의 건물에 인접하여, 같은 대지
위에 새로이 이 사건 건물을 건립하고 이들 건물에 관하여 따로이 각 소유권보존
등기를 경료하였다. 그런데 위 두 건물은 밖으로 통하기 위한 대문을 공동으로
하고 있고, 그 1층 지붕 일부씩(2층 베란다 부분)이 사용상 편의를 위하여 서로
연결되어 있고, 2층에 출입하기 위한 층계를 공동으로 하고 있기는 하나, 그 1,

2층 모두 몸체들이 별도의 벽으로 이루어져 상당한 간격(1.25미터)을 두고 서로 떨어져 있고, 더욱이 기존의 건물은 그곳 일부에 방과 부엌이 설치되어 있어 주거용으로 쓰일 부분이 없지는 아니하나 나머지 대부분이 물치장으로 되어 있는 반면, 이 사건 건물은 합계 135.18평방미터의 건평으로 그 대부분이 방과 마루 및 부엌으로 되어 있어 그 자체만으로도 주거용으로 쓰일 수 있는 구조를 갖추고 있다. 그런데 기존의 건물에 설정되었던 저당권이 실행되었으며, 법원은 이 사건 신축건물도 기존건물의 부합물이나 종물로 보아 이것에도 경매를 진행하였으며, 乙(원고)이 이를 경락받았다. 그리고는 乙은 甲에 대하여 기존 및 신축의 건물 양자에 관하여 이전등기의 이행을 소구하였다.

[판지] 건물이 증축된 경우에 증축부분이 기존건물에 부합된 것으로 볼 것인가 아닌가 하는 점은 증축부분이 기존건물에 부착된 물리적 구조뿐만 아니라 그 용도와 기능의 면에서 기존건물과 독립한 경제적 효용을 가지고 거래상 별개의 소유권의 객체가 될 수 있는지의 여부 및 증축하여 이를 소유하는 자의 의사 등을 종합하여 판단하여야 할 것이고, 또한 어느 건물이 주된 건물의 종물이기 위하여는 주된 건물의 경제적 효용을 보조하기 위하여 계속적으로 이바지되어야 하는 관계가 있어야 한다. 위와 같은 사실관계에 의하면 이 사건 건물은 기존건물의 상용에 공하기 위하여 부속된 종물이라거나 기존건물에 부합된 부속건물이라고 할 수 없다. 그러므로 원심이 이와 같은 취지에서 이 사건 건물을 경매신청된 기존건물의 부합물이나 종물로 보아 경매법원에서 경매를 같이 진행하여 경락허가를 하였다 하더라도 이 사건 건물에 대한 경락은 당연무효이고 따라서 그 경락인인 원고는 이 사건 건물에 대한 소유권을 취득할 수 없다고 판단한 것은 정당하다.

☑ 쟁   점

위 판결은 저당권이 설정된 건물에 인접해서 새로운 건물이 증축된 경우, 그 증축건물에도 저당권이 미치는가 하는 점이 문제된 것이다.

☑ 검토할 사항

◆ 위의 쟁점에서 관건이 되는 점은 무엇인가? 그리고 그 이유는 무엇인가?

◆ 부합물은 어떤 것인가? 그리고 부합물인가 여부는 어떻게 판단하는가?

◆ 종물은 어떤 것인가? 그리고 종물에 관한 제100조 2항의 취지는 무엇인가?

◆ 증축건물이 기존건물의 종물 혹은 부합물인지 여부와 기존건물에 설정된 저당권이 증축건물에 미치는지 여부의 관계를 살피시오.

☑ 관련사례

1) 방 3개와 주방, 욕실 및 거실로 되어 있는 기존의 건물에 방 1개와 부엌을 증축하였는데, 양자는 서로 벽을 통하여 인접함으로써 유지존립에 있어서 불가분의 일체를 이루는 경우, 증축부분은 독립한 건물인가? (대판 1990. 1. 12. 88다카28518) 〈응용〉

2) A 소유의 토지 및 건물에 대하여 경매절차가 진행되는 중에 A가 그 토지 지하에 설치된 유류저장탱크 및 건물에 설치된 주유기 7대를 B에게 양도하였다. 그 후 경매절차에서 C가 위 토지와 건물을 경락받았다. 위 유류저장탱크 및 주유기는 경매의 목적물로서 C가 이를 취득하는가? (대판 1995. 6. 29. 94다6345) 〈응용〉

3) A 소유의 토지 및 그 지상의 공장 위에 공장저당법에 기하여 B의 근저당권설정등기가 경료되었다. 그런데 위 공장의 부대시설로서 A의 토지 및 그 인근의 C 소유의 토지 위에 폐수처리시설이 설치되어 있다. B의 근저당권은 C의 토지상에 설치된 폐수처리시설에도 미치는가? (대판 1997. 10. 10. 97다3750) 〈응용〉

☑ 참고문헌

◆ 이강훈, 경매목적물에 포함되는 부합물 및 종물에 대하여, 실무연구자료 4권(대전지방법원), 63면 이하, 2000.

◆ 이영복, 공장저당에 따른 경매절차에서의 일괄매각, 법조 통권 659호(2011. 8) 216면 이하.

◆ 제철웅, 토지에의 부합과 그 예외, 고시연구 27권 11호(2000. 11), 28면 이하.

3. 원물과 과실

대판 1996. 9. 10. 96다25463 〈기초〉 ···

[사안]   A는 1993. 7. 29. 甲(원고)에 대한 대여금채무를 담보하기 위하여 자신의 돈사에 있던 소유 돼지(연령 1년 6개월 된 웅돈 10두, 1년 된 모돈 90두, 2개월 된 자돈 280두, 3개월 이상 된 육성돈 300두)의 소유권을 甲에게 양도하되, 위 돼지는 점유개정의 방법으로 자신이 계속하여 점유·관리·사육하기로 하는 양도담보계약을 체결하였다. 乙(피고)은 1994. 7. 27. A를 상대로 한 물품대금사건의 집행력 있는 판결정본에 기하여 위 돈사에 있던 A소유의 돼지(웅돈 5두, 모돈 60두, 자돈

250두, 육성돈 450두)에 대하여 압류집행을 하였다. 그러자 甲은 乙의 압류는 자신에게 이미 양도담보로 제공된 자신 소유의 돼지에 대하여 한 것이므로 부당하다고 하여, 그 배제를 구하는 제3자이의의 소를 제기하였다. 그런데 일반적으로 돼지 중 웅돈(수퇘지종돈)은 생후 10개월부터 약 3년까지 그 역할을 하고, 모돈(새끼를 낳는 암돼지)은 생후 8개월부터 약 2년 내지 2년 6개월까지 그 역할을 함에 따라 그 기간이 지나면 출하 처분하고, 자돈(생후 2개월까지의 돼지) 및 육성돈은 생후 5개월 내지 6개월이 되면 생돈으로 출하 처분함에 따라, A가 甲에게 양도담보한 위 돼지는 乙이 위 압류집행을 할 당시 그 중 자돈 및 육성돈은 이미 성장하여 출하 처분되었고 웅돈 및 모돈은 새끼돼지를 출산한 후 일부는 출하 처분된 상태로서, 따라서 乙이 압류집행한 돼지는 甲에게 양도담보한 웅돈 및 모돈의 일부 및 위 모돈이 출산한 새끼돼지가 성장한 자돈 및 육성돈이다.

[판지] 원심은, 모돈이 출산한 새끼돼지는 그 모돈의 천연과실로서 그 소유권은 특별한 사정이 없는 한 원물인 모돈의 소유자에게 귀속한다 할 것이므로 달리 양도담보 된 모돈으로부터 출산된 새끼돼지의 소유권원에 대한 주장 입증이 없는 이 사건에서는 양도담보로 제공된 모돈으로부터 출산된 새끼돼지가 성장한 자돈 및 육성돈에게도 양도담보의 효력이 미친다고 하여, 원고의 청구를 인용하였다. 그러나 일반적으로 물건을 양도담보의 목적으로 양도한 경우 특별한 사정이 없는 한 목적물에 대한 사용수익권은 양도담보 설정자에게 있는 것이고, 더군다나 채권자인 원고와 채무자인 A사이에 A가 이 사건 양도담보 목적물인 돼지를 점유하는 동안 이를 무상으로 사용·수익하기로 약정하였는바, 그렇다면 양도담보 목적물로서 원물인 돼지가 출산한 새끼돼지는 천연과실에 해당하고 그 천연과실의 수취권은 원물인 돼지의 사용수익권을 가지는 양도담보 설정자인 A에게 귀속되는 것이므로, 달리 원·피고 사이에 특별한 약정이 없는 한 천연과실인 위 새끼돼지에 대하여는 양도담보의 효력이 미치는 것이라고 할 수 없다. 그러므로 원심이 천연과실인 위 새끼돼지에 대하여도 양도담보의 효력이 미친다고 판단한 것은 양도담보목적물의 사용수익 및 천연과실의 수취권에 대한 법리를 오해한 것이다.

☑ 쟁   점

위 판결은 양도담보의 효력이 원래 양도담보의 대상이었던 돼지가 출산한 새끼돼지에도 미치는지가 하는 점이 문제된 것이다.

☑ 검토할 사항

  ◆ 판결이 甲의 양도담보는 새끼돼지에 미치지 않는다고 한 근거는 무엇인가?

☑ 관련사례

1) A는 자신의 양만장 내에 있던 뱀장어를 일괄하여 B에게 양도담보로 제공하면서, 뱀장어는 점유개정에 의하여 A가 계속하여 점유하고 관리·사육하고 장래 위 양만장에 입식하는 뱀장어도 위 담보의 목적물에 포함시키기로 약정하였는데, A의 채권자 C가 위 양만장 내에 있는 뱀장어에 대하여 가압류를 한 경우, C의 가압류는 정당한가? (대판 1990. 12. 26. 88다카20224) 〈응용〉

2) A가 한우, 꽃사슴 등을 매수하여 인도받아 이를 B에게 위탁하여 사육하도록 하였고 B가 이를 사육하는 동안 위 가축으로부터 새끼가축이 생산되어 증식되었는데, B의 채권자 C가 새끼가축에 가압류를 한 경우, C의 가압류는 정당한가? (대판 1994. 12. 2. 93다62577) 〈응용〉

3) A는 자신의 농장에서 사육하던 돼지 3,000두를 B조합에게 양도담보로 이전하면서 위 돼지는 A가 이를 계속 점유·관리하되 B의 승낙을 얻어 이를 처분하되 항상 3,000두를 유지하기로 하였는데, A가 자금사정이 악화되어 C에게 위 농장을 임대하고 돼지 전부를 매도하였다. C는 농장의 돼지 일부를 처분하여 위 농장에는 돼지 770두만이 남게 되었는데, 이러한 상태에서 C는 다시 D에게 위 돼지를 매도하였으며, 그 후 D가 K로부터 돼지 840두를 매수하여 위 770두와 함께 사육하여 현재 위 농장에 3,000두 이상의 돼지가 사육되고 있다. 그런데 B조합이 D에 대하여 위 농장의 돼지 중 당초의 양도담보계약에서 정한 3,000두를 인도할 것을 청구하였다. 타당한가? (대판 2004. 11. 12. 2004다22858) 〈심화〉

☑ 기타 검토사항

1) 판결은 甲과 A 간에 특별한 약정이 있는 때에는 천연과실에 대하여 양도담보의 효력이 미치는지 여부가 달라진다고 한다. 그러면 양자 간에서 돈사 안의 돼지가 바뀌더라도 양도담보는 그 바뀐 돼지에게도 미친다고 하는 약정을 한 경우에는 어떠한가? 만약 그와 같은 약정이 없었다면 A가 양도담보시 돈사에 있던 돼지를 출하 처분하는 것은 적법한 것인가? 내용물이 변하는 물건에 대한 양도담보의 경우에는 그와 같은 약정이 있었다고 하는 것이 당사자의 의사에 부합하는가?

☑ 참고문헌

◆ 김재협, 집합동산양도담보와 과실수취권, 법조 46권 3호(1997. 03), 159면 이하.
◆ 양창수, 내용이 변동하는 집합적 동산의 양도담보와 그 산출물에 대한 효력, 저스티스 30권 1호, 107면 이하, 1997.
◆ 엄동섭, 유동집합동산의 양도담보, 고시계 48권 11호(2003. 11), 25면 이하.

제 4 장

법률행위

제 1 절 의사표시의 해석

1. 해석의 방법

(1) 효과의사의 존부가 문제된 경우

대판 1999. 11. 26. 99다43486 〈기초〉 ···

[사안] A는 B로부터 부동산을 임차하였다(임차보증금 2500만원). 그 후 위 부동산에 관하여 임의경매절차가 행해졌는데, A는 낙찰대금에서 임차보증금에 관하여 전혀 배당을 받지 못하였다. 그리하여 A의 남편 甲(원고)은 B가 경영하는 회사로 B의 아들로서 회사 상무인 乙(피고)을 찾아가 임차보증금을 어떻게 할 것인지 따지자, 乙은 '세입자들의 보증금은 자신이 책임지고 해결하겠으니 걱정하지말고 기다리라'고 하였다. 그리고 乙은 B가 위 부동산의 낙찰인으로부터 이사비조로 받은 돈(1,300만원)을 A에게 지급하기로 약정하였으며, 이에 기해서 이를 A에게 지급하였다. 그 후 A는 甲에게 나머지 임대차보증금의 반환채권을 양도하고, 내용증명 우편으로 B와 乙에게 양도통지를 하였다. 이에 기해서 甲은 乙에대하여 위 보증금의 지급을 소구하였다.

[원심] 피고는 전세보증금을 반환하기로 약정하였다고 할 것이므로, 그 양수인인 원고에게 양수금 1,200만원 및 그 지연손해금을 지급할 의무가 있다고 판단하였다.

[판지] 당사자가 표시한 문언에 의하여 그 객관적인 의미가 명확하게 드러나지않는 경우에는 그 문언의 내용과 그 법률행위가 이루어진 동기 및 경위, 당사자가 그 법률행위에 의하여 달성하려는 목적과 진정한 의사, 거래의 관행 등을 종

합적으로 고려하여 사회정의와 형평의 이념에 맞도록 논리와 경험의 법칙, 그리고 사회일반의 상식과 거래의 통념에 따라 합리적으로 해석하여야 하는 것이다. 이 사건에서 피고가 한 말의 내용, 그와 같은 말을 하게 된 동기 및 경위 등에 비추어 볼 때, 그 말의 객관적 의미는 피고가 그러한 의무를 법적으로 부담할 수는 없지만 사정이 허락하는 한 그 이행을 사실상 하겠다는 취지로 해석함이 상당하고, 그 밖에 피고가 B가 낙찰인으로부터 이사비조로 받기로 한 1,400만원 중 1,300만원을 임차인인 A 등에게 나누어 지급할 것을 약속한 사실에 의하여 피고가 임대차보증금 반환채무를 부담하기로 하였다고 볼 수도 없다.

☑ 쟁   점

위 판결은 임대인의 아들이 임차인에게 '보증금은 자신이 책임지고 해결하겠으니 걱정하지 말고 기다리라'고 한 것이 스스로 임대차보증금을 반환할 법적 의무를 지겠다고 하는 의사표시인가 하는 점이 문제된 것이다.

☑ 검토할 사항

◆ 표시행위상의 문언에 의하여 그 객관적인 의미가 명확하게 드러나지 않는 경우에 그 해석방법을 살피시오.

☑ 관련사례

1) 어떠한 의무를 부담하는 내용의 기재가 있는 문면에 "최대 노력하겠습니다"라고 기재한 경우에, 그 의미는 그러한 의무를 법적으로 부담하겠다는 것인가? (대판 1994. 3. 25. 93다32668; 대판 1996. 10. 25. 96다16049) 〈응용〉

2) 상호신용금고의 임직원이 친·인척 등을 추천하여 신용대출을 해 주고자 하는 경우에 있어서 대출관계서류에 "회수책임"이라고 기재한 것은 대출금채무에 대하여 민법상의 보증을 한다는 의미인가? (대판 1992. 5. 26. 91다35571) 〈응용〉

3) 단기금융회사가 우량적격업체로 선정한 기업 발행의 어음을 할인매입하여 이를 기관투자가에게 할인매출(이른바 C.P어음)함에 있어 기관투자가 명의로 어음보관계좌를 개설하고 어음보관통장을 발급하면서 통장의 규약란에 "이 CP는 ㅇㅇ이 당사에 그 지급을 보증한 것이므로 저희 회사가 지급일에 원금을 지급하겠습니다"라고 기재한 경우에, 그러한 문구는 단기금융회사가 기관투자가와의 어음거래로 취득하여 통장에 보관하는 모든 CP어음에 대하여 그 지급을 보증하겠다는 의미인가? (대판 2000. 11. 10. 98다31493) 〈응용〉

4) 증권회사의 직원이 고객의 요청에 따라서 손실에 대하여 책임을 지겠다고 하는

각서를 작성한 경우에, 이는 책임부담의 법적 의무를 부담하겠다는 의사표시가 되는가? 만약 그렇다면 그 의사표시는 진의에 기한 것인가? (대판 1999. 2. 12. 98다 45744(이 판결은 비진의표시 부분에서 소개함)) 〈심화〉

☑ 기타 검토사항

1) 의사표시의 해석은 어떤 경우에 문제되는가?

☑ 참고문헌

- ◆ 김성태, "최대 노력하겠다"는 약정의 법적 구속력, 민사판례연구 18권, 35면 이하, 1996.
- ◆ 김재형, 법률행위 내용의 확정과 그 기준, 서울대 법학 41권 1호, 241면 이하, 2000.
- ◆ 남효순, 법률행위의 해석의 쟁점 : 법률행위해석의 본질 및 방법에 관하여, 서울대 법학 41권 1호, 146면 이하, 2000.
- ◆ 엄동섭, 법률행위의 해석(현대 독일민법학상의 논의를 중심으로), 사법연구 제2집, 228면 이하, 1994.
- ◆ 이학수, 당사자가 표시한 문언에 의하여 객관적 의미가 명확하게 드러나지 않는 경우 법률행위의 해석방법, 판례연구 12집(부산판례연구회), 479면 이하, 2001.

(2) 표시행위에 따라 해석한 경우

대판 2000. 10. 6. 2000다27923 〈기초〉 ·····································

[사안] 甲(피고)은 전원주택지 개발사업을 위하여 A로부터 이 사건 X임야를 매수하여 1997. 10. 24. 乙(피고) 명의로 그 소유권이전등기(명의신탁등기)를 마쳤다. 乙은 甲과의 위 개발사업 동업자가 아니라 월급을 받으며 甲에게 고용된 토목기술자에 불과한 사람인데, 위 임야가 소재하는 지역의 현지인으로서 산림훼손 허가를 쉽게 받기 위하여 乙 명의로 소유권이전등기를 해 두기로 한 것에 불과하고, 그리하여 乙은 甲으로부터 취득세 등 각종 공과금에 대한 책임을 지지 않도록 해 준다는 다짐까지 받아 둔 바 있다. 그 후 甲은 위 임야를 丙(원고)에게 팔기로 하는 매매계약을 체결하였는데, 乙은 甲과 丙의 요구에 따라서 甲이 매도인으로 되어 있는 매매계약서의 매도인란에 추가로 서명 날인하고, 아울러 매매대금의 영수증에 甲과 함께 서명 날인하였다. 그런데 위 임야에 관한 산림훼손 허가가 나지 않자, 丙은 甲과 乙의 위 매매계약상의 소유권이전등기의무가 이행불

능이 되었다고 하면서 매매계약을 해제하고, 甲과 乙에 대하여 지급했던 대금의 반환을 소구하였다.

[판지] 의사표시의 해석은 당사자가 그 표시행위에 부여한 객관적인 의미를 명백하게 확정하는 것으로서, 서면에 사용된 문구에 구애받는 것은 아니지만 어디까지나 당사자의 내심적 의사의 여하에 관계없이 그 서면의 기재 내용에 의하여 당사자가 그 표시행위에 부여한 객관적 의미를 합리적으로 해석하여야 한다. 이 사안에서 피고 乙이 甲이 매도인으로 되어 있는 매매계약서의 매도인란에 추가로 자신의 서명 날인을 해 주는 한편 그 매매대금의 영수증에까지 서명 날인을 해 주었다면, 그와 같은 행위에 이른 乙의 의사는 甲의 매매계약상의 매도인으로서의 의무를 甲과 공동으로 부담하겠다는 뜻이라고 해석함이 상당하다고 할 것이고, 이러한 해석은 乙이 甲에게 고용된 토목기술자로서 甲으로부터 이 사건 임야의 소유권이전등기 명의를 수탁받은 단순한 명의수탁자에 불과하다고 하여 달라질 수 없다. 그렇다면 피고 乙은 이 사건 각 매매계약상의 소유권이전등기의무가 이행불능이 됨으로써 甲이 부담하게 되는 손해배상채무나 그 매매계약이 해제됨으로 인하여 甲이 부담하게 되는 원상회복의무를 甲과 공동으로 이행할 의무가 있다.

☑ 쟁   점

위 판결은 실제로는 甲이 토지를 매수하면서 이를 乙 명의로 등기하였는데, 甲이 토지를 매각함에 있어서 乙이 甲 및 매수인 丙의 부탁으로 매매계약서의 매도인란과 영수증에 甲과 함께 서명 날인한 경우에, 乙은 매매계약상의 채무를 부담하는가 하는 점이 문제된 것이다.

☑ 기타 검토사항

1) 법률행위론에서의 소위 표시주의와 의사주의는 해석방법에 관하여 어떠한 입장을 취하는가?

2) 위의 판결이 말하는 바와 같이 표시행위의 객관적 의미에 따라서 해석하는 근거는 무엇인가?

3) 만약 표시행위가 표의자의 내심의 의사와 달리 해석되는 경우에, 표의자는 언제나 그 해석의 결과에 구속되는가? 그로부터 벗어나기 위하여 취할 수 있는 방법으로서 생각할 수 있는 것은 무엇인가?

4) 표시행위의 객관적 의미가 해석의 제1차적 기준이 된다고 하는 해석의 원칙은 의

사표시의 내용을 불문하고 언제나 타당한가?

5) 표시행위의 객관적 의미에 따라 해석하는 경우에도, 표시행위의 상대방이 특정인
이냐 불특정 다수인이냐에 따라서 의사표시의 해석의 방법에 차이가 있는가?

☑ 참고문헌

◆ 백태승, 법률행위의 해석과 착오, 고시계 41권 5호(1996. 04), 190면 이하.
◆ 백태승, 법률행위의 해석에 관한 판례의 태도, 저스티스 32권 1호, 147면 이하, 1999.
◆ 송덕수, 법률행위의 해석, 경찰대 논문집 6집, 237면 이하, 1987.
◆ 엄동섭, 법률행위의 해석에 관한 판례분석, 서강법학연구 5권, 87면 이하, 2003.

(3) 표시행위와 달리 해석한 경우

대판 1992. 11. 24. 92다31514 〈기초〉 ·······································

[사안] 이 사건 X토지의 소유자 A가 1968. 12. 9. 사망하고, 장남 甲과 차남 乙
(피고) 등이 이를 상속하였다. B는 1975. 2. 4. 甲으로부터 위 토지를 매수하고,
위 매수일자 이래 위 토지를 인도받아 점유·경작하여 왔으며, B의 사망 후에는
그의 상속인 丙(원고) 등이 현재에 이르기까지 이를 계속 경작하고 있었다. 그런
데 A의 공동상속인들은 위 토지를 乙의 소유로 하는 내용의 상속재산 협의분할
을 하여, 1989. 12. 19. 乙 명의의 소유권이전등기가 경료되었다. 이에 丙은 B가
甲으로부터 위 토지를 매수한 바 있으므로 적어도 甲에 대하여 그 법정상속분인
지분에 관하여 소유권이전등기청구권을 가지며, 乙은 甲의 권리의무의 승계인으
로서 甲의 지분에 대한 소유권이전등기절차를 이행할 의무가 있다고 하면서, 乙
에 대하여 이전등기의 이행을 소구하였다. 이에 대하여 乙은, 甲과 B간의 매매계
약서에 의하면 甲이 B에게 매도한 목적물은 위 X토지가 아니라 이와 같은 면에
있는 Y토지이고 이에 기해서 甲이 B에게 이에 관한 소유권이전등기까지 넘겨준
바 있고, 다만 착오로 이 사건 토지를 인도하였을 뿐이라고 주장하였다.

[판지] 피고 주장과 같이 위 계약서상의 매매목적물 표시가 Y토지라고 기재되
고 이에 기해 그 소유권이전등기까지 경료되었는지 기록상 명백하지 아니할 뿐
아니라, 가사 계약서상에 매매목적물 표시가 그렇게 되어 있다 하더라도 B가 위
매매계약에 따라 X토지를 넘겨받아 경작해 오다가 B의 사망 이후 丙이 이를 이
어받아 경작을 계속해 왔고, 더구나 이 사건 X토지는 Y토지와는 그 지번을 달리

하고 있으나 그 평수가 비슷한 점 등을 감안한다면, 위 매매당사자 사이에 있어서 이 사건 토지를 특정하여 매매의 목적물로 하기로 하는 의사합치가 있었고, 계약서상의 목적물 표시가 오히려 착오에 기인한 것이라고 해석함이 경험칙에 합치된다.

☑ 쟁　점

위 판결은 당사자들이 X토지를 매각하고 매수인이 이를 명도받아 점유 사용하였는데 계약서에는 목적물이 Y토지로 기재된 경우, 어느 것을 매매의 목적물로 볼 것이냐 하는 점이 문제된 것이다.

☑ 검토할 사항

◆ 매매계약서상에 Y토지가 목적물로 표시되어 있음에도(즉 표시행위의 객관적 의미가 명백함에도) 이를 매매목적물이 아니라고 한 이유는 무엇인가?

☑ 관련사례

1) A와 B는 목장을 함께 운영해 오다가 동업관계를 청산하고 잔여재산을 분배하는 과정에서, 잔여재산 X의 매각대금을 A와 B가 각기 18,000,000원, 27,000,000원씩 분배하기로 약정하고 그러한 내용의 문서를 작성하였다. 그런데 A와 B는 당초 손익분배비율을 균등하게 하여 동업을 시작하였으며, 동업관계를 청산함에 있어서도 잔여재산을 동일하게 분배하기로 하였다. 그리고 잔여재산 X의 처분에 앞서 잔여재산 Y를 매각하여 얻은 대금 23,500,000원을 A와 B에게 각기 18,000,000원, 5,500,000원씩 분배하였으며, 그리하여 X재산을 매각함에 있어서 미리 이의 가액을 45,000,000원으로 평가하여 이를 전제로——A와 B의 분배액을 동일하게 하기 위하여——X의 매각대금의 분배액을 그와 같이 정한 것이었다. 그런데 X를 16,000,000원에 매각하게 되었다. B가 X의 매각대금에 관한 A와 B의 분배액은 위 약정된 분배액의 비율에 따라 27:18이라고 주장한다. 타당한가? (대판 1991. 4. 9. 90다카16372) 〈응용〉

☑ 기타 검토사항

1) 소위 오표시(誤表示) 무해(無害)의 원칙을 살피시오.

2) 위 사건에서 B는 1975. 2. 4.에 위 토지를 매수하였는데, 乙이 1989. 12. 19.에 이전등기를 한 이후에 이의 말소 및 자신에게로의 이전등기를 청구하였다. B의 상속인 丙의 등기청구권은 소멸시효가 완성된 것이 아닌가?

3) 상대방 없는 단독행위 혹은 당사자의 진정한 의사가 중시되는 가족법상의 행위의

경우, 해석의 제1차적 기준이 되는 것은 무엇인가?

☑ 참고문헌

◆ 송덕수, 매매목적토지의 지번에 관한 당사자 쌍방에 공통하는 착오, 고시계 42권 10호(1997. 09), 15면 이하.

◆ 정재규, 공동상속인 중 1인이 상속부동산을 처분한 후 이전등기 경료 전에 상속인 전원이 그 부동산을 다른 공동상속인의 단독소유로 협의분할한 경우, 그 분할이 반사회질서행위로서 무효로 되는 경우 및 그 범위, 재판실무연구 1996(광주지방법원), 426면 이하. 1997.

(4) 가정적 의사에 따라 해석한 경우

대판 2006. 11. 23. 2005다13288 〈기초〉 ···

[사안] 甲(원고)이 국유지인 대지 위에 건물을 신축하여 乙(피고, 국가)에 기부채납하는 대신, 위 대지 및 건물에 대한 사용수익권을 받기로 약정하였다. 그러한 약정에 기하여 甲이 건물을 신축하여 乙에게 소유권을 이전하고 사용·수익허가를 받았으며, 사용수익허가의 조건은 건물의 감정평가액 802,559,990원을 기부채납금액으로 하고 대지 및 건물의 연간사용료를 187,386,000원으로 하여 사용료 합계가 기부채납액에 달하기까지의 기간 동안 사용료를 면제한다는 것이었다. 위 계약체결과정에서 甲과 乙의 담당 공무원은 위 기부채납이 부가가치세 부과대상인 줄을 몰랐거나 이를 고려하지 아니한 채 계약을 체결하고 조건을 결정하였었는데, 그 후 甲에게 위 기부채납에 대한 103,931,510원{=80,255,999원(본세)＋23,675,517원(가산세), 10원 미만 버림}의 부가가치세가 부과되어 甲이 이를 납부하였다. 그리고 甲은 납부한 세금액에 관하여 부당이득의 반환을 소구하였다.

[원심] 이 사건 계약에 기한 기부채납에 대하여 부가가치세가 부과된다는 점에 관하여 원고와 피고 공통으로 착오에 빠져 있었고, 이러한 착오의 상황을 고려하여 계약체결에 대한 당사자의 진의를 추정하여 그와 같은 동기의 착오가 없었더라면 당사자가 약정하였을 내용대로 계약을 수정하는 것이 당사자의 이익을 위하여 타당하다고 할 것인데, 일반적인 거래의 경우 부가가치세가 부과될 것을 전제로 유상거래행위를 할 때에는 부가가치세를 누가 부담할 것인지를 따로 정하는 경우를 제외하고서는 재화나 용역을 공급하는 자가 공급가격에서 부가가치세를 공제한 나머지 가격에 해당하는 재화나 용역을 제공하는 것이 거래의 일반적인

경험칙이라고 할 것인바, 원고와 피고가 위 건물의 기부채납이 부가가치세 부과대상이라는 점을 고려하여 이 사건 계약에 나아갔더라면 원고는 건물의 감정가액인 금 802,559,990원의 10%에 해당하는 금 80,255,999원을 피고로부터 받아서 이를 국가에 납부하는 절차를 취하였을 것이고 피고 역시 이를 거부할 이유가 없을 것으로 보이기 때문에, 원고와 피고가 부가가치세 부과에 관한 착오 없이 이 사건 계약을 체결하였다면 피고가 부가가치세를 부담함을 전제로 계약 내용을 정하였을 것으로 보는 것이 당사자의 진정한 의사에 부합한다고 할 것이라는 이유를 들어, 피고에게 부가가치세 중 본세인 80,255,990원 및 그 지연손해금의 지급을 명하였다.

[판지] 가. 계약당사자 쌍방이 계약의 전제나 기초가 되는 사항에 관하여 같은 내용으로 착오를 하고 이로 인하여 그에 관한 구체적 약정을 하지 아니하였다면, 당사자가 그러한 착오가 없을 때에 약정하였을 것으로 보이는 내용으로 당사자의 의사를 보충하여 계약을 해석할 수도 있으나, 여기서 보충되는 당사자의 의사란 당사자의 실제 의사 내지 주관적 의사가 아니라 계약의 목적, 거래관행, 적용법규, 신의칙 등에 비추어 객관적으로 추인되는 정당한 이익조정 의사를 말한다고 할 것이다. 원심이 인정한 바와 같이 원고와 피고가 이 사건 계약을 체결하고 그 내용을 정함에 있어 기부채납이 부가가치세 부과대상인 줄을 몰랐다고 한다면, 계약의 전제가 되는 사항에 관하여 같은 내용의 착오에 빠져 있었다고 할 수 있으므로, 당사자의 진의를 추정하여 계약 내용을 수정 해석하는 것이 타당하다고 본 원심의 판시 자체는 수긍되는 면이 있다.

나. 그러나 나아가 원심이, 그와 같은 경우에 피고가 부가가치세를 부담하는 것으로 약정하였으리라고 단정한 것은 다음과 같은 이유로 이를 수긍할 수 없다. 부가가치세법 제15조가 사업자가 재화 또는 용역을 공급하는 때에는 부가가치세 상당액을 그 공급을 받는 자로부터 징수하여야 한다고 규정하고 있으나 공급자가 위 규정을 근거로 공급을 받는 자로부터 부가가치세 상당액을 징수할 권리가 없는 이상, 부가가치세의 부담에 관한 별도의 약정이 없을 경우에 공급받는 자가 부가가치세를 부담한다는 일반적인 거래관행이 확립되어 있거나 기부채납에 있어 부가가치세를 국가가 부담하는 관행이 있다고 단정할 수 없다. 이 사건에 적용될 구 국유재산법(2004. 12. 31. 개정 전) 제27조 제1항, 그 시행령(2005. 6. 30. 개정 전) 제28조 제1항 등의 규정에 의하면, 사용·수익허가기간을 '사용료의 총액이

기부를 채납한 재산의 가액에 달하는 기간 이내'로, '사용료의 면제는 사용료 총
액이 기부채납 재산 가액에 달할 때까지'로 하도록 되어 있고, 기록에 의하면 피
고는 무상 사용·수익허가기간을 정함에 있어 '당해 재산의 가액'에 1천분의 50
이상을 곱한 금액으로 연간사용료를 산정하도록 하고 있는 위 시행령 제26조 제
1항 제5호의 규정에 따라 이 사건 기부채납 재산 가액에다가 그 하한인 1천분의
50을 곱하여 연간사용료를 187,386,000원으로 정한 사실을 알 수 있는바, 기부
채납 재산의 가액이란 공급가액을 말하므로 부가가치세액이 포함되지 아니한 금
액이어야 하고, 피고로서는 그와 다른 약정을 할 여지도 없을 것으로 보인다(위
법률 제9조 제2항 등 참조). 그럼에도 불구하고 원심은 다른 특별한 사정 없이 그
설시의 사정만으로, 착오가 없었더라면 피고가 부가가치세를 부담함을 전제로 계
약 내용을 정하였을 것으로 보는 것이 당사자의 진정한 의사에 부합한다고 단정
하고야 말았으니, 원심판결에는 법률행위의 해석 내지 관계 규정의 해석·적용에
관한 법리를 오해하여 판결에 영향을 미친 위법이 있다.

☑ 쟁   점
    위 판결은 甲이 국가와의 사이에서 국유지인 대지 위에 건물을 신축하여 기부채납하
    고 위 대지 및 건물에 대한 사용수익권을 받기로 하는 계약을 체결함에 있어서, 그
    기부채납이 부가가치세 부과대상인 것을 모르고 사용수익허가의 조건을 약정하였는
    데, 위 건물에 관하여 부가가치세가 부과된 경우, 甲은 납부한 세금액에 관하여 부당
    이득의 반환을 청구할 수 있는가 하는 점이 문제된 것이다.

☑ 검토할 사항
    ◆ 위의 보충적 해석을 함에 있어서는 어떠한 의사를 탐구해야 하는가?
    ◆ 당사자가 일정한 사항에 관하여 구체적인 약정을 하지 않아 법원이 보충적으로 당
      사자의 의사를 해석하여 계약의 내용을 확정한 경우, 그 보충적 의사는 당사자가
      실제로 가졌던 의사인가? 이는 당사자의 진의를 추정하여 계약 내용을 수정 해석
      하는 것인가?

☑ 관련사례
    1) 일부무효에 관한 제137조에서 '그 무효부분이 없더라도 법률행위를 하였을 것이라
      고 인정될 때', 그리고 무효행위의 전환에 관한 제138조에서 '당사자가 그 무효를
      알았더라면 다른 법률행위를 하는 것을 의욕하였으리라고 인정될 때'에서 그러한

의사는 당사자가 실제 가졌던 의사인가? (대판 1996. 2. 27. 95다38875(이 판결은 무효와 취소 중 일부무효 부분에서 살핌); 대판 1998. 2. 10. 97다44737(이 판결은 일부 취소의 경우임)) 〈응용〉

☑ 기타 검토사항

1) 위 사건에서 부가가치세를 甲이 부담해야 한다고 해석되는 경우, 甲은 착오를 이유로 위 증여계약을 취소할 수 있는가?

☑ 참고문헌

◆ 김진우, 계약의 공백보충, 비교사법 8권 2호, 413면 이하, 2001.
◆ 엄동섭, 법률행위의 보충적 해석, 한국민법이론의 발전 I(이영준박사 화갑기념논문집), 81면 이하, 1999.
◆ 윤진수, 법률행위의 보충적 해석에 관한 독일의 학설과 판례, 재판자료 제59집, 87면 이하, 1992.

2. 개별적 문제

(1) 타인 명의로 계약을 체결한 경우

대판 1995. 9. 29. 94다4912 〈응용〉 ·····················

[사안] 자신의 명의로 사업자등록을 할 수 없는 사정이 있던 A는 평소 친분이 있던 B 모르게 그의 명의로 케논판매본부라는 상호 하에 문구류 판매업을 시작하면서, 1989. 12. 2. 甲(피고)과의 사이에 甲이 공급하는 사무기기 및 용품을 실수요자에게 판매하기로 하는 내용의 대리점계약을 체결하고, 위 대리점계약상의 영업보증금의 지급담보를 위하여 B의 승낙 없이 마치 자신이 B인 것처럼 임의로 B의 명의를 사용하여 乙(원고)과의 사이에 피보험자를 甲으로 하는 보증보험계약을 체결하였다. 그 후 A가 위 영업보증금의 지급을 지체하자 甲이 위 대리점계약을 해지하고 乙에게 보험금의 지급을 청구하여, 乙이 甲에게 보험금을 지급하였다. 乙은 그 후 위와 같은 사정을 알고는 甲을 상대로, 위 보험계약은 A가 B의 명의를 모용하여 체결한 것으로서 그 법률상 효력이 없으며, 따라서 甲이 법률상 원인 없이 위 보험금을 수령함으로써 이익을 얻고 이로 인하여 자신에게 손해를 가한 것이므로 甲은 자신에게 이를 반환할 의무가 있다고 하면서, 부당이득금반환의 소를 제기하였다.

[원심] A가 B의 명의를 모용하여 보험계약을 체결한 이상 이는 B에 대한 관계에 있어서는 무효라 할 것이나 그러한 사실만으로는 나아가 위 보험계약이 A에 대한 관계에서도 무효라고는 할 수 없는 것이고, 오히려 위 보험계약의 당사자는 원고와 A이며, 보험계약이 담보하는 보험사고도 A가 피고와의 사이에 체결한 위 대리점계약상의 영업보증금의 지급불이행이라고 보아야 할 것이므로, 피고는 원고와 A 사이에 유효하게 체결된 보험계약에 따라 보험금을 지급받았다고 보아야 할 것이다. 따라서 보험계약이 A에 대한 관계에서도 무효임을 전제로 하는 원고의 청구는 이유 없다.

[판지] 타인의 이름을 임의로 사용하여 계약을 체결한 경우에는 누가 그 계약의 당사자인가를 먼저 확정하여야 할 것으로서, 행위자 또는 명의인 가운데 누구를 당사자로 할 것인지에 관하여 행위자와 상대방의 의사가 일치한 경우에는 그 일치하는 의사대로 행위자의 행위 또는 명의인의 행위로서 확정하여야 할 것이지만, 그러한 일치하는 의사를 확정할 수 없을 경우에는 계약의 성질·내용·목적·체결경위 및 계약체결을 전후한 구체적인 제반 사정을 토대로 상대방이 합리적인 인간이라면 행위자와 명의자 중 누구를 계약당사자로 이해할 것인가에 의하여 당사자를 결정하고, 이에 터잡아 계약의 성립 여부와 효력을 판단함이 상당할 것이다. 이 사건의 경우 원심의 위 판시는 요컨대 A를 이 사건 보험계약의 당사자로 보아야 한다는 것이나, 원심이 확정한 사실에 의하면 이 사건에 있어서는 A가 마치 자신이 B인 것처럼 행세하여 원고와 계약을 체결하였다는 것이므로, 원고는 A가 B인줄로만 알고 보험계약을 체결하기에 이른 것이라 할 것이어서 원고와 A 사이에 A를 보험계약의 당사자로 하기로 하는 의사의 일치가 있었다고 볼 여지는 없어 보인다. 또한 기록에 의하면 이 사건 보험계약은 보험계약자가 피고에 대하여 계속적 거래관계에서 부담하게 될 물품대금채무의 이행을 담보하기 위한 영업보증금의 지급을 보증하는 계약임을 알 수 있으므로 이는 채무자인 보험계약자의 신용상태가 그 계약체결의 여부 및 조건을 결정하는 데에 중요한 요소로 작용하였다고 보아야 할 것인데, A는 자신의 명의로 사업자등록조차 할 수 없는 처지였음에도 불구하고 이러한 사정을 숨긴 채 보험가입에 아무런 지장이 없는 B인 것처럼 행세하여 그의 명의로 보험계약을 청약하였고 이에 원고는 실제로 계약을 체결한 A가 서류상에 보험청약자로 되어 있는 B인 줄로만 알고 그 계약이 아무런 하자 없는 당사자에 대한 것이라는 판단 하에 보험계약을 체결하였다고

여겨지므로(이 사건 계약체결 당시 A를 당사자로 생각하였더라면 원고는 계약을 체결하지 아니하였을 것으로 보인다), 이에 비추어 보면 객관적으로 볼 때 원고는 A가 제출한 청약서상에 보험계약자로 되어 있는 B를 보험계약의 상대당사자인 주채무자로 인식하여 그와 이 사건 계약을 체결하는 것으로 알았으리라고 인정된다. 그렇다면 원고와 이 사건 보험계약을 체결한 당사자는 A가 아니라 B라고 보아야 할 것인데, 실제는 A가 B로부터 아무런 권한도 부여받음이 없이 임의로 B의 이름을 사용하여 계약을 체결한 것이므로 이 사건 보험계약은 특별한 사정이 없는 한 그 계약내용대로 효력을 발생할 수는 없는 것이라고 할 것이다. 따라서 A가 대리점계약상의 채무를 이행하지 아니한 것을 이유로 피고가 원고로부터 보험금을 지급받은 것은 결국 아무런 효력이 없는 보험계약에 기한 보험금의 수령이라 할 것이므로, 더 나아가 A의 피고에 대한 채무불이행이 이 사건 보험계약상의 보험사고인지 여부를 따질 필요도 없이 피고는 법률상 아무런 원인 없이 이득을 취하고 원고에게 같은 금액 상당의 손해를 입힌 것이라고 보아야 할 것이다. 그럼에도 불구하고 원심이 A가 이 사건 보험계약상의 당사자라고 판단하여 원고의 청구를 배척한 것은 법률행위의 해석에 관한 법리를 오해한 것이다.

☑ 쟁   점

위 판결은 A가 자신이 B인 것처럼 행세하면서 무단히 B의 명의로 보증보험계약을 체결한 경우, 누가 보증계약의 당사자인가 하는 점이 문제된 것이다.

☑ 검토할 사항

◆ 乙이 甲에 대하여 이미 지급한 보험금에 관하여 부당이득반환청구를 할 수 있는가 하는 점의 관건은 무엇인가?

◆ 乙의 보증보험계약이 유효한가 하는 점의 관건은 무엇인가?

◆ A가 임의로(무단히) B의 이름으로 계약을 체결한 경우에, 누구가 계약의 당사자인가를 결정하는 일반적인 방법 내지 기준은 무엇인가?

◆ 위 판결은 이 사안에서 A와 B 중 누구가 보증보험계약의 당사자라고 하는가? 그 이유는 무엇인가?

☑ 관련사례

1) A가 단위농협의 1인당 영농자재 외상공급 한도를 회피하기 위하여 B의 승낙을 받고 B 명의로 단위조합 C와 영농자재 구매약정을 맺은 경우, B는 위 약정의 당

사자인가? (대판 1996. 9. 24. 96다21492 〈응용〉) 그 외에 입찰자격이 없는 회사가 입찰자격이 있는 회사의 명의를 빌려 입찰에 참가하여 낙찰받고 기계공급계약을 체결한 경우에 관해서는 대판 1993. 4. 27. 92다43432 〈응용〉)

2) 학교법인 A가 사립학교법상의 제한규정 때문에 그 학교의 교직원 B의 명의를 빌려서 C로부터 금원을 차용하였으며, C가 그러한 사정을 알고 있는 경우, B는 대출금채무를 지는가? (대판 1980. 7. 8. 80다639) 〈응용〉

3) A는 B로부터 2,000,000원을 차용하여 이를 임차보증금으로 하여 C와 임대차계약을 맺었다. 그런데 A는 B에 대한 차용금채무를 담보하기 위하여, 자신이 B인 것 같이 행세하면서 임차인 명의를 B로 하여 위 계약을 맺었으며, 그리하여 C는 A와 B가 동일인인 것으로 알고(즉 행위자인 A가 임차인 명의자인 B인 것으로 알고) 계약을 맺었다. 위 임대차계약기간이 종료된 후 B는, A가 자신을 대리하여 자신의 이름으로 임대차계약을 맺은 것이므로 C는 임대차계약에 따른 보증금을 자신에게 반환할 의무가 있다고 주장하면서, C에 대하여 임차보증금의 반환을 소구하였다. 타당한가? (대판 1974. 6. 11. 74다165) 〈응용〉

☑ 기타 검토사항

1) 원심에서의 의사표시의 해석에 대한 판단에 이의가 있는 경우에, 이를 이유로 상고할 수 있는가?

☑ 참고문헌

◆ 손현찬, 계약 당사자의 확정: 타인의 이름으로 계약을 체결한 경우를 중심으로, 재판과 판례 10집(대구판례연구회), 187면 이하, 2001.

◆ 송덕수, 타인의 명의를 사용하여 행한 법률행위, 사법연구 제2집, 335면 이하, 1994.

◆ 전경근, 대출계약의 당사자 결정에 관한 연구, 법조 53권 3호(2004. 03), 40면 이하.

(2) 손해배상액 합의 후 후발손해가 발생한 경우

대판 1997. 4. 11. 97다423 〈응용〉 ···

[사안] 甲(원고)은 생후 만 3세 8개월인 1993. 10. 18. A의 운전과실로 인한 교통사고로 인하여 골간부골절상, 안면부 찰과상 및 열상, 뇌좌상 등의 상해를 입고 10. 19.부터 10. 29.까지 병원에 입원하여 위 상해 부위에 대한 치료를 받고 퇴원하여 통원치료를 받다가, 외상이 치유되자 甲의 모 B는 1994. 1. 8. 위 사고 차량의 자동차종합보험을 인수한 보험회사 乙(피고)과 사이에 자동차종합보험약

관의 지급기준에 의한 금액인 319,600원을 지급받으면서, 위 교통사고로 인하여
甲이 입은 손해에 대한 손해배상청구권이나 乙회사에 대한 보험금지급청구권 일
체를 포기하기로 합의하였다. 그런데 甲은 당초 예상과는 달리 그 후 수면장애,
기억력과 집중력 장애 등 외상 후 스트레스성 정신장애의 증상을 보이기 시작하
고, 그것이 점점 악화되어 38.8%의 노동능력 상실이 있고 이로 인한 적극적 손
해와 소극적 손해가 44,491,668원 정도에 이르게 되었다. 그리하여 甲이 乙에 대
하여 이러한 손해에 대한 배상청구소송을 제기하였다.

[판지]   불법행위로 인한 손해배상에 관하여 가해자와 피해자 사이에 피해자가
일정한 금액을 지급받고 그 나머지 청구를 포기하기로 합의가 이루어진 때에는
그 후 그 이상의 손해가 발생하였다 하여 다시 그 배상을 청구할 수 없는 것이
나, 다만 그 합의가 손해발생의 원인인 사고 후 얼마 지나지 아니하여 손해의 범
위를 정확히 확인하기 어려운 상황에서 이루어진 것이고, 후발손해가 합의 당시
의 사정으로 보아 예상이 불가능한 것으로서 당사자가 후발손해를 예상하였더라
면 사회통념상 그 합의금액으로는 화해하지 않았을 것이라고 보는 것이 상당할
만큼 그 손해가 중대한 것일 때에는, 당사자의 의사가 이러한 손해에 대해서까지
그 배상청구권을 포기한 것이라고 볼 수 없으므로 다시 그 배상을 청구할 수 있
다고 보아야 할 것이다. 사정이 이와 같다면 위와 같은 손해는 원고의 모인 B가
원고를 대리하여 위와 같이 합의함에 있어서 예상이 불가능한 것으로 이를 예상
하였더라면 사회통념상 위 합의금액으로는 합의하지 않았을 것으로 보는 것이 상
당할 만큼 중대한 손해라고 보이고, 따라서 위 합의는 합의 당시 예견할 수 있었
던 후유장애에 관하여만 유효하고 그 범위를 넘어서 발생한 손해에 관하여는 아
무런 효력이 없다고 할 것이다.

☑ 쟁   점

위 판결은 교통사고의 피해자가 손해배상액의 합의를 하면서 더 이상 손해배상을 청
구하지 않겠다고 약정하였으나 그 후 예상하지 못한 후유증이 생긴 경우에, 그러한
후유증으로 인한 손해배상을 청구할 수 있는가 하는 점이 문제된 것이다.

☑ 검토할 사항

◆ 甲과 乙 간의 위 손해배상액의 합의 및 장차의 손해배상청구권의 포기는 어떠한
손해에 관한 것인가?

◆ 장차의 손해배상청구권 포기 약정은 그 당시에 예상할 수 없었던 중대한 손해에까지 미치는가?

◆ 위 판결이 합의 당시에 예상하지 못한 손해에 대해서는 포기의 효력이 미치지 않는다고 한 근거는 무엇인가?

☑ 관련사례

1) A는 1997. 4. 7. 교통사고로 우측대퇴골 경부골절, 경부 및 요부 염좌 등의 상해를 입었으며, 그리하여 10. 20.경까지 우대퇴골 경부골절에 대한 수술을 받고 입원치료를 받았으며, 위 골절에 대한 수술후유증으로 고관절 운동제한이라는 장애가 남아 상당한 정도의 노동능력을 상실하였다는 후유장해 판정을 받았다. 이러한 판정 결과를 근거로 1997. 12. 4. 손해배상으로 4천만원을 지급받는 대신, 위 사고로 인한 일체의 권리를 포기하며 향후 민·형사상의 소송이나 이의를 제기하지 않기로 합의하였다 그런데 그 후 A에게 우측하지 단축의 후유장해가 발생하였다. 다만 이러한 장해는 위 합의 이전에 받은 우대퇴부 골절에 대한 수술로 인하여 발생한 것이다. A는 이 후유장해로 인한 손해배상을 청구할 수 있는가? (대판 2000. 3. 23. 99다63176) 〈응용〉

2) A가 1968. 11. 10. 교통사고로 인하여 상해를 입었는데, 다음 날 가해자 B측에서 약 6주일간 치료하면 완치되며, 운전수의 형사사건에 대한 정상을 유리하게 하기 위하여 필요하다고 하여, A는 B측으로부터 70,000원을 지급하고 만일 치료비가 더 많이 나면 B측에서 부담한다는 약속을 믿고 이후 손해배상청구 등 행위를 하지 않겠다는 내용의 합의서를 가해자에게 교부하였다. 그런데 그후 치료기간이 위의 예상을 훨씬 넘어 1969. 12. 24.까지의 장기간이 소요되고 897,300원의 입원치료비가 발생하였다. A는 착오를 이유로 위 합의를 취소할 수 있는가? (대판 1971. 4. 30. 71다399) 〈응용〉

3) A(및 그의 처)가 교통사고로 상해를 입고 손해배상액으로 1,600만원을 수령하면서 민·형사상의 소송이나 그 밖의 어떠한 이의도 제기하지 아니한다는 내용의 부동문자로 인쇄된 합의서에 날인하였다. A는 중학교만 졸업한 학력으로서 합의에 따른 민사상의 효력 등을 충분히 인식하지 못하며, 가해자 B는 A와 직장동료로서 A는 B가 구속되자 그에 대한 형사처벌을 가볍게 하는데 주안을 두고, B의 대리인 C가 일반적인 교통사고 합의서 양식에 따라 부동문자로 인쇄된 합의서를 가지고 오자 이에 날인해 준 것이었다. 그런데 A의 치료비가 위의 합의금보다 크게 늘었을 뿐만 아니라 그의 처는 사고로 인하여 결국 사망하였다. A는 위 합의에 구속되는가? (대판 1999. 3. 23. 98다64301) 〈응용〉

☑ 참고문헌

- ◆ 강승준, 불법행위로 인한 손해배상에 관한 합의와 민법 제733조, 민사판례연구 20권, 262면 이하, 1998.
- ◆ 송덕수, 불법행위의 경우의 손해배상에 관한 합의의 해석, 민사판례연구 12권, 89면 이하, 1990.
- ◆ 최인섭, 불법행위에 의한 손해배상에서의 합의의 효력부인에 대한 대법원판례의 비판적인 검토, 경기법조(수원지방변호사회) 10호, 189면 이하, 2003.

(3) 약관의 해석

대판(전) 1991. 12. 24. 90다카23899 〈응용〉 ·······································

[사안] 甲(원고)은 자신이 경영하는 공장의 앞길에 소유트럭을 열쇠를 꽂아 둔 채 정차시켜 놓았는데, 위 공장에서 일한 적이 있는 A가 이를 무단히 운전하다가 B를 치어 B가 사망하였다. 그리하여 B의 유족들이 甲을 상대로 손해배상청구의 소를 제기하여, 甲의 패소판결이 확정되었다. 甲은 乙(피고)과의 사이에 위 트럭을 피보험차량으로 하는 자동차종합보험계약을 체결하였던바, 그리하여 甲은 乙에 대하여 보험금의 지급을 청구하였다. 그런데 甲과 乙간의 위 자동차종합보험 보통약관에는 "자동차의 운전자가 무면허운전을 하였을 때에 생긴 사고로 인한 손해"에 대해서는 乙이 이를 보상하지 않는다는 면책규정이 담겨져 있었는데(위 약관 제10조 제1항 제6호), A는 위 교통사고 당시 자동차운전면허 없이 술에 취한 상태로 운전하였던 것이다. 그리하여 乙은 이러한 약관에 기해서 보험금의 지급을 거절하였다. 이에 甲은 乙을 상대로 보험금지급의 소를 제기하였다.

[판지] 이 사건 자동차종합보험 보통약관 제10조 제1항 제6호의 위 무면허운전 면책조항을 문언 그대로 해석한다면 무면허자인 A가 무단운전 중에 일으킨 사고로 인하여 원고가 그 배상책임을 부담함으로써 입은 손해는 위 무면허운전 면책조항에 해당되어 피고의 보상책임이 면제된다고 볼 수밖에 없을 것이다. 그러나 자동차교통의 발달로 자동차의 사용이 생활의 필요수단으로 일반화되고 교통사고로 인한 피해가 늘어남에 따라 피해자보호의 측면이 강조되기에 이르렀고, 이에 따라 자동차손해배상보장법의 적용에 있어서도 자동차보유자의 운행지배와 운행이익의 범위를 폭넓게 인정하여 예컨대 무단운전이나 절취운전의 경우에도 자동차보유자에게 자동차관리상의 잘못이 있는 한 배상책임을 지게 하는 등 자동차보

유자의 책임범위를 확장하는 추세에 있으며, 이와 같이 자동차보유자의 배상책임 범위가 확장됨에 따라 자동차보험에 의하여 자동차보유자의 경제적 수요를 충족 받을 필요성은 더욱 커졌다고 할 수 있다. 그런데도 위 무면허운전 면책조항에 의하여 일률적으로 무면허운전의 경우를 보험의 보상대상에서 제외한다면, 무단 운전이나 절취운전의 경우와 같이 자동차보유자는 피해자에 대하여 손해배상책임 을 부담하면서도 자기의 지배 관리 하에 있지 않은 운전자의 운전면허소지 여부 에 따라 보험의 보호를 전혀 받지 못하는 경우가 생기게 되어 피보험자의 경제적 수요를 충족하기 위한 자동차보험제도의 기능과 효용은 크게 감쇄되고 결과적으 로 피해자보호도 소홀하게 되는 결과를 초래하게 된다. 그런데 약관의규제에관한 법률(약관규제법)에 의하면 제6조 제1항은 신의성실의 원칙에 반하여 공정을 잃 은 약관조항은 무효라고 규정하고, 제2항은 고객에게 부당하게 불리한 조항, 고 객이 계약의 거래형태 등 제반 사정에 비추어 예상하기 어려운 조항 및 계약의 목적을 달성할 수 없을 정도로 계약에 따르는 본질적 권리를 침해하는 조항은 공 정을 잃은 것으로 추정한다고 규정하고 있으며, 또 제7조 제2, 3호는 면책조항에 관하여 상당한 이유 없이 사업자의 손해배상범위를 제한하거나 사업자가 부담하 여야 할 위험을 고객에게 이전시키는 조항, 상당한 이유 없이 사업자의 담보책임 을 배제 또는 제한하거나 그 담보책임에 따르는 고객의 권리행사의 요건을 가중 하는 조항은 무효로 한다고 규정하고 있다. 위와 같은 약관의 내용통제원리로 작 용하는 신의성실의 원칙은 보험약관이 보험사업자에 의하여 일방적으로 작성되고 보험계약자로서는 그 구체적 조항 내용을 검토하거나 확인할 충분한 기회가 없이 보험계약을 체결하게 되는 계약성립의 과정에 비추어, 약관작성자는 계약상대방 의 정당한 이익과 합리적인 기대 즉 보험의 손해전보에 대한 합리적인 신뢰에 반 하지 않고 형평에 맞게끔 약관조항을 작성하여야 한다는 행위원칙을 가리키는 것 이며, 보통거래약관의 작성이 아무리 사적자치의 영역에 속하는 것이라고 하여도 위와 같은 행위원칙에 반하는 약관조항은 사적자치의 한계를 벗어나는 것으로서 법원에 의한 내용통제, 즉 수정해석의 대상이 되는 것은 지극히 당연하다. 그리 고 이러한 수정해석은 조항 전체가 무효사유에 해당하는 경우뿐만 아니라 조항 일부가 무효사유에 해당하고 그 무효부분을 추출 배제하여 잔존부분만으로 유효 하게 존속시킬 수 있는 경우에도 가능한 것이다.

이 사건 무면허운전 면책조항을 문언 그대로 무면허운전의 모든 경우를 아무런 제한 없이 보험의 보상대상에서 제외한 것으로 해석하게 되면 절취운전이나 무단운전의 경우와 같이 자동차보유자는 피해자에게 손해배상책임을 부담하면서도 자기의 지배관리가 미치지 못하는 무단운전자의 운전면허소지 여부에 따라 보험의 보호를 전혀 받지 못하는 불합리한 결과가 생기는바, 이러한 경우는 보험계약자의 정당한 이익과 합리적인 기대에 어긋나는 것으로서 고객에게 부당하게 불리하고 보험자가 부담하여야 할 담보책임을 상당한 이유 없이 배제하는 것이어서 현저하게 형평을 잃은 것이라고 하지 않을 수 없으며, 이는 보험단체의 공동이익과 보험의 등가성 등을 고려하더라도 마찬가지라고 할 것이다. 결국 위 무면허운전 면책조항이 보험계약자나 피보험자의 지배 또는 관리가능성이 없는 무면허운전의 경우에까지 적용된다고 보는 경우에는 그 조항은 신의성실의 원칙에 반하여 공정을 잃은 조항으로서 위 약관규제법의 각 규정에 비추어 무효라고 볼 수밖에 없다. 그러므로 위 무면허운전 면책조항은 위와 같은 무효의 경우를 제외하고 무면허운전이 보험계약자나 피보험자의 지배 또는 관리가능한 상황에서 이루어진 경우에 한하여 적용되는 조항으로 수정해석을 할 필요가 있으며 그와 같이 수정된 범위 내에서 유효한 조항으로 유지될 수 있는바, 무면허운전이 보험계약자나 피보험자의 지배 또는 관리가능한 상황에서 이루어진 경우라고 함은 구체적으로는 무면허운전이 보험계약자나 피보험자 등의 명시적 또는 묵시적 승인 하에 이루어진 경우를 말한다고 할 것이다(대체로 보험계약자나 피보험자의 가족, 친지 또는 피용인으로서 당해 차량을 운전할 기회에 쉽게 접할 수 있는 자에 대하여는 묵시적인 승인이 있었다고 볼 수 있을 것이다). 결론적으로 요약하면 자동차종합보험 보통약관 제10조 제1항 제6호의 무면허면책조항은 무면허운전의 주체가 누구이든 묻지 않으나, 무면허운전이 보험계약자나 피보험자 등의 명시적 또는 묵시적 승인 하에 이루어진 경우에 한하여 면책을 정한 규정이라고 해석하여야 하며, 이와 같이 해석하는 한도 내에서 그 효력을 유지할 수 있다고 보아야 한다.

☑ 쟁 점

위 판결은 무면허자가 보험계약자의 차를 훔쳐 운전하던 중에 사고를 낸 경우, 무면허운전의 경우에는 보험회사가 보상책임을 지지 않는다고 하는 자동차종합보험 보통약관상의 면책조항이 적용되어 보험회사는 책임을 지지 않는가 하는 점이 문제된 것이다.

☑ 검토할 사항

　◆ 약관의 해석이 개별적인 의사표시의 해석과 다른 점은 무엇인가?

　◆ 약관규제법이 불공정한 약관조항을 무효로 규정(제6조 이하)하는 이유는 무엇인가?

　◆ 위 판결은 자동차종합보험 보통약관상의 무면허운전 면책조항을 어떻게 해석하는
　　가? 그 이유는 무엇인가?

☑ 관련사례

　1) 한국토지공사의 건설용지 분양공고에 기해서 A가 분양신청을 하고 분양용지의 공
　　급가액의 10%에 상당하는 분양신청금을 납부하였으며, 추첨 결과 A가 당첨되었다.
　　그런데 A가 그 용지에 관한 매매계약을 체결하지 아니하였다. 그런데 위 분양공고
　　에는 "당첨 후 지정기한 내에 계약을 체결하지 않는 경우에는 당첨을 무효로 하며,
　　분양신청금은 이 공사에 귀속됩니다"라는 약관조항이 있었다. 위 공사는 이에 기해
　　서 甲의 분양신청금은 자신에게 귀속되었다고 하면서 甲의 이에 대한 반환청구를
　　거절하였다. 위 공사의 위와 같은 약관조항은 유효한가? (대판 1994. 5. 10. 93다
　　30082) 〈심화〉

☑ 참고문헌

　◆ 김영갑, 약관규제의 법리와 수정해석의 문제, 법조 46권 1호(1997. 1), 80면 이하.

　◆ 이주홍, 일반거래약관에 대한 해석통제, 민법학논총 2권(후암곽윤직선생 고희기념논
　　문집), 305면 이하, 1995.

　◆ 조관행, 약관규제의 법리와 불공정한 면책약관의 효력, 재판자료 87집(경제법의 제
　　문제), 873면 이하, 2000.

3. 사실인 관습

대판 1967. 12. 18. 67다2093, 2094 〈기초〉 ·······························

[사안]　甲(원고)은 乙(피고)과의 꽁치 냉동을 위한 임치계약을 체결하고 乙의
꽁치를 보관하였으며, 乙이 출고시에 아무런 이의 없이 꽁치를 반환받았다. 그런
데 乙이──꽁치에 흠이 있으므로 甲이 그에 대한 책임을 져야 한다고 하면서──
임치료의 지급을 거절하였다. 이에 甲이 乙에 대하여 임치료의 지급을 소구하였
다. 그런데 甲과 乙이 속한 지방의 거래에서는 냉동을 위한 생선임치계약에 있어
서 출고시에 임치인이 이의 없이 수치물을 반환받았으면 수탁자의 책임이 면제된
다는 사실인 관습이 있다.

[판지] 원판결이 본건 꽁치 냉동을 위한 임치계약은 출고시에 임치인이 이의 없이 수치물인 꽁치를 반환받았으면 수탁자의 책임은 면제된다고 판시하고 있는 바, 이는 냉동을 위한 생선 임치계약에 있어서 적어도 본건 거래지방에 있어 사실인 관습으로 되어 있어 본건 임치계약에도 위와 같은 사실인 관습에 따라 임치계약을 해석한 것이라고 볼 것임이 명백하며, 원심의 위와 같은 조치에 위법이 없다.

☑ 쟁　점

위 판결은 임치인 乙이 출고시에 아무런 이유 없이 수치물을 반환받았는데, 그러한 경우에는 수탁자의 책임이 면제된다는 사실인 관습이 있는 경우, 수치인 甲은 임치물의 흠에 대하여 책임을 지지 않는가 하는 점이 문제된 것이다.

☑ 검토할 사항

◆ 사실인 관습의 의의와 성질을 살피시오.

☑ 기타 검토사항

1) 사실인 관습이 해석의 자료가 되기 위해서는 당사자가 그 내용을 알았어야 하는가?
2) 만약 표의자와 상대방이 속한 권역이 다르고, 각 권역에서의 사실인 관습에 차이가 있다면, 어느 쪽의 사실인 관습이 해석의 기준으로 되는가?
3) 사실인 관습의 존재나 내용은 법원의 직권조사사항인가?
4) 사실인 관습과 제정법의 내용이 다른 경우, 무엇이 우선적으로 해석의 기준이 되는가? 그 이유는 무엇인가?
5) 의사표시를 해석함에 있어서 고려되는 것으로는 사실인 관습 외에 무엇이 있는가?

제 2 절   법률행위의 목적

I. 목적의 가능

(1) 원시적 불능 여부

대판 1978. 2. 14. 77다2088 〈기초〉 ···

[사안] 甲(원고)과 乙(피고, 서울시)은 1973. 1. 8. 甲이 중랑천에 공작물을 설치하여 乙에게 기부채납하면 乙은 그 공사비에 상당하는 금액만큼의 하천점용료를 면제하고 甲에게 위 하천에서의 토사채취를 허가해 주기로 약정하였다(상대부담 있는 증여). 이에 기해서 甲은 공사비 14,800,000원을 투입하여 공작물을 신축하여 이를 乙에게 기부채납하였다. 그런데 乙은 甲에게 하천점용료 2,970,000원에 상당한 토사채취를 허가해 주었을 뿐이고, 위 하천의 하상이 낮아지는 등의 사정 때문에 더 이상의 토사채취를 허가해 주지 않았다. 그리하여 甲은 乙에 대하여 부당이득금의 반환 또는 손해배상을 청구하였다.

[원심] 피고에게 책임있는 사유로 그 이행이 불능하게 된 것이라고 하여, 원고의 청구를 인용하였다.

[판지] 토사채취의 허가를 더 이상 받도록 하여 줄 수 없는 위와 같은 사정이 위 계약체결 당시에 이미 존재하고 있었던 것인지 그 후에 비로소 발생한 것인지가 원심의 판시만으로는 분명하지 아니할 뿐만 아니라, 피고의 위 부담에 관한 이행불능이 반드시 피고의 귀책사유에 의한 후발적 이행불능이라고 단정하기도 어렵다. 만일 그 이행할 수 없는 부담부분이 본건 계약체결 당시부터 원시적으로 불능한 상태에 있었고, 또 그 계약을 체결함에 있어서 피고에게 어떤 계약체결상의 과실이 있다면, 원고로서는 그로 인한 손해배상청구를 할 수 있음은 별문제로 하고 피고의 귀책사유로 인한 후발적 이행불능을 이유로 그 손해배상을 청구할 수는 없다. 그럼에도 불구하고 원심이 위와 같은 사실에 관하여 심리를 더하지 아니하고 피고가 더 이상 토사채취를 허가토록 하여주지 아니하였다고 하여 이를 곧 피고의 귀책사유에 의한 후발적 이행불능이라고 단정하여 그에 관한 원고의 본건 청구를 인용하였음은 이행불능의 책임에 관한 법리를 오해한 것이다.

☑ 쟁   점

위 판결은 서울시가 공작물을 기부채납한 甲에게 토사채취를 허가해 주기로 약정하였으나 하천의 하상이 낮아져 토사채취의 허가를 해 줄 수 없게 된 경우, 서울시의 손해배상책임이 문제된 것이다.

☑ 검토할 사항

◆ 법률행위가 불능을 목적으로 하기 때문에 무효로 되는 경우는, 법률행위시부터 불능인 경우에 한하는가? 그 이후에 불능으로 된 경우도 포함되는가?

◆ 위의 사안에서 하천의 하상이 낮아지는 현상이 서울시와 甲 간의 계약체결 이전에 생긴 것이냐 여부에 따라서 甲과 서울시 간의 위 계약의 효력이 어떻게 달라지는가?

◆ 하천의 하상이 낮아지는 현상이 위의 계약체결 이전에 생긴 경우에, 서울시가 채무불이행(후발적 이행불능)을 이유로 한 손해배상책임을 지지 않는다고 하는 이유는 무엇인가?

◆ 하천의 하상이 낮아지는 현상이 계약체결 이전에 생긴 경우와 그 이후에 생긴 경우에 서울시가 지는 손해배상책임의 차이는 무엇인가?

◆ 하천의 하상이 낮아지는 현상이 어떤 시점에 일시적으로 생기는 것이 아니라면, 그러한 현상이 계약체결 이전에 생겼다고 하여 서울시의 채무불이행을 이유로 한 손해배상책임을 부인하는 것이 실제상 타당한지를 살피시오.

☑ 기타 검토사항

1) 원시적 불능을 목적으로 하는 법률행위가 무효로 되는 것은 법률의 규정이 없더라도 논리적으로 당연한 것인가? 우리 민법에는 이에 관한 규정이 있는가?

2) 원시적 불능을 목적으로 하는 법률행위이나 예외적으로 이를 유효로 하는 경우가 있는가?

☑ 참고문헌

◆ 박영복, 독일에서의 「원시적 불능제도」에 관한 논의, 사법행정 37권 9호(1996. 9), 9면 이하.

◆ 송호영, 민법상 「불능」의 규율, 고시계 49권 5호(2004. 5), 22면 이하.

(2) 객관적 불능 여부

대판 1975. 2. 10. 74다584 〈기초〉 ···

[사안]   甲(원고)과 乙(피고, 서울시)은 도로확장공사계약을 체결하면서, 乙은 그

대가로 공사비에 갈음하여 위 공사지역의 X임야에 대한 사용권을 부여하고 장차이 임야를 불하할 때는 우선적으로 불하하여 주기로 하였다. 이에 기해서 甲은 계약대로 공사를 완공하였다. 그런데 위 임야는 위 계약체결 당시부터 국가의 소유였으며, 그리하여 乙은 이의 적법한 사용권을 甲에게 부여하지 않고 있다. 그리하여 甲이 채무불이행을 아유로 한 손해배상을 청구하였다.

[판지] 피고가 공사비의 지급에 갈음하여 임야의 사용권을 부여키로 약정한 것이 그 임야가 소외 국가의 소유여서 그 사용권 부여가 원시적으로 이행불능이라면 이 사건 확장공사계약은 유효하게 성립할 수 없다 할 것이니, 그 계약체결에 있어서의 과실을 이유로 하는 신뢰이익의 손해배상을 구할 수 있을지언정 그 계약이 유효하게 성립되었던 것을 전제로 그 계약의 이행불능을 이유로 이행에 대신하는 전보배상을 구할 수 없다 할 것이다.

☑ 쟁   점

위 판결은 서울시가 타인 소유의 임야에 대하여 사용권을 부여하기로 약정한 경우, 그러한 약정이 유효한가 하는 점이 문제된 것이다.

☑ 검토할 사항

◆ 법률행위가 원시적 불능을 목적으로 하기 때문에 무효로 되는 경우는, 그 불능이 객관적 불능인 경우에 한하는가, 주관적 불능인 경우도 포함되는가?

◆ 임야가 국가의 소유이기 때문에 乙이 甲에게 임야에 대한 사용권을 부여할 수 없는 것은 객관적 불능에 해당하는가, 주관적 불능에 해당하는가? X임야가 행정재산인가 여부에 따라 객관적 불능 여부가 달라지는가?

◆ 계약체결상의 과실책임의 내용인 신뢰이익의 손해배상과 이행불능(채무불이행)책임의 내용인 전보배상과는 어떻게 다른가?

☑ 기타 검토사항

1) 타인 소유의 물건을 매매목적물로 하는 매매계약은 유효한가? 매도인은 이 경우어떤 책임을 지는가?

(3) 법률적 불능

서울고판 1970. 5. 21. 69나2956 〈응용〉 ••••••••••••••••••••••••••••••

[사안] 甲(원고)은 1962. 12. 31. 乙(피고, 국가)과 X임야에 관하여 매매계약을

체결하고 대금을 완납하였다. 그럼에도 乙이 이에 대한 소유권이전등기를 해 주지 않아, 甲이 乙에 대하여 이전등기의 이행을 소구하였으며, 소장이 1969. 1. 9. 乙에 송달되었다. 그런데 위 토지는 옛 백제의 사적인 토성의 일부로서 1936. 2. 21. 당시 조선총독부에 의하여 조선보물 고적명승 천연기념물 보존령에 근거한 고적 제27호로 지정되어 보호되어 오다가, 1962. 12. 20. 사적 제11호로 지정(갱신)된 문화재이다. 다만 위 임야는 문화재로서의 가치가 상실되어 1969. 6. 25. 지정문화재에서 해제되었다. 그러나 乙은 그 이전인 1964. 10. 26. 甲에 대하여 본건 토지는 지정문화재이기 때문에 매각할 수 없으므로 1964. 10. 26.자로 위 매매계약은 해약하였으니 대금반환청구서를 제출하라는 공문을 작성하여 甲에게 발송한 바 있다. 그 외에도 乙은 본건 토지에 인접한 토지가 본건 토지와 똑같은 지정문화재인데도, 이를 A 외 10여 명에게 1962. 12. 매도하고 모두 분필하여 소유권이전등기를 해주었다.

[판지] 1) 본건 토지는 매매계약 당시 문화재보호법상의 적법한 지정문화재였다고 해석된다. 따라서 동법 제54조에 의하여 개인에게 양도하거나 사권을 설정할 수 없는 것이므로, 위 매매계약은 법률상 당연무효의 매매계약이다. 2) 원고는 본건 토지가 지정문화재였다고 하더라도 그 후 지정문화재에서 해제되었으므로, 본건 매매계약은 무효가 아니라고 주장하나, 계약 당시에 법률상 당연무효였던 본건 매매계약이 그 뒤 지정문화재에서 해제되었다는 이유만으로 당연히 자동적으로 유효한 계약으로 전환된다고는 해석되지 아니하며, 본건 토지에 관한 지정문화재 해제 이전인 1964. 10. 26. 피고는 원고에 대하여 본건 토지는 지정문화재이기 때문에 매각할 수 없으므로 원고와의 매매계약을 해약한다고 하고 이를 통고하였는바, 위 매매계약의 해제통고는 무효인 본건 매매계약을 대외적으로 확인하는 성질을 가지는 행위이고, 당사자 사이에 본건 매매계약이 무효임이 이미 명확히 선언된 이상 그 뒤에 지정문화재로부터 해제되었다고 하더라도 새로운 계약 없이 이전의 무효인 계약이 자동적으로 유효화할 수는 없다.

☑ 쟁   점

위 판결은 문화재를 목적물로 하는 매매계약이 유효한가 하는 점이 문제된 것이다.

☑ 검토할 사항

◆ 법률행위의 목적이 물리적으로는 이행가능하나 법률이 이를 금지하는 경우(이 사안
에서 매매계약의 목적물이 문화재관리법에 의하여 거래가 금지되는 지정문화재인 경
우)에, 그러한 법률행위도 무효가 되는가?

◆ 법률행위의 목적이 불능을 이유로 무효가 되는 것은 어느 시점에 목적이 불능인
경우인가?

◆ 매매계약 당시에는 매매목적물이 문화재로 지정된 상태였으나 그 후 문화재에서
해제되었다면, 계약의 효력은 어떠한가?

☑ 기타 검토사항

1) 서울시는 본건 토지에 인접한 토지가 본건 토지와 똑같은 지정문화재인데도 이를
A 외 10여 명에게 1962. 12. 매도하였다가 모두 분필하여 소유권이전등기를 해주
었음에도 불구하고, 유독 본건 토지에 한하여 무효를 주장하면서 소유권이전등기절
차 이행에 불응하는바, 이는 신의성실의 원칙에 위반하는가?

Ⅱ. 목적의 적법

(1) 법률이 규정하는 방식을 갖추지 않은 경우

대판 1993. 11. 9. 93다18990 〈기초〉 ···

[사안] 甲(원고)은 부산 해운대의 공유수면에 대하여 공유수면점용허가를 받아
선착장을 설치하고 유선사업을 경영하였는데, 乙(피고, 부산시)이 1983. 1. 그 지
역을 요트경기장 조성을 위하여 매립한다면서 甲에게 위 선착장 철거를 요청하였
다. 이에 甲은 그 보상으로 乙이 위 매립지상에 설치할 계획으로 있는 종합유람
선의 선착장 배후지 일부를 자신에게 분양하여 줄 것을 요구하였다. 이에 乙은
甲과 수차에 걸친 보상협의를 거쳐 1987. 1. 20. 甲의 사무실 등 건립에 필요한
최소한의 건물바닥 면적(140평)과 그 지역의 종류에 따른 건폐율(분양예정지가 상
업지역이므로 건폐율 70%) 등을 고려해서 분양토지면적을 조정하여 주기로 합의하
면서 "그 선착장 배후지 유람선관리사무실 부지 중 사무실 등 건립에 필요한 면
적을 乙에서 시설규모별로 판단하여 최소가능면적 200평을 乙에서 위 매립시공
자인 A회사에게 분양하는 조건과 동일하게 甲에게 분양한다"는 내용의 약정을

하였다. 그리고 乙은 그 날 甲에게 문서로 위 약정내용을 통지하였으며, 1989. 3. 31.에는 위 약정에 의거하여 이 사건 X토지 중 일정 부분의 위치를 특정하고 가분할한 다음 그 도면까지 작성하여 甲에게 송부하였다. 그런데 乙은 위 매립지 일대를 건축법상 도시설계구역으로 지정·고시하면서 X토지를 특별사업구역으로 지정하고 건축물 기준을 대폭 강화하였으며, 이러한 건축물 기준에 따르면 X토지 상에 건축바닥면적 140평의 건물을 신축하려면 최소한 280평이 필요하게 되었다. 그리하여 甲은 乙에 대하여 X토지 중 280평에 관하여 소유권이전등기의 이행을 소구하였다. 그런데 甲과 乙이 1987. 1. 20.에 양도약정을 할 당시 시행 중이던 구 지방재정법 제52조의 5에 의하면 지방자치단체를 당사자로 하는 계약에 관해서 예산회계법 제6장(계약)의 규정을 준용한다고 규정하고 있고, 이 구 예산회계법 제70조의 6 제1항, 제2항에 의하면 지방자치단체가 계약을 하고자 할 때에는 계약의 목적, 계약금액, 이행기간, 계약보증금, 위험부담, 지체상금 기타 필요한 사항을 명백히 기재한 계약서를 작성하여 그 담당공무원과 계약상대자가 계약서에 기명날인함으로써 계약이 확정된다고 규정하고 있다. 그러나 甲과 乙은 위와 같은 계약서를 작성하지 않은 채 X토지 중 일정 면적을 양도한다는 약정을 한 것이었다.

[판지] 원·피고 사이의 1987. 1. 20.자 양도약정 당시 시행 중이던 법령의 규정 취지에 의하면 지방자치단체가 사경제의 주체로서 사인과 사법상의 계약을 체결함에 있어서는 위 법령에 따른 계약서를 따로 작성하는 등 그 요건과 절차를 이행하여야 할 것이고, 설사 지방자치단체와 사인간에 사법상의 계약 또는 예약이 체결되었다 하더라도 위 법령상의 요건과 절차를 거치지 아니한 계약 또는 예약은 그 효력이 없다 할 것이다. 그런데 원·피고 사이의 위 1987. 1. 20.자 양도약정만으로는 원·피고 사이에 위 법령 소정의 요건과 절차를 거쳐야 하는 지방자치단체 소유의 재산에 관한 매매계약이나 예약이 성립되었다고 보기 어렵다.

☑ 쟁   점

위 판결은 지방자치단체가 사인과 사법상의 계약을 체결함에 있어서 법령(지방재정법, 예산회계법 등)이 규정하는 바에 따라 일정한 사항을 기재한 계약서를 작성하지 않은 경우, 그 사법상의 계약의 효력이 문제된 것이다.

☑ 검토할 사항

◆ 어떠한 내용의 규정이 강행규정으로 되는가?

◆ 계약체결에 있어서 일정한 사항이 기재된 계약서를 작성하고 당사자가 계약서에 기명날인할 것이 요구되는 경우, 그러한 계약은 일종의 요식계약에 해당한다. 요식 계약에서 방식을 갖추지 않은 계약의 효력은 어떠한가?

◆ 당사자 간에 의사표시의 합치는 있었으나 아직 법이 규정하는 방식을 갖추지 못한 경우, 구두의 합의(의사표시의 합치)는 구속력을 가지는가? 이 사안에서 甲은 乙에 대하여 법령상의 계약서의 작성을 요구함으로써 계약을 성립시킬 수 있다고 할 것 인가?

◆ 법이 지방자치단체가 사인과 사법상의 계약을 체결함에 있어서는 일정한 사항을 기재한 계약서를 작성할 것을 규정하는 취지는 무엇인가?

☑ 관련사례

1) 학교법인이 서울시와 자신 소유의 토지와 시유지를 교환하기로 하는 계약을 체결 하였으나 법령이 규정하는 내용을 갖춘 계약서를 작성하지 않은 경우에, 위 계약의 효력은? (대판 2004. 1. 27. 2003다14812) 〈응용〉

☑ 참고문헌

◆ 김재형, 법률에 위반한 법률행위: 이른바 강행법규의 판단기준을 중심으로, 민사판 례연구 26권, 1면 이하, 2004.

◆ 문일봉, 강행법규에 반하는 부제소특약의 효력, 판례월보 335호(1998. 08), 24면 이하.

◆ 윤경, 계약교섭단계에서의 신의칙상 주의의무위반과 손해배상책임, 법조 50권 9호 (2001. 9), 178면 이하.

(2) 법률이 요구하는 허가나 증명을 밟지 않은 경우

● 판례 1

대판(전) 1964. 10. 1. 64다563 〈응용〉 ·

[사안] 甲(원고)은 1957. 12. 20. 乙(피고)로부터 乙이 A로부터 분양받아 경작 중인 농지를 매수하였다. 그런데 乙이 소유권이전등기의무를 이행하지 않고 있던 중, 1960. 9. 13. 위 농지의 등기부상 소유자인 A의 채무불이행으로 인하여 위 농 지가 B에게 경락되었다. 그리하여 甲이 乙에 대하여 채무불이행을 이유로 손해배

상을 소구하였다. 그런데 甲·乙간의 위 농지매매계약이 체결된 시기에 시행되던 농지개혁법에 의하면, 농지를 매매함에는 소재지 관서의 증명(매수인이 농지가 있는 지역의 거주자임을 증명하는 것)을 얻어야 하는데 甲·乙은 소재지 관서의 증명을 얻지 않고 농지를 매매하였다.

[원심]   원피고 사이의 본건 농지매매계약에 있어 소재지 관서의 증명을 얻지 않은 이상 위 매매계약은 아직도 그 효력을 발생하지 못하였다는 이유로 원고의 청구를 배척하였다.

[판지]   당원이 종래 구민법의 적용을 받을 농지매매로서 소재지 관서의 증명이 없는 경우에는 그 효력을 발생할 수 없다고 판시하였음은 소재지 관서의 농지매매 증명이 없는 경우에는 매매에 의한 물권변동의 효과, 즉 소유권이전의 효과를 발생할 수 없다는 취지에 지나지 않으며, 농지매매 당사자 사이의 채권계약인 농지매매계약 자체까지 효력이 발생하지 못한다는 취지가 아니며, 농지매매에 있어 소재지 관서의 증명이 없을지라도 농지매매 당사자 사이에 채권계약으로서의 매매계약이 유효히 성립될 수 있는 것이다. 원고의 소송취지는 원피고 사이의 본건 농지매매의 채권계약이 피고의 책임에 돌아갈 사유로 이행불능에 빠지게 된 것이니 이행에 갈음하는 손해배상을 청구한다는 것인 바, 비록 소재지 관서의 증명이 없을지라도 채권계약으로서의 농지매매계약은 성립된 것이므로 원심은 매도인인 피고의 책임사유로 채권계약을 이행할 수 없게 되었는가를 살펴서 원고의 청구를 판단하였어야 한다.

☑ 쟁   점

위 판결은 농지매매에서 법률이 규정하는 소재지 관서의 증명을 얻지 않은 경우, 그 매매계약의 효력이 문제된 것이다.

☑ 검토할 사항

◆ 채권계약과 그에 대응하는 물권계약의 차이는 무엇인가?

◆ 채권계약으로서의 매매계약이 무효라면 매도인이 책임사유로 목적물을 이전하지 못하더라도 채무불이행으로 인한 손해배상책임을 지지 않는가? 그 이유는 무엇인가?

◆ 농지개혁법이 농지매매에는 소재지 관서의 증명을 요구하는 취지는 무엇인가? 그리고 그러한 취지에 비추어 볼 때 그러한 규정을 강행규정으로 해석하는 것은 적절한가?

☑ **관련사례**

1) 甲이 乙로부터 토지를 매수하였는데, 위 토지는 당시의 국토이용관리법상의 규제지역으로서 토지거래를 위해서는 관할 관청의 허가를 받아야 함에도 甲과 乙은 그러한 허가를 받지 않고 매매계약을 체결하였다. 乙이 위 매매계약의 채무를 불이행하므로, 甲이 乙에 대하여 채무(소유권이전등기의무)의 이행을 청구하고, 아울러— 예비적청구로서— 위 매매계약이 해제되었음을 이유로 손해배상을 청구하였다. 甲의 청구는 타당한가? (대판(전) 1991. 12. 24. 90다12243(이 판결은 무효 취소 부분에서 살핌)) 〈응용〉

☑ **기타 검토사항**

1) 소재지 관서의 증명이 없는 상태에서 매수인은 매도인에 대하여 소유권이전등기의무의 이행을 청구할 수 있는가? (대판 1992. 5. 12. 91다33872) 〈심화〉
2) 농지매수인이 자신은 도시에 거주하고 있어서 소재지관서의 증명을 발급받을 수 없다는 이유로 농지매매계약의 무효를 주장하는 것은 허용되는가? (대판 1987. 4. 28. 85다카971) 〈응용〉

☑ **참고문헌**

- 강신섭, 농지매매와 소재지관서의 증명, 사법논집 25집, 93면 이하, 1994.
- 김능환, 소재지관서의 증명없는 농지매매계약의 효력, 민사재판의 제문제 7권, 553면 이하, 1993.
- 김상용, 농지매매증명과 비농민의 농지소유: 대법원판례를 중심으로, 민사판례평석 (1), 73면 이하, 1995.
- 변동걸, 소재지 관서의 증명이 없는 농지매매계약의 효력, 대법원판례해설 5호, 133면 이하, 1986.

● **판례 2**

대판 1987. 4. 28. 86다카2534 〈기초〉 ·····················

[사안] 학교법인 甲(원고)의 설립자로서 법인의 이사이고 아울러 학교장인 A는 개인적으로 경영하던 B회사의 사업자금에 쓸 목적으로 甲법인의 이사회 결의를 거쳐 甲의 명의로 금융기관인 乙(피고)로부터 금전을 차용하였다. 그런데 사립학교법 제28조 제1항은 학교법인이 "의무의 부담이나 권리의 포기를 하고자 할 때에는 감독청의 허가를 받아야 한다"고 규정함에도, 甲은 위 차용행위를 함에 있어서 감독청의 허가를 받지 않았다. 甲은 후에 위 차용행위는 감독청의 허가를

받지 않아 무효라고 주장하였다. 이에 대하여 乙은, 위 금원의 차용은 甲이 당해
회계연도의 예산상의 수입범위 내에서 이루어진 것이므로 감독청의 허가를 받지
않았다 하더라도 학교법인 甲의 정관에 따라 유효라고 항변하였다.

[판지] 사립학교법 제28조 제1항은 학교법인 재산의 원활한 관리와 유지·보호
를 기함으로써 사립학교의 건전한 발달을 도모하자는 데 그 목적이 있다 할 것이
므로, 위 법조에서 말하는 의무부담에 해당하는가 여부는 위 목적과 대조하여 구
체적으로 결정되어야 하고, 학교법인의 행위에 의하여 발생하는 모든 의무가 일
률적으로 이에 해당한다고 단정할 수는 없다고 하겠다. 그러나 학교법인이 타인
으로부터 금전을 차용하는 행위는 학교운영상의 통상적인 거래행위도 아닐 뿐만
아니라, 그로 인하여 학교법인은 일방적인 의무부담의 대가로 소비에 용이한 금
전을 취득하는 결과가 되어 이를 감독하지 아니하면 학교재산의 원활한 유지·보
호를 기할 수 없음이 분명하므로, 그 차용액수의 과다, 변제기간의 장단, 예산편
성의 범위 내인지의 여부에 관계없이 위 법조에 의하여 감독청의 허가를 받아야
할 의무부담행위에 해당하는 것으로 해석하지 않을 수 없다. 그리고 학교법인의
정관에 예산 내의 지출을 위하여 그 회계연도의 수입으로서 상환하는 차입금은
감독청의 허가를 받지 아니한다고 규정되어 있다고 하더라도 그 입법취지에 비추
어 강행규정으로 해석되는 사립학교법 제28조의 적용이 위 정관규정에 의하여
배제되는 것이라 할 수 없고, 그와 같은 학교법인의 정관이 사립학교법 제10조
제1항에 의거 감독청의 허가를 받은 것이고 또 학교법인의 당해 회계연도의 예
산이 사립학교법 제31조에 의하여 감독청에 제출되었으나 감독청이 그 예산에
관하여 시정을 요구한 바 없었다 하더라도 감독청의 학교법인 정관에 대한 허가
권과 예산에 대한 시정요구권은 사립학교법 제28조 소정의 학교법인 재산관리에
관한 허가권과는 각 그 목적을 달리하는 별개의 권한으로 볼 것이어서, 위와 같
은 사유만으로는 예산 내 지출을 위하여 그 회계연도의 수입으로 상환하는 차입
금에 관하여는 감독청의 허가가 필요 없다거나 이미 허가를 받은 것으로 보아야
한다고 해석할 수 없다.

☑ 쟁 점

　위 판결은 학교법인이 법령이 규정하는 교육부의 허가를 거치지 않고 차용행위를 한
　경우, 그 차용행위의 효력이 문제된 것이다.

☑ 검토할 사항

◆ 사립학교법이 학교법인의 의무부담행위에는 감독청의 허가를 받도록 한 취지는 무엇인가?

◆ 위 차용행위는 법인의 사무집행에 관한 것으로서, 상대방은 학교법인에 대하여 불법행위를 이유로 손해배상을 청구할 수 있는가? 청구할 수 있다면, 그 범위는 어떠한가(차용금 상당액이 그 범위로 되는가)?

☑ 기타 검토사항

1) 학교법인이 스스로 강행법규에 위반하여 교육부의 허가 없이 학교의 기본재산을 담보로 금전을 차용한 후에 그러한 점을 내세워 자신의 행위의 무효를 주장하는 것은 신의성실의 원칙에 반하여 허용되지 않는다고 할 것인가? (대판 1997. 3. 14. 96다55693). 〈응용〉

2) 명목상으로는 학교법인의 교육용 재산이지만 실제로는 학교교육에 사용되지 않는 재산을 처분한 경우에는 어떠한가? (대판 2002. 9. 27. 2002다29152) 〈심화〉

☑ 참고문헌

◆ 강성명, 사립학교법상의 재산관리규정의 해석, 재판실무연구 1998(광주지방법원), 29면 이하, 1999.

◆ 윤인태, 사립학교법 제28조 소정의 허가를 조건으로 하는 소유권이전등기청구의 허용 여부, 판례연구 11집(부산판례연구회), 169면 이하, 2000.

(3) 단속법규 위반의 경우

대판 1987. 12. 8. 86다카1230 〈기초〉 ·····································

[사안] 건설회사 A는 보험회사 甲(원고)에게 이 사건 약속어음을 발행하였으며, 투자금융회사 乙(피고)은 위 약속어음에 대하여 A를 위하여 어음보증을 하였다. 그런데 A회사가 거래은행으로부터 거래정지처분을 받았으며, 그리하여 甲이 만기일에 위 어음을 지급제시하였으나 지급거절되었다. 이에 甲은 어음보증인 乙에 대하여 어음금의 지급을 소구하였다. 그런데 乙은 단기금융업법의 적용을 받는 단기금융회사인데, 단기금융업법 제11조는 '단기금융회사는 재무부장관의 승인을 얻은 경우를 제외하고는 동일인에 대하여 자본금과 적립금 기타 잉여금의 100분의 25를 초과하여 자금을 운용할 수 없다'고 규정하여 동일인에 대한 일정 한도를 넘는 자금의 운용을 원칙적으로 금하고 있는데, 乙의 위 어음보증행위는 위

규정을 위반한 것이었다. 그리하여 乙은 자신의 위 어음보증행위는 강행법규에 위반하여 무효라고 항변하였다.

[판지] 단기금융업법 제11조의 규정을 둔 뜻은 원래 영리법인인 단기금융회사의 자금운용업무 등은 그 회사의 자율에 맡기는 것이 옳겠지만 그가 갖는 자금중개기능에 따른 공공성 때문에 특정인에 대한 과다한 자금의 편중운용을 규제함으로써 보다 많은 사람에게 여신의 기회를 주고자 함에 있다 할 것이므로, 이 규정은 이른바 단속규정으로 볼 것이고 따라서 이를 위반하여 자금의 운용이 이루어졌다 하더라도 사법상의 효력에는 아무런 영향이 없다고 새겨야 할 것이다. 한편 위 규정은 위법 제10조가 단기금융회사의 어음발행, 인수, 보증 및 매매의 한도액을 정하여 그 회사의 자본을 충실하게 하고자 하는 것과는 직접적인 관계가 없는 것이어서 동일인에게 위 법 제11조의 한도를 넘어 여신이 이루어졌더라도 그 신용이나 담보로 보아 이를 회수할 가망이 확실하기만 하면 오히려 자금운용에 이득을 가져올 뿐만 아니라, 동일인에 대한 편중여신을 규제함으로써 그의 신용이나 담보에 따라 단기금융회사의 자본구조가 악화되는 것을 방지할 수 있다는 것도 따지고 보면 이를 규제하는데 따른 부수적, 반사적 효과에 불과하다고 보여진다. 만일 위 규정을 위와 같이 보지 아니하고 이른바 효력규정으로 보아 이에 위반되는 자금의 운용행위를 무효라고 한다면, 자금의 운용을 받을 사람은 그때마다 그 규제한도를 일일히 확인하여야 할 뿐만 아니라, 그 회사가 자기의 내부적인 사정으로 그 규제한도가 장부상 정리되지 아니하였는데도 스스로 그 자금의 규제한도를 넘었음을 이유로 그 무효를 주장할 수 있게 되어 거래당사자간의 신의와 공평에도 크게 어긋나게 된다.

☑ 쟁   점

위 판결은 투자금융회사가 동일인에 대한 일정한도를 넘는 자금의 운용을 원칙적으로 금하는 단기금융업법의 규정을 위반하여 행한 어음보증행위의 효력이 문제된 것이다.

☑ 검토할 사항

◆ 단속법규란 무엇인가? 단속법규에 위반하는 행위는 유효한가?
◆ 단기금융업법상의 동일인에 대한 자금운용을 제한하는 규정을 단속법규로 해석하는 이유는 무엇인가?

☑ 관련사례

1) A와 B가 각기 소유하는 부동산을 교환하기로 하는 계약을 체결하였으며, 이 교환
   계약의 중개업무를 담당하였던 C는 중개수수료로서 A로부터 부동산중개업법에 규
   정하는 중개수수료를 초과하는 금액을 받았다. A는 C에 대하여 그 초과부분의 반
   환을 청구할 수 있는가? (대판 2002. 9. 4. 2000다54406, 54413) 〈응용〉

2) 의사 A와 의료인이 아닌 B는 각기 의료기술과 명성 및 병원건물과 설비 등을 출
   자하고 손익분배비율을 50:50으로 하여 병원을 공동경영하기로 약정하였다. 그런데
   의료법은 의료인이 아닌 자의 의료기관 개설을 금지한다. 위 계약은 유효한가? (대
   판 2003. 4. 22. 2003다2390, 2406) 〈응용〉

3) 원사업자가 수급사업자의 의사에 반하여 하도급대금을 물품으로 지급하는 것을
   금지하는 하도급거래공정화에관한법률 제17조에 위반하여 하도급대금을 물품으로
   지급하기로 한 약정의 효력은 어떠한가? (대판 2003. 5. 16. 2001다27470) 〈심화〉

☑ 참고문헌

◆ 김동훈, 단속규정과 효력규정, 무효의 효과, 고시연구 30권 2호(2003. 02), 119면
   이하.
◆ 김대원, 의료법 제30조 제2항에 위반한 법률행위의 사법상 효력(무효), 대법원판례
   해설 44호, 154면 이하, 2004.
◆ 민형기, 단속법규 위반행위의 사법상 효력, 대법원판례해설 12호, 337면 이하, 1990.
◆ 오창수, 효력규정과 단속규정의 구별 및 그 위반거래의 사법상 효력, 판례연구 2집
   (서울지방변호사회), 17면 이하, 1989.

(4) 탈법행위

대판 1997. 5. 16. 96다43799 〈기초〉 ···

[사안] A는 목포세무서에 재직하면서 국유재산의 가격감정, 공매공고, 입찰, 매
매계약 체결 등에 관한 사무에 종사하던 중, 그의 처인 B의 명의를 차용하여 이
사건 토지를 불하받고 마치 B가 국가(원고)로부터 위 토지를 직접 매수하는 것처
럼 B명의로 1974. 9. 30. 목포세무서장과 국유재산 매매계약을 체결하였다. 그 후
甲 등 10인(피고)이 B로부터 위 토지를 매수하였다. 그런데 B가 이전등기를 해
주지 않자, 甲 등은 국가로부터 B에게로, 다시 B로부터 자신들에게로 소유권이
전등기절차를 이행하라는 소송을 제기하여 승소 확정판결을 받고, 이에 기하여
위 토지에 관하여 1989. 5. 15. 국가로부터 B앞으로, B로부터 자신들 앞으로 순

차로 소유권이전등기가 마쳐졌다. 그런데 국가와 B간에 위 국유재산 매매계약을 체결할 당시의 국유재산법 제7조는, 국유재산에 관한 사무에 종사하는 직원은 그 처리하는 국유재산을 양수하거나 자기의 소유물건과 교환하지 못한다고 규정하고, 이에 위반한 행위는 무효로 한다고 규정하고 있다. 이에 국가가 甲 등에 대하여 위 등기가 무효라고 하면서 소유권확인의 소를 제기하였다.

[원심] 국가와 B명의로 체결된 위 매매계약은 A가 국유재산을 취득하기 위하여 그의 계산으로 제3자인 B명의를 차용하여 체결한 것으로서 무효이고, 이를 원인으로 경료된 B명의의 위 소유권이전등기 및 다시 그에 기하여 경료된 피고들 명의의 각 소유권이전등기는 원인무효이므로, 이 사건 토지는 여전히 원고의 소유이다.

[판지] 구 국유재산법 제7조가 같은 법 제1조의 입법취지에 따라 국유재산 처분사무의 공정성을 도모하기 위하여 관련 사무에 종사하는 직원에 대하여 부정한 행위로 의심받을 수 있는 가장 현저한 행위를 적시하여 이를 엄격히 금지하는 한편, 그 금지에 위반한 행위의 사법상 효력에 관하여 이를 무효로 한다고 규정하고 있는 점 등을 종합하여 보면, 국유재산에 관한 사무에 종사하는 직원이 타인의 명의로 국유재산을 취득하는 행위는 강행법규인 같은 법 규정들의 적용을 잠탈하기 위한 탈법행위로서 무효라고 할 것이고, 나아가 같은 법이 거래안전의 보호 등을 위하여 그 무효를 주장할 수 있는 상대방을 제한하는 규정을 따로 두고 있지 아니한 이상 그 무효는 원칙적으로 누구에 대하여서나 주장할 수 있다 할 것이므로, 그 규정들에 위반하여 취득한 국유재산을 제3자가 전득하는 행위 또한 당연무효라고 할 것이다.

☑ 쟁 점

위 판결은 세무서에 근무하는 A가 자신의 처 B 명의로 국가와 국유재산 매매계약을 체결한 경우, 이는 국유재산에 관한 사무에 종사하는 직원이 그 처리하는 국유재산의 양수를 금지하는 국유재산법을 회피하는 행위(탈법행위)로서 무효인가 하는 점이 문제된 것이다.

☑ 검토할 사항

◆ 탈법행위란 무엇인가? 그리고 그 효과는 어떠한가?
◆ A가 국유재산법에 위반하여 처 B의 명의로 국유재산을 매수하였고, 이를 제3자가

전득한 경우, 제3자의 양수행위도 무효가 되는가?

☑ 기타 검토사항

1) 채무의 담보를 위하여 동산을 양도하고 다만 채무자가 이의 점유 사용을 계속하기로 하는 계약(동산의 양도담보)은 민법 332조 및 339조를 회피하는 탈법행위로서 무효인가?

Ⅲ. 목적의 사회적 타당성

1. 법률행위 내용의 반사회성

(1) 인륜에 반하는 경우

대판 1980. 6. 24. 80다458 〈기초〉 ··

[사안] 甲(피고)은 군의 고급장교로서 처자가 있음에도 1974년경부터 乙(원고)과 부첩관계를 맺고 지내오다가, 군인생활에 지장이 있고 그의 처도 부첩관계의 단절을 요구하여 1975. 4. 11. 처의 주선으로 乙에게 금전을 지급하고 부첩관계를 단절하였다. 그 후 甲과 乙은 다시 결합하여 두 딸을 낳았는데, 甲은 1978. 4. 1. 乙과와 사이에 부첩관계를 완전 청산키로 합의하고 그 대신 乙에게 10,000,000원을 두 차례에 걸쳐 지급키로 하고 아울러 두 딸의 양육비로 월 50,000원씩 지급하기로 약정하였으며, 그 뒤에 부첩관계가 완전 청산되었다. 그런데 甲이 위의 약정한 금전 및 양육비를 지급치 않자, 乙이 이의 지급을 소구하였다.

[원심] 피고가 원고에게 10,000,000원을 지급하기로 한 것은 부첩관계의 청산의 대가로 보여져서 선량한 풍속 기타 사회질서에 반하는 무효인 약정이고, 양육비 지급약정은 부첩관계 청산의 대가이거나 이를 그 조건으로 한 것으로 볼 수 없다 하여 유효한 약정으로 판단하였다.

[판지] 1) 1천만원의 지급약정 — 원고는 미혼여성으로 미장원을 경영하면서 피고와 알게 되어 부첩관계를 맺고 지내오다가 원고가 임신 중에 본처의 권유로 일시 그 관계가 단절되었다가 다시 결합되어 그 사이에 두 딸까지 낳게 되고 원고의 비용으로 원고의 집에서 피고와 같이 지내면서 두 딸을 키우고 피고를 위하여 상당한 재산상 출연을 하여 오다가, 미장원도 경영할 수 없게 되어 생활이 어렵

게 될 지음에 이르러 원·피고 간에 본처의 동석 하에 본건 금원의 지급약정이 이루어지고, 그 약정은 비교적 자유스럽게 서로 상의하여 자의에 의해서 이루어진 것임을 엿볼 수 있고, 여기에 피고의 신분 등을 참작하면 피고는 그 일신상의 이유와 본처의 강권에 의하여 원고와 부첩관계를 해소하기로 하는 마당에 그 간에 원고가 피고를 위하여 바친 노력과 비용 등 희생을 배상 내지 위자하고 또 원고가 어려운 생활에서 홀로 두 딸을 키우고 지내야 하는 장래의 생활대책을 마련해 준다고 하는 뜻에서 본건 금원을 지급하기로 약정한 것이라고 보여지고, 부첩관계를 해소하는 마당에 위와 같은 의미의 금전지급약정은 공서양속에 반하지 않는다고 보는 것이 상당하다. 2) 양육비의 지급약정——앞에서 판단한바 피고가 원고에게 10,000,000원을 지급하기로 한 것이 부첩관계의 청산대가로 볼 수 없다고 본 사정과 그 외에 양육비라는 자금의 성격에 비추어 보면, 원심이 두 딸의 양육비로 매월 50,000원씩 지급하기로 한 약정은 부첩관계의 청산대가이거나 이를 그 조건으로 한 것으로 볼 수 없다고 판단한 조치는 정당하다.

☑ 쟁   점

위 판결은 부첩관계를 해소하면서 금전을 지급하기로 하는 약정이 반사회적인 것으로서 무효인가 하는 점이 문제된 것이다.

☑ 검토할 사항

◆ 제103조가 선량한 풍속 기타 사회질서에 위반하는 법률행위를 무효로 하는 취지는 무엇인가?

◆ 부첩관계를 해소하면서 금전을 지급하기로 하는 약정은, 어느 경우에 반사회적인 것으로 되고 어느 경우에 반사회적인 것으로 되지 않는가? 그 이유는 무엇인가?

☑ 관련사례

1) 부인이 남편의 부첩관계를 알고 이혼하기로 약정하였다가 위자료를 받고 이혼의사를 철회하였는데 그 후 남편이 부첩관계를 계속한 경우에, 부인의 이혼의사의 철회는 남편과 첩의 장래의 부첩관계를 승인한 것이 되는가? 그러한 승인은 반사회적인 것인가? (대판 1967. 10. 6. 67다1134) 〈응용〉

☑ 참고문헌

◆ 권오승, 반사회질서의 법률행위, 월간고시 19권 2호(1992. 01), 62면 이하.

◆ 김상용, 반사회적 법률행위, 사법의 제문제 Ⅱ (경허김홍규박사 화갑기념논문집), 9면

이하, 1992.

◆ 김학동, 반사회적 법률행위에 관한 판례분석, 사법연구 6집, 247면 이하, 2001.

⑵ 정의관념에 반하는 경우

대판 1969. 11. 25. 66다1565 〈기초〉 ·····················

[사안] 학교법인 甲(피고)은 이미 오래 전에 A로부터 이 사건 토지를 매수하여 이를 인도받아 학교교정으로 사용하여 왔으나, 아직 이전등기를 경료하지 않고 있다. 乙(원고)은 대리인 B를 통하여 위 토지를 매수하고 이전등기를 마친 뒤 甲에 대하여 위 토지의 인도를 소구하였다. 그런데 乙의 토지매수과정을 보면, A가 위 토지를 이미 甲에게 매도하여 학교교정으로 사용하고 있음을 이유로 B의 매수제의를 거절하고 이에 응하지 않자, B는 이중매도는 민·형사상 아무 문제가 없고 만일 문제가 되면 자기가 전부 책임을 지겠다는 등 감언이설로 A를 적극 기만하여, A가 그 말을 믿고 乙에게 이를 매각한 것이었다.

[판지] 乙의 대리인(B)이 A의 배임행위에 적극 조성하고 가담하여 이를 매수한 것으로서, 이러한 경우에는 그 2중매매는 사회정의 관념에 위배된 반사회적 법률행위로서 무효이다.

☑ 쟁   점

위 판결은 제2양수인이 제1의 매매계약 사실을 알면서도 적극적으로 2중양도를 권유한 경우, 그 2중양도행위의 효력이 문제된 것이다.

☑ 검토할 사항

◆ 甲이 A로부터 토지를 매수하고 이전등기를 하지 않은 채 이를 인도받아 점유 사용하는 경우에, 甲은 토지에 대한 소유권을 취득하는가?

◆ A가 甲에게 토지를 매도하였으나 아직 甲에게의 이전등기가 경료되지 않은 경우에, A는 토지에 대한 처분권을 상실하는가?

◆ 甲에게의 이전등기가 경료되기 전에는 A가 토지에 대한 소유권(처분권)을 가진다면, A의 乙에게의 처분(2중양도)은 정당한 것이 될 것이다. 그럼에도 불구하고 위 판결이 2중양도를 반사회적인 것으로 판단한 이유는 무엇인가?

◆ 2중양도가 반사회적인 것으로 되기 위한 '제2양수인의 2중양도에의 적극 가담'이 있었다고 하기 위해서는, 매도인이 타인과 이미 매매하였다는 사실을 알면서 매도

를 요청하는 것(악의)으로 족한가?

◆ 제1매수인이 목적부동산을 인도받아 점유 사용하고 있다는 사정이 없는 경우에도 2중양도의 반사회성이 인정되는가?

◆ 乙이 2중양도를 적극 권유하지 않았다면, 법률관계는 어떻게 되는가?

◆ 위의 사안에서 乙 스스로가 아니라 그의 대리인 B가 A를 적극 기만하였음에도 乙의 2중양수행위가 반사회적인 것으로 되는가?

☑ 기타 검토사항

1) 2중양도가 반사회적인 경우에, 제1양수인은 제2양수인에 대하여 직접 등기말소를 청구할 수 있는가? (대판 1980. 5. 27. 80다565) 〈응용〉

2) 판례는 어떠한 방법으로 제1양수인이 목적부동산에 대하여 소유권을 취득하도록 하는가?

☑ 참고문헌

◆ 김준호, 반사회적 부동산 이중매매에 관한 판례이론, 고시계 35권 2호(1990. 01), 86면 이하.

◆ 김증한, 부동산 이중매매의 반사회성, 저스티스 10권 1호, 191면 이하, 1972.

◆ 윤진수, 부동산의 이중양도와 원상회복, 민사법학 6호, 161면 이하, 1986.

◆ 이용훈, 반사회적 법률행위로 인한 급부의 회수와 불법원인급여, 민사판례연구 6권, 18면 이하, 1984.

(3) 개인의 자유를 극도로 제한하는 행위

대판 1969. 8. 19. 69므18 〈기초〉

[사안] 甲(청구인)은 乙(피청구인)에게, 어떠한 일이 있어도 乙과 이혼하지 아니하겠다는 취지의 각서를 써 주었다. 그런데 乙의 비위사실이 있자 甲이 이혼 및 위자료의 지급을 소구하였다.

[판지] 어떠한 일이 있어도 이혼하지 아니하겠다는 각서를 써 주었다 하더라도, 그와 같은 의사표시는 신분행위의 의사결정을 구속하는 것으로서 공서양속에 위배하여 무효이다.

☑ 쟁 점

위 판결은 어떠한 일이 있어도 이혼하지 아니하겠다는 의사표시가 유효한가 하는 점이 문제된 것이다.

☑ 검토할 사항

• 그러한 의사표시가 반사회적 행위라고 한 이유는 무엇인가?

☑ 관련사례

1) 해외연수 근로자가 귀국 후 일정기간 근무하지 않으면 그 소요경비를 배상한다는 사규는 유효한가? (대판 1982. 6. 22. 82다카90) 〈응용〉

2. 내용 이외의 반사회성

(1) 조건의 반사회성

대판 2000. 2. 11. 99다56833 〈기초〉 ···

[사안] 재단법인 A는 자신에 대하여 채권을 가지고 있는 甲(원고)을 고문으로 임명하여 甲이 고문의 자격으로 A재단의 운영에 관여하여 왔는데, 甲은 A재단이 시행하는 공원묘지 조성공사를 도급받아 시공하던 乙(피고)이 단종업체에 불과하다는 것을 알게 되자, 乙이 공사도급 한도액을 초과하여 공사를 수급하였으니 조치하여 달라는 취지의 진정서를 행정기관에 제출하였다. 이에 乙은 甲에게 위 공사가 중단될 경우 乙은 물론 A재단이나 이의 채권자들에게도 막대한 피해가 있을 것이니 진정을 취하하여 달라고 사정하였고, 그리하여 甲과 乙은 甲이 위 진정을 취하(그와 아울러 乙의 공사대금 추심에 협력)하되 그 대가로 乙이 A재단으로부터 공사대금 1회분을 수령하는 즉시 甲에게 5천만원을 지급하기로 합의하였으며, 이에 기해서 甲은 위 진정을 취하하였다(乙은 甲의 진정으로 인하여 벌금이나 과징금을 부과받고 영업정지에 처해질 수도 있는 상황이었음). 그런데 乙이 약정한 돈을 지급하지 않자, 甲이 이의 지급을 소구하였다.

[판지] 민법 제103조에 의하여 무효로 되는 반사회질서 행위는 법률행위의 목적인 권리의무의 내용이 선량한 풍속 기타 사회질서에 위반되는 경우뿐만 아니라, 그 내용 자체는 반사회질서적인 것이 아니라고 하여도 법률적으로 이를 강제하거나 법률행위에 반사회질서적인 조건 또는 금전적인 대가가 결부됨으로써 반사회질서적 성질을 띠게 되는 경우 및 표시되거나 상대방에게 알려진 법률행위의 동기가 반사회질서적인 경우를 포함하는 것인바, 이 사건과 같이 청원권 행사의 일환으로 이루어진 진정을 이용하여 원고가 피고를 궁지에 빠뜨린 다음 이를 취

하하는 것을 조건으로 거액의 급부를 제공받기로 한 약정은 반사회질서적인 조건 또는 금전적 대가가 결부됨으로써 반사회질서적 성질을 띠게 되는 경우에 해당한 다고 봄이 상당하다.

☑ 쟁   점

위 판결은 상대방의 위법사실을 알고는 진정서를 제출한 다음 이를 취하하는 것을 조건으로 거액의 급부를 제공받기로 한 약정이 반사회적 행위(혹은 불공정한 행위)로 서 무효인가 하는 점이 문제된 것이다.

☑ 검토할 사항

◆ 제103조는 사회질서에 위반한 사항을 내용으로 하는 법률행위를 무효라고 규정하 는데, 위 판결은 법률행위의 내용 자체에 반사회성이 있는 경우뿐만 아니라 법률행 위가 반사회적인 조건과 결부된 경우에도 무효라고 한다. 그 취지는 무엇인가?

☑ 기타 검토사항

◆ 甲은 乙의 비위사실에 관하여 진정서를 제출하여 乙을 궁지에 빠뜨린 다음 이를 취하하는 조건으로 거액의 급부를 제공받기로 한 것이므로, 이는 불공정행위로서 무효가 되는가? (이 점은 불공정행위 부분에서 살핌)

(2) 동기의 반사회성

대판 1973. 5. 22. 72다2249 〈기초〉 ·······································

[사안] 甲은 자기 소유인 백미를 그의 외숙모인 A에게 맡겨 놓으면서, 다른 사람에게 높은 이자로 대여해 달라고 부탁하고 군에 입대하였다. 乙(피고)은 B 등 4, 5명과 함께 A의 방을 빌려 도박을 하다가 가지고 있던 돈을 모두 잃게 되자 A로부터 위의 쌀을 꾸어 도박을 계속하였는데, 乙이 결국 도박에 패하여 B가 위 백미를 A로부터 받아갔다. 甲은 제대 후 위와 같은 사실을 알고 乙을 찾아가 위 백미의 반환을 요구하자, 乙은 甲에게 이에 관한 차용증서를 작성 교부하였으며, 그 후 약 3년이 지나 乙의 형 丙(피고)이 위 차용증서에 채무자로 기재하고 지장을 찍었다. 甲은 위 백미반환채권을 丁(원고)에게 양도하고, 그 취지를 乙·丙에게 통지하였다. 그 후 丁이 乙 및 丙에 대하여 백미의 반환을 소구하였다.

[판지] 당사자가 도박의 자금에 제공할 목적으로 금전의 대차를 한 때에는 그 대차계약은 민법 제103조 소정의 반사회질서의 법률행위이여서 무효라 할 것이

제 2 절 법률행위의 목적 149

니 당사자가 이를 추인하여도 추인의 효력이 생기지 아니할 것이며, 이와 같이 반사회질서의 법률행위이어서 그 법률행위가 무효로 된 것인 경우에는, 당사자가 그 무효임을 알고 추인하여도 새로운 법률행위를 한 효과마저 생길 수 없는 것이라고 보아야 할 것이다. 그리고 위와 같이 무효인 금전소비대차에 있어 대주가 그것이 유효인 계약인 것을 전제하여 대금반환청구권을 타인에게 양도한 경우에, 그 타인이 선의자라는 이유만으로 양도에 의하여 그 청구권을 취득하는 효과가 생길 수는 없다.

☑ 쟁   점

위 판결의 핵심적 문제는, 쌀의 주인이 쌀을 꾸어주었는데 이의 차용인이 쌀을 도박에 사용한 경우, 쌀의 대여행위가 반사회적인 것으로서 무효인가 하는 점이다.

☑ 검토할 사항

- A는 스스로 도박을 한 것은 아니고 단지 도박에 사용할 쌀을 대여해 준 것에 불과하다. 이는 법률행위의 내용에 반사회성이 있는 것인가?
- 동기가 불법(반사회적)인 법률행위를 무효라고 하는 취지는 무엇인가?
- 乙이 쌀을 꾸어 도박에 사용하려는 사정을 A가 모른 경우에도 그 대여행위는 반사회적인 것으로 되는가?
- 일반적으로 어떤 행위가 반사회적인 것으로서 무효라고 하기 위해서는 행위자가 자신의 행위가 반사회적인 것임을 인식하였어야 하는가?
- 위 대차계약이 무효라 하더라도 乙은 위 계약이 무효임을 알면서도 차용증서를 작성하였으며, 丙도 그 후 3년이 지나 위 차용증서상에 乙과 함께 채무자로서 기명무인하였다. 이는 위 무효행위를 추인한 것이 된다. 그럼에도 乙·丙은 이의 무효를 주장할 수 있는가?

☑ 기타 검토사항

1) 甲은 스스로 대출행위를 한 것이 아니라 대리인 A를 통해서 백미를 대출한 것이며, 또한 乙의 동기(대여 받은 쌀을 도박에 사용하리라는 점)를 안 것은 甲이 아니라 A이다. 그럼에도 甲의 대출행위가 무효가 되는가?
2) 만약 乙이 도박채무의 변제로서 B에게 인도한 쌀을 B가 그대로 가지고 있다면, 乙은 B에 대하여 쌀의 반환을 청구할 수 있는가?

Ⅳ. 불공정행위

1. 객관적 요건

(1) 궁박 등

● 판례 1

대판 1979. 4. 10. 79다275 〈기초〉···

[사안] 甲(원고)은 복덕방을 경영하는 A의 소개로 시가 7,000,000원에 달하는 乙(피고)의 가옥을 2,670,000원에 매수하기로 하는 매매계약을 체결하였다. 乙이 위 가옥을 이전해주지 않자, 甲이 乙에 대하여 이의 이전을 소구하였다. 그런데 乙은 위 매매계약 당시 67세의 노파로서, 무학문맹이며 남편 및 자녀들과 사별하여 오직 14세 된 외손녀 하나만을 데리고 위 가옥의 일부를 임대하여 그 수입으로 생계를 이어오던 상태였으며, 계약체결 얼마 전에는 고혈압으로 쓰러져 언어와 보행이 자유롭지 못하였고 이에 겹쳐 동맥경화성 정신증의 징후로 인하여 때로 정신이 혼미한 증세를 나타냄에도 빈한하여 치료를 제대로 받지 못하고 있었다. 그리고 乙은 유일한 생활근거인 위 가옥을 매도한 후의 생활대책도 강구함이 없이 매매계약을 체결한 것이었다. 다른 한편 A와 甲은 乙의 인근에 거주하고 있어 乙의 위와 같은 사정을 평소에 잘 알고 있었는데, 甲과 A는 乙을 찾아가 부동산 시세가 하락하고 있으니 위 가옥의 가격이 더 떨어지기 전에 처분하라는 등의 감언이설을 하여, 乙이 위 가옥을 위와 같이 저렴하게 매도하게 된 것이다.

[판지] 본건 매매계약 당시 피고는 궁박, 경솔 또는 무경험한 처지로서 원고도 이러한 사정을 알고 있었다고 할 것이므로, 본건 부동산의 시가와 매매가액 사이에 피고 주장과 같은 현저한 차이가 있다고 한다면, 일응 이 사건 매매계약은 민법 제104조 소정의 불공정한 법률행위라고 인정될 수도 있다.

─────────────────────────────────────

☑ 쟁 점

위 판결은 경제적으로 곤궁하고 신체적으로 온전치 못한 상태에서 가옥을 시가의 약 1/3에 매각한 행위는 불공정행위에 해당하는가 하는 점이 문제된 것이다.

☑ **검토할 사항**

◆ 제104조가 불공정행위를 무효로 하는 취지는 무엇인가?

◆ 제103조와 제104조와의 관계를 살피시오.

◆ 위 판결은 불공정행위가 되기 위한 주관적 사정으로서 어떤 점을 요건으로 하는가?

☑ **기타 검토사항**

1) 법률행위가 궁박·경솔·무경험의 상태에서 이루어졌다는 점은 급부가 현저하게 공정을 잃었다는 사정으로부터 추정되는가? (대판 1969. 12. 30. 69다1873) 〈응용〉

☑ **참고문헌**

◆ 권오승, 불공정한 법률행위, 고시연구 16권 1호(1988. 12), 12면 이하.

◆ 김천수, 폭리행위의 무효요건: 스위스채무법 제21조의 해석론과 비교하면서, 21세기 한국민사법학의 과제와 전망(심당송상현교수 화갑기념논문집), 16면 이하, 2002.

◆ 이기용, 민법 제104조의 「궁박, 경솔 또는 무경험」, 비교사법 8권 1호(상), 1면 이하, 2001.

◆ 한삼인, 불공정한 법률행위, 고시계 45권 12호(2000. 12), 18면 이하,

● **판례 2**

대판 1996. 6. 14. 94다46374 〈기초〉 ···

[사안] 甲(임대차목적물의 공유자/임대인/원고)은 乙(임차인/피고)의 근저당권은 임차목적물을 반환하여야만 경매를 신청할 수 있는 것임에도 불구하고 乙이 그 피담보채권이 대여금채권인 것처럼 허위로 주장하여 이중으로 경매개시결정을 받고 이 사건 지분을 경락받았다 하여 1992. 11.경 수원지방검찰청에 乙을 고소하였다. 乙은 위 고소로 인한 수사과정에서 1992. 12. 21. 10:00경 수원지방검찰청 수사과 직원에게 연행되어 30여 시간 동안 구금상태에 있으면서 고소내용이 사실로 밝혀져 구속될 지경에 이르렀다. 그리하여 乙은 이로 인한 구속을 모면하고자 같은 달 22. 甲과 '乙이 甲에게 위자료 및 손해금 등 합의금 명목으로 240,000,000원을 지급하고, 임차건물을 1993. 3. 30.까지 명도하며, 乙이 소유권이전등기를 경료한 이 사건 지분은 甲에게 반환하고, 1992. 12. 30.까지의 월차임 중 甲 귀속분은 甲이 부담한다.'는 내용으로 합의하였으나(이하 이 사건 합의라 한다), 乙은 당일 구속되었고, 1993. 1. 8. 구속적부심으로 석방되었다.

[판지] 민법 제104조에 규정된 불공정한 법률행위는 객관적으로 급부와 반대급부 사이에 현저한 불균형이 존재하고, 주관적으로 위와 같이 균형을 잃은 거래가 피해 당사자의 궁박, 경솔 또는 무경험을 이용하여 이루어진 경우에 성립하는 것으로서, 약자적 지위에 있는 자의 궁박, 경솔 또는 무경험을 이용한 폭리행위를 규제하려는 데 그 목적이 있다 할 것이고, 불공정한 법률행위가 성립하기 위한 요건인 궁박, 경솔, 무경험은 모두 구비되어야 하는 요건이 아니고 그 중 일부만 갖추어져도 충분하다고 할 것인데, 여기에서 '궁박'이라 함은 '급박한 곤궁'을 의미하는 것으로서 경제적 원인에 기인할 수도 있고, 정신적 또는 심리적 원인에 기인할 수도 있으며, 당사자가 궁박의 상태에 있었는지 여부는 그의 신분과 재산 상태 및 그가 처한 상황의 절박성의 정도 등 제반 상황을 종합하여 구체적으로 판단하여야 한다.

일반인이 수사기관에서 법관의 영장에 의하지 않고 30시간 이상 불법구금된 상태에서 구속을 면하고자 하는 상황에 처해 있었다면 특별한 사정이 없는 한 정신적 또는 심리적 원인에 기인한 급박한 곤궁의 상태에 있었다고 봄이 상당하다 할 것이고, 그러한 상태에서 이 사건 합의를 함에 있어서 금 514,010,000원에 이르는 거액의 처리에 관하여 별다른 약정도 하지 않은 것은 구속될 상황에 처하여 당황한 나머지 경솔하게 합의에 응하였다고 보기에 충분한 사정이라고 할 것이며, 원고도 이와 같은 피고의 궁박 또는 경솔을 이용하여 이 사건 합의를 하였다고 봄이 상당하다. 뿐만 아니라, 원고의 고소내용은 피고가 경매의 방법에 의하여 원고의 이 사건 지분을 편취하였다는 것이고, 따라서 이 사건 합의는 피고의 위와 같은 불법행위로 인하여 원고가 입은 손해를 배상하여 주기로 하는 내용의 것이라 할 것인데, 금 514,010,000원에 경락받은 이 사건 지분을 편취한 데에 따른 손해배상으로 이 사건 지분을 반환하는 외에 금 240,000,000원이라는 거액을 추가로 지급하기로 한 것은 피고의 불법행위로 인하여 원고가 입게 된 정신적 고통 등의 손해를 감안하더라도 지나치게 과도한 것이라고 보지 않을 수 없다 할 것이므로, 특별한 사정이 없는 한 급부와 반대급부 사이에 현저한 불균형이 있다고 보아야 할 것이다.

☑ 쟁   점

- ◆ 위 판결은·구속상태에서 속히 벗어나기 위해서 거액의 손해배상금을 지급하기로 약정한 경우, 그 약정이 궁박한 상태에서 이루어진 불공정한 행위인가라는 점이 문제된 것이다.

☑ 검토할 사항

- ◆ 민법 제104조의 '궁박'이란 어떤 상태를 의미하는가?
- ◆ 대판 1974. 2. 26. 73다673이 위 판결의 사안과 일견 유사한 사안(구속상태)에서 시가의 1/3 정도의 가격으로 매매계약을 체결한 행위가 폭리행위에 해당하지 않는다고 판단한 이유를 검토해 보시오.

(2) 급부의 현저한 불공정

(가) 증   여

대판 2000. 2. 11. 99다56833 〈기초〉 ···

[사안] 재단법인 A의 고문인 甲(원고)은 A재단이 시행하는 공사를 도급받아 시공하던 乙(피고)의 위법사실을 알게 되자 행정기관에 진정서를 제출하였다. 乙이 甲에게 진정을 취하하여 달라고 사정하자, 甲은 진정을 취하하는 대가로 乙로부터 고액의 금전을 받기로 하고 진정을 취하하였다. 그런데 乙이 약정한 돈을 지급하지 않자, 甲이 이의 지급을 소구하였다. (이 사안의 보다 자세한 내용은 법률행위의 동기의 반사회성 부분에서 소개하였음)

[원심] 위 합의는 원고가 피고의 궁박한 사정을 약점으로 이용하여 행정기관에 대한 진정 취하 및 소외 A법인에 대한 영향력 행사라는 조건의 이행을 대가로 거액의 금전적 이득을 추구한 것이므로, 원고가 피고의 궁박한 상태를 이용하여 폭리를 취하고자 하였다는 점에서 민법 제104조 소정의 불공정한 법률행위에 해당한다고 하여, 원고의 청구를 배척하였다.

[판지] 민법 제104조가 규정하는 현저히 공정을 잃은 법률행위라 함은 자기의 급부에 비하여 현저하게 균형을 잃은 반대급부를 하게 하여 부당한 재산적 이익을 얻는 행위를 의미하는 것이므로, 증여계약과 같이 아무런 대가관계 없이 당사자 일방이 상대방에게 일방적인 급부를 하는 법률행위는 그 공정성 여부를 논의할 수 있는 성질의 법률행위가 아니다. 원고가 피고로부터 고액의 금전을 지급받

기로 약정한 것은 어디까지나 원고의 진정을 취하하는 것을 조건으로 한 것이고, 원고가 공사대금의 추심에 협력한다는 것은 이에 부수하여 선언적으로 기재된 것에 불과함을 알 수 있는바, 위와 같은 진정이나 그 취하는 원고가 국민으로서 가지는 청원권의 행사 및 그 철회에 해당하여 성질상 대가적인 재산적 이익으로 평가될 수 있는 것이 아니므로, 원고와 피고 사이에 이루어진 위 약정은 재산상의 대가관계 없이 피고가 원고에게 일방적인 급부를 하는 무상행위로서 민법 제104조 소정의 공정성 여부를 논의할 수 있는 법률행위에 해당하지 아니하고, 따라서 이 점에 관한 원심의 판단은 잘못이다.

☑ 쟁   점

위 판결은 상대방의 비위사실을 진정하여 궁지에 빠뜨린 다음 이를 취하하는 조건으로 거액의 급부를 제공받기로 약정한 경우, 그러한 약정이 불공정행위로서 무효가 되는가 하는 점이 문제된 것이다.

☑ 검토할 사항

◆ '급부와 반대급부'의 불균형성은 불공정행위의 요건인가?

◆ 제104조는 '급부와 반대급부'의 불균형성을 불공정행위의 요건으로 규정하는가?

☑ 기타 검토사항

◆ 甲의 행위는 반사회적 행위로서 무효가 되는가? (이 점은 목적의 사회적 타당성 부분에서 살폈음)

☑ 참고문헌

◆ 민일영, 불공정한 법률행위의 요건으로서의 급부의 불균형에 관한 일고, 사법연구 제2집, 298면 이하, 1994.

(나) 양도담보

대판 1970. 7. 21. 70다964 〈응용〉···

[사안] 甲(원고)은 1967. 11. 3. 회사 乙(피고)로부터 50만원을 차용함에 있어서, 싯가 1,000만원 상당인 이 사건 부동산을 乙에게 담보로 제공하기로 하되 乙의 형편에 따라 권리를 제3자에게 양도할 수 있다는 약정 하에 위 부동산에 관한 소유권이전등기서류를 교부하였다. 乙은 11. 22. 위 서류를 이용하여 자신 명의로

소유권이전등기를 필한 후, 같은 날자로 이를 丙(피고)에게 450만원의 채무담보
로 제공하고 1968. 2. 5.까지 환매할 수 있는 특약 하에 매매를 원인으로 하는 소
유권이전등기를 경료하였다.

[판지] 원고가 50만원을 빌리는데 시가 1,000만원이 넘는 이 사건 부동산을 담
보로 하여 매매형식으로 피고회사 명의로 소유권이전등기를 하게 한 약정 또는
피고회사의 형편에 따라 권리를 제3자에게 양도할 수 있다는 약정을 하였다고
하여 이러한 계약이 민법 제103조 또는 104조에 위반되는 무효의 계약이라고 할
수 없는 것이고(피고 乙이 원고에 대한 권리를 제3자에게 양도하지 않고 피고 丙에게
450만원의 채무담보로 제공한 것이 원고와 피고 乙과의 약정에 위배되어 乙이 원고에
게 손해배상의 의무가 발생하는 것은 별문제라 할 것이다) 원고가 계약 당시에 궁박,
경솔, 무경험이었다고 인정할 수 없다고 판시한 원심조치에 기록상 아무런 위법
이 없다.

☑ 쟁   점

위 판결은 금전을 차용하고 차용금액을 크게 초과하는(20배가량) 고가의 부동산을
양도담보로 제공한 경우, 그러한 양도담보가 불공정행위로서 무효인가 하는 점이 문
제된 것이다.

☑ 검토할 사항

◆ 시가가 차용액의 20배가량인 부동산을 담보목적으로 이전하였음에도 위 판결이 이
를 반사회질서적 법률행위나 폭리행위에 해당하지 않는다고 본 이유는 무엇인가?
그리고 이러한 판결의 태도는 타당한가?

☑ 기타 검토사항

1) 甲은 양도담보권자 乙 혹은 전득자 丙에 대하여 어떠한 권리를 가지는가? 양도담
보가 가등기담보법이 시행되기 전에 행해진 경우와, 그 이후에 행해진 경우를 나누
어 살피시오.

2. 주관적 요건

대판 1988. 9. 13. 86다카563 〈기초〉 ·······················

[사안] 甲(피고, 구미시)은 이 사건 X토지 일대에 신시가지 조성을 위한 도시계

획사업을 시행함에 있어서, 용도에 따라 일반주택지역·아파트지역·노선상가지역·상가지역 및 상업지역으로 구분한 후, 상업지역은 대형상가 건물이 들어설 수 있고 노선상가지역과 상가지역은 근린 생활시설 규모의 상업만을 할 수 있는 것으로 용도를 특정하였다. 乙(원고)은 甲으로부터 X대지를 매수하였는데, X대지는 주거지역이어서 그 가격이 평당 100,000원 정도에 불과함에도 불구하고, 乙은 공무원이 상가지역 또는 상업지역이라는 명칭을 혼용한 관계로, 이를 상업지역으로 잘못 알고 평당 351,649원으로 매매계약을 체결하였다(공무원들은 공개입찰과정에서 상가지역이라는 명칭과 상업지역이라는 명칭을 정확하게 구별하여 사용하지 않고, X대지의 경우 주거지역 내이지만 근린 생활시설 규모의 상가를 조성하는 상업을 할 수 있다는 의미에서 그 용도를 상가지역 또는 상업지역으로 혼용하였던 것인데, 일반의 공개입찰을 위하여 배부된 분양계획도·아파트단지계획서 및 조감도 등에 의하면, 위 대지가 주거지역 내에서 상가조성을 위한 것으로 그 용도를 쉽게 파악할 수 있었다). 그런데 乙이 은행 A로부터 위 대지를 담보로 금전을 차용하고자 하여 A가 담보물 가액을 한국감정원에 감정의뢰하였는데, 여기에서 위 대지의 용도가 주거지역으로 되어 있다는 감정평가서가 작성되었고, 그리하여 乙은 그러한 감정내용을 알게 되었다. 乙은 그 후 A에게 위 대지에 대하여 근저당권설정등기 및 지상권설정등기를 경료하였으며, 위 대지의 지분 일부를 B·C 등에게 매도하여 그 소유권이전등기를 경료하였다. 그 후 乙은 위 매매계약은 경솔 또는 무경험에 의한 불공정한 법률행위로서 무효라고 하면서 매매대금의 반환을 소구하였다.

[판지] 민법 제104조에 규정된 불공정한 법률행위는 객관적으로 급부와 반대급부 사이에 현저한 불균형이 존재하고 주관적으로 위와 같은 균형을 잃은 거래가 피해당사자의 궁박·경솔 또는 무경험을 이용하여 이루어진 경우에 한하여 성립하는 것으로서, 약자적 지위에 있는 자의 궁박·경솔 또는 무경험을 이용한 폭리행위를 규제하려는 데에 그 목적이 있으므로, 피해당사자가 궁박·경솔 또는 무경험의 상태에 있었다고 하더라도 그 상대방 당사자에게 위와 같은 피해당사자 측의 사정을 알면서 이를 이용하려는 의사 즉 폭리행위의 악의가 없었다면 불공정한 법률행위는 성립하지 않는다. 피고는 이 사건 대지는 주거지역이어서 그 가격이 평당 100,000원 정도에 불과한데도 피고가 상가지역 또는 상업지역이라는 명칭을 혼용한 관계로 원고는 상업지역으로 잘못 알고 평당 351,649원으로 매매계약을 체결하였으니 이는 원고의 경솔 또는 무경험에 의한 불공정한 법률행위로

서 무효라고 주장하나, 이를 인정할 만한 증거가 없다. 이 사건 토지가 주거지역 내에서도 일정규모의 상가시설을 할 수 있는 상가지역에 포함되어 있다면 이러한 상가시설을 할 수 없는 다른 주거지역과는 차이가 있으므로 원래 주거지역에 속한다는 점만을 내세워 상업지역과 현저한 불균형이 있다고 주장하기 어려울 뿐 아니라, 이 사건 토지의 매매업무를 담당한 피고 산하 관계공무원은 주거지역 중 상가지역을 상업가능지역이어서 상업지역과 별 차이가 없는 것으로 생각하여 두 가지 용어를 혼용하였고 또 이 사건 토지를 감정평가한 공인감정사도 상가지역과 상업지역을 같은 개념으로 생각하여 시가를 평가하였던 것이므로, 이 사건 토지의 매매 당시 피고 산하 관계공무원이 원고가 경솔 또는 무경험으로 상가지역과 상업지역의 차이를 모르고 있음을 알면서 이를 이용하여 폭리를 취하려는 의사로 이 사건 매매계약을 체결하였다고 보기도 어려우며, 그 밖에 이러한 피고의 악의를 인정할 만한 자료가 없다.

☑ 쟁   점

위 판결은 매도인(지방자치단체) 소속 공무원이 '상업지역'이라는 용어와 '상가지역'이라는 용어를 혼용하는 바람에 매수인이 목적토지가 주거지역임에도 이를 상업지역으로 알고 주거지역의 가격보다 훨씬 고액으로 매수한 경우, 그 매매계약이 불공정행위인가 하는 점이 문제된 것이다.

☑ 검토할 사항

◆ 위 판결이 불공정행위의 요건으로 악의(상대방의 궁박 등을 '이용'하여 폭리를 취하려는 의사)가 있어야 한다고 하는 이유는 무엇인가?

◆ 제104조는 불공정행위의 요건으로 상대방의 궁박 등을 '이용'할 것을 명시적으로 규정하는가?

◆ 불공정행위의 요건으로서의 악의에 관한 입증책임은 누구에게 있나? (대판 1970. 11. 24. 70다2065) 〈응용〉

☑ 기타 검토사항

1) 乙은 착오를 이유로 매매계약을 취소할 수 있는가?

☑ 참고문헌

◆ 김학동, 악의는 불공정행위의 요건인가?, 고려대 고려법학 49호, 661면 이하, 2007.
◆ 배상철, 약자의 관점에서 본 민법 제104조의 운용상 문제점: 특히 불공정한 법률행

위의 성립요건인 「폭리자의 이용」을 중심으로, 비교사법 7권 2호, 377면 이하, 2000.

제3절　결함 있는 의사표시

제1항　비진의표시

1. 의사표시의 존재

대판 1999. 2. 12. 98다45744 〈기초〉 ······································

[사안]　甲(원고)은 K증권회사 직원인 乙(피고)의 조언과 권유에 따라 1992. 6. 12.부터 주식매매거래를 하면서 약간씩의 이득을 보게 되었고, 그리하여 甲의 부부와 乙의 부부가 서로 알게 되어 가족끼리 10여 회 이상 식사를 같이 할 정도로 친밀하게 되었다. 甲은 이전에는 B의 조언과 권유에 따라 주식매매거래를 하였으나 크게 손실을 입었었다. 甲의 남편인 A는 甲의 위와 같은 주식매매거래 사실을 알고 있었다. 그런데 乙이 甲의 거래계좌를 관리한 이후에도 앞선 손실이 회복되지 않자, 甲은 A로부터 질책받을 것이 두려운 나머지 乙에게 A에게 보여 그를 안심시키는 데에만 사용하겠다고 하면서 乙 명의의 각서를 작성하여 달라고 요청하였다. 乙은 甲과의 친분 및 거래관계상 甲의 요청을 거절하기가 어려워, 1994. 6. 10. "1992년부터 K증권 ○○지점에 투자해 온 4개 구좌를 관리해 오던 중 손실 폭이 워낙 큰 사실에 인지하며 앞으로 1994년도 중 이 구좌 금액에 대한 원전 보전과 최소한 1억 5천만원을 본인 각서인이 책임지겠음"이라는 내용의 각서(각서 1)를 작성하여 甲에게 교부하였다. 甲은 다시 1995. 3.경 위 각서만으로는 남편이 안심을 하지 않는다고 하면서 좀 더 믿음이 가는 내용의 각서를 작성하여 달라고 요구하자, 1995. 3. 20. "하기 본인은 1992년부터 당사 K증권 ○○지점 근무 중 거래를 해오던 중 막대한 손실을 입혀 1995. 12. 31.까지 2억이 되도록 노력할 것이며 만약 2억이 안 될 경우 본인이 모든 책임을 지도록 할 것임"이라는 내용의 각서(각서 2)를 작성하여 甲에게 교부하게 되었다. 그 후 다시

乙은 甲과 甲의 남동생으로부터 같은 취지의 요청을 받고 1995. 4. 8.에 "1995. 4. 8.자 A의 4개 구좌에 86,000,000원이 보관되어 있으며 향후 어떠한 일이 있더라도 본 원금은 보관인 乙이 책임지겠음"이라는 내용의 보관증을 작성하여 甲 측에 교부하였다. 그런데 甲이 주식매매거래에 의하여 종전의 손실을 회복할 정도의 이득을 얻지 못하자, 위 각서 및 보관증의 내용을 내세워 乙에 대하여 손해배상을 소구하였다.

[판지] 1) 처분문서인 위 각서 1, 2와 보관증에 기재된 문언의 내용이나 원심이 적법하게 인정하고 있는 피고 乙이 원고에게 위 각서 등을 작성하여 준 동기 등을 종합적으로 고찰하여 보면, 위 각서 등에 나타나 있는 피고 乙의 의사표시는 원고에게, B를 통하여 주식매매거래를 하면서 입은 손실을 회복하여 주지 못하였거나 오히려 그 손실을 확대한 것에 사과하고 앞으로는 그 손실을 회복할 수 있도록 최선을 다하겠다는 뜻이라고 해석하는 것은 각서 등의 객관적인 문언에 반할 뿐 아니라 경험칙과 논리법칙에 어긋나는 해석이라고 할 것이다. 오히려 위 각서 등에 기재되어 있는 문언에 따르면, 피고 乙은 원고에게 원고가 그동안 증권투자를 하면서 입은 손해에 대하여 자신이 책임을 지겠다는 의사만이 추단될 뿐이다. 2) 그러나 피고 乙이 원고 등에게 위 각서 등을 작성하여 준 동기 등을 종합적으로 고찰하여 보면, 피고 乙은 원고 등으로부터 원고의 남편인 A가 주식투자로 인하여 많은 손실을 본 것에 대하여 원고를 질책할 것을 두려워 한 나머지 A에게 보여 그를 안심시키는 데에만 사용하겠다고 하면서 피고 乙 명의의 각서를 작성하여 달라는 부탁을 받고 부득이 원고와의 친분 및 거래관계상 원고의 부탁을 거절하기가 어려운 입장에서 위와 같은 각서 등을 작성하게 된 것으로 보이는바, 그렇다면 피고 乙의 이와 같은 의사표시는 진의 아닌 의사표시이고 상대방인 원고도 진의 아닌 의사표시라는 점을 알고 있어 무효라고 할 것이다.

☑ 쟁   점

　위 판결은 고객의 요청에 따라 증권회사 직원이 고객의 손실에 대하여 책임을 지겠다는 내용의 각서를 작성 교부한 경우, 그 각서의 작성은 법률적 효과(고객이 그동안 증권투자를 하면서 입은 손해에 대한 배상책임을 진다는 법률적 효과)의 발생을 의욕하는 의사표시로 해석되는가, 그렇다면 그러한 의사표시는 비진의표시에 해당하는가 하는 점이 문제된 것이다.

☑ 검토할 사항

◆ 만약 乙의 각서가 단지 甲이 주식거래로 인하여 과거에 입은 손실을 회복할 수 있도록 최선을 다하겠다는 의미로 해석된다면, 乙의 각서작성행위가 비진의표시로 될 수 있는가?

◆ 표의자가 자신의 표시행위가 진의 아님을 상대방이 당연히 알 수 있으리라는 기대 하에 행한 경우에는 비진의표시로서 무효가 되는가?

☑ 참고문헌

◆ 이은영, 진의아닌 의사표시(비진의표시), 고시연구 23권 3호(1996. 2), 94면 이하/ 23권 4호(1996. 3), 96면 이하.

◆ 지원림, 법률행위의 효력근거로서 자기결정, 자기책임 및 신뢰보호, 민사법학 13· 14호, 35면 이하, 1996.

2. 표시와 진의의 불일치

● 판례 1

대판 2003. 4. 25. 2002다11458 〈기초〉 ·

[사안]   甲(원고)은 乙(피고, 농업협동조합중앙회)의 ○○지점에서 대리대우로 근무하였는데, 乙은 외환위기로 인하여 구조조정의 필요성이 대두하자 인력구조조정의 방법으로 명예퇴직제도와 순환명령휴직제도를 실시하기로 하고, 명예퇴직자의 처리방법 및 순환명령휴직 대상자의 선정기준을 근로자에게 통지하였다. 甲은 ──자신의 과거의 비위사실로 인하여── 자신이 순환명령휴직 대상자에 선정될 것을 예상하고(실제로 甲은 위 기준에 따라 내부적으로는 순환명령휴직 대상자로 선정되어 있었으나 그러한 사실이 甲에게 통보된 바는 없었다), 그렇게 되는 경우에는 휴직기간 경과 후 복직이 이루어지지 아니할 것이 두려워, 1999. 1. 15. 사직원을 작성·제출하여 명예퇴직을 신청하였다. 그런데 甲은 ── 자신의 비위사실에 관하여 대통령의 사면이 있었고, 그러한 자는 명예퇴직 대상에서 제외하기로 하는 노사합의가 있자── 1999. 1. 22. 이미 제출한 사직원의 반환을 요청하였다. 그러나 乙은 甲의 반환요청을 받아들이지 않고 1999. 2. 20. 甲을 의원해직(명예퇴직)한다는 인사발령을 내렸다. 이에 甲은 위의 사직원의 제출은 비진의표시였다고 하면서 의원면직 무효확인의 소를 제기하였다.

[판지] 1) 진의 아닌 의사표시에 있어서의 '진의'란 특정한 내용의 의사표시를 하고자 하는 표의자의 생각을 말하는 것이지 표의자가 진정으로 마음 속에서 바라는 사항을 뜻하는 것은 아니므로, 표의자가 의사표시의 내용을 진정으로 마음 속에서 바라지는 아니하였다고 하더라도 당시의 상황에서는 그것이 최선이라고 판단하여 그 의사표시를 하였을 경우에는 이를 내심의 효과의사가 결여된 진의 아닌 의사표시라고 할 수 없다 할 것이다. 원심은, 피고 소속의 '구조조정비상대책회의'가 1999. 1.경 인력구조조정의 일환으로 명예퇴직제도와 함께 순환명령휴직제도를 실시하기로 결정하면서 순환명령휴직 대상자를 선정하기 위하여 기준을 정하였는바, 위 기준에 해당하여 내부적으로 순환명령휴직 대상자로 선정된 원고가 위 명예퇴직제도 및 순환명령휴직제도의 실시에 즈음하여 1999. 1. 15. 명예퇴직을 신청한다는 내용의 이 사건 사직원을 제출한 것은 진정으로 마음속에서 명예퇴직을 바란 것은 아니라 할지라도 그 당시 상황에서 명예퇴직을 하는 것이 최선이라고 판단하여 스스로의 의사에 기하여 이 사건 사직원을 제출한 것이라고 봄이 상당하다고 판단하였다. 이러한 원심의 판단은 정당하다.

2) 원심은 원고가 1999. 1. 15. 피고에게 사직원을 제출한 다음 피고가 원고를 의원해직한다는 인사발령을 통보하기 이전인 같은 해 1. 22. 위 명예퇴직 신청의 의사를 철회한 사실을 인정하면서도, 사직의 의사표시는 특별한 사정이 없는 한 당해 근로계약을 종료시키는 취지의 해약고지라는 전제 아래, 원고의 위 사직원 제출은 원칙적 형태로서의 근로계약의 해지를 통고한 것이라고 볼 것이지 근로계약의 합의해지를 청약한 것으로 볼 것은 아니며, 이와 같은 경우 사직의 의사표시가 피고에게 도달한 이상 원고로서는 피고의 동의 없이는 비록 민법 제660조 제3항 소정의 기간이 경과하기 전이라 하여도 사직의 의사표시를 철회할 수 없다는 취지로 판단하였다. 그러나 원심의 위와 같은 판단은 아래와 같은 이유로 수긍하기 어렵다. 변론에 나타난 사직원의 기재 내용, 사직원 작성·제출의 동기 및 경위, 사직원 제출 이후의 사정 기타 여러 사정을 참작하면, 원고가 이 사건 사직원에 의하여 신청한 명예퇴직은 근로자가 명예퇴직의 신청(청약)을 하면 사용자가 요건을 심사한 후 이를 승인(승낙)함으로써 합의에 의하여 근로관계를 종료시키는 것으로, 명예퇴직의 신청은 근로계약에 대한 합의해지의 청약에 불과하여 이에 대한 사용자의 승낙이 있어 근로계약이 합의해지되기 전에는 근로자가 임의로 그 청약의 의사표시를 철회할 수 있다 할 것이다. 그럼에도 불구하고 원

심은 원고가 이 사건 사직원에 의한 명예퇴직의 신청을 근로계약에 대한 합의해지의 청약이 아닌 해약고지로 보아 피고에게 그 신청의사가 도달한 이후에는 그 의사를 철회할 수 없다고 판단하였는바, 이러한 원심판결에는 명예퇴직 신청의사의 법적 성질과 그 의사의 철회에 관한 법리를 오해함으로써 판결 결과에 영향을 미친 위법이 있다고 하지 않을 수 없다.

☑ 쟁   점

위 판결은 피용인이 진정으로 명예퇴직을 원하지는 않지만 그것이 당시의 상황에서는 최선이라고 생각하여 사직원을 제출한 경우, 그 의사표시는 진의에 부합하지 않는 것인가 하는 점이 문제된 것이다.

☑ 검토할 사항

◆ 비진의표시에서의 '진의'의 의미를 살피시오.

☑ 관련사례

1) 근로자가 징계면직처분을 받은 후 당시 상황에서는 징계면직처분의 무효를 다투어 복직하기는 어렵다고 판단하여 퇴직금 수령 및 장래를 위하여 사직원을 제출한 경우, 그 사직의 의사표시는 비진의표시에 해당하는가? (대판 2000. 4. 25. 99다34475) 〈기초〉

2) 정부의 비위공직자 숙정방침에 따라 정부투자기관이 모든 임원에게 일괄적으로 사직서를 제출토록 하여, 이의 임원 중 수인이 사직의 의사가 없었음에도 당시의 억압된 사회분위기에 위축되어 어쩔 수 없이 사직서를 제출한 경우, 그 사직의 의사표시는 비진의표시에 해당하는가? (대판 1992. 5. 26. 92다3670) 〈기초〉

3) 합동수사본부의 수사관 등으로부터 강박을 받고 부동산을 국가에 증여한 경우, 증여의 의사표시는 비진의표시에 해당하는가? (대판 1993. 7. 16. 92다41528, 41535) 〈응용〉

☑ 기타 검토사항

1) 비진의표시에 관한 제107조의 취지를 살피시오. (이에 관해서는 대판 1987. 7. 7. 86다카1004――이 판결은 대리의 대리권 남용 부분에서 살핌)

2) 甲이 사직원 제출 후 乙의 의원해직 전에 사직의 의사를 철회하는 것은 유효한가? 즉 甲이 사직의 의사를 유효하게 철회하였음에도 불구하고 乙이 甲의 사직의 의사를 받아들여 해직처분한 것은 무효인가?

☑ 참고문헌

- ◆ 이윤승, 사직할 의사 없이 사직서를 제출한 경우의 법률관계, 대법원판례해설 20
  호, 9면 이하, 1994.
- ◆ 이재홍, 상급자의 지시에 의한 사직서제출과 진의아닌 의사표시, 민사판례연구 15
  권, 15면 이하, 1993.
- ◆ 한범수, 명예퇴직 신청의 철회, 대법원판례해설 44호, 795면 이하, 2004.

● 판례 2

대판 1997. 7. 25. 97다8403 〈심화〉 ···

[사안] A는 甲(피고)과 함께 매매대금을 반씩 부담하여 B로부터 X 및 Y토지를
매수하였다. 그런데 A는 위 매수자금이 없어 상호신용금고 C로부터 대출을 받고
자 C의 감사로 있던 P를 통하여 대출을 부탁하였는데, P는 A의 개인대출한도가
초과되어 그의 명의로는 더 이상의 대출을 해 줄 수 없지만 다른 사람 명의로 대
출신청을 하면 대출이 가능하다고 말하였다. 그리하여 A는 甲에게 위와 같은 사
정을 설명하여, 甲으로부터 그의 명의로 대출받아 위 매수자금으로 사용하여도
좋다는 허락을 받았다. 이에 기하여 A는 甲의 명의로 작성된 대출관계서류를 P
를 통하여 C금고에 제출하고 위 토지에 관하여 근저당권자 C금고, 채무자 甲으
로 된 근저당권설정등기를 경료한 후 C금고로부터 금전을 대출받았다. 甲과 A는
위 대출금 등으로 위 매매대금을 모두 지급한 후 이 사건 X토지에 관하여 A 명
의로, Y토지에 관하여는 甲 명의로 각 소유권이전등기를 경료하였다. 그 후 A는
X토지를 乙(원고들)에게 매도하여 乙 앞으로 소유권이전등기가 경료되었다. 그런
데 A와 甲이 위 대출금채무를 변제하지 않자 C의 근저당권 실행으로 X토지에
관하여 경매절차가 진행되어 P 등이 이를 경락받았다. 그리하여 이 사건 X토지
의 양수인인 乙이 C회사의 근저당권 실행으로 인하여 이의 소유권을 상실함으로
써 보증채무에 관한 규정에 의하여 구상권을 취득하였다고 하면서, 甲에 대하여
구상금의 지급을 소구하였다.

[판지] 원래 진의 아닌 의사표시라 함은 표시행위의 의미가 표의자의 진의와는
다르다는 것, 즉 의사와 표시의 불일치를 표의자 스스로 알면서 하는 의사표시를
말하는 것으로, 상대방이 표의자의 진의 아님을 알았거나 알 수 있었을 경우에

그 의사표시는 무효로 되는 것이다. 그런데 위에서 본 이 사건 사실관계에 의하면, 피고는 A로 하여금 피고를 대리하여 소외 C회사로부터 위 대출을 받도록 한 것이고 다만 그 대출금을 A가 위 매수자금으로 사용하는 것을 승낙하였을 뿐이라고 봄이 합리적이라 할 것이고, 이와 같은 경우 피고의 의사는 특별한 사정이 없는 한 위 대출에 따른 경제적인 효과는 A에게 귀속시킬지라도 그 법률상의 효과는 자신에게 귀속시킴으로써 위 대출금채무에 대한 주채무자로서의 책임을 지겠다는 것으로 보아야 할 것이므로, 피고가 위 대출을 받음에 있어서 한 표시행위의 의미가 피고의 진의와는 다르다고 할 수 없다. 그리고 설사 피고의 내심의 의사가 위 대출에 따른 법률상의 효과마저도 A에게 귀속시키고 자신은 책임을 지지 않을 의사였다고 하여도, 상대방인 C회사가 피고의 이와 같은 의사를 알았거나 알 수 있었을 경우라야 비로소 그 의사표시는 무효로 되는 것인데, A의 C회사에 대한 개인대출한도가 초과되어 A 명의로는 대출이 되지 않아 C회사의 감사 P의 권유로 피고의 명의로 대출신청을 하고 그 대출금은 피고가 아니라 A가 사용하기로 하였다고 하여도 C회사가 피고의 위와 같은 내심의 의사마저 알았거나 알 수 있었다고 볼 수는 없다고 하겠다. 원심이, 피고를 위 대출금채무의 주채무자로 판단하고, 피고와 C회사 사이의 위 대출금 약정이 진의 아닌 의사표시로서 무효라는 피고의 항변을 배척한 조치는 정당하다.

☑ 쟁   점

위 판결은 A가 자신의 이름으로 대출받지 못하게 되자 甲에게 부탁하여 그의 승낙 하에 甲의 명의로 금융기관과 대출계약을 체결한 경우, 甲 명의의 대출계약은 비진의 표시인가 하는 점이 문제된 것이다.

☑ 검토할 사항

◆ 위 대출계약상의 당사자는 누구인가?
◆ 예컨대 K가 궁박한 M을 위하여 은행으로부터 대출을 받아 그 돈을 M에게 사용토록 한 경우, K와 은행간의 대출계약은 비진의표시가 되는가? 위 사안도 이러한 경우인가?
◆ 통상적으로 대출계약에서의 대출명의자의 의사표시의 내용은 무엇인가?
◆ 甲이 A의 부탁을 받고 대출계약상의 채무를 부담하지는 않고(즉 甲과 A가 그 채무는 전적으로 A가 부담하기로 약정하고) 단지 대출계약상의 명의만을 빌려주어 甲

명의의 대출계약이 체결된 경우, 甲의 대출계약상의 의사표시는 비진의표시인가?

☑ 관련사례

1) 금융기관이 실질적 대출자가 제3자를 형식상의 주채무자로 내세우는 것을 양해하여 제3자에 대하여는 채무자로서의 책임을 지우지 않을 의도 하에 그의 명의로 대출관계서류를 작성받은 경우, 대출명의자는 대출금지급채무를 지는가? (대판 2001. 5. 29. 2001다11765——이 판결은 통정허위표시 부분에서 살핌) 〈심화〉

☑ 기타 검토사항

1) 乙은 C의 근저당권이 설정된 상태에서 甲으로부터 X토지를 양수하였다가 甲의 대출금 미지급으로 저당권이 실행되어 토지를 상실하였는바, 乙의 甲에 대한 권리를 살피시오.

제 2 항   통정허위표시

1. 통정의 의미

대판 2001. 5. 29. 2001다11765 〈기초〉 ···

[사안]   A는 자신 소유의 빌라를 담보로 ○○협동조합 甲(원고)으로부터 금원을 대출받으려 하였으나, 甲의 전 지소장이던 B는 A에게 조합의 내부규정상 동일인에 대한 대출한도로 인하여 A의 이름으로는 대출받을 수 없다고 하면서 그러한 제한을 회피하는 방법으로 타인 명의로 대출받을 것을 권유하였다. 그리하여 A는 乙(피고)에게 그의 이름으로 대출계약을 체결해 줄 것을 부탁하였으며, 이에 기해서 乙이 B 및 甲의 직원 C 등과 대출계약을 체결하였다. 乙이 위 대출금의 반환을 지체하자, 甲이 乙에 대하여 이의 지급을 소구하였다. 그런데 甲과 乙 간의 위 대출계약 체결과정을 보면, B는 계약체결 당시에는 A 소유의 위 빌라의 담보가치가 충분하므로 甲에게 손해를 끼칠 위험이 없고 또한 乙이 책임지는 일은 생각하지도 못했으며, A가 C 등에게 남의 이름으로 대출을 하면 어떻게 되느냐고 묻자 C 등은 아무런 관계가 없다며 자신들이 알아서 하겠다고 하였다. 그리고 B는 위와 같이 타인 명의로 대출받을 것을 먼저 권유하면서 대출시 대출금의 일정액을 사례금으로 요구하였으며, B 또는 C는 이후 A에게 20여 회에 걸쳐 20여 명에게 타인 명의로 대출해 주면서 매회 사례비(대출금의 1.5~5%)를 받았다. 그

외에 정상적 대출의 경우에는 대출신청인이 지소에 나와 대출계약서를 작성함에
도 B 또는 C가 대출서류를 들고 A의 위 빌라 분양사무실로 가서 대출계약서를
작성하였으며, 이 때 A는 자신의 다른 부동산을 위 대출금에 대한 담보로 제공하
였다. 그리고 그 후 위 대출금의 이자지급이 연체되고 상환기일에 변제되지 않았
음에도 甲의 지소는 A의 변제약속을 믿고 乙에게 원리금 상환이나 기한의 연장
또는 재대출 등의 조치를 취하지 않은 채 A의 해결만을 기다렸으며, 오히려 위
지소의 관련 직원들이 갹출하여 위 대출금에 대한 지연손해금을 대납하였다.

[판지] 동일인에 대한 대출액 한도를 제한한 법령이나 금융기관 내부규정의 적
용을 회피하기 위하여 실질적인 주채무자가 실제 대출받고자 하는 채무액에 대하
여 제3자를 형식상의 주채무자로 내세우고, 금융기관도 이를 양해하여 제3자에
대하여는 채무자로서의 책임을 지우지 않을 의도 하에 제3자 명의로 대출관계서
류를 작성받은 경우, 제3자는 형식상의 명의만을 빌려 준 자에 불과하고 그 대출
계약의 실질적인 당사자는 금융기관과 실질적 주채무자이므로, 제3자 명의로 되
어 있는 대출약정은 그 금융기관의 양해 하에 그에 따른 채무부담의 의사 없이
형식적으로 이루어진 것에 불과하여 통정허위표시에 해당하는 무효의 법률행위이
다. 이 사안에서 위와 같은 사정이라면 피고가 A의 가족 또는 친족관계에 있지
아니하고 또 그와 이해관계가 합치되어 이 사건 대출명의 대여에 이르렀다고 볼
수도 없는 이상, 실질적인 주채무자인 A가 원고 조합과 대출상담을 한 후 실제
대출받고자 하는 채무액 중 일부에 대하여 피고를 형식적인 주채무자로 내세웠고
원고 조합을 대표할 권한이 있는 지소장 B도 이를 양해하면서 피고에 대하여는
채무자로서의 책임을 지우지 않을 의도 하에 피고 명의로 대출관계서류를 작성받
았다고 추단하는 것이 합당하다.

☑ 쟁   점

위 판결은 실질적인 대출자(A)의 부탁을 받고 자신 명의로 대출받은 자(乙)는 대출계
약상의 당사자(채무자)로서 대출금채무를 지는가 하는 점이 문제된 것이다.

☑ 검토할 사항

♦ 제109조는 "상대방과 통정한 허위의 의사표시"라고 하는바, 여기에서의 통정은 단
지 표의자가 진의와 부합하지 않는 표시를 한다는 점을 '상대방이 알고 있는 것(인
지)'으로 족한가, 아니면 진의와 부합하지 않는 표시를 하는 데 관하여 쌍방이 '합

의'하였어야 하는가?

◆ 위 대출계약에서의 대출명의자의 의사표시의 내용은 무엇인가?

◆ 차명대출에 관한 사안인 대판 1997. 7. 25. 97다8403(비진의표시 부분)에서의 대출명의자의 의사의 내용과 이 사안에서의 그것과는 차이가 있는가?

◆ 금융기관이 대출명의자에 대하여 '채무자로서의 책임을 지우지 않을 의도'를 가진 경우, 이에 의하여 대출명의자의 대출계약상의 의사의 내용이 달라지는가?

☑ 참고문헌

◆ 곽종훈, 명의대여에 의한 대출약정과 통정허위표시, 민사재판의 제문제 12권, 191면 이하, 2003.

◆ 김학동, 차명대출명의자의 책임에 관한 판례 검토, 서울시립대 서울법학 15권 2호, 1면 이하, 2008.

◆ 박민수, 대출계약서의 명의상 주채무자가 실질적 주채무자와 다른 경우의 법률관계, 판례연구 12집(부산판례연구회), 519면 이하, 2001.

◆ 배종근, 차명대출명의자의 책임판단에 관한 대법원판례의 비판적 검토, 법조 55권 2호(2006. 2), 46면 이하.

2. 통정허위표시 여부

● 판례 1

대판 1984. 3. 27. 83다카983 〈기초〉 ··

[사안] 甲(원고)은 자신의 채무를 담보하기 위하여 이 사건 대지 및 건물에 관하여 乙(피고) 명의로 소유권이전등기를 경료하였다가, 그 채무를 모두 변제하고 乙을 상대로 소유권이전등기의 말소청구소송을 제기하여 대법원에서 乙의 패소판결이 확정되었다. 그런데 그 이틀 뒤에 위 대지에 관하여 1981. 3. 12.자 매매를 원인으로 해서 乙로부터 丙(피고)에게로 소유권이전등기가 경유되었다. 그런데 丙은 乙의 동생의 처삼촌으로서 乙의 아버지 A가 경영하는 정기화물 취급소에서 날품팔이 노동을 하여 생계를 유지하며, 그의 1980년도 2기분 재산세는 1,512원이고 1981년도 1기분 재산세는 3,280원으로 재력은 넉넉하지 못한 편이다. 또 乙은 丙과의 매매계약 관계는 그의 부친인 A가 한 일로서 그 계약내용은 모르며 계약서를 보거나 계약서에 날인한 일도 없다고 진술하고 있고, 위 매매계약서에 소개인으로 날인된 B도 乙과 丙간의 매매계약을 소개하거나 입회한 일이 없는데

A가 임의로 B명의를 도용하였다 하여 형사고소까지 제기한 사실이 있다. 그외에도 위 대지에 대한 81년도 2기분 재산세 납부독촉장을 甲이 소지하고 있다(甲에 의하면, 위 독촉장은 당초 丙에게 발부되어 읍사무소 직원이 丙에게 그 납부를 독촉하였으나, 丙은 A가 이를 지불할 성질의 것이라면서 그 납부를 거절한다 하여 甲에게 그 납부를 부탁하면서 이를 교부한 것이라고 한다). 甲은 丙에게로의 위 소유권이전등기는 가장매매에 의한 것으로서 원인무효라고 하면서 이의 말소를 소구하였다.

[원심] 피고 乙과 피고 丙이 서로 사돈지간이라 하더라도 이러한 사정만으로는 피고들간의 매매계약이 가장매매라고는 할 수 없고 달리 이를 인정할만한 증거가 없다 하여 이를 배척하고, 따라서 피고 丙은 위 매매에 의하여 이 사건 대지에 대한 소유권을 유효하게 취득하였고 피고 乙의 원고에 대한 소유권환원의무는 이행불능이 되었다고 하여, 원고의 청구를 기각하였다.

[판지] 피고 乙과 피고 丙 간의 매매계약을 둘러싼 위와 같은 사정, 그리고 이 사건 대지상의 건물에 관하여는 이미 원고의 소유임이 확정되었고 곧이어 이 사건 대지에 관하여도 분쟁이 있을 것이 예상되는데도 피고 丙이 적지 않은 매매대금(금 7,023,000원)으로 대지를 매수한다는 것은 경험법칙상 생각할 수 없는 일이고, 오히려 피고들 간의 위 매매계약은 가장매매임을 엿볼 수 있다. 그럼에도 불구하고 원심이 위와 같은 사실들을 고려함이 없이 가장매매임을 인정할 증거가 없다고 판단한 것은 심리미진으로 인한 채증법칙 위반의 위법을 범한 것이다.

☑ 쟁　점

　위 판결은 乙이 甲에 의하여 제기된 소유권이전등기말소청구소송에서 패소하자 그 목적물을 사돈인 丙에게 매각한 경우, 그 매매가 통정허위표시(가장매매)로서 무효인가 하는 점이 문제된 것이다.

☑ 검토할 사항

　◆ 乙·丙간의 위 매매계약은 실제로 소유권을 이전하려는 의사에 기한 것인가?

　◆ 乙·丙간의 위 매매계약이 통정한 것이라는 점에 관한 입증책임은 누가 부담하는가?

☑ 기타 검토사항

　1) 甲이 乙을 상대로 제기한 건물 및 대지에 관한 소유권이전등기 말소소송에서 甲의 승소판결이 확정되면, 이로 인하여 당연히 그 소유권이 甲에게 귀속되고 따라서 ──통정허위표시를 문제 삼을 여지 없이──乙의 丙에게의 대지의 처분은 무권리자

의 처분이 되어서 무효가 되는가?

2) 甲의 채무변제가 있으면 담보목적을 위하여 행해진 이전등기는 이로써 무효가 되어 그 부동산의 소유권이 당연히 채무자에게 복귀되는가? 만약 채무담보를 위하여 저당권을 설정한 경우라면, 채무변제에 의하여 저당권이 당연히 소멸되는가?

☑ 참고문헌

◆ 송덕수, 허위표시의 요건과 효과, 고시계 36권3호(1991. 2), 60면 이하.
◆ 엄동섭, 허위표시(민법 제108조)에 관한 판례분석, 사법연구 제4집, 102면 이하, 1999.

● 판례 2

대판 1993. 5. 25. 93다6362 〈응용〉 ······································

[사안]   甲(피고)과 그의 동생 A는 각기 대금을 2:1씩 부담하여 이 시건 부동산을 원소유자로부터 공동으로 매수하고, 세금문제 등을 고려하여 A 앞으로 이전등기를 경료해 두었다. A는 1991. 1. 24.경 사업자금의 마련을 위하여 甲과는 아무런 상의도 없이 새마을금고 B로부터 금전을 차용하면서 위 부동산에 관하여 B의 명의로 근저당권설정등기를 경료하였다. 뒤늦게 이와 같은 사실을 알게 된 甲은 A가 위 부동산을 임의로 처분할 경우에 대비하여 자신의 내부적인 소유지분에 관한 권리를 확보하기 위한 방편으로 부동산에 관하여 두 차례에 걸쳐 채무자를 A로 하는 근저당권설정등기를 경료하였다. 그 후 위 부동산의 소유권을 취득한 乙(원고)은 위 각 근저당권설정등기는 A에 대한 강제집행을 면탈할 목적으로 한 통정허위표시에 기하여 경료된 원인이 무효인 등기이거나 담보할 채무가 없으므로 무효인 등기라고 하면서 이의 말소를 소구하였다.

[판지]   위 각 근저당권설정등기는 이 사건 부동산이 A에 의하여 임의로 처분되거나 그의 채권자들에 의하여 강제집행 되는 등의 사유로 그 부동산에 대한 피고 소유의 3분의 2 지분이 침해될 경우에, 피고가 A에 대하여 가지게 되는 장래의 조건부 손해배상청구권 또는 부당이득반환청구권을 담보하기 위하여 피고와 A 사이의 합치된 진정한 의사표시에 기하여 경료된 것이라고 볼 수 있으므로, 이와 같은 근저당권설정의 합의를 강제집행을 면탈할 목적으로 피고와 A가 통정하여 한 허위의 의사표시라고 볼 수 없다. 또 위 각 근저당권설정등기는 장래에 발생할 특정의 조건부 채권을 피담보채권으로 하고 있어서 피담보채권이 존재하지 않

는다고도 볼 수 없다.

☑ 쟁　　점

위 판결은 부동산의 명의신탁자가 명의수탁자의 무단처분을 방지하기 위해서 그 부
동산에 근저당권등기를 한 경우, 그것이 통정허위표시로서 무효인가 하는 점이 문제
된 것이다.

☑ 검토할 사항

◆ 甲과 A가 근저당권설정등기를 한 이유는 무엇인가?

◆ 甲과 A는 실제로 A의 무단처분에 의하여 자신지분이 침해될 경우에 A에 대하여
가지게 되는 장래의 손해배상청구권을 담보한다는 의사에 기해서 근저당권설정계
약을 체결하였는가? 즉 의사표시의 내용을 그와 같이 해석하는 것이 甲의 실제의
의사와 부합하는가?

☑ 관련사례

1) 명의수탁자의 임의처분에 대비하여 등기원인을 매매예약으로 가등기를 한 경우에,
이는 통정허위표시가 되는가? (대판 1995. 12. 26. 95다29888; 대판 1997. 9. 30. 95
다39526) 〈응용〉

2) 건물을 신축한 자에 대하여 채권을 가진 자가 채권의 확보를 위하여 실제로는 신
축건물에 입주할 의사 없이 이에 관하여 임대차계약을 체결하고 주민등록을 마치
고 이를 인도받은 경우에, 그 임대차계약은 통정허위표시로서 무효인가? (대판
2002. 3. 12. 2000다24184, 24191) 〈응용〉

3) 파산한 자가 소유 주식을 매각하면서 매매대금이 모두 채권자은행에 귀속되는 것
을 피하기 위하여 매수인과 합의하여 실제 매매대금보다 적은 금액을 매매대금으
로 약정한 경우에, 그 매매계약은 통정허위표시로서 무효인가? 만약 무효가 아니라
면 은닉된 실제의 매매대금과 계약상 표시된 허위의 매매대금 중 어떤 것이 매매
계약상의 매매대금이 되는가? (대판 1993. 8. 27. 93다12930) 〈심화〉

3. 선의의 제3자

(1) 제3자의 의미

● 판례 1

대판 2004. 5. 28. 2003다70041 〈기초〉 ···

[사안] 등기부상 X부동산의 소유자로 되어 있는 甲(원고)은 A와 통모하여 허위의 의사로 채권최고액 1억원의 근저당권설정계약을 체결하고 이에 따른 근저당권등기를 경료하였다. 그런데 A는 乙(피고)에게 위 근저당권설정계약서를 제시하면서 금원을 빌려줄 것을 요청하여, 乙은 A에게 3,200만원을 대여해 준 다음, 위 근저당권설정등기의 피담보채권 중 3,200만원 부분에 대하여 근저당권부 채권의 가압류결정을 받아 그 기입등기가 경료되었다. 그 후 위 부동산에 대하여 경매가 실행되어 乙에게 배당금지급이 결정되자, 甲은 자신과 A 간의 위 근저당권설정계약은 통정허위표시로서 무효이므로 이러한 계약상의 채권에 가압류한 乙의 권리 역시 무효라고 주장하면서 제3자이의의 소를 제기하였다.

[판지] 1) 통정한 허위표시에 의하여 외형상 형성된 법률관계로 생긴 채권을 가압류한 경우, 그 가압류권자는 허위표시에 기초하여 새로운 법률상 이해관계를 가지게 되므로 민법 제108조 제2항의 제3자에 해당하고, 또한 민법 제108조 제2항의 제3자는 선의이면 족하고 무과실은 요건이 아니다. 피고는 원고와 A 사이의 근저당권설정계약이 유효하다고 믿고 그 피담보채권에 대하여 가압류하였으므로, 민법 제108조 제2항의 선의의 제3자에 해당한다.

2) 원심은 피고가 선의의 제3자에 해당하는 한, 원고가 피고에 대하여 근저당권설정계약의 무효를 주장하거나, 피담보채권이 부존재한다거나 무효라고 볼 수도 없으므로, 피고는 근저당권의 말소에 대한 승낙의 의사표시를 할 의무가 없다고 판단하였다. 그러나 원심의 위와 같은 판단을 그대로 수긍하기는 어렵다. 근저당권은 그 담보할 채무의 최고액만을 정하고, 채무의 확정을 장래에 보류하여 설정하는 저당권으로서(민법 제357조 제1항), 계속적인 거래관계로부터 발생하는 다수의 불특정채권을 장래의 결산기에서 일정한 한도까지 담보하기 위한 목적으로 설정되는 담보권이므로, 근저당권설정행위와는 별도로 근저당권의 피담보채권을 성립시키는 법률행위가 있어야 한다. 한편 근저당권이 있는 채권이 가압류되는 경

우, 근저당권설정등기에 부기등기의 방법으로 그 피담보채권의 가압류사실을 기입등기하는 목적은 근저당권의 피담보채권이 가압류되면 담보물권의 수반성에 의하여 종된 권리인 근저당권에도 가압류의 효력이 미치게 되어 피담보채권의 가압류를 공시하기 위한 것이므로, 만일 근저당권의 피담보채권이 존재하지 않는다면 그 가압류명령은 무효라고 할 것이고, 근저당권을 말소하는 경우에 가압류권자는 등기상 이해관계 있는 제3자로서 근저당권의 말소에 대한 승낙의 의사표시를 하여야 할 의무가 있다. 기록에 의하면, 원고와 A는 근저당권설정계약만 체결하였을 뿐 피담보채권을 성립시키는 의사표시가 있었다고 볼 만한 자료가 없으므로, 위 근저당권은 피담보채권이 존재하지 아니하여 무효라고 볼 여지가 있다고 할 것이다. 그렇다면 원심으로서는 원고와 A 사이에 근저당권에 의하여 담보되는 채권을 성립시키는 법률행위가 있었는지 여부에 대하여 충분한 심리를 하였어야 할 것임에도 불구하고, 이에 대한 심리를 전혀 하지 아니한 채 원고의 청구를 배척하였으니, 원심판결에는 심리를 다하지 아니하였거나 근저당권이 있는 채권의 가압류에 관한 법리를 오해한 위법이 있다 할 것이다.

☑ 쟁   점

위 판결은 부동산소유자가 통정허위표시에 기해서 실제로 존재하지 않는 채권을 피담보채권으로 하여 부동산에 근저당권을 설정하였는데 저당권자가 제3자로부터 금전을 차용하면서 저당권을 담보로 제공하여 제3자가 저당권을 압류한 경우, 제3자는 제108조 2항에서의 제3자에 해당하는가 하는 점이 문제된 것이다.

☑ 검토할 사항

◆ 제108조 2항의 취지를 살피시오.

◆ 동조에서 말하는 제3자의 의의를 살피시오.

◆ 예컨대 A가 통정허위표시에 기해서 B에게 저당권을 설정하였는데 B가 사망한 경우, B의 상속인은 제108조 2항에서의 제3자에 해당하는가?

◆ 예컨대 A가 통정허위표시에 기해서 B에게 부동산을 이전하였는데 C가 B로부터 이를 매수하고 아직 이전등기를 하지 않은 경우, C는 위 규정에서의 제3자에 해당하는가?

◆ 저당권등기가 되어 있으나 피담보채권이 존재하지 않는 경우(처음부터 피담보채권이 유효하게 성립하지 않았음에도 이의 담보로서 저당권을 철정한 경우이건, 처음에는 피담보채권이 존재하였으나 후에 이를 변제하여 소멸한 경우이건), 저당권은 유효

하게 존재하는가?

◆ 위의 사건에서 甲과 A는 피담보채권을 성립시킴이 없이 허위표시로 근저당권설정
계약을 체결하고 등기를 하였는바, 저당권은 유효하게 존재하는가? 만약 위 판결과
같이 저당권이 무효라고 한다면 선의의 제3자를 보호하려는 취지가 관철되는가?

☑ 기타 검토사항

1) "대항하지 못한다"는 의미는, 선의의 제3자가 있는 경우 통정허위표시 자체도 유
효한 것으로 된다는 것인가, 또 제3자 측에서 통정허위표시의 무효를 주장할 수
있는가?

2) A와 B가 통모하여 실제로 매매계약을 체결하지 않았음에도 매매계약을 근거로 소
유권이전등기를 경료한 경우, 그 등기는 원인관계 없이 행해진 것이므로 무효가 되
고, 따라서 B가 이를 C에게 양도하고 이전등기를 경료한 경우에 A는 C에 대해서
소유권이전등기의 무효를 주장할 수 있는가?

3) 강제집행을 면할 목적으로 부동산에 허위의 근저당권설정등기를 경료하는 행위는
반사회적인 것으로서 무효인가?

● 판례 2

대판 1982. 5. 25. 80다1403 〈응용〉 ···

[사안] A는 甲(피고)으로부터 돈을 빌려 B로부터 본건 부동산을 매수하고, 甲
에 대한 차용금채무에 대한 담보로서 위 부동산에 가등기를 해 주기로 약정하였
다. 다만 A는 자신 명의로 소유권이전등기를 하게 되면 乙(원고) 등 채권자들로
부터 강제집행을 당하여 담보약정을 이행할 수 없게 될 우려가 있으므로, A는 C
와 통모하여 그와의 사이에 아무런 채권관계가 없음에도 1,700만원의 공사금채
권이 있는 것처럼 하여 이의 담보로 위 부동산을 제공하는 것처럼 가장하여, B가
교부한 매도증서의 매수인란에 C의 이름을 기재하여 B로부터 직접 C 명의로 소
유권이전등기를 하였다. 그리고 이어서 같은 날에 위 부동산에 甲 명의의 가등기
를 경료하였다. 乙은 甲에 대하여, A가 C와 통정하여 위 부동산을 C의 소유로
등기한 것이므로 이는 허위표시로서 무효이고, 甲의 가등기는 위와 같은 사실을
알면서 취득한 것이니 그 가등기 역시 무효라고 하면서, A에 대한 채권자로서 A
를 대위하여 이의 말소를 소구하였다.

[원심] C 명의로 경료된 위 소유권이전등기는 통정한 허위표시에 기한 것으로
서 무효이나, 피고는 가등기를 경료함에 있어서 C 명의의 등기가 통모 허위표시

에 의한 무효인 사실을 알았다고 볼 증거가 없다 하여, 원고의 청구를 배척하였다.
[판지] 민법 제108조에 의하면, 상대방과 통정하여 한 의사표시는 당사자 간에
있어서는 무효이나 이를 선의의 제3자에게 대항할 수 없도록 하고 있는바, 여기
에 제3자란 허위표시의 당사자 및 포괄승계인 이외의 자로서 허위표시에 의하여
외형상 형성된 법률관계를 토대로 허위양수인과 새로운 법률원인으로 이해관계를
갖게 된 자를 의미하는 것이다. 피고가 이 사건에 관하여 가등기를 경료하게 된
경위가 위에서 확정한 사실관계와 같다면, 형식상(등기부상)은 가장양수인인 C와
의 매매예약을 원인으로 피고 甲 명의의 가등기가 경료된 것이라 하더라도 이는
C와 피고 사이에 실질적인 새로운 법률상의 원인에 의하여 이루어진 것은 아니
어서 피고는 위 통정허위표시에 있어서의 제3자라고 볼 수는 없으며, 부동산의
매수자(실질적 소유자)인 A와의 매매대금 차용에 따른 담보제공 약정에 따라 그
이행으로서 이루어진 것이므로 피고가 C명의의 소유권이전등기가 진실에 합치되
지 않음을 알았건 몰랐건 간에 피고 명의의 본건 가등기는 실체관계에 부합된다
할 것이니, A로서는 그 채무를 이행하지 않고서는 본건 가등기의 말소를 구할 수
는 없다 할 것인즉, A의 채권자로서 그를 대위하는 원고로서도 피고 명의의 본건
가등기가 A와 C 간의 통정허위표시에 터잡아 이루어진 것이라는 이유만으로는
그 말소를 구할 수는 없다 할 것이다.

☑ 쟁   점

위 판결은 甲으로부터 금전을 차용하여 부동산을 매수한 A가 그 담보로서 부동산에
가등기를 해 주기로 하였는데, 만약 그 부동산의 소유자를 자신의 명의로 등기하게
되면 다른 채권자 乙 등으로부터 강제집행을 받을 우려가 있어서 이를 피하기 위해
서 그 부동산의 소유자를 C 명의로 등기하도록 한 후 甲에게 가등기해 준 경우, 甲
이 제108조 2항에서의 제3자에 해당하는가 하는 점이 문제된 것이다.

☑ 검토할 사항

• 甲이 제108조 2항에서의 제3자가 아니라고 한 이유는 무엇인가?
• 만약 C가 위 부동산이 자신 명의로 등기되어 있음을 이용하여 위 부동산을 담보로
  제공하기로 하고 D로부터 금전을 차용하고 위 부동산에 D 명의의 가등기를 해 주
  었다면, D는 제108조 2항에서의 제3자에 해당하는가? 즉 A는 D에 대하여 가등기
  의 말소를 청구할 수 있는가? 이러한 경우의 D와 위의 사건에서는 甲의 법률적 지

위는 어떻게 다른가?

◆ A에 대한 원래의 채권자 乙과 A에게 부동산매매대금을 대출해준 甲 중 어느 쪽을 보호해 주는 것이 타당한가?

◆ C는 위 부동산의 소유권을 유효하게 취득하는가? 만약 C가 위 부동산의 소유권을 유효하게 취득하지 못한다면, 甲의 가등기는 유효한가?

☑ 기타 검토사항

1) 乙은 B로부터 C에게로의 부동산이전이 사해행위라고 하여 채권자취소권을 행사하여 이의 취소를 구할 수 있는가?

(2) 선의의 제3자에 대한 관계에서의 통정허위표시의 효력

대판 1996. 4. 26. 94다12074 〈심화〉 ···

[사안] A회사는 아파트를 신축하여 소유권보존등기를 하였으며, 위 아파트 중 이 사건 부동산인 X호에 관하여 매매예약을 원인으로 하여 1987. 2. 5. B(1심 공동피고) 명의의 가등기가 경료되었다. 그런데 甲 등(원고)은 A로부터 위 부동산을 매수하고, 1987. 11. 12. 소유권이전등기를 경료하였다. 그 후 위 부동산에 관하여 1987. 11. 24. B 명의의 위 가등기에 기하여 본등기가 경료되었고, 이로 인하여 위 가등기 이후에 경료되어 있던 甲 명의의 위 소유권이전등기는 직권으로 말소되었다. 그리고 그 후 위 부동산에 관하여 1987. 12. 2. 매매예약을 원인으로 하여 A회사의 대표이사인 C(제1심 공동피고) 명의의 가등기가 경료되었으며, 그 가등기에 기하여 위 부동산에 관해서는 1989. 3. 2. 본등기가 경료되었다. 그리고 같은 날에 다시 C로부터 乙(피고)에게로의 소유권이전등기가 경료되었다. 이에 甲은, 위 부동산에 관하여 B와 C명의로 경료된 각 가등기 및 본등기는 통정허위표시에 인하여 이루어진 것으로서 당연무효의 등기이고, 따라서 이를 기초로 하여 이루어진 乙 명의의 소유권이전등기도 당연무효의 등기라고 하면서, 乙 명의의 소유권이전등기의 말소를 소구하였다.

[원심] 1) 이 사건 부동산에 관하여 B와 C 명의로 경료된 위 각 가등기 및 그에 기한 각 본등기는 통정허위표시에 의하여 이루어진 것으로서 원인무효의 등기이고, 위 부동산에 관한 원고 명의의 소유권이전등기는 B가 무효인 가등기에 기하여 본등기를 경료함으로 인하여 잘못 말소된 것이어서 원고는 여전히 위 각 부동산의 소유자이며, 위 각 부동산에 관하여 이루어진 乙 명의의 소유권이전등기

는 위와 같이 원인무효인 B 명의의 가등기 및 그에 기한 본등기에 터 잡아 이루어진 것으로서 역시 원인무효라고 판시하였다. 2) 피고가 자신은 C로부터 선의로 이 사건 부동산을 양수한 제3자이므로 원고는 자신에게 통정허위표시의 무효를 대항할 수 없다고 항변한 데 대하여, 가사 피고가 C로부터 위 각 부동산을 매수함에 있어서 B와 C 명의의 위 각 가등기 및 그에 기한 본등기가 당사자들 사이의 통정허위표시에 의한 것임을 알지 못하였다고 할지라도, 乙이 그와 같은 사유를 들어 A회사 및 B·C에 대한 관계에서 위 부동산에 관한 자신 명의의 소유권이전등기가 유효함을 주장할 수 있음은 별론으로 하고, 이와 같은 사유만으로는 위 부동산의 소유권에 기하여 원인무효인 위 부동산에 관한 乙 명의의 소유권이전등기의 말소등기절차의 이행을 구하는 원고의 청구를 배척할 사유가 되지 못한다고 판단하였다.

[판지] 원심의 판단 중 1)의 점은 다툼이 없고, 2)의 점, 즉 甲이 乙에 대하여 이의 무효를 대항할 수 있는가 하는 점만이 다투어졌다. 이에 대하여 다음과 같이 판시한다.――살피건대 민법 제108조에 의하면, 상대방과 통정한 허위의 의사표시는 무효이고 누구든지 그 무효를 주장할 수 있는 것이 원칙이나, 허위표시의 당사자 및 포괄승계인 이외의 자로서 허위표시에 의하여 외형상 형성된 법률관계를 토대로 실질적으로 새로운 법률상 이해관계를 맺은 선의의 제3자에 대하여는 허위표시의 당사자뿐만 아니라 그 누구도 허위표시의 무효를 대항하지 못한다 할 것이고, 따라서 위와 같은 선의의 제3자에 대한 관계에서는 허위표시도 그 표시된 대로 효력이 있다고 할 것이므로, 피고가 C로부터 실질적으로 이 사건 각 부동산을 양수하고 또 이를 양수함에 있어서 B와 C명의의 등기(가등기 및 이에 기한 본등기)의 원인이 된 각 의사표시가 허위표시임을 알지 못하였다면, 원고는 선의의 제3자인 피고에 대하여는 B 및 C명의의 등기의 원인이 된 허위표시가 무효임을 주장할 수 없고, 따라서 피고에 대한 관계에서는 위 허위표시가 유효한 것이 되므로 위 허위표시를 원인으로 한 B와 C명의의 등기와 이를 바탕으로 그 후에 이루어진 피고 명의의 소유권이전등기도 유효하다 할 것이다. 이와 같이 피고에 대한 관계에서 B 명의의 등기가 유효하다면, 원고 명의의 소유권이전등기는 B명의의 위 가등기가 가지고 있는 본등기 순위 보전의 효력에 의하여 그 가등기에 기한 B 명의의 본등기에 우선당하여 효력을 상실하게 되고, 따라서 원고는 피고에 대하여 이 사건 부동산의 소유권이 원고에게 있음을 주장할 수 없게 된다

할 것이다. 그럼에도 불구하고 피고가 C로부터 실질적으로 이 사건 부동산을 양수하였는지 여부와 이를 양수함에 있어 B와 C명의의 각 가등기 및 이에 기한 본등기의 원인이 된 각 의사표시가 허위표시임을 알지 못하였는지 여부, 즉 선의였는지 여부에 관하여 심리하지 아니한 채, 피고가 선의라고 하더라도 원고는 피고에 대하여 위 부동산의 소유권자임을 주장할 수 있고 위 부동산에 관한 피고 명의의 소유권이전등기는 원인무효의 등기라는 취지로 판단한 원심판결에는 선의의 제3자에 대한 허위표시의 효력에 관한 법리를 오해한 것이다.

☑ 쟁   점

위 판결은 부동산의 소유자 A가 통정허위표시에 기해서 위 부동산에 B 명의의 가등기를 마쳐 준 후 위 부동산을 甲에게 이전하였는데, 위 가등기에 기한 본등기가 행해짐으로써 甲에게로의 이전등기가 말소된 후에 B가 다시 통정허위표시에 기해서 C에게로의 가등기 및 그에 기한 본등기를 마쳐 주었고 그 후에 C가 위 부동산을 乙에게 처분한 경우, 甲은 부동산의 소유권자이지만 乙에 대하여 이전등기의 말소를 청구할 수 있는가 하는 점이 문제된 것이다.

☑ 검토할 사항

 ◆ 위 판결이 甲의 청구를 배척한 근거는 무엇인가?
 ◆ 제108조 2항의 의미를 선의의 제3자에 대한 관계에서는 허위표시도 그 표시된 대로 효력이 있다고 하는 것은 타당한가?

☑ 관련사례

 1) 甲이 乙의 임차보증금반환채권을 담보하기 위하여 통정허위표시로 乙에게 전세권설정등기를 마친 후 丙이 이러한 사정을 알면서도 乙에 대한 채권을 담보하기 위하여 위 전세권에 대하여 전세권근저당권설정등기를 마쳤다. 그 후 이러한 사정을 알지 못한 丁이 丙의 전세권근저당권부 채권을 가압류하고 압류명령을 받았다면, 丁은 선의의 제3자로서 보호되는가? (대판 2013. 2. 15. 2012다49292) 〈응용〉

☑ 기타 검토사항

 1) 甲의 소유권이전등기가 B의 가등기에 기한 본등기에 의해서 직권말소되었는데 A의 B에게의 매매가 허위표시로 인정되는 경우, 甲은 여전히 위 부동산의 소유권을 가지는가?

☑ 참고문헌

 ◆ 유남석, 통정허위표시의 선의 제3자에 대한 효력, 대법원판례해설 제25호, 51면 이
  하, 1996.

제3항 착　오

Ⅰ. 착오 일반

대판 1985. 4. 23. 84다카890 〈기초〉 ···

[사안]　A는 소유 부동산을 甲(피고, 강릉시)에게 272,000,000원에 매도하고 소
유권이전등기를 경료하였다. 그런데 위 부동산의 시가는 130,000,000원 상당임에
도 불구하고, 甲은 이를 구입하는 과정에서 내정가격을 270,000,000원으로 정하
고, 감정평가기관에 감정평가를 의뢰함에 있어서 그러한 점을 알려주어 감정평가
액을 유도하였었다. A는 甲에 대한 위 매매대금채권 중 51,000,000원의 채권을
B에게 양도하고 甲에게 이를 통지하였으며, B는 위 양수받은 채권 중 일부씩을
乙(원고) 등에게 양도하고 이를 甲에게 통지하였다. 그리하여 乙 등이 甲에 대하
여 양수금채권의 이행을 소구하였다. 이에 대하여 甲은 위 매매계약을 시가보다
2배의 가격으로 매수한 것은 착오에 기한 것으로 취소한다고 항변하였다.

[판지]　의사표시의 착오가 법률행위의 내용의 중요부분에 착오가 있는 이른바
요소의 착오이냐의 여부는 그 각 행위에 관하여 주관적, 객관적 표준에 쫓아 구
체적 사정에 따라 가려져야 할 것이고 추상적, 일률적으로 이를 가릴 수는 없다
고 할 것이나, 착오라는 것은 의사표시의 내용과 내심의 의사가 일치하지 않는
것을 표시자가 모르는 것이므로, 단순히 내심적 효과의사의 형성과정에 조오가
발생한 이른바 연유의 착오 또는 동기의 착오는 내심적 효과의사와 참뜻 사이에
조오가 있음을 그치고 이 내심적 효과의사와 표시와의 사이에는 그 불일치가 없
다고 할 것인즉, 민법 제109조가 정하는 의사표시의 착오에 관한 문제는 제기될
수 없다고 할 것이다. 원심이 확정한 사실에 따르면 이 사건 매매계약은 피고시
의 시가감정의뢰에 따른 감정가격에 따라 그 매매가격이 정하여졌다는 것이므로
피고시의 내심적 효과의사와 그 표시와의 사이에 아무런 불일치가 있다고 할 수

없을 뿐만 아니라, 피고의 주장 자체에 의하더라도 이 사건 매매가 피고시의 시장이었던 소외 1의 배임행위에 의하여 이루어졌다는 이 사건에 있어서 이 사건 매매계약은 법률행위의 내용의 중요부분에 착오가 있다고 할 수 없으므로, 원심이 토지매매에 있어서 시가에 관한 착오는 매수인인 피고가 토지를 매수하려는 의사를 결정함에 있어 그 동기의 착오에 불과하다고 하여 피고의 주장을 배척한 조치는 그 판시이유에 의문의 여지가 있기는 하나 결과에 있어 정당하다.

☑ 쟁 점

위 판결은 매수인이 목적물의 시가를 잘 모르고 시가보다 고액으로 매수한 경우에 매수인이 착오를 이유로 그 매매계약을 취소할 수 있는지 여부가 문제된 것이다.

☑ 검토할 사항

◆ 착오의 의의를 살피시오.
◆ 법률행위의 내용의 착오와 동기의 착오의 차이점은 무엇인가?
◆ 시가의 착오의 경우 취소할 수 없는 이유는 무엇인가?

☑ 기타 검토사항

1) 목적물의 시가를 속이고 시가보다 고액으로 매도하는 것은 사기에 해당하는가? (대판 1959. 1. 29. 4291민상139, 대판 1993. 8. 13. 92다52665) 〈기초〉
2) 이 사안은 매도인이 아니라 그로부터 매매대금채권을 양수받은 사람이 매수인에 대하여 양수채권의 이행을 청구한 것이다. 만약 매수인의 취소가 정당하다고 한다면, 매수인은 누구에 대하여 취소의 의사표시를 해야 하는가? 매수인은 취소로서 양수인에게 대항할 수 있는가? 즉 매매대금채권의 양수인은 제109조 제2항에서 말하는 제3자에 해당하는가? (대판 2000. 7. 6. 99다51258, 대판 2004. 2. 28. 2003다70041) 〈응용〉

☑ 참고문헌

◆ 김학동, 성질의 착오, 고시계 39권 7호(1994. 06), 149면 이하.
◆ 송덕수, 착오에 관한 우리의 학설·판례, 한국민법이론의 발전 I(이영준박사 화갑기념논문집), 105면 이하, 1999.
◆ 윤형열, 의사표시의 일방적 착오에 대하여 ─ 착오의 유형을 중심으로 ─, 헌법학과 법학의 제문제, 462면 이하, 1996.
◆ 지원림, 착오의 효과, 아주대 사회과학논총 4호, 53면 이하, 1990.

II. 착오의 유형

1. 동기의 착오

● 판례 1

대판 1997. 9. 30. 97다26210 〈기초〉 ·······································

[사안] 甲(원고)은 乙(피고)로부터 이 사건 대지 및 건물을 매수하였는데, 매매계약이 체결된 후 10여 일이 경과한 1994. 3. 중순경 乙은 위 건물이 건축선을 1.45m 침범하여 건축되었음을 이유로 구청장으로부터 그 침범부분의 취소지시를 받게 되었다. 乙은 위와 같은 문제가 있음을 甲에게 알리고 계약해제 여부를 의논하였다. 그런데 乙이 甲에게 자신이 잘 아는 법률사무소에 알아보았는데 위 건물은 적법하게 준공검사가 난 건물이므로 구청장을 상대로 철거지시처분취소소송을 제기하면 틀림없이 이긴다고 하면서 변호사까지 소개하여 주는 등 전혀 문제가 없다고 하고, 甲 자신도 그 변호사 사무실에 가서 상담을 한바 틀림없이 소송에서 승소할 수 있다고 하였다. 그리하여 甲은 위 건물의 일부가 철거되지 않을 것이라고 믿고 위 매매계약을 해제하지 아니하고 乙에게 중도금 및 잔금을 지급하고 乙로부터 대지 및 건물에 관한 소유권이전등기를 경료받았다. 그런데 甲이 위 건물 중 건축선을 침범한 부분을 철거해야 하게 되었다. 그리하여 甲은 위 매매계약을 취소한다고 하면서 매매대금의 반환을 소구하였다.

[판지] 1) 동기의 착오가 법률행위의 내용의 중요부분의 착오에 해당함을 이유로 표의자가 법률행위를 취소하려면 그 동기를 당해 의사표시의 내용으로 삼을 것을 상대방에게 표시하고 의사표시의 해석상 법률행위의 내용으로 되어 있다고 인정되면 충분하고 당사자들 사이에 별도로 그 동기를 의사표시의 내용으로 삼기로 하는 합의까지 이루어질 필요는 없지만, 그 법률행위의 내용의 착오는 보통 일반인이 표의자의 입장에 섰더라면 그와 같은 의사표시를 하지 아니하였으리라고 여겨질 정도로 그 착오가 중요한 부분에 관한 것이어야 할 것이다. 다만 그 착오가 표의자의 중대한 과실로 인한 때에는 취소하지 못한다고 할 것인데, 여기서 '중대한 과실'이라 함은 표의자의 직업, 행위의 종류, 목적 등에 비추어 보통 요구되는 주의를 현저히 결여하는 것을 의미한다고 할 것이다. 2) 원심에 나타난

사실관계에 의하면, 원고가 이 사건 건물이 철거되지 않으리라고 믿은 것은 이
사건 매매계약과 관련하여 동기의 착오라고 할 것이지만, 원·피고 사이에 매매
계약의 내용으로 표시되었다고 볼 것이고, 나아가 원고뿐만 아니라 일반인이면
누구라도 이 사건 건물 중 건축선을 침범한 부분이 철거되는 것을 알았더라면 이
사건 대지 및 건물을 매수하지 아니하였으리라는 사정이 엿보이므로, 결국 원고
가 이 사건 매매계약을 체결함에 있어 그 내용의 중요부분에 착오가 있는 때에
해당한다고 할 것이고, 한편 피고의 위와 같은 적극적인 행위에 의하여 원고가
착오에 빠지게 된 점, 원고가 이 사건 건물의 일부가 철거되지 아니할 것이라고
믿게 된 경위 등 기록에 나타난 제반 사정에 비추어 보면 위 착오가 원고의 중대
한 과실에 기인한 것이라고 할 수 없다.

☑ 쟁   점

위 판결은 건물에 대한 매매계약 체결 직후 건물이 건축선을 침범하여 건축된 사실
을 알았으나 매도인이 준공검사가 난 건물이므로 행정소송을 통해 철거지시를 취소
할 수 있다고 하여 매수인이 그 말을 믿고 매매계약을 해제하지 않고 대금지급의무
를 이행하였으나 위 침범부분을 철거하지 않을 수 없게 된 경우, 매수인이 매매계약
을 취소할 수 있는가 하는 점이 문제된 것이다.

☑ 검토할 사항

◆ 매수인이 건축선을 침범한 건물 부분을 철거하지 않아도 된다고 생각하였으나 이
  를 철거하지 않을 수 없게 된 경우, 매수인의 착오는 동기의 착오인가?
◆ 동기의 착오는 원칙적으로 취소사유가 되는가? 그 근거는 무엇인가?
◆ 동기의 착오가 법률행위의 내용의 착오로 되기 위한 요건은 무엇인가?

☑ 관련사례

1) A는 이웃 토지의 소유자 B가 자신의 건물이 토지경계선을 침범하였다고 주장하여
   경계침범에 대한 보상금을 지급(증여)하였는데, 후에 자신의 토지가 경계선을 침범
   하지 않았음이 밝혀졌다. A는 착오를 이유로 증여의 의사표시를 취소할 수 있는
   가? (대판 1997. 8. 26. 97다6063) 〈기초〉
2) 시 공무원이 법령상의 근거 없이 공원의 휴게소시설의 사용허가를 받기 위해서는
   휴게소부지 및 주위 토지를 기부채납해야 한다고 하여 공원 주위 토지의 소유자가
   그러한 조건에 따라 소유 토지를 기부채납한 경우에, 증여자는 증여의 의사표시를
   취소할 수 있는가? (대판 1990. 7. 10. 90다카7460) 〈응용〉

☑ 참고문헌

◆ 김대정, 동기의 착오에 관한 민법 제109조의 연혁적 고찰, 인천대 인천법학 4집, 137면 이하, 1989.
◆ 김준호, 상대방에 유발된 동기의 착오, 사법연구 제2집, 314면 이하, 1994.
◆ 김학동, 동기의 착오에 관한 판례의 검토, 민사법학 38호, 351면 이하, 2007. 9.
◆ 황형모, 동기의 착오에 기한 법률행위의 취소, 판례연구 2집(부산판례연구회), 29면 이하.

● 판례 2

대판 1996. 3. 26. 93다55487 〈응용〉 ···

[사안]   甲(원고)이 乙(피고들)로부터 이 사건 부동산(4층의 여관건물과 그 대지)을 금 422,000,000원에 매수함에 있어서, 계약금과 중도금만을 준비하고 잔금 182,000,000원은 이를 준비하지 못하여 계약체결을 망설였다. 그러자 소개인인 A(소외 배동수)가 잔금지급은 위 부동산을 잔금지급 전에 미리 담보로 넣어 은행이나 보험회사로부터 대출을 받아 해결할 수 있다고 종용하자, 甲은 그렇게 대출을 받을 수 있는 것으로 믿고 대출을 받아 잔금을 지급하기로 하고, 乙에게 자신의 이와 같은 자금사정을 알리고 乙의 협조를 부탁하였다. 이에 乙이 甲의 부탁을 받아들여 잔금지급 전에 甲이 위 부동산을 담보로 하여 은행이나 보험회사로부터 대출을 받을 수 있도록 협조하여 주기로 약속하였다. 그런데 위 부동산은 당시 소외 제3자에게 임대되어 있었는데, 당시 은행이나 보험회사의 대출관계 규정에 의하면 건물의 연면적의 반 이상이 임대되고 있는 제3자 소유의 부동산을 담보로 하는 대출은 금지되었기 때문에 위 부동산을 담보로 하는 대출은 불가능하였다. 甲은 이와 같이 대출을 받을 수 없는 사정을 모른 채, 乙과 매매계약을 체결하였다. 그 후 甲이 대출이 불가능하다는 점을 알고는, 乙에 대하여 위 매매계약을 취소한다고 하면서 손해배상을 소구하였다.

[원심]   원고는 이 사건 부동산을 담보로 하여 대출을 받아 매수대금의 일부를 조달할 수 있을 것으로 착각하고 위 매매계약을 체결하였으므로 위 매매계약 체결의 동기에 착오가 있었다 할 것인데, 위 동기는 상대방인 피고들에게 표시되어 있었을 뿐 아니라 위 매매계약의 내용을 이루고 있었다 할 것이고, 또한 원고가 위 매매계약을 체결할 당시 위 부동산을 담보로 위 대금 잔금을 대출받을 수 없

다는 사정을 알았더라면 위 매매계약을 체결하지 아니하였을 것임이 명백하므로 위 동기의 착오는 법률행위 내용의 중요한 부분에 관한 착오라고 하여, 원고의 착오를 이유로 하는 위 매매계약의 취소의 주장은 이유 있다고 판단하였다.

[판지] 의사표시는 법률행위의 내용의 중요부분에 착오가 있는 때에는 취소할 수 있고 의사표시의 동기에 착오가 있는 경우에는 당사자 사이에 그 동기를 의사표시의 내용으로 삼았을 때에 한하여 의사표시의 내용의 착오가 되어 취소할 수 있는 것이며, 법률행위의 중요부분의 착오라 함은 표의자가 그러한 착오가 없었더라면 그 의사표시를 하지 않으리라고 생각될 정도로 중요한 것이어야 하고 보통 일반인도 표의자의 처지에 섰더라면 그러한 의사표시를 하지 않았으리라고 생각될 정도로 중요한 것이어야 한다. 원고가 이 사건 부동산을 매수하면서 잔금지급 전에 위 부동산을 은행 등에 담보로 넣어 대출을 받아 잔금을 마련하기로 계획을 세우고 피고들에게 이와 같은 자금마련 계획을 알려 피고들이 원고의 부탁을 받아들여 잔금지급 전에 원고가 은행 등으로부터 대출을 받을 수 있도록 협조하여 주기로 약속하였다는 사실만으로, 바로 원고가 위 계획하였던 대출이 제대로 이루어질 수 없는 경우에는 이 사건 부동산을 매수하지 아니하였을 것이라는 사정을 피고들에게 표시하였다거나 피고들이 이러한 사정을 알고 있었다고 단정할 수는 없다 할 것이고, 원심이 들고 있는 관계 증거들을 기록에 비추어 살펴보아도 위와 같은 사정이 피고들에게 표시되고 피고들이 이를 알고 있었음을 인정하기에 넉넉한 자료가 보이지 아니하니, 원고가 위와 같이 대출을 받아 잔금을 지급하려 하였던 원고의 잔금지급 방법이나 계획이 이 사건 매매계약의 내용의 중요한 부분으로 되었다고 할 수 없는 것이라 할 것이다.

☑ 쟁   점

위 판결은 매수인이 매수할 부동산을 담보로 은행으로부터 대출받아 매매대금의 일부를 조달할 계획이었고 매도인도 이에 협조하기로 하여 매매계약을 체결하였는데 위 부동산을 담보로 대출받을 수 없게 된 경우, 매수인은 매매계약을 취소할 수 있는가 하는 점이 문제된 것이다.

☑ 검토할 사항

◆ 매수인이 매수부동산을 담보로 하여 대출을 받아 매수대금의 일부를 조달할 수 있을 것으로 생각하였으나 은행의 대출관계 규정으로 인하여 대출받을 수 없게 된

경우, 매수인의 대출을 받을 수 있다고 착각한 것이 동기의 착오에 해당하는가?

◆ 판결이 매도인에게 표시되지 않았다고 한 것은 무엇인가? 즉 단지 매수인의 위와 같은 대금조달계획 자체인가, 아니면 계획했던 대출이 제대로 이루어질 수 없는 경우에는 부동산을 매수하지 않으리라는 점인가?

☑ 관련사례

1) A 주식회사가 퇴직근로자 B에게 체불임금의 50% 정도를 포기하면 회사 정상화 이후 재고용이 이루어지도록 노력하겠다고 하였고, 을은 재고용이 될 것으로 생각하여 체불임금 일부를 포기하는 내용의 합의를 하였으나 A 회사에 의한 재고용이 이루어지지 않았다. B는 체불임금의 일부를 포기한다는 위 합의를 착오를 이유로 취소할 수 있는가? (대판 2012. 12. 13. 2012다65317) 〈응용〉

2) 주거용 주상복합건물의 수분양자가 일정한 조망·일조가 확보되리라고 믿고 분양계약을 체결하였으나 제3자 소유의 인접토지에 지상 건물의 건축으로 인하여 조망·일조가 확보되지 않은 경우 동기의 착오를 이유로 분양계약을 취소할 수 있는가? (대판 2010. 4. 29. 2009다97864) 〈심화〉

☑ 기타 검토사항

1) 만약 甲이 매매목적인 부동산을 담보로 은행으로부터 매매잔금을 대출받을 것을 조건으로 매매계약을 체결하였다면, 매매계약의 운명은 어떻게 될 것인가?

2. 소위 서명의 착오

● 판례 1

대판 2005. 5. 27. 2004다43824 〈응용〉 ···

[사안] 항공회사 甲(제1심 공동피고)은 운송회사 A와 체결한 운송계약상의 채무를 담보하기 위하여 乙(원고)과 사이에 이행보증보험계약을 체결하였는데, 乙에 대한 구상금채무를 담보하기 위하여 乙에게 연대보증인을 세우기로 하였다. 甲의 대표이사 B(제1심 공동피고)와 이사 C는 연대보증서류(이행보증보험약정서)를 신원보증서류라고 속여 연대보증을 받아내기로 공모하고, C가 자신의 매형 D에게 D의 아들 K를 위한 신원보증을 해 줄 사람을 소개시켜 달라고 하여 D가 丙(피고)에게 신원보증을 부탁하였다. 그리하여 丙이 D의 말에 속아 위 이행보증보험약정서를 K를 위한 신원보증서류로 알고 이의 연대보증인란에 서명날인하였다(B와 C는 이로 인하여 사기죄로 기소되어 유죄판결이 확정되었다). 甲이 A에 대한 위 운

송계약상의 채무를 이행하지 아니하여, 乙이 A의 청구에 응하여 A에게 보험금을 지급하였으며, 이에 기해서 乙이 甲과 丙에 대하여 구상금의 지급을 소구하였다. 丙은 이에 대하여, 자신은 신원보증서류에 서명날인하는 것으로 잘못 알고 위 이행보증보험약정서를 읽어보지 않은 채 서명날인한 것일 뿐 연대보증약정을 한 사실이 없다고 하면서 그 이행을 거절하였다.

[원심] 비록 피고 丙의 내심의 의사가 甲에 대하여 K의 신원보증을 하고자 한 것이었다 하더라도 위 이행보증보험약정서에 드러난 그의 의사표시는 원고에 대하여 甲의 위 이행보증보험계약상 채무를 연대보증하겠다는 것이라고 봄이 상당하고, 원고가 이를 받아들임으로써 원고와 피고 丙 사이에 연대보증약정이 성립된 이상, 피고 丙이 B와 C의 기망행위로 말미암아 착오를 일으켜 위 이행보증보험약정서에 서명날인하게 되었다는 앞서 본 사정은 피고 丙이 계약상대방 아닌 제3자의 사기에 의하여 하자있는 의사표시를 하였다는 것에 불과하고, 원고가 이를 알았거나 알 수 있었다고 볼 만한 아무런 증거도 없으니 결국 피고 丙으로서는 그러한 사정만으로 위 연대보증약정의 효력을 다툴 수 없다고 판단하여, 원고의 피고 丙에 대한 청구를 인용하였다.

[판지] 1) 사기에 의한 의사표시란 타인의 기망행위로 말미암아 착오에 빠지게 된 결과 어떠한 의사표시를 하게 되는 경우이므로 거기에는 의사와 표시의 불일치가 있을 수 없고, 단지 의사의 형성과정, 즉 의사표시의 동기에 착오가 있는 것에 불과하며, 이 점에서 고유한 의미의 착오에 의한 의사표시와 구분되는데, 이 사건의 경우 피고 丙은 신원보증서류에 서명날인한다는 착각에 빠진 상태로 연대보증의 서면에 서명날인한 것으로서, 결국 위와 같은 행위는 강학상 기명날인의 착오(또는 서명의 착오), 즉 어떤 사람이 자신의 의사와 다른 법률효과를 발생시키는 내용의 서면에, 그것을 읽지 않거나 올바르게 이해하지 못한 채 기명날인을 하는 이른바 표시상의 착오에 해당하므로, 비록 위와 같은 착오가 제3자의 기망행위에 의하여 일어난 것이라 하더라도 그에 관하여는 사기에 의한 의사표시에 관한 법리, 특히 상대방이 그러한 제3자의 기망행위 사실을 알았거나 알 수 있었을 경우가 아닌 한 의사표시자가 취소권을 행사할 수 없다는 민법 제110조 제2항의 규정을 적용할 것이 아니라, 착오에 의한 의사표시에 관한 법리만을 적용하여 취소권 행사의 가부를 가려야 할 것이다. 2) 이 사건에서 피고 丙은 위 연대보증약정이 착오에 기한 의사표시임을 이유로 이를 취소한다는 주장을 한 바

없으나, 취소의 의사표시란 반드시 명시적이어야 하는 것은 아니고, 취소자가 그 착오를 이유로 자신의 법률행위의 효력을 처음부터 배제하려고 한다는 의사가 드러나면 족한 것이며, 취소원인의 진술 없이도 취소의 의사표시는 유효한 것이다. 그러므로 피고 丙의 주장, 즉 신원보증서류에 서명날인하는 것으로 잘못 알고 위 이행보증보험약정서를 읽어보지 않은 채 서명날인한 것일 뿐 연대보증약정을 한 사실이 없다는 주장은 위 연대보증약정을 착오를 이유로 취소한다는 취지로 보지 못할 바 아니다. 그렇다면 원심으로서는 마땅히 이러한 점을 석명하도록 하여 피고 丙의 주장을 정리시킨 후 의사표시의 착오에 관한 법리와 규정을 적용하여 심판하였어야 한다. 그럼에도 불구하고 원심은 피고 丙의 주장을, 그가 계약상대방이 아닌 제3자인 B, C의 사기에 속아 하자있는 의사표시를 하였다는 취지에 불과하다고 보고, 원고가 그러한 사정을 알았거나 알 수 있었다고 볼 만한 아무런 증거도 없다는 이유 설시만으로써 이를 배척하고 말았으니, 이러한 원심의 조치에는 석명의무를 다하지 아니하고 의사표시에 있어서 사기와 착오에 관한 법리를 오해하여 판결 결과에 영향을 미친 위법이 있다 할 것이다.

☑ 쟁   점

위 판결은 서류가 신원보증서라고 하여 이를 믿고 서명 날인하였는데 그것이 이행보증보험약정서인 경우, 서명자는 착오를 이유로 취소할 수 있는가 하는 점 및 보증계약서를 신원보증서류로 잘못 알고 이에 서명한 것이므로 보증약정을 한 사실이 없다고 하는 주장이 취소의 의사표시로 인정되는가 하는 점이 문제된 것이다.

☑ 검토할 사항

◆ 위와 같은 착오가 강학상의 '표시의 착오'에 해당하는가?

◆ 서류가 신원보증서로 알고 서명 날인하였는데 그것이 이행보증보험약정서인 경우, 서명자의 착오는 법률행위의 내용의 착오에 해당하는가?

◆ 타인의 기망에 의하여 서류의 내용을 잘못 알고 서명한 경우, 서명자는 착오를 이유로 취소할 수 있는가?

◆ 신원보증서류로 잘못 알고 보증계약서에 서명한 것일 뿐 보증약정을 한 사실이 없다고 주장하는 것은 취소의 의사표시로 되는가?

◆ 착오를 이유로 취소하기 위해서는 상대방이 표의자가 착오에 빠져 있음을 인식하였거나 인식할 수 있어야 하는가?

☑ 기타 검토사항

1) 위 사안에서 보증계약의 당사자는 누구이고, 丙을 기망한 자는 누구인가?
2) 위 사안에서 丙은 사기를 이유로 취소할 수 있는가? 그 근거는 무엇인가? (대판 1999. 2. 23. 98다60828, 60835) 〈기초〉

● 판례 2

대판 2006. 12. 7. 2006다41457 〈기초〉 ·······································

[사안] 甲(원고)은 A가 乙(피고)로부터 3,750만원을 차용함에 있어서 A의 차용금반환채무를 보증할 의사로 이 사건 공정증서에 연대보증인으로 서명·날인하였다. 그런데 위 공정증서는 A의 乙에 대한 기존의 구상금채무 등에 관한 준소비대차계약에 관한 것이었다. 그 후 위 공정증서에 기해서 甲의 재산에 강제집행이 행해지자, 甲은 위 공정증서의 내용을 잘못 알고 이에 서명·날인한 것이므로 이는 착오에 의한 것으로서 이를 취소한다고 하면서 청구이의의 소를 제기하였다.

[원심] 원고는 A이 피고로부터 차용할 3,750만원의 반환채무를 보증할 의사로 이 사건 공정증서에 연대보증인으로 서명·날인하였으나, 원고의 의사와 달리 이 사건 공정증서는 A의 피고에 대한 기존의 구상금채무 등에 관한 준소비대차계약 공정증서였으므로, 원고의 서명·날인행위는 착오에 의한 것이고, 이와 같은 착오는 법률행위의 중요부분에 관한 착오에 해당한다고 판단하였다.

[판지] 법률행위의 내용의 중요부분에 착오가 있는 때에는 의사표시를 취소할 수 있는바, 착오가 법률행위 내용의 중요부분에 있다고 하기 위하여는 표의자에 의하여 추구된 목적을 고려하여 합리적으로 판단하여 볼 때 표시와 의사의 불일치가 객관적으로 현저하여야 하고, 만일 그 착오로 인하여 표의자가 무슨 경제적인 불이익을 입은 것이 아니라고 한다면 이를 법률행위 내용의 중요부분의 착오라고 할 수 없다. 소비대차계약과 준소비대차계약의 법률효과는 동일한 것이어서, 비록 원고가 이 사건 준소비대차계약 공정증서를 읽지 않거나 올바르게 이해하지 못한 채 서명·날인을 하였다고 하더라도 그 공정증서가 원고의 의사와 다른 법률효과를 발생시키는 내용의 서면이라고 할 수는 없으므로 표시와 의사의 불일치가 객관적으로 현저한 경우에 해당하지 않을 뿐만 아니라, 원고로서는 A이 피고에게 부담하는 3,750만원의 차용금반환채무를 연대보증할 의사를 가지고 있

었던 이상, 그 차용금이 공정증서 작성 후에 비로소 A에게 교부되는 것이 아니라 A이 피고에게 지급하여야 할 구상금 등을 소비대차의 목적으로 삼은 것이라는 점에 대하여 원고가 착오를 일으켰다고 하더라도 그로 인해 원고가 무슨 경제적인 불이익을 입었거나 장차 불이익을 당할 염려가 있는 것은 아니므로, 위와 같은 착오는 이 사건 연대보증계약의 중요부분에 관한 착오라고 할 수 없다(그러한 착오는 이른바 동기의 착오에 해당한다고 할 것인데, 설령 원고가 이 사건 연대보증계약에 이르게 된 동기가 상대방인 피고에게 표시되고 의사표시의 해석상 법률행위의 내용으로 되어 있음이 인정된다고 해도 그것이 연대보증계약의 중요부분의 착오로 될 수 없음은 마찬가지이다).

☑ 쟁　점

　　위 판결은 주채무자의 차용금반환채무를 보증할 의사로 공정증서에 연대보증인으로 서명·날인하였으나 그 공정증서가 주채무자의 기존의 구상금채무 등에 관한 준소비대차계약의 공정증서이었던 경우, 보증인의 착오가 연대보증계약의 중요부분의 착오인지 여부가 문제된 것이다.

☑ 검토할 사항

　　◆ 주채무자의 차용금반환채무를 보증할 의사로 공정증서에 연대보증인으로 서명·날인하였으나 그 공정증서가 주채무자의 기존의 구상금채무 등에 관한 준소비대차계약의 공정증서이었던 경우, 보증인의 착오는 동기의 착오인가?
　　◆ 이 사안과 앞의 2004다43824의 사안과의 같은 점과 다른 점을 살피시오.
　　◆ 위 판결이 甲의 착오는 법률행위의 중요부분에 관한 것이 아니라고 판단한 이유는 무엇인가?

☑ 참고문헌

　　◆ 송덕수, 착오론의 체계와 법률효과의 착오, 민사법학 제9·10호, 96면 이하, 1993.

3. 목적물에 관한 착오

(1) 동일성의 착오

대판 1997. 11. 28. 97다32772, 32789 〈기초〉 ·······························

[사안]　甲(원고)은 부동산중개인 A의 중개를 통하여 乙(피고)과 X점포(시장의 통

로 안쪽에 위치)를 매수하기로 하는 매매계약을 체결하였는데, 甲은 시장 내에 있는 Y점포(시장 통로의 바깥쪽에 위치)를 X점포로 잘못 알고 이를 매수한 것이었다. 이 매매계약의 체결과정을 보면, 乙이 A에게 X점포를 가리키면서 이를 매도해 줄 것을 의뢰하였었는데, X점포는 상가 복도 건너편에 있어서 당시 乙과 A가 서 있던 자리에서는 Y점포를 통해서 보였으며(양 점포는 모두 유리문으로 되어 있음), 그리하여 A는 乙이 매도의뢰한 것이 Y점포인 것으로 알고, 평소 Y점포에 관심을 보였던 甲에게 이의 매수를 중개하였던 것이다. 그리하여 甲이 A의 말을 믿고 매매목적물이 Y점포로 알고 위 매매계약을 맺은 것이었다. 甲은 착오를 이유로 위 매매계약을 취소한다고 하면서, 계약금의 반환을 소구하였다. 그런데 甲은 X점포 인근에서 식당을 경영하던 사람으로서 점포배치도 등에 의하여 X점포의 위치를 쉽게 확인할 수 있었으나 A의 말만 믿고 스스로 X점포의 위치를 확인하지 않은 채 계약을 맺은 것이었다.

[판지]   1) 원고가 매매목적물인 점포를 X점포와 다른 점포인 Y로 오인한 것은 동기의 착오가 아니라 내용의 착오 중 목적물의 동일성에 대한 착오로서 중요부분의 착오에 해당한다. 2) 제109조 제1항 단서에서 규정하는 '중대한 과실'이란 표의자의 직업, 행위의 종류, 목적 등에 비추어 보통 요구되는 주의를 현저히 결여한 것을 말하는 것이다. 원고는 X점포 인근에서 식당을 경영하였으므로 위 시장의 내부를 잘 알고 있었을 것이고 쉽게 X점포 및 Y상회의 현황을 직접 확인할 수 있었음에도 불구하고 부동산중개업자인 A의 말만 믿고 서둘러 매매계약을 체결한 점, 그리고 甲은 점포배치도에 의하여 X점포의 위치를 쉽게 확인할 수 있었는데도 배치도가 A의 사무실에 비치되어 있지 않아 이미 착오에 빠져 있는 A의 말만 믿고 스스로 이 사건 점포의 위치를 확인하지 아니한 점에 비추어 볼 때, 원고가 위와 같은 착오에 빠진 것에 원고 자신의 과실이 없다 할 수는 없다. 그러나 거래당사자 사이의 권리의 득실변경에 관한 행위의 알선을 업으로 삼고 있어 고도의 직업적인 주의의무를 부담하고 있는 부동산중개업자의 지위나 중개행위를 함에 있어 고의 또는 과실로 거래당사자에게 재산상의 손해를 받게 할 때에는 그 손해를 배상하도록 한 부동산중개업법 제19조의 규정에 비추어 보면, 부동산중개업자에게 중개를 의뢰하여 매매 등의 계약을 체결하는 일반인으로서는 부동산중개업자가 전문적인 지식과 경험을 가진 것으로 신뢰하고 그의 개입에 의한 거래조건의 지시·설명에 과오가 없을 것이라고 믿고 거래하는 것이라는 점, 원

고는 A의 말을 믿어 착오에 빠지게 되었지만 A가 착오에 빠지게 된 과정에 명확하게 X점포를 지적하지 아니하였던 피고의 잘못도 개입되어 있는 점, 이 사건의 경우와 같이 중개인을 통하여 하는 부동산매매거래에 있어 언제나 매수인 측에서 매매목적물을 현장에서 확인하여야 할 의무까지 있다고 할 수 없을 뿐만 아니라, 매매당사자에게 중개업자가 매매목적물을 혼동한 상태에 있는지의 여부까지 미리 확인하거나 주의를 촉구할 의무까지는 없다고 할 것인 점 등 이 사건 매매중개와 계약체결의 경위 및 부동산매매 중개업의 제반 성질에 비추어 볼 때, 원고가 Y상회를 매매계약의 목적물인 X점포라고 오인한 과실이 중대한 과실이라고 단정하기는 어렵고, 원·피고 쌍방을 위하여 중개행위를 한 A 스스로 매매계약의 목적물이 Y상회라고 오인한 채 원고에게 알려 준 과실을 바로 원고 자신의 중대한 과실이라고 평가할 수도 없다.

☑ 쟁   점

위 판결은 중개인이 지시하는 점포(Y)가 매매목적물인 점포(X)로 알고 매수한 경우, 매수인에게 중과실이 있다고 할 것이냐 하는 점이 문제된 것이다.

☑ 검토할 사항

◆ 중과실의 의의를 살피시오.

◆ 중과실에 관한 입증책임은 누가 부담하는가?

◆ 매수인에게 중과실이 없다고 한 이유는 무엇인가?

☑ 관련사례

1) 공인된 중개사나 신뢰성 있는 중개기관을 통하지 않고 개인적으로 토지 거래를 하면서, A는 X임야를 Y임야로 오신한 채 X임야의 소유자를 찾아내어 X임야에 대한 매매계약을 체결하였는데, A는 위 매매계약 체결 전에 X임야에 대한 임야도 및 임야대장 등의 지적공부를 확인하지 않았다. A는 착오를 이유로 위 매매계약을 취소할 수 있는가? (대판 2009. 9. 24. 2009다40356, 40363) 〈응용〉

☑ 기타 검토사항

1) 중과실에 관한 입증책임은 누가 부담하는가? (대판 2008. 1. 17. 2007다74188) 〈기초〉

(2) 토지의 현황 경계에 관한 착오

대판 1974. 4. 23. 74다54 〈기초〉 ••••••••••••••••••••••••••••••••••

[사안] 甲(원고)은 1971. 4. 2. A의 소개로 乙(피고) 소유의 이 사건 X토지(전 1,800평) 외 4필지의 토지(합계 3,737평)를 매수하였다. X토지는 매매계약체결 당시 공부(公簿)상으로는 전(田)으로 되어 있었으나 실제로는 하천의 유수의 변동으로 그 중 1,355평은 하천부지로 그 지상에 물이 흐르고 나머지 445평은 자갈밭과 무너진 뚝을 이루고 있었는데, 甲은 乙로부터 위 토지의 매매알선을 의뢰받고 乙을 대신하여 현장을 안내하는 A와 함께 위 매매목적물인 토지를 돌아보고 A로부터 X토지가 위 하천에 인접하고 있는 부분이라고 지적받고(A도 X토지의 상당 부분이 하천부지로 되었다는 사실을 알지 못하였음), X토지가 A가 지적한 데 있는 농지인 것으로 잘못 알고 계약을 체결하였던 것이다. 그리하여 甲은 乙에 대하여 토지 전부에 관한 위 매매계약을 취소한다고 하면서 손해배상을 소구하였다.

[판지] 1) 원고가 사전에 X토지가 하천부지 등이란 사실을 알았더라면 1,800평의 X토지에 대한 매매계약을 체결하지 아니하였을 뿐만 아니라, 원고가 이러한 사실을 알지 못하였음에 중대한 과실이 있었다고도 볼 수 없다. 2) 원고는 매매목적물의 전부인 3,737평에 대한 매매계약의 취소를 구하나, 문제의 토지인 1,800평에 대하여서만 그 현황 경계에 관한 착오가 매매계약의 중요부분에 대한 착오로서 취소되었고, 나머지 4필지의 토지에 대한 매매계약은 여전히 유효하다.

☑ 쟁   점

위 판결은 매매목적물인 X토지가 밭인 것으로 알고 샀는데 그 중 일부가 하천부지인 경우, 매수인이 착오를 이유로 매매계약을 취소할 수 있는가 하는 점이 문제된 것이다.

☑ 검토할 사항

◆ 매매목적물이 밭이라고 생각하였는데 그 일부가 하천부지인 경우에 그러한 착오는 법률행위의 내용의 착오인가?

◆ X토지 중 일부가 하천부지임에도 X토지의 매매 전체가 취소되는가?

(3) 목적물의 성질 · 상태에 관한 착오

㈎ 법률적 장애

● 판례 1

대판 1995. 11. 21. 95다5516 〈기초〉 ·······························

[사안]　甲(원고)은 乙(피고, 광주시)로부터 X토지를 매수하기로 하는 매매계약을
체결하고 당일 계약금을 지급하였다. 甲은 건설업체로서 매매계약 체결시에 위
토지 위에 근로자복지아파트 300여 세대를 건축하기 위하여 토지를 매수하는 것
이라고 그 매수동기를 주무계장인 도시정비계장 등에게 표시하였으며, 위 토지
위에 아파트를 건축하기 위해서는 용적률이 220% 내지 280% 정도 되어야 하는
데 乙의 다른 지역의 일반 공동주택부지의 용적률이 220% 이상이므로 甲은 위
토지의 용적률도 그 정도 될 줄 알고 매매계약을 체결하였으나, 실제로는 위 토
지의 용적률이 교통영향평가를 고려하여 145%로 이미 결정되어 있었으며, 그럼
에도 乙은 이를 甲에게 고지하거나 매각공고에 기재하지 않았다. 甲은 1993. 3.
22. 위 토지 위에 용적률을 284.35%로 하여 근로자복지아파트 20층 3개동(376
세대)의 건설을 위한 입지심의신청을 하였으나 위 용적률 145%를 초과할 수 없
다는 회신을 받았는데, 甲은 이 회신을 받고서야 비로소 위 토지의 용적률을 알
게 되었으며, 이러한 용적률로는 위 토지 위에 건축할 수 있는 공동주택의 세대
수가 위 신청 규모의 약 절반으로 줄어들어 버려 甲이 매매계약 체결시에 표시한
근로자아파트 300여 세대의 건축은 불가능하게 되었다. 그리하여 甲이 乙에 대하
여 위 매매계약을 취소한다고 하면서 손해배상을 청구하였다. 그런데 그 후 乙은
위 토지를 다른 회사에게 매도하고 토지용적률을 280%로 올려주어 아파트건축공
사가 진행 중에 있다.

[판지]　원고가 위 토지 위에 아파트 300여 세대를 건축하기 위하여 이를 매수
한다는 동기는 매매계약 체결시에 표시되어 그 매매계약의 중요부분이 되었다는
점에 관한 원심의 인정 판단은 원심판결이 설시한 증거 관계에 비추어 옳은 것으
로 여겨진다. 이 사건 매매계약은 그 의사표시의 동기에 착오가 있고 그 동기가
상대방에게 표시되어 의사표시 내용의 중요부분의 착오로 인정되므로, 원고가 이
를 취소할 수 있다. 이와 같은 중요부분의 착오는 표의자가 그 동기를 당해 의사
표시의 내용으로 삼을 것을 상대방에게 표시하고 의사표시의 해석상 법률행위의

내용으로 되어 있다고 인정되면 충분하고, 당사자들 사이에 별도로 그 동기를 의사표시의 내용으로 삼기로 하는 합의까지 이루어질 필요는 없다. 또 원고는 위 토지에 대한 2회의 공매입찰이 유찰된 이후에 피고시 주무계장으로부터 건축법상 아무런 제한이 없다는 확인을 받고서 그 매매계약을 체결한 이상, 원고에게 매매계약시 토지 용적률을 알지 못한 데 중대한 과실이 있다고 할 수 없다.

☑ 쟁　점

　　위 판결은 매수인이 토지 위에 300여 세대의 아파트를 건축하기 위하여 토지를 매수하였는데 용적률이 낮아 그러한 수의 아파트를 건축할 수 없게 된 경우, 매수인이 착오를 이유로 매매계약을 취소할 수 있느냐 하는 점이 문제된 것이다.

☑ 검토할 사항

　◆ X토지가 '일정 규모의 아파트를 건설할 수 있는 토지'라고 생각하여 이를 매수한 경우에, 매매목적물은 단지 X토지인가, 아니면 '일정 규모의 아파트를 건설할 수 있는 X토지'인가? 즉 매수인이 가졌던 목적물 자체의 성질에 관한 생각은 의사표시의 내용이 되는가?

☑ 관련사례

　1) A는 X임야에 축사를 지어 한우를 사육하기 위하여 B로부터 이를 매수하였는데, 며칠 후 위 임야는 도시계획법에 의해서 시장·군수의 허가 없이는 공작물의 신·개축할 수 없는 시설녹지 혹은 장차 도로가 개설될 예정인 도로부지 등으로 편입되어 있어서 이를 그와 같은 용도로 사용할 수 없음을 알게 되었다. A는 위 매매계약을 취소할 수 있는가? (대판 1984. 10. 23. 83다카1187) 〈기초〉

　2) A가 공장을 설립할 목적으로 B로부터 지목이 임야 또는 전인 토지를 매수하였는데, 위 토지는 법령상 장애로 공장을 설립할 수 없는 토지였다. A는 계약체결 이전에 토지를 현장 답사하고 이에 관한 임야대장과 도시계획 사실관계확인서를 발급받아 보았으며, 계약체결시에 B에게 매매계약서상 단서로 공장건축허가가 가능하다는 확인을 요청하였으나 매도인이 이를 거절하여 A는 더 이상 다른 요청을 하지 아니하였다. 다만 B는 A에 대하여 위 토지상에 공장건축이 가능할 것이라는 의견을 말한 적은 있다. 그 외에 위 토지는 다른 대지에 비해서 그 값이 훨씬 저렴하였다. A는 매매계약을 취소할 수 있는가? (대판 1993. 6. 29. 92다38881) 〈응용〉

☑ 기타 검토사항

　1) 착오와 담보책임과의 관계를 살피시오. (서울고법 1980. 10. 31. 80나2589) 〈심화〉

☑ 참고문헌

　　◆ 김학동, 법률적 장애에 관한 판례 고찰, 성균관법학 19권 2호, 57면 이하, 2007.

● 판례 2

대판 2007. 8. 23. 2006다15755 〈응용〉 ·····················

[사안]   이 사건 토지는 국가(피고)의 소유로서, 부산광역시 해운대구가 도시관리계획상 체육시설 부지인 주차장과 운동장 용도로 지정하여 둔 것이다. 그런데 甲(원고들)은 위 토지를 매수하여 그 지상에 공동주택 및 호텔, 상업 및 부대시설을 신축하여 개발할 의도로 국가로부터 수의계약에 의하여 이를 매수하였다. 국가는 이 사건 매매 이전에 공매에 의한 매각을 시도하였으나 수차례 유찰된 바 있었는데, 공매공고시 '매각재산은 각종 토지이용관계 법령에 의한 토지이용 제한사항이나 특정 목적 외의 사용제한 상태로 그대로 매각하는 것임'을 조건으로 하였으며, 甲과의 매매에 있어서도 건축을 전제로 하거나 건축의 법령상 제한을 철폐할 것을 보증한 바가 없다. 甲은 매매계약 후 도시계획의 변경을 시도하였으나 성사되지 않아, 위 토지 상에 공동주택, 호텔 등을 신축하는 사업에 대한 인·허가를 받지 못하였다. 그리하여 甲이 매매대금의 지급을 지체하자, 국가가 위 매매계약을 해제한다고 통지하였다. 이에 甲은 국가에 대하여——주위적 청구로서 국가의 하자없는 목적물의 이전의무와 자신의 잔금지급의무가 동시이행관계에 있으므로 자신의 잔금지급 지체를 이유로 한 국가의 계약해제는 부적법하고 따라서 위 매매계약은 유효하게 존속한다고 하여 매매를 원인으로 한 소유권이전등기절차의 이행을 청구하는 한편——예비적 청구로서, 자신들은 위 매매 당시 장차 도시계획이 변경되어 자신들이 이 사건 토지 상에 공동주택, 호텔 등을 신축하는 사업에 대한 인·허가를 받을 수 있을 것이라고 생각하였으나 그 후 생각대로 되지 않았으므로 이는 착오에 기한 것으로서 취소한다고 하면서 이미 지급했던 계약금의 반환을 청구하였다.

[판지]   원심은 원고들이 이 사건 매매 당시 장차 도시계획이 변경되어 자신들이 이 사건 토지 상에 공동주택, 호텔 등을 신축하는 사업에 대한 인·허가를 받을 수 있을 것이라고 생각하였으나 그 후 생각대로 되지 않았다 하더라도, 이는 법률행위 당시를 기준으로 장래의 미필적 사실의 발생에 대한 기대 또는 예상이

빗나간 것에 불과할 뿐 이를 착오라고 할 수는 없다는 이유로, 원고들의 위 예비적 청구를 배척하였는바, 기록에 의하여 살펴보면, 이러한 원심의 조치는 옳다.

☑ 쟁   점

위 판결은 매수인이 매매 당시 목적토지 상에 공동주택, 호텔 등을 건축할 수 없는 법률상의 장애가 있음에도 장차 도시계획이 변경되어 공동주택, 호텔 등의 신축에 대한 인·허가를 받을 수 있으리라고 생각하고 이를 매수하였으나 도시계획이 변경되지 않은 경우, 매수인이 착오를 이유로 취소할 수 있는가 하는 점이 문제된 것이다.

☑ 검토할 사항

◆ 매수인이 법률상의 장애로 인하여 목적토지 상에 공동주택, 호텔 등을 건축할 수 없음을 알면서도 장차 도시계획이 변경되어 공동주택, 호텔 등의 신축에 대한 인·허가를 받을 수 있으리라고 생각하고 이를 매수하였으나 도시계획이 변경되지 않은 경우, 매수인에게 착오가 있는 것인가?

◆ 이 사안과 앞의 95다5516의 사안은 모두 목적토지에 존재하는 법률적 장애로 인하여 매수인이 이를 의도했던 대로 사용할 수 없는 경우이다. 그럼에도 양자를 달리 취급한 이유는 무엇인가?

☑ 관련사례

1) 건설회사가 고도제한 등으로 인하여 고층아파트의 건축이 금지되어 있는 토지를 장차 고도제한이 완화되리라고 예상하고 매수하였으나 고도제한이 완화되지 않아 매수토지 위에 저층아파트의 건축만이 가능한 경우, 매수인이 착오를 이유로 취소할 수 있는가? (대결 1990. 5. 22. 90다카7026) 〈응용〉

☑ 기타 검토사항

1) 공장을 설립할 목적으로 매수한 임야가 도시관리계획상 보전관리지역으로 지정됨에 따라 공장설립이 불가능하게 된 경우 매수인이 착오를 이유로 취소할 수 있는가? (대판 2010. 5. 27. 2009다94841) 〈응용〉

(나) 목적물의 진품 여부

대판 1997. 8. 22. 96다26657 〈기초〉 ·····

[사안] A는 甲(원고)의 소개를 받고 乙(피고)로부터 X도자기를 고려시대에 제작된 고려청자로 생각하고 이를 매수하였다. 그런데 위 도자기는 乙이 약 20년 전

에 행상으로부터 구입한 것으로서 고려청자 진품이 아님이 밝혀졌다. 그런데 위 매매계약의 체결과정을 보면, A는 도자기를 매수할 당시에 乙 측의 소개인 P, 자기 측의 소개인인 甲 등이 제대로 소장자와 출처를 알려주지 아니하여 이를 확인하지 못한 채, 甲이 농업협동조합의 부장 직위에 있고 목은 이색의 후손으로 대대로 물려 내려온 이색시집 8폭을 보관하고 있는 점으로 미루어 신분이 확실하고 믿을 수 있는 사람으로 보였고, 이러한 甲이 위 도자기는 많은 골동품을 소지하고 있는 강진의 유지가 갖고 있는 작품인데 소장자가 골동품을 파는 것을 누가 알게 되면 인격적인 손상이 생길 것을 염려하여 만나기를 꺼려한다고 말하므로 그 말을 믿는 한편, A는 같이 간 일행 중 골동품판매상의 종업원으로 일한 적이 있는 K(A는 골동품을 취급한 바 있는 K를 오래 전부터 알고 지내면서 K의 소개로 도자기를 여러 차례 매수한 경험이 있음)로 하여금 도자기를 살펴보게 하였는데 K 역시 甲을 믿고서 매수하라고 하였다. 그리하여 A는 K와 만약 위 도자기가 진품이 아니면 반품하면 되리라고 서로 의견을 나누고 이를 매수하게 된 것이다. 그런데 위 도자기가 진품이 아닌 것이 드러나 A는 매매계약을 취소하였고, 甲이 乙에 대하여 구상금의 지급을 소구하였다.

[원심] A는 여러 차례의 도자기 매수경험을 통하여 골동품 도자기의 작품성이나 제작연대를 식별하는 것은 매우 어려울 뿐만 아니라 그 자신은 이에 관한 전문지식이 없어 매수시에는 감정인의 감정 등 전문가의 조력이 필요하다는 점을 잘 알고 있었으므로, 이 사건 도자기를 매수함에 있어서는 그 소장자나 출처 등을 확인하고 감정인으로 하여금 감정을 하게 하거나 그렇지 아니하면 고려청자가 아님이 밝혀진 경우 매매계약을 해제한다는 등의 조건을 붙여 위 도자기가 고려청자가 아닐 경우를 대비하여야 할 것임에도, 위 도자기가 고려청자가 아닐지도 모른다고 의심을 하면서도 매도인 측과는 관계없이 소개인인 원고의 언동을 과신하여 스스로 고려청자라고 믿고 매수하였는바, 위와 같이 골동품 도자기 매수인으로서 취하여야 할 필요한 조치내용을 이미 습득하고 있는 A가 그 필요한 조치를 취하지 아니한 채 이 사건 도자기를 희소하고 거래가 드문 고려청자로 쉽게 믿은 것은 골동품 도자기의 매수시 보통 요구되는 주의를 현저히 결여한 중대한 과실로 인한 것이므로 A는 착오가 있다 하더라도 위 매매계약을 취소할 수 없다.

[판지] 1) 위 매매계약은 중요부분에 착오가 있는 경우에 해당한다. 2) 민법 제109조 제1항 단서에서 규정하고 있는 '중대한 과실'이라 함은 표의자의 직업,

행위의 종류, 목적 등에 비추어 보통 요구되는 주의를 현저히 결여한 것을 말하는 것이다. 사실관계에서 나타난 사정, 그리고 A는 전에도 도자기를 매수한 경험이 있었지만 골동품 도자기의 진품 여부나 제조연대를 식별할 수 있는 지식과 능력을 갖춘 전문가는 아닌 점, 감정인의 감정 등 전문가의 조력을 받는다고 하더라도 골동품인 도자기의 작품성과 제작연대를 확인하기가 쉽지 않은 점 등에 비추어 보면, 원심이 판시한 바와 같이 A가 이 사건 매매계약을 체결하면서 자신의 식별능력과 매매를 소개한 원고를 과신한 나머지 이 사건 도자기가 고려청자 진품이라고 믿고 소장자를 만나 그 출처를 물어 보지 아니하고 전문적 감정인의 감정을 거치지 아니한 채 이 사건 도자기를 고가로 매수하고 이 사건 도자기가 고려청자가 아닐 경우를 대비하여 필요한 조치를 강구하지 아니한 잘못이 있다고 하더라도, 그와 같은 사정만으로는 A가 이 사건 매매계약 체결시 요구되는 통상의 주의의무를 현저하게 결여하였다고 보기는 어렵다.

☑ 쟁   점
  위 판결은 고려청자로 알고 산 도자기가 모조품인 경우, 매수인에게 중과실이 있는가 하는 점이 문제된 것이다.

☑ 검토할 사항
  ◆ 매수인이 목적물인 도자기가 고려청자로 알고 샀는데 그것이 모조품인 경우, 이는 법률행위의 내용의 착오인가?
  ◆ 매수인은 목적물이 고려청자로 알았다는 점을 표시하였는가? 또 의사표시의 해석상 계약당사자가 목적물이 고려청자라는 점을 법률행위의 내용으로 하였다고 인정되는가?
  ◆ 매수인의 중과실을 부인한 이유를 살피시오.
  ◆ 만약 매수인이 도자기 전문가 혹은 골동품 매매업자라면 중과실이 인정될 것인가?

⒟ 목적물의 소유권
대판 1999. 2. 23. 98다47924 〈응용〉 ·······································
[사안] 甲(피고, 남제주군)이 군유지인 X임야에 제주조각공원 조성사업을 시행함에 있어서, 甲과 乙(원고)은 1986. 5. 15. 乙이 군유지 내에 건물 및 기타의 영구시설물(조각품 제외)을 자신의 비용으로 설치하여 이를 甲에게 기부채납할 것을

조건으로 甲이 乙에게 위 임야 및 기부채납한 시설물을 일정기간 무상으로 사용하게 하고, 그 무상사용기간이 끝난 후에는 일정한 사용료를 지급받고 계속 사용할 수 있도록 허가하기로 약정하였다. 乙은 위 약정에 따라 제주조각공원시설 건축에 착수하여 Y건물을 준공하고 1987. 10. 19. 甲과 이에 대한 증여계약을 체결하였고, 甲은 1988. 3. 25. 乙에게 1987. 10. 19.부터 2000. 4. 18.까지 위 X임야 및 Y건물의 무상사용을 허가하였다. 그리하여 乙은 위 건물에 관하여 甲 명의로 소유권이전등기를 경료하였다. 그런데 마을회 丙(피고보조참가인)은 위 X임야가 자신의 소유라고 하면서 甲 명의의 소유권보존등기의 말소를 청구하는 소송을 제기하여, 1995. 6. 22. 丙의 승소판결이 확정되었다. 그러자 乙은 위 임야가 甲의 소유인 것으로 믿고 그 위에 건물을 신축하여 제주조각공원을 조성하여 이를 甲에게 기부채납하면 위 임야 및 건물을 무상 또는 유상으로 장기간 대차하여 사용할 수 있을 것으로 예상하고 건물을 증여하였으나 그 후 임야가 丙의 소유로 판명되었으므로 임야의 소유권에 관한 착오를 이유로 Y건물의 증여계약을 취소한다고 하면서, 이 건물에 관해서 행해진 소유권이전등기의 말소를 소구하였다. 그런데 丙은 甲·乙 사이에 체결된 1986. 5. 15.자 협약서에 의한 甲의 계약상 지위를 그대로 인수하기로 약정하였으며, 그리하여 丙은 위 임야의 소유자로서 위 협약에 터 잡아 乙이 임야에 관하여 가지는 기존의 관리권을 甲과 동일한 지위에서 보장하였다.

[원심] 원고의 X임야의 소유권 귀속에 관한 착오는 위 증여계약을 체결하게 된 동기에 관한 착오에 해당하는데, 원·피고 사이에 체결된 협약서 등에 그러한 동기가 표시됨으로써 증여계약의 내용으로 되었으며, 원고가 위 증여계약을 체결한 당시 임야가 피고의 소유가 아니라는 사정을 알았더라면 위 증여계약을 체결하지 않았을 것이 명백하므로, 원고가 위 증여계약을 체결함에 있어 위 동기의 착오는 법률행위의 중요한 부분에 관한 착오이다. 그러므로 원·피고 사이의 1987. 10. 19.자 증여계약은 적법하게 취소되었다 할 것이므로 Y건물에 관한 피고 명의의 위 소유권이전등기는 원인무효의 등기로서 말소되어야 한다.

[판지] 착오가 법률행위 내용의 중요부분에 있다고 하기 위해서는 표의자에 의하여 추구된 목적을 고려하여 합리적으로 판단하여 볼 때 표시와 의사의 불일치가 객관적으로 현저하여야 하고, 만일 그 착오로 인하여 표의자가 무슨 경제적인 불이익을 입은 것이 아니라고 한다면 이를 법률행위 내용의 중요부분의 착오라고

할 수 없다. 원고가 건축물을 기부(증여)한 목적은 군립공원으로 지정된 임야와
그 공원시설물인 건축물을 일정 기간 무상으로 사용한 다음 계속하여 유상으로
사용할 수 있도록 공원관리청인 피고로부터 그 관리권을 취득하는 데에 있다고
할 것이므로, 피고가 임야 및 건물에 대한 관리권을 계속하여 부여할 수 있는 지
위에 있다는 것이 위 기부채납(증여계약)에 의하여 달성하려고 하는 법률적 효과
의 중요한 부분이라고 할 것이다. 원고는 이미 오랜 기간 아무런 방해 없이 임야
및 건물을 무상으로 사용하여 왔을 뿐만 아니라, 뒤늦게 피고가 피고보조참가인
이 제기한 임야에 관한 소유권보존등기말소 청구소송에서 패소하였다고 하더라도
여전히 피고 군의 군수가 그 공원관리청이고 피고보조참가인이 임야의 소유자로
서 원고로 하여금 종전과 동일한 지위에서 계속하여 임야 및 건물을 계속 사용할
수 있도록 그 관리권을 보장하고 있다면, 비록 원고가 기부채납 당시 임야의 소
유권 귀속에 관하여 착오가 있었다고 하더라도 그로 인하여 무슨 경제적 불이익
을 입은 것도 아니고 장차 불이익을 입을 염려도 없다고 할 것이므로, 원고가 X
임야를 피고의 소유로 믿고 그 위에 건축한 Y건물을 기부하였다고 하여 그와 같
은 착오가 기부채납의 중요부분에 관한 것으로 볼 수 없다.

☑ 쟁   점

위 판결은 공원부지인 토지가 군(郡)의 소유로 알고 郡과의 계약에 기해서 그 지상에
시설물을 설치하여 이를 군(郡)에 기부채납하고 그 시설물 및 공원을 무상사용하였
는데 그 후 위 토지가 제3자의 소유임이 드러난 경우, 기부채납자는 토지소유권에
관한 착오를 이유로 기부채납(증여계약)을 취소할 수 있느냐 하는 점이 문제된 것이
다.

☑ 검토할 사항

◆ 위의 착오가 중요부분이 아니라고 하는 이유는 무엇인가?

☑ 관련사례

1) 목적물의 소유권에 관한 착오는 일반적으로 법률행위의 내용의 착오인가? (대판
   1959. 9. 24. 4290민상627, 대판 1975. 1. 28. 74다2069) 〈응용〉

2) X토지는 A가 사정받은 것인데, B가 A로부터 위 토지를 매수하였다고 주장하면
   서 A를 상대로 소송을 제기하여 의제자백에 의하여 승소판결을 받고 이에 기해서
   위 토지에 관하여 이전등기를 경료하였다. 그런데 C가 위와 같은 사실을 알고는 B

를 고소하여, B는 C를 A의 적법한 상속인으로 알고 C와 위 토지를 환원하는 대신 고소를 취하하기로 합의하고, 이에 기해서 C에게로 이전등기를 경료하였다. 그런데 B가 C는 A의 적법한 상속인이 아님을 알게 되어, 착오를 이유로 C와의 위 합의를 취소한다고 하면서 — 혹은 위 합의는 불공정행위로서 무효라고 하면서 — C에게로 의 이전등기의 말소를 청구하였다. B의 청구는 타당한가? (대판 1994. 9. 30. 94다 11217) 〈심화〉

☑ 참고문헌

◆ 박정훈, 기부채납 부담과 의사표시의 착오, 민사판례연구 20권, 1면 이하, 1998.

4. 사람에 관한 착오

(1) 채무자의 동일성에 관한 착오

대판 1995. 12. 22. 95다37087 〈기초〉···

[사안]   A는 甲(원고)의 X부동산을 270,000,000원에 매수하고, 계약금은 당일에 지급하고 중도금 등은 수차례에 걸쳐 지급하기로 하였다. A와 甲은 고향 선후배 사이로서, A는 당시 乙회사(피고)로부터 부동산을 담보로 제공하면 통신기기를 공급해 주겠다는 제안을 받았는데, 마침 甲이 위 부동산을 매각한다는 말을 듣고 이를 매수하여 이를 담보로 통신기기를 공급받아 판매하여 그 판매대금으로 부동 산대금을 지급하면 되겠다고 생각하여 이를 매수한 것이었다. 그리하여 甲은 이 러한 A의 편의를 봐 주기로 약정하고, 乙회사와의 사이에서 위 부동산에 관하여 A를 채무자로 하는 근저당권설정계약을 체결하기로 하였다. 이에 기해서 乙회사 직원과 법무사사무소 직원은 A가 경영하는 U사무실의 옆에 있는 S사무실에서 甲 과 만나서 甲에게 채무자란이 백지로 된 근저당권설정계약서 및 연대보증계약서 를 제시하면서 근저당권설정자란과 연대보증인란에 甲의 서명날인을 요구하였으 며, 甲은 채무자가 A인 것으로 알고 서명날인하였다. 그런데 乙회사는 근저당권 설정계약서의 채무자란에 당시 乙회사에 대하여 통신기기 외상대금채무에 대한 추가담보를 독촉받고 있던 B를 채무자로 임의로 기재한 후 이에 기하여 위 근저 당설정등기를 경료하였다. 후에 이와 같은 사실을 알게 된 甲은, 자신은 위 근저 당권설정계약체결 당시 B가 아닌 A를 채무자로 알고 착오로 위 근저당권설정의 의사표시를 한 것이므로 이를 취소한다고 하면서 위 등기의 말소를 청구하였다.

[판지] 원고는 이 사건 부동산에 관하여 근저당권설정계약상의 채무자를 B가 아닌 A로 오인한 나머지 근저당설정의 의사표시를 한 것이고, 이와 같은 채무자의 동일성에 관한 착오는 법률행위 내용의 중요부분에 관한 착오에 해당한다.

☑ 쟁 점

위 판결은 A가 채무자로 될 것으로 생각하고 채무자란이 백지인 근저당권설정계약서에 서명하였는데 후에 그 계약서에 B가 채무자로 기재된 경우, 서명자의 착오는 법률행위의 중요부분의 착오로서 취소할 수 있는가 하는 점이 문제된 것이다.

☑ 검토할 사항

◆ A를 채무자로 알고 보증계약을 체결하였는데 B가 채무자인 경우, 이는 법률행위의 내용에 관한 착오인가?

☑ 관련사례

1) 금융불실거래자 A가 자기의 이름으로는 대출을 받을 수 없어서 B 명의의 인감도장과 인감증명서 및 사업자등록증을 이용해서 마치 자신이 B인 것처럼 행세하여 은행으로부터 금전을 차용함에 있어서 기술신용보증기금이 A를 B로 알고 그를 위해서 은행과 신용보증계약을 체결한 경우, 위 기금은 착오를 이유로 은행과의 신용보증계약을 취소할 수 있는가? (대판 1993. 10. 22. 93다14912) 〈기초〉

2) A가 B와의 약정에 기해서 B의 채무담보를 위하여 자신의 부동산에 저당권을 설정하고, 그 기간 동안 그 대가로 매월 10만원을 지급받았다. 그리고 이러한 방법으로 여러 차례 A의 부동산에 저당권이 설정되었다가 저당채무의 변제로 말소되었다. 그런데 이 사건에서는 B가 자신의 채무가 아니라 C(B의 처)의 채무의 담보로서 A의 부동산에 저당권을 설정하였다. A는 채무자가 B로 알고 저당권을 설정한 것이라고 하여 착오를 이유로 취소할 수 있는가? (대판 1986. 8. 19. 86다카448) 〈응용〉

(2) 사람의 상태 · 자격에 관한 착오

(가) 자격에 관한 착오

대판 2003. 4. 11. 2002다70884 〈기초〉 ···

[사안] 甲(원고)은 乙(피고, 재건축조합)과 재건축을 위한 설계용역계약을 체결하였다. 그런데 甲은 건축사법에 의한 건축사자격을 취득한 바는 없고, 다만 건축디자인연구, 건축컨설팅 등을 주된 목적으로 하는 'ㅇㅇ건축연구소'를 운영하는

자이다. 그리하여 乙은 건축사자격이 없는 甲이 위 계약을 체결한 것은 건축사법 제4조, 제23조에 위배되어 재건축사업에 심각한 영향을 미칠 수 있으므로 이에 대한 소명과 함께 건축사 면허증과 건축사사무소 등록증 사본을 제시하라는 내용의 통지를 하였다. 甲이 이에 응하지 않자 乙은 착오를 이유로 위 계약을 취소한다고 하였다. 그러자 甲은 乙에 대하여 용역비의 지급을 소구하였다.

[판지]　원심은, 이 사건 계약은 재건축사업이 종료될 때까지 필요한 설계도면을 작성하고 또한 재건축사업에 필요한 건축행정에 관한 업무를 포함하는 계약인데, 재건축사업승인신청시나 그 후의 설계변경시에는 반드시 건축사가 설계하고 그 설계자를 표시한 설계도면을 첨부하여야 하므로, 만일 건축사가 설계한 것이 아니라거나 설계한 건축사를 표시할 수 없다면 재건축 추진은 곤란하게 될 것이고, 또한 건축사법상 건축사는 엄격한 시험을 거쳐 그 자격이 부여되며, 만일 건축사 아닌 자가 금지된 설계를 하면 이를 처벌하고, 더 나아가 그로 인하여 공중의 위험을 발생하게 하거나 사람을 사상에 이르게 한 경우에는 가중처벌하는 점에 비추어, 이 사건 재건축아파트와 같은 규모의 건축물의 설계에 있어서는 설계자인 원고의 설계능력뿐 아니라 이를 바탕으로 재건축사업을 효과적으로 추진할 수 있는 자격이 있는지가 이 사건 계약의 중요한 요소를 구성한다고 할 것인데, 원고는 이러한 자격을 갖추지 못하고 있고, 피고 조합은 이를 알지 못한 채 이 사건 계약을 체결하였으므로 이 사건 계약은 피고 조합이 중요부분에 관하여 착오를 일으켜 체결한 것이라고 판단하였다. 법률행위 내용의 중요부분에 착오가 있다고 하기 위하여는 표의자에 의하여 추구된 목적을 고려하여 합리적으로 판단하여 볼 때 표시와 의사의 불일치가 객관적으로 현저하여야 하는바, 원심이 판시한 바와 같이 이 사건 설계용역에서 건축사 자격이 가지는 중요성에 비추어 볼 때, 피고가 원고에게 건축사 자격이 없다는 것을 알았더라면 피고만이 아니라 객관적으로 볼 때 일반인으로서도 이 사건과 같은 설계용역계약을 체결하지 않았을 것으로 보이므로, 이 사건에서 피고 측의 착오는 중요부분의 착오에 해당한다고 할 것이다.

☑ 쟁　점

위 판결은 재건축조합이 상대방에게 건축사자격이 없음을 모르고 그와 재건축아파트 설계용역계약을 체결한 경우, 그러한 착오는 법률행위의 중요부분에 관한 것인가 하는 점이 문제된 것이다.

☑ 검토할 사항

◆ 여기에서의 착오는 계약당사자의 동일성 혹은 계약의 내용에 관한 것은 아니다. 단지 상대방에게 '건축사자격'이 있는가 하는 점에 관한 것이다. 이러한 착오는 법률행위의 내용의 착오에 해당하는가?

☑ 관련사례

1) 보험회사 A의 직원이 B가 미국 캘리포니아주에서 운전면허를 취득하고 운전경력이 4년가량 된다는 말을 듣고, 미국의 운전면허가 우리나라에서도 유효하게 통용되는 것으로 잘못 알고 B가 국내법에 의한 운전면허 또는 도로교통법 소정의 국제운전면허를 취득하였는지 여부를 확인하지 않고 B와 자동차종합보험계약을 체결한 경우, A는 위 계약을 취소할 수 있는가? (서울고판 1990. 6. 8. 89나40930) 〈기초〉

☑ 참고문헌

◆ 박인환, 상대방의 고지의무 위반과 착오를 이유로 한 취소, 사법행정 45권 6호 (2004. 06), 12면 이하.

(나) 자력에 관한 착오

대판 1992. 2. 25. 91다38419 〈기초〉 ·······································

[사안] 은행 甲(원고)이 A에게 신용대출을 함에 있어서 乙(피고, 신용보증기금)이 보증을 섰다. A가 대출금을 변제하지 않아, 甲이 乙에 대하여 보증채무의 이행을 소구하였다. 그런데 乙이 보증을 서게 된 과정을 보면, 乙이 보증에 앞서 甲에게 A가 甲으로부터의 기존의 대출금채무의 변제를 연체한 사실이 있는지 여부를 문의하였는데, 甲은 A가 이 사건의 대출을 받기 전에 甲으로부터 받은 대출금에 대한 이자를 연체하였던 사실이 있음에도, 甲이 乙에게 보증 대상기업의 거래관계를 확인하는 거래상황확인서를 발급함에 있어서 실제와 다르게 A에게 연체사실이 없다는 내용의 확인서를 작성 교부하였으며, 乙은 이를 믿고 신용보증을 선 것이다. 그리하여 乙은 착오를 이유로 위 신용보증계약을 취소한다고 항변하였다.

[판지] 신용보증기금법 제1조는 피고 기금을 설립하여 담보능력이 미약한 기업이 부담하는 채무를 보증하게 함으로써 기업의 자금융통을 원활히 하여 균형 있는 국민경제의 발전에 기여할 것 등을 목적으로 한다고 규정하고, 같은 법 제6조

는 피고의 재산조성을 정부, 금융기관 및 기업의 출연으로 할 것을 규정하고, 같은 법 제2조 제2항은 피고의 신용보증 대상채무를 기업이 금융기관에 부담하는 채무, 공개상장기업의 사채, 기타 대통령령으로 정하는 채무에 국한하면서, 같은 법 제27조, 제28조, 제31조의 2는 피고가 사전에 기업의 금융거래상황 등을 조사하며 신용자료의 효율적 수집관리를 위하여 관계기관에 협조를 요청할 수 있고 그 요청을 받은 기관 등은 정당한 이유가 없는 한 이에 응하여야 한다는 취지로 규정하고 있음에 비추어 볼 때, 피고 보증기금은 일반 금융기관과는 달리 신용보증 대상기업의 신용상태가 그 신용보증을 함에 있어 중요한 요인이 된다고 할 수 있다. 원고가 피고에게 보증 대상기업의 거래관계를 확인하는 거래상황확인서를 발급함에 있어서 아무런 연체가 없는 것처럼 기재하여 피고가 그 거래상황확인서를 믿고 신용보증을 하게 되었다면, 피고의 신용보증에 있어 보증 대상기업의 신용 유무는 피고의 보증에 관한 의사표시의 중요한 결정 동기를 이루는 것인 만큼, 피고가 보증 제한기업에 해당되는 기업을 원고의 잘못된 통보 내용에 따라 보증 제한기업이 아닌 것으로 오신하고 신용보증을 한 것이고, 피고의 그와 같은 동기에 관한 착오는 피고의 위 신용보증행위의 중요한 부분에 관한 것이라고 봄이 타당하다. 피고는 신용보증 심사운용요령에서 신용보증 대상 여부에 대한 심사기준으로서 대상기업의 재무상태, 사업성, 거래신뢰도, 업력, 경영자능력 등으로 구분하여 놓고 각 그 요소마다 그 중요성에 따른 배점을 정하고 있는데, 이에 의하면 금융기관 연체대출금의 보유 여부는 위 요소 중 거래신뢰도를 측정하기 위한 사항의 하나로서 전체배점 중 5퍼센트의 점수가 배정되어 있을 뿐이지만, 이러한 사정만으로는 피고가 위 신용보증을 함에 있어 그 동기에 관한 착오가 중요한 부분에 해당된다는 점을 뒤집기에는 부족하다.

☑ 쟁   점

위 판결은 은행이 차용자에게 연체사실이 있음에도 이를 없는 것으로 기재된 거래상황확인서를 작성하여 신용보증기금이 이를 믿고 신용보증을 해 준 경우, 기금이 차용자의 신용에 관한 착오를 이유로 신용보증계약을 취소할 수 있는가 하는 점이 문제된 것이다.

☑ 검토할 사항

◆ 주채무자의 자력을 잘못 알고 보증계약을 체결한 경우, 이러한 착오는 순수한 동기

의 착오에 해당하는가?

☑ 참고문헌

- ◆ 양창수, 주채무자의 신용에 관한 보증인의 착오, 민사판례연구 11권, 35면 이하, 1989.
- ◆ 이광범, 기술신용보증기금의 신용보증에 있어서 주채무자의 신용에 관한 동기의 착오와 민법 제109조 제1항 단서의 중대한 과실의 의미, 대법원판례해설 제26호, 23면 이하.

5. 공통의 착오

● 판례 1

대판 1997. 4. 11. 95다48414 〈응용〉 ··

[사안] 甲(피고) 소유의 승합차를 운전하던 A가 오토바이를 운전하던 乙(원고)을 치어 乙이 두개골 골절상 등의 상해를 입고 긴급 수술을 받았다. 乙의 부모인 丙(원고)은 위 승합차의 종합보험회사인 B와 손해배상으로 7,000,000원을 지급받는 대신 위 사고로 인한 모든 권리를 포기한다는 내용의 화해계약을 체결하였다. 丙은 위 교통사고가 전적으로 乙의 과실에 의하여 발생한 것으로 알고 위와 같은 화해계약을 체결한 것이었으나, 위 사고는 A가 2차선 상을 운행하다가 일단 1차선으로 차선을 변경한 후 서서히 좌회전을 시도한 것이 아니라, 2차선에서 1차선으로 차선을 변경하는 동시에 좌회전을 시도하다가 乙의 진로를 가로막음으로써 발생한 것으로서, 따라서 乙의 일방적인 과실로 발생한 것이라고 할 수 없는 것이었다. 그리고 위 계약체결 당시 乙은 수술을 마치고도 의식을 회복하지 못한 채 중환자실에서 가료 중이었는데, 당시까지 발생한 치료비만도 5,000,000원에 이르렀으며, 그 후에 후유장애에 대한 치료비가 이미 27,144,830원에 달하였고 향후 치료비도 약 10,000,000원이 소요될 예정이다. 그리하여 乙·丙은 위 합의 당시 사고의 경위를 제대로 파악하지 못한 상태에서 착오를 일으켜 치료비에도 훨씬 미달하는 금액으로 합의한 것이므로 위 화해계약을 취소한다고 하면서, 후유장애로 인한 손해배상을 소구하였다.

[원심] 원고 乙의 전적인 잘못을 전제로 하여 화해계약에 이르렀음을 인정할 증거가 부족하고, 당시의 수사진행상황과 화해과정에 비추어 보면 원고 乙의 과

실 유무 및 그 정도가 위 화해계약의 목적인 분쟁의 대상이 되었던 것이라 할 것이어서 그에 관한 착오를 이유로 위 화해계약을 취소할 수 없고, 가사 그렇지 않다고 하더라도 이는 동기의 착오에 불과한 것인데 그것이 표시되었다는 점을 인정할 아무런 증거가 없으므로 이 점에 있어서도 착오만을 이유로 위 화해계약을 취소할 수 없다고 판시하였다.

[판지] 1) 원심은 위 화해계약이 착오에 의하여 체결된 것인지 여부도 명백히 하지 아니하였으므로 우선 이 점에 관하여 보건대, 원고 乙은 이 사건 사고로 초진 소견이 4개월간의 치료를 요하는 두개골 골절상 등의 상해를 입고 긴급 개두술 등의 수술을 하였으나 치료가 여의치 아니하여 사고시로부터 1년 9개월이 경과한 원심 변론종결일까지도 치료를 받고 있으나 완치되지 아니하고 뇌손상으로 인한 부전마비와 언어장애 등으로 도시일용 노동능력의 56%를 상실하는 후유장애가 남게 된 사실, 위 원고의 치료비는 변론종결시까지 이미 27,144,830원에 달하였고, 향후 치료비도 약 10,000,000원이 소요될 예정인 사실, 그런데 국민학교 졸업 또는 중퇴의 학력에 불과하고 사회경험이 부족한 위 원고의 친권자인 원고 丙은 위 합의 당시 이미 수술비 등으로 5,000,000원 이상을 납부하였으나 피고가 보험처리를 하여 주지 아니함을 이유로 병원으로부터 다액의 입원치료비를 계속 예납할 것을 독촉 받는 상황이었는데, 담당경찰관은 원고 乙이 무면허로 오토바이를 운전하는 등 잘못이 큰 것 같다고 말하는 데다가 피고를 대리한 보험회사의 직원도 이 사건 교통사고가 전적으로 위 원고의 과실에 의하여 발생한 것이므로 피고 측에는 아무런 배상책임이 없으나 인도적인 견지에서 치료비 정도를 지급해 줄 터이니 합의하자고 제의하자, 사고의 경위를 제대로 파악하지 못한 상태에서 이 사건 교통사고가 전적으로 원고 乙의 과실에 의한 것임을 인정하고 치료비의 일부만이라도 받을 목적으로 위 합의에 이르게 된 사실, 그런데 이 사건 사고의 발생경위를 보면 이 사고는 원고 乙의 일방적인 과실로 발생한 것이라고 할 수 없음에도 불구하고, 원고들은 위 사고가 전적으로 원고의 과실에 의하여 발생한 것이라고 오해하고, 원고가 위 사고로 입게 된 손해의 배상액에 현저히 미달하는 금액만을 수령하고 모든 손해배상청구권을 포기하기에 이르렀으므로, 원고들은 착오에 의하여 이 사건 화해계약을 체결한 것이라고 보아야 할 것이다.

2) 앞서 본 바와 같이 이 사건 화해계약 당시 피고를 대리한 보험회사 직원이 원고 측에게 이 사건 사고가 전적으로 원고 乙의 과실에 의하여 발생한 것임을

누차 강조하였고, 원고들도 이를 인정하여 이를 전제로 합의에 이른 것이라면, 이 사건 사고가 오로지 위 원고의 과실에 의한 것이라고 오해한 점이 동기의 착오에 해당한다고 하더라도 위 동기는 이미 쌍방 당사자가 화해계약의 전제로 삼은 것으로서 그와 같은 동기가 상대방에게 표시되지 아니하였다고 단정할 수도 없다.

☑ 쟁 점

위 판결은 교통사고의 피해자가 그 사고가 전적으로 자신의 과실로 인한 것으로 알고 손해배상액의 합의를 하고 그 외의 손해배상청구권을 포기하기로 하는 화해계약을 체결하였는데 후에 그 사고에 가해자의 과실도 있었음이 드러난 경우, 피해자는 그 화해계약을 취소할 수 있는가 하는 점이 문제된 것이다.

☑ 검토할 사항

◆ 교통사고의 피해자가 그 사고가 전적으로 자신의 과실로 인한 것으로 알고 화해계약을 맺은 경우, 이는 동기의 착오에 해당하는가? 만약 그러하다면, 위의 사건에서 동기의 착오가 취소사유로 되기 위한 요건이 갖추어져 있는가?

☑ 관련사례

1) 외과의원을 경영하는 A는 B의 감기몸살을 진료하면서 진통해열제를 주사하고 타이레놀 등의 내복약을 조제하여 주었는데, B가 귀가하여 조제약 1봉지를 먹고 잠자리에 들었다가 다음날 03:00경 사망하였다. 그리하여 A와 B의 상속인 C는 B의 사망이 A의 의료상의 과실에 기인한 것임을 전제로 A가 C에게 1,200만원을 지급하고 C는 A에 대하여 민·형사상의 책임을 묻지 않기로 합의하였다. 그런데 그 후 B의 사망원인이 A의 진료행위와는 관련이 없는 우발성 뇌출혈로 판명되었다. A는 착오를 이유로 C와의 위 합의를 취소할 수 있는가? (대판 1991. 1. 25. 90다12526) 〈응용〉

2) A회사의 운전수 B가 운전 중에 C를 치어 C가 D병원에 입원하여 치료를 받았으며, A회사는 위 교통사고가 B의 운전과실로 인한 것으로 알고 따라서 자신에게 사용자로서의 손해배상책임이 있는 것으로 생각하고, C의 입원치료비에 관하여 D에게 연대보증하였다. 그런데 위 교통사고에 B에게 과실이 없는 것으로 판명되었다. A는 착오를 이유로 연대보증계약을 취소할 수 있는가? (대판 1979. 3. 27. 78다2493) 〈심화〉

☑ 기타 검토사항

1) 위 사안에서 乙이나 丙은 사기를 이유로 화해계약을 취소할 수 있는가? (대판 2008. 9. 11. 2008다15278) 〈응용〉

2) 만약 위 교통사고가 乙과 丙이 생각했던 것처럼 乙의 전적인 과실로 인한 것인데 실제 손해액이 화해계약상의 손해배상액보다 크게 미달한다면, 乙・丙은 화해계약 을 취소할 수 있는가? (대판 1997. 4. 11. 97다423) 〈심화〉

☑ 참고문헌

◆ 김상용, 계약당사자 쌍방의 공통착오와 주관적 행위기초의 상실, 사법행정 36권 1 호(1995. 01), 23면 이하.

◆ 이상민, 당사자 쌍방의 착오, 민사판례연구 18권, 53면 이하, 1996.

◆ 조성민, 쌍방의 동기의 착오, 고시연구 30권 12호(2003. 12), 23면 이하

● 판례 2

대판 1998. 2. 10. 97다44737 〈심화〉 ・・・・・・・・・・・・・・・・・・・・・・・・・・・・・・・・・・・・

[사안] 甲(원고, 인천광역시)은 인천신공항 고속도로 건설사업에 편입될 토지의 용지보상업무를 위탁받아 시행함에 있어서 이 사건 토지들이 그 도로부지로 편입 되게 되자, 공공용지의취득및손실보상에관한특례법에 정한 절차에 따라 이를 취 득하기 위하여 위 토지의 소유자인 乙 등 수인(이 중 일부가 피고)에게 협의매수 를 요청하였다. 甲은 협의에 앞서 위 법이 정하는 바에 따라 대금액을 결정하기 위하여 감정평가법인 A 및 B에게 토지가격에 대한 감정평가를 의뢰하였으며, 두 기관의 감정가격의 산술평균치인 ㎡당 75,000원을 乙 등에게 대금결정 기준액으 로 제시하였다. 그리하여 甲과 乙 등 사이에 위 가격을 기초로 하여 산정한 금액 으로 한 협의매수가 성립되어 양자간에 매매계약이 체결되고, 甲은 乙 등에게 각 각 그 해당 금액을 지급하였다. 그런데 위 법 시행규칙 제6조 제4항에 의하면 공 법상 제한을 받는 토지는 그러한 제한받는 상태대로 평가하도록 규정되어 있는 데, 위 토지들의 용도는 자연녹지 개발제한구역으로 지정되어 있었음에도 위 두 감정평가법인은 생산녹지로 잘못 알고 평가하였으며, 협의매수가 이루어진 이후 에 비로소 그러한 사정을 발견하고 위 토지의 가격을 다시 평가하여 그 결과를 甲에게 통보하였다. 이에 甲은 乙 등에게 그러한 사정을 통지하면서 이미 지급한 매매대금 중 정정된 두 감정가격의 산술평균치인 ㎡당 40,500원을 기준으로 계

산한 금액을 초과하는 금액을 반환할 것을 요청하였다. 그런데 甲이 乙 등에 대한 협의매수 요청시에 매매대금은 위 법이 정한 방법에 따라 두 개의 감정평가기관의 평가액을 산술 평균한 금액을 기준으로 결정한다는 점을 통지하였고, 그 후 乙 등과 협의매수 계약시에 위와 같이 결정된 매매대금의 내용을 설명하였으며, 매매계약서 제1조 제1항에 '가격은 공특법 제4조 및 동법 시행령 제2조 관련 조항의 규정에 따라 산정된 단가를 쌍방 협의에 의하여 정하였음'을 명시하였다. 그리고 토지소유자로서 위와 같이 과다지급을 받았던 사람들 중 다수는 甲의 요청에 따라 과다지급액 부분을 甲에게 반환하였다. 그런데 乙 등 수인이 반환을 거절하여, 甲이 이들을 상대로 부당이득금의 반환을 소구하였다.

[판지] 1) 동기의 착오가 법률행위의 내용의 중요부분의 착오에 해당함을 이유로 표의자가 법률행위를 취소하려면 그 동기를 당해 의사표시의 내용으로 삼을 것을 상대방에게 표시하고 의사표시의 해석상 법률행위의 내용으로 되어 있다고 인정되면 충분하고 당사자들 사이에 별도로 그 동기를 의사표시의 내용으로 삼기로 하는 합의까지 이루어질 필요는 없지만, 그 법률행위의 내용의 착오는 보통 일반인이 표의자의 입장에 섰더라면 그와 같은 의사표시를 하지 아니하였으리라고 여겨질 정도로 그 착오가 중요한 부분에 관한 것이어야 할 것이다. 다만 그 착오가 표의자의 중대한 과실로 인한 때에는 취소하지 못한다고 할 것인데, 여기서 '중대한 과실'이라 함은 표의자의 직업, 행위의 종류, 목적 등에 비추어 보통 요구되는 주의를 현저히 결여하는 것을 의미한다고 할 것이다. 매매대금은 매매계약의 중요부분인 목적물의 성질에 대응하는 것이기는 하나 분량적으로 가분적인데다가 시장경제하에서 가격은 늘 변동하는 것이어서, 설사 매매대금액 결정에 있어서 착오로 인하여 다소간의 차이가 나더라도 보통은 중요부분의 착오로 되지 않는다. 그러나 이 사건은 정당한 평가액을 기준으로 무려 85%나 과다하게 평가된 경우로서 그 가격 차이의 정도가 현저할 뿐만 아니라, 원고는 지방자치단체로서 법령의 규정에 따라 정당하게 평가된 금액을 기준으로 협의매수를 하고 또한 협의가 성립되지 않는 경우 수용 등의 절차를 거쳐 사업에 필요한 토지를 취득하도록 되어 있다. 이러한 사정들에 비추어 볼 때, 원고 시로서는 위와 같은 동기의 착오가 없었더라면 그처럼 과다하게 잘못 평가된 금액을 기준으로 협의매수계약을 체결하지 않았으리라는 점은 명백하다. 따라서 원고의 매수대금액 결정의 동기는 이 사건 협의매수계약 내용의 중요한 부분을 이루고 있다고 봄이 상당하다.

2) 원고 시가 비록 관할 행정관청이기는 하나 이 사건 토지들 이외에도 같은 사업에 의하여 도로로 편입될 예정인 토지들이 수백 필지나 되어 그 토지들의 용도 및 현황 등을 일일이 대조·검토하기가 쉽지 않고, 또한 토지의 시가감정은 평가기관의 전문영역으로서 토지의 용도뿐만 아니라 공시지가, 지가변동률, 지역요인, 개별요인 등 여러 가지 요인들을 고려하여 평가하기 때문에 비전문가인 원고 시의 담당자들로서도 그 평가액의 적정 여부를 검토하여 착오를 발견하기는 매우 어려우며, 더욱이 이 사건과 같이 두 개의 감정평가기관이 동시에 착오에 빠져 둘 다 비슷한 평가액을 낸 경우에는 원고 시로서는 사실상 이를 신뢰할 수밖에 없으리라는 사정을 엿볼 수 있는데, 이러한 사정에 비추어 볼 때 원고가 이 사건 토지들의 용도 및 감정평가서의 내용 등을 면밀히 검토하여 그 잘못된 점을 발견해 내지 못한 채 두 감정기관의 감정서 내용을 그대로 믿고 이를 기준으로 협의매수계약을 체결하였다는 사정만을 내세워, 원고에게 위 착오를 일으킨 데 대하여 중대한 과실이 있다고 보기는 어렵다.

☑ 쟁   점

위 판결은 토지매매계약을 체결함에 있어서 그 대금을 감정기관의 감정가격에 의하도록 하였는데 감정기관이 토지의 용도를 잘못 알고 가격을 고액으로 평가한 경우, 매수인이 위 매매계약(의 일부)을 취소할 수 있는가 하는 점이 문제된 것이다.

☑ 검토할 사항

◆ 매매목적물의 가액에 관한 착오는 동기의 착오에 해당한다(전술 대판 1985. 4. 23. 84다카890). 그러면 이 사건에서 동기의 착오가 취소사유로 되기 위한 요건이 갖추어져 있는가?

◆ 착오가 법률행위의 내용의 중요부분이라고 한 이유 및 중과실이 없다고 한 이유 등을 살피시오.

◆ 甲과 乙은 감정평가기관의 감정가격을 매매대금으로 하기로 약정하였는데, 감정평가법인인 A와 B의 실수로 감정가격을 잘못 산정하였다. 이와 같은 경우에 잘못 산정된 감정가격에 의한 매매대금의 약정을 파기하는 근거로서 착오 이외에 무엇이 있을 수 있는가?

☑ 관련사례

1) 부동산매매계약을 체결하면서 원래 매도인이 납부할 양도소득세 등을 매수인이

부담하기로 약정하면서 예상되는 세액을 산정하여 그 금액을 확정하였는데 실제
부과된 세금이 이를 크게 초과하는 경우, 매도인은 매매계약을 취소할 수 있는가?
(대판 1994. 6. 10. 93다24810) 〈심화〉

2) A는 B로부터 4개 필지의 토지를 매수하였는데, 이중 제1-제3의 토지는 B의 토지
이고 제4 토지는 국가의 소유이나 B가 이 토지상에 건물(제1의 토지와 제4의 토지
에 걸쳐있음)을 점유해왔으므로 이러한 연고권에 기해서 장차 이를 국가로부터 불
하받으리라고 하여, A는 제4의 토지도 이전받을 수 있을 것으로 전제하고 위 매매
계약을 체결한 것이었다. 그런데 무허가건물 등의 점유를 근거로 국유재산법 등에
따라 국유지 등을 불하받기 위해서는 지상건물에 대한 올바른 지번의 등기가 필요
하고, 또 불하받을 수 있는 면적은 당해 건물바닥 면적의 2배까지를 한도로 하고
있는데, A는 이러한 요건을 구비하지 못하여 제4토지를 불하받지 못하게 되었다.
A는 착오를 이유로 위 매매계약을 취소할 수 있는가? 그리고 A는 위 취소에 앞서
위 매매계약을 적법하게 해제하였는바, 그럼에도 다시 취소를 할 수 있는가? (대판
1991. 8. 27. 91다11308) 〈심화〉

☑ **참고문헌**
- 김천수, 가격의 착오와 일부취소, 민사법학 17호, 305면 이하, 1999.
- 성수제, 정당한 가격기준 85% 초과한 가격으로 체결한 토지매수계약에 대한 착오
  를 이유로 한 취소, 법조 48권 6호(1999. 6), 169면 이하.
- 이광만, 매매목적물의 가격에 대한 착오와 법률행위의 일부취소, 판례연구 13집(부
  산판례연구회), 85면 이하, 2002.

Ⅲ. 착오자의 손해배상책임

대판 1997. 8. 22. 97다13023 〈심화〉 ·····················

[사안] 甲(원고)이 아파트신축공사 중 조립식 욕실의 제작, 설치공사에 관하여
실시한 경쟁입찰에서 A회사가 도급금액 1,052,400,000원에 낙찰받았으며, 甲과
A회사는 도급금액의 10%에 상당하는 계약보증금 105,240,000원 중 5,240,000원
은 현금으로 납입하고 나머지 100,000,000원은 乙(피고, 전문건설공제조합)이 발행
하는 계약보증서를 교부하는 것으로 대체하기로 하였다. A회사는 乙에게 도급금
액을 실제와는 달리 500,000,000원으로 기재한 계약보증신청서를 제출하여(이는
건설업법에 따른 A회사의 도급한도액이 금 500,000,000원이었기 때문임), 乙은 A회사

가 수급할 공사의 도급금액이 500,000,000원인 것으로 잘못 알고 A회사에 도급금액을 500,000,000원으로 기재한 계약보증서를 발급하였으며, 이에 기해서 A회사는 甲과 도급계약을 체결하면서 甲에게 위 계약보증서를 교부하였다. 그런데 A회사는 甲에게 위 도급계약상의 수급인의 지위를 포기한다는 통보를 하여, 甲은 위 도급계약을 해지하였다. 그리고 甲은 乙에 대하여 주위적 청구로서 위 이행보증계약에 기한 이행보증금 100,000,000원의 지급을, 예비적 청구로서 불법행위를 이유로 이행보증금 상당액의 손해배상을 청구하였다. 이에 대하여 乙은 착오를 이유로 위 이행보증계약을 취소한다고 하였다.

[판지] 1) 피고의 착오주장   원심은 건설업법 규정과 피고 조합의 설립 목적에 비추어 볼 때 피고는 A회사가 수급할 공사의 실제 도급금액이 A회사의 도급한도액을 초과한 금 1,052,400,000원이라는 점을 알았더라면 A회사에 계약보증서를 발급하지 않았을 것이므로 도급금액에 관한 피고의 착오는 법률행위의 중요부분의 착오에 해당하고, 피고가 계약보증서를 발급함에 앞서 A회사로부터 입찰결과통보서 등을 제출받거나 원고에게 도급금액 등을 조회하여 도급금액이 A회사의 도급한도액 범위 내인지 여부를 확인하는 것을 게을리 하여 A회사가 제출한 계약보증신청서만 믿고서 계약보증서를 발급한 것이 중대한 과실에 해당한다고는 할 수 없다고 보아, 피고의 착오로 인한 취소의 의사표시에 의하여 원·피고 사이의 보증계약은 적법하게 취소되었다고 판단하였는바, 원심의 판단은 정당하다. A회사가 수급할 공사의 실제 도급금액에 관한 피고의 착오는 동기의 착오에 속함은 원고의 주장과 같으나, 피고가 계약보증서를 발급하면서 도급금액을 금 500,000,000원으로 명시하였다면 피고로서는 그 동기를 당해 의사표시의 내용으로 삼을 것을 상대방에게 표시함으로써 의사표시의 해석상 법률행위의 내용으로 되었다고 보아야 할 것이므로, 그 착오가 법률행위의 중요부분의 착오에 해당하는 이상 취소할 수 있다 할 것이다.

2) 원고의 손해배상청구   원심은, 피고는 전문건설업자들을 조합원으로 하여 설립된 특수법인으로서 그 조합원이 건설공사 등을 수급할 경우 그 이행보증 등을 하는 것을 주된 업무로 하고 있는 사실, 피고의 조합원인 A회사는 도급한도액이 금 500,000,000원이므로 피고로서는 도급금액이 금 500,000,000원을 초과하는 건설공사에 대하여는 A회사를 위하여 보증을 할 수 없는 사실, 피고의 보증규정 제13조에 의하면 피고는 조합원이 보증신청을 할 때 적격 여부를 심사하여야

하고 조합원은 보증신청에 대하여 피고가 적격 여부를 심사하는 데 필요한 계약문서 등을 제시하도록 되어 있는 사실, 원고는 A회사에 도급금액을 금 1,052,400,000원으로 기재한 입찰결과통보서를 교부하였음에도 피고는 계약보증서를 발급하면서 A회사가 도급금액을 금 500,000,000원으로 기재하여 제출한 계약보증신청서만 믿고 A회사로부터 입찰결과통보서를 제출받거나 원고에게 조회하여 도급금액을 확인하지 아니한 과실이 있다고 인정한 다음, 피고의 이와 같은 과실로 인하여 원고는 A회사와 도급계약을 체결하면서 피고가 발행한 계약보증서만 믿은 나머지 계약보증금 전액을 현금으로 납부받거나 그 이상의 담보를 제공받지 아니하였다가 피고의 계약 취소로 금 100,000,000원 상당의 계약보증금을 지급받지 못함으로써 그 금액 상당의 손해를 입게 되었으므로, 피고는 불법행위로 인한 손해배상으로서 원고에게 그 손해를 배상할 책임이 있다고 판단하였다. 그러나 불법행위로 인한 손해배상책임이 성립하기 위해서는 가해자의 고의 또는 과실 이외에 행위의 위법성이 요구된다 할 것인바, 피고가 계약보증서를 발급하면서 A회사가 수급할 공사의 실제 도급금액을 확인하지 아니한 과실이 있다고 하더라도 민법 제109조에서 중과실이 없는 착오자의 착오를 이유로 한 의사표시의 취소를 허용하고 있는 이상, 피고가 과실로 인하여 착오에 빠져 계약보증서를 발급한 것이나 그 착오를 이유로 보증계약을 취소한 것이 위법하다고 할 수는 없다. 그럼에도 불구하고 원심이 피고가 과실로 인하여 착오에 빠짐으로써 A회사를 위하여 계약보증을 해 준 것이 불법행위를 구성한다 하여 그로 인한 손해배상책임을 인정한 것은 불법행위의 성립에 관한 법리를 오해하여 판결에 영향을 미친 위법을 저질렀다 할 것이다.

☑ 쟁 점

위 판결은 A가 甲과의 도급계약 체결과정에서 乙에게 이행보증금을 신청함에 있어서 도급금액을 실제와 다르게 신청하여 乙이 도급금액을 잘못 알고 계약보증서를 교부한 경우, 乙이 착오를 이유로 보증계약을 취소할 수 있는지 여부 및 甲은 乙에 대하여 불법행위를 이유로 손해배상을 청구할 수 있는가 하는 점이 문제된 것이다.

☑ 검토할 사항

◆ 乙의 보증계약 취소를 인정한 이유는 무엇인가?
◆ 甲의 불법행위를 이유로 한 손해배상청구를 배척한 이유는 무엇인가?

☑ 참고문헌

◆ 송덕수, 착오자의 손해배상책임, 손해배상법의 제문제(황적인교수 회갑기념논문집), 3면 이하,
◆ 엄동섭, 착오자의 과실과 손해배상책임, 민사판례연구 21권, 31면 이하, 1999.
◆ 이기광, 착오에 의한 취소와 손해배상책임, 재판과 판례 10집(대구판례연구회), 107면 이하, 2001.

Ⅳ. 적용범위

대판 1984. 5. 29. 82다카963 〈응용〉 ⋯⋯⋯⋯⋯⋯⋯⋯⋯⋯⋯⋯

[사안] 이 사건 토지는 원래 甲(원고)의 소유인데, 명의신탁에 의하여 1973. 4. 23. 당시 甲의 처이었던 乙(피고 한길례) 명의로 그 소유권이전등기를 넘겨놓았다. 그런데 甲은 乙과의 사이에 가정불화가 생기게 되자 변호사 A(소외 김종성)에게 위 토지에 관한 사건을 위임하였으며, A는 甲의 소송대리인으로서 乙을 상대로 하여 1979. 6. 15. 대전지방법원에 위 토지에 관한 처분금지가처분신청을 함과 아울러 그 본안소송으로서 명의신탁 해지를 원인으로 한 소유권이전등기절차 이행청구소송을 제기하였으며, 같은 해 6. 18. 위 토지에 관한 처분금지가처분등기가 마쳐졌다. 위 본안소송에서 乙이 甲의 청구를 인낙하였다. 乙의 형사고소로 甲이 구속되었는데, 乙은 위 토지에 관한 소유명의가 여전히 자기 앞으로 남아 있음을 기화로 甲의 형인 B(소외 이강순) 및 A의 사무원인 C(소외 최종대)와 함께 甲 몰래 위 토지를 처분하기로 공모하고, 1980. 3. 5. 甲이 위 토지에 관한 처분금지가처분신청을 취소하거나 그 집행해제를 하도록 승낙한 사실이 없음에도 불구하고 甲으로부터 그 승낙을 받았다고 A를 기망하였으며, 이에 속은 A는 같은 해 3. 17. 甲의 대리인으로서 법원에 위 가처분신청취하서와 집행해제원을 제출하여 위의 처분금지 가처분등기가 말소되었다. 그 후 위 토지는 D(소외 임헌홍)를 거쳐 丙(피고 임대선)에게 순차 매도되어 丙명의로 소유권이전등기가 경료되었다. 그 후 乙은 위와 같은 범죄사실로 인하여 횡령죄로 기소되고 1981. 4. 19. 유죄판결이 확정되었다. 甲은 乙 및 丙을 상대로 소유권이전등기의 말소를 소구하였다.
[원심] 원고 소송대리인이 한 위 가처분신청의 취소가 그 상대방인 피고 乙의

기망행위에 의하여 이루어졌다는 이유를 들어 이를 피고 乙에 의하여 이루어진 것과 동일한 것으로 보아도 무방하다고 하고, 또한 피고 乙이 기망행위 자체에 대하여 유죄의 확정판결을 받지 아니하였더라도 횡령죄명으로 유죄의 확정판결을 받고 그 범죄과정에서 소송대리인을 기망한 사실이 인정되기만 하면 민사소송법 제422조 제1항 제5호, 제2항의 법의에 비추어 위 가처분신청 취소의 효력이 부정되어야 한다고 판단하였다.

[판지] 소송대리인이 그 대리권의 범위 내에서 한 소송행위는 본인이 한 소송행위로서의 효력을 가지는 것이므로, 비록 그 소송행위가 상대방의 기망에 의하여 착오로 이루어졌다 하더라도 이를 상대방이 한 소송행위와 동일시하여 본인이 한 소송행위로서의 효력을 부인할 수는 없다 할 것이고, 소송행위에 대하여는 민법 제109조, 제110조의 규정이 적용될 여지가 없으므로, 소송행위가 사기, 강박 등 형사상 처벌을 받을 타인의 행위로 인하여 이루어졌다 하더라도 이를 이유로 그 소송행위를 부인할 수 없고, 다만 그 형사상 처벌을 받을 타인의 행위에 대하여 유죄판결이 확정된 경우에는 민사소송법 제422조 제1항 제5호, 제2항의 규정 취지를 유추해석하여 그로 인한 소송행위의 효력을 부인할 수 있다 하겠으나, 이 경우에 있어서도 그 소송행위가 이에 부합되는 의사 없이 외형적으로만 존재할 때에 한하여 그 효력을 부인할 수 있다고 해석함이 상당하므로, 타인의 범죄행위가 소송행위를 하는 데 착오를 일으키게 한 정도에 불과할 뿐 소송행위에 부합되는 의사가 존재할 때에는 그 소송행위의 효력을 다툴 수 없다고 보아야 할 것이다. 그런데 원고의 소송대리인인 A변호사는 그 상대방인 피고 乙 등의 기망에 의하여 착오로 이건 토지에 관한 처분금지 가처분신청을 취소하고 그 집행해제원을 제출한 사실이 인정될 뿐이고, 나아가 피고 乙이 위에 든 기망행위에 대하여 유죄의 확정판결을 받았다거나(피고 乙은 횡령의 유죄판결을 받았을 뿐이다) 소송대리인인 A변호사에게 위 가처분신청의 취소에 상응하는 의사가 없었다고도 볼 수 없으며, 원고가 작성한 소송위임장의 기재에 의하면 원고는 A변호사에게 이건 토지에 대한 처분금지가처분신청 사무를 위임함에 있어서 그 취소에 관한 권한도 위임하였음이 명백하므로, 원고는 그 소송대리인이 적법한 대리권의 범위 내에서 한 위 가처분신청취소의 효력을 부인할 수 없다고 보아야 할 것이다. 그러므로 원심판결은 착오로 인한 소송행위의 효력에 관한 법리를 오해한 것이다.

☑ 쟁   점

위 판결은 甲으로부터 소송대리를 맡은 A변호사가 토지에 관하여 처분금지 가처분등
기를 해 두었는데, 후에 A가 乙 등의 기망에 속아 착오로 위의 가처분신청 취하서를
제출하여 위 가처분등기가 말소되고 그리하여 乙이 이를 제3자에게 처분한 경우, 甲
은 착오 혹은 사기를 이유로 A의 소송행위를 취소할 수 있는가 하는 점이 문제된 것
이다.

☑ 검토할 사항

  ◆ 소송행위에 관하여 제109조, 제110조가 적용되는가?

  ◆ 사기나 강박에 의하여 행해진 소송행위의 효력을 부인할 수 있는 경우는 언제인가?

☑ 관련사례

  1) A가 변호사 B에게 소송을 위임하였는데 B의 사무원이 착오로 B의 의사에 반하여
     소를 취하한 경우, 그 소취하는 유효한가? (대판 1997. 10. 24. 95다11740) 〈응용〉

☑ 참고문헌

  ◆ 정준영, 소송행위에 있어서 의사표시의 하자: 소송위임행위와 당사자에 의한 소송
     종료행위를 중심으로, 민사판례연구 21권, 483면 이하, 1999.

제 4 항 사기·강박에 의한 의사표시

Ⅰ. 취소의 요건

1. 사기의 경우

(1) 위법성 등

대판 2001. 5. 29. 99다55601, 55618 〈기초〉 ·································

[사안] 甲 등 수인(원고 등)은 주식회사 乙(피고)이 신축하는 이 사건 상가에 관
하여 분양계약을 체결하였다. 乙이 위 상가를 분양함에 있어서 분양광고시 위 상
가에 첨단 오락타운을 조성·운영하고 전문경영인에 의한 위탁경영을 통하여 분
양계약자들에게 월 100만원 이상의 수익을 보장한다는 광고를 하였고, 분양계약
체결시 이러한 광고내용을 甲 등 수인에게 설명하였다. 다만 분양계약서에는 그

러한 내용이 기재되지 않았다. 또 乙은 분양광고시 상가의 개장시기를 1997년 5월경으로 광고하였으나, 분양계약서에는 이러한 내용이 기재되지 않았으며, 오히려 상가의 잔금기일은 입주지정일로부터 10일 이내로 정하고 입주지정일은 乙이 별도로 통보하도록 약정되어 있었다. 그런데 상가로부터의 수익은 광고에 표시된 것에 크게 못 미칠 뿐만 아니라, 광고에서의 개장시기에 개장하지 않았다. 그리하여 甲 등은 乙에 대하여 사기를 이유로 분양계약을 취소한다고 하였다. 이에 대하여 乙은 반소로서 甲 등이 미지급한 상가분양대금의 지급을 청구하였다.

[판지] 상품의 선전 광고에 있어서 거래의 중요한 사항에 관하여 구체적 사실을 신의성실의 의무에 비추어 비난받을 정도의 방법으로 허위로 고지한 경우에는 기망행위에 해당한다고 할 것이나, 그 선전 광고에 다소의 과장 허위가 수반되는 것은 그것이 일반 상거래의 관행과 신의칙에 비추어 시인될 수 있는 한 기망성이 결여된다고 할 것이고, 또한 이 사건 상가와 같이 그 용도가 특정된 특수시설을 분양받을 경우 그 운영을 어떻게 하고, 그 수익은 얼마나 될 것인지와 같은 사항은 투자자들의 책임과 판단 하에 결정될 성질의 것이라 할 것이다. 피고가 상가에 첨단 오락타운을 조성하고 전문경영인에 의한 위탁경영을 통하여 일정 수익을 보장한다는 취지의 광고를 하였다고 하여, 이를 가리켜 피고가 원고들을 기망하여 분양계약을 체결하게 하였다거나 원고들이 분양계약의 중요부분에 관하여 착오를 일으켜 상가분양계약을 체결하게 된 것이라 볼 수 없다.

☑ 쟁   점

위 판결은 상가의 분양시에 과장광고를 한 경우, 피분양자는 사기를 이유로 분양계약을 취소할 수 있는가 하는 점이 문제된 것이다.

☑ 검토할 사항

◆ 제110조의 취지를 살피시오.

◆ 사기를 이유로 취소하기 위한 요건을 살피시오.

◆ 위의 사안에서 사기를 이유로 한 취소가 배척된 이유는 무엇인가?

☑ 관련사례

1) 연립주택 분양에 있어 평수를 과장 광고한 것이 기망행위에 해당하는가? (대판 1995. 7. 28. 95다19515, 19522) 〈응용〉

2) 임차인이 임대인으로부터 몇 차례 명도요구를 받고 있음에도 임대차기간의 연장

이나 임차권 양도에 대한 임대인의 동의 여부를 확인하지 않은 채 임차권을 양도한 행위는 기망행위에 해당하는가? (대판 1996. 6. 14. 94다41003) 〈응용〉

3) 분양대행계약을 체결한 회사의 분양담당직원이 분양계약을 체결할 당시 A에게 "대지면적 등의 문제로 인해 인접토지에 5층 이상 건물이 들어서기는 어려울 것이다"라는 취지로 말한 경우, 기망행위가 인정되는가? (대판 2010. 4. 29. 2009다97864) 〈응용〉

☑ 기타 검토사항

1) 甲은 분양광고에 따라서 일정액의 수익을 보장할 의무 및 첨단 오락타운을 조성 운영할 의무를 지는가?

☑ 참고문헌

◆ 권오승, 강박에 의한 의사표시와 행정지도, 민사판례연구 제18집, 71면 이하, 1996.

◆ 박경량, 사기에 의한 의사표시, 채권법에 있어서 자유와 책임(김형배교수 화갑기념 논문집), 150면 이하, 1994.

◆ 송덕수, 사기·강박에 의한 의사표시, 이화여대 사회과학논집 10집, 69면 이하, 1990.

◆ 엄동섭, 하자있는 의사표시에 관한 판례분석, 사법연구 6집, 295면 이하, 2001.

(2) 부 작 위

대판 2002. 9. 4. 2000다54406, 54413 〈기초〉 ·······················

[사안] 甲(원고)은 이 사건 X부동산을 소유하고 있고, 乙(피고)은 다른 지역(금곡리)에 있는 Y임야의 지분을 소유하고 있었다. 甲은 乙을 대리한 A와 사이에, 양 부동산을 서로 교환하기로 약정하였다(X부동산의 가액은 시가 8억 5천만원인데, 근저당권부 대출채무 및 임대보증금 반환채무 합계 4억원 등을 공제하여 4억 5천만원으로 평가하고 Y임야는 5억 5천만원으로 평가하여, 甲이 乙에게 차액 1억원을 지급하기로 하였음). 이에 기해서 위 부동산에 관한 소유권이전등기절차가 경료되었다. 甲은 Y임야의 용도가 조만간 주거지역으로 변경되어 그 지상에 주택을 신축할 수 있고 그 가격도 폭등할 것이라고 기대하여 위와 같은 계약을 체결한 것인데, 그러한 기대가 무위로 돌아가자, 乙의 기망으로 Y임야의 용도가 주거지역으로 변경되리라는 착오에 빠져 교환계약을 체결하였으므로 그 의사표시를 취소한다고

주장하면서 대금의 반환 또는 손해배상을 소구하였다.

[판지] 일반적으로 교환계약을 체결하려는 당사자는 서로 자기가 소유하는 교환 목적물은 고가로 평가하고 상대방이 소유하는 목적물은 염가로 평가하여 보다 유리한 조건으로 교환계약을 체결하기를 희망하는 이해상반의 지위에 있고, 각자가 자신의 지식과 경험을 이용하여 최대한으로 자신의 이익을 도모할 것이 예상되기 때문에, 당사자 일방이 알고 있는 정보를 상대방에게 사실대로 고지하여야 할 신의칙상의 주의의무가 인정된다고 볼 만한 특별한 사정이 없는 한, 어느 일방이 교환 목적물의 시가나 그 가액 결정의 기초가 되는 사항에 관하여 상대방에게 설명 내지 고지를 할 주의의무를 부담한다고 할 수 없고, 일방 당사자가 자기가 소유하는 목적물의 시가를 묵비하여 상대방에게 고지하지 아니하거나 혹은 허위로 시가보다 높은 가액을 시가라고 고지하였다 하더라도 이는 상대방의 의사결정에 불법적인 간섭을 한 것이라고 볼 수 없다. 원심이 판시사실에 비추어 금곡리 임야의 용도가 조만간 주거지역으로 변경되어 그 지상에 주택을 신축할 수 있고 그 가격도 폭등할 것이라는 점에 관하여 원고가 기망당하였다거나 착오에 빠졌다고 보기 어렵다고 판단한 것은 정당하다.

☑ 쟁   점

위 판결은 목적물의 용도가 변경되어 가격이 등귀하리라고 기대하여 교환계약을 맺었는데 그 기대가 어긋난 경우, 사기를 이유로 취소할 수 있는가 하는 점이 문제된 것이다.

☑ 검토할 사항

◆ 계약당사자는 시가나 목적물에 관한 정보를 알릴 의무를 지는가?

◆ 계약당사자가 시가나 목적물에 관한 정보를 알리지 않는 것이 사기가 되는 경우는 언제인가?

☑ 관련사례

1) 은행이 고객으로부터 별도로 비용이나 수수료를 수취하지 아니하는 이른바 제로 코스트(zero cost) 구조의 장외파생상품 거래를 하는 경우에 키코 통화옵션계약을 체결하면서 구매자에게 그 원가나 판매이익 등 구성요소를 알려주거나 밝혀주어야 하는가? 그렇지 않은 경우에 기망행위에 해당되는가? (대판(전) 2013. 9. 26. 2012다1146, 1153; 대판(전) 2013. 9. 26. 2012다13637) 〈응용〉

☑ 기타 검토사항

1) 만약 乙이 단순한 묵비에 그치지 않고 Y임야의 용도가 변경되어 가격이 등귀하리라고 말하였다면, 甲은 취소할 수 있는가? 乙이 자신도 그렇게 알고 있는 경우와 그것이 사실이 아님을 안 경우, 후자의 경우는 다시 甲으로 하여금 계약을 체결하도록 유인하기 위해서 그렇게 말한 경우와 단순히 甲이 문의해서 그렇게 대답하였는데 그 말을 듣고 甲이 계약을 체결한 경우 등을 나누어 살피시오.

2) 甲과 乙의 위 교환계약을 丙이 중개한 경우에, 甲은 丙에 대하여 중개인의 의무위반을 이유로 손해배상을 청구할 수 있는가?

(3) 사기에 의한 의사표시에서의 착오의 내용

대판 1985.4.9. 85도167 〈응용〉· ·

[사안] 甲(피고인)은 자신 소유의 이 사건 토지가 절대농지로 지정되어 그 전용허가를 받지 않는 한 건축을 할 수 없는 토지라는 점을 알고 있었다. 그럼에도 甲은 A 등이 건축을 할 목적으로 위 토지를 매수하려는 사실을 알면서도 A 등에게 위 토지가 건축이 가능한 토지인 것처럼 가장하여 이들과 매매계약을 체결하였다. 그리하여 甲은 사기죄로 기소되었다.

[판지] 1) 이 사건 토지의 매매계약서에 매수인의 매수목적, 즉 건물건축의 목적으로 매수한다는 내용이 표시되지 않았다고 하여도 매도인이 그러한 매수인의 매수목적을 알면서 건축이 가능한 것처럼 가장하여 이를 오신한 매수인과 사이에 매매계약이 성립된 것이라면, 위와 같은 행위는 사기죄의 구성요건인 기망행위에 해당하는 것이고, 매매계약상 매수목적이 표시되지 않았다고 하여 기망행위가 아니라고 볼 수는 없다. 2) 상고의 논지는 피해자인 A 등은 다만 매매계약의 동기에 착오를 일으킨 것에 지나지 않으므로 매매계약 해제를 할 수 없고 따라서 피고인에게 매매대금 반환을 구할 수 없다고 주장하나, 기망행위로 인하여 법률행위의 중요부분에 관하여 착오를 일으킨 경우뿐만 아니라 법률행위의 내용으로 표시되지 아니한 의사결정의 동기에 관하여 착오를 일으킨 경우에도 표의자는 그 법률행위를 사기에 의한 의사표시로서 취소할 수 있다고 할 것이다.

☑ 쟁   점

위 판결은 토지가 그 지상에 건물을 신축할 수 없는 것임에도 건물신축을 위하여 토지를 매수하려는 매수인에게 건물신축이 가능한 토지라고 속여서 이를 매도한 경우, 사기죄가 성립하는가, 그리고 매수인은 사기를 이유로 취소할 수 있는가 하는 점이 문제된 것이다.

☑ 검토할 사항

◆ 사기로 인하여 단지 동기의 착오에 빠진 경우에도 취소할 수 있는가? 취소할 수 있다면, 그 이유는 무엇인가?

☑ 기타 검토사항

1) 만약 甲이 A가 건물을 신축하기 위해서 토지를 매수하려는 것을 모르고 이를 건축가능한 토지라고 하였다면, A는 사기를 이유로 취소할 수 있는가?

2. 강박의 경우

(1) 부정행위에 대한 고소·고발

대판 1992. 12. 24. 92다25120 〈응용〉···

[사안] 이 사건 X부동산은 실질상 종중 甲(원고)의 소유이나, A 앞으로 등기부상 명의가 신탁되어 있었으며, A는 1986. 3. 3. 사망하였다. 그리고 종중의 대표자는 B이다. 종중원 乙(피고)은 1988. 9. 5. 위 부동산을 甲의 동의 없이 C에게 1,900만원에 매도하고, 나아가 자신이 A로부터 위 부동산을 매수한 것처럼 매도증서를 만들고 A의 상속인들의 협조를 얻어 그들을 상대로 소유권이전등기청구소송을 제기하여 의제자백에 의한 승소판결을 받은 후, 1989. 5. 13. 위 상속인들을 거쳐 자신 앞으로 소유권이전등기를 하였다. C는 당시 부동산 투기바람으로 인하여 부동산 가격이 폭등하자 이전등기를 하지 않고 위 부동산을 다시 전매하였으며, 그 후에도 몇 차례 전매를 거쳐 D가 이를 매수하여 1989. 5. 22. 乙로부터 D에게로 소유권이전등기가 마쳐졌다. B는 1989. 6. 28. 乙의 위 매도사실을 알게 되자 乙을 포함한 다수의 종중원이 모인 자리에서 乙의 매도사실을 확인시키고 이를 추궁하였다. 乙은 위 매도사실을 인정하고 부동산의 매도대금을 반환하기로 하여, 위 매도대금과 예금이자(1,946만원)를 수인(乙, B 및 L 등)의 공동명의로 우체국에 예치시켰다. 그런데 B는 C 등 부동산 전매자를 투기·탈세 등의 이유로 경찰에 진정하였고, 그 진정처리과정에서 乙 역시 사기 등의 피의자로 경

찰에 입건되어 조사받았으나, 乙은 무혐의처분을 받았다(의제자백에 의한 판결을 받아 자기 앞으로 소유권이전등기를 한 것은 일부 문중원들의 승낙 하에 편의상 취한 절차에 불과하므로 이는 법원을 기망한 것이 아니라는 이유에서). 그러자 B는 다시 乙을 다른 사유로 고소하여 乙이 경찰서 보호실에 유치되고, 乙에게 사문서위조 등의 혐의가 있다고 인정되어 구속영장이 신청될 상태에 놓였다. 그러자 乙은 B가 고소를 취소하여 주지 않으면 구속될 것으로 생각하고 겁이 난 나머지 면회 온 B와 사이에 고소를 취소하여 주는 조건으로 그의 요구에 따라 B에게 부동산의 피해보상조로 4,500만원(乙이 이미 지급한 돈과 위 부동산의 당시 가격과의 차액)을 지급하기로 약정하고 그러한 내용의 지불증을 작성하였다. 이에 따라 B가 고소를 취소하였고, 乙은 무혐의처분을 받고 풀려 나왔다. 그런데 乙이 위 약정금을 지급하지 않자, 종중 甲이 乙에 대하여 위 약정금의 지급을 소구하였으며, 乙은 위 약정은 강박에 기한 것으로서 취소한다고 항변하였다.

[원심] 피고가 B의 진정에 의하여 여러 번 조사를 받고 사기 및 공정증서원본 등불실기재죄에 대하여 무혐의처분을 받았으며, 나아가 B의 요구에 의하여 매도대금을 그에게 반환하였음에도 불구하고 이를 보관하고 있는 B가 다시 같은 사안에 대하여 죄명을 일부 달리하여 고소하여 피고가 다시 여러 차례에 거쳐 조사를 받고 급기야 구속영장이 신청될 단계에 이르자, 이에 겁을 먹고 우선 구속을 면하기 위하여 위 지불증을 작성하여 준 것으로 보여지므로, 이는 피고의 의사결정의 자유가 제한된 강박상태에서 이루어진 것으로 봄이 상당하다고 하여, 피고의 취소항변을 받아들였다.

[판지] 법률행위 취소의 원인이 되는 강박이 있다고 하기 위해서는 표의자로 하여금 외포심을 생기게 하고 이로 인하여 법률행위 의사를 결정하게 할 고의로서 불법으로 장래의 해악을 통고한 경우라야 할 것이며, 일반적으로 부정행위에 대한 고소, 고발은 그것이 부정한 이익을 목적으로 하는 것이 아닌 때에는 정당한 권리행사가 되어 위법하다고 할 수 없을 것이다. 물론 부정한 이익의 취득을 목적으로 하는 경우에는 위법한 강박행위가 되는 경우가 있을 것이며, 목적이 정당하다고 하더라도 그 행위나 수단 등이 부당한 때에는 위법성이 있는 경우가 있을 수 있다. 원고 종중대표자 B가 피고로부터 위 매도대금 1,900만원을 반환받은 후 피고에 대하여 진정, 고소를 반복하였고 그 내심의 의도가 위 매도대금과 1989. 2.경의 시가 상당액의 차액 상당을 배상받기 위한 것이라고 할지라도, 이를

부정한 이익의 취득을 목적으로 한 것으로 보기는 어려우며, 위 지불약정에 이르게 된 과정에 원고에게 특히 부당한 행위나 수단 등이 있었다고 보이지도 않는다. 더욱이 원고 종중원들은 1989. 7.경부터 1990. 5.경까지 수차에 걸쳐 피고에게 원고 종중이 입은 4,500만원의 손해도 변상하라고 요구하였고, 피고는 자기의 잘못으로 종중재산에 막대한 손해를 발생시킨 점을 인정하고 위 돈을 원고 종중에 변상하겠다고 하였으나 실제로 위 돈을 지급하지 않고 있었다는 것이다. 이와 같이 비록 피고가 원고 대표자의 고소에 의한 수사절차에서 구속영장이 신청될 단계에 이르러 주관적으로 공포를 느꼈다고 할지라도 원심판결 설시와 같은 사정만으로는 원고 대표자에게 고의에 의한 위법의 해악고지 사실이 추정될 수는 없는 것이다.

☑ 쟁　　점

위 판결은 위법행위를 한 자가 고소로 인하여 수사를 받게 되자 고소취하를 조건으로 일정액의 지급을 약정한 경우, 표의자는 강박을 이유로 그러한 약정을 취소할 수 있는가 하는 점이 문제된 것이다.

☑ 검토할 사항

◆ 강박이 취소사유가 되기 위한 요건으로서의 강박자의 고의의 내용을 살피시오.

◆ 부정행위에 대한 고소, 고발이 위법성을 가지는 경우는 언제인가?

◆ 판결이 B의 고발이 위법하지 않다고 한 이유는 무엇인가?

☑ 관련사례

1) 간통으로 피소될 처지에 있는 자에게 합의금을 받고 고소하지 않기로 한 경우, 취소할 수 있는가? (대판 1997. 3. 25. 96다47951) 〈응용〉

☑ 기타 검토사항

1) 위의 사안에서 乙의 약정은 불공정행위가 되는가?

2) 甲은 乙에 대하여 불법행위를 이유로 손해배상을 청구할 수 있는가? 손해배상액은 현재의 부동산 시가 상당액인가?

⑵ 무효가 되는 경우

대판 1974. 2. 26. 73다1143 〈응용〉 ·····························

[사안] 본건 부동산은 甲(원고)이 선대로부터 상속받은 재산인데, 乙(피고)은 이를 시기하여 甲이 종중재산을 매각 착복하였다는 요지의 고소를 제기하였으나 甲은 불기소처분을 받았다. 그러자 乙은 다시 육군보안사령부 수사관 A, B 등과 甲을 간첩으로 몰아 그 재산을 빼앗기로 공모하고, 허위사실(甲의 처의 친가 부모 형제들이 모두 6.25 당시 부역하다가 월북한 사실이 있고, 그의 양자는 정체불명의 사람으로서 남파된 간첩인 듯하다는 취지)을 적시한 고발장을 보안사령부 서빙고분실에 제출하였다. A는 위 고발사건을 수사한다는 구실 아래 甲 부부를 영장 없이 강제연행하여 유치장에 감금하고 甲에게 간첩 및 국가원수 암살음모 사실을 추궁하고 자백을 강요하면서 甲을 구타 고문하였다. A는 이와 같이 극도의 공포분위기 속에서 甲을 심문한 후 서빙고분실 근방의 다방으로 甲을 연행하여, 甲을 간첩혐의로 조사하는 것은 乙의 고발에 따른 것이니 乙과 화해를 하는 것이 좋다고 하면서, 甲에게 乙과 화해를 하고 고발취하서를 받아 오라고 지시하는 한편, 보안사령부에서 조사받은 일에 대하여 일체 다른 사람에게 말하지 말 것을 엄명한 후 甲을 귀가시켰다. 그 외에도 B는 상당액의 현금을 수사관에게 뇌물로 주지 않으면 甲 부부 등의 신상이 무사하지 못할 것이라고 협박하여 현금을 갈취하였다. 그리고 乙과 A·B는 甲을 사법서사 사무소에 데리고 가 극도의 공포심에 사로잡힌 甲으로 하여금 본건 부동산에 관한 소유권이전등기서류에 날인케 하였으며, 그리하여 1971. 12. 28. 乙과 A의 명의로 소유권이전등기를 마쳤다. 乙은 위 부동산을 丙(피고)에게 매도하였으며, 丙은 1972. 1. 6. 위 매매예약을 원인으로 한 가등기와 지상권설정등기를 경료하였다. 이에 甲은 乙 및 丙을 상대로 위 부동산의 이전은 무효라고 하면서 이의 반환을 소구하였다.

[원심] 원고 명의로부터 피고 乙 등 명의로 마쳐진 소유권이전등기는 원고가 자신 및 그 가족의 생명, 신체의 위해에 대한 항거할 수 없을 정도의 공포심에 빠져 전혀 그 자유의사에 반하여 등기이전소요서류에 날인하여 줌으로써 이루어진 등기로 원인무효의 등기라고 판단하였다.

[판지] 강박으로 인한 의사표시가 취소되는 것에 그치지 아니하고 더 나아가 무효로 되기 위해서는 그 강박의 정도가 극심하여 의사표시자의 의사결정의 자유

가 완전히 박탈되는 정도에 이른 것임을 요한다(의사결정의 자유가 완전히 박탈되게 이른 경우에는, 그 의사표시는 효과의사에 대응하는 내심의 의사를 흠결하는 결과가 될 것이다). 피고 乙 등의 원고에 대한 위의 강박사실만 가지고서는 원고가 사법서사 사무소에서 의사표시를 할 당시 완전히 그 의사결정의 자유를 상실하고 있었다고 판단하기에는 미흡하다(원고는 1971. 1. 18. 피고 乙 등을 무고 등 죄로 육군보안사령부에 고소를 제기한 사실이 있음).

☑ 쟁   점

위 판결은 乙이 甲의 재산을 빼앗기 위해서 수사기관원과 공모하여 허위사실로 甲을 고소하여 수사기관원이 甲을 불법으로 강제연행하고 구타 고문하여 甲이 공포심에 빠져 부동산을 乙에게 이전한 경우, 그 이전행위가 단지 취소할 수 있는 것이 아니라 무효가 되는가 하는 점이 문제된 것이다.

☑ 검토할 사항

◆ 甲은 강박을 이유로 부동산 이전행위를 취소할 수 있는가?
◆ 강박에 기한 의사표시가 무효로 되기 위한 요건을 살피시오.

☑ 관련사례

1) 국가기관이 비상계엄 하에서 권력형 부정축재자의 재산을 국고에 환수한다는 방침에 기해서 A에게 불법감금과 협박 등 헌법상 보장된 국민의 기본권을 침해하는 위헌적인 공권력을 행사하여 A가 외포심으로 증여 및 이사장직 사퇴 등의 의사표시를 한 경우, 그 의사표시는 반사회적인 것으로서 무효인가? (대판 1996. 12. 23. 95다40038) 〈응용〉

☑ 기타 검토사항

1) 만약 甲이 강박을 이유로 취소한다면, 甲은 丙에 대하여 등기의 말소를 청구할 수 있는가?
2) 만약 甲의 의사표시가 무효라고 한다면, 甲은 丙에 대하여 등기의 말소를 청구할 수 있는가?

☑ 참고문헌

◆ 김학동, 국가기관의 강압에 의한 재산헌납의 효력에 관한 판례 고찰, 중앙대 법학논문집, 31권 1호, 185면 이하, 2007.
◆ 권대우, 국가기관에 의하여 강요된 재산헌납행위의 효력, 법과 사회 22호, 9면 이

하. 2002.

3. 제 3 자의 사기 · 강박

대판 1998. 1. 23. 96다41496 〈응용〉 ···
[사안] A는 1994. 5. 2. 甲 회사(원고)의 대표이사인 B와 甲회사의 주식 전부를
대금 5억 5천만원에 양수하기로 하는 주식 양도 · 양수계약을 체결하였으며, 계약
금 5천만원은 계약 당일 현금으로 지급하고, 중도금 3억원은 甲회사 소유의 부동
산을 A가 정하는 상호신용금고에 담보로 제공한 후 대출을 받아 지급하기로 약
정하였다. 그러나 계약 당시 A는 L회사를 운영하다가 1994. 3.경 부도를 내어 甲
회사를 인수할 능력이 없었으며, 甲회사 소유의 위 부동산을 담보로 상호신용금
고 乙(피고)에서 돈을 대출받아 이를 편취할 의사로 위 계약을 체결한 것이었다.
한편 乙의 기획감사실 과장으로 근무하고 있던 C는 A로부터 대출 등과 관련하여
향응을 제공받거나 금품을 교부받는 등 밀접한 관계를 맺어 온 사이로서, A가 부
도를 내어 신용에 문제가 생기자 乙의 여신담당 직원인 E에게 A가 경영하던 L회
사의 상무인 F를 자신의 친척이라고 속여 대출을 부탁하였으며, 위와 같은 A의
甲에 대한 사기행위에 적극 가담하였다. A가 甲의 부동산을 담보로 하여 乙로부
터 대출받기 위한 절차를 진행하려 하자, B는 그 대출금 중 중도금으로 약속한
3억원을 확실히 지급받는다는 보장이 없이는 위 부동산을 담보로 제공할 수 없
다고 하였으며, 그러자 C는 같은 해 5. 9. B에게 위 부동산을 담보로 乙에서 대
출이 되면 그 대출금 중 3억원을 같은 달 25일까지 甲에게 지급할 것을 보증한
다는 취지의 지급보증서를 작성하여 교부하였다. 이에 B는 이 지급보증서를 믿고
1994. 5. 9. 甲회사를 대표하여 乙과의 사이에 위 부동산에 관하여 근저당권설정
계약(채무자 F)을 체결하였으며, 이에 기하여 위 부동산에 乙 명의의 근저당권설
정등기가 경료 되고 F는 乙로부터 4억 5천만원을 대출받았다. 그런데 B는 근저
당권설정등기가 경료 된 후 수차에 걸쳐 C에게 대출사실을 확인하였으나, 그 때
마다 C는 아직 대출이 안 된 것처럼 B를 속이는 등 거짓말을 하여, 그 사이에 A
가 대출금을 타에 유용하도록 하였다. 乙은 사장, 상무, 감사 및 이사 2인을 포함
하여 직원 총수가 50명에 못 미치는 작은 규모의 금융기관으로서, C는 대출 당
시 기획감사실 과장으로 재직하면서 대출업무를 포함한 乙의 업무 전반에 관하여

일일감사를 할 권한을 갖고 있었던 자로서 기획감사실 과장이 되기 전에는 여신업무를 담당한 적도 있었으며, 사무실 내의 그의 자리는 여신담당 직원인 E의 바로 뒷자리였다. 甲은 乙과 체결한 위 근저당권설정계약은 乙의 직원인 C의 사기에 의하여 체결된 것으로서, C의 위와 같은 사기행위는 위 근저당권 설정계약의 당사자인 乙의 기망행위에 준하는 것으로 보아야 할 것이므로 위 근저당권설정계약을 취소한다고 주장하면서 근저당권설정등기의 말소를 청구하였다. 이에 대하여 乙은, C는 위 근저당권설정계약에 있어서 어디까지나 제3자에 불과하고, 乙로서는 C가 위와 같은 사기행위를 하였는지를 알지 못하였을 뿐만 아니라 알 수도 없었으므로 위 근저당권설정계약은 유효하다고 주장하였다.

[판지] 의사표시의 상대방이 아닌 자로서 기망행위를 하였으나 민법 제110조 제2항에서 정한 제3자에 해당되지 아니한다고 볼 수 있는 자란 그 의사표시에 관한 상대방의 대리인 등 상대방과 동일시할 수 있는 자만을 의미하고, 단순히 상대방의 피용자이거나 상대방이 사용자책임을 져야 할 관계에 있는 피용자에 지나지 않는 자는 상대방과 동일시할 수는 없어 이 규정에서 말하는 제3자에 해당한다고 보아야 할 것이다. 그런데 C는 원고와 피고 사이의 근저당권설정계약과 관련하여서 피고의 대리인이라고는 할 수 없고 단순한 피고의 피용자의 지위에 있을 뿐이어서 피고와 동일시할 수 있는 자라고 보기는 어렵고, 따라서 민법 제110조 제2항에서 말하는 제3자로 볼 수밖에 없다. 그러나 C는 대출금 일부를 B에게 지급할 것을 직접 보증한다고 하면서 근저당권설정계약을 체결하도록 원고를 기망하는데 적극 가담하였고, 그 기망의 목적을 달성하기 위하여 여신담당 직원인 E에게 이 사건 대출을 부탁하기까지 하였으며, 또한 피고 회사의 기획감사실 과장으로서 대출업무를 포함한 회사 업무 전반에 관하여 일일감사를 할 권한을 갖고 있었던 자인데, 피고 회사는 사장, 상무, 감사 및 이사를 포함하여 직원 총수가 50명에 못 미치는 작은 규모의 금융기관이라는 것인바, 위와 같은 C의 기망행위의 태양, 그의 피고 회사에서의 지위나 영향력, 피고 회사의 규모 등에 비추어 보면, 피고로서는 자신의 영역 내에서 일어난 C의 위와 같은 기망행위에 관하여 그 감독에 상당한 주의를 다하지 아니한 사용자로서의 책임을 져야 할 지위에 있을 뿐만 아니라, 나아가 그러한 사정을 이용한 C 등의 사기 사실을 알지 못한 데에 과실이 있었다고 봄이 상당하고, 따라서 원고로서는 이처럼 과실로 위와 같은 사기 사실을 알지 못한 피고에 대하여 C 등의 기망으로 인하여 이루어

진 이 사건 근저당권설정계약을 취소할 수 있다고 보아야 할 것이다.

☑ 쟁   점

위 판결은 甲이 乙로부터 부동산을 담보로 금전을 차용함에 있어서 乙의 직원 C(기획감사실 과장)가 甲을 기망한 경우, 이는 제3자에 의한 사기에 해당하는가 하는 점이 문제된 것이다.

☑ 검토할 사항

◆ 근저당권설정계약의 당사자는 누구인가? 그리고 누구가 누구를 기망하였는가?
◆ 계약상대방이 아닌 제3자가 사기나 강박을 한 경우에, 표의자가 취소할 수 있기 위한 요건을 살피시오.
◆ 일반적으로 회사의 피용인은 제110조 2항에서의 제3자에 해당하는가?
◆ 판결이 甲의 사기를 이유로 한 취소를 인정한 이유는 무엇인가?

☑ 관련사례

1) A회사가 보험회사 B와의 보험계약을 체결함에 있어서 보험사고시 보험금을 지급함으로써 생기는 A의 구상금채무를 담보할 연대보증인을 세움에 있어서, A회사의 대표이사 및 이사가 공모하여 C에게 연대보증계약서를 신원보증서라고 속여 C가 그 서류에 서명 날인한 경우, C는 사기를 이유로 위 연대보증계약을 취소할 수 있는가? (대판 2005. 5. 27. 2004다43824— 이 판결은 착오 부분에서 살폈음) 〈응용〉

☑ 기타 검토사항

1) 대리인은 제110조 제2항에서의 제3자에 해당하는가?

☑ 참고문헌

◆ 윤진수, 계약상대방의 피용자의 사기로 인한 의사표시의 취소, 서울대 법학 39권 2호, 342면 이하, 1998.

Ⅱ. 선의의 제 3 자의 범위

대판 1975. 12. 23. 75다533 〈기초〉 ···

[사안] 이 사건 X토지는 甲(원고, 국가) 소유의 잡종재산인데, 乙(피고)은 위 토지를 전혀 점유한 일이 없으면서도 이를 점유 사용하고 있는 것처럼 허위의 증명

서류를 관할세무서에 제출하여, 甲으로부터 위 토지를 매수하고 이전등기를 마쳤다. 관할세무서가 그러한 사실을 발견하고 국유재산법 제27조 제1항 내지 위 매매계약 제8조에 의하여 X토지에 대한 乙과의 매매계약을 취소(해제)하였다. 그런데 乙은 그 이후 위 토지를 丙(피고)에게 매각하여, 丙이 이전등기를 마쳤다. 이에 甲은 乙·丙에 대하여 이전등기의 말소를 소구하였다. 이에 대하여 丙은 甲의 乙과의 매매계약의 취소가 유효하다 하더라도 자신은 乙로부터 취득한 선의의 제3자이므로 위의 취소로써 자신에게는 대항하지 못한다고 항변하였다.

[원심]   위 매매행위의 취소의 효력을 대항하지 못하는 상대방인 선의의 제3자란 그 사기에 의한 의사표시가 취소당한 당시에 있어서 그 취소를 부인함에 법률상의 이익을 가지는 자, 즉 취소의 소급효로 인하여 영향을 받을 제3자로서 취소 전부터 이미 그 행위의 효력에 관하여 이해관계를 가졌던 제3자에 한하며, 취소 이후에 비로소 이해관계를 가지게 된 제3자는 비록 그 이해관계 발생 당시에 취소의 사실을 몰랐다고 하더라도 의사표시의 취소는 선의의 제3자에게 대항하지 못한다는 민법 규정의 보호를 받을 수 없다고 하였다.

[판지]   사기에 의한 법률행위의 의사표시를 취소하면 취소의 소급효로 인하여 그 행위의 시초부터 무효인 것으로 되는 것이요 취소한 때에 비로소 무효로 되는 것은 아니므로, 취소를 주장하는 자와 양립되지 아니하는 법률관계를 가졌던 것이 취소 이전에 있었던가 이후에 있었던가는 가릴 필요 없이 사기에 의한 의사표시 및 그 취소 사실을 몰랐던 모든 제3자에 대하여 그 의사표시의 취소를 대항하지 못한다고 보아야 할 것이고, 이는 거래안전의 보호를 목적으로 하는 민법 제110조 제3항의 취지에도 합당한 해석이 된다.

☑ 쟁   점

위 판결은 국가를 기망하여 국가로부터 토지를 매수한 자가 매매계약이 취소된 이후에 제3자에게 위 토지를 처분한 경우, 국가는 그 제3자에 대하여 이의 반환을 청구할 수 있는가 하는 점이 문제된 것이다.

☑ 검토할 사항

 ◆ 제110조 3항의 취지를 살피시오.
 ◆ 위 규정에서의 "제3자"의 인적 범위를 살피시오.
 ◆ 위 규정에서의 "제3자"의 시간적 범위를 살피시오.

☑ 관련사례

1) 부동산매매계약에서 매도인이 매수인의 채무불이행을 이유로 계약을 해제하였는
   데 매수인이 그 이후에 위 부동산을 제3자에게 처분한 경우, 그 제3자는 제548조
   1항 단서에서 말하는 "제3자"에 해당하는가? (대판 1985. 4. 9. 84다카130, 131) 〈응
   용〉

☑ 기타 검토사항

1) 만약 국가가 A에게 귀속재산을 불하하는 계약을 맺었고 A는 이를 B에게 양도하
   였는데, 그것이 A의 기망에 의한 것이거나 혹은 국가가 착오로 이를 불하한 것이
   라면, 국가는 불하계약을 취소하고 B에 대하여 이의 반환을 청구할 수 있는가?

☑ 참고문헌

◆ 김성일, 민법 110조 3항의 범위, 법조 25권 2호(1976. 02), 88면 이하.
◆ 송덕수, 법률행위가 취소된 경우의 제3자보호, 고시연구 16권 11호(1989. 10), 14면
  이하.

제 4 절   의사표시의 효력발생시기

❖ 도   달

대판 1997. 11. 25. 97다31281 〈기초〉 ···

[사안] A는 1993. 3. 12. 甲(피고)으로부터 성북구 ○○동 소재 연립주택인 H빌
리지(현대아트빌리지)의 한 부분인 X건물(비동 305호)을 임차하였다. A는 1994.
12. 12. 乙(원고)에게 甲에 대한 임대차보증금반환채권을 양도하고, 위 전세계약
서에 甲의 주소로 기재되어 있는 곳으로 채권양도통지서를 보냈으나 반송되었다.
그리하여 A는 乙과 함께 위 전세계약서에 기재된 甲의 연락처 전화번호로 전화
하였는데, 그 전화를 받은 성명불상자는 甲에게 우편물을 보내려면 송파구 △△
동의 '현대빌라 사무소'로 부치라고 하였다. 乙은 A로부터 채권양도 통지권한을
위임받아 1994. 12. 23. 위 반송된 채권양도통지서를 배달증명우편으로 위 사무소
로 발송하였고, 12. 26. 우편집배원이 위 사무소에서 甲의 직원이라고 칭하는 B

로부터 甲의 사무원임을 확인한 후 우편물송달증에 무인을 받고 위 채권양도통지서가 들어 있는 등기우편물을 교부하였다. 위 전화번호는 甲이 C와 동업으로 신축, 분양한 H빌리지 공사현장의 현장 및 분양사무소의 전화번호였는데, 위 H빌리지 12세대 중 4세대만 분양되자, 나머지 8세대를 임대한 후 분양사무소를 철수하면서 위 주택과 관련된 전화를 계속 받기 위하여 1994. 6. 27.경 착신통화 전환서비스를 신청하여 그 무렵부터 1996. 4. 24. 이후까지 신축 중인 현대빌라(판결문에는 현대아트빌리지로 표기되었으나 誤記로 보임) 공사현장의 현장 및 분양사무소에서 사용되었다. 1995. 9. 말에 이르러 위 임대차계약기간이 경과하자 A는 위 건물을 甲에게 명도하였으며, 이에 甲은 A에게 임대차보증금을 반환하였다. 그런데 乙은 1995. 10. 6. 甲에게 배달증명우편으로 위 전세보증금의 지급을 촉구하는 통고서를 위 현대빌라 사무소로 발송하였으며, 10. 9. 위 사무소의 직원 D는 이를 수령한 후 C를 통하여 甲에게 전달하였다. 그리고 乙이 甲에 대하여 양도받은 위 임대차보증금반환채권을 행사하여 이의 지급을 소구하였다. 이에 대하여 甲은, 자신은 위 채권양도통지서를 받은 사실이 없으며, 위 현대빌라 사무소는 C의 사무소일 뿐 자신과는 아무런 관계가 없는 곳이고, 위 우편물을 수령하였다는 B도 甲 자신과는 전혀 상관없는 자라고 주장하였다.

[원심] 위 채권양도통지서를 받은 사실이 없다는 등의 피고의 주장을 다음과 같은 이유로 배척하였다──이 사건 채권양도통지서가 배달될 당시 H빌리지에 관한 피고와 C의 동업관계는 존속되고 있었다고 할 것이고, 위 전화번호에 관하여 착신통화 전환서비스를 신청하여 둔 이유가 H빌리지에 관련된 추가 분양, 임대한 세대의 임차인 교체, 임차보증금 반환 등의 사무를 위 현대빌라 사무소에서 처리하기 위한 것이고, H빌리지의 소유자 및 임대인은 피고인 점에 비추어 보면 이에 관련된 사무는 피고의 사무라고 보아야 하므로, 위 현대빌라 사무소는 적어도 이 사건 채권양도 통지와 같은 H빌리지의 임대차와 관련된 사무에 있어서는 피고의 영업소 내지 사무소라고 봄이 상당하고, 나아가 위 우편물을 수령하였다는 B와 피고와의 관계가 명확하지는 아니하나 우편집배원은 B가 피고의 사무원임을 확인한 후 우편물을 송달하였다는 것이고, 우편법 제18조, 같은법시행령 제10조 제1항 제4호, 제42조 제3항, 같은법시행규칙 제28조의 각 규정에 의하면 우편물의 배달일자 및 수취인을 배달 우체국에서 증명하여 발송인에게 통지하는 배달증명우편물 등의 등기우편물은 수취인 본인이나 동거인, 동일 직장에서 근무

하는 자 등에게만 배달하도록 되어 있고, 배달시 수령인으로부터 수령사실의 확인을 받되 수령인이 본인이 아닌 경우에는 수령인의 성명 및 본인과의 관계를 기재하도록 되어 있는 점과 위 인정사실을 종합하여 보면 특단의 사정이 없는 한 B는 피고를 수취인으로 한 서류를 송달받을 자격이 있는 피고의 사무원 또는 고용인이라고 추정함이 상당하고, 그렇다면 위 채권양도통지서가 B에게 송달된 이상 피고는 사회관념상 위 채권양도통지서의 내용을 알 수 있는 객관적 상태에 놓이게 되었다고 할 것이므로, 위 채권양도의 통지는 피고에게 도달되어 그 효력이 있다.

[판지] 살피건대 채권양도의 통지는 채무자에게 도달됨으로써 효력을 발생하는 것이고, 여기서 도달이라 함은 사회관념상 채무자가 통지의 내용을 알 수 있는 객관적 상태에 놓여 졌다고 인정되는 상태를 지칭한다고 해석되므로, 채무자가 이를 현실적으로 수령하였다거나 그 통지의 내용을 알았을 것까지는 필요로 하지 않는다 할 것이나, 이 사건의 경우는 다음과 같은 점에서 그와 같은 상태에 이르렀다고 도저히 보기 어렵다. 먼저 피고와 C 사이에 H빌리지에 관한 동업관계가 남아 있고, C가 그에 관련된 사무를 처리한다고 하더라도, C가 위 동업관계와 별개로 건축하는 공사현장의 현장 및 분양사무소인 위 현대빌라 사무소를 피고의 영업소 또는 사무소라고 할 수는 없으며, 나아가 위 사무소에서 근무하는 직원을 피고의 사무원이라고는 도저히 볼 수 없고, 더구나 기록을 살펴보아도 위 사무소에서 이 사건 우편물을 받았다는 B가 실제로 위 사무소에서 근무하던 직원이었다고 인정할 증거도 없을 뿐 아니라, 심지어 누구인지도 알 수 없다. 한편 우편법 소정의 규정에 따라 우편물이 배달되었다고 하여 언제나 상대방 있는 의사표시의 통지가 상대방에게 도달하였다고 볼 수는 없다 할 것이므로, 오히려 위와 같은 우편집배원의 진술이나 우편법 등의 규정을 들어 우편물의 수령인을 본인의 사무원 또는 고용인으로 추정할 수는 없다고 할 것이다. 그렇다면 이 사건 우편물이 피고의 주소나 사무소가 아닌 동업자의 사무소에서 그 신원이 분명치 않은 자에게 송달되었다는 사정만으로는 사회관념상 피고가 통지의 내용을 알 수 있는 객관적 상태에 놓여 졌다고 인정할 수 없으므로, 이와 달리 판단한 원심판결에는 의사표시의 도달에 관한 법리를 오해하여 판결에 영향을 미친 위법이 있다고 할 것이다.

☑ 쟁   점

위 판결은 채권양도통지서가 채무자의 과거의 동업자의 사무소에 송달되고 신원이 분명치 않은 자가 이를 수령한 경우, 채권양도의 통지가 채무자에게 도달된 것으로 볼 수 있는가 하는 점이 문제된 것이다.

☑ 검토할 사항

◆ 이 사안에서 채권양도통지서가 채무자에게 도달하였는지 여부가 문제되는 이유는 무엇인가?

◆ 의사표시의 효력발생시기에 관한 우리 민법의 태도와 이에 관한 입법주의의 장단점을 살피시오.

◆ 도달의 의미를 살피시오.

◆ 판결이 도달이 없었다고 판단한 이유를 살피시오.

◆ 만약 위 통지서가 현대빌라 사무소에 송달된 당시 甲과 C가 일정한 사업에 관하여 동업관계를 가졌다면, 혹은 동업관계를 가지지는 않지만 B가 C의 피용인이었다면, 그 통지서가 甲에게 도달되었다고 인정될 것인가?

☑ 관련사례

1) A가 한 집에 거주하는 B에 대하여 가지 채권을 C에게 양도하고 B에게 채권양도통지서를 발송하였는데, B의 가정부가 위 통지서가 들어 있는 우편물을 수령한 직후 A가 그 우편물을 바로 회수해 버린 경우, 위 채권양도의 통지는 B에게 도달되었다고 볼 수 있는가? (대판 1983. 8. 23. 82다카439) 〈응용〉

2) A가 식품위생법에 위반하여 지방자치단체장 B가 청문일자 등 청문절차가 기재된 청문서를 등기우편으로 A의 업소 소재지인 건물로 발송하였으며, 우체국 소속 집배원이 위 우편물을 위 건물 경비원에게 송달하고 그 경비원의 위임에 따라 우편물 배달증에 경비실이라는 문구를 기재한 경우, 위 청문서는 A에게 도달하였다고 할 것인가? 즉 A가 청문서를 받지 못하여 청문절차에 불출석하였음에도 B가 A의 식품위생법 위반을 이유로 영업정지처분을 내린 것은 적법한가? (대판 1993. 11. 26. 93누17478) 〈응용〉

3) 법인의 이사가 이사직을 사임한다는 의사를 표시한 경우 이의 효력발생시기는 언제인가? 그 이후 그 의사표시를 유효하게 철회할 수 있는가? (대판 1993. 9. 14. 93다28799; 대판 2006. 6. 15. 2004다10909) 〈응용〉

4) A가 구치소에 수감된 동안 A에 대한 문서가 그의 주소지에 배달되었는데, A의 처가 이를 수령하였으나 이를 A에게 전달하지 아니하고 폐기해 버린 경우, 위 문서는 A에게 도달된 것인가? (대판 1989. 9. 26. 89누4963) 〈응용〉

5) A가 자신의 유고시 그의 모든 재산을 B에게 기부한다는 내용의 자필증서에 의한 유언장을 작성하여 이를 은행의 대여금고에 보관해 둔 채 사망하였는데 위 유언장에 A의 날인이 누락된 경우, 위 유언장이 방식을 따르지 않아 무효라고 한다면 여기에 기재된 A의 위 의사표시는 B에 대한 사인증여계약을 위한 청약으로서의 효력을 가지는가? (서울중앙지판 2005. 7. 5. 2003가합86119, 89828) 〈응용〉

☑ 기타 검토사항

1) 표의자가 의사표시의 상대방의 주소를 확실하게 알 수 없는 경우에 의사표시의 효력을 발생시키기 위하여 취할 수 있는 방법은 무엇인가?

2) 채권양도의 통지도 그 성질이 의사표시인가? 이러한 통지도 효력발생요건으로서 도달을 필요로 하는가?

3) 채권자 A가 아니라 채권의 양수인 甲이 채권양도를 통지하는 것도 유효한가?

4) 채권양도통지서가 채무자 乙에게 도달하지 않으면 A와 甲 간의 임차보증금반환채권 양도계약의 효력이 발생하지 않는가? 즉 甲에게 위 채권이 이전되지 않는가?

5) 甲이 乙으로부터 임차보증금을 반환받지 못하게 되면 누구에 대하여 어떠한 권리를 가지게 되는가?

☑ 참고문헌

◆ 엄동섭, 의사표시의 도달에 관한 판례분석, 서강법학연구 7권, 105면 이하, 2005.
◆ 주기동, 채권양도통지의 도달요건, 법조 48권 10호(1999. 10.), 187면 이하.

제 5 절 대   리

대리는 누군가(본인)가 제3자(상대방)와 행할 법률행위를 타인(대리인)이 대신 행하는 것이다. 따라서 그 법률행위는 본인의 행위가 되어 이의 효과는 본인에게 귀속된다. 그러므로 대리에서는 본인과 대리인, 대리인과 상대방, 상대방과 본인이라는 3면관계가 문제된다. 즉 먼저 대리인은 본인과의 관계에서 본인의 행위를 대신 행할 권한을 가져야 한다(대리권). 다음으로 대리인은 상대방과 사이에서 대리행위를 하게 된다(대리행위). 끝으로 이러한 대리행위에 의하여 상대방과 본인 간에 일정한 법률효과가 발생한다(대리효과). 그 외에 대리인은 자신이 해야 할 대리행위를 또 다른 사람(복대리인)에게 맡겨 복대리인이 이를 하도록 할 수 있는가 하는 점이 문제된다. I 에서는 먼저 대리에서 일반적으로 생기는 위와 같은 점들을 살핀다.

대리에서 실제로 가장 많이 문제되는 것은, 대리권이 없음에도 대리행위를 한 경우에 대리효과를 인정할 것인가 하는 점이다. 이 문제는 대리 일반의 문제인 대리권과 관련된 것이기는 하지만, 이의 실제적 중요성 때문에 별도로 다루어진다. II에서는 이를 살핀다.

I. 대리 일반

1. 대 리 권

(1) 대리권의 발생 및 범위

대판 1997. 9. 30. 97다23372 〈기초〉 ······························

[사안] 甲(피고)이 1993. 12. 4. A에게 이 사건 아파트를 임대차보증금 26,000,000원, 임대차기간 1994. 12. 4.까지로 하여 임대하였다. A는 1994. 2. 4. 정우개발이라는 상호로 사채중개업을 하는 B를 통하여 乙(원고)로부터 15,000,000원을 차용하면서(이율은 월 3.5%, 연체시의 이율은 월 4.5%), B의 담보제공 요구에 따라 위 임대차보증금 중 22,500,000원의 반환채권을 乙에게 양도하였으며, 甲은 乙에게 위 임차보증금의 지급을 보증하거나(원심의 해석) 혹은 단지 A의 위와 같은 채권양도를 승낙하였다(대법원의 해석). A는 B를 통하여 乙에게 이자 및 차용원금 중 일부를 변제하였다. 그러던 중 A는 1994. 10. 5. 甲으로부터 위 아파트를 매수하였으며, 甲과 A는 매매대금에서 위 임대차보증금 전액을 공제하기로 하였다. 그런데 A는 위 매매계약을 체결하기에 앞서 같은 해 9.경 B에게 위 아파트의 매매에 따른 甲의 면책과 향후 차용금상환 방안을 문의하였는데, B는—乙과의 상의 없이—A에게 甲의 지급보증책임을 면제하여 주는 대신 아파트 소유권이 A앞으로 이전되는 11월부터 월 5%의 비율에 의한 이자를 지급하라는 제의를 하였으며, 이에 A는 그 제의를 받아들여 11월부터는 잔존 원금 10,000,000원에 대하여 월 5%의 비율에 의한 이자를 지급하였다. 그런데 乙은 B와 A간의 위와 같은 약정 사실을 몰랐을 뿐만 아니라, 상향된 이자를 받지도 못하였다. A가 乙에게 차용금 중 일부를 반환하지 않자, 乙이 甲에 대하여 A의 임대보증금반환채무에 대한 보증책임을 물어 미납된 차용금의 반환을 소구하였다. 이에 대하여 甲은 위 아파트를 A에게 매도할 당시 乙이 위 차용금에 대한 甲의 책임을 면제

하여 주었으므로 乙의 청구는 이유 없다고 항변하였다.

[판지] A가 피고로부터 이 사건 아파트를 매수할 즈음에 B가 A에 대하여 피고의 원고에 대한 책임을 면책시킨다는 의사표시를 하였는바, B에게 피고를 면책시켜 줄 대리권이 있는가 하는 점이 문제된다. 임의대리권은 그것을 수여하는 본인의 행위, 즉 수권행위에 의하여 발생하는 것이므로 어느 행위가 대리권 범위 내의 행위인지 여부는 개별적인 수권행위의 내용이나 그 해석에 의하여 판단해야 할 것이다. 그런데 통상 사채알선업자가 전주(錢主)를 위하여 금전소비대차계약과 그 담보를 위한 담보권설정계약을 체결할 대리권을 수여받은 것으로 인정되는 경우라 하더라도 특별한 사정이 없는 한 일단 금전소비대차계약과 그 담보를 위한 담보권설정계약이 체결된 후에 이를 해제할 권한까지 당연히 가지고 있다고 볼 수는 없다. 그런데 사실관계에 비추어 보면, 원고가 B에게 피고를 면책시킬 수 있는 대리권을 수여하였음을 추단하게 할 수 있는 특별한 사정이 존재하지 않는다.

☑ 쟁   점

위 판결은 A가 사채중개업자 B를 통하여 乙로부터 금전을 차용하고 그 담보로서 甲에 대한 임차보증금반환채권을 乙에게 양도하였는데 그 후 A가 임차건물을 매수하자 B가 甲의 임차보증금반환책임을 면제해 준 경우, B의 그러한 면제가 그의 대리권의 범위에 속하는가 하는 점이 문제된 것이다.

☑ 검토할 사항

◆ 대리제도의 본질 및 대리권의 본질을 살피시오.

◆ 임의대리권을 수여하는 본인의 행위, 즉 수권행위의 성질을 살피시오.

◆ 사채알선업자 B가 전주(錢主) 乙로부터 금전소비대차계약 및 그 담보를 위한 담보권설정계약에 관한 대리권을 수여받아 A와 위 계약을 체결한 경우, B는 담보권설정계약을 해제할 권한을 가지는가?

◆ 甲이 A에게 소유 주택을 임대한 후 A의 요구에 따라 A의 乙에 대한 차용금채무를 담보하기 위하여 임대보증금을 乙에게 반환하기로 한 경우, 甲의 그러한 약정은 A의 차용금채무를 보증한다는 것인가(보증의 의사표시), 아니면 단지 A가 보증금반환채권을 乙에게 양도한 사실을 알았다는 표시(채권양도사실에 대한 채무자의 제450조에서의 승낙, 즉 관념의 통지)에 불과한가?

◆ 甲은 매매대금에서 보증금액을 공제함으로써 실제로 A에 대하여 보증금을 반환한 것이 되므로, 甲은 더 이상 보증금반환의무를 지지 않는다고 하는 것이 타당할 것

이다. 그런데 그렇게 되면 乙은 차용금반환채무의 담보로서 양수받은 보증금반환채권을 상실하게 되어, A가 차용금을 반환하지 않는 경우 불이익을 보게 된다. 甲과 乙 중 누구의 이익을 보호하는 것이 타당한가? 위 판결의 결과와 이와 같은 이익교량의 결과와는 부합하는가?

☑ 관련사례

1) A는 B에게 건물을 C에게 매도할 것을 위임하였는데, B가 A의 사망 후 위 건물을 D에게 매도하였다. B의 대리행위는 대리권의 범위에 속하는가? 즉 B의 대리권의 범위는 '건물의 매각'인가 'C에게의 건물의 매각'인가? (대판 1968. 6. 18. 68다694 ──이 판결은 제126조의 표현대리 부분에서 살핌)〈기초〉

2) A는 B에게 자신의 X부동산을 담보로 2,000만원을 차용하여 달라는 부탁을 하였는데, B가 C와 합의하여 C가 융자를 받는 데 위 부동산을 담보로 제공하도록 하여 C를 채무자, A를 물상보증인 겸 연대보증인, 채권최고액 1억 3,000만원의 근저당권설정계약을 체결하고 등기를 경료한 경우, 위 근저당권설정행위는 대리권의 범위를 넘은 것인가? (대판 1987. 9. 8. 86다카754)〈응용〉

3) A가 B에게 부동산을 담보로 제공하고 3억원을 대출받아 달라고 하였는데, B가 은행과 사이에 이 부동산을 자신이 근무하는 C회사의 기대출금 7억 3천 5백만원에 대한 담보로 추가 제공하고 1억 9천 5백만원을 신규대출받고 근저당권설정등기를 경료한 경우, B의 행위는 대리권의 범위를 넘은 것인가? (대판 1989. 1. 17. 87다카1698)〈응용〉

4) 부동산의 매수를 위임받은 자가 이에 기해서 매수한 부동산을 본인의 수권 없이 처분한 경우, 그 처분행위는 대리권에 기한 것인가? (대판 1991. 2. 12. 90다7364── 이 판결은 표현대리 부분에서 살핌)〈기초〉

5) A가 B에게 부동산의 매각을 위임하여 B가 A를 대리하여 C와 부동산매매계약을 체결하였는데 C가 잔금지급일에 중도금 일부와 잔금을 지급치 못하였다. 그런데 B는 A와의 상의 없이 위 잔금지급일에 앞서 C의 요청에 따라 미납된 대금의 지급을 연기하는 대신 그에 대한 지연손해금을 지급하기로 약정하였다. 매매계약을 체결할 대리권을 수여받은 B는 대금지급기일의 연기에 관한 권한을 가지는가? (대판 1992. 4. 14. 91다43107)〈심화〉

6) A는 B를 사기도박에 끌어들여 B와 도박을 하였으며, B는 도박에서 패하여 A로부터 도박자금 명목으로 금전을 차용하였다. B는 A에게 자신 소유의 부동산의 처분을 위임하였으며, A는 B를 대리하여 C에게 위 부동산을 매도하고 수령한 매도대금으로 위 도박채무의 변제에 충당하였다. C는 위 부동산을 다시 D에게 전매하고 이전등기를 마쳤다. B는 D에 대하여 위 부동산의 반환을 청구할 수 있는가? (대판 1995. 7. 14. 94다40147)〈응용〉

238   제4장 법률행위

☑ 참고문헌

◆ 김학동, 독일에서의 수권행위 무인성론, 민사법과 환경법의 제문제(안이준박사 화갑
기념논문집), 1986, 51면 이하.
◆ 이영준, 대리에 관한 기초개념적 연구, 법조 34권 9호(1985.09), 1면 이하.

(2) 자기계약·쌍방대리

대판 2002. 1. 11. 2001다65960 〈응용〉 ·····································

[사안] 토지는 원래 A의 소유이었는데, A가 1990. 4. 20. 사망하여 그 처인 B,
자녀인 C 및 甲(원고)이 이를 공동으로 상속하였다. B는 고철도매업을 경영하면
서 1995년 5월경부터 乙(피고)로부터 금원을 차용하였는데, 1998년 10월경까지
차용금 합계액이 1억 2,000만원에 이르렀다. B는 1998. 10. 15. 당시 성년이던 C
의 동의를 얻어 乙과 사이에, 위 1억 2,000만원의 채무에 관하여 주채무자를 C
로 하고, B를 연대보증인으로 하는 채무인수계약을 체결하였고, 같은 날 C의 위
1억 2,000만원의 채무를 담보하기 위하여 乙과 사이에, 이 사건 토지 중 자신의
공유지분에 관하여는 공유지분권자로서, 미성년자이던 甲의 공유지분에 관하여는
그 법정대리인의 자격으로, 각각 근저당권설정계약을 체결하고 등기를 경료하였
다. 그 후 甲이 성년이 되어, B가 자신을 대리하여 위 토지 중 자신의 공유지분
에 관하여 근저당권설정계약을 체결한 행위는 제921조의 이해상반행위로서 무효
라고 하면서 자신의 채무 부존재확인 및 중 자신의 지분에 관한 근저당권등기의
말소 등을 소구하였다. 그런데 B는 乙로부터 차용한 돈을 대부분 C와 B 등의 생
활비 등으로 사용하였다.
[원심] 민법 제921조의 이해상반행위는 행위의 객관적 성질상 친권자와 그 자
사이에 이해의 대립이 생길 우려가 있는 행위를 가리키는 것으로서, 친권자의 의
도나 그 행위의 결과 실제로 이해의 대립이 생겼는지 여부는 묻지 아니하는 것이
라고 할 것인바, 피고에 대한 위 채무의 채무자는 B가 아니라 C라고 할 것이므
로 B가 원고를 대리하여 C의 피고에 대한 채무 담보를 위하여 근저당권을 설정
하는 행위는 친권자와 그 자 사이에 이해의 대립이 생길 우려가 있는 이해상반행
위라고 볼 수 없으며, 가사 B가 주채무자라 하더라도 위 차용금은 대부분 원고
등의 생활비 등으로 소요된 사실을 인정할 수 있으므로 그와 같은 사정에 비추어

보더라도 B의 대리행위가 원고에 대하여 이해상반행위라고 볼 수 없다는 이유로 원고의 청구를 배척하였다.

[판지] 피고가 C에 대한 위 채권의 만족을 얻기 위하여 이 사건 토지 중 원고의 공유지분에 관한 저당권의 실행을 선택한 때에는, 그 경매대금이 변제에 충당되는 한도에서 B의 책임이 경감되고, 또한 피고가 B에 대한 연대보증책임의 추구를 선택하여 변제를 받은 때에는 B는 피고를 대위하여 이 사건 토지 중 원고의 공유지분에 대한 저당권을 실행할 수 있는 것으로 되는바, 위와 같이 친권자인 B와 자(子)인 원고 사이에 이해의 충돌이 발생할 수 있음이 친권자인 B가 한 행위 자체의 외형상 객관적으로 당연히 예상되는 것이어서, B가 원고를 대리하여 이 사건 토지 중 원고의 공유지분에 관하여 위 근저당권설정계약을 체결한 행위는 이해상반행위로서 무효라고 보아야 할 것이고, 또한 법정대리인인 친권자와 그 자 사이의 이해상반의 유무는 전적으로 그 행위 자체를 객관적으로 관찰하여 판단하여야 할 것이지 그 행위의 동기나 연유를 고려하여 판단하여야 할 것은 아니어서, 위 차용금이 대부분 원고 등의 생활비로 소요되었다는 사정에 비추어 위 근저당권설정계약이 이해상반행위에 해당하지 않는다고 판단할 수도 없을 것이다. 결국 원심판결에는 이해상반행위에 관한 법리를 오해함으로써 판결에 영향을 미친 위법이 있다 할 것이다.

☑ 쟁   점

위 판결은 모(母) B가 원래 자신의 채무를 자녀 C가 인수토록 한 후 C의 채무의 담보를 위하여 공동상속재산인 부동산 중 미성년인 자(子) 甲의 공유지분에 관하여 甲을 대리하여 근저당권설정계약을 체결한 경우, B가 甲을 대리하여 행한 근저당권설정계약은 제921조의 이해상반행위로서 무효인가 하는 점이 문제된 것이다.

☑ 검토할 사항

◆ 제921조의 취지를 살피시오.
◆ 위 규정에서 말하는 이해상반행위의 판단기준에 관한 견해를 살피시오.
◆ 원심이 위의 근저당권설정계약을 제921조의 이해상반행위에 해당하지 않는다고 한 이유는 무엇인가?
◆ 대법원이 B의 위 근저당권설정계약 자체의 외형상 객관적으로 B와 甲 사이에 이해의 충돌이 예상된다고 한 이유는 무엇인가?

◆ 대법원이 위 차용금이 대부분 가족들의 생활비로 소요되었다는 사정은 위 근저당
권설정계약이 이해상반행위에 해당하는지 여부를 판단함에 있어서 고려되는 것이
아니라고 한 이유는 무엇인가?

☑ 관련사례

1) A는 사채알선업자 B를 통하여 C로부터 금전을 차용하기로 합의하고 담보로 자신
의 부동산에 근저당권을 설정하였는데, 며칠 후 소비대차계약의 내용(조건)이 앞서
합의했던 것과 차이가 있어서 A가 위 계약의 파기를 요청하였다. B의 지위 및 B
가 일단 체결했던 위 소비대차계약 및 담보권설정계약을 C의 동의 없이 C를 대리
하여 해제할 수 있는가? (대판 1993. 1. 15. 92다39365) 〈응용〉

2) 미성년자 A의 母 B가 자기의 영업자금을 마련하기 위하여 C로부터 금전을 차용
하고, 이러한 자신의 채무의 담보로서 A를 대리하여 A의 부동산에 저당권을 설정
한 경우, 위 저당권설정행위는 이해상반행위에 해당하는가? (대판 1971. 7. 27. 71다
1113) 〈응용〉

3) 미성년자 A, B의 父가 사망한 후 母 C가 자녀 A, B를 대리하여 공동상속재산을
분할한 경우, 위 상속재산분할 협의는 이해상반행위에 해당하는가? (대판 1987. 3.
10. 85므80; 대판 1993. 3. 9. 92다8481; 대판 2001. 6. 29. 2001다28299 등) 〈응용〉

4) 父(亡) A가 부동산을 매수하여 子 B에게 이를 증여하고 소유권이전등기를 경료하
였는데, 후에 다시 A가 이를 子로서 B의 형인 C에게 증여하였다. A의 B에게로의
증여행위는 이해상반행위에 해당하는가? 그리고 이를 다시 C에게 증여한 행위는
유효한가? (대판 1981. 10. 13. 81다649) 〈심화〉

5) 母 A가 자기 오빠의 B에 대한 채무를 담보하기 위하여 자신 및 미성년의 子 C가
공유하는 부동산에 근저당권을 설정한 경우, 위 근저당권설정행위는 이해상반행위
에 해당하는가? (대판 1991. 11. 26. 91다32466) 〈심화〉

6) A가 자신이 대표이사로 있는 주식회사가 B로부터 금전을 차용하고, 그 회사의 채
무를 담보하기 위하여 자신과 미성년의 子인 C가 공유하는 부동산에 대하여 A가
본인 겸 C의 법정대리인으로서 근저당권을 설정한 경우, 이는 이해상반행위에 해
당하는가? (대판 1996. 11. 22. 96다10270) 〈심화〉

☑ 기타 검토사항

1) B가 C를 대리하여 자신의 차용금채무를 C가 인수하기로 하는 계약을 체결한 것
은 제124조가 규정하는 자기계약에 해당하는가? 그럼에도 그것이 유효하다면 그
근거는 무엇인가?

2) 판결은 乙이 B에 대하여 연대보증책임을 물어서 B로부터 이를 변제받은 경우에는
B는 乙을 대위하여 이 사건 토지 중 甲의 공유지분에 대한 저당권을 실행할 수 있

다고 하였는바, 그 근거는 무엇인가?

☑ 참고문헌

◆ 강태성, 자기대리·쌍방대리, 경북대 법학 창간호, 1997, 1면 이하.
◆ 김학동, 민법 제921조에서의 이해상반행위, 사법연구 제9집, 2004, 65면 이하.
◆ 배성호, 이해상반행위와 대리권남용, 저스티스 제77호, 70면 이하.
◆ 윤진수, 친권자와 자녀 사이의 이해상반행위 및 친권자의 대리권남용, 민사재판의 제문제 제11권, 2002, 733면 이하.
◆ 김유미, 민법 제921조의 이해상반행위에 관한 몇 가지 문제, 박병호교수 화갑기념 논문집 I, 1991, 513면 이하.

(3) 대리권의 남용

대판 1987. 7. 7. 86다카1004 〈심화〉·····························

[사안] A는 은행 甲(피고)의 혜화동지점에서 당좌예금 담당대리의 업무를 취급하던 사람인데, 회사 B의 대표이사 K의 부탁을 받고, L, P 등 사채중개인과 공모하여 전주(錢主)들에게 은행이자와 사채이자의 차액을 사례금조로 지급해주는 조건으로 예금주들을 모집하여 이들이 예금 형식으로 맡긴 돈을 예금주들 몰래 인출하여 K에게 제공하여 그의 사업에 필요한 자금을 조달해 왔다. 그리고 많은 예금주들이 위 사채중개인들로부터 甲 은행 혜화동지점에 정기예금을 하면 은행의 정기예금이자 외에 은행이자와 사채이자의 차액을 별도로 지급받을 수 있다는 말을 듣고 A에게 위와 같은 방식으로 예금을 하였다. 그런데 이들은 모두 예금을 함에 있어서, 사채중개인 또는 그 하수인의 지시에 따라 위 은행 지점 창구직원에게 「3개월 만기의 통장식 정기예금을 하러 왔다」고 말하고, 예금거래신청서에 주소·성명만을 기재하고 예금액 란은 공란으로 하여 도장과 함께 교부하였으며, 예금액은 보통 5천만원 또는 1억원 단위로 하였기 때문에, A(또는 그로부터 평소 지시를 받아 이러한 예금주들의 예금을 특별히 취급할 줄 알고 있는 위 은행창구 여직원들)는 창구에 제공되는 돈의 규모와 예금의사 표현방법에 비추어 예금주들이 사채중개인들의 권유를 받은 예금주들임을 알아차릴 수 있었다. 그리하여 A 등은 이렇게 창구에 제공되는 돈을 확인하여 이를 수납한 후 그 예금을 쉽게 부정인출하기 위하여 예금상황을 컴퓨터에 입력시키지 않고 볼펜을 사용하여 손으로 예금액을 기입한 이른바 수기식통장을 작성하여 이를 예금주들에게 교부하였다. 이

예금주들은 이와 같이 교부받은 수기식통장을 사채중개인에게 제시하고 그로부터 이미 약속된 사례금을 지급받았다. 乙(원고) 역시 위와 같은 방법으로 甲 은행에 수기식통장을 통하여 예금을 하였으며, 수차례에 걸쳐 이를 연장하여 왔다. 그런데 K가 사업에 실패하여 A는 예금주들에게 이자는커녕 원금도 반환하지 못하게 되었다. 그러자 乙은 甲에 대하여 예금계약이 성립되었음을 전제로 예금반환을 소구하였다.

[판지]   제107조 제1항의 규정의 뜻은 표의자의 내심의 의사와 표시된 의사가 일치하지 아니한 경우에는 표의자의 진의가 어떠한 것이든 표시된 대로의 효력을 생기게 하여 거짓의 표의자를 보호하지 아니하는 반면에, 만약 그 표의자의 상대방이 표의자의 진의 아님에 대하여 악의 또는 과실이 있는 경우라면 이때에는 그 상대방을 보호할 필요가 없이 표의자의 진의를 존중하여 그 진의 아닌 의사표시를 무효로 돌려 버리려는 데 있는 것이다. 나아가 진의 아닌 의사표시가 대리인에 의하여 이루어지고 그 대리인의 진의가 본인의 이익이나 의사에 반하여 자기 또는 제3자의 이익을 위한 배임적인 것임을 그 상대방이 알거나 알 수 있었을 경우에는 위 법 제107조 제1항 단서의 유추해석상 그 대리인의 행위는 본인의 대리행위로 성립할 수 없다. 이때 그 상대방이 대리인의 표시의사가 진의 아님을 알거나 알 수 있었는가의 여부는 표의자인 대리인과 상대방 사이에 있었던 의사표시의 형성과정과 그 내용 및 그로 인하여 나타나는 효과 등을 객관적인 사정에 따라 합리적으로 판단하여야 할 것이다.

그러므로 우선 이 사건 예금계약이 A와 원고 사이에 이루어졌고 또 A가 당좌담당 대리여서 예금업무에 관하여는 피고 은행을 대리할 권한이 없다고 하더라도 상대방인 원고로서는 A에게 그와 같은 권한이 있는 것으로 믿는 데에 정당한 이유가 있다고 보여지므로 위 예금계약은 일응 피고 은행에게 그 효력이 있는 것으로 보여지겠지만, A가 한 대리행위가 본인인 피고은행의 의사나 이익에 반하여 예금의 형식을 빌어 사채를 끌어 모아 K의 사업자금을 마련함으로써 자기와 K의 이익을 도모하려한 것이고 원고가 A의 예금계약의사가 진의아님을 알았거나 이를 알 수 있었다면, A가 한 이 사건 예금계약은 피고 은행의 대리행위로 성립할 수 없으므로 피고은행은 이에 대하여 아무런 책임이 없게 된다 할 것이다. 이 사건 예금계약이 비정상적인 방법이라고 원심이 인정한 사실, 즉 이 사건 예금계약이 은행의 정규예금금리보다 훨씬 높은 이자가 정기적으로 지급되고 피고은행의 많은 지점 가운데서도 오로지 피고은행의 혜화동지점에서만 이러한 예금이 가능할 뿐더러 예금을 할 때 암호가 사용되어야 하며 예금거래신청서의 금액란도 빈 칸으로 한 채 통상의 방법이 아닌 수기식통장이 교부되는 사정이라면, 적어도 예금자인 원고로서는 A의 표시의사가 진의가 아닌 것을 알았거나 중대한 과실로 이를 알 수 없었다고는 할 수 없을지라도 적어도 통상의 주의만 기울였던들 이를 알 수 있었을 것이라고 인정하기에 어렵지 않다고 보는 것이 이 사건 예금계약의 형성과정과 내용 및 그로 인하여 나타나는 효과 등에 비추어 합리적이라고 보아야 할 것이다. 이렇게 볼 때 이 사건 예금계약에 관한 A의 의사는 피고 은행의 의사나 이익에 반하여 자기 또는 K의 이익을 위하여 배임적인 의도로 한 것이고, 원고가 A의 예금계약의사가 진의가 아님을 통상의 과실로 알지 못한 채 이 사건 예금계약을 체결한 것이므로, 어차피 원고와 피고 은행과의 관계에서는 이 사건 예금계약 자체가 성립되지 아니하였다 하겠고, 따라서 원고로서는 피고 은행에 대하여 A의 사용자임을 이유로 그의 불법행위를 원인으로 한 책임을 묻는 것은 별 문제로 하고 정당한 예금계약이 성립되었음을 전제로 하는 예금반환청구는 할 수 없는 것이라 하겠다.

☑ 쟁   점

위 판결은 은행 甲의 직원 A가 고객 乙로부터 예금의 형식으로 돈을 받아 이를 제3자 K의 사업자금으로 제공한 경우, 乙의 예금행위는 은행의 행위로서 유효한가 하는 점이 문제된 것이다.

☑ 검토할 사항

◆ A의 乙과의 예금계약 체결행위는 그의 대리권의 범위 내의 행위인가?

◆ 대리행위에서의 "본인을 위하여"라는 의미는 무엇인가?

◆ A가 甲을 대리하여 乙과 체결한 예금계약이 A 및 K의 이익을 위하여 한 것이라면, 이는 비진의표시에 해당하는가?

☑ 관련사례

1) A회사의 대표이사 B는 C회사의 차용금채무에 관하여 연대보증을 섰다. 그런데 위 연대보증은 A회사의 업무와는 관련이 없는 것임에도, A회사와 C회사는 모두 동일한 그룹에 소속된 기업체로서 K가 실질적 소유자인데, K의 지시에 의하여 B가 통상의 절차를 밟지 않고 위 보증을 하게 된 것이다. A회사는 위 연대보증이 자신의

행위로서의 효력이 생기지 않는다고 주장할 수 있는가? (대판 1988. 8. 9. 86다카 1858(이 판결은 법인의 대표권 남용 부분에서 살폈음); 대판 1987. 10. 13. 86다카 1522) 〈응용〉

☑ 기타 검토사항

1) 대리권 남용행위에 관해서 대리의 효력을 부인하는 근거에 관한 학설과 판례의 태도를 살피시오.

2) 대리권 남용행위에 관해서 대리의 효력을 부인하는 근거를 무엇으로 보는가에 따라서 어떠한 차이가 생기는가?

☑ 참고문헌

◆ 송덕수, 대리행위와 민법 제107조, 고시연구 17권 7호(1990. 06), 111면 이하.

◆ 손지열, 대표권의 남용, 민사판례연구 11권, 1989, 1-16.

◆ 이기용, 대리권의 남용, 비교사법 2권 2호, 1995, 301면 이하.

◆ 이용훈, 은행대리의 대리의사흠결과 예금계약의 성립, 민사판례연구 10권, 1988, 106면 이하.

◆ 하경효, 대리권 남용시의 대리효과 부인의 근거와 요건, 한국민법이론의 발전(이영준박사 화갑기념논문집 Ⅰ) 1999, 129면 이하.

2. 대리행위

(1) 현명주의

(가) 현명의 방법

대판 1984. 4. 10. 83다카316 〈기초〉 ·······································

[사안] P(제1심 공동피고)는 이 사건 약속어음을 발행하여 수취인란에 단지 A 라고 기재하여 A에게 교부하였다. A는 甲(피고, 해동화재해상보험)의 대구영업소 장으로서, 위 어음을 B에게 배서 교부함에 있어서 배서인의 주소, 성명란에 『해 동화재해상보험주식회사 대구영업소장 A』라고 기재하였으며, B는 이를 乙(원고) 에게 배서 교부하였다. 乙이 위 어음의 지급기일에 P에게 지급제시하였으나 지급 거절되었다. 그리하여 乙은 甲에 대하여, A가 위 어음에 甲 회사를 대리하여 배 서하였으며, A가 甲 회사를 대리하여 배서할 권한이 없다고 하더라도 A의 위 배 서행위는 표현대리행위에 해당하여 甲은 위 어음금의 상환의무를 부담한다는 하

면서, 어음금의 지급을 소구하였다.

[원심] 위 어음의 수취인은 A 개인이고 제1배서인 주소, 성명란에 『해동화재해
상보험주식회사 대구영업소장 A』라고 기재한 것은 A 개인자격으로 배서함에 있
어서 그 이름 위에 단순히 『해동화재해상보험주식회사 대구영업소장』이라는 문귀
를 부기한 것에 불과하고 피고 회사를 대리하여 배서한 것으로 볼 수 없다고 하
여 원고의 청구를 배척하였다.

[판지] 위 어음은 그 수취인란에 『A』라고만 기재되어 있으나 A는 위 어음을
교부받고 배서할 당시에 피고회사 대구영업소장이었으며, 위 어음의 발행인인 P
와 원고에게의 어음배서인 B의 각 증언에 의하면, 본건 어음은 P가 피고 회사에
납입할 보험료 조로 피고회사 대구영업소장인 A에게 발행하고, B가 원고를 찾아
와서 A가 위 어음을 현금으로 바꾸어 오라고 한다고 하면서 피고회사 대구영업
소장 A라고 기재된 위 어음의 할인을 요청하자 원고는 위 어음을 현금으로 할인
하여 주고 그로부터 배서양도받았다는 것이고, 또 A가 위 어음을 B에게 배서할
때 A 개인의 이름으로 배서한 것이 아니라 피고회사 대구영업소장 A라고 기재하
여 배서한 이상 A의 내심의 의사야 여하튼 원고에 대한 관계에서는 피고회사 대
구영업소장의 자격으로 배서한 것으로 봄이 약속어음의 문언증권으로서의 성질에
비추어 타당하다고 할 것이고, 어음행위의 대리에서는 그 어음상으로 보아 대리
인 자신을 위한 어음행위가 아니고 본인을 위하여 어음행위를 한다는 취지를 인
식할 수 있을 정도의 표시가 있으면 대리관계의 표시로 보아야 할 것인바 본건에
있어서 『해동화재해상보험주식회사 대구영업소장 A』라는 표시는 동 회사의 대리
관계의 표시로써 적법한 표시로 인정하여야 할 것이므로, 원심은 마땅히 A에게
피고회사를 대리하여 위 어음에 배서할 권한이 있는지의 여부를 밝히어 그와 같
은 권한이 없을 때에는 A의 위 배서행위가 표현대리에 해당되는 여부를 심리판
단하였어야 함에도 불구하고, 이와 반대의 견해에서 위와 같이 A가 피고회사를
대리하여 위 어음에 배서한 것으로 볼 수 없다고 하여 원고의 위 주장을 배척하
였음은 필경 어음행위의 대리의 방식과 표현대리에 관한 법리를 오해한 것이다.

☑ 쟁   점

위 판결은 A가 어음에 회사의 직함을 쓰고 자신의 이름을 배서한 경우, 그것이 회사
를 위한 것임을 표시한 것으로 인정되는가 하는 점이 문제된 것이다.

☑ 검토할 사항

◆ 제115조의 취지를 살피시오.

◆ 대리행위에서의 "본인을 위하여"라는 의미는 무엇인가?

◆ 대리행위의 효력이 본인에게 귀속하는 근거는 무엇인가?

◆ 본인을 위한 것이라는 표시는 의사표시인가?

☑ 관련사례

1) 대리인이 대리행위라는 점을 표시하지 않았으나 위임장을 제시한 경우, 그 행위는 대리행위로 인정되는가? (대판 1982. 5. 25. 81다1349, 81다카1209) 〈기초〉

☑ 기타 검토사항

1) 어음상의 의사표시의 해석방법을 살피시오.

2) 대리인이 본인을 위한 것임을 표시하였으나 실제로는 자신 혹은 제3자의 이익을 위하여 그 행위를 한 경우, 본인을 위한 것이라는 표시는 비진의표시가 되는가?

☑ 참고문헌

◆ 김도영, 법인의 어음·수표행위 방식, 상사판례연구 3권, 1996, 283면 이하.

(나) 현명주의의 예외

대판 2004. 2. 13. 2003다43490 〈응용〉 ··

[사안] A는 2000. 5. 12. 甲(피고)에게 금전을 대여하여 주었다. A는 2001. 8. 25. 乙(원고)에게 甲에 대한 위 대여금채권을 양도하면서 그 통지권한을 위임하였다. 이에 따라 乙은 8. 30. 甲에게 자신의 이름으로 된 채권양도통지서를 내용증명으로 보냈다. 다만 乙은 위 통지서에 A와 자신 간에 체결된 채권양도계약서를 첨부하였다. 乙은 甲에 대하여 A로부터 양수받은 채권액의 지급을 소구하였다. 이에 대하여 甲은, 채권의 양수인이 양도인의 대리인으로서 채권양도통지를 하는 경우에는 "양도인의 대리인 양수인"과 같은 형식으로 그 대리인의 자격을 명시하여 통지해야 하는데, 乙은 그와 같은 방식을 갖추지 않고 단지 자신의 명의로 채권양도통지를 하였으므로 그 통지는 효력이 없다고 주장하였다.

[판지] 민법 제450조에 의한 채권양도통지는 양도인이 직접하지 아니하고 사자를 통하여 하거나 대리인으로 하여금 하게 하여도 무방하고, 채권의 양수인도 양도인으로부터 채권양도통지권한을 위임받아 대리인으로서 그 통지를 할 수 있다.

그리고 채권양도통지 권한을 위임받은 양수인이 양도인을 대리하여 채권양도통지를 함에 있어서는 민법 제114조 제1항의 규정에 따라 양도인 본인과 대리인을 표시하여야 하는 것이므로, 양수인이 서면으로 채권양도통지를 함에 있어서 대리관계의 현명을 하지 아니한 채 양수인 명의로 된 채권양도통지서를 채무자에게 발송하여 도달되었다 하더라도 이는 효력이 없다고 할 것이다. 다만 대리에 있어서 본인을 위한 것임을 표시하는 이른바 현명은 반드시 명시적으로만 할 필요는 없고 묵시적으로도 할 수 있는 것이고, 나아가 채권양도통지를 함에 있어서 현명을 하지 아니한 경우라도 채권양도통지를 둘러싼 여러 사정에 비추어 양수인이 대리인으로서 통지한 것임을 상대방이 알았거나 알 수 있었을 때에는 민법 제115조 단서의 규정에 의하여 유효하다고 보아야 할 것이다.

기록에 의하면, 양도인 A로부터 채권양도통지 권한을 위임받은 양수인인 원고가 피고에게 내용증명우편으로 발송한 채권양도통지서는 양도인 A를 위한 것임이 표시되어 있지 아니한 채 통지대리인인 원고 명의로 되어 있으며, 묵시적 현명을 인정할 만한 아무런 사정도 찾아볼 수 없으나, 채권양도통지는 원래 채권의 양도인이 하여야 하는 것이므로 채권양도통지 권한을 위임받은 양수인이 한 채권양도통지는 특별한 사정이 없는 한 양도인에게 그 효과를 귀속시키려는 대리의사가 있다고 보는 것이 상당하고, 이 사건 채권양도통지서 자체에 양수받은 채권의 내용이 밝혀져 있는 외에 A와 원고 사이의 '채권양도양수계약서'가 위 통지서에 별도의 문서로 첨부되어 있으며, 피고로서는 양도인인 A에게 채권양도통지 권한을 원고에게 위임하였는지 여부를 비교적 용이하게 확인할 수 있는 상태였다고 보이는 점 등 그 통지와 관련된 여러 사정을 종합하면, 이 사건 채권양도통지의 상대방인 피고로서는 원고가 본인인 A를 위하여 이 사건 채권양도통지를 한 것임을 알 수 있었다고 봄이 상당하므로 민법 제115조 단서에 따라 위 채권양도통지는 유효하다고 할 것이다.

☑ 쟁 점

위 판결은 甲에 대한 채권자 A로부터 위 채권을 양수받은 乙이 A로부터 채권양도통지 권한을 위임받고 자신 명의로(즉 대리관계를 표시하지 않고) 甲에게 채권양도통지서를 보냈으나, 다만 그 통지서에 자신과 A 사이의 '채권양도양수계약서'를 첨부한 경우, 乙의 통지가 대리행위로 인정되는가 하는 점이 문제된 것이다.

☑ 검토할 사항

◆ 현명은 묵시적으로 할 수도 있는가?

◆ 乙은 묵시적으로 현명을 하였는가?

◆ 묵시적으로도 현명하지 않았음에도 대리행위로서의 효력이 인정되는 경우는 언제 인가?

◆ 乙의 위와 같은 통지가 A를 위하여 한 것(즉 대리행위)임을 채무자 甲이 알 수 있 었다고 한 이유는 무엇인가?

☑ 관련 사례

1) 상법상 상인인 상가건물 소유자 A와 전문 분양업체 B가 상가건물에 관하여 매매 계약을 체결하면서 아울러 B에게 분양 대리권을 수여하였으며, 이에 기해서 B가 A의 대리인임을 표시하지 않은 채 C와 분양계약을 체결한 경우, 그 분양계약은 A 를 위한 대리행위로서 그 효과가 A에게 귀속되는가? (대판 1996. 10. 25. 94다 41935, 41942) 〈응용〉

☑ 참고문헌

◆ 구남수, 무현명(無顯名) 대리에 의한 채권양도통지의 효력, 판례연구(부산판례연구 회) 16집, 2005, 83면 이하.

(2) 대리행위의 하자

대판 1996. 2. 13. 95다41406 〈기초〉 ···

[사안] 甲(피고)과 A, B 등 3인이 공동 명의로 1991. 3. 18. 소외 순천시로부터 토지를 783,600,000원에 분양받기로 하는 매매계약을 체결하고 계약금은 당일 지급하였으며, 이후 중도금이나 잔금의 지급을 지체하는 때에는 그 지체금액에 대하여 연 19%의 지연손해금을 지급하기로 약정하였다. 甲 등은 내부적으로 위 매수택지를 甲 및 B가 1/4지분씩, A가 2/4지분을 매수하기로 약정하였는데, 이 들은 위 대금 중 잔금 일부인 134,410,130원을 지급하지 못하고 있었다. 이러한 상태에서 乙은 1994. 5. 25. A(A가 甲의 대리인인지 乙의 대리인인지는 다툼이 있음) 를 통하여 위 택지 중 甲의 1/4의 매수지분을 매수하기로 하는 계약을 체결하였 으며, 대금은 甲이 소외 시에 당시까지 지불한 금액인 140,000,000원으로 하고, 그 외에 취득세 등 각종 공과금은 甲 · 乙이 각 1/2씩 공동부담하기로 약정하였 다. 乙이 甲과의 위 매매계약에서 정한 잔대금 지급기일에 이르러 A에게 자신이

부담하게 되는 공과금 내역을 알려달라고 요청하였는데, A는 공과금에 대한 1/2
에 해당하는 금액 외에도 소외 시에 대한 잔대금 지급연체로 인한 지연손해금 중
甲의 부담분을 乙이 부담하여야 한다고 하였다. 그리하여 乙은 잔대금 지급을 유
보하고 소외 시에 문의한 결과, 甲 등의 지연손해금 총액이 114,191,610원에 달
하고 내부 약정에 따른 甲 부담의 지연손해금만도 28,547,902원에 달한다는 것
을 알게 되었다. 그리하여 乙은 甲이 위 지연손해금에 관한 사항을 알려 주지 아
니하여 기망당하였다는 이유로 甲과의 위 매매계약을 취소한다고 하면서, 이미
지급했던 계약금의 반환을 소구하였다.

[원심] 이 사건 택지를 공동 분양받은 피고 등 상호간에 내부적으로 매수대금
분담비율이 정하여져 있었다고 하더라도 소외 시에게는 지연손해금 총액을 지급
하지 아니하고는 소유권이전등기를 마칠 수가 없었던 것이고, 피고 부담부분만의
지연손해금도 위와 같이 많은 액수이었다면 나중에 원·피고 사이에 피고 부담의
지연손해금을 누구의 부담으로 할 것인가에 관하여 분쟁이 생길 여지가 있게 될
것이므로, 위와 같은 지연손해금의 존재와 그 액수에 관한 사항은 원·피고 사이
의 매매계약 이행 자체를 불안하게 하는 것이 되어 원고에게는 당초부터 계약체
결 여부를 결정짓는 중요한 사항이 된다 할 것이고, 또 그 대금을 결정짓는 중요
한 요소도 되는 것이므로, 위 매매계약을 체결하기에 앞서 피고로서는 대리인인
A를 통하여 원고에게 위 지연손해금의 존재와 그 액수에 관하여 미리 밝혀주었
어야 할 신의칙상의 의무가 있었다고 볼 것인데, 그 사실을 숨기고 고지하지 아
니함으로써 그 사실을 모르는 원고가 착오에 빠져 위 매매계약을 체결하게 된 것
이므로 원고가 이를 이유로 위 매매계약을 취소한 것은 적법하다고 판단하였다.

[판지] 1) 원심은 원고가 연체 지연손해금의 존재와 액수를 모른 채 착오로 위
매매계약을 체결하였다고 사실인정을 하고 있으나, 원심의 사실인정은 수긍하기
어렵다. 2) 또 원심은 A가 피고의 대리인으로서 원고와의 사이에 위 매매계약을
체결하였다고 인정하였으나, 기록을 살펴보면 A가 피고의 대리인이라고 인정할
만한 증거는 찾아볼 수 없고, 오히려 원고 자신도 그 본인신문에서 "원고가 계약
서 인쇄분을 작성하여 A에게 주면서 여수에 가서 피고와 계약하고 오라고 심부
름을 시켰다"고 진술하여 A가 원고의 대리인인 듯이 진술하고 있을 뿐만 아니라,
다른 증인의 진술에 의하더라도 A는 원고의 대리인으로서 피고와의 사이에 위
매매계약을 체결하였다고 진술하고 있다. 그런데 A가 피고의 대리인이 아닌 원고

의 대리인이라면, 대리행위의 하자의 유무는 대리인을 표준으로 판단하여야 하고 (민법 제116조), A는 피고 등과 소외 시와의 사이의 매매계약에 있어서 매수인의 1인으로서 그 계약 내용, 잔금의 지급기일, 그 지급 여부 및 연체지연손해금 액수에 관하여 잘 알고 있었다고 볼 수밖에 없으므로, 가사 원고가 연체 지연손해금 여부 및 그 액수에 관하여 모른 채로 A에게 대리권을 수여하여 피고와의 사이에 위 매매계약을 체결하였다고 하더라도 원고로서는 그 자신의 착오를 이유로 피고와의 위 매매계약을 취소할 수는 없게 되었다고 볼 여지가 있다. 따라서 원심으로서는 이 점에 관하여도 더 심리하여 볼 필요가 있다고 할 것이다.

☑ 쟁   점

위 판결은 매수인이 대리인을 통하여 매매계약을 체결하였는데, 매수인은 매매대금 이외에 고액의 지연손해금을 부담해야 하는 사실을 몰랐으나 대리인은 그러한 사실을 안 경우, 매수인은 그 매매계약을 취소할 수 있는가 하는 점이 문제된 것이다.

☑ 검토할 사항

◆ 제116조의 취지를 살피시오.

☑ 관련사례

1) 매수인이 대리인을 통하여 부동산을 매수하였는데 대리인이 2중매매를 적극 권유한 경우, 2중매매는 반사회적인 것으로 되는가? (대판 1998. 2. 27. 97다45532) 〈기초〉

2) 매도인이 대리인을 통하여 부동산을 매도하였는데 그 매매계약이 불공정한 법률행위인가가 문제된 경우, 매도인의 경솔·무경험은 누구를 기준으로 하여 판단하는가? 그리고 궁박상태에 있었는지 여부는 누구의 입장에서 판단하는가? (대판 1972. 4. 25. 71다2255) 〈기초〉

☑ 기타 검토사항

1) A가 미성년자인 B에게 매매계약의 체결을 위임하여 B가 C와 매매계약을 체결한 경우, A는 B의 행위무능력을 이유로 매매계약을 취소할 수 있는가? A와 B간의 위 위임계약의 효력은 어떠한가?

2) 대리인이 착오에 빠져 법률행위를 한 경우, 취소권은 누가 가지는가?

3. 대리행위의 효과

대판 2003. 12. 12. 2003다44059 〈기초〉 ·······························

[사안] 甲(피고)의 아버지 A가 甲 명의의 주택에 관하여 甲을 대리해서 甲의 명의로 乙(원고)과 임대차계약을 체결하였다. 乙은 임대차기간 종료 후 甲에 대하여 위 임대차계약에 기한 전세보증금의 반환을 소구하였다. 甲은 자신이 위 임대차계약의 당사자가 아니라고 하면서 보증금 반환의무를 거절하였다.

[판지] 1) 계약을 체결하는 행위자가 타인의 이름으로 법률행위를 한 경우에 행위자 또는 명의인 가운데 누구를 계약의 당사자로 볼 것인가에 관하여는, 우선 행위자와 상대방의 의사가 일치한 경우에는 그 일치한 의사대로 행위자 또는 명의인을 계약의 당사자로 확정해야 하고, 행위자와 상대방의 의사가 일치하지 않는 경우에는 그 계약의 성질·내용·목적·체결 경위 등 그 계약 체결 전후의 구체적인 제반 사정을 토대로 상대방이 합리적인 사람이라면 행위자와 명의자 중 누구를 계약 당사자로 이해할 것인가에 의하여 당사자를 결정하여야 한다. 그러므로 일방 당사자가 대리인을 통하여 계약을 체결하는 경우에 있어서 계약의 상대방이 대리인을 통하여 본인과 사이에 계약을 체결하려는 데 의사가 일치하였다면 대리인의 대리권 존부 문제와는 무관하게 상대방과 본인이 그 계약의 당사자라고 할 것이다. 원심이 인정한 바와 같이, A는 그의 아들인 피고 명의로 소유권이전등기가 경료되어 있는 이 사건 주택에 관하여 피고를 대리하는 것임을 표시하고 임차인인 원고와 임대차계약을 체결하였고, 기록상 원고도 이 사건 주택의 소유자인 피고와 사이에 임대차계약을 체결하려는 의사였던 것으로 인정되는바, 그렇다면 이 사건 임대차계약 체결시 피고를 임대인으로 하는데 대리인인 A와 상대방인 원고의 의사가 일치된 것이므로 피고와 원고가 이 사건 임대차계약의 당사자라 할 것이다. 같은 취지에서, 원심이 이 사건 주택에 관한 임대차계약의 당사자가 피고와 원고라고 판단한 것은 정당하다. 2) 원심은 피고가 아버지인 A에게 부동산 중개 및 개발사업과 관련하여 부동산의 매입·관리·처분 등 일체의 법률행위를 함에 있어서 자신의 명의를 사용할 권한과 나아가 자신을 대리하여 위와 같은 법률행위를 할 권한을 미리 포괄적으로 수여하였다고 인정하고, 이 사건 주택에 관한 피고 명의의 매매계약 및 이 사건 임대차계약 체결 역시 그 일환으로서 A가 피고를 대리하여 이루어진 것이라고 판단하였다. 원심의 위와 같은

판단은 수긍할 수 있고, 거기에 채증법칙을 위배하여 사실을 오인하거나, 대리권 수여에 관한 법리를 오해하거나 이유불비, 심리미진의 위법이 없다.

☑ 쟁   점

위 판결은 아버지 A가 아들 甲을 대리하여 甲 명의의 주택에 관하여 상대방 乙과 임대차계약을 체결한 경우, 甲이 임대차계약의 당사자로 되는가(따라서 임대차계약상의 보증금반환의무를 지는가) 하는 점이 문제된 것이다.

☑ 검토할 사항

◆ 대리인이 본인의 명의로 법률행위를 한 경우, 그 법률행위의 당사자는 누구인가?

◆ 대리로서의 효과가 인정되기 위한 요건을 살피시오.

◆ A가 대리의 의사로 甲의 명의로 乙과 계약을 맺었으나 A에게 그에 관한 대리권이 없었다면, 그 행위의 효력은 어떠한가?

◆ 甲이 미성년자인 경우, A는 甲이 위의 임대차계약의 체결을 위한 대리권을 수여한 경우에 한하여 그러한 대리권을 가지는가?

◆ 甲이 성년자인 경우, A는 일반적으로 甲의 가옥에 관하여 임대차계약을 체결할 대리권을 가지는가?

◆ 대리의 효과를 살피시오.

☑ 기타 검토사항

1) 타인 명의로 계약을 체결하는 경우로는 대리 이외에 명의모용, 명의차용 등이 있다. 이러한 경우의 법률관계를 살피시오. (이에 관한 판례는 의사표시의 해석 부분에서 소개하였음)

2) 대리는 모든 법률행위에서 행해질 수 있는가?

3) 대리인이 위임사무를 수행하던 중 타인에게 상해를 가하였다. 대리인의 가해행위도 본인의 행위로 되는가?

4) 물건의 구입을 위임받은 대리인이 그 위임사무의 수행으로서 제3자로부터 물건을 구입하여 이를 보관 점유하고 있다. 대리인의 점유행위도 본인의 행위로 되는가?

4. 복 대 리

대판 1996. 2. 9. 95다10549 〈기초〉···

[사안] A는 판지제조업을 영위하면서 1992. 초경부터 B로부터 약속어음을 빌려 쓰고 지급기일에 대신 입금시켜 왔다. 그런데 A가 약속어음의 지급기일에 어

음금을 입금시키지 못하자 B가 담보제공을 요구하였으며, A는 그 요구에 따라 1992. 9. 26. 그의 부친 甲(원고) 명의로 약속어음을 발행하고 자신 명의로 배서하여 B에게 교부하고, 甲 소유의 이 사건 부동산에 C(B의 처)를 근저당권자, 甲을 채무자로 하는 근저당권설정등기를 경료해 주었으며, 甲은 A에게 B가 위 부동산을 담보로 은행으로부터 자금을 대출받을 수 있도록 자신의 인감도장과 인감증명서 1통을 교부하여 A가 이를 B에게 맡겨 두었다. 그런데 11. 3. B는 거액의 부도를 내고 해외로 도피하면서, 乙(피고)에 대하여 부담하고 있던 채무의 변제를 위하여 乙에게 甲 명의의 위 약속어음을 교부하는 한편, C 명의의 위 근저당권설정등기를 말소함과 동시에 소지하고 있던 甲의 인감도장과 인감증명서를 사용하여 乙을 근저당권자로 하는 이 사건 근저당권설정등기를 마쳐 주었다. 이에 甲은 乙에 대하여 위 등기의 말소를 소구하였다.

[원심] 피고 명의의 위 근저당권설정등기는 원고나 그를 대리한 A의 의사에 기하지 아니한 것이어서 무효라고 판단하였다.

[판지] 원고는 이 사건 부동산의 담보제공을 승낙하고 인감증명서뿐 아니라 인감도장까지 그의 아들인 A에게 교부하였고, A는 B에 대한 채무의 담보로 그의 처인 C 명의로 근저당권설정등기를 경료해 주면서 B에게 위 부동산을 담보로 대출을 받아 그 대출금으로 위 채무에 충당하라고 하면서 그에 필요한 위 인감증명서와 인감도장을 맡겼다는 것이므로, 원고로서는 부동산의 근저당권자가 누구이건 간에 그의 아들인 A의 행위로 말미암은 채무에 대하여는 부동산을 담보로 제공할 의사로 A에게 이에 해당하는 일체의 대리권을 준 것으로 볼 것이고, 이 대리권의 범위 내에는 제3자에게 복대리권을 부여하는 복임권까지도 포함되어 있다고 봄이 상당하다고 할 것이므로, A가 다시 B에게 원고의 인감증명서와 인감도장을 교부하여 원고 소유의 이 사건 부동산을 담보로 제공하여 대출을 받을 권한을 부여한 이상 B가 이를 이용하여 위 부동산 위에 피고 명의로 근저당권설정등기를 경료해 준 행위는 원고가 그의 아들인 A에게 부여한 대리권 범위 내에 속하는 유효한 행위라고 하지 않을 수 없다. 그럼에도 불구하고 원심이 피고 명의의 위 근저당권설정등기가 원고나 원고를 대리한 A의 의사에 기하지 않은 것이라고 본 것은, 당사자의 의사표시의 해석을 그르쳤거나 대리권의 범위에 관한 법리를 오해하여 판결에 영향을 미친 잘못이 있다고 할 것이다.

☑ 쟁   점

위 판결은 甲이 아들 A의 C에 대한 채무의 담보를 위하여 자신의 부동산에 저당권
을 설정하고 A에게 B가 이를 담보로 금전을 차용할 수 있도록 인감증명 등을 교부
한 경우, 甲은 A에게 저당권설정을 위한 일체의 대리권——따라서 A가 B에게 저당권
설정을 위한 복대리권을 수여할 수 있는 권한까지——을 준 것인가 하는 점이 문제된
것이다.

☑ 검토할 사항

◆ 임의대리인은 언제 복대리인을 선임할 수 있는가?

◆ 甲의 의사는 오직 A에게만 저당권설정의 대리권을 수여한다는 것이라고 할 것인가?

◆ 甲이 A에게 수여한 대리권에는 복대리인을 선임할 권한도 포함되어 있는가 여부에
  따라서 어떠한 차이가 생기는가?

◆ 제120조~제123조의 취지를 살피시오.

◆ 복대리인의 지위를 살피시오.

☑ 관련사례

1) A는 B에게 소유토지를 담보로 제공하고 은행으로부터 융자를 받아달라고 부탁하
   면서 관련서류를 교부하였는데 B가 A의 승낙 없이 C에게 위 일을 전촉하였다. 그
   런데 C가 위 서류를 이용해서 위 토지를 D에게 매각하였다. A는 D에 대하여 무권
   대리를 이유로 위 토지의 반환을 청구할 수 있는가? (대판 1967. 11. 21. 66다2197)
   〈기초〉

2) 대리인이 대리권 소멸 후 선임한 복대리인과 상대방 사이의 법률행위에도 민법
   제129조의 표현대리가 성립하는가? (대판 1998. 5. 29. 97다55317——이 판결은 제
   129조의 표현대리 부분에서 소개함) 〈응용〉

☑ 기타 검토사항

1) 복대리인과 대리인의 피용인과의 차이를 살피시오.

2) 대리인 자신이 월권행위를 한 경우와 대리인이 무단히(즉 제120조의 요건 없이)
   선임한 복대리인이 월권행위를 한 경우, 제126조의 표현대리 성립 문제——특히 상
   대방의 신뢰의 정당성 판단——에 관하여 차이가 없는가? 즉 양자의 경우에 동일하
   게 단지 상대방이 (복)대리인에게 월권행위에 관한 권한을 가진다고 믿은 것에 관
   하여 정당한 사유가 존재하면 족한가, 아니면 후자에서는 더 나아가 대리인에게 복
   임행위에 관한 권한이 있다고 믿은 것에도 정당한 사유가 존재해야 하는가?

Ⅱ. 무권대리

1. 표현대리 총설

(1) 표현대리의 일반적 요건

(가) 본인의 책임성

대판 1991. 2. 12. 90다7364 〈기초〉···

[사안] 甲(원고)으로부터 부동산의 매수를 위임받은 A가 甲을 대리하여 1983. 1. 8. 乙(피고)로부터 X부동산을 62,100,000원에 매수하기로 하는 매매계약을 체결하면서, 甲이 실질적으로 매수하는 사실을 숨긴 채 매수인의 명의를 허무인인 "이원본"으로 표시하여 매매계약서를 작성하였다. A는 乙에게 매매대금을 지급하면서 乙과 간에, 乙이 계속 경작하다가 A가 요구할 때 소유권이전등기를 하여 주기로 약정하였다. 그 후 丙(피고)이 1986년 초 위 부동산을 매수하려고 당시 등기부에 소유자로 등기되어 있던 乙을 찾아갔는데, 乙로부터 이원본이라는 사람이 A를 대리시켜 부동산을 매수하고 대금까지 모두 지급하였으나 아직 소유권이전등기만 되지 않은 상태라는 말을 들었다. 그리하여 丙은 다시 A를 찾아가 여러 차례 매매대금에 관한 절충을 벌인 끝에, 1986. 7. 10. 이원본을 대리한다는 A와 간에 위 부동산을 36,225,000원에 매수하기로 매매계약을 체결하였다. 그런데 A는 위 매매계약을 체결함에 있어서 丙에게 원래의 매수인이 甲이라는 사실을 숨기고 이원본이 원래의 매수인이라고 말하면서 매매계약서에도 매도인의 이름을 "이원본"이라고 기재하고 그 이름 밑에 乙과 간의 매매계약서에 찍힌 것과 같은 인장을 찍었다. 그리하여 丙은 A의 설명에 따라 이원본이 그에게 부동산을 매도하는 것으로 알았으며, 甲의 인적 사항에 관하여는 아무 것도 알지 못하고 있었다. A는 丙으로부터 매매잔대금을 지급받기 전에 乙에게 이원본이 부동산을 다시 丙에게 매도하였으니 丙을 매수인으로 한 인감증명을 발급받아 달라고 하자, 乙은 자신이 이원본에게 매도하였기 때문에 이원본의 승낙이 없이는 등기를 넘겨줄 수 없다고 하였다. 그리하여 A는 丙과 간의 매매계약에서 약정된 매매잔대금의 지급기일인 8. 16. 乙과 丙에게 B(A의 손윗동서의 동생)를 이원본인 것처럼 소개시켜, 이를 믿은 乙은 丙이 이원본으로 행세하는 B에게 잔대금을 지급하는 것

을 확인하고, 乙의 명의로부터 丙의 명의로 직접 소유권이전등기를 하는 데 필요한 일체의 서류를 교부하였으며, 1986. 8. 28. 丙의 명의로 소유권이전등기가 마쳐졌다. 이에 甲은 乙에 대하여 1983. 1. 8.자 매매를 원인으로 한 소유권이전등기절차의 이행을, 丙에 대하여 乙을 대위하여 이전등기의 말소를 소구하였다.

[원심] 피고 乙로서는 원고로부터 부동산을 매수할 대리권을 수여받은 A에게 이원본을 대리하여 부동산을 피고 丙에게 전매할 권한까지 있다고 믿을 만한 정당한 이유가 있었다고 할 것이고, 따라서 피고 乙이 매매계약서에 매수인으로 표시되어 있는 이원본을 대리한 A로부터 부동산을 매수한 피고 丙에게, 당사자 간의 합의에 따라 직접 소유권이전등기를 마쳐줌으로써 매매계약에 따른 소유권이전등기절차이행의무를 이미 이행하였다고 할 것이므로, 피고 乙에게 다시 위 소유권이전등기절차의 이행을 구하는 원고의 피고 乙에 대한 청구는 이유가 없다. 피고 丙은 A의 기망에 의하여 피고 乙로부터 당초 부동산을 매수한 원고로부터 부동산을 전매받은 것은 아니지만, 그 당시 등기부상의 소유자인 피고 乙로부터 정당하게 소유권이전등기를 경료받은 것이라고 보아야 할 것이므로, 부동산에 관하여 피고 丙의 명의로 마쳐진 소유권이전등기가 원인이 무효인 등기임을 전제로, 피고 乙을 대위하여 위 소유권이전등기의 말소등기절차의 이행을 구하는 원고의 피고 丙에 대한 청구도 이유가 없는 것이라고 판단하였다.

[판지] 1) 피고 乙이 피고 丙의 명의로 이전등기하는 데 필요한 서류를 교부할 당시, 원고로부터 부동산을 매수할 대리권을 수여받은 A에게 이원본(이나 원고)을 대리하여 부동산을 전매할 권한까지 있다고 믿을 만한 정당한 이유가 있었다고 하더라도, A가 원고를 대리하여 피고 丙에게 부동산을 매도한 행위에 대하여 원고가 본인으로서 책임이 있다고 판단되지 않는 이상, 피고 乙이 원고와 간의 당초의 매매계약에 따라 원고에게 이행하여 주어야 할 소유권이전등기절차이행의무를 제대로 이행하였다고 볼 수 없음은 물론, 따라서 피고 丙의 명의로 마쳐진 위 소유권이전등기도 원인이 무효인 등기라고 볼 수밖에 없을 것이다. 그럼에도 불구하고 원심은 A가 원고를 대리하여 피고 丙에게 부동산을 매도한 행위에 대하여, 원고가 본인으로서 책임이 있다고 볼 수 있는지의 여부에 관하여는 아무런 판단도 하지 아니한 채, 피고 乙이 피고 丙의 명의로 이전등기를 마쳐 줄 당시 A에게 이원본(이나 원고)을 대리하여 부동산을 전매할 권한까지 있다고 믿을 만한 정당한 이유가 있었으므로, 피고 丙이 피고 乙로부터 정당하게 이전등기를 경료

받은 것으로 보아야 한다고 판단하였으니, 이 점에서 원심판결에는 이유를 제대로 명시하지 못한 위법이 있다.

2) 뿐만 아니라 피고 丙이 이원본(또는 원고)을 대리한다는 A와 간에 부동산을 매수하기로 매매계약을 체결할 당시, 원고로부터 부동산을 매수할 대리권을 수여받은 A에게 원고(또는 이원본)를 대리하여 자기에게 부동산을 매도할 권한까지 있다고 믿을 만한 정당한 이유가 있었다고도 판단되지 않는다. 그 이유는 다음과 같다. 법률행위에 의하여 수여된 대리권은 그 원인된 법률관계의 종료에 의하여 소멸하는 것이므로, 특별한 다른 사정이 없는 한, 본인을 대리하여 부동산을 매수할 권한을 수여받은 대리인에게 그 부동산을 처분할 대리권까지 있다고는 볼 수 없는 것이 원칙이다. 따라서 A가 원고로부터 부동산을 매수할 대리권만을 수여받은 만큼, 그가 피고 乙과 간에 부동산을 매수하기로 매매계약을 체결함으로써 그 대리권은 이미 소멸하였다고 할 것이므로, 원고를 대리하여 부동산을 매수한 A로부터(그것도 3년 이상이나 지난 뒤에) 부동산을 다시 매수하게 된 피고 丙으로서는, A에게 원고를 대리하여 부동산을 처분할 권한까지 있는지의 여부에 대하여 관심을 가지고 조금 더 확실한 방법으로 확인하고 조사하여 보았어야 할 것임에도 불구하고, 이원본의 대리인이라고 자칭하는 A의 거짓말에 속은 탓인지, A에게 그와 같은 대리권이 있는지 여부에 대하여는 아무런 확인조사도 하지 않은 채(위 피고가 매매계약을 체결할 때 작성된 매매계약서에는 매도인 이원본의 주소가 창령군 부곡면 부곡리 ○○로 기재되어 있었으므로, 같은 군 같은 면 거문리에 거주하는 위 피고가 조금만 세심하게 주의를 기울였더라면 A에게 부동산을 처분할 대리권이 없었음을 용이하게 알 수도 있었을 것으로 보인다), 3년 이상 전의 매매대금 62,100,000원의 6할도 못되는 36,225,000원에 매수하기로 매매계약을 체결하였으니, 피고 丙에게는 타인의 대리인으로부터 부동산을 매수하는 사람으로서 일반적으로 기울여야 할 주의의무를 게을리 한 잘못이 있었다고 하지 않을 수 없고, 따라서 원심이 판시한 바와 같은 사정만으로는 위 피고가 A에게 원고(또는 이원분)를 대리하여 이 사건 부동산을 매도할 권한까지 있다고 믿을 만한 정당한 이유가 있었다고는 볼 수 없는 것이다.

☑ 쟁   점

위 판결은 甲으로부터 부동산의 매수를 위임받은 A가 甲의 위임 없이 그 매수한 부동산을 처분한 경우, 표현대리의 성립이 인정될 것인가 하는 점이 문제된 것이다.

☑ 검토할 사항

◆ A의 丙에게의 처분행위에 관하여 표현대리의 성립을 부인한 이유는 무엇인가?
◆ 부동산의 매수를 위임받은 대리인은 그 매수한 부동산을 처분할 대리권을 가지는가?
◆ 표현대리의 성립요건으로 대리인에게 대리행위에 관한 권한이 있다고 믿을 만한 정당한 사유가 있으면 족한가, 아니면 나아가 (월권)대리행위에 대하여 본인에게 책임이 있다고 할 만한 사정이 있어야 하는가?
◆ 판결이 丙에게 정당한 이유가 없다고 한 이유는 무엇인가?

☑ 기타 검토사항

1) 판례와 학설은 본인에게 책임이 있다고 할 만한 사정을 표현대리의 일반적인 성립요건으로 보는가?
2) 판례는 제126조의 표현대리에서 법정대리권도 기본대리권이 될 수 있다고 한다. 이러한 입장과 위 판결과는 조화되는가?

☑ 참고문헌

◆ 김학동, 표현대리와 본인의 귀책성, 민사법학 9·10호, 1993, 121면 이하.

(나) 대리행위

대판 1974. 4. 9. 74다78 〈기초〉 ···

[사안] A녀는 1969. 10 중순경 그의 남동생인 甲(원고)이 상속한 이 사건 부동산의 상속등기절차를 취해 주겠다고 하여 교부받은 甲의 인감도장 및 인감증명서 등으로 10. 23. 甲 명의로 상속등기를 마쳤다. 그런데 A는 10. 29. 甲의 이름이 마치 여자 이름과 비슷함을 기화로, 자신이 甲인 것처럼 행세하여 계속 보관중이던 甲의 인감도장과 인감증명 등을 가지고 乙(피고)로부터 금전을 차용하고 담보로서 위 부동산에 근저당권을 설정하였다. 이에 甲이 乙에 대하여 위 등기의 말소를 소구하였다. 乙은 표현대리의 성립을 주장하였다.
[판지] 원심은 대체로 위와 같은 사실관계를 인정한 후에 민법 제126조의 표현

대리의 규정을 적용하였으나, 원래 동 법조상의 대리는 대리인이 본인을 위하여 한다는 사실을 명시 혹은 묵시적으로 표시하거나 대리의사를 가지고 권한 외의 행위를 하는 경우인 것을 요하며, 본건과 같이 사술을 써서 이와 같은 대리행위의 표시를 하지 않고 자기를 위하여 단지 본인의 성명을 모용하여 자기가 마치 본인인 것처럼 기망하여 본인 명의로 직접 모든 법률행위를 한 경우에는 특별한 사정이 없는 한 위 126조 소정의 표현대리를 적용할 수 없다.

☑ 쟁   점

위 판결은 A가 (대리인으로서가 아니라 스스로) 본인 甲인 것처럼 기망하여 甲 명의로 법률행위를 한 경우, 제126조의 표현대리가 성립하는가 하는 점이 문제된 것이다.

☑ 검토할 사항

◆ A가 자신이 甲인 것처럼 기망하여 甲의 부동산을 처분한 경우, A의 행위는 대리행위인가?

☑ 관련사례

1) 종중 A로부터 임야의 매각과 관련한 권한을 부여받은 B가 임야의 일부를 실질적으로 자기가 매수하여 그 처분권한이 있다고 하면서 C로부터 금원을 차용하고 그 담보를 위하여 위 임야에 대하여 양도담보계약을 체결한 경우, B의 위 행위에 관하여 표현대리의 법리가 적용되는가? (대판 2001. 1. 19. 99다67598) 〈응용〉

2) A가 아파트를 분양받아 사실상 소유하고 있다가 서울로 이사를 가면서 그의 형인 B에게 인장을 맡기고 위 아파트에 관한 임대 등 일체의 관리를 위임하였는데, B는 자신이 A인 것처럼 행세하면서 C에게 위 아파트를 임대하여 C가 위 아파트에서 1년 이상 거주하여 오다가, B가 역시 A로 행세하면서 B명의로 위 아파트를 C에게 매각한 경우, 표현대리가 성립하는가? (대판 1993. 2. 23. 92다52436) 〈응용〉

3) A가 B에게 자신의 부동산을 매각하여 그 대금으로 자신의 채무를 변제할 것을 위임하면서 위 부동산에 관한 등기서류를 맡겼는데, B가 그 서류를 이용하여 위 부동산을 자신의 처 C 앞으로 소유권이전등기를 경료한 후 D로부터 금전을 차용하고 그 담보로 위 부동산에 근저당권을 설정한 경우, A는 표현대리책임을 지는가? (대판 1985. 10. 22. 85다카1268) 〈응용〉

☑ 기타 검토사항

1) 위 경우에 A는 제135조의 무권대리인의 책임을 지는가?
2) 타인의 재산을 무단히 처분한 경우 중에서 유독 그 처분행위가 대리행위로서 행

해진 경우에만 표현대리제도에 의하여 상대방의 신뢰를 보호하는 이유는 무엇인
가? 처분행위가 대리행위로 행해지지 않은 경우 상대방의 신뢰를 보호하는 제도로
는 무엇이 있는가?

☑ 참고문헌

 ◆ 김승휘, 타인의 명의로 한 법률행위의 처리, 재판실무연구 2003(광주지방법원),
   2004, 145면 이하.

㈐ 법령위반의 경우

대판 1983. 12. 27. 83다548 〈응용〉 ·

[사안] 학교법인 甲(피신청인)의 이사장이 사립학교법 제16조 등에 위반하여 이
사회의 심의·결정을 거치지 않고 법인의 재산을 처분하였다. 乙(신청인)이 甲을
상대로 하여 가처분이의의 소를 제기하였다.

[판지] 사립학교법 제16조를 비롯하여 제19조, 제1조 그 밖에 같은 법의 여러
규정을 아울러 살펴보면 사립학교법 제16조에서 학교법인의 재산의 처분에 관한
사항 등을 이사회에서 심의. 결정한다고 한 것은 사립학교의 설치 경영을 목적으
로 설립된 학교법인의 특수성을 고려하여 그 재정과 사무기능의 적정을 기함으로
써 사립학교의 건전한 발달을 도모하고자 하는 데 목적이 있다 할 것이고, 따라
서 학교법인을 대표하는 이사장이라 하더라도 이사회의 심의·결정을 거쳐야 하는
이와 같은 재산의 처분 등에 관하여는 법률상 그 권한이 제한되어 이사회의 심의
·결정 없이는 이를 대리하여 결정할 권한이 없는 것이라 할 것이므로, 이사장이
한 학교법인의 기본재산처분행위에 관하여는 민법 제126조의 표현대리에 관한
규정이 준용되지 아니한다고 할 것이다. 같은 취지의 원심판결은 정당하고, 소론
이 내세우는 헌법 제10조가 규정하는 법 앞에서의 평등은 모든 국민을 절대적으
로 평등하게 대우하여야 한다는 것은 아니고 불합리한 차별대우를 금지한다는 취
지라 할 것이므로 표현대리 규정의 준용에 관한 위와 같은 해석이 헌법에 위배되
고 사회적 특수계급을 창설하려는 것이라고는 할 수 없다고 할 것이다.

☑ 쟁   점

위 판결은 학교법인의 대표자가 법률이 규정하는 이사회의 심의·결정을 거치지 않고
법인의 재산을 처분한 경우, 표현대리 규정이 적용되는가 하는 점이 문제된 것이다.

☑ **검토할 사항**

◆ 위 판결은 학교법인의 대표자가 이사회의 심의·결정을 거치지 않고 행한 법인재산의 처분행위가 무효로 되는 근거를 무엇이라고 하는가?

◆ 학교법인의 재산의 처분에 관한 사항 등은 이사회에서 심의·결정한다고 하는 사립학교법의 규정에 의하여 학교법인의 대표자는 재산처분에 관한 대표권을 전혀 가지지 않는 것이 되는가, 아니면 대표권을 가지나 단지 이사회의 심의·결정을 거치도록 제한될 뿐인가?

◆ 법인의 대표에 관하여는 대리에 관한 규정이 준용된다(제59조 2항). 그럼에도 위의 사안에서 제126조의 준용이 부인된 이유는 무엇인가?

☑ **관련사례**

1) 주택조합의 조합장이 조합아파트 중 일반인에게 분양될 세대에 관하여 조합원 총회의 결의를 거치지 않았음에도 마치 그러한 결의를 거친 것처럼 총회 결의서를 허위로 작성하여 제3자와 분양계약을 체결한 경우, 표현대리가 성립되는가? (대판 2003. 7. 11. 2001다73626——이 판결은 법인 중 기관 부분에서 살폈음) 〈응용〉

2) 회사의 대표이사가 그 직을 사임하고 그 사임등기가 경료된 후에 대표이사 명의를 모용하여 회사 명의의 수표를 발행한 경우, 회사는 표현대리의 책임을 지는가? (대판 1972. 9. 26. 71다2197——이 판결은 법인 중 기관 부분에서 살폈음) 〈응용〉

(2) 적용범위

(가) 소송행위

대판 1983. 2. 8. 81다카621 〈응용〉 ···

[사안] 甲(원고)이 1972. 2. 초순경 A에게 금원을 차용하여 줄 것을 의뢰하면서 인감도장과 인감증명서를 교부하였다. A는 甲의 인장을 사용하여 자신의 乙(피고)에 대한 채무담보로 甲 및 A를 발행인으로 하고 乙을 수취인으로 하는 약속어음 1매를 발행하는 한편, 甲이 B(乙의 처)에게 이 약속어음에 대한 공정증서의 작성을 위임한 것처럼 甲명의의 위임장을 위조하여 乙의 대리인 B에게 교부하였다. 乙은 5. 8. B와 같이 공증인 사무소에 가서 위 약속어음금의 지급을 연체하는 즉시 강제집행을 하기로 하는 내용의 이건 공정증서를 작성하였다. 그 후 A가 그의 채무를 변제하지 못하여 乙이 위 약속어음의 공정증서에 기하여 甲의 재산에 강제집행을 하자, 甲은 A가 적법한 대리권 없이 위 약속어음 및 공정증서를 작성하

였음을 들어 청구이의의 소를 제기하였으며, 이에 대하여 乙은 A의 행위는 표현대리가 된다고 주장하였다(甲은 채무부존재 확인청구로 소를 변경하였음).

[판지]   1) 이행지체가 있으면 즉시 강제집행을 하여도 이의가 없다는 강제집행수락의 의사표시는 소송행위라 할 것이고 이러한 소송행위에는 민법상의 표현대리규정이 적용 또는 유추적용될 수가 없다. 2) 원고가 1979. 5. 10경 이 사건 약속어음의 공증사실을 알았으면서도 그간에 피고에 대하여 아무런 이의를 제기한 바 없으므로 원고의 이건 청구는 이유없다는 피고의 주장을 이건 무권대리에 의한 공정증서작성 촉탁행위의 추인에 관한 주장으로 본다 하여도, 무권대리에 의한 공정증서작성 촉탁행위에 대한 추인의 의사표시는 공증인에 대하여 하여야 할 것이므로, 위 주장과 같은 원고의 소극적인 태도만으로는 원고가 이건 H의 무권대리행위를 추인한 것이라고 볼 수 없다.

☑ 쟁   점

위 판결은 강제집행 수락의 의사표시에 민법상의 표현대리 규정이 (유추)적용되는가 하는 점이 문제된 것이다.

☑ 검토할 사항

◆ 강제집행수락의 의사표시에 민법상의 표현대리 규정이 적용되지 않는 이유는 무엇인가?

◆ 소송행위에는 민법상의 표현대리 규정이 (유추)적용되지 않는 이유는 무엇인가?

☑ 참고문헌

◆ 강현중, 소송행위와 표현대리, 고시계 35권 3호(1990. 2), 134면 이하.

◆ 김대환, 집행수락의 의사표시에 표현대리 규정의 적용여부, 대법원판례해설 2호, 1984, 65면 이하.

(나) 어음의 위조

대판 2000. 3. 23. 99다50385 〈심화〉 ···

[사안]   甲(원고)은 1996년경 자신 소유의 부동산에 가처분등기가 경료되어 있는 사실을 모르고 이를 매도하였다가, 그 매수인으로부터 형사고소를 당할 위험에 처하게 되자 A를 찾아가 법률상담을 하였다. A는 이를 틈타 자신이 甲의 민·형

사 문제를 처리하여 준다는 명목으로 甲으로부터 금 1억 3백만원을 교부받아 갔다. 이에 甲은 1997년 4월경 A를 변호사법위반죄로 고소하였다. 그러자 A는 같은 달 30일경 자신의 잘못을 시인하고 甲에게 자신이 편취한 돈에다 이자를 더하여 금 1억 1천만원을 돌려주겠다고 제의하였다. 그런데 A에게는 별 재산이 없어 구체적인 합의가 이루어지지 않게 되자, A는 자신의 지인인 B를 불러 그를 보증인으로 세우려 하였으나 B 또한 충분한 재산이 없어 합의가 어려워졌고, 이에 A는 자신의 손위 동서인 乙(피고)을 불렀는바, 그 자리에서 乙은 甲에게 A의 甲에 대한 금 1억 1천만원의 반환채무를 B와 연대보증하겠다고 약속하면서 그에 대한 담보로 자신 소유의 주택 및 그 대지에 근저당권을 설정해 주기로 하였다. 乙은 위 약정에 따른 근저당권설정에 필요한 서류를 다음날 작성하여 주기로 하고 A에게 그 근저당설정에 관한 대리권을 위임하였는데, A는 다음 날인 1997. 5. 1. 법무사사무실에서 乙을 대리하여 법무사에게 乙 소유의 이 사건 부동산에 관하여 근저당권설정등기 신청을 위임하면서, 甲이 추후 있을지도 모를 경매신청에 대비하여 담보제공자들 명의의 약속어음의 발행을 요구하자 약속어음의 발행에 관한 乙의 승낙이 없었음에도 불구하고 발행인을 乙 및 B 및 김정연(B의 처)으로 하는 이 사건 약속어음을 발행하고, 이 어음의 乙의 이름 옆에 근저당권설정을 위하여 乙이 맡긴 인장을 함부로 날인하여 주었다. 甲이 위 약속어음금의 지급을 소구하였다.

[판지]   다른 사람이 본인을 위하여 한다는 대리문구를 어음상에 기재하지 않고 직접 본인 명의로 기명날인을 하여 어음행위를 하는 이른바 기관 방식 또는 서명대리 방식의 어음행위가 권한 없는 자에 의하여 행하여졌다면 이는 어음행위의 무권대리가 아니라 어음의 위조에 해당하는 것이기는 하나, 그 경우에도 제3자가 어음행위를 실제로 한 자에게 그와 같은 어음행위를 할 수 있는 권한이 있다고 믿을 만한 사유가 있고, 본인에게 책임을 질 만한 사유가 있는 때에는 대리방식에 의한 어음행위의 경우와 마찬가지로 민법상의 표현대리 규정을 유추적용하여 본인에게 그 책임을 물을 수 있다 할 것이다.

☑ 쟁   점

위 판결은 乙이 채무자 A를 위하여 근저당권을 설정해 주기로 하였는데 乙이 무단히 A명의의 약속어음을 발행하면서 어음상에 대리문구를 기재하지 않고 직접 A명의로

기명날인한 경우(이른바 기관 방식 또는 서명대리 방식의 어음행위), 즉 어음행위의
무권대리가 아니라 어음의 위조의 경우, 표현대리 규정을 유추적용할 것인가 하는 점
이 문제된 것이다.

☑ 검토할 사항

◆ 어음의 위조의 경우에는 그 어음행위가 본인을 위한 것이라는 표시가 없음에도 표
현대리 규정이 유추적용되는가? 그 이유는 무엇인가?

☑ 참고문헌

◆ 임성권, 월권표현대리의 성립요건, 법학연구(인하대) 4집(2001. 12), 129면 이하.
◆ 방흥길, 어음의 위조와 어음행위의 무권대리, 사법논집 제18집, 1987, 287면 이하.
◆ 주기동, 어음위조와 표현대리책임, 상사판례연구 3권, 1996, 29면 이하.

(3) 유권대리의 주장과 표현대리의 주장

대판(전) 1983. 12. 13. 83다카1489 〈심화〉 ·····································

[사안]   甲(원고)은 乙(피고)의 대리인 A로부터 이 사건 건물을 매수하고 A에게
그 대금을 완급하였는데, 그 후 甲은 위 매매계약을 해제하였다고 하면서, 乙에
대하여 매매대금의 반환을 소구하였다. 그런데 乙은 甲이 건물을 매수하기 전에
이미 A에 대하여 매매에 관한 대리권 위임을 해지하였었다. 소송에서 甲은 A의
자신과의 위 매매계약은 대리권에 기한 것으로서 유효하다고 주장하였을 뿐이고,
A가 대리권이 소멸한 후 甲과 대리행위를 한 것이나 표현대리가 성립되었다고
주장한 바가 없다.

[판지]   변론에서 당사자가 주장한 주요사실만이 심판의 대상이 되는 것으로서,
여기에서 주요사실이라 함은 법률효과를 발생시키는 실체법상의 구성요건 해당사
실을 말하는 것인바, 대리권에 기한 대리의 경우나 표현대리의 경우나 모두 제3
자가 행한 대리행위의 효과가 본인에게 귀속된다는 점에서는 차이가 없으나, 유
권대리에서는 본인이 대리인에게 수여한 대리권의 효력에 의하여 위와 같은 법률
효과가 발생하는 반면 표현대리에서는 대리권이 없음에도 불구하고 법률이 특히
거래상대방 보호와 거래안전 유지를 위하여 본래 무효인 무권대리행위의 효과를
본인에게 미치게 한 것으로서, 표현대리가 성립된다고 하여 무권대리의 성질이
유권대리로 전환되는 것은 아니므로, 양자의 구성요건 해당사실, 즉 주요사실은

서로 다르다고 볼 수밖에 없다. 그러므로 유권대리에 관한 주장 가운데 무권대리
에 속하는 표현대리의 주장이 포함되어 있다고 볼 수 없으며, 따로이 표현대리에
관한 주장이 없는 한 법원은 나아가 표현대리의 성립 여부를 심리 판단할 필요가
없다고 할 것이다. 이와 다른 당원 1964. 11. 30. 선고 64다1082 판결의 견해는
이를 폐기하기로 한다.

☑ 쟁   점

위 판결은 대리권이 소멸된 A와 거래한 甲이 A가 대리인임을 이유로 대리의 효과를
주장한 경우, 그 주장에 표현대리에 관한 주장도 포함되어 있는가 하는 점이 문제된
것이다.

☑ 검토할 사항

◆ 재판에서 심판의 대상이 되는 것은 어떠한 사실인가?

◆ 유권대리와 표현대리는 주요사실이 다른가?

◆ 위 판결이 유권대리에 관한 주장 가운데 표현대리의 주장이 포함되어 있지 않다고
  한 이유는 무엇인가?

◆ A가 甲과 건물매수의 대리행위를 하기 전에 乙이 위임계약을 유효하게 해제하였음
  에도 A가 대리행위를 한 경우, A의 대리행위는 무권대리가 되는가? 이의 관건은
  무엇인가?

☑ 기타 검토사항

1) 표현대리의 성질은 무엇인가?

2) A가 제3자와 건물매수의 대리행위를 한 후에 乙이 위임계약을 유효하게 해제 혹
   은 취소한 경우, A의 대리행위는 무권대리가 되는가? 이의 관건은 무엇인가?

☑ 참고문헌

◆ 김황식, 유권대리의 주장 가운데 표현대리의 주장이 포함되는지 여부, 민사판례연
  구 7권, 1985. 05., 5∼17면.

2. 대리권 수여표시에 의한 표현대리(제125조)

(1) 대리권 수여의 표시

● 판례 1

대판 1998. 6. 12. 97다53762 〈기초〉 ··

[사안]   호텔과 골프장을 운영하는 甲(피고들, 해운대개발 주식회사 외 1인)이 일본국 법인인 A에게, 일본국 내에 주소를 둔 자를 대상으로 甲이 운영하는 호텔 등의 시설이용에 우대를 받을 수 있는 회원의 모집을 위임하는 계약(다만 A가 자신의 이름으로 회원을 모집하기로 하는 위탁매매계약)을 체결하였으며, 그 계약의 효력은 甲이 대한민국 외환관리법령에 따라 재무부장관이 정하는 외환관리상의 허가·승인 또는 인증을 얻는 날 발생한다는 특약을 두었다. A는 甲이 외환관리허가를 얻지 못하고 있는 가운데, 자신을 '판매원' 혹은 甲의 '일본 연락사무소 및 총대리점' 등으로 기재한 회원안내 책자를 발간하고, 1989. 3. 27. 甲의 총대리점인 A가 甲이 운영하는 호텔 등의 시설에 대한 우대회원을 모집한다는 광고를 게재하는 한편, 乙(원고, 주식회사 해피월드)의 사무실에서 그에 대한 설명회를 개최하였으며, 회원가입을 희망하는 10여 명의 시찰단으로 하여금 甲이 운영하는 호텔 등의 시설을 이용하도록 알선하였다. 그리하여 乙은 법인회원으로 A와 입회계약을 체결하고 입회금 등을 A가 지정하는 은행구좌에 입금하였다. 그런데 A가 부도를 내고 도산하였고, 乙은 甲이 외환관리 허가를 받지 못하였다는 이유로 甲으로부터 우대회원의 대우를 받지 못하고 있다. 그리하여 乙은 A측과 위 입회계약을 체결할 당시 외환관리허가라는 정지조건이 성취되지 아니하여 A측에 체약대리권이 발생하지 아니하였다고 하더라도, 甲은 A가 알선하여 乙의 상무이사 등이 참가한 시찰단에게 우대회원 대우를 제공하는 등으로 A측에 甲의 이름으로 입회계약을 체결할 대리권이 있다는 표시를 한 바 있으므로, 乙이 A측과 맺은 입회계약의 효력은 표현대리의 법리에 따라 甲에게도 효력이 있다고 주장하고, 그런데 甲이 乙에게 우대회원 대우를 하여 주지 아니하므로 이를 이유로 입회계약을 해제한다고 하면서, 乙이 납부한 입회금 등의 반환을 소구하였다.

[원심]   A의 알선에 의한 시찰단이 피고들로부터 단체관광 할인혜택을 받은 사실을 인정할 수 있으나, 나아가 원고의 상무이사 등의 시찰단이 피고들로부터 우

대회원의 대우를 제공받거나 체약대리권을 확인받았다는 점에 관하여는, 이를 인정할 증거가 없다. 뿐만 아니라 A측이 원고와 체결한 입회계약의 법적 성질은 A측의 명의로 피고들의 계산으로 이루어지는 준위탁매매에 해당하여 그 법률적인 효과는 전적으로 A측에만 미치는 것이어서 위 계약에 의하여 A측이 피고들로부터 입회계약에 관한 체약대리권을 수여받은 것은 아니라는 이유로 원고의 표현대리 주장을 배척하였다.

[판지] 민법 제125조가 규정하는 대리권 수여의 표시에 의한 표현대리는 본인과 대리행위를 한 자 사이의 기본적인 법률관계의 성질이나 그 효력의 유무와는 직접적인 관계가 없이 어떤 자가 본인을 대리하여 제3자와 법률행위를 함에 있어서 본인이 그 자에게 대리권을 수여하였다는 표시를 제3자에게 한 경우에는 성립될 수가 있고, 또 본인에 의한 대리권 수여의 표시는 반드시 대리권 또는 대리인이라는 말을 사용하여야 하는 것이 아니라 사회통념상 대리권을 추단할 수 있는 직함이나 명칭 등의 사용을 승낙 또는 묵인한 경우에도 대리권 수여의 표시가 있은 것으로 볼 수가 있다. 그런데 기록에 의하면, A측이 원고 등과 입회계약을 체결함에 있어서 회원증서는 피고들이 발행하여 우송한다는 내용을 담은 회원안내 책자, 예탁금의 반환은 피고들 책임이라는 내용을 담은 회칙 등을 사용하여 회원모집에 대한 안내를 하였고, 또 입회계약의 체결은 피고들 이름이 기재된 입회신청서 서식을 사용하였으며, 입회계약을 체결한 자에게는 피고의 이름으로 개설한 구좌로 예탁금 등을 납입할 것을 청구하고, 그 납입자에게는 피고 명의의 회원카드와 입회금 영수증 및 피고 명의의 입회승인통지서를 사용하였다. 따라서 A측이 회원모집안내 등의 각종 서식 등에서 사용한 위와 같은 명칭 등에 비추어 보면, A측이 원고 등과 입회계약을 체결한 것은 피고들을 대리하여 한 것이라고 볼 수 있을 것이므로, 만일 A측이 위와 같은 명칭 등을 사용하여 회원모집안내를 하거나 입회계약을 체결하는 것을 피고들이 승낙 또는 묵인한 바 있다면, 그에 의하여 민법 제125조의 표현대리가 성립될 수가 있다. 그런데 A의 회원안내책자에는 회원가입과 피고들이 운영하는 호텔 등을 방문할 것을 권유하는 피고 대표이사의 인사말이 그 사진과 함께 게재되어 있으며, 뿐만 아니라 원고가 A측과 입회계약을 체결하기 직전에 A측의 알선으로 이루어진 시찰여행에서 피고 측이 원고의 상무이사가 포함된 시찰여행단에 대하여 상품소개차 우대회원이 받는 대우를 해 주었고, 또 A측이 회원모집 선전용으로 피고가 운영하는 호텔에 몇 사람을

데리고 왔음을 알 수 있으므로, 위 회원안내책자의 작성·사용이 피고들의 승낙 또는 묵인하에 이루어진 것이고, 또 그러한 상태에서 피고들이 상품소개 혹은 선전을 위하여 시찰여행단에 대하여 우대회원의 대우를 한 것이라면, 피고들이 그로써 A측에 대한 대리권 수여의 의사를 대외적으로 널리 표시한 것으로 볼 여지가 있다 할 것이다.

☑ 쟁   점

　위 판결은 호텔 및 골프장을 운영하는 회사 甲이 A와 A의 이름으로 회원을 모집하기로 하는 위탁매매계약을 체결(따라서 체약대리권을 수여하지는 않았음)하였는데, A가 회원모집안내를 위한 각종 서식에 甲의 이름을 사용한 경우, 甲은 A에게 대리권을 주었음을 표시한 것이 되는가 하는 점이 문제된 것이다.

☑ 검토할 사항

◆ 제125조의 취지를 살피시오.

◆ 위탁매매의 경우에 체약대리권이 수여되는가?

◆ 본인이 자칭대리인에게 대리권을 수여하지는 않았으나 그 자칭대리인이 그의 대리인으로 추단되는 직함을 사용한 경우, 제125조의 표현대리가 성립하기 위해서는 그 외에 어떤 사정이 있어야 하는가?

☑ 관련사례

1) A는 애경상사라는 상호로 영업을 하여 오다가 1980. 2.경 그의 사위인 B에게 상호를 포함한 영업 일체를 양도하였는데, 그 후 B가 영업상 대금결제에 필요하다고 간청하여 A는 그때마다 자기 명의의 당좌수표나 약속어음을 스스로 작성 발행하여 B에게 교부하였다. 그런데 A가 1982. 2.경 자궁암으로 병원에 입원 또는 통원가료를 받게 되어 인장의 보관을 소홀히 한 틈을 타서, B가 A의 인장을 도용하여 이 사건 당좌수표를 위조하였다. B의 행위에 관하여 표현대리가 성립하는가? (대판 1987. 3. 24. 86다카1348) 〈응용〉

2) A회사의 경리담당 상무이사 B가 자기 개인의 증권투자에 필요한 자금을 조달하기 위하여 회사의 대표이사 C의 인장을 도용하여 C 명의의 약속어음을 발행한 경우, 제125조의 표현대리가 성립하는가? (대판 1969. 9. 30. 69다964) 〈응용〉

● 판례 2

대판 1997. 3. 25. 96다51271 〈기초〉 ·····································

[사안] 甲(피고)은 오피스텔을 신축하고 이의 분양업무를 건설회사 A에게 위임하였다. A회사는 B와 사이에서 B가 오피스텔의 분양 희망자를 중개하여 주고 그 대가로 수수료를 지급하기로 약정하였다. 이에 기하여 B는 위 오피스텔 내에 분양사무실을 차려 놓고 분양업무를 중개하면서 임의로 분양사업본부의 대표이사라는 명함을 사용하였다. 乙은 A회사의 직원과 위 오피스텔의 분양계약을 체결하고 계약금을 지급하였다. 그 후 乙은 B에게 중도금 및 잔금을 교부하여 甲에게 지급토록 하였는데, B는 이 돈을 甲에게 지급하지 않았다. 乙은 甲이 B에게 오피스텔 분양계약의 체결 및 분양대금의 수령에 관한 대리권을 수여하였음을 표시하였거나 또는 분양계약과 관련된 일정범위의 기본대리권을 수여하였으며, 자신은 B가 甲의 대리인이라고 믿고 위 대금을 지급한 것이므로 위 대금의 지급은 乙에 대하여 효력이 있다고 주장하면서, 甲에 대하여 위 오피스텔에 관한 소유권이전등기의 이행을 소구하였다.

[판지] 1) 제126조의 표현대리   피고가 B에게 위 오피스텔에서 분양사무실을 차려 놓고 분양계약권과는 구별되는 피고 측의 분양업무를 중개하도록 한 것 또는 B가 임의로 분양사업본부의 대표이사라는 명함을 사용한 것만으로는 B에게 피고를 대리하여 분양계약의 체결 및 분양대금 수령의 대리권을 수여한 것이라고 볼 수 없고, 또 이것이 B에게 분양계약과 관련된 기본적인 대리권을 수여한 것이라고도 볼 수 없다. 이와 같이 B가 피고로부터 분양계약체결에 관련된 기본적인 대리권을 부여받지 아니하였으므로 권한유월의 표현대리는 성립될 수 없다고 할 것이다.

2) 제125조의 표현대리   B가 피고 소유인 위 오피스텔에 분양사무실을 차려 놓고 그 분양을 희망하는 사람들을 피고 측에 중개하였고 분양사업본부의 대표이사라는 명함을 사용하여 왔다면, 이는 피고 측에서 B에게 대리권수여의 의사를 표시한 것으로 볼 여지가 있다 하더라도, 그것이 민법 제125조의 표현대리에 해당하기 위하여는 상대방은 선의·무과실이어야 한다. 기록에 의하면 B는 피고 소유의 오피스텔의 분양업무를 대리하고 있던 A회사에게 오피스텔의 분양희망자를 중개하여 주고 그 대가로 위 회사로부터 수수료만을 지급받기로 하였고 분양계약

서의 작성 및 분양대금수납은 A회사에서 직접 관리하여 왔던 점, 원고가 B에게 수차례 지급한 매매대금에 대한 영수증이 피고나 A회사의 명의로 발행되지 아니하고 B 명의로 발행되었으며, B는 오피스텔을 분양받고자 하는 자가 있으면 그를 오피스텔 내에 있는 A회사 분양사무소에 데리고 가서 분양대금을 지급하고 피고 명의의 계약서를 작성하여 받아오는 방식을 취하였으며, 원고의 매매계약서도 그러한 방식에 의하여 작성된 점 등을 알 수 있는바, 사정이 그러하다면 오피스텔을 분양받으려는 원고로서는 피고 또는 A회사 등에게 B의 대리권 유무를 확인하여 보았더라면 그가 단순한 중개인에 불과하고 위 오피스텔의 매매대금을 수령할 대리권이 없다는 점을 쉽게 알 수 있었을 것임에도 이를 게을리한 과실이 있다고 할 것이다. 이런 점에서 제125조의 표현대리에 해당한다는 원고의 주장은 이를 받아들일 수 없다.

☑ 쟁   점

위 판결은 甲의 오피스텔의 분양업무를 대리하는 A회사로부터 분양희망자를 중개하는 일을 맡은 B가 위 오피스텔에 분양사무실을 차려 놓고 분양사업본부의 대표이사라는 명함을 사용하여 위 오피스텔을 분양받은 乙이 B에게 대금 일부를 지급한 경우, 제125조 혹은 제126조의 표현대리가 성립하는가 하는 점이 문제된 것이다.

☑ 검토할 사항

◆ 제126조의 표현대리 성립을 부인한 이유는 무엇인가?
◆ 甲은 B에게 대리권을 수여하였음을 제3자에게 표시한 것으로 인정되는가?
◆ 제125조의 표현대리 성립을 부인한 이유는 무엇인가?

☑ 관련사례

1) 투자상담사로 등록하지 않은 A가 증권회사 B의 ○○지점장의 묵인 하에 사실상 투자상담사로서 근무하면서 고객을 유치하고 고객들을 상대로 투자상담 등의 업무를 하였는데, A가 B회사를 대리하여 고객으로부터 예탁금을 수령하여 횡령한 경우, 표현대리가 성립하는가? (대판 1992. 5. 26. 91다32190) 〈응용〉

☑ 기타 검토사항

1) B는 분양대금채권의 준점유자로서, 따라서 그에 대한 변제는 유효한가?

(2) 상대방의 선의, 무과실

대판 2000. 5. 30. 2000다2566 〈응용〉 ••••••••••••••••••••••••••••••••••••••

[사안]   甲(피고)은 같은 마을에 살면서 평소 친하게 지내던 A로부터 연대보증 부탁을 받아 일응 이를 승낙한 후 1997. 5. 4. A의 집에서 乙(원고) 등이 참석한 가운데 보증의사를 표명하였다. 甲은 1997. 5. 6. 사용목적란이 보증용으로 기재된 지방세세목별과세증명서를 발급받아 자신의 인장을 지참하여 A의 집으로 갔는데, A에게 주채무의 내용을 구체적으로 문의한 결과 보증할 주채무액이 1억원을 넘는다는 말을 듣고 A에게 보증의사를 철회하였다. 그리고 A와 甲은 서로 서운한 마음을 달래기 위하여 A의 집에서 술을 마시다가 술에 취한 甲이 과세증명서 및 인장이 담긴 봉투를 빠뜨리고 가자, A는 이를 가지고 있다가 다음 날 乙에게 찾아가 甲을 대리하여 이 사건 연대보증계약을 체결하였다. 그 후 A가 채무를 이행하지 않자 乙이 甲에 대하여 보증채무의 이행을 소구하였다.

[원심]   피고는 A에게만 보증의사를 철회하였을 뿐 따로 원고에게는 아무런 통보를 한 바가 없는바, 피고가 원고에게 보증의사의 철회를 통보하지 않은 이상 원고는 A가 피고의 대리인이라고 믿고 이 사건 연대보증계약을 체결한 것이고, 원고가 A에게 피고의 대리권을 가지고 있다고 믿음에 어떠한 과실이 있었다고도 보기 어렵다고 하여, 원고의 청구를 인용하였다.

[판지]   원심이 피고가 A의 원고에 대한 차용금채무에 관하여 연대보증계약 체결 교섭과정에서 보증할 의사를 밝힌 것을 가지고 곧바로 피고가 A에게 대리권 수여를 표시한 것이라고 단정하고, 원고에게 A의 대리권이 없는 것을 알지 못한 데 과실이 없다고 판단한 것은 다음과 같은 이유로 수긍하기 어렵다. 보증인의 보증의사의 존부는 당사자가 거래에 관여하게 된 동기와 경위, 그 관여 형식 및 내용, 당사자가 그 거래행위에 의하여 달성하려는 목적, 거래의 관행 등을 종합적으로 고찰하여 판단하여야 할 당사자의 의사해석 및 사실인정의 문제이지만, 보증은 이를 부담할 특별한 사정이 있을 경우 이루어지는 것이므로 보증의사의 존재는 이를 엄격하게 제한하여 인정하여야 한다. 기록에 의하면, A는 1996년 12월 하순경 수표부도를 낸 후, 원고가 1997년 4월 무렵 소지하던 액면금 1억 5,000만원권 당좌수표를 지급제시하여 그 당좌수표도 부도처리된 상태에 있었는데, A가 원고로부터 위 부도수표를 회수하려는 과정에서 원고가 보증인을 세울

것을 요청받고 A가 이를 거절하자 원고가 다른 사람의 재산세증명서를 제출하라고 요구하였던 사실, 그 후 피고가 A의 부탁으로 원고와 보증계약의 체결 여부를 교섭하는 과정에서 A의 구체적인 주채무액을 알지 못한 상태에서 보증할 의사가 있음을 표시하고, 보증계약 체결을 위하여 지방세세목별과세증명서를 발급받았다가 A로부터 주채무가 1억 5,000만원이라는 이야기를 듣고 보증계약 체결을 단념하였던 사정을 알 수 있다. 사정이 그러하다면 피고가 원고와 만난 자리에서 피고가 A를 위한 보증계약 체결 교섭과정에서 피고가 보증계약을 체결할 의사를 밝힌 것만으로는 아직 원고에 대하여 보증의사를 확정적으로 표시한 것으로 보기는 어렵고, 따라서 위와 같은 언동을 가지고 피고가 원고에 대하여 A에게 보증계약 체결의 대리권을 수여하는 표시를 한 것이라고 단정할 수도 없다 할 것이다. 뿐만 아니라 원심과 같이 피고와 원고와 사이의 보증계약 체결을 위한 교섭과정에서 피고의 위와 같은 언동만을 가지고 피고가 A에게 대리권 수여를 표시한 것으로 볼 여지가 있다 하더라도, 그것이 민법 제125조의 표현대리에 해당하기 위해서는 상대방은 선의·무과실이어야 하고 상대방에게 과실이 있다면 대리권수여표시에 의한 표현대리를 주장할 수 없다고 할 것이다. 이 사건에서 보건대 위 보증계약 체결 당시에 A가 피고의 인감도장도 아닌 도장과 용도가 보증용으로 기재된 지방세세목별과세증명서만을 소지하고 있었을 뿐이고, 대리인으로서 통상 제시될 것이 기대되는 위임장이나 일반적인 거래에서 피고의 보증의사를 확인할 수 있는 인감증명서도 소지하지 않았으며, 또한 위 보증계약에 의하여 이익을 얻는 것은 전적으로 대리인이라고 자칭하는 A이고, 보증인인 피고는 아무런 이익을 받지 않는 입장에 있으므로, 이러한 경우에는 대리인인 A가 자신의 이익을 위하여 피고의 대리권이 있는 것으로 가장할 위험성이 있으며, 또한 위 연대보증의 내용도 A가 원고에 대하여 부담하는 기존의 1억원 이상의 채무금을 분할하여 변제하는 것으로 그 부담이 적지 아니하고, 이미 부도가 난 상태에서 형사처벌을 받을 수도 있는 A에 대하여 부도수표의 반환에 갈음하여 연대보증을 요구하는 원고로서는 A가 무리를 해서라도 원고의 요구에 응하여 형사처벌을 면하려고 할 경향을 보일 것이므로 원고로서는 담보의 확실성에 관하여 한층 주의를 하여야 할 것이고, 이러한 사정이 있는 경우에는 비록 금융기관이 아니라고 하더라도, 원고는 적어도 피고 본인이 직접 발급받은 연대보증용 인감증명서를 제출받거나, 아니면 피고를 직접 만나거나 전화 등 가능한 수단을 이용하여 피고의 보증의사를 확인할 조사의무가 있다고 할 것인데도 피고의 인감증명서를 받지도 아니하였을 뿐 아니라, 피고의 보증의사를 직접 확인하지도 않았던 사실 등을 알 수 있다. 사정이 이러하다면 피고와 보증계약을 체결하려는 원고로서는 피고로부터 보증의사를 확인할 수 있는 인감증명서를 제출받거나, 피고에게 전화 등의 방법으로 A의 대리권 유무를 확인하여 보았더라면 그가 피고를 대리하여 보증계약을 체결할 대리권이 없다는 점을 쉽게 알 수 있었을 것인데도 이를 게을리한 과실이 있다고 할 것이니, 이 점에서도 민법 제125조의 표현대리가 성립할 수는 없다고 할 것이다.

☑ 쟁 점

위 판결은 연대보증의 부탁을 받은 甲이 채권자 乙과 함께 있는 자리에서 보증의사를 표명하였으나 피담보채무액이 상당히 거액임을 알고 보증계약을 체결하지 않았는데 채무자 A가 마침 甲이 놓고 간 도장 등을 이용하여 보증계약을 맺은 경우, 甲이 대리권수여를 표시한 것으로 되는가, 그리고 상대방이 선의·무과실인가 하는 점이 문제된 것이다.

☑ 검토할 사항

◆ 위 판결이 甲이 대리권 수여를 표시하지 않았다고 본 이유는 무엇인가?
◆ 위 판결이 상대방의 선의·무과실을 부인한 이유는 무엇인가?

☑ 관련사례

1) B가 A에게 A의 아들의 부탁이라고 거짓말하여 A가 B에게 인감도장과 인감증명서를 교부하였는데, B는 이를 이용하여 C로부터 금전을 차용하고 A의 부동산에 저당권을 설정하였다. 그런데 위 저당권설정계약체결 당시 B는 A의 인감증명과 인감도장만을 소지하였을 뿐, 대리인으로서는 의당 제시될 것이 통상적으로 기대되는 A명의의 등기필권리증을 소지하지 아니하였으며, 또 C는 A가 같은 지역에 있는 국민학교 교장으로 재직하고 있는 것을 알고 있었다. 제125조의 표현대리의 성립이 인정될 것인가? (대판 1984. 11. 13. 84다카1024) 〈응용〉

3. 권한을 넘는 표현대리

(1) 기본대리권의 존재

(가) 대리권의 존부

대판 1992. 5. 26. 91다32190 〈기초〉 ·····························

[사안] 증권회사 甲(피고)의 장안지점장인 A는 회사의 승낙 없이 회사의 직원도 아닌 B로 하여금 위 지점에서 투자상담실 부장으로 근무하게 하면서 위 지점에 고객을 유치하고 고객들을 상대로 투자상담을 하게 하는 등 사실상 투자상담사로서의 직무를 하도록 하였다. 乙(원고)은 B에게 주식매수를 위한 예탁금을 교부하였는데, B가 이를 횡령하였다. 이에 乙은 B가 甲회사를 대리하여 예탁금을 수령할 권한이 있다고 주장하면서 위 금원의 반환을 구하였다.

[판지] 1) 피고 회사의 직원이 아니면서도 사실상 투자상담사의 역할을 하는 자에게 유가증권 매매의 위탁 권유 등과 관련하여 증권회사를 대리하여 예탁금을 수령하거나 위탁매매계약을 체결할 권한이 있고 또 그것이 증권업계의 일반적인 관행이라고 볼 수 있는 자료가 없다. 2) 민법 제126조의 표현대리가 성립하기 위하여는 무권대리인에게 법률행위에 관한 기본대리권이 있어야 하는바, 이 사건에서 B가 甲회사로부터 위임받은 고객의 유치, 투자상담 및 권유, 위탁매매약정실적의 제고 등의 업무는 사실행위에 불과하다고 할 것이므로 이와 같은 취지에서 원심이 위 K에게 기본적 대리권이 없음을 이유로 권한초과의 표현대리 성립을 부인하였음은 정당하다.

☑ 쟁   점

위 판결은 회사에서 단지 고객의 유치, 투자상담 및 권유 등을 담당하는 투자상담사는 대리권을 가지는가 하는 점이 문제된 것이다.

☑ 검토할 사항

◆ B에게 대리권이 없다고 한 이유는 무엇인가?
◆ 사실행위의 위임을 받은 자는 대리권을 가지지 않는가?

☑ 관련사례

1) A가 B에게 부동산 매매의 중개를 부탁하였는데 B가 이를 처분한 경우, 표현대리

가 성립하는가? (대판 1970. 2. 24. 69다2011) 〈응용〉

2) A는 부동산의 관리를 B에게 맡겨 오던 중 이를 타인에게 매각하고 매수인에게 전해 달라고 부탁하면서 B에게 등기서류를 맡겼는데 B가 위 서류를 이용하여 위 부동산을 처분한 경우, 표현대리가 성립하는가? (대판 1969. 10. 14. 69다1384) 〈응용〉

3) A의 아들 B는 A에게 취직하는 데 필요하다고 거짓말하여 A로부터 인감증명서를 교부받은 후 이를 이용하여 A의 인장을 조각하고 나아가 A의 위임장과 매도증서 등을 위조하여 이들 서류를 이용하여 A를 대리하여 A의 부동산을 매각한 경우, 표현대리가 성립하는가? (대판 1978. 10. 10. 78다75) 〈응용〉

4) A의 도장을 사용하여 A명의 공사입찰서를 작성한 적이 있는 A영업소의 점원 B가 A의 인장을 무단히 사용하여 A의 이름으로 신원보증서를 작성한 경우, 표현대리가 성립하는가? (대판 1968. 2. 20. 67다2762) 〈응용〉

☑ 기타 검토사항

1) 증권회사의 직원이 아니면서도 사실상 투자상담사의 역할을 하는 자에게 유가증권 매매의 위탁 권유 등과 관련하여 증권회사를 대리하여 예탁금을 수령하거나 위탁매매계약을 체결할 권한이 주어지는 것이 증권업계의 일반적인 관행인 경우, B에게 대리권이 인정될 것인가?

☑ 참고문헌

◆ 김학동, 월권표현대리에 관한 학설 판례의 변천, 민법학의 회고와 전망: 민법전시행 30주년기념논문집, 1993, 67면 이하.
◆ 임성권, 월권표현대리의 성립요건, 인하대 법학연구 4집, 2001, 129면 이하.
◆ 박정수, 월권표현대리에 관한 대법원판례의 검토, 재판실무(창원지방법원), 1999, 33면 이하.

(나) 대리권의 내용

(a) 동종의 행위 여부

대판 1969. 7. 22. 69다548 〈응용〉 ···

[사안] 甲 등(피고)은 그들이 거주하고 있는 부락의 지역사회개발 책임자인 乙(피고)에게 부락의 지역사회개발관계 서류에 사용하라고 하면서 인장을 맡겼는데, 乙이 인장을 이용하여 위 지역개발사업과는 무관하게 甲 등 명의의 양곡교환 신청서, 상환각서 등을 작성 제출하여 丙(원고)으로부터 양곡을 수령하였다. 그리하여 丙이 甲 등과 乙에 대하여 양곡대금의 지급을 소구하였다.

[판지] 피고 甲 등이 피고 乙에게 그들이 거주하는 부락의 지역사회개발관계 서류에 사용하라고 하여 그들의 인장을 임치하였다면 다른 특별한 사정이 없는 한 甲 등은 乙에게 그들이 하여야 할 지역사회개발관계 행위의 대리권을 부여하였다고 볼 것이며, 피고 乙이 이러한 대리권의 범위를 넘어서 피고 甲 등 명의의 이 사건 양곡 교환신청서, 상환각서 등을 작성 사용하여 원고로부터 이 사건 양곡을 수령하고 원고가 피고 乙에게 이러한 대리권이 있다고 믿을 만한 정당한 이유가 있다면 이는 민법 제126조 소정의 권한을 넘은 표현대리행위에 해당한다 할 것이며, 정당하게 부여받은 대리권의 내용되는 행위와 표현대리행위는 반드시 같은 종류의 행위에 속할 필요는 없다.

☑ 쟁 점

위 판결은 甲이 乙에게 지역사회개발관계 서류에 사용하라고 도장을 맡겼는데 乙이 그와 무관한 양곡임차계약을 체결한 경우, 제126조의 표현대리가 성립할 수 있는가 하는 점이 문제된 것이다.

☑ 검토할 사항

◆ 월권행위는 기본대리권의 내용과 다른 종류의 것이라도 상관없는가?

(b) 법정대리권

● 판례 1

대판 1970. 10. 30. 70다1812 〈응용〉 ··

[사안] 甲(원고)이 교통사고로 정신이상증이 생겨 10개월간 뇌병원에 입원하였다. 甲의 부인 A는 甲의 인감을 모용하여 등기관계문서를 조작한 후 甲 소유인 이 사건 부동산(대지 35평과 그 지상건물 한 채 11.77평)을 B에게 매도하였다. 그리고 乙(피고)이 B로부터 위 부동산을 매수하여 이전등기를 경료하였다. 이에 甲이 乙에 대하여 등기의 말소를 소구하였다. 이에 대하여 乙은 표현대리의 항변을 제기하였다. 그런데 A는 위 부동산을 매각하고 받은 대금으로 치료비·생활비·교육비 등에 사용하고, 나머지 돈으로 다른 집(대지 34평, 건물 16.4평)을 사서 이사를 갔으며, 甲도 퇴원 후 여기에서 3달간 동거한 바 있다.

[원심] A는 원고의 인감을 모용했고, B의 증언에 의하더라도 B는 A를 원고 본

인으로 알고 곧 매매계약을 맺었고 그 후 A가 원고 본인이 아님을 알고 나서도 그 처분권한의 유무를 확인한 바가 없었음을 짐작할 수 있으니, A가 위 계약 당시 원고의 인감과 권리증을 소지하고 있었다거나 입원중인 원고를 위하여 가사를 처리할 지위에 있었다거나 또는 그 매각대금을 위와 같이 사용하였고, 원고도 퇴원 후 이사간 집에서 동거한 사실이 있었다는 것만으로는 아직 B가 A에게 원고의 대리권이 있었다고 믿은 것이 선의 · 무과실이라고는 인정할 수 없다고 하여, 甲의 표현대리 항변을 배척하였다.

[판지]   원고는 정신이상으로 10개월 동안이나 입원하였고 입원 중에는 아내와의 면회가 금지되어 있음이 엿보이므로, 만일 당시 원고가 사리를 판단할 능력이 없어서 가사상담에 응할 처지가 못 되었고 또 그 입원 전후에 입원비나 가족들의 생활비 · 교육비 등을 준비 내지 강구하여 둔 바가 없었다고 하면, 그 아내인 A가 원고 소유인 본건 가대(家垈)를 권원 없이 B에게 매도하였다 하여도 이 경우에 A가 원고의 가사대리권이 있고 그 매도대금이 적정가격으로서 이로써 입원비 · 생활비 · 교육비 등에 충당하고 나머지로써 대신 들어가 살 집을 매수할 생각으로 이를 매도하고 그렇게 실제 지출하였다고 하면, 이러한 사유는 B가 알았건 몰랐건 간에 객관적으로 보아서 A에게 원고의 대리권이 있다고 믿을 만한 정당한 사유가 된다고 할 것이다. 그렇다면 위와 같이 원고의 정신상태 · 비용관계 · 매도이유 · 지출내용 등을 따지지 않고 막연히 B가 경솔하게 A와 매매계약을 맺었고 그 후에 본인인 여부를 확인한 바 없었으니 그에게는 과실이 있다고 한 원판결은 필경 심리미진으로 인한 이유불비의 위법이 있고 이는 판결에 영향이 있었다 할 것이다.

☑ 쟁   점

위 판결은 남편이 입원한 사이 부인이 남편의 인감을 모용하여 남편의 부동산을 매각하고 그 매매대금을 치료비 · 생활비 등에 사용한 경우, 표현대리가 성립하는가 하는 점이 문제된 것이다.

☑ 검토할 사항

◆ 부인에게 기본대리권이 존재하는가?
◆ 판결이 A의 행위에 관하여 표현대리의 성립을 긍정한 이유는 무엇인가?

☑ 기타 검토사항

 1) 표현대리의 성립 여부는 누구를 기준으로 판단하는가? 즉 대리행위의 상대방(B)을
  기준으로 하여 그가 A에게 대리권이 있다고 믿었고 그러한 믿음에 정당한 사유가
  있는 경우에 표현대리의 성립이 긍정되는 것인가, 아니면 그 상대방으로부터 목적
  부동산을 양수한 乙을 기준으로 하는가? 만약 전자라면, 乙은 어떤 근거로 甲의 청
  구를 배척할 수 있는가?

 2) 상대방에게 대리인의 권한을 믿은데 정당한 사유가 있는가 하는 점을 판단하는
  기준시기는 언제인가?

 3) 위 판결이 B가 A에게 대리권이 있다고 믿은 것이 정당한 사유에 기한 것이라고
  판단한 사유——A가 매매대금을 치료비·생활비 등에 사용하였다는 사유——는 대
  리행위 당시의 사정인가?

 4) 일부 판례는 표현대리의 일반적 요건으로 본인이 대리인의 표현대리행위에 대하
  여 책임이 있다고 인정될 것을 요구하거나(전술 대판 1991. 2. 12. 90다7364) 혹은
  외관을 야기하는 데 원인을 주었을 것을 요구한다(전술 대판 1962. 2. 8. 61다192).
  이러한 입장과 법정대리권도 기본대리권으로 인정하는 것과는 조화되는가?

 5) 부부간의 일상가사대리권의 범위는 일상가사에 관한 행위로 한정되어 있는바, 그
  렇다면 상대방의 신뢰의 정당성을 판단함에 있어서 그 행위가 일상가사에 관한 것
  인가 하는 점이 고려되는 것이 필요하지 않은가?

☑ 참고문헌

 ◆ 권오승, 민법 제126조의 표현대리와 일상가사대리권, 민사판례연구 5권, 1983, 7면
  이하.
 ◆ 김주수, 일상가사대리권과 가사로 인한 채무의 연대책임, 경희대 경희법학 9권 2
  호, 1971, 40면 이하.
 ◆ 이희배, 재산법상의 대리와 일상가사대리에서의 월권행위와 표현대리의 적용, 판례
  월보 230호(1989.11), 18면 이하 / 판례월보 231호(1989. 12), 23면 이하.
 ◆ 임성권, 일상가사대리권과 표현대리, 인하대 법학연구 2집, 2000, 189면 이하.

● 판례 2

대판 1997. 6. 27. 97다3828 〈심화〉 ···

[사안] 甲(원고)은 정신분열증 등의 진단을 받고 정신병원에 강제입원되었으며,
그의 동생인 A의 신청에 의하여 1989. 11. 28.자로 한정치산선고를 받았다. 그리
고 A가 甲의 후견인으로 선임되었다. 법원은 1990. 12. 7. 甲의 친족회원으로 乙

(피고), A의 처인 B, 乙의 처인 C를 선임하고, 후견인 A가 甲 소유의 이 사건 X 부동산을 포함한 여러 부동산을 매각함에 있어서 그 동의 여부를 의결하기 위한 친족회를 1990. 12. 22. 10:00 甲의 거택에서 소집한다는 심판을 하였다. 그런데 A는 1990. 12. 22.에 실제로 친족회를 개최함이 없이 위 친족회원 3인 명의로 X 부동산의 매도결의 취지가 적힌 친족회의 의사록을 허위로 작성하였다. A는 1991. 8. 20.경 위와 같은 허위의 친족회 의사록을 구비하고 甲의 후견인 자격으로 X부동산을 丙(피고)에게 매도하고, 1991. 10. 10. 丙 앞으로 소유권이전등기를 경료하여 주었다. 그 외에 A는 甲의 Y부동산을 위 친족회의 소집일에 앞서 丁에게 처분하였다. 甲은 1992. 6. 5.경 정신병원에서 퇴원하였으며, 1994. 10. 4. 한정치산선고 취소심판을 받았다. 甲은 A의 丙 및 丁에게의 X 및 Y부동산의 매각은 친족회의 동의 없이 행해진 것으로서 무효라고 하면서 각 부동산에 관하여 행해진 이전등기의 말소를 소구하였다. 이에 대하여 丙은 표현대리의 성립을 주장하였으며, 丁은 甲의 취소권 행사는 제척기간이 경과한 후 행사되었다는 점, 甲은 A 및 乙에 대한 형사고소를 취하하였으므로 A의 자신에게의 매각행위를 추인하였다는 점, 그리고 아울러 표현대리 등을 주장하였다. 이 중에서 丁의 주장 중 취소권의 제척기간 및 추인 등에 관한 판결내용은 취소 부분에서 살피고, 여기에서는 표현대리에 관한 내용만을 살핀다.

[판지]　1) 丙에게의 매각행위　　　민법 제126조 소정의 권한을 넘는 표현대리 규정은 거래의 안전을 도모하여 거래상대방의 이익을 보호하려는 데에 있으므로 법정대리라고 하여 임의대리와는 달리 그 적용이 없다고 할 수 없고, 따라서 한정치산자의 후견인이 친족회의 동의를 얻지 않고 피후견인의 부동산을 처분하는 행위를 한 경우에도 상대방이 친족회의 동의가 있다고 믿은 데에 정당한 사유가 있는 때에는 본인인 한정치산자에게 그 효력이 미친다 할 것이다. 사실관계가 이와 같다면 매매 당시 이미 이 사건 X부동산에 관하여 친족회원의 선임 및 친족회의 소집에 관한 법원의 심판이 있었고 그에 따른 동의의 뜻이 담긴 친족회 의사록을 구비하고 있었던 이상 매수인 피고 丙으로서는 A가 원고의 후견인으로서 원고 소유의 위 부동산을 처분함에 있어서 친족회의 동의를 받았다고 믿을 만한 정당한 이유가 있었다고 할 것이다.

2) 丁에게의 매각행위　　　피고 丁은 '원고의 동생인 A가 원고의 후견인으로서 1년 이상 원고 소유의 이 사건 Y부동산을 개·보수 및 임대관리를 전담하여 왔

음을 소개인을 통하여 확인하고 A가 정당한 후견인으로 믿고 매매계약을 체결하여 소유권이전등기까지 경료하였으므로 원고는 피고 丁을 상대로 할 것이 아니라 A를 상대로 부당이득반환을 청구하여야 한다'는 취지로 주장하나, 이 사건의 경우에는 A가 위 부동산을 매각함에 있어서 친족회의 동의를 얻지 아니한 것이 문제되어 취소사유에 해당하게 된 것이므로, 적어도 매매 당시 친족회의 동의가 있었다고 믿었고 또 그렇게 믿은 데에 정당한 이유가 될 만한 구체적인 사정이 있었다는 점이 언급될 때 비로소 민법 제126조의 표현대리 주장이 있었다고 볼 것인데, 피고 丁의 위 주장 속에는 이러한 부분이 포함되어 있다고는 도저히 볼 수 없는바, 원심이 같은 취지에서 표현대리의 주장이 없는 것으로 보아 그 부분에 대한 판단에 나아가지 아니한 조치는 수긍이 가고, 거기에 판단유탈 또는 석명권 불행사로 인한 심리미진의 위법이 있다고 할 수 없다. 뿐만 아니라 피고 丁이 원고의 후견인인 A로부터 원고 소유의 Y부동산을 매수할 당시인 1990. 11. 2.경에는 위 부동산의 처분에 관하여 법원으로부터 친족회원의 선임이나 그 동의의결을 위한 친족회의 소집에 대한 심판을 받지 아니한 상태였을 뿐만 아니라 위 매매에 동의한다는 취지가 담긴 친족회 의사록이 구비되지도 아니하였다가 사후에 서울가정법원으로부터 친족회원의 선임 및 친족회의 소집에 관한 1990. 12. 7.자 심판을 받은 다음 앞서 본 바와 같이 허위로 작성된 1990. 12. 22.자 친족회 의사록을 첨부한 등기신청에 의하여 피고 丁명의의 소유권이전등기를 경료한 사실을 인정할 수 있는바, 전후 사정이 이와 같다면, A가 원고의 후견인으로서 상당기간 원고의 재산을 관리하여 왔다고 할지라도 후견인을 상대로 중요한 재산적 가치를 가지는 한정치산자의 부동산을 매수하는 피고 丁으로서는 친족회의 동의가 있었는지 여부를 확인하였어야 할 것인데도 막연히 부동산 중개업자를 통하여 A가 후견인으로 선임된 후 1년 이상 이 사건 부동산의 관리를 전담하여 온 사실만을 확인하였을 뿐 친족회의 동의에 관하여는 전혀 확인하지 아니한 이상 피고 丁은 후견인을 상대로 거래하는 매수인으로서 마땅히 해야 할 주의를 다하지 못한 과실이 있다고 하지 않을 수 없다. 또한 권한을 넘은 표현대리에 있어서 정당한 이유의 유무는 대리행위 당시를 기준으로 하여 판정하여야 하고 매매계약 성립 이후의 사정은 고려할 것이 아니므로, 원고가 위 매매로 인한 소유권이전등기를 경료하기에 앞서 그 거래에 관한 친족회원의 선임 및 친족회의 소집에 관한 법원의 심판을 받았고 그에 따라 작성된 친족회 의사록을 원고의 후견인인 A로부터 교부받았다고 할지라도 이로써 A가 매매 당시 친족회의 동의를 받았다고 믿을 만한 정당한 이유가 된다고 볼 수 없어 어차피 원고에게 권한이 넘는 표현대리의 책임을 인정하기 어렵다고 할 것이므로 논지는 어느 모로 보나 이유 없다.

☑ 쟁　점

　　위 판결은 한정치산자의 후견인이 친족회의 동의서를 허위로 작성하여 후견인의 부동산을 처분한 경우, 법정대리에도 표현대리규정이 적용되는가 하는 점이 문제된 것이다.

☑ 검토할 사항

　　◆ 법정대리에도 표현대리의 적용을 긍정하는 이유는 무엇인가?
　　◆ A의 丁에게의 Y부동산 처분행위에 관하여 표현대리의 성립을 부인한 이유는 무엇인가?

☑ 참고문헌

　　◆ 윤진수, 친족회의 동의를 얻지 않은 후견인의 법률행위에 대한 표현대리의 성립 여부, 민사법학 19호, 138면 이하, 2001.
　　◆ 지원림, 친권자의 대리권행사와 미성년자의 보호, 고시계 50권 7호(2005. 7), 14면 이하.

　(c) 표현대리권

대판 1968. 6. 18. 68다694 〈응용〉 ··

[사안]　A는 1963. 10. 12. 소실이던 B에게 본건 미등기건물을 C에게 매도할 대리권을 부여하였으며, A는 1965. 4. 9. 사망하였다. 그런데 B는 1966. 1. 7. 이를 甲(원고)에게 매도하였다. 그리하여 甲이 A의 상속인인 처 乙(피고)에 대하여 위 건물의 이전등기를 소구하였다.

[판지]　1) 본인이 계약체결의 권한을 대리인에게 부여함에 있어서 그 계약의 상대방을 특정할 수 있는 것이므로, A는 그 사망 전인 1963. 10. 12. B에게 위 건물을 C에게 매도할 대리권을 부여하였으나 원고에게 매도할 대리권을 부여하지는 않았으므로, B가 건물을 원고에게 매도한 것은 적법한 대리권에 의한 것이라고는 할 수 없다. 원고는 부동산의 매도대리권을 수여함에 있어서 계약상대방을 특정하는 제한은 아무런 의미가 없다는 전제에서, B가 원고에게 부동산을 매

도한 행위는 적법한 대리권의 범위에 속한다는 취지의 논지는 이유 없다. 2) B가 A로부터 1963. 10. 12.에 수여받은 대리권은 A가 1965. 4. 9. 사망함으로써 소멸하였다고 할 것이다. 그러므로 원고가 건물을 B로부터 1966. 1. 7.에 매수할 당시에 A의 사망 사실을 몰랐다고 하여 제129조에 의하여 그 유효를 주장하려면, 그 전제로서 B가 건물을 원고에게 매도한 행위는 권한을 넘은 무권대리행위이므로, 그것이 제126조에 의한 표현대리행위라고 인정되어야 하고, 그 주장입증책임은 원고에게 있다. 그런데 원고는 제126조의 표현대리의 주장, 입증을 한 바가 없다.

☑ 쟁   점

　위 판결은 A가 B에게 건물을 C에게 매각할 것을 위임하였는데 B가 이를 甲에게 판 경우, B의 행위에 관하여 표현대리가 성립하는가 하는 점이 문제된 것이다.

☑ 검토할 사항

　◆ A가 B에게 건물을 C에게 매각할 것을 위임하였음에도 B가 이를 甲에게 매각한 경우, 이는 대리권을 넘은 것인가?

　◆ A가 B에게 대리권을 수여한 후 사망한 경우, B의 대리권은 소멸하는가?

　◆ B가 A의 사망 후에 권한을 넘은 대리행위를 한 경우, 표현대리가 성립할 수 있는가?

　◆ 표현대리에 관한 입증책임은 누구에게 있는가?

☑ 관련사례

　1) 복대리인 선임권이 없는 대리인에 의하여 선임된 복대리인의 권한도 기본대리권이 될 수 있는가? (대판 1967. 11. 21. 66다2197) 〈응용〉

　(2) 권한이 있다고 믿을 만한 정당한 사유

　(가) 제 3 자의 범위

대판 1994. 5. 27. 93다21521 〈심화〉 ··

[사안] 甲회사(피고, 조선무약(貿藥)합자회사)의 총무담당 상무이사의 직위에 있는 A는 甲회사의 총무·홍보·경리업무를 총괄·감독하는 지위에 있었으나, 어음 등의 발행 및 배서의 권한은 甲회사의 대표사원이 이를 전담하였으며, 甲회사

의 명판과 직인 중 어음발행 · 배서용은 위 대표사원이 보관하였고, A는 문서수발
용만 보관하고 있었다. 그런데 A는 문서수발용 법인명판과 대표사원의 직인을 소
지하고 있음을 기화로, 평소 甲회사의 광고를 대행하던 B회사 대표이사 소외 C
로부터 B회사의 자금사정이 극도로 악화되어 부도가 날 형편에 있으니 어음을
할인하여 사업자금에 융통할 수 있도록 약속어음에 甲회사의 배서를 하여 달라는
부탁을 받고, C가 금고 乙(원고)로부터 어음을 할인하는데 편의를 주기 위하여
甲회사 대표사원의 승낙 없이 임의로 이 사건 어음에 위 명판과 대표사원의 직인
을 이용하여 甲회사 명의의 배서를 하여 위 어음을 C에게 주었고, C는 여기에 B
회사의 이름을 배서하여 乙에게 교부하였다. 그런데 위 어음이 지급기일에 부도
가 나게 되자 乙은 그 배서인인 甲을 상대로 하여 어음금청구의 소를 제기하였
다. 이에 甲은 위 어음의 甲명의 배서부분이 위조되었다는 항변을 하였다. 乙은
이에 대하여 위 배서부분이 위조가 되었더라도 이는 甲회사의 총무이사인 A가
그 권한을 넘어 배서한 것으로서 자신은 A에게 그러한 권한이 있다고 믿고 위
어음을 취득하였으므로 甲은 표현대리의 법리에 따라 그 배서에 대한 책임을 져
야한다고 주장하였다.

[판지] 권한을 넘은 표현대리에 관한 민법 제126조의 규정에서 제3자라 함은
당해 표현대리행위의 직접 상대방이 된 자만을 지칭하는 것이고, 이는 위 규정을
배서와 같은 어음행위에 적용 또는 유추적용할 경우에 있어서도 마찬가지로 보아
야 할 것이다. 또 약속어음의 배서행위의 직접 상대방은 그 배서에 의하여 어음
을 양도받은 피배서인만을 가리키고 그 피배서인으로부터 다시 어음을 취득한 자
는 민법 제126조 소정의 제3자에는 해당하지 아니한다고 할 것이다. 다만 배서행
위가 직접 상대방인 피배서인에 대한 관계에서 표현대리의 요건을 충족한 경우에
그 후의 어음취득자가 이를 원용하는 것은 이와는 별개로 허용될 수 있다. 그런
데 원심이 적법하게 확정한 바에 의하면 이 사건 제1 약속어음에 기재된 B회사
를 피배서인으로 하는 피고 명의의 배서는 피고의 총무담당 상무이사라는 직책에
근무하고 있던 A가 B회사의 대표이사인 C와 공모하여 그 권한을 넘어 자신이
보관하고 있던 문서수발용 법인명판과 대표사원의 직인을 사용하여 위조한 것이
고, 원고는 위 어음을 피고로부터 직접 배서양도받은 것이 아니라 B회사로부터
다시 배서받았다는 것이므로 A의 배서행위에 민법 제126조 소정의 표현대리가
성립될 수 없음은 자명하다. 원고 자신이 민법 제126조 소정의 제3자에 해당함을

전제로 하여 A의 어음발행행위가 민법 제126조 소정의 표현대리에 해당한다는
원고의 주장을 받아들이지 아니한 원심판결은 정당하다.

☑ 쟁   점

위 판결은 甲회사의 총무담당 상무 A가 보관중인 회사의 임감 등을 이용해서 C와
공모하여 어음에 甲회사 명의의 배서를 하여 이를 C에게 교부하였고, C는 여기에 다
시 배서하여 乙에게 교부한 경우, 乙이 직접 A의 월권행위에 관하여 표현대리 성립
을 주장할 수 있는가 하는 점이 문제된 것이다.

☑ 검토할 사항

◆ 제126조의 규정에서 제3자라 함은 당해 표현대리행위의 직접 상대방이 된 자에 한
정되는가, 그로부터 권리를 취득한 자도 포함되는가?

◆ A가 권한을 넘어 어음에 甲명의의 배서를 하고 다시 C가 B회사 명의로 배서하여
乙이 이를 소지한 경우, A의 월권대리행위의 상대방은 누구인가?

◆ 만약 C가 선의 무과실이어서 표현대리가 성립한다면, 乙은 甲에 대하여 어음금의
지급을 청구할 수 있는가? 그 근거는 무엇인가?

☑ 관련사례

1) A의 처 B는 A가 경영하는 X상회의 경리업무를 보면서 A를 대리하여 거래은행으
로부터 A명의로 수표를 발행을 하여 왔다. 그런데 B는 A의 위 사업과 무관하게
지게 된 채무의 이행을 위하여 A의 사업장이 아닌 다방에서 자신이 소지하고 있던
A의 인장을 사용하여 A명의의 수표를 작성하고 이를 C에게 교부하였으며, 위 수
표는 D를 거쳐 E에게 교부되었다. E는 A에 대하여 위 수표금의 지급을 청구할 수
있는가? (대판 1991. 6. 11. 91다3994) 〈심화〉

☑ 기타 검토사항

1) 甲회사는 A의 불법행위에 관하여 乙에 대하여 사용자책임을 지는가?

☑ 참고문헌

◆ 정찬형, 어음위조에 표현대리에 관한 규정의 적용에 있어서 제3자의 범위, 판례월
보 290호(1994. 11) 18면 이하.

◆ 정진세, 어음행위의 표현대리에 있어서의 "제3자," 판례월보 319호(1997. 04), 46면
이하.

(나) 정당한 이유 유무의 판단기준시기

대판 1981. 12. 8. 81다322 〈기초〉 ··

[사안] 이 사건 X임야는 甲(원고)이 상속받은 재산인데, 그의 외삼촌인 A(소외 1)는 자신이 이를 사실상 관리하고 있음을 기화로 甲으로부터 그 처분권한을 수여받은 바 없는데도 마치 그 대리권이 있는 것처럼 행세하여 1968. 7.경 B에게 위 임야를 대금 350,000원에 매도하는 계약을 체결하였다. 그리고는 7. 20. 甲을 찾아가 甲에게 상속된 Y임야가 있는데, 자기가 함부로 매도하여 매수인으로부터 형사고소를 당하게 되었다고 거짓말을 하여, 甲에게 그 대금조로 250,000원을 주면서 위 임야에 대한 소유권이전등기절차에 필요하다는 구실로 甲의 인감증명과 위임장을 교부받아 이를 X임야에 대한 소유권이전등기를 위하여 B에게 교부하였다. B는 자기 명의의 소유권이전등기는 생략한 채 위 임야를 乙(피고)에게 매도하고 위 서류들을 사용하여 乙 앞으로 직접 소유권이전등기를 경료하였다. 이에 甲이 乙에 대하여 위 등기의 말소를 소구하였다.

[판지] 표현대리에 있어서 상대방이 대리인이라고 칭하는 자가 대리권을 갖고 있다고 믿을 정당한 이유가 있는가의 여부는 표현대리가 거래의 안정을 위하여 인정된 제도임을 감안할 때 원칙으로 대리행위 당시를 기준으로 결정함이 상당하다 할 것이므로, 이 사건의 경우 A와 B 간의 이 사건 매매계약 성립 당시의 제반사정을 객관적으로 판단하여 이를 결정하여야 할 것이고, 매매계약 성립 이후의 사정은 고려할 것은 아니라 할 것이다. 원심이 인정한 사실관계에 의하면 A와 B 간의 매매계약 체결 당시에는 A는 이 사건 임야의 단순한 사실상 관리인에 불과하고 원고로부터 어떠한 기본적 대리권을 수여받고 있었다고 볼 수도 없을 뿐아니라, 설사 위 매매계약 당시 A에게 어떤 기본적 대리권이 있다고 인정된다 하더라도 그 당시 동인은 원고의 인감증명, 위임장, 등기권리증 등 일반적으로 토지매매의 권한을 위임받은 대리인이 소지하게 되는 서류들을 전혀 가지고 있지 아니하였고, 다만 이 매매계약의 이행단계에서 원고의 인감증명과 위임장을 교부하였을 뿐이라는 것이니, 위 매매계약 체결 당시를 기준으로 볼 때에는 A는 이 사건 임야의 사실상 관리인으로서 원고의 대리인임을 자칭하고 있었다는 사정밖에 없다. 그러므로 이러한 사정들만으로는 매수인인 B에게 A가 원고로부터 이 사건 임야를 매도할 수 있는 대리권을 수여받았다고 믿을 만한 정당한 사유가 있

었다고 단정할 수는 없다 할 것이다.

☑ 쟁 점

위 판결은 甲의 X부동산을 사실상 관리할 뿐이고 등기서류를 보유하지 않은 (자칭) 대리인 A가 甲을 대리해서 위 부동산을 무단히 B에게 매각하고 후에 甲으로부터 거짓말을 통하여 등기서류를 교부받아 이를 B에게 교부한 경우, B에게 표현대리의 요건인 A에게 대리권이 있다고 믿을 만한 정당한 사유가 있다고 할 것인가 하는 점이 문제된 것이다.

☑ 검토할 사항

◆ 위의 쟁점에서 관건이 되는 점은 무엇인가?

◆ 정당한 사유가 있었느냐 여부를 판단하는 시기는 언제인가?

◆ B가 A와 매매계약을 체결할 당시에 A가 등기서류를 소지하였는가?

☑ 기타 검토사항

1) 일반적으로는 부동산매매계약시에는 매도인 측에서 등기서류를 갖추지 않는다(대판 1976. 3. 23. 73다1549——이 판결은 제126조의 표현대리 중 정당한 이유의 판단례 부분에서 살핌). 그렇다면 A가 B와 계약을 체결할 당시 그러한 서류를 구비하지 않았다는 점은 정당한 이유를 부인하는 이유가 되지 않는 것이 아닐까?

(다) 정당한 사유의 사례와 판정기준

(a) 등기서류의 완비

대판 1968. 11. 26. 68다999 〈기초〉 ······························

[사안] 甲(원고)은 소유 대지를 A에게 매도하고, 그 소유권을 분할하여 양도하기 위하여 A에게 분할등기절차를 위임하면서 위 대지의 권리문서 및 자신의 인감증명서를 교부하였다. A는 그 후 도시계획선에 저촉되어 위 대지상의 건축허가를 받기 곤란하게 되자, 이를 수선하겠다는 B에게 건축허가 신청절차에 관한 권한과 함께 위 대지의 분할절차에 관한 권한까지 위임하면서 甲명의의 위 대지에 관한 권리문서와 인감증명서를 교부하였다. 이를 받은 B는 甲의 처를 속여 대지의 분할등기에 필요하다는 구실로 그 처가 보관하고 있던 甲의 인감을 받아낸 다음, 이를 사용하여 乙(피고)에 대한 자기의 채무를 담보하기 위하여 甲의 대리인이라면서 근저당권을 설정하였다. 그런데 B가 위 채무를 변제하지 않아 乙의

신청에 기해서 근저당권이 실행되었으며, 乙이 이를 경락받아 그 앞으로 소유권
이전등기가 이루어졌다. 이에 甲이 乙에 대하여 위 근저당권등기의 말소를 소구
하였다.

[판지] B는 원고에 대한 관계에 있어서는 물론이고 A에 대한 관계에 있어서도
그가 한 피고와의 본건 근저당권 설정계약체결과 같은 것은 권한 외의 행위라 할
것이나, 피고로서는 B가 본건 대지에 관한 원고 명의의 권리문서와 인감증명서
및 인감도장을 소지하고 원고의 대리인임을 표명하고 나선 이상, 특별한 사정이
없는 한 B에게 위에 본 계약체결권이 있다고 믿을 만한 정당한 이유가 있었다고
할 것인즉, 원고는 피고에게 표현대리의 원칙에 따라 본인으로서의 책임을 면할
수 없다.

☑ 쟁   점

위 판결은 甲이 A에게 대지의 일부를 매도하고 A에게 분할등기절차를 위임하면서
권리문서 및 인감증명서를 교부하였는데, A가 그 일을 다시 B에게 위임하였는바, B
는 위 서류 이외에 甲의 처를 속여 인감도장을 교부받고 위 서류 및 인감을 이용해
서 乙에게 위 대지상에 근저당권을 설정한 경우, 甲은 표현대리책임을 지는가 하는
점이 문제된 것이다.

☑ 검토할 사항

◆ 乙이 B에게 대리권이 있다고 믿은 데 정당한 이유가 있다고 한 이유는 무엇인가?
◆ 甲이 A에게 일을 위임하였는데 A가 B에게 그 일을 맡긴 경우, B의 월권대리에 관
해서 표현대리가 성립하는가?
◆ 乙이 甲의 처를 속여 인감을 교부받은 경우에도 甲에게 표현대리책임을 인정하는
것이 타당한가?

☑ 관련사례

1) A가 K로부터 부동산을 매수하고 B에게 등기서류를 교부하면서 등기신청을 위임
하였는데 B가 자신의 채권자에게 위 부동산을 대물변제로서 이전한 경우, 표현대
리가 성립하는가? (대판 1978. 3. 28. 78다282, 283) 〈응용〉
2) B가 A에게 자기가 일류회사에 취직하는 데 보증인을 세움에 필요하다고 속여서
그로부터 인장과 인감증명을 받아내고, 나아가 A 모르게 등기필증을 훔쳐내어, 그
정을 모르는 C와 근저당권설정계약을 하고 돈을 차용한 경우, 표현대리가 성립하
는가? (대판 1967. 5. 23. 67다621, 67다622) 〈응용〉

3) 협의이혼 후에도 함께 거주하고 있던 B에게서 주차관리원으로 취직하는 데 필요한 신원보증을 해 달라는 부탁을 받고 A가 일단 자신의 인감증명서와 주민등록등본을 직접 발급받아 놓았고, 그 이후에 B가 차용증의 연대보증인란에 A의 인적사항을 기재한 후 소지하고 있던 A의 도장을 날인하여 C에게 교부하면서 A 명의의 위임장을 작성하여 A의 인감증명서, 주민등록등본 등과 함께 교부한 경우에 표현대리가 성립하는가? (대판 2012. 7. 26. 2012다27001) 〈응용〉

4) A로부터 부동산에 관한 소유권이전등기를 의뢰받은 B가 A로부터 위 부동산의 매각을 위임받았다고 하면서 이를 C에게 매각하였다. 그런데 위 매매계약을 체결함에 있어서 B는 A명의의 인감증명서와 위임장 및 매도증서만을 제시하였을 뿐 등기필권리증을 제시하지 못하였으며, 또한 A의 인감도장도 소지하지 않았다. B의 대리행위에 관하여 표현대리가 성립하는가? (대판 1976. 3. 23. 73다1549) 〈응용〉

5) A로부터 하천부지 점용허가기간의 갱신절차에 관한 위임과 동시에 그의 인장을 교부받은 B가 그 인장을 부정사용으로 A의 위임장과 인감증명서를 만들어 A소유의 임야를 C에게 매도하였는데 위 매매계약 당시 B는 위 임야에 관한 권리증을 소지하지 않은 경우, B의 대리행위에 관하여 표현대리가 성립하는가? (대판 1967. 9. 5. 67다1394) 〈응용〉

(b) 부부간의 경우

● 판례 1

대판 1981. 8. 25. 80다3204 〈기초〉 ·······························

[사안] 甲(피고)의 부인 A가 甲 몰래 甲의 인장과 甲이 분양받은 아파트 분양계약서를 갖고 나와 乙(원고)로부터 금전을 차용하고 위 아파트분양계약서를 담보로 제공하였다. A는 乙로부터 위 차용금채무의 변제독촉을 받자, 갖고 있던 甲의 인장을 이용하여 乙과 사이에 甲 명의로 위 아파트 매매계약을 체결하고 甲 명의의 위임장을 乙에게 대필시켜 작성하고 유효기간이 지난 甲의 인감증명서 등과 함께 乙에게 교부하였다. 이에 기하여 乙이 甲에 대하여 위 아파트의 분양계약서상의 명의를 자신으로 변경해 줄 것을 소구하였다.

[판지] 일반 사회통념상 남편이 처에게 자기 소유의 부동산을 타인에게 담보로 제공 또는 그 권리 명의이전절차를 이행케 하거나 그 원인되는 법률행위를 함에 필요한 대리권을 수여한다는 것은 이례에 속하는 것이므로, 처가 특별한 수권 없이 남편 소유의 부동산에 관하여 위와 같은 행위를 하였을 경우에 그것이 민법 제126조 소정의 표현대리가 되려면 그 처에게 가사대리권이 있었다는 것뿐만 아

니라 상대방이 처에게 남편이 그 행위에 관한 대리의 권한을 주었다고 믿었음을
정당화할 만한 객관적인 사정이 있어야 한다. 위와 같은 사실관계에서 볼 때 위
금전차용 및 매매계약은 부부인 피고와 A와의 일상가사에 관한 법률행위였다고
할 수 없음은 물론이고, 남편인 피고 몰래 임의로 갖고 나온 피고의 인장, 권리
문서 및 유효기간이 지난 인감증명서를 처인 A가 소지하고 있었던 사실만으로는
피고가 A에게 위 금전차용행위나 매매계약체결행위에 대한 대리권을 부여하였으
리라고 원고가 믿음에 정당한 객관적 사정이 있었다고는 인정되지 않는다.

☑ 쟁   점

위 판결은 부인이 남편의 인장을 무단히 가지고 나가 금전을 차용하고 남편의 부동
산을 처분한 경우, 표현대리가 성립하는가 하는 점이 문제된 것이다.

☑ 검토할 사항

◆ 부인은 제126조의 표현대리가 성립하기 위한 제1의 요건인 기본대리권을 가지는가?
◆ 乙에게 정당한 사유를 부인한 이유는 무엇인가?

☑ 관련사례

1) A의 처 B가 임의로 A의 인감도장과 대리방식으로 발급받은 인감증명서를 소지하
   고 A를 대리하여 친정 오빠 C의 할부판매보증보험계약상의 채무를 연대보증한 경
   우, 표현대리가 성립하는가? (대판 1998. 7. 10. 98다18988) 〈응용〉

2) A가 C로부터 금전을 차용함에 있어서 A의 처 B가 위 차용금을 수령하고 또 근저
   당권설정을 위한 서류를 교부하였으며, 그 이후에는 위 차용금에 대한 이자를 대신
   지급하여 왔다. 그런데 위 차용시부터 약 4년 후 B가 A를 대리하여 C와 사이에서
   잔존채무금을 확정하고 분할변제의 약정을 체결하였다. C는 B에게 그러한 대리권
   이 있다고 믿는 데 정당한 사유가 있다고 할 것인가? (대판 1990. 12. 26. 88다카
   24516) 〈응용〉

3) A의 처 B가 A 몰래 A의 인감과 인감증명서 등을 소지하고 A의 대리인으로 행세하
   여 C로부터 금원을 차용하고 그 담보로 A소유의 가옥에 가등기를 경료하여 주었다.
   그런데 C는 A의 친척으로부터 A의 집안이 경제적으로 여유 있을 뿐 아니라 완고하
   고 보수적인 가풍이며, B 역시 검소하고 알뜰하여 A와의 사이도 원만하다는 소문이
   나 있는데다가, A의 집안에 일시적으로 돈 쓸 일이 생겨서 A가 그 처를 통하여 돈
   을 빌리고자 한다는 말을 듣고, B에게 위 행위에 관하여 대리권이 있다고 믿게 된
   것이다. C에게 정당한 이유가 인정될 것인가? (대판 1981. 6. 23. 80다609) 〈응용〉

● 판례 2

대판 1987. 11. 10. 87다카1325 〈응용〉 ·······································

[사안] 甲(원고)은 1978. 12.경부터 2회에 걸쳐 쿠웨이트 등에서 해외취업을 하
다가 1984. 7.경 귀국한 후 나염공장을 경영하다가, 같은 해 9.경 다시 해외취업
차 출국하면서 부인 A와 동생 B에게 위 공장의 운영을 맡겼다. A는 위 공장을
운영하고 가계를 꾸려가면서 C로부터 위 공장의 운영 등에 소요되는 자금을 차
용하여 왔다. 乙(피고)은 1984. 12. 12.경 D의 소개로 A를 만나, A로부터 甲의 승
낙을 받았으니 위 공장운영자금으로 돈을 빌려 달라는 부탁과 함께 甲 명의의 가
등기설정용 인감증명서를 교부받고, 또 A가 甲의 인감을 소지하고 있는 것을 보
고 A가 적법하게 甲을 대리하여 돈을 빌리려는 것으로 믿고 A에게 5,000,000원
을 대여하고, 차용금의 담보로 甲 소유인 이건 부동산에 관하여 가등기를 경료하
였다. 그 후 甲이 A의 차용행위 및 그 담보로서의 가등기설정행위는 무권대리로
서 무효라고 하면서, 가등기의 말소를 소구하였다.

[판지] 원심은 A의 가등기경료행위는 원고의 승낙 없이 이루어진 무권대리행위
로서 무효이나, A가 남편인 원고의 해외취업 중 남편으로부터 경영권을 위임받아
공장을 경영하면서 공장운영자금의 조달을 위하여 금원을 차용하고 이를 담보하
기 위한 가등기를 경료함에 있어서 피고가 A에게 원고를 대리할 권한이 있다고
믿음에 정당한 사유가 있다고 보아 피고의 표현대리 주장을 받아들이고 있는바,
기록에 의하여 살펴보면 원심의 위 사실인정과 판단은 정당하다. 일반적으로 표
현대리의 경우 상대방이 본인을 대리할 권한이 있다고 믿음에 정당한 사유가 있
는지의 여부는 거래 당시의 사정으로부터 객관적으로 거래의 관념에 따라 판단하
여야 하는바, 이 사건의 경우 A가 원고를 대리하여 나염공장을 운영하는 것임을
알고 있는 피고가 그 운영자금에 쓰기 위한 것이라고 하여 금원의 차용을 부탁하
는 A의 말을 믿고 이를 차용하여 준 이상, 원심판시와 같이 그 후 A가 실지로
위 대여받은 금원을 공장운영자금으로 썼는지의 여부가 밝혀지지 아니하였다 하
더라도 그것만으로는 A에게 원고를 대리할 권한이 있다고 믿음에 있어 정당한
이유가 없는 경우라고는 볼 수 없다.

☑ 쟁   점

위 판결은 甲의 해외취업 중 공장경영위임을 받은 부인 A가 甲의 동의 없이 甲의 인감을 이용하여 乙로부터 금원을 차용한 경우, 乙에게 A의 대리권 존재를 믿을 만한 정당한 사유가 있다고 할 것인가 하는 점이 문제된 것이다.

☑ 검토할 사항

◆ A는 일상가사대리권 이외에 공장운영에 관한 대리권을 가진다고 할 것인가?

◆ 乙에게 정당한 사유가 있다고 판단한 이유는 무엇인가?

◆ 대리인이 금전을 어떠한 용도로 사용하기 위하여 차용한다고 한 경우, 대리인이 그 차용금을 그러한 목적대로 사용하였는가 하는 점이 정당한 이유의 판단에 고려되는가?

☑ 관련사례

1) A가 인장과 부동산(이는 미성년의 子 C의 소유임)에 관한 권리증을 처 B에게 보관시키고 처자를 남기고 다년간 별거를 하고 있었는데, B가 보관중인 A의 인장과 권리증을 이용하여 A의 대리인으로서 위 부동산을 이전한 경우, B의 처분행위에 관하여 표현대리가 성립하는가? (대판 1968. 8. 30. 68다1051) 〈응용〉

2) 해외체류 중인 A의 처 B가 A의 대리인으로 부동산을 매수하여 A의 이름으로 소유권이전등기를 하였다가 A의 인감도장과 그 부동산의 등기권리증 및 부동산명의 변경용 인감증명서를 C에게 교부하여 C가 그 명의로 소유권이전등기를 마친 경우, C가 B에게 위 부동산 처분에 관하여 A를 대리할 대리권이 있다고 믿을 만한 정당한 이유가 있었다고 할 것인가? (대판 1984. 11. 27. 84다310, 84다카1283) 〈응용〉

3) 지방에 근무하는 A가 서울에 사는 그의 처 B에게 신용카드를 발급받는 데 사용하라며 인감도장을 보관시켰는데, B는 이를 이용하여 C로부터 금전을 차용하고 그 담보로서 A소유의 토지에 근저당권설정등기를 하여 주었다. 그 당시 B는 A의 인감도장 이외에도 근저당권설정용 인감증명서, 지방에 근무하는 A가 서울에 거주하는 B에게 인감도장을 보낸다는 문구가 기재된 편지봉투 등을 소지하고 있었다. B의 위 근저당권설정행위에 관하여 표현대리가 성립하는가? (대판 1995. 12. 22. 94다45098) 〈응용〉

4) A가 C회사와 대리점 계약을 체결한 후 그 회사에 처 B의 인감도장이 날인된 B 명의의 연대보증각서와 대리 발급된 B의 인감증명서를 제출한 경우에 연대보증계약에 대하여 표현대리가 인정되는가? (대판 2009. 12. 10. 2009다66068) 〈응용〉

(c) 본인에게의 확인

대판 1992. 11. 27. 92다31842 〈응용〉··

[사안]   甲(원고)은 1991. 3.초 A로부터, 그가 거래하는 B회사에 甲 소유의 이
사건 부동산을 담보로 제공하여 주면 甲에게 30,000,000원을 빌려주고 앞으로도
사업자금을 융통하여 주겠다는 제의를 받고, 위 부동산에 관하여 A 앞으로 근저
당권(채무자 A, 채권최고액 99,000,000원)을 설정해 주기로 승낙하고, A에게 근저
당권설정에 필요한 서류를 교부하는 한편 C의 법무사 사무소에서 근저당권설정
에 필요한 서류에 백지날인하였다. 그런데 B회사는 A에게 위 부동산이 담보가치
가 없어서 담보로 제공받지 않겠다는 통지를 하였음에도, A는 甲에게 이러한 점
을 숨긴 채 서류가 잘못되었다면서 다시 백지 근저당권설정계약서, 백지위임장
등에 甲의 인감도장을 찍도록 한 다음, 이를 이용하여 乙(피고 1) 앞으로 이 사건
근저당권설정등기(채권최고액 148,500,000원)를 경료하였으며, 이에 터잡아 丙(피
고 2) 명의의 근저당권이전등기가 경료되었다. 그 후 甲이 위와 같은 사정을 알
고 乙 및 丙의 근저당권등기는 무효라고 하면서 이의 말소를 소구하였다. 이에
대하여 乙과 丙은, A가 甲으로부터 부동산을 B에 담보로 제공할 권한을 위임받
은 바 있고, 乙은 근저당권설정 당시 A가 부동산에 관한 근저당권 설정에 필요한
서류를 제시하면서 자기가 甲으로부터 담보설정에 관한 권한을 위임받았다고 말
하여 이를 믿고 근저당권 설정을 받았으므로, 甲은 제126조의 권한을 넘은 표현
대리의 법리에 따라 A의 근저당권설정행위에 대하여 책임이 있다고 주장하였다.
그런데 乙은 A와 어음거래를 계속하고 있었고, 甲은 A와 같은 번지에 사무실을
가지고 사업을 하고 있었다.
[판지]   1) 위 부동산에 관하여 피고 乙 명의로 마쳐진 위 근저당권설정등기는
A가 원고로부터 수여받은 대리권의 범위를 벗어난 무권대리행위에 의한 것으로
서 무효이고, 이에 터잡아 이루어진 피고 丙 명의의 위 근저당권이전등기도 무효
이다.
2) 이 사건과 같이 개인이 148,500,000원에 달하는 거액을 채권최고액으로 하여
자신 소유의 부동산에 관하여 담보를 설정함에 있어서 백지위임장으로 제3자를
대리인으로 삼아 근저당권설정계약을 체결한다는 것은 이례에 속하므로, 부동산
의 소유자가 아닌 제3자로부터 근저당권을 취득하려는 자로서는, 그 소유자의 인

감증명 외에 그 소유자에게 과연 담보제공의 의사가 있는지 여부 및 그 제3자가 소유자로부터 담보제공에 관한 위임을 받았는지 여부를 그 소유자에게 확인해 보아야 할 것이고, 만약 그러한 조사를 하지 아니하였다면 그 제3자에게 그 소유자를 대리할 권한이 있다고 믿은 데에 과실이 있다(더구나 그러한 확인을 쉽게 할 수 있는 경우에는 더욱 그러하다). 그런데 ·피고 乙은 A와 어음거래를 계속하고 있었고 또한 원고가 A와 같은 번지에 사무실을 가지고 사업을 하고 있었으므로 언제라도 쉽게 원고에게 위와 같은 확인을 할 수 있었는데도 이를 확인하지 아니한 채 근저당권설정계약을 체결하였다. 그렇다면 피고 乙이 A에게 원고를 대리하여 위 부동산에 관한 근저당권설정행위를 할 권한이 있다고 믿은 데에 정당한 이유가 있었다고는 볼 수 없다.

☑ 쟁   점

위 판결은 甲이 A에게 자신의 부동산에 B 명의의 근저당권설정을 위한 대리권을 주었는데 A가 乙 명의의 근저당권을 설정한 경우, 표현대리가 성립하는가 하는 점이 문제된 것이다.

☑ 검토할 사항

◆ 위 판결이 정당한 사유를 부인한 이유는 무엇인가?
◆ A의 대리권의 범위는 '근저당권설정행위'인가, 아니면 'B 명의의 채권최고액 99,000,000원의 근저당권설정행위'인가?

☑ 관련사례

1) A는 B와의 물품공급계약 체결과 관련하여 연대보증인을 세울 필요가 생기자, 친척인 C에게 회사에 취직하는 데 필요하다고 거짓말하여 C로부터 인감도장과 보증용 인감증명서 · 재산세납부증명서 등을 교부받아, 이를 이용하여 위 물품공급계약서 용지의 연대보증인란에 C의 인감도장을 날인하고 C를 대리하여 연대보증계약서를 작성고 C로부터 받은 위 서류를 첨부하여 B에게 제출하였다. B는 A에게 위 연대보증에 관한 대리권을 가진다고 믿을 만한 정당한 사유를 가지는가? (대판 1992. 2. 25. 91다490) 〈응용〉

2) A는 B로부터 화물자동차를 구입하려고 하는데 보증을 서 달라는 부탁을 받고 관련서류를 B에게 교부하였으며, 또한 B의 보증보험회사 C에 대한 구상금채무를 담보하기 위하여 C의 '보증보험약정서중요내용설명문'에 인감을 날인하여 이를 B에게 교부하였다. 그런데 B는 A로부터 교부받은 위 서류를 D에게 임의로 넘겨주었

으며, D는 그 서류들을 이용하여 대우자동차로부터 차량을 구입하면서 그 할부대금의 지급을 담보하기 위하여 A를 대리하여 C와의 사이에 할부판매 보증보험계약을 체결하였다. 그런데 위 할부판매보증보험약정서 말미에 날인상태가 매우 불량한 상태의 인장의 날인 흔적이 있었음에도, C회사의 직원은 A에게 직접 보증의사를 확인하지 않은 채 위 계약을 체결하였다. C회사가 D에게 A를 위한 대리권이 있다고 믿은 것이 정당한가? (대판 2001. 4. 24. 2001다5654) 〈응용〉

3) A가 B의 자동차구입과 관련하여 B에게 보증보험회사 C와 보증계약 체결의 대리권을 수여하였는데 D가 자동차회사로부터 자동차를 구입하고 A를 대리해서 C와 보증계약을 체결한 경우 표현대리가 성립되는가? (대판 1992. 10. 13. 92다31781) 〈응용〉

4) 보증보험회사의 직원이 보험계약자로부터 교부받은 할부판매보증보험약정서상의 보증인란과 보험계약자란 기재의 필적이 동일하고 보험계약자의 매제인 보증인의 인감증명서가 보험계약자의 여동생에 의하여 대리발급된 점을 쉽게 알 수 있었으며 그 사용용도 란에 아무런 기재가 없었음에도 불구하고, 보증인으로부터 직접 서명받는 경우를 제외하고는 보증인의 보증의사가 객관적으로 표명된 인감증명서를 제출받도록 규정한 회사의 업무처리지침과 달리 단지 교부받은 인감증명서의 인영만을 서류상으로 대조하여 계약을 체결한 경우, 보험회사 직원이 보험계약자에게 보증행위에 대한 대리권이 있다고 믿은 데 정당한 이유가 있다고 할 것인가? (대판 1998. 7. 10. 98다15835. 그 외에 대판 1998. 3. 27. 97다48982) 〈응용〉

☑ 기타 검토사항

1) 丙은 표현대리를 주장할 수 없는가?
2) 乙에게 표현대리의 성립이 부인된다면, 그로부터 근저당권을 이전받은 丙은 선의이더라도 근저당권을 유효하게 취득하지 못하는가?

☑ 참고문헌

◆ 곽병수, 보증보험계약의 연대보증과 민법 제126조의 표현대리, 재판과 판례 10집 (대구판례연구회), 2001, 293면 이하.

(d) 규정에 위반되는 경우

대판 1982. 7. 13. 82다카19 〈기초〉 ·······························

[사안] A는 甲(원고)에게 종전에 은행 乙(피고)로부터 甲의 연대보증 하에 대출받은 중소기업 특별자금의 변제기 연장에 필요하다고 말하여, 甲은 A에게 인감도장과 인감증명서를 교부하였다. 그런데 A는 이를 이용하여 甲 소유의 부동산에

乙의 근저당권등기를 설정하였다. 그리하여 甲은 乙에 대하여 위 근저당권등기의 말소를 소구하였다. 그런데 乙은행의 대출사무처리규정에 의하면 은행은 채무자 및 대출관계자로 하여금 직접 관련서류에 서명날인하도록 되어 있음에도 乙은행은 위 근저당권설정계약을 체결함에 있어서 이에 위반하여 甲으로부터 직접 서명날인을 받음이 없이 A가 소지한 인장을 이용하여 설정계약서를 작성하였다. 그러나 다른 한편으로는 甲과 A는 형제간으로서, 甲은 회장, A는 대표로 L출판사를 경영하여 왔고, 甲과 A는 위 출판사 경영에 필요한 자금조달을 위하여 상당 기간 甲 소유의 부동산을 담보로 제공하고 乙로부터 대출받음에 있어서 A는 주채무자, 甲은 연대보증인 겸 담보제공자로 하여 A가 甲의 인장을 항상 소지하고 甲을 대리하여 필요서류를 작성하여 왔다(다만 이러한 사실은 원심에서 표현대리를 인정하는 근거로서 판시한 것이나, 대법원은 사실을 이와 달리 판시한다). 그리고 A는 L출판사의 대표자로서 乙은행과 당좌거래 등 그 계좌를 통하여 거래하면서 3년여에 걸쳐 甲의 인장을 사용하여 대출관계서류를 작성하는 등 거래행위를 하였다.

[판지] 이 사건 근저당권설정계약 체결 이전에 A가 주채무자가 되고 원고가 연대보증인 및 근저당권설정자가 되어 피고 은행으로부터 대출받은 것은 오직 앞서 본 중소기업 특별자금 대출뿐이고, 이 사건 근저당권이 L출판사의 경영자금에 대한 담보로 설정된 것이라고 볼 자료가 없다. 피고 은행의 대출사무처리규정에 의하면, 대출관계서류를 대출취급자의 면전에서 채무자 및 관계자로 하여금 직접 서명날인토록 하고 취급자 및 책임자가 주민등록증에 의하여 본인임을 확인한 다음 확인인을 날인토록 하며, 주채무자 외의 제3자가 물상보증인이 된 경우에는 소유자 본인을 면접하여 담보제공 의사를 확인토록 하고 본인의 서명날인을 직접 받도록 되어 있다. 그럼에도 불구하고 이 사건 근저당권설정에서는 위와 같은 사무처리규정에 위배하여 원고들을 면접 확인하거나 원고들로부터 직접 서명날인을 받음이 없이 A가 소지한 인장을 이용하여 설정계약서를 작성하였다는 것이니, 이러한 사정 아래에서는 A가 원고와 형제간으로서 L출판사를 공동경영하며 과거에 피고로부터 금원을 대출받을 때에 원고들이 연대보증인 및 물상보증인이 된 일이 한 번 있었고 이 사건 근저당권설정 당시 A가 원고의 인장을 소지하고 있었다고 하여도, 이러한 사유만으로 피고 은행이 A를 원고의 정당한 대리인이라고 믿을 만할 정당한 이유가 있다고는 보기 어렵다.

☑ **쟁   점**

위 판결은 대리인이 권한을 넘어 은행으로부터 금전을 차용하고 근저당권을 설정하였는데 근저당권설정시 은행이 대출사무처리규정에 위배하여 본인에게 담보제공의사를 확인하지 않은 경우, 은행에게 정당한 사유가 있었는가 하는 점이 문제된 것이다.

☑ **검토할 사항**

• 乙의 정당한 사유를 부인한 이유는 무엇인가?

☑ **관련사례**

1) B는 A명의로 은행 C와 정기예금계약을 체결하면서 바로 A명의의 대출을 신청하자, C은행이 A의 의사를 확인해 보지 않고 B에게 구비서류를 작성케 하면서 구비서류 중 A의 서명날인 부분에 B가 서명하고 소지 중이던 A의 인장을 날인하는 것을 그대로 둔 경우, C가 B에게 대리권이 있다고 믿은 데 정당한 사유가 있다고 할 것인가? (대판 1992. 6. 23. 91다14987) 〈응용〉

2) A는 처 B에게 인장을 교부하면서 돈을 새마을금고 C에 정기예탁하게 하였는데, C금고의 직원이 B에게 A 한 사람 명의로 예탁할 경우 세금이 많이 나오므로 여러 사람 명의로 분산하라는 취지로 권유함에 따라, B는 예금주 명의를 A 외에도 B 본인, 그리고 A의 어머니, A의 형제자매, A의 자녀 등으로 하면서 다만 예금주의 인감란에는 모두 A로부터 교부받은 A의 인장을 압날하였다. A는 위 각 예탁금의 통장과 그 인장을 보관하고 있다가 이자를 수령할 때나 예탁기간이 만료되어 새로 갱신할 경우에 위 예탁금통장과 인장을 B에게 주어 그녀로 하여금 이자의 수령이나 갱신을 하게 하였다. 그런데 B가 C금고로부터 금전을 차용하고 그 담보로서 무단히 위 예탁금채권에 대하여 질권을 설정시켰다. B의 위 질권설정행위에 관하여 표현대리가 성립하는가? (대판 1995. 8. 22. 94다59042) 〈응용〉

(e) 비정상적인 거래인 경우

대판 1999. 1. 29. 98다27470 〈응용〉 ·······················

[사안] 甲(제1심 공동피고)은 乙(피고)의 처 생질로서, 乙이 시공하는 아파트신축공사 중 전기공사 부분을 하도급받아 그 공사를 시행하면서 丙(제1심 공동피고)으로부터 그에 필요한 자재를 공급받아 오다가, 그 대금채무의 지급담보를 위하여 이 사건 약속어음을 발행하였는데, 丙은 甲에게 위 어음상에 乙의 배서를 받아달라고 요구하였다. 그러자 甲은 자신의 사촌누이로서 乙이 경영하는 회사에서 경리과장으로 근무하던 A에게 자신이 나중에 乙의 승낙을 얻겠다고 하면서 乙의

배서를 요청하여, A가 乙의 허락을 받지 않은 상태에서 직무상 보관하고 있던 乙의 인장을 임의로 날인하여 위 어음에 乙의 배서가 이루어졌다. 그리고 위 어음을 취득한 丙은 여기에 배서하고 이를 丁(원고)에게 양도하였다. 그런데 위 어음의 지급기일에 丁이 지급제시하였으나 지급이 거절되었다. 그리하여 丁은 甲·乙·丙에 대하여 어음금의 지급을 소구하였다. 여기에서 乙의 배서가 A의 월권행위로 행해졌는바, 과연 표현대리가 성립하는가 하는 점이 중요 쟁점으로 되었다. 그런데 A는 乙의 회사의 경리과장으로 근무하는 동안 乙의 지시에 따라 乙을 대신하여 乙 명의의 약속어음이나 수표를 발행하거나 배서하는 업무를 대행하여 왔었다.

[원심] 피고가 A가 대행한 피고 명의의 배서에 대하여 표현대리책임이 있다는 원고의 주장에 대하여, A가 종전에 피고 명의의 약속어음을 발행하여 丙에게 교부하였던 어음들이 정상적으로 지급되었다거나 또는 丙이 피고에게 이 사건 어음을 진정하게 발행하였는지 여부를 확인하였다고 인정할 아무런 자료가 없다는 이유로 원고의 주장을 배척하였다.

[판지] 어음행위의 위조에 관하여도 민법상의 표현대리에 관한 규정이 적용 또는 유추적용되고, 다만 이 때 그 규정의 적용을 주장할 수 있는 자는 어음행위의 직접 상대방에 한하므로, 어음의 제3취득자는 어음행위의 직접 상대방에게 표현대리가 인정되는 경우에 이를 원용하여 피위조자에 대하여 자신의 어음상의 권리를 행사할 수가 있다. 그런데 어음행위의 위조에 관하여도 민법 제126조에서 규정하는 표현대리가 인정되려면 그 상대방에게 위조자가 어음행위를 할 권한이 있다고 믿은 데에 정당한 사유가 있어야만 하는 것이고, 이러한 정당한 사유는 어음행위 당시에 존재한 여러 사정을 객관적으로 관찰하여 보통인이면 유효한 행위가 있은 것으로 믿는 것이 당연하다고 보여지면 이를 긍정할 수 있지만, 어음행위가 일반의 거래관념에 비추어 특히 이례적으로 이루어진 경우에는 달리 특별한 사정이 없는 한 그 상대방이 위조자의 권한 유무와 본인의 의사를 조사·확인하지 아니하였을 경우에는 그 상대방이 위조자에게 어음행위를 할 권한이 있다고 믿었다고 하더라도 거기에 정당한 사유가 있다고 보기 어렵다. 원심판결 이유와 기록에 의하면, A가 위조한 피고 명의 배서의 상대방은 배서의 연속 등에 비추어 丙이라고 볼 수 있고, 따라서 丙이 이 사건 어음을 취득함에 있어 피고의 배서가 유효하게 이루어진 것이라고 믿은 데에 정당한 사유가 있을 경우 丙으로부터 이

사건 어음을 취득한 원고도 피고에게 표현대리책임을 물을 수 있다고 할 수 있겠지만, 丙이 甲에게 이 사건 어음상에 피고의 배서를 받아달라고 요구하여 甲으로부터 피고의 배서가 된 이 사건 어음을 교부받을 당시 그는 피고를 대면한 바 없을 뿐만 아니라 피고의 배서가 어떠한 경위로 이루어졌는지를 전혀 알지 못하고 있었고, 또 종전에 피고와 甲을 통한 위와 같은 방식의 어음거래를 하여 정상적인 결제가 이루어진 적이 없었음을 알 수 있으므로, 甲과 피고 사이의 신분관계나 거래관계를 감안하더라도, 丙으로서는 이 사건 어음상의 피고의 배서가 과연 피고의 의사에 따라 이루어진 것인지를 별도로 조사·확인하여 보지 아니한 이상 피고의 배서가 유효하게 이루어진 것이라고 믿은 데에 정당한 사유가 있다고 볼 수 없다. 따라서 같은 취지에서 원고의 표현대리 주장을 배척한 원심의 조치는 정당하다.

☑ 쟁   점

위 판결은 甲이 자신이 발행한 어음에 무단히 乙의 명의로 배서하여 丙에게 교부하였고 丙이 이를 丁에게 다시 배서 교부한 경우, 乙은 丁에 대하여 표현대리책임을 지는가 하는 점이 문제된 것이다

☑ 검토할 사항

◆ 어음행위의 위조에 관하여도 민법상의 표현대리에 관한 규정이 적용(유추적용)되는가?

◆ 어음행위의 위조의 경우 표현대리의 성립의 적용을 주장할 수 있는 자는 어음행위의 직접 상대방에 한하는가, 그로부터 어음을 취득한 자(제3취득자)도 직접적으로 표현대리의 성립을 주장할 수 있는가? 만약 전자가 타당하다면, 제3취득자는 어떠한 방법으로 피위조자에 대하여 자신의 어음상의 권리를 행사할 수 있는가?

◆ 위 판결이 乙의 표현대리책임을 부인한 이유는 무엇인가?

◆ 甲은 (표현)대리행위의 직접 상대방이 아님에도 표현대리를 주장할 수 있는가?

☑ 관련사례

1) K가 A에 대하여 물품대금채무를 지고 있는데, B가 A와 사이에서 이 중 미납된 채무를 대신 지급하기로 약정을 하였다. 그런데 후에 A의 대리인 C가 위 채무를 오직 K가 변제하고 B는 채무를 면한다고 하는 면책적 채무인수의 약정을 한 경우, B가 C에게 위 채무인수약정에 관한 대리권이 있으리라고 믿은 것이 정당한 사유에 기한 것으로 인정되는가? (대판 1995. 4. 25. 94다45029) 〈응용〉

2) A가 B은행의 저당권이 설정된 부동산을 매수함에 있어서 위 은행의 대출관련업무를 취급하는 대리 C가 위 부동산의 담보책임을 2억원의 한도 내로 제한하여 주기로 약정한 경우, A가 C에게 그러한 권한이 있다고 믿은 것은 정당한가? (대판 1989. 9. 12. 88다카28228) 〈응용〉

3) A는 자신의 토지 위에 신축하는 다가구주택의 신축공사를 B에게 도급주었으며, B는 신축공사 중 샷시, 유리 등의 공사를 C에게 하도급주었는데, B는 위 하도급계약을 체결함이 있어서 무단히 A를 대리하여 하도급공사 대금채무에 대한 담보로 장차 건축될 다가구주택 중 하나에 관하여 임대차계약을 체결한 경우, C가 B에게 위 계약에 관한 대리권이 있다고 믿을 만한 정당한 사유가 있다고 할 것인가? (대판 1995. 9. 26. 95다23743) 〈응용〉

4) 지방은행 A의 예금취급소장 B가 C에 대하여 거액의 개인 수표를 지급보증한 경우, C가 B에게 그러한 대리권이 있다고 믿은 것이 정당한 사유에 기한 것으로 인정되는가? (대판 1980. 8. 12. 80다901) 〈응용〉

5) A가 B를 대리하여 C와 금전소비대차계약 및 근저당권설정계약을 체결하였다가 그 후 B의 승낙 없이 C으로부터 대여금 일부를 변제받고 근저당권설정계약을 합의해제하였는데, 이 경우에 표현대리가 성립하는가? (대판 2010. 9. 9. 2009다10003) 〈응용〉

☑ 기타 검토사항

1) 乙이 어음법상의 책임을 지지 않는다면, 乙은 A의 사용자로서 A의 배서 위조행위에 관하여 사용자책임을 지는가?

4. 제129조의 표현대리

(1) 대리권의 소멸

대판 **1998. 5. 29. 97다55317** 〈응용〉

[사안] 1980. 9. 27. 국가보위입법회의는 기업체질강화 대책의 일환으로, 금융기관으로부터 일정 규모 이상의 여신을 받은 기업체로 하여금 기업체와 기업주 소유의 비업무용 부동산을 자진 매각하여 그 처분대금으로 대출금을 상환하거나 증자를 통하여 기업자금화하도록 하는 내용의 특별조치를 발표하였다. 그리하여 B회사의 회장으로 있던 A(乙의 피상속인)는 1981. 12. 26. 자기 소유인 이 사건 부동산의 처분권한을 B회사에 수여하고, B회사의 주거래 은행인 C은행에 "이 사건 부동산을 토지개발공사에 매입의뢰, 처분함에 동의한다"는 내용의 동의서를 제출

하였다. C은행은 1984. 7. 25. D(성업공사)에 위 부동산의 처분을 재위임하여 D는 1989. 9. 11. 甲(원고)과 사이에 위 부동산에 관한 매매계약을 체결하였다. 그런데 A는 C은행이 D에 위 부동산의 처분을 재위임하기 이전인 1983. 10. 26. 사망하였다. 이에 A의 상속인 乙(피고)은, A가 B회사에 수여한 부동산의 처분에 관한 대리권은 A가 사망함으로써 소멸하였고, 따라서 A의 복대리인인 D와 원고와 사이에 체결된 매매계약은 A의 상속인들인 자신들에 대하여는 아무런 효력이 없다고 하면서, 甲에게 위 부동산의 이전등기를 거절하였다. 이에 대하여 甲은, 자신이 D로부터 위 부동산을 매수할 당시 D의 대리권이 소멸되었다는 사실을 과실 없이 알지 못하였으므로 대리권 소멸 후의 표현대리 법리에 따라 D와의 매매계약은 여전히 유효하다고 하면서, 이전등기의 이행을 소구하였다.

[원심] 대리권 소멸 후의 표현대리가 성립하기 위하여는 처음에는 유효한 대리권이 존재하였을 것이 필요한데, D가 C은행으로부터 이 사건 부동산의 처분을 재위임받았을 때는 이미 A가 사망하여 B회사와 C은행의 대리권이 모두 소멸한 후였으므로, C은행이 D에 이 사건 부동산의 처분을 위임한 것 자체가 권한 없는 자에 의한 것이어서 무효이고, 따라서 D에 적법한 대리권이 존재하였음을 전제로 한 표현대리의 주장은 이유없다고 판단하였다.

[판지] 표현대리의 법리는 거래의 안전을 위하여 어떠한 외관적 사실을 야기한 데 원인을 준 자는 그 외관적 사실을 믿음에 정당한 사유가 있다고 인정되는 자에 대하여는 책임이 있다는 일반적인 권리외관 이론에 그 기초를 두고 있는 것인 점에 비추어 볼 때, 대리인이 대리권 소멸 후 직접 상대방과 사이에 대리행위를 하는 경우는 물론, 대리인이 대리권 소멸 후 복대리인을 선임하여 복대리인으로 하여금 상대방과 사이에 대리행위를 하도록 한 경우에도, 상대방이 대리권 소멸 사실을 알지 못하여 복대리인에게 적법한 대리권이 있는 것으로 믿었고, 그와 같이 믿은 데 과실이 없다면 민법 제129조에 의한 표현대리가 성립할 수 있다. 따라서 원심이 확정한 바와 같이, B회사나 C은행은 당초 적법한 대리권을 가지고 있었으나, 본인인 A의 사망으로 대리권이 소멸함으로써 복대리인으로 선임된 D에는 처음부터 적법한 대리권이 없었다고 하더라도, B회사와 C은행의 대리권 소멸 후 C은행이 D를 복대리인으로 선임하여 D가 A의 대리인으로서 이 사건 부동산에 관한 매매계약을 체결한 것은 대리권 소멸 후의 대리행위로서 민법 제129조에 의한 표현대리가 성립할 수 있는 경우에 해당한다. 그리고 기록을 살펴

보면, 원고의 표현대리 주장이 원심이 판시한 바와 같이 반드시 D에 적법한 대리권이 존재하였다가 소멸하였음을 전제로 한 것으로 보기도 어렵다. 원심으로서는 원고가 D의 대리권에 관하여 선의·무과실인지 여부에 나아가 살펴보고서 민법 제129조에 의한 표현대리가 성립하는지 여부를 판단하였어야 함에도 불구하고, 앞에서 본 바와 같은 이유를 들어 원고의 주장을 가볍게 배척하고 말았으니, 원심판결에는 민법 제129조에 의한 표현대리에 관한 법리를 오해하여 판결에 영향을 미친 위법이 있다.

☑ 쟁   점

위 판결은 대리인이 본인의 사망으로 대리권이 소멸된 후 복대리인을 선임하여 그 복대리인이 대리행위를 한 경우, 민법 제129조의 표현대리가 성립할 수 있는가 하는 점이 문제된 것이다.

☑ 검토할 사항

◆ 본인이 대리권을 수여한 후 사망한 경우 대리권은 소멸하는가?

◆ 대리권 소멸 후의 표현대리에서의 상대방의 무과실은 대리권 소멸 전에 대리인과 거래하였던 상대방에 관해서만 인정되는가? 즉 대리인과 거래하였던 상대방만이 그의 대리권이 소멸하였음에도 그러한 사실을 알지 못한 경우에 제129조의 표현대리의 성립을 주장할 수 있는가?

☑ 관련사례

1) A의 母 B가 A가 미성년인 동안 그의 법정대리인으로서 A의 재산을 관리하다가, A가 성년이 된 이후에도 A가 객지에서 학업에 전념하고 있었던 관계로 A를 대리하여 A의 여러 필지의 토지를 처분하여 학비조달 또는 채무정리 등을 하여 오다가, A의 X토지를 A에게 매각하였다. 법정대리인의 대리권 소멸에 관하여서도 제129조가 적용되는가? (대판 1975. 1. 28. 74다1199) 〈응용〉

2) A가 2005. 7. 4.에 B의 종전 대표이사이던 C 또는 대리인 남편 D와 사이에 준소비대차계약을 체결하였고, 같은 달 1일자로 B의 대표이사가 C에서 E로 변경하는 내용의 등기가 마쳐진 경우에 민법 제129조의 표현대리가 성립되는가? (대판 2009. 12. 24. 2009다60244) 〈응용〉

☑ 기타 검토사항

1) A가 대기업인 B의 회장이라면, 역시 대기업인 甲이 그의 사망사실을 알았을 개연성이 크지 않을까?

(2) 선의 무과실

대판 1986. 8. 19. 86다카529 〈기초〉 ···

[사안] 甲(원고)은 1982. 12. 30. 상호신용금고 乙(피고)과의 사이에 乙금고의 신용부금약관에 따라 계약기간을 35개월, 만기일을 1985. 10. 30.로 하고 월불입금액을 2,410,000원으로 하는 100,000,000원짜리의 신용부금계약을 맺고, 그날 1회 불입금을 불입하였다. 위 신용부금계약은 乙의 차장으로 일하던 A의 권유에 따라 이루어졌는데, A는 甲으로부터 받은 1회 불입금은 乙에게 입금하였지만 1983. 2. 21. 乙금고를 사직하였다. 그런데 A는 그 후 甲으로부터 1983. 2. 28.부터 그 해 7. 30.까지 7회에 걸쳐서 받은 불입금 합계 16,870,000원을 乙에게 입금하지 아니하고 횡령하였다. 甲은, A가 乙의 차장으로 있으면서 자신에게 위 신용부금에 가입할 것을 권유하였고 월불입금도 받아갔던 것이므로, 그가 乙을 그만둔 사실을 전혀 알지 못하고 계속하여 월불입금을 그에게 납입해 온 자신에 대하여 乙은 그 대리권의 소멸을 주장할 수 없고 따라서 1983. 2. 28. 이후의 월불입금도 정당하게 불입된 것으로 보아야 한다고 하면서, 乙에 대하여 위 부금의 반환을 소구하였다.

[원심] 원고는 이 사건 신용부금 외에도 1982. 9. 21.과 1983. 2. 25. 두 차례에 걸쳐 피고금고가 운영하는 상호신용계에 각 1구좌씩 가입하여 1983. 7.경까지 매월 불입액을 피고금고의 창구를 통하여 직접 불입해 왔을 뿐만 아니라, 그밖에도 피고금고로부터 금원을 대출받아 이를 분할 상환하여 오는 등 피고금고와는 A의 사직을 전후하여 계속적인 거래관계가 있었던바, 이러한 사실에 비추어 보면 원고로서는 위와 같은 거래 때문에 피고금고의 사무실을 자주 출입하였으므로 조금만 주의를 하였더라면 A가 사직한 사실을 쉽사리 알 수 있었을 것임에도 불구하고 이 사건 신용부금계약증서를 A에게 맡겨둔 채 원고의 사무실에까지 찾아오는 그에게 함부로 매월 금 3,810,000원이나 되는 돈을 지급해 온 데에는 원고의 과실이 있었다고 하여, 원고의 청구를 배척하였다.

[판지] 원고는 피고금고로부터 금 80,000,000원을 대출받으면서 피고금고의 차장으로 일하던 A의 권유에 따라 이 사건 신용부금에 가입하였고 피고금고의 상무로 있던 B도 A에게 원고로부터 신경을 써서 불입금과 이자를 받아오라고 주의를 하였으면서도 이 사건 신용부금에 대한 1회 불입금만 정식으로 피고에 입금

되었을 뿐 그 후에는 A를 통하여 한 번도 정식 입금된 바가 없었고 또 A가 피고금고를 그만두고 그 방계회사로 자리를 옮겼음에도 원고에게 그 지급을 독촉하거나 그 약관에 따른 부금계약의 해제조치도 취함이 없이 그대로 방치한 사실, A는 비록 차장이지만 원고에게 한 것과 같이 고객에게 부금가입을 권유하거나 수금을 하기 위하여 자주 자리를 비울 수 있으리라고 예견할 수 있었던 사실 등을 인정할 수 있는바, 사정이 이와 같다면 비록 원고가 다른 거래관계로 피고금고의 사무실에 드나들었고 그때마다 A가 그 자리에 없었다 하더라도 원고로서는 A가 피고금고를 사직한 사실을 몰랐고 또 모른 데 대하여 어떤 과실이 있었다고는 보여지지 않는다 할 것이다. 그런데도 원심이 원고가 피고금고의 사무실을 드나들면서도 A가 사직한 사실을 알지 못한 사정만을 들어 원고의 과실을 인정한 다음 원고의 청구를 배척한 것은 필경 대리권 소멸 후의 표현대리에 관한 법리를 오해하고 심리를 다하지 아니한 것이다.

☑ 쟁   점

위 판결은 甲이 신용금고 乙의 직원 A의 권유로 乙과 부금계약을 맺고 A를 통하여 월불입금을 불입하였는데, A가 乙을 사직한 후 甲으로부터 받은 월불입금을 횡령한 경우, 甲은 A의 대리권 소멸을 알지 못한 데 과실이 없는가, 그리하여 표현대리가 성립하는가 하는 점이 문제된 것이다.

☑ 검토할 사항

◆ 甲에게 과실이 없다고 판단한 이유는 무엇인가?

5. 협의의 무권대리

(1) 무권대리인의 책임

대판 1965. 8. 24. 64다1156[1] 〈기초〉 ···

[사안] 이 사건 부동산은 미성년인 A의 소유인데, 甲(피고)은 A의 어머니(친권자) B로부터 대리권을 수여받았다고 하면서 乙(원고)과 위 부동산의 매매계약을 체결하였다. 乙이 잔금지급기일인 1947. 11. 14.에 매매대금 전부를 지급하였으나

---

1) 이 판결은 대판 1963. 8. 22. 63다323과 동일 사건임.

甲이 이전등기의무를 이행하지 못하였으며, 乙이 그 이행을 요구함에도 甲은 단지 책임을 지겠다는 말만 되풀이하였다. A가 성년이 된 후 위 부동산을 C에게 매도하고 1960. 3. 20. 소유권이전등기절차를 마쳤다. 그리하여 乙이 甲에 대하여 손해배상을 소구하였다. 이에 대하여 甲은 시효의 항변을 제기하였다.

[판지] 타인의 대리인으로 계약을 한 자가 그 대리권을 증명하지 못하고 또 본인의 추인을 얻지 못한 때에는 상대방의 선택에 좇아 계약의 이행 또는 손해배상의 책임이 있는 것인바, 상대방이 가지는 계약이행 또는 손해배상청구권의 소멸시효는 그 선택권을 행사할 수 있는 때부터 진행한다고 할 것이고, 또 그 선택권을 행사할 수 있는 때라고 함은 대리권의 증명 또는 본인의 추인을 얻지 못한 때라고 할 것이다. 그런데 본건에 있어서 원심이 내세운 각 증거를 종합하면 원고는 본건 매매계약의 이행기일인 1947. 11. 14.에 매매대금을 완불하고 피고에게 즉시 소유권이전등기절차를 이행할 것을 요구하였으나 피고는 책임을 지겠다는 말만 되풀이할 뿐이고 그 이행을 하거나 대리권의 증명을 하지 못하였을 뿐 아니라, A가 본건 부동산을 C에게 매도하여 1960. 3. 20.자로 그 소유권이전등기절차를 완료함으로써 본인인 A의 추인도 받지 못하게 되었다고 할 것이니, 원고는 1960. 3. 20.부터 피고에 대한 민법 제135조 제1항에 규정한 손해배상청구권을 행사할 수 있게 되었다고 할 것이다. 따라서 원고의 피고에 대한 손해배상청구권이 소멸시효로 인하여 이미 상실되었다는 피고 항변은 이유 없다.

☑ 쟁 점

위 판결은 무권대리인의 책임인 손해배상청구권의 소멸시효 기산점이 언제인가 하는 점이 문제된 것이다.

☑ 검토할 사항

◆ 무권대리인의 책임의 내용과 그 요건을 살피시오.
◆ 무권대리인의 손해배상청구권의 내용은 어떠한가?
◆ 무권대리인의 손해배상청구권의 소멸시효는 언제부터 진행하는가?

☑ 기타 검토사항

1) 선택권을 행사할 수 있는 기간은 어떠한가?
2) 무권대리인에 대한 책임이 배척되기 위한 요건인 '상대방이 대리권이 없음을 알았거나 알 수 있었을 것'(제135조 제2항)이라는 사실에 관한 입증책임은 누가 지는

가? (대판 1962. 4. 12. 4294민상1021)

☑ 참고문헌

  ◆ 양창수, 계약의 무권대리에 관한 몇 가지 문제, 고시계 52권 7호(2007. 7), 44면 이하.
  ◆ 이영준, 무권대리인의 상대방에 대한 책임, 사법논집 17집, 1986, 5면 이하.

⑵ 무권대리의 추인

⑺ 추인의 요건

대판 2002. 10. 11. 2001다59217 〈응용〉 ···

[사안] 甲(원고)은 가정주부로서 1998. 11. 27. 증권회사 乙(피고)의 도봉지점 과장인 丙(피고)의 안내로 주식위탁매매거래계좌를 개설하고, 그 계좌에 4,620만원을 예탁하였다. 甲은 과거에 동화은행 주식을 매수한 적이 있기는 하지만 주식투자 경험이 많지 않아 丙의 조언을 받아 주식거래를 시작하였는데, 丙은 그 계좌관리를 위해 甲의 비밀번호를 알게 된 것을 계기로 12. 15. 甲의 사전 위임을 받지 아니한 채 그 당시 甲 계좌에 남아 있던 예탁금 6,290만원으로 서울은행 주식 10,000주를 1주당 6,290원에 매수하였다(이 사건 임의매수). 그 후 서울은행 주식이 3일 연속 하한가를 기록하자, 丙은 甲의 매도 종용을 받고 1998. 12. 22.부터 12. 24.까지 사이에 서울은행 주식 전부를 합계 27,823,000원에 처분하였다. 그런데 丙의 이 사건 임의매수를 전후한 사정을 보면, 甲은 계좌개설일로부터 임의매수 이전까지 丙의 조언을 받아 M, N 등의 주식을 매매하여 25,411,158원 상당의 수익을 올리고 있었는데, 그 상황에서 1998. 12. 16. 乙회사 도봉지점 객장에 나와서 그 전날 행해진 위 임의매수 사실 및 서울은행 주식이 하한가까지 하락한 사실(같은 날 기준으로 940만 원 가량의 손실이 발생)을 직접 확인하고 다소 실망하여, 丙에게 "과거에 동화은행 주식을 샀다가 은행퇴출로 상장폐지되는 바람에 크게 손실을 본 경험이 있어 은행주는 절대로 사지 않는다고 했는데, 왜 서울은행 주식을 샀느냐"면서 불만을 터뜨렸다. 그렇지만 甲은 丙에게 "가능한 한 빨리 서울은행 주식을 팔고 건설주를 사 달라, 앞으로도 잘 부탁한다"고 말하였고, 이에 丙은 같은 날 남아 있는 예탁금을 이용하여 신용으로 성원건설 주식 8,000주를 5,820만원에 매수하였다. 그런데 서울은행 주식이 12. 17. 하한가까지 내려가고, 성원건설 주식도 계속하여 하락하였는데, 甲은 이러한 상황에서도 성

원건설 주식의 매수로 발생한 미수금 52,281,372원을 변제하기 위하여 12. 18. 570만원, 12. 19. 2,490만원 합계 3,060만원을 그 계좌에 입금하였고, 그 나머지 미수금은 12. 21. 甲 회사에 의한 성원건설 주식 중 4,810주의 반대매매로써 변제충당되었다. 甲은 丙의 위 임의매수 이후에도 계좌를 해지함이 없이 1999. 5. 26.까지 S, H, L 등의 주식매매를 계속하였고, 5. 28. 丙이 乙회사 동소문지점으로 전출되자, 그를 따라 도봉지점의 계좌를 동소문지점으로 이관한 후 1999. 7. 3.까지 丙을 통하여 종전보다 더욱 빈번하게 주식거래를 하였다. 그러나 丙이 수익에 집착하는 甲을 다소 부담스럽게 여기면서 응대를 잘 해 주지 아니하자, 甲은 1999. 7. 5. 다시 동소문지점의 계좌를 도봉지점으로 이관한 후, 그 다음 날 乙회사 감사실에 丙을 상대로 이 사건 임의매매 및 성원건설 주식의 임의매매를 정식으로 문제삼는 민원을 제기하였다. 그리고 甲은 乙회사 및 그 직원 丙을 상대로 하여 손해배상청구소송을 제기하였다. 이에 대하여 乙회사와 丙은 甲이 이 사건 임의매수를 묵시적으로 추인하였다고 항변하였다.

[원심] 피고 乙회사의 직원인 피고 丙이 원고의 계좌를 관리하면서 임의로 서울은행 주식을 매매한 결과, 원고는 그 매수가격에서 매도가격을 공제한 35,077,000원 및 그 거래수수료 453,610원 상당의 손실을 입게 되었으므로, 특별한 사정이 없는 한, 피고 丙은 직접 불법행위자로서, 피고 회사는 피고 丙의 사용자로서, 연대하여 원고에게 위 손해를 배상할 책임이 있다고 판단하는 한편, 원고가 그 임의매매를 묵시적으로 추인하였다는 피고들의 항변에 대하여는 다음과 같이 판단하여 이를 받아들였다.──원고는 피고 丙의 이 사건 임의매매 바로 다음날 그 사실을 알았지만, 그 때까지 상당한 수익을 올릴 수 있도록 도와준 피고 丙을 신뢰하여, 그 임의매매를 문제삼기보다는 앞으로의 주식거래를 통하여 손실을 만회하기를 기대하고 같은 날 피고 丙의 추천으로 매수한 성원건설 주식의 미수금이 발생하자 최대한 반대매매를 막으려고 노력하는 등 그 결과를 적극적으로 수용하였으며, 심지어 피고 丙이 다른 지점으로 전출되자 그의 상담을 받기 위해 그 곳으로 계좌를 이관하여 더욱 활발히 주식투자를 계속한 사실, 원고는 이 사건 임의매매 후 6개월 20일 만인 1999. 7. 6. 정식으로 이를 문제삼기 시작하였는데, 그 임의매매에도 불구하고 이 사건 계좌를 통한 주식거래 결과 상당한 액수의 수익을 올린 사실을 알 수 있는바, 이러한 이 사건 임의매매의 경위, 이에 대한 원고의 대응, 그 이후의 주식거래 내용과 결과 등을 전체적으로 종합

하면, 원고는 피고 丙의 이 사건 임의매매를 사후에 추인함으로써 이에 대한 법적 책임을 추궁할 수 있는 권리를 포기하였다고 봄이 상당하다.

[판지] 가. 무권대리행위는 그 효력이 불확정상태에 있다가 본인의 추인 유무에 따라 본인에 대한 효력발생 여부가 결정되는 것으로서, 추인은 무권대리행위가 있음을 알고 그 행위의 효과를 자기에게 귀속시키도록 하는 단독행위인바, 증권회사의 고객이 그 직원의 임의매매를 묵시적으로 추인하였다고 하기 위하여는 자신이 처한 법적 지위를 충분히 이해하고 진의에 기하여 당해 매매의 손실이 자기에게 귀속된다는 것을 승인하는 것으로 볼 만한 사정이 있어야 할 것이다. 나아가 임의매매를 사후에 추인한 것으로 보게 되면 그 법률효과는 모두 고객에게 귀속되고 그 임의매매행위가 불법행위를 구성하지 않게 되어 임의매매로 인한 손해배상청구도 할 수 없게 되므로, 임의매매의 추인, 특히 묵시적 추인을 인정하려면, 고객이 임의매매 사실을 알고도 이의를 제기하지 않고 방치하였는지 여부, 임의매수에 대해 항의하면서 곧바로 매도를 요구하였는지 아니면 직원의 설득을 받아들이는 등으로 주가가 상승하기를 기다렸는지, 임의매도로 계좌에 입금된 그 증권의 매도대금(예탁금)을 인출하였는지 또는 신용으로 임의매수한 경우 그에 따른 그 미수금을 이의 없이 변제하거나, 미수금 변제독촉에 이의를 제기하지 않았는지 여부 등의 여러 사정을 종합적으로 검토하여 신중하게 판단하여야 할 것이다.

나. 이 사건에 관하여 원심이 원고가 피고 丙의 임의매수를 묵시적으로 추인한 것으로 본 사정들을 살펴본다. 1) 먼저 원고는 피고 丙의 이 사건 임의매매 바로 다음날 그 사실을 알고 불만을 터뜨렸지만, 그 때까지 상당한 수익을 올릴 수 있도록 도와준 피고 丙을 신뢰하여 임의매매를 문제삼기보다는 앞으로의 주식거래를 통하여 손실을 만회하기를 기대하였다는 것이나, 원심의 사실인정에 의하더라도, 원고는 서울은행 주식의 임의매수에 대하여서는 이를 항의하면서 가능한 한 빨리 이를 매도할 것을 요구하였을 뿐이고, 스스로의 판단이나 피고 丙의 권유를 받아들여 그 매도를 유보하고 주가가 다시 상승하기를 기다리는 등 그 매수행위를 받아들이는 취지의 행위를 한 바가 없다. 다만 원고가 앞으로 다른 주식거래를 통하여 그 손실을 만회할 수도 있을 것으로 기대하였다고는 볼 수 있지만, 이러한 사정은 임의매매로 인한 손해배상청구를 일단 유보한 것으로 볼 수는 있을지언정, 원심 판시와 같이 임의매수를 추인함으로써 피고들에 대하여 손해배상청

구 등 법적 책임을 추궁할 수 있는 지위 자체를 포기한 것으로 보기는 어렵다. 2) 원고가 같은 날 피고 丙의 추천으로 매수한 성원건설 주식의 미수금이 발생하자 최대한 반대매매를 막으려고 노력하는 등 그 결과를 적극적으로 수용하였다는 점을 보면, 서울은행 주식의 임의매수는 신용매수가 아니어서 원고가 그 임의매수로 인한 미수금을 납입한 바는 없고, 다만 임의매수로 인한 손해배상청구권을 곧바로 행사하여 미수금채무와 상계하는 등의 조치를 취하지 아니한 채 신용으로 매수한 성원건설 주식의 미수금을 납입하기는 하였지만, 이는 피고 회사가 반대매매를 하려고 하여 이를 막기 위해 부득이 납입한 것으로 보이는바, 이처럼 손해배상청구권을 곧바로 행사하지 않은 것을 두고 임의매수로 인한 거래 결과를 적극적으로 수용하였다고 단정할 수는 없다. 3) 그리고 원고 본인신문 결과 등 기록에 의하면, 피고 丙이 다른 지점으로 전출되자 그의 상담을 받기 위해 그 곳으로 계좌를 이관하여 주식투자를 계속한 사실 또한, 원고가 피고 丙을 신뢰하여서라기보다 그의 노력으로 다른 주식거래를 통하여 서울은행 주식의 임의매수로 인한 손실을 만회하기 위한 것에 불과하여, 이로써 임의매수를 추인한 것으로 볼 것은 아니다. 왜냐하면 임의매매의 경우 당사자 사이의 다툼은 결국 그로 인한 금전적 손해를 누가 부담할 것인가의 문제로 귀결되고, 그로 인한 손실을 회복하기 위하여 그 거래계좌를 유지하면서 주식투자를 계속할 수도 있는 것이어서, 임의매매로 인한 분쟁이 발생하였다고 하여 고객의 입장에서 즉시 거래계좌를 해지하여야만 책임추궁이 가능한 것은 아니기 때문이다. 4) 원고가 이 사건 임의매매후 6개월 20일 만인 1999. 7. 6.에 이르러 정식으로 이를 문제삼기 시작하였고, 그 임의매매에도 불구하고 이 사건 계좌를 통한 주식거래 결과 상당한 금액의 수익을 올렸다는 점을 본다. 기록에 의하면 원고는 도봉지점 022-01-109906 계좌로 거래를 하다가, 피고 丙이 동소문지점으로 전출되자 1999. 5. 28. 동소문지점 119-01-100003 계좌로 이관하였고, 그 후 같은 해 7. 5. 도봉지점 022-01-112836 계좌로 다시 이관하였는데, 피고 丙이 계좌를 관리한 1999. 7. 5.까지 원고가 입은 손실은 26,000,448원이었으므로, 원심의 판단취지가 피고 丙의 계좌관리를 통하여 원고가 수익을 얻었다는 것이라면, 이는 사실을 오인한 것이고, 원고가 피고 회사와의 주식거래 전체를 통하여 결국 수익을 얻었다는 것이라면, 이는 피고 丙의 임의매수를 묵시적으로 추인하였는지 여부의 판단과는 관계가 없는 사실이다.

다. 결국 원심이 들고 있는 사정들만으로는 피고 丙이 한 서울은행 주식의 임의 매수를 원고가 묵시적으로 추인하였다고 인정하기에 부족하다고 하지 않을 수 없 는바, 이 점에서 원심판결에는 증권회사 직원의 주식 임의매매에 대한 고객의 묵 시적 추인 여부의 판단에 관한 법리를 오해한 위법이 있고, 이는 판결 결과에 영 향을 미쳤음이 분명하다.

☑ 쟁　　점

　위 판결은 甲이 증권회사 직원 丙의 조언을 받아 주식거래를 하였는데 丙이 甲의 위 임을 받지 않고 甲의 계좌에 있던 예탁금으로 주식을 임의로 매수하였는데 그 주식 이 크게 하락하여 甲이 손실을 입었으나 甲이 丙을 탓하지 아니한 채 몇 달을 계속 해서 丙의 조언을 받고 주식거래를 한 경우, 甲이 丙의 위 임의매수를 추인한 것으로 인정되는가 하는 점이 문제된 것이다.

☑ 검토할 사항

　◆ 무권행위의 추인으로 인정되기 위해서는 어떠한 사정이 있어야 하는가?
　◆ 추인으로 인정되면 무권대리로 인하여 입은 손해에 대하여 배상을 청구할 수 있는 가?
　◆ 甲이 丙의 임의매수를 추인으로 인정하지 않은 이유는 무엇인가?

☑ 관련사례

　1) A의 처 B가 A의 인감과 관계서류를 위조하여 A소유의 부동산을 매도하였는데, A 가 B의 제3자에 대한 채권 등을 양도받고 B와 이혼하는 한편 B의 위 처분행위와 이에 따른 사문서위조행위를 불문에 붙이기로 합의한 경우, A는 B의 위 무권대리 행위를 추인한 것으로 인정되는가? (대판 1991. 3. 8. 90다17088) 〈기초〉

　2) A는 B가 자신의 대리인으로 칭하면서 상호신용금고로부터 금원을 대출받은 사실 을 그 직후에 알고도 그로부터 3년이 지나도록 상호신용금고에 아무런 이의를 제 기하지 아니하였으며, 그 동안 4회에 걸쳐 어음을 개서하여 지급의 연기를 구하고, 자신의 이익을 위하여 직접 채무의 일부를 변제하기까지 한 경우, A는 B의 대출행 위를 추인한 것으로 인정되는가? (대판 1991. 1. 25. 90다카26812) 〈기초〉

　3) A의 부동산을 그의 아들 B가 권한없이 C에게 매도하였는바, C가 B를 고소하겠다 고 하는 관계로 A가 C에게 매매대금에 해당하는 돈을 반환해 주겠다고 하면서 그 매매계약을 해약해 달라고 요청하였으며, 또 그 금원반환기일에 금원을 반환하지 못하게 되자 그 기일의 연기를 구한 경우, A는 B의 무권대리행위를 추인한 것으로 인정되는가? (대판 1986. 3. 11. 85다카2337) 〈응용〉

4) A가 B의 무권대리행위에 의하여 권리의 침해를 받았는데, A가 그러한 사실을 알고서도 장기간 고소나 소송을 제기하지 않은 경우, A는 B의 무권대리를 묵시적으로 추인한 것으로 되는가? (대판 1967. 12. 18. 67다2294, 2295) 〈응용〉

☑ 참고문헌

◆ 강태성, 무권대리에 있어서의 본인의 추인·추인거절, 이철원교수 정년기념논문집, 1998, 171면 이하.
◆ 고규정, 증권회사 직원의 임의매매에 대한 고객의 묵시적 추인여부의 판단방법, 판례연구 16집(부산판례연구회), 2005, 111면 이하.

⑷ 추인의 의사표시의 상대방

대판 1981. 4. 14. 80다2314 〈응용〉 ·····························

[사안] 甲(원고)의 아들 A가 甲의 인장을 위조하여 본건 토지를 B에 매도하고, B는 C에게, C는 乙(피고)에게 순차 매도하여 그 소유권등기는 甲으로부터 C를 거쳐 乙에게 순차 이전되었다. 乙이 본건 토지를 매수한 후 甲을 방문하여 매수사실을 말하고 그 토지 위치를 가르쳐 달라고 하자, 甲은 이에 응하여 그 소재위치를 가르쳐 주었다. 또 乙이 2차에 걸쳐 甲이 거주하는 동리사람 3, 4명을 고용하여 위 토지에 식목하고 매년 여름 제초작업을 하여온 8년간 본건 토지 인근에 거주하는 甲은 아무 이의가 없었다. 그리고 甲은 A가 약 10여 년 전부터 본건 임야뿐 아니라 甲 소유의 다른 전답을 매각 처분하는 것을 짐작하고 있었음에도 아무런 조치를 아니하였을 뿐 아니라, 본건 임야는 그 당시 별로 값이 나가지 아니하여 甲은 A의 처분행위를 문제시하지 않았다. 그러다가 甲이 乙에 대하여 이전등기의 말소를 소구하였다.

[판지] 무권대리행위의 추인에 특별한 방식이 요구되는 것이 아니므로 명시적인 방법만 아니라 묵시적인 방법으로도 할 수 있고, 또 그 추인은 무권대리인이나 무권대리행위의 상대방 어느 편에 대하여도 할 수 있으며, 여기에서 상대방이라 함은 무권대리행위의 직접 상대 당사자뿐만이 아니라 그 무권대리행위로 인한 권리 또는 법률관계의 승계인도 포함된다고 해석된다. 원심의 위 설시에 따르면, 위 묵시적인 추인은 피고에게 대하여 한 것이며 또 위 무권대리인 A에 대하여 한 것이라고도 못 볼 바 아니어서 어느 모로도 유효한 추인이라고 할 것이며, 민법 제132조의 규정은 추인을 상대방에게 하지 않고 무권대리인에게 한 경우에

상대방이 추인있음을 알지 못한 동안에는 본인은 상대방에게 추인의 효과를 주장하지 못한다는 취지이며, 따라서 상대방은 그때까지 동법 제134조에 의한 철회를 할 수 있으되 그렇지 아니하고 무권대리인에의 추인이 있었음을 주장함도 무방하다 할 것이다. 그러므로 본건의 경우 원심이 본인인 원고의 추인이 있었다 하고, 또 그것이 유효하다고 한 판단은 정당하다.

☑ 쟁   점

위 판결은 본인이 무권대리인의 토지매각사실을 알 수 있었다고 보여지는 사정이 있었음에도 아무런 이의도 제기하지 않은 경우, 추인이 있은 것으로 인정할 것인가 하는 점이 문제된 것이다.

☑ 검토할 사항

◆ 무권대리행위에 대한 추인은 묵시적으로도 행해질 수 있는가?
◆ 추인의 상대방은 무권대리행위의 상대방에 한정되는가?
◆ 위 사건에서 甲은 누구에게 추인을 한 것인가?

☑ 기타 검토사항

1) 본인이 무권대리인에게 추인을 한 경우, 상대방은 무권대리인과 행한 행위를 철회할 수 있는가?

(3) 무권리자의 처분행위에 대한 권리자의 추인

대판 1981. 1. 13. 79다2151 〈응용〉··

[사안] 이 사건 부동산은 원래 A소유였는데, A가 1961. 6. 11. 사망함으로써 그의 부인 甲(원고)이 이를 상속받았다. 그런데 A의 맏조카 B(원심 공동피고)가, 자신이 A가 사망하기 전인 1960. 3. 10. 위 부동산을 A로부터 매수하였다고 주장하면서 이미 사망한 A를 상대로 이전등기청구소송을 제기하여 1968. 8. 23. 의제자백에 의하여 승소판결을 받고, 동년 9. 24. 이전등기를 경료하였다. 그리고 B는 1969. 6. 3. 이를 C에게 매각하여 이전등기를 마쳤다. 그런데 甲은 B의 그러한 처분을 인정하였다. 그 후 위 부동산은 전전 매각되어 乙(피고)이 이전등기를 경료하였다. 甲이 乙에 대하여 위 등기의 말소를 소구하였다.

[판지] 피고는 본건 부동산에 관하여 원고의 피상속인인 A 명의에서 원심피고

B 명의로의 소유권이전등기절차가 경료된 경위가 A를 상대로 한 의제자백 판결에 의하여 이루어진 것으로서 무효이고 따라서 그 후에 전전된 등기 또한 무효라고 하더라도, B가 이를 타인에게 매도처분한 후 원고가 그 처분을 인정하였으므로 그 처분이 원고에게 효력을 발생하였다는 취지로 주장하고 있음을 규지할 수 있고, 타인의 권리를 자기의 이름으로 또는 자기의 권리로 처분한 경우에 본인이 후일 그 처분을 인정하면 특단의 사유가 없는 한 위 처분이 본인에게 효력을 발생함은 무권대리의 추인의 경우와 같이 취급되어야 할 것이므로, 원심으로서는 마땅히 피고들의 위 주장이 그 이유가 있는가 없는가에 대하여 사실 및 법률의 각 점에 관한 판단을 하였어야 할 것임에도 불구하고, 이에 이르지 아니하고 위 등기들이 모두 무효라고 판시하고 A와 B간에는 법률행위가 존재하지 아니하므로 추인의 대상인 법률행위가 없는 셈이어서 원고가 추인할 수도 없다고만 판단하고 말았으니, 원심판결은 필경 피고의 위 주장에 대한 판단을 유탈한 위법이 있다.

☑ 쟁   점

위 판결은 B가 무단히 甲의 부동산을 자신의 소유로 등기하고 이를 제3자에게 양도하였는데 甲이 그 처분을 인정한 경우, 무권대리의 추인의 경우와 같이 취급하여 甲은 그 처분행위의 무효를 주장할 수 없는가 하는 점이 문제된 것이다.

☑ 검토할 사항

◆ B가 C에게로 위 부동산을 처분한 것은 진정한 소유자인 甲을 대리하여 행한 것인가?

☑ 관련사례

1) X임야는 A의 소유로 등기되어 있으나, 실제로는 A와 B가 각기 19/25 및 6/25씩 공동상속한 것이다. 그런데 부산 동래구가 공공용지의취득및손실보상에관한특례법에 의하여 A와 위 임야를 협의취득하고, 위 임야에 관한 손실보상금 전액을 A에게 지급한 후 이전등기를 마쳤다. 그리하여 B가 A에 대하여 그가 받은 손실보상금 중 자신의 지분에 상응하는 부분에 관해서는 법률상 원인 없이 이득을 본 것이라고 하면서 부당이득반환을 소구하였다. 이에 대하여 A는, 위 임야에 대한 A명의의 소유권이전등기 중 6/25지분이 원인무효라면 동래구가 협의취득을 원인으로 하여 위 지분에 관하여 마친 소유권이전등기 역시 원인무효이므로 B가 위 지분에 관한 소유권을 상실하였다고 볼 수 없고, 따라서 B에게 손실이 발생하였음을 전제로 하는 부당이득반환청구는 이유 없다고 항변하였다. A의 주장은 타당한가? 그 관건은 무

엇인가? (대판 2001. 11. 9. 2001다44291) 〈응용〉

☑ 기타 검토사항

1) B의 위 처분행위가 대리행위가 아님에도 불구하고 甲이 이를 인정한 경우에 무권대리의 추인과 같이 취급하는 근거는 무엇인가? (대판 2001. 11. 9. 2001다44291)

☑ 참고문헌

◆ 김규완, 권리의 무단처분과 권리자의 추인, 고려법학 55호, 193~230면, 2009.
◆ 양창수, 무권리자의 처분과 권리자에 의한 추인, 민사판례연구 10권, 1988, 12면 이하.
◆ 양창수, 무권리자의 처분에서 권리자의 물권적청구권과 부당이득반환청구권의 긴장관계, 민사재판의 제문제 12권, 2003, 55면 이하.

(4) 무권대리의 주장과 금반언

대판 1994. 9. 27. 94다20617 〈심화〉 ···

[사안] 甲(원고)의 아들 A는 농지개혁법에 의하여 이 사건 부동산을 분배받아 그 대금을 상환하여 오다가, 한국전쟁 때 의용군으로 참전하여 그 생사가 분명하지 않게 되었다. 그리하여 甲이 1958. 11. 20. A를 대신하여 그 대금의 상환을 완료하고 1963. 6. 18. A의 명의로 소유권이전등기를 경료하였다. 甲은 법원에 A에 대한 실종선고를 청구하여 1977. 12. 20. 실종선고가 내려져 A의 단독 재산상속인이 되었다. 그런데 甲은 위 실종기간 만료 전인 1964. 9. 12.에 가정형편이 어렵자 A의 대리인인 것처럼 A의 인장을 사용하여 위 부동산을 B에게 매도하였으며, 乙(피고)은 B로부터 이를 매수하고 소유권이전등기를 마쳤다. 그런데 甲이 乙에 대하여 자신의 B에게의 처분행위는 무권대리로서 무효라고 하면서 위 이전등기의 말소 및 부동산의 점유로 인한 임료 상당의 부당이득금의 반환을 소구하였다.

[원심] 원고와 B 사이의 매매계약이 A로부터 처분권한을 부여받지 못한 원고의 무권대리행위에 기한 것이어서 무효이고, 그 무효인 매매계약에 터잡아 경료된 피고 명의의 소유권이전등기 역시 원인무효의 등기라고 하더라도, A의 무권대리인으로서 위 부동산에 대한 매매계약을 체결한 당사자인 원고가 A의 단독 재산상속인이 된 지금에 와서 위 매매계약의 효력을 부인하고 그 매매계약에 터잡

아 위 부동산에 관하여 소유권이전등기를 경료하고 이를 점유하는 피고에게 위 소유권이전등기의 말소와 부동산의 점유로 인한 임료 상당의 부당이득금의 반환을 구하는 것은 금반언의 원칙이나 신의칙에 반하여 허용될 수 없다고 판단하였다.

[판지] 원고는 A의 무권대리인으로서 민법 제135조 제1항의 규정에 의하여 매수인인 B에게 위 부동산에 대한 소유권이전등기를 이행할 의무가 있다고 할 것이므로, 그러한 지위에 있는 원고가 A로부터 위 부동산을 상속받아 그 소유자가 되어 위 소유권이전등기이행의무를 이행하는 것이 가능하게 된 시점에서 자신이 소유자라고 하여 자신으로부터 위 부동산을 전전 매수한 피고에게 원래 자신의 매매행위가 무권대리행위여서 무효였다는 이유로 피고 앞으로 경료된 소유권이전등기가 무효의 등기라고 주장하여 그 등기의 말소를 청구하거나 위 부동산의 점유로 인한 부당이득금의 반환을 구하는 것은 금반언의 원칙이나 신의성실의 원칙에 반하여 허용될 수 없다고 할 것이므로, 같은 취지로 판단한 원심판결은 정당하다.

☑ 쟁 점

위 판결은 본인의 부동산을 권한 없이 처분한 후 본인의 상속인으로서 위 부동산을 상속한 자가 상속 전에 행한 자신의 위 처분행위가 무권대리임을 내세워 이의 무효를 주장하는 것이 신의칙에 반하는가 하는 점이 문제된 것이다.

☑ 검토할 사항

◆ 甲의 B에게의 처분행위가 무권대리로 되는 이유는 무엇인가?

☑ 관련사례

1) A의 장남 B는 A가 중병으로 앓고 있자 그의 생전에 A소유의 부동산을 자신의 단독명의로 이전등기할 의도로 그 등기방법을 C와 상의하였으며, B는 C의 권유에 기해서 위 부동산을 C명의로 이전등기한 후 다시 자신 명의로 이전등기할 의도로 A의 인감도장을 이용하여 A명의로부터 C명의로 소유권이전등기를 마쳤다. 그런데 C가 이를 기화로 위 부동산을 D의 명의로 이전등기하였다. 그 후 A가 사망하였다. A의 상속인인 B 등 6인이 C에게의 이전등기는 무권대리로서 무효라고 하면서 C 및 D를 상대로 이전등기의 말소를 청구하였다. B등의 청구는 금반언의 법칙에 반하는가? (대판 1992. 4. 28. 91다30941) 〈심화〉

제 6 절 무효 및 취소

Ⅰ. 법률행위의 무효

1. 무효사유 및 효과

(1) 무효사유

대판 1996. 12. 23. 95다40038 〈기초〉 ·······················

[사안] A는 1972. 11. 7. 자신의 재산을 출연하여 장학사업 등을 목적으로 하는 재단 甲(원고)을 설립하고 그 대표자인 이사장에 취임하였다. 그런데 1979. 10. 26. 고(故) 박정희 대통령의 시해사건이 발생하여 비상계엄이 선포되고 그 후 1980. 5. 17. 비상계엄이 전국적으로 확대되면서 계엄사령부가 구정치인들의 권력형 부정축재를 조사하여 그들의 재산을 국고에 환수한다는 방침을 세움에 따라, A는 같은 날 21:00경 계엄사령부 예하의 합동수사본부에 강제로 연행되어 합동수사본부 수사단장(소외 2)의 지휘 아래 그 수사관들로부터 재산을 국가에 헌납할 것과 甲재단의 이사장직에서 사임할 것을 요구받았다. A는 처음에는 그 요구를 거절하였으나, 불법적인 구금이 장기간 계속되면서 자기 아들이자 당시 동부그룹의 경영자인 B의 재산까지 몰수하겠다는 위협을 받게 되자, 자신은 물론 가족들의 신변이나 재산에 어떤 위해를 당할지도 모른다는 외포심을 느낀 나머지 마침내 자기의 재산을 국가에 증여하는 한편, 6. 20.에는 위 재단의 이사장직에서 사임한다는 내용의 사퇴서를 작성하여, 7. 2. 석방되었다. 그 후 위 재단은 8. 6. 이사회를 개최하여 정관을 변경하고 이 변경된 정관에 기해서 새로이 이사를 선임하였으며, 새로 구성된 이사회는 재단의 명칭을 변경하고 재단의 전 재산을 재단법인 A(피고, 한국지도자육성재단)에 증여하기로 결의하였다. 그리고 甲재단은 5. 7. 목적사업 달성불능을 이유로 해산을 결의하고 청산인으로 C를 임명하여 청산사무를 수행하였다. 그후 갑은 A의 위 증여 및 이사장직 사임의 의사표시가 무효라고 하면서 재산반환의 소를 제기하였다.

[판지] 1) 민법 제103조에 의하여 무효로 되는 반사회질서행위는, 법률행위의

목적인 권리의무의 내용이 선량한 풍속 기타 사회질서에 위반되는 경우뿐 아니라, 그 내용 자체는 반사회질서적인 것이 아니라고 하여도 법률적으로 이를 강제하거나 그 법률행위에 반사회질서적인 조건 또는 금전적인 대가가 결부됨으로써 반사회질서적인 성격을 띠는 경우 및 표시되거나 상대방에게 알려진 법률행위의 동기가 반사회질서적인 경우를 포함하지만, 이상의 각 요건에 해당하지 아니하고 단지 법률행위의 성립과정에 불법적인 방법이 사용된 데 불과한 경우에는 그 의사표시의 하자를 이유로 그 효력을 논할 수 있을 뿐이고 반사회질서의 법률행위에 해당하여 무효라고는 할 수 없다. 이 사건에서 국가기관이 A를 불법적으로 장기간 구금하면서 만약 이사장직에서 사임하지 아니하면 그 자신이나 가족들의 신체와 재산에 어떤 해악을 가할 것처럼 위협하는 위법행위를 하였지만, 그러한 위법행위는 강박행위의 수단에 불과하고, A의 이사장직 사임의 의사표시에 불법적인 조건이나 금전적인 대가가 결부된 것이라고는 볼 수 없으며, 또 원고 재단의 이사장직에서 사임한다는 의사표시를 법률로 강제한다고 하여 그로 인하여 사회질서에 반하는 결과가 발생하는 것도 아니라 할 것이므로, A의 재단법인 이사장직에서의 사임의 의사표시에 반사회질서적인 조건 또는 금전적인 대가가 결부되었다거나 그 의사표시를 강제하게 되면 반사회질서적인 결과가 발생한다는 취지의 논지는 모두 이유가 없다.

2) 국가기관이 헌법상 보장된 국민의 기본권을 침해하는 위헌적인 공권력을 행사한 결과 국민이 그 공권력의 행사에 외포되어 자유롭지 못한 의사표시를 하였다고 하더라도 그 의사표시의 효력은 의사표시의 하자에 관한 민법의 일반원리에 의하여 판단되어야 할 것이고, 그 강박행위의 주체가 국가 공권력이고 그 공권력 행사의 내용이 기본권을 침해하는 것이라고 하여 그 강박에 의한 의사표시가 항상 반사회성을 띠게 되어 당연히 무효로 된다고는 볼 수 없다.

3) 원심은, 강박에 의한 법률행위가 무효로 되기 위하여는 강박의 정도가 극심하여 의사표시자의 의사결정의 자유가 완전히 박탈된 상태에서 이루어져야만 할 것인데, 관련 증거들에 의하면 A가 의사결정의 자유를 완전히 박탈당할 정도의 극심한 강박상태에서 사임의 의사표시를 하였다고 보기 어려우므로, 위 사임의 의사표시가 취소할 수 있는 법률행위에 해당함은 별론으로 하고 이를 무효라고 볼 수는 없다고 판단하였는바, 기록에 의하면 원심의 위와 같은 인정과 판단은 정당하다.

☑ 쟁   점

이 판결에서는 국가공무원의 강박에 기해서 재산의 증여 및 이사장직 사임의 의사표시를 한 경우 그러한 의사표시가 무효인지 여부가 문제되었다.

☑ 검토할 사항

◆ 甲이 A의 증여 및 사임의 의사표시의 무효원인으로서 주장하고 있는 사유는 무엇인가?

◆ 甲은 왜 강박(제110조)을 이유로 의사표시를 취소하지 않고 그 무효를 주장하였을까?

◆ 甲에 대한 강박행위의 주체가 국가라는 사실은 사실관계를 판단하는 데 영향을 미치는가?

☑ 기타 검토사항

1) A는 내심으로는 증여의 의사가 없음에도 증여의 의사표시를 한 것으로 판단되는데, 그렇다면 이를 비진의표시(제107조)로서 무효라고 볼 수는 없는가?

2) 무효와 취소의 차이 및 무효사유와 취소사유를 살피시오.

☑ 참고문헌

◆ 김천수, 법률행위의 무효, 한국민법이론의 발전(이영준박사 화갑기념논문집 I), 150면 이하, 1999.

◆ 김천수, 법률행위의 무효와 취소에 관한 판례분석, 사법연구 8집, 205면 이하, 2003.

◆ 윤진수, 법률행위의 무효――Pawlowski의 무효개념을 중심으로――, 법률행위론의 사적전개와 과제(이호정교수 화갑기념논문집), 251면 이하, 1998.

(2) 유동적 무효

대판(전) 1991. 12. 24. 90다12243 〈기초〉 ·······································

[사안] 甲(원고)은 1989. 3. 16. 乙(피고) 및 A의 공유로 등기되어 있던 X토지 중 乙의 소유 부분(Y토지)을 매수하고, 당일 계약금을 지급하였다. 그리고 1989. 3. 31.에 중도금을, 1989. 4. 17.에 잔금을 지급하며, 乙은 1989. 5. 초순경까지 위 X토지의 분할등기절차를 마치고 甲에게 Y토지에 관한 소유권이전등기서류를 교부하기로 약정하였다(즉 甲의 잔금지급의무를 乙의 분할등기절차 및 이전등기서류제공의무에 앞서 먼저 이행하기로 약정). 그리고 매매계약시에 乙이 위 계약을 위반하였을 때에는 계약금의 배액을 甲에게 배상하고 甲이 이를 위반하였을 경우에는

이 계약을 무효로 하며 계약금반환청구를 할 수 없다고 약정하였다. X토지는 위 매매계약체결 당시 국토이용관리법상 도지사의 허가를 받아야 하는 규제지역 내에 위치하고 있었는데, 甲과 乙은 허가를 받지 않고 위 계약을 체결한 것이었다. 甲은 약정한 날짜에 중도금을 지급하였으나, 잔금지급기일에 잔금을 지급하지 않았으며, 乙이 甲에게 수차례에 걸쳐 잔금지급을 요청하였으나 甲이 이에 응하지 않았다. 그리하여 乙은 1989. 5. 15.에 이르러, 5. 17.까지 잔금을 지급하지 않으면 위 매매계약은 별도의 의사표시 없이 해제된 것으로 간주된다고 통지하였다. 그럼에도 甲은 위 날짜가 경과하도록 잔금을 지급하지 않다가, 1989. 5. 26. 잔금액을 변제공탁하고 乙에 대하여 Y토지에 관하여 소유권이전등기절차의 이행을 소구하였다. 이에 대하여 乙은 위 매매계약은 이미 해제되었다고 항변하였다. 甲·乙은 아직 위 법에 의한 허가를 받지 않은 상태이다.

[판지] 1) 국토이용관리법 제21조의2 제1항, 제21조의3 제1항, 같은 조 제7항, 제21조의2, 같은 법 시행령 제24조, 같은 법 제31조의2 등의 규정은 사립학교법, 농지개혁법 또는 외국인토지법 등 다른 토지거래규제법들이 특정한 목적의 토지보전을 위하여 그 권리의 이전을 규제함에 그치는 것과는 달리, 투기의 목적으로 하는 토지 등의 거래계약 자체를 규제하기 위하여 규제지역 내에서의 개인 간 토지거래에 관할관청이 직접 개입하여 그 거래내용이 위 법의 투기거래방지목적에 저촉되는지의 여부를 검토한 후 허가를 하게 함으로써 이러한 허가 없이는 당사자를 구속하는 계약의 효력이 발생하는 것을 금지하려는 데에 그 입법취지가 있다고 해석된다. 위와 같은 각 규정의 내용과 그 입법취지에 비추어 볼 때, 토지의 소유권 등 권리를 이전 또는 설정하는 내용의 거래계약은 관할관청의 허가를 받아야만 그 효력이 발생하고, 허가를 받기 전에는 물권적 효력은 물론 채권적 효력도 발생하지 아니하여 무효라고 보아야 할 것이다. 다만 허가를 받기 전의 거래계약이 처음부터 허가를 배제하거나 잠탈하는 내용의 계약일 경우에는 확정적으로 무효로서 유효화될 여지가 없으나, 이와 달리 허가받을 것을 전제로 한 거래계약일 경우에는 허가를 받을 때까지는 법률상 미완성의 법률행위로서 소유권 등 권리의 이전 또는 설정에 관한 거래의 효력이 전혀 발생하지 않음은 위의 확정적 무효의 경우와 다를 바 없지만, 일단 허가를 받으면 그 계약은 소급하여 유효한 계약이 되고 이와 달리 불허가가 된 때에는 무효로 확정되므로 허가를 받기까지는 유동적 무효의 상태에 있다고 보는 것이 타당하다. 그러므로 허가받을

것을 전제로 한 거래계약은 허가받기 전의 상태에서는 거래계약의 채권적 효력도 전혀 발생하지 않으므로 권리의 이전 또는 설정에 관한 어떠한 내용의 이행청구도 할 수 없다. 다만 일단 허가를 받으면 그 계약은 소급해서 유효화되므로 허가 후에 새로이 거래계약을 체결할 필요가 없는 것이다.

이와 같이 보는 이유는, 허가 전의 거래계약에 대하여 채권적 효력을 인정하게 되면 당사자 사이에 채권적 권리관계의 이행청구나 그 이행확보를 위한 가등기설정 등이 가능해져서 매매계약상 매수인의 지위양도가 손쉽게 이루어지고 이에 따라 거래시마다 가격이 오르게 되어 투기적 거래의 기회와 여건을 형성하게 되므로, 투기적 거래방지를 위하여는 거래계약의 채권적 효력도 부인하여 허가를 받기 전에 어떠한 내용의 이행청구나 채권적 지위의 양도도 할 수 없게끔 할 필요가 있기 때문이다. 이러한 관점에서 본다면, 위 법 제21조의3 제1항 소정의 허가를 규제지역 내의 모든 국민에게 전반적으로 토지거래의 자유를 금지하고 일정한 요건을 갖춘 경우에만 금지를 해제하여 계약체결의 자유를 회복시켜 주는 성질의 것이라고 보는 것은 위 법의 입법취지를 넘어선 지나친 해석이고, 규제지역 내에서도 토지거래의 자유가 인정되나 다만 위 허가를 허가 전의 유동적 무효상태에 있는 법률행위의 효력을 완성시켜 주는 인가적 성질을 띤 것이라고 보는 것이 타당하다. 위와 달리 허가를 전제로 한 계약까지도 절대무효이고 당사자는 어느 경우에나 허가를 받은 후에 매매계약을 체결하여야 한다고 해석하는 것은 거래의 현실에 비추어 보아도 매우 불합리하여 받아들이기 어렵다.

국토이용관리법의 토지거래허가의 성질과 그 허가를 전제로 한 거래계약의 효력이 위에서 설명한 바와 같다면, 이러한 계약을 체결한 당사자 사이에 있어서는 그 계약이 효력있는 것으로 완성될 수 있도록 서로 협력할 의무가 있음이 당연하므로, 규제지역 내의 토지에 대하여 거래계약이 체결된 경우에 계약의 쌍방 당사자는 공동으로 관할 관청의 허가를 신청할 의무가 있고, 이러한 의무에 위배하여 허가신청절차에 협력하지 않는 당사자에 대하여 상대방은 협력의무의 이행을 소송으로써 구할 이익이 있다고 할 것이다.

결국 토지거래규제지역 내에서 체결된 토지거래계약은 관할관청의 허가를 받기 전에는 아무런 효력이 발생하지 않으므로 이러한 허가를 받기도 전에 이 사건 토지의 매매계약이 유효함을 전제로 소유권이전등기절차의 이행을 구하는 원고의 주위적 청구를 배척한 원심판단은 정당하다.

2) 원고와 피고 사이에 체결된 이 사건 토지의 매매계약은 처음부터 허가를 배제하거나 잠탈하는 내용의 계약이 아니라 허가를 전제로 한 계약이라고 보여지므로, 계약의 쌍방 당사자는 공동허가신청절차에 협력할 의무가 있고, 따라서 원고의 예비적 청구 중 피고에 대하여 토지거래허가신청절차의 이행을 구하는 부분을 인용한 원심판결은 정당하다.

3) 이 사건 매매계약은 관할관청으로부터 토지거래허가를 아직 받지 못하였으므로 그 계약내용대로의 효력이 있을 수 없는 것이어서, 원고로서도 아직 그 계약내용에 따른 대금지급의무가 있다고 할 수 없다. 그러므로 설사 계약상 원고의 대금지급의무가 피고의 소유권이전등기의무에 선행하여 이행하기로 약정되어 있었다고 하더라도, 국토이용관리법상의 허가를 받기까지는 원고에게 그 대금지급의무가 없음은 마찬가지여서 피고로서는 그 대금지급이 없었음을 이유로 계약을 해제할 수는 없는 것이고, 따라서 원고의 대금지급의무이행의 지체로 위 계약이 해제되었다는 피고의 항변은 이유 없다.

☑ 쟁   점

이 판결에서는 구 국토이용관리법상의 허가를 받지 않고 행한 토지거래행위의 효력이 문제되었다.

☑ 검토할 사항

◆ 일정지역에서의 토지거래행위에 관하여 관할관청의 허가를 요구하는 국토이용관리법 제21조의2, 제21조의3 등의 취지는 무엇인가?

◆ 국토이용관리법상의 허가를 받지 않고 행한 거래행위를 단순히 무효라고 하지 않고 유동적 무효라고 한 이유는 무엇일까?

◆ 이 판결에 따르면 통상적인 무효와 유동적 무효와의 차이는 무엇인가?

☑ 관련사례

1) 허가를 받지 않아 유동적 무효 상태인 부동산 매매계약에 계약금 약정이 있었고 그에 따라 계약금이 교부된 경우(제565조), 매도인은 지급한 계약금을 포기하고 유동적 무효상태인 매매계약을 해소할 수 있는가?

2) 허가를 받지 않아 유동적 무효인 상태인 부동산 매매계약에서 일방 당사자가 협력의무를 이행하지 아니하는 경우, 상대방이 협력의무의 불이행을 이유로 손해배상을 청구할 수는 있겠는가?

☑ 기타 검토사항

1) 甲은 乙에 대하여 토지거래허가신청절차의 이행을 청구할 수 있는가? 있다면 그 법적 근거는 어디에서 찾아야 하겠는가?

2) 이 판결의 논리를 따를 때, 아직 허가를 받지 않은 상태에서 매수인이 이행기에 대금을 지급하지 않은 경우 매도인은 채무불이행을 이유로 매매계약을 해제할 수 있겠는가? 또한 채무불이행을 이유로 손해배상을 청구할 수 있겠는가?

3) 유동적 무효 상태의 토지거래행위가 확정적 무효가 되는 사유로는 무엇을 생각해 볼 수 있는가?

☑ 참고문헌

◆ 강문종, 토지거래허가(국토이용관리법)를 받지 않고 체결한 매매계약의 효력, 판례연구 2집(부산판례연구회), 107면 이하, 1992.

◆ 김상용, 토지거래허가의 법리구성, 판례월보 260호(1992. 05), 23면 이하.

◆ 김정도, 토지거래허가를 받지 아니한 토지매매계약의 법률관계, 재판과 판례 4집 (대구판례연구회), 305면 이하, 1995.

◆ 양창수, 국토이용관리법상의 거래허가 대상토지에 대한 허가 없는 거래계약의 효력, 고시연구 28권 7호(2001. 07), 117면 이하.

2. 일부무효

● 판례 1

대판 1996. 8. 23. 94다38199 〈응용〉 ···

[사안] 甲(원고)은 1986. 8.경부터 K증권회사 명동지점에 거래구좌를 개설하고 주식투자를 하여 오다가, 1987. 상반기부터 A가 근무하던 증권회사 乙(피고) 중부지점에 거래계좌를 개설하고 객장에 자주 나와 직원 A의 상담을 받으면서 주식투자를 하여 왔다. A는 1988. 6. 18.경 A 회사 안산지점장으로 발령을 받고 위 지점의 실적을 높이기 위하여 甲에게 안산지점에서 주식거래를 할 것을 권유하였으나, 甲은 거리가 멀어 신속한 주식매매가 어렵다는 이유로 거절하였다. 그러자 A는 甲에게 위 지점과 거래하면서 자신에게 주식투자를 일임하면 甲의 주식투자금에 대하여 최소한 투자원금과 이에 대한 연 10%의 이자, 연 6%의 수익 및 거래관계가 종료되는 경우 그 익일부터 원금과 보장수익에 대한 연 25%의 비율에 의한 지연손해금의 지급을 보장하겠다고 제의하여, 甲은 그 제의를 수락하고 A로

부터 그와 같은 내용의 서약서를 받았다(투자수익보장약정 및 일임매매약정). 이에
기해서 甲은 1988. 6.경부터 1989. 1.경 사이에 위 안산지점에서 자신 및 가족들
명의로 乙회사와 매매거래계좌설정약정과 신용거래계좌설정약정을 체결하고 A에
게 주식투자를 일임하였는데, 이후 A가 甲의 예탁금으로 주식투자를 한 결과 전
반적인 주가의 하락으로 투자원금의 손실이 발생하였다. 이에 따라 甲은 A와
1990. 9. 28. 주식거래를 중단하기로 하고, A는 甲에게 10. 5.까지 투자원금 및 A
가 보장한 투자수익을 정산하여 지급하여 주기로 약정하였다. 그런데 A가 위 약
정한 정산금을 지급치 않자 甲은 A회사에 대하여, A가 乙회사 안산지점장으로서
포괄적인 대리권을 가지고 있으므로 乙회사는 본인으로서 A와 자신간의 위
1988. 6. 18.자 약정에 따른 투자원금손실금 및 보장수익금 지급책임이 있고, A
에게 대리권이 없었다 하더라도 표현대리의 법리에 따라 乙회사는 위 약정에 따
른 책임이 있다고 하면서, 약정금의 지급을 소구하였다(주위적 청구). 아울러 甲은
위 투자수익보장약정이 강행법규에 위반되어 무효라면 그와 일체로 체결된 자신
과 乙회사 사이의 현금예탁계약(주식매매거래계좌설정약정)도 법률행위 일부무효의
법리에 따라 그 전체가 무효로 되고, 현금예탁계약 중 포괄적 일임매매약정도 증
권거래법에 반하여 무효이어서 乙회사는 법률상 원인 없이 자신으로부터 금원을
예탁받은 것이라고 하면서, 예탁원금 손실액 상당액에 관하여 부당이득반환을 청
구하였다.

[원심]   1) 위 투자수익보장약정은 강행법규인 증권거래법 제52조 제1호에 반하
여 무효이고, 가사 그렇지 않다고 하더라도 증권거래법상 금지되는 위와 같은 약
정을 하는 것이 피고 회사의 지점장인 A의 대리권의 범위 내에 속한다고 볼 수
없고, 달리 위 약정행위가 A의 대리권의 범위 내에 포함됨을 인정할 만한 아무런
증거가 없으므로, 위 약정이 피고에 대하여 유효한 대리행위가 됨을 전제로 하는
원고들의 위 주장은 이유 없고, 나아가 원고들에게 A가 위와 같은 약정을 체결할
권한이 있었다고 믿었다고 인정할 증거가 없으며, 오히려 원고는 이 사건 증권거
래 이전에 약 2년여 동안 증권거래를 한 경력이 있었던 사실을 인정할 수 있는
바, 위와 같은 위 원고의 증권거래를 한 경력에 비추어 보면 원고에게 위 A가 위
와 같은 약정을 체결할 정당한 권한이 있다고 믿었음에 정당한 이유가 있었다고
보기 어려우므로 원고들의 표현대리 주장 역시 이유 없다.

2) 투자수익보장약정과 위 일임매매약정은 원고들과 A 사이에서 체결된 것이고,

주식매매거래계좌설정약정은 원고들과 피고 회사 사이에서 별도로 체결된 것이므로 위 투자수익보장약정과 일임매매약정이 무효가 된다고 하여 주식매매거래계좌설정약정까지 무효로 된다고 볼 수 없으니, 위 약정들이 1개의 법률행위에 의하여 이루어졌음을 전제로 한 원고들의 위 주장은 이유 없다.

[판지] 1) 증권거래법 제52조 제1호는 공정한 증권거래질서의 확보를 위하여 제정된 강행법규로서 이에 위배되는 주식거래에 관한 원심 인정과 같은 투자수익보장약정은 무효라고 할 것이므로, 이와 같은 취지의 원심의 판단은 정당하다. 위에서 본 1988. 6. 18.자 투자수익보장약정이 강행법규인 위 조항에 위배되어 무효인 이상 피고 회사의 대리인인 A에게 위 약정을 체결할 권한이 수여되었는지 여부에 불구하고 위 약정은 역시 무효라고 할 것이므로, 피고 회사가 표현대리 법리에 따라 위 약정에 기한 책임을 져야 한다는 원고의 주장은 더 나아가 살펴볼 필요도 없다 할 것이다.

2) 원심은 투자수익보장약정과 일임매매약정은 원고들과 A 사이에서 체결되었음에 반하여, 주식매매거래계좌설정약정은 원고들과 피고 회사 사이에서 별도로 체결되어 위 약정들이 일체로 체결되었다고 볼 수 없다는 이유로 원고들의 일부 무효에 관한 주장을 배척하고 있다. 그러나 원심은 원고들의 주위적 청구에 관한 판단에서 A의 투자수익보장약정 등을 피고 회사의 안산지점장으로서 피고 회사를 대리하여 체결한 것임을 전제로 판단하고 있고, 기록에 비추어 보더라도 A가 원고들에게 위와 같은 투자수익보장약정을 한 이유는 자기가 지점장이 된 피고 회사 안산지점과 거래하도록 하기 위한 것으로서 피고 회사 안산지점장의 자격에서 한 것이지 A 개인자격에서 한 것이 아니라고 할 것이므로, 원심이 위 투자수익보장약정은 피고 회사의 안산지점장 A의 대리행위에 의하여 피고 회사와의 사이에 체결된 주식매매거래계좌설정약정이나 일임매매약정과는 달리 개인 A와의 사이에 체결되었다고 본 것은 잘못이라고 할 것이다. 그리고 증권거래법 제107조가 일임매매의 경우 그 유가증권의 종류·종목 및 매매의 구분과 방법에 관하여는 고객이 결정하여야 하고(제1항) 재무부장관이 정하는 바에 따라야 하도록 규정하고 있으며(제2항), 증권거래법시행규칙 제20조의2는 그 방식에 관하여 미리 서면에 의한 계약을 체결하도록 규정하고 있음에도 불구하고(위 규칙 제20조의2 제2항), 원고들과 피고 회사 사이에 체결된 이 사건 일임매매약정은 위와 같은 거래에 관계되는 사항을 원고들이 정하지 아니하고 포괄적으로 피고 회사에 위임

한 것이이서 위 규정에 위반된 것임은 분명하지만, 일임매매에 관한 증권거래법 제107조는 고객을 보호하기 위한 규정으로서 증권거래에 관한 절차를 규정하여 거래질서를 확립하려는 데 그 목적이 있는 것이므로, 고객에 의하여 매매를 위임하는 의사표시가 된 것임이 분명한 이상 그 사법상 효력을 부인할 이유가 없고 그 효력을 부인할 경우 거래 상대방과의 사이에서 법적 안정성을 심히 해하게 되는 부당한 결과가 초래되므로, 일임매매에 관한 증권거래법 제107조 위반의 약정도 사법상으로는 유효하다고 보는 것이 타당하다고 할 것이다. 따라서 원고들과 피고 회사 사이의 이 사건 주식거래에 있어서의 일임매매약정은 유효하다고 할 것이고 그것이 증권거래법 제107조에 위반하여 무효라고 할 수 없다. 또 원고들과 피고 회사 사이에 이 사건 주식매매거래계좌설정약정 및 투자수익보장약정, 일임매매약정을 체결한 동기와 경위에 비추어 보면, 원고들과 피고 회사 사이에 체결된 이 사건 주식매매거래계좌설정약정은 위 투자수익보장약정 및 일임매매약정과 결합하여 그 전체가 경제적, 사실적으로 일체로서 행하여진 것으로 보아야 할 것이고 서로 별도로 체결된 약정이라는 원심의 판단은 잘못이라고 할 것이지만, 앞서 본 바와 같이 원고 甲은 이 사건 주식투자 이전에 이미 1986. 8.경부터 증권회사에 주식거래구좌를 개설하고 상당한 기간 주식거래를 하여 온 이상 원고가 이 사건 투자수익보장약정 당시 이와 같은 약정이 무효임을 알았거나 알 수 있었다고 보여질 뿐만 아니라 위와 같은 약정 자체가 주식투자에 있어서 부수적 약정에 불과하고, 이 사건 주식매매거래계좌설정약정이나 일임매매약정에 기하여 주식거래가 계속되어 새로운 법률관계가 계속적으로 형성되어 온 이상 위 투자수익보장약정이 무효라고 하여 주식매매거래계좌설정약정이나 일임매매약정까지 무효가 된다고 할 수는 없다.

그러므로 원고들과 피고 회사 사이에 이루어진 이 사건 투자수익보장약정은 무효라고 할 것이지만 주식매매거래계좌설정약정과 일임매매약정은 유효하다고 할 것이므로 원고들과 피고 회사 사이의 모든 거래가 법률상 원인이 없는 것이 된다고 할 수 없어 원고들의 제1 예비적 청구인 부당이득반환청구는 배척되어야 할 것인바, 이와 결론을 같이 한 원심판결은 그 결과에 있어서 정당하다.

☑ 쟁   점

이 판결에서는 증권회사 乙의 직원 A의 제의에 기해서 고객 甲이 乙과 투자수익보장약정 및 일임매매약정을 하고 이에 기해서 주식매매거래계좌설정약정을 한 경우, 투자수익보장약정이 무효라면 나머지 약정(주식매매거래계좌설정약정, 일임매매약정)은 유효인지 여부가 문제되었다.

☑ 검토할 사항

◆ 증권회사 또는 그 임·직원이 고객과 행한 투자수익보장약정은 유효한가? 그러한 약정이 무효라면, 표현대리 법리에 의해 증권회사에 귀속될 수 있겠는가? (「자본시장과 금융투자업에 관한 법률」 제55조)

◆ 이 판결에서 구 증권거래법 제107조에 위반하여 행해진 일임매매약정은 효력은 어떻게 판단되었는가?

◆ 투자수익보장약정과 주식매매거래계좌설정약정 및 일임매매약정은 전체적으로 하나의 행위에 해당하는가?

◆ 투자수익보장약정과 주식매매거래계좌설정약정 및 일임매매약정이 전체적으로 하나의 행위에 해당한다고 하면서, 전자가 무효임에도 후자는 무효가 아니라고 한 이유는 무엇인가?

◆ 투자수익보장약정이 무효인 경우 주식매매거래계좌설정약정 및 일임매매약정도 무효가 되는가 여부에 따라서 결과에서 어떠한 차이가 발생하는가?

☑ 관련사례

1) 변호사가 아닌 A는 B와 사이에, B가 소송당사자로서 당시 계속중이던 소송사건에 관하여 A가 소송비용 일체를 부담하여 소송을 수행하되, B가 승소하는 경우에는 그 보수로서 B소유 부동산의 1/2 지분을 A에게 분할양도하기로 약정하였으며, 이에 기해서 A는 C를 변호인으로 선임하여 소송을 수행토록 하여 위 소송에서 승소하였다. B는 위 약정에 기해서 위 부동산의 지분 1/2를 양도할 의무를 지는가? 그 외에 B는 C의 변호사보수금의 지급채무를 지는가?

2) A는 지능이 박약한 자인데, B가 그러한 사정을 알고는 A를 꾀어 돈을 빌려주어 유흥비로 쓰게 하고 실제 빌려준 돈의 두 배 가량을 채권최고액으로 하여 자기 처인 C 앞으로 근저당권을 설정한 경우, A가 기망을 이유로 C의 근저당권설정계약을 취소하게 되면 A와 B간의 금전소비대차계약에도 취소의 효력이 미치는가?

3) 학교법인 A는 관할청의 허가 없이 B와 문화관 및 연구관의 두 개의 건물신축공사에 관한 도급계약을 체결함에 있어서, 계약서에는 문화관만을 도급계약의 목적물로 하고 연구관은 B가 건축하여 기증하는 것으로 하고 다만 연구관 건축대금은 A가

비공식적으로 지급하기로 약정한 경우, 위 도급계약이 관할청의 허가없이 행해진 것으로서 무효라면 B의 연구관 기증약정 및 A의 금전지급약정은 유효한가? 만약 후자도 무효라면 B는 어떠한 방법으로 연구관 건축대금 상당액의 지급을 청구할 수 있는가?

☑ 기타 검토사항

1) 이제 「자본시장과 금융투자업에 관한 법률」이 적용될 때 일임매매약정의 효력은 어떠한가?
2) 증권회사의 임직원이 강행규정에 위반한 투자수익보장으로 투자를 권유하였으나 투자 결과 손실을 본 경우, 투자자에 대하여 불법행위책임을 지는가?

☑ 참고문헌

◆ 강용현, 부당권유 및 과당매매로 인한 증권거래와 증권회사의 불법행위책임, 대법원판례해설 27호, 21면 이하, 1997.
◆ 김건식, 증권회사직원의 이익보증약정과 투자자의 구제, 민사판례연구 19권, 272면 이하, 1997.
◆ 최홍섭, 투자가에 대한 증권회사의 책임, 상사법연구 16권 2호, 635면 이하, 1997

● 판례 2

대판 1996. 2. 27. 95다38875 〈기초〉 ···

[사안] 甲(원고)은 이 사건 토지의 소유자 乙(피고)로부터 토지를 매수하고 대금을 완납하였다. 그런데 우연히 위 매매사실을 알게 된 甲의 동생 A가 교통사고의 후유증으로 정신이 온전치 아니한 甲의 남편 B를 대동하여 甲을 대리하여 위 토지를 丙(피고)에게 무단히 매각하고 乙과 丙 간에 중간생략등기의 합의를 하여 丙 명의로 소유권이전등기를 경료하였다(이는 원심에서 인정한 사실관계이나, 제1심에서는 甲이 A에게 소유권이전등기절차를 의뢰하였다고 진술하였으며, 대법원에서는 A가 丙에게 다른 토지를 전매하는 것을 중개하였다가 계약을 이행할 수 없게 되어 위약금 등을 물게 되자, 이 사건 토지를 그의 누나인 甲과 함께 매수하였다면서 대물변제로 이 사건 토지를 인수하라고 제의하였다는 것이고, A와 B는 위 토지에 대한 매매계약의 이행 및 소유권이전과정에 수차 관여하였다는 점, 甲과 B는 위 토지에 관하여 丙 명의의 소유권이전등기가 마쳐진 이후에도 여러 차례 丙을 찾아와 동생인 A를 도와달라고 요구한 점, 甲이 丙에게의 이전등기가 경료된 이후 2년여가 경과하여서야 이 소

송을 제기하였으며, 소를 제기하였다가 취하한다든지 수차에 걸쳐 출석하지 아니하는
등으로 불성실하게 소송을 수행하여 온 점 등을 고려할 때, 원심이 인정한 사실관계가
타당한지 의문을 제기하면서, 다만 원심이 인정한 사실관계를 기초로 하여 일부무효의
문제를 판시하고 있다). 이에 乙이 A의 위 행위는 무권대리로서 따라서 A에 의한
乙로부터 丙에게의 토지매도 및 甲·丙 간의 중간생략등기의 합의는 무효라고 하
면서, 甲에 대하여 이전등기의 이행을, 丙에 대하여 이전등기의 말소를 소구하였
다.

[원심] A에게 원고를 적법하게 대리할 권한이 없는 이상 A가 그 자신의 피고
丙에 대한 손해배상채무의 변제에 갈음하여 이 사건 토지의 소유권을 이전해 주
기로 약정한 것은 원고에 대한 관계에서 무권대리행위에 해당하여 무효이고, 따
라서 피고 A이 피고 丙에게로 경료하여 준 소유권이전등기는 그들 사이에 물권
행위만이 있었을 뿐 그 원인이 되는 채권계약은 존재하지 아니하는 셈이어서 원
인무효라고 할 것이므로, 그와 같은 이전등기만으로는 피고 A이 원고에 대한 소
유권이전의무를 이행한 것이라고 할 수 없고, 또한 그 의무가 이행불능으로 되었
다고도 할 수 없다고 하여, 원고의 청구를 인용하였다.

[판지] 복수의 당사자 사이에 중간생략등기의 합의를 한 경우 그 합의는 전체
로서 일체성을 가지는 것이므로, 그 중 한 당사자의 의사표시가 무효인 것으로
판명된 경우 나머지 당사자 사이의 합의가 유효한지의 여부는 민법 제137조에
정한 바에 따라 당사자가 그 무효부분이 없더라도 법률행위를 하였을 것이라고
인정되는지의 여부에 의하여 판정되어야 할 것이고, 그 당사자의 의사는 실재하
는 의사가 아니라 법률행위의 일부분이 무효임을 법률행위 당시에 알았다면 당사
자 쌍방이 이에 대비하여 의욕하였을 가정적 의사를 말하는 것이다. 이 사건에
있어서 피고들이 A에게 원고를 적법하게 대리할 권한이 없는 것을 알았다면 아
무런 실체적 관계가 없는 피고들 사이에서도 소유권이전의 합의를 하지 않았을
것이라고 보아야 할 것이므로, 원심이 인정한 사실관계가 정당함을 전제로 하는
한 피고들 사이의 소유권이전의 합의 또한 무효임을 면할 수 없다.

☑ 쟁   점
　이 판결에서는 甲이 乙로부터 토지를 매수하였는데 A가 무단히 甲을 대리해서 위 토
지를 丙에게 매각하고 중간생략등기의 합의를 하여 乙로부터 丙에게로의 이전등기가

행해진 경우, 乙과 丙 간의 중간생략등기의 합의의 효력은 어떻게 되는가 하는 점이 문제된 것이다.

☑ 검토할 사항

◆ 일부무효에 관한 제137조는 당사자를 같이하는 혹은 당사자를 달리하는 수 개의 법률행위에도 적용되는가?

◆ 일부무효를 인정할 때 고려해야 하는 당사자의 의사는 당사자가 실제 가졌던 의사인가?

◆ 위의 사안에서 거래의 어느 부분이 원래 무효이고, 어느 부분이 일부무효의 법리에 의하여 무효가 되는가?

☑ 기타 검토사항

1) 甲은 일부무효의 법리를 원용하지 아니하고, 다른 원인에 기초에 乙과 丙에게 같은 내용의 청구를 관철시킬 수 있을 것인가?

☑ 참고문헌

◆ 김민중, 법률행위의 일부무효, 고시연구 제31권 제4호(2004. 4), 55면 이하.

◆ 이병욱 법률행위의 일부무효·일부취소: 전부무효의 원칙에 대한 재검토를 중심으로, 고려대 호원논집 11호, 87면 이하, 2004.

3. 무효행위의 추인

대판 1992. 5. 12. 91다26546 〈기초〉··

[사안]   A회사가 이 사건 주택을 신축하였는데, 위 회사의 대표이사 B 등이 구속되자 위 회사의 업무집행권을 위임받은 C가 위 회사의 현장관리소장이던 甲(피고들)과 공모하여 회사 채권자들로부터 회사재산을 보호한다는 구실 아래 아무런 원인관계 없이 위 주택에 관하여 가등기를 경료해 두었다. 그 후 A로부터 위 주택을 분양받았던 乙(원고)이 1989. 10. 26. 소유권이전등기를 경료하였다. 그런데 그 후 B가 위 가등기를 甲의 위 회사에 대한 임금채권을 담보하는 것으로 추인하였다. 이에 乙이 甲에 대하여 가등기의 말소를 소구하였다.

[판지] 1) 피고들 명의의 가등기는 아무런 원인관계 없이 경료한 것으로서 무효의 등기이다.

2) 무효인 법률행위는 당사자가 무효임을 알고 추인할 경우 새로운 법률행위를

한 것으로 간주할 뿐이고 소급효가 없는 것이므로, 무효인 위 가등기를 유효한 등기로 전용키로 한 위 약정은 그때부터 유효하고 이로써 위 가등기가 소급하여 유효한 등기로 전환될 수 없다고 할 것인데, 그 전에 이미 위 주택에 관하여 원고 명의의 소유권이전등기가 경료된 것이므로 피고들은 위 추인으로써 원고에게 대항할 수 없다.

☑ 쟁   점

이 판결에서는 A회사가 신축주택에 관하여 아무런 원인 없이 甲 명의의 가등기를 하고 이 주택을 乙에게 분양하여 이전등기를 경료하였는데, 그 후 A회사와 甲이 위 가등기를 임금채권을 담보하는 것으로 합의한 경우 甲의 가등기와 乙의 이전등기 간의 우열관계가 문제되었다.

☑ 검토할 사항

◆ 가등기가 행해진 당시에 무효인 이유는 무엇인가? (부동산등기법 제88조)

◆ A회사와 甲이 무효인 가등기가 임금채권을 담보한다고 합의하였다면, 그러한 약정에 의해 당사자들은 어떠한 법률효과를 의욕하는가? 이들 사이에 어떠한 법률관계가 성립하는가?

◆ 무효행위를 추인하면 이는 소급효를 가지는가? 이 사안에서 가등기가 유효한 등기로 전환되는 시점은 언제인가?

☑ 관련사례

1) 도박자금을 제공할 목적으로 금전 소비대차를 한 경우, 당사자들이 무효사실을 알고 이를 추인하였다면 그 시점부터 유효한가?

2) 무효인 친족법상의 법률행위는 추인할 수 있는가? 할 수 있다면 그러한 추인은 소급효를 가지는가? 예를 들어 혼인신고가 한쪽 당사자의 모르는 사이에 이루어져 무효인 경우에도 그 후 당사자가 그 혼인에 만족하고 그대로 부부생활을 계속한 경우에 그 혼인은 무효인가? 또한 일방적인 혼인신고 후 혼인의 실체 없이 몇 차례의 육체관계로 子를 출산한 경우, 무효인 혼인을 추인한 것인가?

3) A가 1975. 2. 6. X임야를 원소유자 K로부터 단독 매수하고 B를 통하여 그 대금을 매도인에게 지급하였다. 그런데 B는 K로부터 위 임야의 소유권이전등기에 필요한 등기권리증, 인감증명서, 인감도장 등을 교부받아 이를 소지함을 기화로, 위 임야를 마치 A와 자신이 공동으로 매수한 것처럼 매도증서를 위조하는 방법으로 1975. 5. 12. A와 자신의 공동명의의 소유권이전등기를 경료하였다. 그 후 B의 지분(1/2)에 관하여 1983. 2. 7. C 명의의 소유권이전등기가 경료되었다. A는 B가 위와 같이

원인무효인 등기를 경료한 사실을 알고서도 장기간 이의하지 않다가, 10년이 지나서 위 B 및 C의 등기의 말소를 소구하였다. A가 B의 등기사실을 알고도 장기간 이의하지 않은 것을, 추인한 것으로 볼 수 있는가?

4) 사립학교법에 위반하여 관할청의 허가 없이 행한 의무부담행위를 추인한 경우, 효력이 생기는가?

☑ 참고문헌

◆ 박찬주, "무효행위와 취소행위의 추인", 법학연구(연세대학교), 제18권 제1호, 2008, 159면 이하.

4. 무효행위의 전환

대판 1989. 9. 12. 88누9305 〈응용〉 ·····································

[사안] A는 1984. 10. 22. 사망하였으며, 유족으로는 아들 甲(원고)과 딸 B · C(소외인) 등이 있었다. 甲은 A가 1985. 7. 9.에 사망한 것으로 하여 사망신고 및 호주상속신고를 하였다. 그런데 B · C는 상속재산 전부를 甲에게 상속시킬 방편으로, 마침 甲이 A의 사망일을 1985. 7. 9.로 잘못 신고하여 놓았음을 기화로, (실제로는 상속포기기간을 도과한 후인) 1985. 10. 2. 법원에 상속포기신고를 하였다. 甲은 1986. 1. 7. 상속세 과세가액과 세액 등을 신고하면서, B · C의 상속포기로 자신이 A의 재산을 단독 상속한 것이라고 신고하였으며, 이에 기해서 관할세무서(피고)는 甲이 단독상속인임을 전제로 이 사건 상속세 부과처분을 하였다. 그런데 그 후 甲은 B 등의 상속포기는 민법 제1019조 제1항 소정의 기간을 도과한 후에 신고된 것이어서 무효이므로 甲이 A의 재산을 단독 상속한 것이라고 볼 수 없고 따라서 위 부과처분 중 甲의 법정상속지분을 초과하는 부분은 위법한 것이라고 하면서, 그 초과부분에 관한 상속세 등의 부과처분의 취소를 소구하였다.

[판지] 비록 소외인들의 상속포기 신고가 상속포기로서의 효력이 없는 것이라 하더라도, 원고와 소외인들 사이에는 원고가 고유의 상속분을 초과하여 상속재산 전부를 취득하고 위 소외인들은 그 상속재산을 전혀 취득하지 않기로 하는 의사의 합치가 있었다고 할 것이므로, 그들 사이에 위와 같은 내용의 상속재산의 협의분할이 이루어진 것이라고 보아야 할 것이다. 그리고 이와 같이 공동상속인 상호간에 상속재산에 관하여 협의분할이 이루어짐으로써 공동상속인 중 1인이 고

유의 상속분을 초과하여 상속재산을 취득하는 것은 상속개시 당시에 피상속인으로부터 상속에 의하여 직접 취득한 것으로 보아야 하는 것이므로, 원고가 상속재산의 협의분할에 의하여 이건 상속재산을 취득한 것은 상속개시 당시에 그 피상속인으로부터 상속에 의하여 취득한 것으로 보아야 할 것이다.

☑ 쟁 점

이 판결에서는 공동상속인이 그중 1인에게 상속재산 전부를 취득하게 하기 위해 나머지 공동상속인이 법정기간을 지나 상속포기 신고를 한 경우, 그 상속포기의 효력이 문제되었다.

☑ 검토할 사항

◆ 법정의 기간(제1041조, 제1019조 1항)이 지나 행한 상속포기는 유효인가?
◆ 甲과 B·C는 실제로 상속재산을 甲에게 전부 취득케 하려는 의사로(즉 협의분할의 의사로) 상속포기를 한 것이다. 이러한 경우에도 무효행위의 전환이 인정되는가?
◆ 무효행위의 전환이 있기 위해 당사자들에게 인정되는 의사(제138조)는 현실의 의사를 말하는가?

☑ 관련사례

1) 아버지가 혼인 외의 자녀에 대하여 자신의 친생자로 출생신고를 한 경우, 그러한 출생신고는 어떠한 효력을 가지는가?
2) 재건축사업부지에 포함된 토지에 대하여 재건축사업조합과 토지의 소유자가 체결한 매매계약이 매매대금의 과다로 말미암아 불공정한 법률행위에 해당한다고 판단된 사안에서, 당사자 쌍방이 위와 같은 무효를 알았더라면 대금을 다른 액으로 정하여 매매계약에 합의하였을 것이라고 예외적으로 인정되는 경우에는 무효행위의 전환을 인정하여 그 대금액을 내용으로 하는 매매계약이 유효하게 성립하였다고 판단할 수 있겠는가?

☑ 기타 검토사항

1) 무효행위의 전환에서 그 전환될 법률행위가 요식행위인 경우, 그 방식을 갖추어야 전환의 효력이 생기는가?
2) 예전의 판례는 당사자 사이에 양친자 관계를 창설하려는 명백한 의사가 있고 기타 입양의 성립요건이 모두 구비된 경우에는 요식성을 갖춘 입양신고 대신 친생자 출생신고가 있다 하더라도 입양의 효력이 있다고 하였다(대판(전) 1977. 7. 26. 77다 492〈기초〉). 개정된 제867조를 고려할 때 이러한 판례는 유지될 수 있겠는가?

☑ 참고문헌

- ◆ 이경희, "허위친생자출생신고와 입양의 효력", 사법행정, 제33권 제12호, 1992, 52면 이하.
- ◆ 여하윤 "법률행위의 무효·취소 사유와 과다 지급된 대금의 반환", 민사판례연구 [XXXIV], 2012, 43면 이하.

Ⅱ. 법률행위의 취소

1. 취소와 추인

대판 1993. 9. 14. 93다13162 〈기초〉 ··

[사안] 甲(피고)이 미성년인 상태에서 가까운 친족(후견인이 될 수 있는) A의 동의를 얻고 상속부동산을 乙(원고)에게 매각하였다. 그런데 A는 위 동의를 함에 있어서 친족회의 동의를 거치지 않았다. 그 후 甲은 성년이 되고 나서 乙에게 이 사건 부동산 중 자신의 상속지분에 대하여 소유권이전등기절차를 이행해 주겠다고 하였다. 그리하여 乙이 甲에 대하여 위 부동산지분에 관하여 이전등기의 이행을 소구하였다. 이에 대하여 甲은 A가 甲의 법정후견인이 된다고 하더라도 甲이 부동산을 매도함에 있어 민법 제950조 소정의 친족회의 동의를 얻은 바 없으므로 乙의 주장은 이유없다고 항변하였다.

[원심] 甲이 위 매매계약을 취소하였다는 주장 입증이 없고, 甲이 위 매매계약을 추인하였다고 하여, 乙의 청구를 인용하였다.

[판지] 1) 법률행위의 취소는 상대방에 대한 의사표시로 하여야 하나(민법 제142조), 그 취소의 의사표시는 특별히 재판상 행하여짐이 요구되는 경우 이외에는 특정한 방식이 요구되는 것이 아니고, 취소의 의사가 상대방에 의하여 인식될 수 있다면 어떠한 방법에 의하더라도 무방하다고 할 것이고, 법률행위의 취소를 당연한 전제로 한 소송상의 이행청구나 이를 전제로 한 이행거절 가운데에는 취소의 의사표시가 포함되어 있다고 볼 수 있을 것이다. 그런데 기록에 의하면, 원심의 피고 소송대리인은 준비서면에서 A가 피고의 법정후견인이 된다고 하더라도 A가 이 사건 부동산을 매도함에 있어 민법 제950조 소정의 친족회의 동의를 얻은 바 없으므로 원고의 주장은 이유가 없다고 항변하고 있는바, 위 항변에는

피고의 취소의 의사가 포함되어 있다고 볼 여지는 있다.

2) 그러나 피고가 성년이 된 후인 1990년 원고에게 이 사건 부동산 중 자신의 상속지분에 대하여 소유권이전등기절차를 이행해 주겠다고 하여 매매계약을 추인하였다는 원심의 설시이유는 정당하다. 그러므로 원심이 피고가 위 매매계약을 취소하였다는 점에 관한 아무런 주장 입증이 없다고 본 데에는 잘못이 있다고 하더라도, 이는 이 사건 결과에 영향이 없다.

☑ 쟁   점

이 판결에서는, 친족회의 관여 없이 후견인이 될 A의 동의만을 받고서 자신이 공동상속한 부동산을 乙에게 매각한 미성년자인 甲이 이후 성년이 된 후에 乙에게 소유권이전등기절차를 이행해 주겠다고 하였고 그에 따라 乙이 甲에 대하여 이전등기소송을 제기한 경우, 甲의 취소의 의사표시 유무 및 추인 여부가 문제되었다.

☑ 검토할 사항

◆ 취소의 의사표시는 누구를 상대로 어떠한 방법으로 해야 하는가? (제142조)

◆ 甲의 乙에게 대한 매매는 유효한가? 유효라면 취소할 수 있는가? 그 법률상 근거는 무엇인가? (제950조)

◆ 사안에서 법원은 甲의 취소를 받아들이지 않았다. 이유는 무엇인가?

◆ 사안에서 甲은 어느 시점부터 매매계약을 추인할 수 있었는가? (제143조)

☑ 관련사례

1) 수사기관에 연행되어 수사관의 강박에 기하여 타인의 채무를 인수하기로 약정한 甲이 그 담보로서 어음을 발행하여 석방된 며칠 후 그 담보로서 근저당권설정계약을 맺은 사안에서, 근저당권설정계약서를 작성하여 교부한 때가 강박에 의하여 채무인수의 의사표시를 한 후 구금상태에서 풀려 나온 지 8일째 되는 날이었고, 풀려 나온 지 4~5일이 경과된 뒤에 수사기관에 다시 소환되어 사건이 완결된 것이 아니니 약정을 조속히 이행할 것을 독촉 받은 사실까지 있었다면, 甲의 근저당권설정계약서 작성 및 교부행위로 취소할 수 있는 채무인수가 추인되었다고 볼 수 있겠는가?

2) 형사책임을 수반하는 무권대리행위에 의하여 권리의 침해를 받은 자가 그 침해사실을 알고도 장기간 형사고소나 민사소송을 제기하지 않은 경우, 그 행위에 대하여 묵시적인 추인이 있었다고 할 수 있는가?

☑ 기타 검토사항

1) 미성년자도 단독으로 취소할 수 있는가?

2) 원래의 취소권자의 상속인도 취소할 수 있는가? 취소할 수 있는 행위에 의하여 취 득한 권리의 특정승계인도 취소할 수 있는가?

☑ 참고문헌

♦ 박찬주, "무효행위와 취소행위의 추인", 법학연구(연세대학교), 제18권 제1호, 2008, 159면 이하.

2. 법정추인

대판 1996. 2. 23. 94다58438 〈응용〉 ···

[사안]   甲(원고)이 乙(피고)을 간통죄로 고소하여 구속시키겠다고 위협하고, 현 장에 건장한 청년들을 동원하여 乙의 목을 치는 등 위력을 행사하여, 乙이 이에 겁을 먹고 여러 매의 당좌수표를 발행 교부하였다. 그 중 일부의 당좌수표는 거 래은행에서 지급되었다. 甲이 乙에 대하여 아직 지급되지 않은 이 사건 당좌수표 (액면 금 20,000,000원의 당좌수표 2매, 액면 금 30,000,000원의 당좌수표 1매)에 관 하여 수표금의 지급을 소구하였다. 乙은 강박을 이유로 위 수표의 발행행위를 취 소한다고 하면서, 따라서 수표금의 지급의무가 없다고 항변하였다. 이에 대하여 甲은 이미 수표금채무의 일부가 이행되었으므로 수표의 발행행위 전부에 관하여 법정추인사유가 존재하므로 이 사건 당좌수표에 관해서도 지급의무가 있다고 재 항변하였다.

[판지]   1) 위 각 당좌수표는 원고가 피고를 간통죄로 고소하여 구속시키겠다고 위협하고, 합의 현장에 건장한 청년들을 동원하여 피고의 목을 치는 등 위력을 행사하여, 피고가 이에 겁을 먹고 발행한 것이므로, 피고는 위 수표의 발행행위 를 취소할 수 있다.

2) 취소권자가 상대방에게 취소할 수 있는 법률행위로부터 생긴 채무의 전부 또 는 일부를 이행한 것은 민법 제145조 제1호 소정의 법정추인사유에 해당하여 추 인의 효력이 발생하고 그 이후에는 취소할 수 없게 되는 것이나, 여기서 말하는 취소할 수 있는 법률행위로부터 생긴 채무란 취소권자가 취소권을 행사한 채무

그 자체를 말하는 것이라고 보아야 할 것이고, 또한 일시에 여러 장의 당좌수표
를 발행하는 경우 매 수표의 발행행위는 각각 독립된 별개의 법률행위이고 그 수
표금채무도 수표마다 별개의 채무가 되는 것이다. 그러므로 피고가 위 당좌수표
3매와 함께 원고에게 발행, 교부한 당좌수표가 거래은행에서 지급되게 하였다고
하여 위 나머지 당좌수표 3매의 수표금채무의 일부를 이행한 것이라고 할 수 없
다는 이유로 피고가 위 당좌수표 3매의 발행행위를 추인하였다거나 법정추인사
유에 해당한다는 원고의 재항변을 배척한 원심의 조치는 정당하다.

☑ 쟁　점

　　이 판결에서는 취소할 수 있는 법률행위로부터 생긴 채무의 이행을 위하여 발행·교
　부한 당좌수표 중 일부가 거래은행에서 지급된 경우, 나머지 당좌수표의 수표금채무
　까지 법정추인된 것으로 볼 수 있는지 여부가 문제되었다.

☑ 검토할 사항

　◆ 법정추인의 의의와 사유를 검토해 보라.
　◆ 강박에 기해서 여러 매의 수표를 발행한 경우, 각 수표의 발행행위는 별개의 법률
　　행위인가? 그 중 일부의 수표가 지급된 경우, 나머지 수표에 관하여도 채무의 이행
　　으로 인한 법정추인사유가 있게 되는가? 그 이유는 무엇인가?
　◆ 강박이 지속하는 도중에 일부 변제를 하였더라도 법정추인의 효과가 발생하는가?

☑ 관련사례

　1) 취소권의 존재를 알지 못한 상태에서 법정추인의 사유가 발생하였다면, 그 경우에
　　도 법정추인의 효과는 발생하는가?

3. 취소의 효과

대판 2005. 4. 15. 2003다60297, 60303, 60310, 60327 〈심화〉 ⋯⋯⋯⋯⋯⋯⋯
[사안]　미성년자인 甲 등(원고)이 법정대리인의 동의를 받지 않고 신용카드업자
인 乙 등(피고)과 신용카드 이용계약을 체결하였으며, 甲 등은 위 계약에 기해서
받은 신용카드를 이용하여 A 등 가맹점으로부터 상품 및 용역을 신용구매하거나
신용카드업자로부터 현금서비스를 받았다. 그런데 甲 등이 乙 등과 맺은 위 신용
카드 이용계약은 법정대리인의 동의 없이 체결한 것이므로 이를 취소한다고 하

면서, 乙 등에 대하여 납부하여야 할 신용카드 이용대금채무의 부존재확인 및 이미 乙에게 지급했던 신용카드 이용대금의 반환을 소구하였다.

[원심 등]　제1심은 원고들이 피고 카드사들과의 각 신용카드 이용계약을 취소하였으므로 아직 납부하지 아니한 신용카드 이용대금 지급채무는 더 이상 존재하지 아니하고, 이미 납부한 신용카드 이용대금은 피고들이 원고들에게 반환하여야 한다고 하면서, 다만 이미 납부한 신용카드 이용대금에 대한 부당이득반환청구와 관련해서 피고들의 주장──즉 한편으로 원고들이 신용카드를 이용하여 얻었던 신용카드 가맹점에 대한 물품·용역 대금채무의 면제 및 현금서비스로 대여받은 현금은 법률상 원인 없이 취득한 이익으로 현존하고 다른 한편으로 피고들에게 손해가 발생하였으므로 그로 인한 자신들의 부당이득반환채권과 원고들의 부당이득반환채권과를 상계한다는 주장──을 받아들여, 원고들이 피고들에게 납부하였던 신용카드 이용대금 중 수수료·연체료·연회비 등의 비용을 뺀 신용구매의 대금원금부분, 현금서비스의 대출원금부분은 상계로 소멸하였으므로 수수료 등만 원고들에게 반환하라고 판단하였다. 원심도 이와 대체로 같은 취지로 판단하였다.

[판지]　미성년자가 신용카드 발행인과 사이에 신용카드 이용계약을 체결하여 신용카드거래를 하다가 신용카드 이용계약을 취소하는 경우 미성년자는 그 행위로 인하여 받은 이익이 현존하는 한도에서 상환할 책임이 있다. 그런데 신용카드 이용계약이 취소됨에도 불구하고 신용카드회원과 해당 가맹점 사이에 체결된 개별적인 매매계약은 특별한 사정이 없는 한 신용카드 이용계약의 취소와 무관하게 유효하게 존속한다 할 것이고, 신용카드 발행인이 가맹점들에 대하여 그 신용카드 사용대금을 지급한 것은 신용카드 이용계약과는 별개로 신용카드 발행인과 가맹점 사이에 체결된 가맹점 계약에 따른 것으로서 유효하므로, 신용카드 발행인이 가맹점에 대하여 신용카드 이용대금을 지급함으로써 신용카드회원은 자신의 가맹점에 대한 매매대금 지급채무를 법률상 원인없이 면제받는 이익을 얻었으며, 이러한 이익은 금전상의 이득으로서 특별한 사정이 없는 한 현존하는 것으로 추정된다. 원심은 이 사건 신용카드 이용계약이 취소됨으로써 원고들은 신용카드 발행인인 피고들이 가맹점에 대신 지급하였던 물품, 용역대금채무를 면제받았으므로 피고들에게 위 물품, 용역대금 상당을 반환할 의무가 있다고 판단하고, 원고들이 가맹점과의 매매계약을 통하여 취득한 물품과 제공받은 용역이 부당이득으로 반환의 대상이 된다는 원고들의 주장을 배척하였는바, 원심의 이러한 판단

은 위의 법리에 따른 것으로 정당하고, 거기에 주장과 같은 부당이득에 관한 법
리오해 등의 위법이 있다고 할 수 없다.

☑ 쟁　　점

　　이 판결에서는 미성년자가 법정대리인의 동의 없이 체결한 신용카드회사와의 신용카
　　드 이용계약을 취소한 경우, 미성년자는 카드회사 사이의 법률관계가 문제되었다.

☑ 검토할 사항

　　◆ 취소된 신용카드계약을 통해 미성년자는 신용카드 발행인으로부터 무엇을 급부 받
　　　았는가?

　　◆ 甲 등은 아직 납부하지 아니한 신용카드 이용대금을 지급할 채무를 면하는가? 또한
　　　이미 납부한 신용카드 이용대금의 반환을 청구할 수 있는가?

　　◆ 반면 신용카드계약의 취소에 따라 미성년자는 신용카드 발행인에게 어떠한 내용의
　　　반환의무를 부담하는가? (제747조, 제748조, 제141조)

☑ 관련사례

　　1) 만일 이 사안에서 미성년자의 의사무능력을 이유로 신용카드계약이 무효라고 판
　　　단되었다면, 미성년자와 신용카드 발행인의 반환의무는 그 내용이 달라지는가?

☑ 참고문헌

　　◆ 김대원, 미성년자가 신용카드거래 후 신용카드 이용계약을 취소한 경우의 법률관
　　　계, 상사판례연구 6권, 561면 이하, 2006.

　　◆ 조병구, 미성년자의 신용카드 이용계약이 취소된 경우 부당이득의 문제, 민사판례
　　　연구 28권, 348면 이하, 2006.

4. 취소의 제척기간

대판 1997. 6. 27. 97다3828 〈응용〉 ···

[사안]　甲(원고)은 1989. 11. 28.에 한정치산선고를 받았으며, 그의 동생 A가 후
견인으로 선임되었다. A는 1990. 11. 2. 친족회의 동의 없이 甲의 Y부동산을 丁
(피고)에게 매각하여 이전등기를 경료하였다. 甲은 1992. 6. 5.경 정신병원에서 퇴
원하였으며, 1994. 10. 4. 한정치산선고 취소심판을 받았다. 甲은 丁에 대하여 소
송을 제기하여 1996. 8. 27.자 준비서면의 송달로 丁에게의 Y부동산 매각행위를

취소한다고 하면서 위 이전등기의 말소를 소구하였다. 이에 대하여 丁은 甲의 취소권이 제척기간을 경과하여 행사되었다고 항변하였다. 아울러 甲은 1992. 6. 5.경 정신병원에서 퇴원한 후 친족회원이었던 乙이 甲 소유의 부동산을 횡령한 사실을 알게 되자 1992. 6. 21.경 乙을 상대로 형사고소하였고 그 수사과정에서 A 역시 Y부동산을 비롯한 甲의 재산을 횡령하였다는 혐의가 드러나 乙과 함께 횡령죄로 기소되었는데, 甲은 A와 乙에 대한 형사재판절차에서 1992. 11. 20. 검찰청 및 법원에 고소취소장을 제출하였는바, 이와 같은 고소의 취하는 위 매매행위에 대한 취소권을 포기(추인)하는 것이라고 항변하였다. (그 외에 A는 허위의 친족회 동의서를 작성하여 甲의 X부동산을 매각하였는데, 이에 관해서 표현대리의 성립 여부가 문제되었다. 이에 관한 상세는 대리 중 표현대리 부분에서 살폈음)

[판지] 1) 한정치산자의 후견인이 친족회의 동의 없이 그 피후견인인 한정치산자의 부동산을 처분한 경우에 발생하는 취소권은 민법 제146조에 의하여 추인할 수 있는 날로부터 3년 내에, 법률행위를 한 날로부터 10년 내에 행사하여야 하지만, 여기에서 '추인할 수 있는 날'이라 함은 취소의 원인이 종료한 후를 의미하므로 피후견인이 스스로 그 법률행위를 취소함에 있어서는 한정치산선고가 취소되어 피후견인이 능력자로 복귀한 날로부터 3년 내에 그 취소권을 행사하여야 한다. A는 1990. 11. 2.경 피고 丁에게 Y부동산을 매각하였고, 원고는 1994. 10. 4. 한정치산선고 취소심판을 받은 후 1996. 8. 27.에 위 매각행위를 취소하였는바, 원고의 취소권 행사는 그 행위능력을 회복한 후 3년 내에, 위 매매계약을 체결한 때로부터 10년 내에 행하여진 것으로서 적법하다고 할 것이다. 이와 달리 이 사건 취소권의 제척기간이 매매 당일부터 진행된다거나 원고가 1992. 6. 5.경 정신병원에서 퇴원하여 A의 매각행위를 안 때로부터 진행한다는 소론은 독단적인 견해에 불과하여 받아들일 수 없다.

2) 위 각 고소취소장의 요지는 '횡령혐의로 고소한 바 있으나 쌍방 원만히 합의하였을 뿐만 아니라 피고소인이 범행에 대하여 깊이 반성하고 있으므로 고소 취소한다'라는 것인 사실을 인정할 수 있는바, 사실관계가 이와 같다면, 원고는 위 각 고소취소장을 작성하여 제출할 때에도 아직 한정치산선고를 취소받기 전이므로 여전히 한정치산자로서 독립하여 추인할 수 있는 행위능력을 가지고 있지 못하였을 뿐만 아니라, 고소취소는 어디까지나 수사기관 또는 법원에 대하여 고소를 철회하는 의사표시에 지나지 아니하고 또 위 각 고소취소장에 기재된 문면의

내용상으로도 원고가 피고 丁에 대하여 가지는 이 사건 매매의 취소권을 포기한 것으로 보기 어려우므로, 같은 취지의 원심판단은 정당하고, 거기에 의사표시의 해석 및 처분문서의 증명력에 관한 법리오해의 위법이 있다고 할 수 없다.

☑ 쟁   점

이 판결에서는 한정치산자의 후견인이 친족회의 동의 없이 한정치산자의 부동산을 처분한 경우 취소권의 제척기간 기산점은 언제인지, 그리고 한정치산자가 후견인 등을 고소하였다가 취하한 경우 고소취하가 취소권의 포기(추인)로 인정되는가 하는지 등이 문제되었다. 참고로 개정전 민법에서 한정치산자의 행위는 법정대리인인 후견인의 동의가 없으면 취소할 수 있었다.

☑ 검토할 사항

◆ 제척기간은 언제 기산하며, 이 사안에서 그것은 어느 시점인가?

◆ 원고가 고소취소장을 제출하는 행위는 추인으로 평가될 수 있는가? 그렇지 않다면 어떠한 이유들에 기해서 그러한가?

☑ 관련사례

1) 甲이 가지는 도급계약상 하자담보에 기한 손해배상청구권(집합건물의 소유 및 관리에 관한 법률 제9조, 민법 제667조)을 제척기간(제671조 제1항: 10년) 내에 양도하고 양도통지를 하였으나(제450조) 양수인 乙이 이를 제척기간 도과 후에 행사한 경우, 채무자에 대한 양도통지로 제척기간은 준수되었다고 볼 것인가?

☑ 기타 검토사항

1) 제척기간을 준수하려면 재판상 권리행사가 필요한가 아니면 재판외 행위로도 충분한가? 경우를 나누어 볼 필요는 있는가?

2) 제척기간은 중단될 수 있는가?

3) 취소권의 행사기간 내에 취소로 인하여 생기는 권리, 예를 들어 부당이득반환청구권도 함께 행사해야 하는가?

제 7 절 조건 · 기한

> 법률행위는 특별한 정함이 없으면 성립과 동시에 효력이 발생하고 그 효력은 계속된다. 그러나 당사자가 법률행위시에 법률행위 효력의 발생 또는 소멸을 장래의 일정한 사실에 매이도록 할 수 있다. 이것이 조건 혹은 기한이다. 이하에서 양자를 나누어 살핀다.

I. 조 건

1. 의 의

● 판례 1

대판 2000. 10. 27. 2000다30349 〈기초〉···

[사안] 甲(원고)은 소유 토지를 乙(피고)에게 매도하면서, 乙이 위 토지상에 연립주택을 신축하여 분양한 뒤 그 분양대금으로 매매대금을 지급하기로 하는 내용의 매매계약을 체결하였다. 甲과 乙은 매매대금의 지급을 담보하기 위하여 연립주택의 건축주를 甲 명의로 하기로 약정하였으며, 이에 기해서 乙이 甲 명의로 건축허가를 받고 공사를 시작하여 이 사건 연립주택을 완공하였다. 한편 乙은 연립주택의 신축공사를 시행하면서 동시에 분양업무도 진행하여 위 17세대 중 101호를 제외한 11세대를 분양하고 5세대를 임대하였으며, 이에 甲은 자신 명의로 소유권보존등기를 마침과 동시에, 같은 날 위 11세대의 수분양자들에게 지분소유권이전등기를 마쳐주었다. 연립주택 중 16세대가 분양 또는 임대되었음에도 매매대금이 모두 지급되지 못하자, 乙은 甲에게 101호에 관하여 자신 앞으로 소유권이전등기를 마쳐 주면 이를 담보로 보험회사 A로부터 대출을 받아 매매대금을 지급하겠다고 제의하였고, 이에 甲은 乙과 사이에 101호에 관하여 매매계약을 맺고 그 다음날 乙 앞으로 소유권이전등기를 마쳐주었다. 그렇지만 乙은 A로부터 대출을 받을 수 없었고, 오히려 B와 C에게 근저당권을 설정하여 주었다. 이에 甲은 101호에 대한 소유권이전의 합의는 乙이 이를 담보로 대출을 받아 토지대금

을 지급하는 것을 정지조건으로 한 것인데 그 조건이 불성취되었음을 이유로 乙
에 대하여 이전등기의 말소를 소구하였다(그 외에 甲은 101호의 매매계약은 乙의
기망에 기한 것이라고 하여 이를 취소한다는 점을 이유로 제시하였지만, 법원은 乙의
기망사실이 인정되지 않는다고 하였음).

[원심] 원고가 이 사건 101호에 관하여 피고 앞으로 소유권이전등기를 마쳐 준
것은 오로지 피고로 하여금 이를 담보로 융자를 받도록 하여 토지대금을 변제받
기 위한 것이므로, 위 소유권이전의 합의는 피고가 이 사건 101호를 담보로 대출
을 받아 토지대금을 지급하는 것을 정지조건으로 한 것인데, 그 후 피고가 A회사
로부터 대출을 받을 수 없게 되고, 오히려 이 사건 101호에 관하여 B, C에게 각
근저당권을 설정하여 줌으로써 위 정지조건의 불성취가 확정되었으므로, 이 사건
101호에 관하여 마쳐진 피고 명의의 위 소유권이전등기는 결국 무효인 매매계약
에 터 잡은 원인무효의 등기로서 말소를 면치 못한다.

[판지] 조건은 법률행위의 효력의 발생 또는 소멸을 장래의 불확실한 사실의
성부에 의존케 하는 법률행위의 부관으로서 법률행위에 있어서의 효과의사와 일
체적인 내용을 이루는 의사표시 그 자체이고, 따라서 조건의사가 법률행위의 내
용으로 외부에 표시되어야 할 것인바, 원심이 인정한 사안에 의하면, 원고들은
이 사건 101호에 관하여 피고 앞으로 소유권이전등기를 마쳐 주면 이를 담보로
대출을 받아 토지대금을 지급하겠다는 피고의 제의를 받아들여 피고에게 위 소유
권이전등기를 마쳐 주었다는 것일 뿐이므로, 이러한 원고들과 피고 사이의 법률
행위에 있어서 피고가 이 사건 101호를 담보로 대출을 받아 토지대금을 지급하
겠다는 것은 원고들이 이 사건 101호에 관하여 피고에게 소유권이전등기를 넘겨
주는 데에 대한 대가로서 피고가 나중에 부담하게 되는 반대채무에 해당할 뿐이
지, 위 소유권이전의 합의가 원래 효력이 없는 것으로서 피고의 토지대금 지급에
따라 비로소 그 효력을 발생한다는 취지라고 보기는 어려우며, 달리 위 소유권이
전의 합의가 정지조건부 법률행위에 해당한다는 의사표시가 있었다고 볼 만한 자
료를 기록상 찾아볼 수 없다. 따라서 원고들과 피고 사이에 이루어진 이 사건
101호에 관한 위 법률행위는 원고들이 소유권이전등기를 마쳐주는 선이행채무를
부담하고 이에 대하여 피고가 토지대금을 지급하는 반대채무를 부담하는 것을 내
용으로 하는 무조건의 쌍무계약이 체결된 것으로 봄이 상당하므로, 이 경우 피고
의 채무불이행에 따라 원고가 위 계약을 해제할 수 있음은 별론으로 하고, 원심

의 판단과 같이 위 소유권이전의 합의가 그 효력의 발생 자체를 장래의 불확실한 사실의 성부에 의존케 하는 정지조건부 법률행위에 해당한다고 볼 수는 없다고 할 것이다.

☑ 쟁   점

위의 판결은 매매대금을 담보하기 위하여 건축허가를 그의 명의로 받은 토지 매도인 이 신축된 건물의 소유권을 토지 매수인에게 이전하면서, 이를 담보로 대출을 받아 토지대금을 지급하기로 하는 약정을 한 경우, 그러한 약정이 정지조건으로서 대출금 을 토지대금으로 지급하지 않으면 건물의 소유권이전등기를 무효로 하는 것인가라는 점이 문제된 것이다.

☑ 검토할 사항

◆ 조건의 의의를 살피시오.

◆ 위 판결에서 법원이 101호를 담보로 대출을 받아 토지대금을 지급하는 것을 위 부 동산 소유권이전등기의 효력발생 조건에 해당하지 않는다고 하는 이유는 무엇인가?

☑ 관련사례

1) 장래의 사실이 조건이 되기 위해서는 당사자가 그것이 조건임을 명시적으로 표시 하였어야 하는가? (대판 2012. 4. 26. 2011다105867) 〈기초〉

2) A는 기계제작업체를 운영하는 B로부터 이 사건 기계를 매수하는 계약을 체결하 고, 잔금을 매월 분할하여 지급하기로 하되 그 대금의 완제까지는 기계의 소유권을 B에게 유보하기로 하는 약정 아래 기계를 인도받았으나 A는 할부기간이 경과하도 록 할부금 중 일부를 지급하지 못하고 있었다. 한편 C에 대하여 채무를 부담하고 있던 A는 C에게 기계를 매각하여 채무금에 충당할 것을 부탁하면서 이를 인도하 였다. C는 이 사건 기계의 소유권을 취득할 수 있는가? (대판2010. 2. 11. 2009다 93671) 〈기초〉

3) A가 B에게 C의 범죄혐의에 대한 선처를 부탁하면서 손해배상금조로 금원을 지급 하기로 하였으나 B가 C를 고소함으로서 C가 형사처벌을 받게 된 경우, A는 위 금 원을 지급할 채무를 지는가? (대판 2003. 5. 13. 2003다10797) 〈응용〉

4) A가 B에게 금원을 대여하고 차용금채무를 담보하기 위하여 당좌수표를 교부받았 으나 그 당좌수표가 지급거절 된 후, B를 위하여 A가 신규투자를 하기로 하면서 C의 기존채무에 대하여 연대보증을 한 경우, A가 신규투자를 하지 않았다면 C는 연대보증으로 인한 채무를 부담하지 않아도 되는가? (대판 1996. 2. 9. 95다47756 판결) 〈응용〉

☑ 기타 검토사항

1) 예컨대 매매계약에서 매도인의 소유권이전채무가 소멸하면 매수인의 대금지급채무도 소멸한다. 그러면 매도인의 위 채무는 매수인의 위 채무에 대한 부관이 되는가?

2) 조건은 모든 법률행위에 부가될 수 있는가?

3) 거래의 목적인 토지가 국토의 계획 및 이용에 관한 법률에서 정한 허가구역인 경우, 허가를 배제하거나 잠탈하는 내용으로 체결된 매매계약의 효력은 어떻게 되는가? (대판 2010. 6. 10. 2009다96328)

4) B가 A의 토지를 매수하면서, A가 그 토지상에 연립주택을 신축하여 분양한 뒤 그 분양대금으로 매매대금을 지급하기로 약정하고 아울러 매매대금의 지급을 담보하기 위하여 연립주택의 건축주를 A의 명의로 하기로 약정한 경우에, 양자간의 법률관계는 어떠한가? (대판 1996. 6. 28. 96다9218)

● 판례 2

대판 1981. 6. 9. 80다3195 〈기초〉 ·

[사안] 乙(피고, 광주시)은 공업용지 조성을 위한 도시계획사업의 일환으로 1967. 1. 20. A 소유의 답 1050평을 매수함에 있어서, 위 매수토지는 S회사의 공장부지 및 도로부지 이외의 다른 목적에 전용하지 않을 것이며 S회사 공장부지 및 도로부지 이외의 부분은 甲이 측량한 후 원 지주인 A에게 매수한 원가로 반환하기로 약정하였다. 그 후 1967. 12. 30. 위 토지는 3개의 필지로 분할되고 이 중 2개의 필지는 S회사의 부지로 되어 그 날 위 회사 앞으로 소유권이전등기가 경료되었다. 그리고 나머지 1개 필지는 다시 X 및 Y의 2개의 필지로 분할되었는데, 이 중 X에 관해서는 乙과 A간의 위 약정에 따라 A의 차남인 甲(원고)이 1969. 2. 11. 乙로부터 반환받아 甲 명의로 소유권이전등기가 경료되었다. A는 1972. 2. 6 사망하였으며, 甲은 1980. 1. 20. Y토지에 대한 다른 공동재산상속인들의 상속지분을 증여받고, 1980. 2. 1. 乙에 대하여 Y토지에 관한 소유권이전등기의 이행을 소구하였다.

[원심] 위와 같이 부지로 편입되지 아니한 토지에 대하여는 원가에 다시 반환하여 준다는 취지는 A가 피고에게 원가에 매수를 청구한 때에는 피고는 위 매수청구에 응하여야 한다는 일종의 조건부 환매특약이 체결되었다고 보아야 하고, 부동산의 환매기간은 5년인데 원고가 이 건 소를 제기한 것은 1980. 2. 1.이므로 환매약정에 따라 환매할 수 있었던 1967. 12. 30.부터 기산하여 5년의 환매기간

경과 후에 이 건 반환청구를 하고 있으니, 원고에게 환매권이 있음을 전제로 한 원고의 이 사건 청구는 이유가 없다.

[판지] 피고와 A 사이에 원래의 토지 답 1050평을 매매하면서 그 토지 중 S회사의 공장부지 및 그 진입도로부지에 편입되지 아니할 부분 토지를 A에게 원가로 반환한다는 약정은 공장부지 및 진입도로부지로 사용되지 아니하기로 확정된 때는 그 부분 토지에 관한 매매는 해제되어 원상태로 돌아간다는 일종의 해제조건부 매매라고 봄이 상당하고, 그 환원에 당사자의 의사표시를 필요로 하는 조건부 환매계약이라고 볼 수 없다 할 것이니, 이 점에서 원판시는 당사자의 계약내용을 오해하였거나 아니면 환매계약에 관한 법리를 오해하여 재판의 결과에 영향을 미쳤다고 아니할 수 없다.

☑ 쟁   점

◆ 위의 판결은 토지를 매매하면서 그 토지 중 공장부지 및 그 진입도로부지에 편입되지 않은 부분의 토지를 매도인에게 원가로 반환한다는 약정이 조건에 해당하는가 하는 점이 문제된 것이다.

☑ 검토할 사항

◆ 위의 약정이 조건인가 여부에 따라서 어떠한 차이가 생기는가?

◆ 만약 위 약정이 해제조건이라면, S회사의 공장부지 및 도로부지에 편입되지 않은 Y토지는 해제조건의 성취에 의하여 이전등기 없이 당연히 매도인의 소유로 복귀되는가? (대판 1992. 5. 22. 92다5584)

☑ 관련사례

1) A녀는 B남과 혼인하고 1991. 7. 8. 혼인신고를 하면서 B로부터 혼인예물로 반지 등을 증여받았다. A는 반지 등 혼인예물을 보관하다가 독일로 유학가면서 C·D에게 이를 맡겨 두었다. 그런데 몇 년 후 A와 B가 이혼하였다. 그리하여 A는 C·D에 대하여 위 혼인예물의 반환을 소구하였다. 인용될 수 있는가? 〈응용〉

☑ 기타 검토사항

1) 정지조건과 해제조건의 차이를 살피시오.

2) A의 공동상속인 중 乙을 제외한 사람들은 민법 제1019조 소정의 기간 경과 후에 상속재산을 포기하였는바, 그러한 사실만으로 乙이 甲에 대하여 그의 원래의 상속분을 초과한 부분까지 직접 반환청구를 할 수 있는가? (대판 1989. 9. 12. 88누9305)

2. 조건의 성취

대판 1998. 12. 22. 98다42356 〈기초〉 ·····························

[사안] A는 乙(피고)로부터 乙의 건물신축공사를 수급하고 1995. 9. 26. 그 중 승강기, 카리프트, 주차기 등 설치공사 부분을 甲(원고)에게 하도급주었다. 위 공사의 시행 중 甲이 A로부터 공사대금의 일부로 발행·교부받은 약속어음이 지급 거절되고 또한 공사현장에 공급되는 전력이 카리프트 설치공사 등을 하기에 부족하여 공사를 계속할 수 없게 되자 공사를 중단하였다. 그 후 1996. 9. 8. 甲·乙·A는, 甲이 위 공사를 같은 해 10. 10.까지 완성하여 그 준공필증을 乙에게 제출하고, A는 甲이 위와 같이 공사를 완성하여 준공필증을 제출하는 조건으로 위 건물 준공일로부터 3개월 후에 甲에게 공사대금 123,000,000원을 현금으로 지급하거나 이에 갈음하여 위 신축건물의 일부를 양도하며, 乙은 A의 이행을 보증하되 A와 乙은 甲이 위 공사를 계속할 수 있는 전력이 같은 해 9. 30.까지 위 현장에 공급되도록 하여 주기로 하는 내용의 약정을 체결하였다. 그런데 乙과 A가 약정대로 전력을 공급하여 주지 아니하였을 뿐만 아니라 1996. 11. 27.경에는 그 동안 위 현장에 공급되던 전기마저 전기사용료의 미납으로 중단된데다가, 乙이 위 약정 이후 위 신축건물의 문을 모두 잠궈 두는 바람에 甲이 공사현장에 출입할 수 없게 되어, 甲은 위 약정대로 위 공사를 완성하지 못하였다. 甲이 乙에 대하여 기성고의 범위 내에서 공사대금의 지급을 소구하였다.

[원심] 피고 등이 위 약정 당시 원고가 공사를 계속할 수 있도록 전력을 증강시켜 주기로 약정하고도 이를 이행하지 아니하였다 하여 그 사유만으로 피고 등이 원고의 공사의 완성을 신의성실에 반하여 방해한 때에 해당한다고는 할 수 없고, 피고 등이 원고의 공사완성을 방해할 의도로 위 신축건물의 문을 잠궜다고 인정할 만한 자료가 없으며, 피고 등의 행위가 신의성실에 반하여 원고의 공사완성을 방해한 것이라 할지라도, 원고는 위 신축건물이 준공된 날로부터 3개월이 경과하여야만 비로소 그 공사대금의 지급을 청구할 수 있는데 위 신축건물이 준공되지 않았다는 등의 이유로, 원고의 청구를 기각하였다.

[판지] 원심이 인정한 사안에 의하더라도, 피고가 보증한 A의 원고에 대한 이 사건 공사대금채무는 원고가 하도급 받은 위 공사부분을 1996. 10. 10.까지 완성하여 그에 대한 준공필증을 제출할 것을 정지조건으로 하는 것으로 볼 수 있고,

피고 및 A는 이러한 조건의 성취로 인하여 불이익을 받을 당사자의 지위에 있다
고 할 것이며, 한편 원고가 하도급받은 승강기·카리프트·주차기 등의 설치공사
는 동 공사의 중단사유를 통하여 알 수 있듯이 공사현장에 들어오는 전기용량을
증강시켜 주지 아니하고서는 그 시공이 불가능할 뿐만 아니라 건물 내부에서 이
루어지는 공사로서 시공자에게 그 출입이 보장되어야만 이를 완성시킬 수 있는
것이므로, A 및 피고로서는 위 1996. 9. 8.자 약정의 취지에 따라 사전에 전기용
량을 증강시키는 인입공사를 시행하여 줌은 물론 공사기간 중 원고측이 공사현장
에 출입할 수 있도록 협조하여야 할 의무를 부담한다고 할 것인바, 피고 및 A는
이러한 의무에 위반하여 전기용량을 증강시키는 공사를 실시하지 아니한데다가
위 신축건물의 출입문을 잠궈 원고측의 출입을 방해함으로써 원고로 하여금 나머
지 공사를 수행할 수 없게 하였다면, 그것이 고의에 의한 경우만이 아니라 과실
에 의한 경우에도 A 및 피고가 신의성실에 반하여 조건의 성취를 방해한 때에
해당한다고 할 것이므로, 그 상대방인 원고로서는 민법 제150조 제1항의 규정에
의하여 A 및 피고에 대하여 그 조건이 성취한 것으로 주장할 수 있다고 할 것이
고, 이 때 조건이 성취된 것으로 의제되는 시점은 이러한 신의성실에 반하는 행
위가 없었더라면 조건이 성취되었으리라고 추산되는 시점이라고 할 것이다. 이
사건의 경우 원고측에 달리 공사수행을 지체시킬 만한 사유가 엿보이지 아니하는
이상, 원고가 위 조건을 성취한 것으로 의제되는 시기는 당초에 예정한 준공시점
인 1996. 10. 10.이라고 할 것이고, 이 사건 소제기시에 이미 그로부터 3개월이
경과하였으므로 피고로서는 기한 미도래를 이유로 이 사건 보증채무의 이행을 거
절할 수 없다고 할 것이다.

☑ 쟁   점

위의 판결은 건물신축공사에서 승강기 등의 설치공사 부분을 하도급받은 乙이 일정
기간 내에 공사완료(준공필증의 제출)를 조건으로 공사비를 지급하기로 하면서 아울
러 건물주(甲)와 수급인(A)은 공사를 계속할 수 있는 전력을 현장에 공급해 주기로
약정하였는데, 현장에 전기공급이 안되고 출입도 방해되어 乙이 약정기간에 공사를
완료하지 못한 경우에, 乙은 위 조건의 성취를 주장하여 공사비의 지급을 청구할 수
있는가 하는 점이 문제된 것이다.

☑ 검토할 사항

◆ 제150조의 취지를 살피시오.

◆ 조건의 성취를 방해한 것이 고의 혹은 과실에 의하지 않은 경우에도 동조가 적용되는가?

◆ 제150조에 의하여 조건이 성취된 것으로 의제되는 시점은 언제인가?

☑ 관련사례

1) 이미 확정적으로 취득한 폐기물 소각처리시설 관련 권리를 포기하는 대신 상대방이 수주할 수 있는지 여부가 분명하지 않은 매립장 복원공사를 장차 그 상대방으로부터 하도급받기로 하는 내용의 약정을 하였다면 이러한 약정은 어떻게 해석하여야 하는가? (대판 2007. 11. 15. 2005다31316) 〈기초〉

2) 소송대리인을 선임하면서 의뢰인이 소를 취하하는 경우 승소한 것으로 간주하여 성공보수를 지급하기로 한 경우, 승소의 가망이 없는 소송을 취하한 경우에도 성공보수를 지급하여야 하는가? (대판 1979. 6. 26. 77다2091) 〈기초〉

3) 부부가 협의이혼을 하기로 하면서 이혼시의 재산분할에 관하여 약정하였으나 협의이혼이 성립하지 않고 재판상 이혼을 하게 된 경우, 당사자 사이에 체결된 재산분할약정의 효력은 어떻게 되는가? (대판 2000. 10. 24. 99다33458) 〈응용〉

☑ 기타 검토사항

1) 甲이 수급인 乙로부터 일부 공사에 관하여 하도급 받은 경우에, 甲은 乙 이외에 건축주 A에 대해서도 공사대금청구권을 가지는가? (대판 2011. 7. 14. 2011다12194) 〈기초〉

3. 조건부 법률행위의 효력

대판 1992. 5. 22. 92다5584 〈기초〉 ·····································

[사안] 종중 甲(원고)은 소유토지 중 서울시에 의하여 문화재보호구역으로 지정된 토지의 개발사업촉진 등을 위하여 위 토지 중 도로예정지로 고시된 X토지 부분(이 사건 제1부동산)을 서울시에 무상증여하기로 하는 한편, 위 도로예정지와 문화재보호구역 이외의 토지를 1980. 2. 2. A에게 매도하였다. 그런데 그 당시 서울시에서 도로개설공사 미착공을 이유로 X토지부분을 증여받기를 거절하였기 때문에, 甲은 A에게 토지를 매각함에 있어서, 장차 서울시가 위 도로예정지에 대한 도로개설공사를 할 때 X토지부분을 서울시에 무상 증여하는 것을 조건으로 위

매수인들에게 증여를 원인으로 한 소유권이전등기를 경료하여 주기로 약정하였다. 이에 기해서 X토지부분에 관하여 A 명의로 증여를 원인으로 한 소유권이전등기가 경료되었다. A는 1981. 7. 10. X토지에 관하여 乙(피고) 명의로 가등기를 경료하여 주었다. 그 후 서울시가 X부분에 도로개설공사를 착수하여, 서울시 및 甲이 A(A가 사망하여 그의 상속인들)에게 위 약정에 따라 토지를 서울시에 증여할 것을 수차에 걸쳐 요구하였으나 A측이 이에 응하지 않았다. 그리하여 甲은 乙의 가등기는 해제조건의 성취로 무효가 되었다고 하면서 乙에 대하여 가등기의 말소를 소구하였다. 원심은 甲이 A에게, 서울시에서 이 사건 X토지부분에 대한 도로개설공사를 시행할 때 A 측에서 이를 서울시에 무상증여할 것을 해제조건으로 하여 1980. 5. 7. 증여하였고, A는 위 부동산에 관하여 1981. 7. 10. 乙명의로 가등기를 경료해 주었던바, 그 후 A 측에서 위 토지에 도로개설공사를 시행한 서울시에게 위 부동산을 무상증여하지 아니함으로써 적어도 1987. 4. 30.에는 위 해제조건이 성취되었다고 판단하였으며, 이 점에 관해서는 더 이상 다툼이 없었다. 문제는, 해제조건이 성취된 경우의 효력이다.

[원심] 해제조건 있는 법률행위는 특별한 사정이 없는 한 그 조건이 성취된 때로부터 그 효력을 잃는 것이므로 당사자 사이에서 위 해제조건 성취의 효력을 그 성취 전인 위 가등기경료 이전으로 소급하기로 약정하였다거나 그 약정으로써 제3자인 위 피고에게 대항할 수 있는 요건을 갖추었다는 점에 대한 원고의 주장·입증이 없으므로 위 해제조건의 성취로 제3자인 위 피고에게 대항할 수 없다.

[판지] 해제조건부 증여로 인한 부동산소유권이전등기를 마쳤다 하더라도 그 해제조건이 성취되면 그 소유권은 증여자에게 복귀한다고 할 것이고, 이 경우 당사자 간에 별단의 의사표시가 없는 한 그 조건성취의 효과는 소급하지 아니하나, 조건성취 전에 수증자가 한 처분행위는 조건성취의 효과를 제한하는 한도 내에서는 무효라고 할 것이고, 다만 그 조건이 등기되어 있지 않는 한 그 처분행위로 인하여 권리를 취득한 제3자에게 위 무효를 대항할 수 없다고 할 것이다. 원심의 위 판단은 해제조건부 증여에 있어서 그 조건성취 전의 수증자의 처분행위의 효력에 관한 법리를 오해한 잘못을 범하였다 할 것이나, 이 사건 증여에 있어서 그 해제조건이 등기되었다는 점을 인정할 아무런 증거가 없으므로 원고로서는 위 해제조건의 성취로써 가등기권자인 위 피고에게 대항할 수 없는 것이어서 원심의 판단은 결과에 있어서 정당하다. 또한 해제조건의 성취로 A의 상속인들이 원고에

대하여 위 토지에 관한 소유권이전등기의무를 부담한다고 하여 위 피고 명의의
가등기에 기한 소유권이전의 본등기를 경료하는 것이 불가능하게 되어 위 가등기
가 형해화되었다고도 할 수 없다.

☑ **쟁　점**

　위의 판결은 해제조건부로 토지를 증여받은 자가 그 토지에 관하여 제3자에게 가등
기를 해주었는데 그 후 해제조건이 성취된 경우에, 증여자는 그 가등기의 말소를 청
구할 수 있는가 하는 점이 문제된 것이다.

☑ **검토할 사항**

- ◆ 해제조건 있는 법률행위에서 조건이 성취된 경우 그 효력은 소급하는가?
- ◆ 해제조건부 증여에 기해서 부동산에 관하여 이전등기를 마쳤는데 그 후 해제조건
이 성취된 경우, 그 부동산의 소유권은 등기(증여에 기한 이전등기의 말소 또는 새
로운 이전등기) 없이 당연히 증여자에게 복귀하는가?
- ◆ 조건성취의 효력이 소급하지 않는다면 조건성취 전에 행해진 처분행위의 효력은
조건성취에 의하여 전혀 영향을 받지 않는가?
- ◆ 판결에서는 조건성취의 효력이 소급하지 않는다고 하면서도 조건성취 전에 행해진
처분행위는 조건성취의 효과를 제한하는 한도 내에서 무효라고 하는바, 그 근거는
무엇인가?
- ◆ 조건성취 전에 행해진 처분행위(이 사안에서 乙에게의 가등기)는 해제조건의 성취에
의하여 당연히 효력을 잃는가? 이는 해제조건이 등기된 경우와 그렇지 않은 경우,
혹은 乙이 악의인 경우와 그렇지 않은 경우에 달라지는가?
- ◆ 甲은 A에 대하여 조건부권리의 침해를 이유로 손해배상을 청구할 수 있는가? 할
수 있다면 조건의 성취 이전에도 할 수 있는가?

☑ **기타 검토사항**

1) 甲과 乙은 1977. 12. 2. 甲이 임차하는 乙 명의의 이 사건 여관건물을 매도할 때는
甲에게 매수우선권을 주며, 甲이 사정상 타에 매도할 때에는 甲과 乙이 위 부동산
의 매수가격 및 그 비용을 제한 이익금을 반분하기로 하였는데, 丙이 1988. 9. 1.
이 사건 부동산을 매도하고 그 해 10. 20.까지 그 매도대금을 모두 수령한 경우,
甲의 이익금분배청구권의 시효기간은 언제부터 진행하는가? (대판 1992. 12. 22. 92
다28822; 대판 2009. 12. 24. 2007다64556) 〈응용〉
2) A가 B교회의 담임 목사직을 자진 은퇴하겠다는 의사를 표명한 데 대하여 B교회
에서 은퇴위로금으로 부동산을 증여하기로 한 경우, A가 자진사임하였다는 것에 대

한 입증책임은 A와 B 중 누가 부담하는가? (대판 1984. 9. 25. 84다카967) 〈심화〉

☑ 참고문헌

◆ 권성, 해제조건의 성취와 민법 제187조, 민사판례연구 5권, 31면 이하, 1983.
◆ 변동열, 실권약관부 매매계약: 해제조건부 법률행위의 효력, 민사판례연구 20권, 158면 이하, 1998.

Ⅱ. 기   한

1. 의   의

● 판례 1

대판 2003. 8. 19. 2003다24215 〈기초〉 ·······················

[사안] 정리회사 乙(피고)의 관리인 A는 甲(원고)에 대하여 2000. 12. 4.부터 2000. 12. 8.까지 희망퇴직신청을 하는 경우에는 회사정리계획 인가결정일로부터 1개월 이내에 평균임금 3개월분의 퇴직위로금을 지급하겠다고 하였다. 그리하여 甲이 퇴직신청을 하였다. 그런데 회사정리계획 인가를 받을 수 없게 되었다. 甲은 乙에 대하여 퇴직금의 지급을 소구하였다.

[판지] 부관이 붙은 법률행위에 있어서 부관에 표시된 사실이 발생하지 아니하면 채무를 이행하지 아니하여도 된다고 보는 것이 상당한 경우에는 조건으로 보아야 하고, 표시된 사실이 발생한 때에는 물론이고 반대로 발생하지 아니하는 것이 확정된 때에도 그 채무를 이행하여야 한다고 보는 것이 상당한 경우에는 표시된 사실의 발생 여부가 확정되는 것을 불확정기한으로 정한 것으로 보아야 한다. 따라서 이미 부담하고 있는 채무의 변제에 관하여 일정한 사실이 부관으로 붙여진 경우에는 특별한 사정이 없는 한 그것은 변제기를 유예한 것으로서 그 사실이 발생한 때 또는 발생하지 아니하는 것으로 확정된 때에 기한이 도래한다. 같은 취지에서 원심이 피고 회사의 관리인 A가 원고에 대하여 한 위의 의사표시는 회사정리계획 인가를 조건으로 정한 것이 아니라 불확정한 사실의 도래를 변제기로 정한 것이고, 따라서 회사정리절차가 폐지되어 정리계획인가를 받을 수 없는 것으로 확정되었으므로 그 때에 기한이 도래하였다고 판단한 것은 옳다.

☑ 쟁   점

위의 판결은 회사정리계획 인가결정이 나면 퇴직금을 지급한다고 하였는데 정리계획 인가를 받을 수 없는 것으로 확정된 경우에도 퇴직금을 청구할 수 있는가 하는 점이 문제된 것이다.

☑ 검토할 사항

◆ 조건과 기한의 차이를 살피시오.

◆ 위의 쟁점의 관건이 되는 것은 무엇인가?

◆ 이미 부담하고 있는 채무의 변제에 관하여 일정한 사실이 부관으로 붙여진 경우, 그 부관은 일반적으로 조건인가 기한인가?

◆ 위 판결에서 희망퇴직신청을 하는 경우에는 퇴직위로금을 지급하겠다고 한 것이 기한이라고 한 이유는 무엇인가?

◆ 기한의 종류를 살피시오.

◆ 위 사안에서 기한은 언제 도래하였는가? 즉 乙은 언제부터 甲에 대하여 퇴직금의 지급채무를 지는가?

☑ 관련사례

1) 아파트 신축·분양 사업의 분양수입금 인출배분에 관하여 공사도급변경약정에서 시행사의 선투입비 및 일반관리비 채권을 2순위로 지급하기로 하면서, 위 선투입비는 아파트 분양 실계약률에 따라 계약률 50%시 45억 원, 최초 계약일로부터 6개월 이내에 계약률 75%시 35억 원, 12개월 이내에 계약률 95%시 10억 원을 각각 지급하기로 한 것은 조건과 기한 중 어느 것에 해당하는가? (대판 2011. 4. 28. 2010다89036) 〈기초〉

2) 점포를 다른 사람에게 분양하거나 임대하는 경우에는 임대차계약을 위하여 교부한 계약금과 중도금을 반환하기로 하였으나 임대차계약의 체결이 불가능한 것으로 확정된 경우에도 기한이 도래했다고 볼 수 있는가? (대판 1989. 6. 27. 88다카10579) 〈응용〉

3) 지방자치단체와 분쟁이 있던 은행이 분쟁해결을 위하여 지방자치단체가 청구권을 행사하지 않는 대신 지방자치단체의 문화시설 건립비용을 부담하기로 하되 그 비용의 지급방법은 상호협의에 의하여 정하기로 하였으나, 은행이 파산선고를 받아 비용의 부담이 불가능하게 된 경우 기한이 도래했다고 할 수 있는가? (대판 2002. 3. 29. 2001다41766) 〈응용〉

4) 재건축사업을 추진하던 자들과 사업 진행에 필요한 운전자금을 출자하고 사업상의 이익에 참여하기로 하는 등의 공동사업계약을 체결하고 그들에게 운전자금을

지급한 자가, 그 후 사업진행이 순조롭지 않자 공동사업관계에서 탈퇴하면서 '스폰서가 영입되거나 사업권을 넘길 경우나 사업을 진행할 때'에는 위 출자금을 반환받기로 하는 청산약정을 체결한 한 경우, 위 청산약정에 붙은 부관은 조건 또는 기한 중 어느 것이 해당하는가? (대판 2009. 5. 14. 2009다16643) 〈심화〉

☑ 참고문헌

- ◆ 이균용, 부관이 붙은 법률행위에 있어서 부관이 정지조건인지 불확정기한인지를 판단하는 기준, 대법원판례해설 47호, 219면 이하, 2004.

● 판례 2

대판 2001. 1. 13. 2000다60685 〈기초〉 ·······································

[사안] 甲(원고)은 乙(피고)로부터 건물신축공사를 도급받았는데, 도급계약에 "건축주는 공사가 끝난 뒤 전세금을 빼서 시공자에게 공사비로 주고 그래도 모자라는 액수는 신축 건물을 담보로 은행 및 신용금고에서 융자를 받아 건축주는 시공자에게 지불한다"고 하는 약정이 있었다. 甲은 건물이 준공되자 바로 이 사건 공사대금채권을 피보전권리로 하여 위 신축건물에 가압류신청을 하였으며, 그리하여 위 건물에 乙 명의의 소유권보존등기가 행해지고 아울러 부동산가압류기입등기가 이루어졌다. 그 후 甲이 乙에 대하여 공사대금의 지급을 소구하였다. 이에 대하여 乙은, 이 사건 공사대금은 건물완공 즉시 자신이 이를 임대하거나 은행으로부터 위 건물을 담보로 융자받아 그 임대보증금 또는 융자금으로 지급하기로 하였던 것인데, 甲이 건물의 준공 직후 가압류를 함으로써 자신으로 하여금 건물을 임대하거나 이를 담보로 한 은행융자를 받을 수 없게 하였으니 결국 공사대금채무의 변제기는 도래하지 아니하였을 뿐만 아니라, 그 이행지체에 대한 귀책사유가 없다고 주장하였다.

[판지] 원심은 위와 같이 '전세금 또는 융자금으로 공사대금을 지불한다'는 이 사건 공사도급계약의 규정은, 이 사건 건물을 임대하거나 이를 담보로 융자를 받아야만 공사대금을 지급한다는 이른바 공사대금지급의 기한을 정한 것이라고 볼 수 없고, 나아가 건축주나 수급인에게 이 사건 건물의 임대나 이를 담보로 한 은행 융자를 받음에 관하여 어떠한 권리를 부여하거나 의무를 부과하는 내용이라고 볼 수도 없는 것이므로, 원고가 이 사건 부동산을 가압류함으로써 일정한 범위 내에서 이 사건 건물의 임대나 이를 담보로 한 은행 융자가 사실상 어렵게 되었

다고 하더라도, 원고가 자신의 채권을 보전하기 위한 필요에서 한 위 가압류를 들어 이 사건 공사대금채무의 지체에 관한 피고의 책임을 부정할 수는 없다고 하여 피고의 주장을 배척하고 있다. 원심의 판단은 정당하다.

☑ 쟁   점

위의 판결은 공사도급계약에서 도급인이 신축건물을 임대하거나 이를 담보로 융자받아 공사대금을 지급하기로 약정한 것이 공사대금지급의 기한을 정한 것인가, 따라서 수급인이 신축건물에 가압류를 하여 임대나 융자를 받지 못한 경우에는 기한이 공사대금의 기한이 도래하지 않은 것인가 하는 점이 문제된 것이다.

☑ 검토할 사항

◆ 위의 약정을 공사대금지급의 기한을 정한 것이 아니라고 한 이유는 무엇인가?
◆ 당사자는 건물을 임대하거나 이를 담보로 제공하여 융자를 받은 후에 대금을 지급하기로 약정함에 있어서, 임대나 융자를 기한으로 삼을 수 있는가?

☑ 관련사례

1) 상가건물의 점포를 분양하면서 분양대금을 완납하고 건물 준공 후 공부정리가 완료되는 즉시 소유권을 이전하기로 약정한 경우, 소유권이전등기의무의 이행기는 언제인가? (대판 2008. 12. 24. 2006다25745) 〈기초〉
2) 건축 중인 상가건물의 특정 점포를 임차하면서 계약서에 그 점포의 인도시기(입점시기)를 기재하지 아니하고 건물의 준공예정일에 관한 설명만 듣고서 임대차계약을 체결한 경우에, 건물의 준공예정일을 점포의 인도시기로 정한 것으로 되는가? (대판 2000. 11. 28. 2000다7936) 〈응용〉
3) 건축설계계약시 잔금은 공사착공시 지급하고 다만 공사착공이 건축허가일로부터 6개월을 초과하는 경우에는 허가일로부터 6개월 내에 지급하기로 약정한 경우, 잔금지급채무는 언제까지 이행하여야 하는가? (대판 1999. 7. 27. 98다23447) 〈심화〉

2. 기한의 이익

대판 1982. 12. 14. 82다카861 〈기초〉··

[사안] 甲(원고)은 乙(피고)로부터 부동산을 매수하였으며, 잔대금채무의 지급방법으로 약속어음을 교부하고 위 어음이 모두 지급되면 乙은 甲에게로 소유권이전등기를 경료하기로 약정하였다. 그런데 위 어음이 발행인의 무자력으로 그 지급

기일에 지급될 수 없을 것으로 예상되자, 乙은 甲에게 이러한 사정을 알리고 아직 어음의 지급기일이 도래하지 않았음에도 잔대금 지급을 최고하였다. 그리고 甲이 이에 불응하자 甲에게 매매계약의 해제통고를 하였다. 그러자 甲이 乙에 대하여 손해배상을 소구하였다.

[판지] 이행지체를 원인으로 한 계약해제권의 발생요건 중 이행지체라 함은 채무의 이행이 가능한데도 채무자가 그 이행기를 도과한 것을 말하므로, 그 이행기 도래 전에는 이행지체란 있을 수 없고 따라서 이행지체를 원인으로 한 해제권도 발생할 여지가 없는 것이다. 그러므로 매매계약의 잔대금 이행기일은 잔대금지급을 위하여 발행한 위 각 어음의 지급기일이라고 봄이 상당한바, 채무의 이행방법으로 교부한 제3자 발행의 어음이 그 지급기일에 지급불능이 될 것이 예상된다고 하여도 잔대금의 이행기일이 경과하지 아니한 이상 원고는 기한의 이익을 보유하고 있다고 보아야 할 것이므로 특단의 사정이 없는 한 위와 같은 피고의 이행기 도래 전의 최고에 의하여 바로 이행지체에 빠졌다고 볼 수는 없다.

☑ 쟁　점

위의 판결은 매도인이 대금지급방법으로 교부받은 어음이 부도될 것이 예상되자 어음의 지급기일에 앞서 매수인에게 이행지체를 원인으로 계약을 해제할 수 있는가 하는 점이 문제된 것이다.

☑ 검토할 사항

◆ 위의 쟁점에서 관건이 되는 것은 무엇인가?
◆ 기한의 이익이란 무엇이며, 누구에게 있는가?
◆ 대금지급방법으로 어음을 교부한 경우, 대금지급기일은 언제인가?

☑ 관련사례

1) 국토의 계획 및 이용에 관한 법률상의 토지거래허가구역에 속하는 토지의 매매계약에서 매도인이 토지거래허가를 받을 수 없음을 이유로 해제의 의사표시를 하면서 계약금과 손해배상금을 지급하였으나 매수인이 이를 수령하지 아니한 채 중도금 지급기일 이전에 중도금을 공탁한 경우, 매도인은 계약을 해제할 권리를 상실하게 되는가? (대판 1997. 6. 27. 97다9369) 〈응용〉

2) 할부채권관계에 있어서 채무자가 할부채무를 이행하지 않아 기한의 이익을 상실한 경우 나머지 채무 전액에 대하여 당연히 이행기가 도래하는가? (대판 1997. 8. 29.

97다12990; 대판 2002. 9. 4. 2002다28340; 대판 2010. 8. 26. 2008다42416, 42423)
〈응용〉

☑ 기타 검토사항

1) 이행기 이전에 채무를 변제하는 경우, 그 변제는 유효한가?

2) 금전채권에 있어서 이행기 이전에 채무를 이행하는 경우, 채무자는 이행한 때로부
   터 이행기에 이르기까지의 이자를 부담할 의무가 있는가?

제 5 장
기 간

> 민법은 기간의 기산점 및 기간의 만료점을 규정한다.

1. 기 산 점

대판 1989. 3. 10. 88수85 〈기초〉 ·

[사안] 대통령이 제13대 국회의원 총선거의 선거일을 1988. 4. 8.에 공고하였는데, 甲(원고)은 민주정의당의 당원으로서 선거공고일인 1988. 4. 8.에 소속 지구당에 탈당계를 제출하였다. 다음날 甲이 지역구 선거관리위원회에 후보등록을 하였으나 소속지구당의 위원장이 甲의 등록에 대한 이의제기서를 제출하였고, 이에 대하여 그 지역 선거관리위원회가 선거일 공고일에 그 소속정당으로부터 탈당하였기 때문에 甲의 후보자등록은 선거법 제27조 제6항의 규정에 위반하여 등록된 때에 해당한다는 이유로, 선거법 제31조에 따라 甲의 후보자등록을 무효로 처리한 결과 甲은 위 선거에 후보자로 참여하지 못하였다. 이에 甲은 모든 기간의 기산점은 초일이 산입되지 아니하는 것이므로 선거법 제27조 제6항 소정의 "선거일 공고일로부터"의 기산점을 정함에 있어서도 선거일 공고일은 산입하지 아니하고 그 다음 날로부터 기산하는 것으로 해석되어야 마땅한바, 甲은 선거일 공고당일인 1988. 4. 8. 지구당에 탈당신고서를 제출하였으므로 자신은 선거일 공고일 이전에 탈당한 셈이 되기 때문에 선거일 공고일로부터 후보자등록마감일까지 그 소속 정당으로부터 탈당한 경우에 해당되지 않는 것이고, 따라서 선거관리위원회가 위와 같은 이유로 甲의 후보자등록을 무효로 처리한 채 위 선거를 실시하였으니 그 선거는 무효라고 주장하였다.

[판지] 선거법 제27조 제6항 전단에는 "정당의 당원인 자는 선거일 공고일로부터 후보자등록 마감일까지 그 소속정당으로부터 탈당하거나 당적을 변경하거나 제명된 경우에는 당해 선거에 있어서 후보자로 등록될 수 없다"고 규정되어 있는 바, 이 규정에서 "선거일 공고일로부터"라고 하는 것은 "선거일을 공고한 그날로부터" 즉 "선거일을 공고한 날의 오전 영시로부터"를 의미하는 것으로 해석된다. 이와 같이 ○○일로부터 ○○일까지로 기간을 정하여 그 기간이 오전 영시로부터 시작하는 경우에는 민법 제157조 단서에 해당되어 일, 주, 월 또는 연으로 정한 기간을 기산할 때 기간의 초일을 산입하지 아니한다는 민법 제157조 본문의 규정은 적용될 여지가 없다.

☑ 쟁   점

　　이 판결에서는 '선고일 공고일로부터'가 언제부터를 의미하는가가 문제되었다.

☑ 검토할 사항

　　◆ 기간을 계산하기 위한 방법에는 어떤 것들이 있는가?
　　◆ 기산점은 무엇이며, 언제가 기산점이 되는가?

☑ 관련사례

　　1) 지방세법에 근거한 재심사청구에 대한 결정기간을 계산함에 있어서 심사청구서를 접수한 날은 기간을 계산할 때 포함되는가? (대판 1981. 1. 13. 80누557) 〈기초〉
　　2) 공무원이 면직처분을 받은 경우, 언제부터 면직의 효과가 발생하는가? (대판 1985. 12. 24. 85누531) 〈응용〉
　　3) 근로자가 퇴직할 경우에 지급하여야 할 퇴직금을 산정하기 위하여 '산정하여야 할 사유가 발생한 날 이전의 3개월'을 계산함에 있어서 '사유가 발생한 날'은 3개월에 포함되는가? (대판 1996. 7. 9. 96누5469) 〈응용〉
　　4) 병역법 제88조 제1항 제2호에서 정한 '소집기일부터 3일'이라는 기간을 계산할 때에도 기간 계산에 관한 민법 규정이 적용되는가? (대판 2012. 12. 26. 2012도13215) 〈심화〉

2. 기간의 만료

대판 1993. 11. 23. 93도662 〈응용〉 ·······························

[사안] 골프채를 수입선다변화품목으로 공고한 1991. 5. 13.자 상공부 고시 제 91-21호는 대외무역관리규정에 따라 관보게재에 갈음하여 사단법인 무역협회가 발행하는 1991. 5. 13.자 '일간무역' 석간지에 전문이 게재되었고, 乙(피고인)의 수 입신용장은 같은 날 18:00 내지 18:30에 개설되었다. 한편 위 고시 부칙 제2조에 서는 '이 고시의 시행일 현재 수입승인이 유효기간 중에 있더라도 이 고시에 의 하여 신규로 수입이 제한되는 물품에 대하여는 이 고시의 시행일 이전에 물품의 수입, 신용장 개설 또는 수입대금의 지급을 하지 아니한 경우에는 대외무역법시 행령 제36조 제2항의 규정에 의하여 이 고시의 시행일에 수입승인의 유효기간이 만료된 것으로 본다'고 규정하고 있었다. 乙은 관세법 위반으로 기소되었다. 이에 대하여 乙은 수입신용장의 개설에 의하여 그 수입신용이 유효하게 존속하고, 수 입신용장개설 당시 수입승인의 효력이 유효하게 존속하였다고 주장한다.

[원심] 부칙 제2조의 취지는 그 고시가 발효되기 전에 수입신용장이 개설되어 야 이미 얻은 수입승인의 효력이 유효하게 존속한다고 해석됨을 전제로, 상공부 고시가 대외무역관리규정에 따라 관보게재에 갈음하여 사단법인 무역협회가 발행 하는 1991. 5. 13.자 '일간무역' 석간지에 전문이 게재되었고, 그 신문이 각 무역 회사 등에 도달되어 일반국민이 그 내용을 알 수 있는 상태에 놓인 1991. 5. 13. 16:30부터 효력을 발생한 반면, 수입신용장은 같은 날 18:00 내지 18:30에 개설 되었으므로 1991. 5. 11.자 수입승인의 효력은 위 고시 발효전까지 수입신용장을 개설하지 못하여 위 수입신용장 개설 당시 이미 종료되었다 할 것이고, 수입승인 의 효력이 종료된 이후에 개설된 수입신용장을 마치 그 종료 전에 개설된 것처럼 일자를 임의로 고쳐 수입면허를 받은 피고인들의 소위는 관세법 제181조 제2호 소정의 사위 기타 부정한 방법에 해당된다.

[판지] 입법관행 및 자구해석상 '이전'이라고 함은 기산점이 되는 일시를 포함 하는 표현이고, 또 민법 제159조는 기간을 '일'로 정한 때에는 기간 말일의 종료 로 기간이 만료한다고 규정하여 기간의 말일에 관하여 초일의 경우와 마찬가지로 연장적 계산법을 채택하고 있으므로, 어떤 행위를 하여야 하는 종기 또는 유효기 간이 만료되는 시점을 '시행일' 또는 '공고일'이라고 하여 '일'로 정하였다면 그 기

간의 만료점은 그날 오후 12시가 된다 할 것이고, 따라서, 이 사건 고시 부칙 제 2조를 위 법리에 따라 해석하면 수입승인을 받은 자가 위 고시의 시행일인 1991. 5. 13. 24:00까지 신용장 개설을 하지 아니하면 그날 24:00에 수입승인의 효력이 상실된다는 취지로 풀이된다고 보아야 할 것이다. 기록에 의하여 살펴보면 피고인들은 수입승인의 효력이 상실되기 전인 1991. 5. 13. 18:00~18:30 사이에 수입신용장을 개설한 사실을 알 수 있으므로 이 사건 수입신용장의 개설은 수입승인의 유효기간 내에 이루어진 것으로 적법하다 할 것이다.

☑ 쟁   점

이 사건에서는 기간의 말일이 언제까지인지가 문제되었다.

☑ 검토할 사항

◆ 기간의 말일은 어떤 의미를 가지는가?
◆ 기간의 계산방법에 따라 기간의 말일을 계산하는 방법이 달라지는가?
◆ 기간의 말일이 공휴일인 경우에는 기간은 언제 만료하는가?

☑ 관련사례

1) 국세기본법상 이의신청결정기간의 말일이 공휴일인 경우에는 기간이 언제 만료하게 되는가? (대판 1987. 10. 13. 87누53) 〈기초〉

2) 기간의 말일이 공휴일인 경우에는 익일로 만료하도록 한다면 기간의 초일이 공휴일인 경우에도 기간은 그 다음 날부터 시작되는가? (대판 1982. 2. 23. 81누204) 〈기초〉

3) 관공서의 공휴일에 관한 규정에서 공휴일로 지정하고 있지 않지만 근로자의 날 제정에 관한 법률에서 근로자들의 유급휴일로 정하고 있는 근로자의 날은 공휴일에 해당하는가? 〈응용〉

제 6 장

소멸시효

I. 소멸시효 개관

소멸시효의 대상이 되는 권리의 범위와 관련하여 등기청구권과 물권적 청구권을 중심으로 살펴보고, 소멸시효와 구별되는 제척기간과 관련한 법률관계에 대해 살펴본다.

1. 소멸시효에 걸리는 권리

(1) 등기청구권

대판(전) 1976. 11. 6. 76다148 〈기초〉·····································

[사안] 甲(원고)은 X토지를 1962. 12. 29. A(김포군)로부터 매수하고 이를 인도받아 등기하지 않은 채 사용·수익하였다. 그 후 위 토지소재지가 乙(피고, 서울시)에 편입됨으로써 乙이 이를 승계취득하여 乙 명의로 소유권이전등기를 경료하였다. 甲이 1975. 2. 26. 乙에 대하여 위 매매를 원인으로 한 소유권이전등기의 이행을 청구하였다. 이에 대하여 乙은 甲의 등기청구권은 이미 시효기간의 만료로 소멸하였다고 항변하였다.

[판지] 시효제도는 일정기간 계속된 사회질서를 유지하고 시간의 경과로 인하여 곤란하게 되는 증거보전으로부터의 구제 내지는 자기 권리를 행사하지 않고 소위 권리 위에 잠자는 자는 법적 보호에서 이를 제외하기 위하여 규정된 제도라 할 것인바, 토지나 건물 등 부동산을 매수한 자가 아직 자기명의로 그 소유권이

전등기를 경료하지 못하였으나 그 매매 목적물의 인도(명도)를 받아 이를 사용수익하고 있는 경우에는, 물권변동에 있어서 형식주의를 취하는 우리의 법제상으로 보아 매수인에게 법률상의 소유권은 이전된 것이 아니므로 매수인의 등기청구권은 채권적 청구권에 불과하여 소멸시효제도의 일반원칙에 따르면 매매목적물을 인도받은 매수인의 등기청구권도 소멸시효에 걸린다고 할 것이다. 그러나 부동산 매매에 있어서 거래당사자의 채권채무의 내용은 다른 경우와 달라서 목적물의 인도와 등기이전이라는 두 가지 형태로 나누어져 있어서, 비록 부동산거래의 공시방법을 여행시킬 목적으로 규정된 법률상으로는 등기이전이 물권변동의 요건일 뿐 목적물의 인도는 그 요건이 아니라 할 것이니 매매의 목적물은 부동산 자체이고 등기는 다만 부동산의 거래상황을 공시하기 위한 등기법상의 절차에 불과하므로, 부동산의 매수인으로서 그 목적물을 인도받아서 이를 사용수익하고 있는 경우에는 위 시효제도의 존재이유에 비추어 보아 그 매수인을 권리 위에 잠자는 것으로 볼 수도 없고, 또 매도인의 명의로 등기가 남아있는 상태와 매수인이 인도받아 이를 사용수익하고 있는 상태를 비교하면 매도인 명의로 잔존하고 있는 등기를 보호하기보다는 매수인의 사용수익 상태를 더욱 보호하여야 할 것이며, 만일 이러한 경우의 등기청구권도 다른 일반채권과 동일하게 소멸시효에 걸린다면 매도인의 등기이전의무가 소멸되는 데 그치는 것이 아니고 더 나아가 매도하여 이미 매수인에게 인도까지 완료한 매매목적물이 매도인에게 환원되어야 하는 결과가 되어, 비록 그 책임이 매수인의 등기청구권 행사의 태만에 있다고는 할지라도 우리나라 부동산거래의 현 실정에 비추어 심히 불합리하다고 아니할 수 없다. 따라서 부동산을 매수한 자가 그 목적물을 인도받은 경우에는 그 매수인의 등기청구권은 다른 채권과는 달리 소멸시효에 걸리지 않는다고 해석함이 타당하다.

☑ 쟁　　점

　　위 판결은 부동산을 매수한 자가 그 목적물을 인도받아 사용·수익하고는 있지만 아직 등기를 하고 있지 않은 경우, 매매계약을 체결한 지 12여 년이 지나서 행사된 매수인의 등기청구권이 소멸시효에 걸리는지 여부가 문제된 사안이다.

☑ 검토할 사항

　　◆ 부동산매수인의 등기청구권은 일반적으로 소멸시효에 걸리는가? 그 이유는 무엇인가?

◆ 부동산매수인이 부동산을 인도받은 경우 그의 등기청구권이 소멸시효에 걸리지 않는 이유는 무엇인가?

☑ 관련사례

1) 부동산매수인이 부동산을 인도받아 점유하던 중 그 점유를 상실한 경우, 그의 등기청구권은 소멸시효에 걸리는가? 즉 A가 부동산을 매수하고 인도받았으나 경기도청 직원들이 나와 그 부동산은 귀속재산이므로 A가 이를 점유 사용하여서는 안 된다고 하면서 A의 점유를 침탈하여 이를 B로 하여금 경작케 함으로써 그때부터 A가 위 부동산의 점유를 상실한 경우, A의 이전등기청구권은 소멸시효에 걸리는가? (대판 1992. 7. 24. 91다40924) 〈응용〉

2) 부동산매수인이 부동산을 전매하여 전득자에게 인도함으로써 점유를 상실한 경우에는 어떠한가? 즉 A가 B에게 1970. 3. 11. 임야를 매도하고 인도하였는데, B가 1971. 12. 29. C에게 위 임야를 미등기인 채로 전매 및 인도하였다. 그런데 C가 그 후 10년이 지나 A를 상대로 B를 대위하여 이전등기를 청구한 경우, A는 B가 C에게 임야를 인도함으로써 점유를 상실하였으므로 B의 자신에 대한 이전등기청구권은 시효로 소멸되었다고 항변하는 것이 타당한가? (대판(전) 1999. 3. 18. 98다32175) 〈심화〉

3) 부동산매수인이 인도받은 후 이를 임대한 경우에는 어떠한가? (대판 1988. 9. 27. 86다카2634) 〈응용〉

4) 점유취득시효에 의하여 부동산의 등기부상 소유자에 대하여 등기청구권을 취득한 자가 그 부동산을 양도한 경우, 그의 등기청구권(양수인이 대위행사하는)은 소멸시효에 걸리는가? 즉 A소유의 임야에 관하여 1964. 5. 7. 및 1967. 11. 6. 각각 B 및 C명의의 이전등기가 경료되었는데, K교회가 1956. 11. 8. 위 임야를 A로부터 매수하고 인도받아 그 지상가옥을 교회로 사용해 왔으며, M이 1986. 2. 16. K교회로부터 위 임야 및 그 지상건물을 매수하고 인도받아 점유하는 경우, M은 C에 대하여 K교회를 대위하여 K교회에게 이전등기할 것을 청구할 수 있는가? (대판(전) 1995. 3. 28. 93다47745) 〈심화〉

☑ 기타 검토사항

1) 소멸시효제도의 취지는 무엇인가?
2) 소멸시효와 실효의 원칙의 공통점과 차이점은 무엇인가?
3) 소멸시효와 제척기간의 공통점과 차이점은 무엇인가?

☑ 참고문헌

◆ 곽윤직, 부동산매수인의 소유권이전등기청구권의 법률적 성질 및 그것이 시효로 소

멸하는지의 여부, 민사판례연구 1권, 48면 이하, 1979.
- ◆ 김학동, 소멸시효에 관한 입법론적 고찰, 민사법학 11 · 12호, 61면 이하, 1995.
- ◆ 엄동섭, 부동산매수인의 등기청구권의 소멸시효, 민사법학 18호, 378면 이하, 2000.
- ◆ 윤진수, 소멸시효, 민법학의 회고와 전망; 민법전시행 30주년기념논문집, 92면 이하, 1993.
- ◆ 오종근, 소멸시효에 관한 판례분석, 사법연구 1집, 279면 이하, 1992.

(2) 물권적 청구권 등

대판 1982. 7. 27. 80다2968 〈응용〉 ·

[사안] A가 1926. 12. 24.경 B로부터 이 사건 임야를 매수하고 소유권이전등기를 마쳤다. 그런데 A가 그 대금을 지급하지 않고 있던 중, 1927년에 A와 B는 위 매매계약을 합의해제하였다. A와 B는 그 후 사망하였으며, 위 임야는 B의 아들 甲(피고)이 현재까지 관리하여 왔다. 甲이 A의 상속인 乙(원고)에 대하여 합의해제에 따른 매도인의 원상회복청구권에 기하여 위 이전등기의 말소를 소구하였다.

[판지] 이 사건과 같이 계약에 따른 채무이행으로 이미 등기를 하고 있는 경우에 그 원인행위인 채권계약이 해제되면 계약의 이행으로 변동이 생겼던 물권은 당연히 그 계약이 없었던 원상태로 복귀한다고 함이 당원의 판례로 하는 바이고, 이는 계약을 합의해제하는 경우에도 마찬가지라고 할 것이다. 그렇다면 이 사건 매매계약이 합의해제됨으로써 매수인에게 이전되었던 소유권은 당연히 매도인에게 복귀하는 것이므로, 합의해제에 따른 매도인의 원상회복청구권은 소유권에 기한 물권적 청구권이라 할 것이고, 따라서 이는 소멸시효의 대상이 아니라고 할 것이다.

☑ 쟁   점

위 판결은 부동산의 매매계약에 기해서 소유권이전등기를 하였으나 그 매매계약을 합의해제한 경우, 매도인의 등기말소청구권이 소멸시효에 걸리는가 하는 점이 문제된 것이다.

☑ 검토할 사항

- ◆ 사안에서 매도인의 등기말소청구권이 소멸시효에 걸리지 않는다고 한 이유는 무엇인가?

☑ 관련사례

1) 진정한 명의의 회복을 구하는 소유권이전등기청구권은 소멸시효에 걸리는가? (대판 1993. 8. 24. 92다43975) 〈응용〉

2) 부동산 실권리자명의 등기에 관한 법률 시행 전에 명의수탁자가 계약명의신탁 약정에 따라 선의인 매도인으로부터 부동산에 관한 소유명의를 취득하였는데, 명의신탁자가 같은 법 제11조의 유예기간 내에 실명전환을 하지 않음으로써 명의수탁자가 완전한 소유권을 취득하였다. 이에 명의신탁자가 명의수탁자를 상대로 당해 부동산에 대한 소유권 취득이 부당이득임을 이유로 소유권이전등기를 청구하였다면 (대판 2002. 12. 26. 2000다21123), 이는 소멸시효에 걸리는가?(대판 2009. 7. 9. 2009다23313) 〈응용〉

3) 양도담보에 있어서 채무자가 채무를 변제하고 목적부동산에 대한 소유권이전등기의 말소를 청구할 수 있는 권리는 소멸시효에 걸리는가? (대판 1987. 11. 10. 87다카62) 〈응용〉

☑ 기타 검토사항

1) A가 회사 B로부터 스스로 사직원을 제출하면 의원면직으로 처리하되 이에 불응할 경우에는 징계해임으로 처리한다는 조건부 징계해임결의를 통보받고 사직원을 제출하여 의원면직으로 처리되었으나, 그후 10년이 경과한 시점에서 위 조건부 징계해임결의가 절차에 위배되어 무효라고 주장하면서 B에 대하여 자신은 B의 사원임을 확인해 달라는 청구를 한 경우에, 이러한 사원지위확인청구는 소멸시효에 걸리는가?

2) 미성년 자녀의 양육에 관하여 이혼 당사자의 합의 또는 가정법원의 심판이 있기 전에 미성년 자녀를 양육한 자가 공동 양육의무자인 상대방에게 과거 양육비의 지급을 구하는 권리가 소멸시효에 걸리는가?

☑ 참고문헌

◆ 오종근 소멸시효에 관한 판례분석, 사법연구 1집, 279면 이하, 1992
◆ 오종근, 합의해제의 효과, 민사법학 제59호, 239면 이하, 2012

2. 구별되는 제도: 제척기간

대판 1995. 11. 10. 94다22682·22699 〈심화〉 ······························

[사안] 甲(원고)은 1977. 1.부터 1979. 11.까지 사이에 3차례에 걸쳐 乙(피고)에게 도합 900만원을 대여하였다. 乙이 이를 변제하지 아니하자, 甲과 乙은 1980.

5. 1. 대여원금과 그 간의 이자를 1천만원으로 정하고 乙소유의 이 사건 토지로 대물변제하기로 약정하였으며, 5. 13. 매매예약을 원인으로 한 소유권이전청구권 보전의 가등기를 경료하였다. 다만 甲과 乙은 1980. 8. 19. 위 예약완결권을 1985. 3. 26.부터 행사하기로 합의하였다. 甲은 1992. 8. 6. 매매예약완결을 원인으로 하여 위 가등기에 기한 본등기절차의 이행을 소구하였다. 그러자 乙은 반소로서, 매매예약완결권이 기간의 도과로 소멸하였으므로 위 가등기는 원인이 소멸되었다고 하여 가등기의 말소를 청구하였다. 이에 대하여 甲은 위 예약완결권을 1985. 3. 26.부터 행사하기로 합의하였으므로 기간은 그 때로부터 진행하므로 아직 그 기간이 만료되지 않았다고 항변하였다.

[판지] 매매의 일방예약에서 예약자의 상대방이 매매예약 완결의 의사표시를 하여 매매의 효력을 생기게 하는 권리, 즉 매매예약의 완결권은 일종의 형성권으로서, 당사자 사이에 그 행사기간을 약정한 때에는 그 기간 내에, 그러한 약정이 없는 때에는 그 예약이 성립한 때로부터 10년 내에 이를 행사하여야 하고, 그 기간을 지난 때에는 예약완결권은 제척기간의 경과로 인하여 소멸하는 것이다. 제척기간은 권리자로 하여금 당해 권리를 신속하게 행사하도록 함으로써 법률관계를 조속히 확정시키려는 데 그 제도의 취지가 있는 것으로서, 소멸시효가 일정한 기간의 경과와 권리의 불행사라는 사정에 의하여 권리소멸의 효과를 가져오는 것과는 달리 그 기간의 경과 자체만으로 곧 권리소멸의 효과를 가져오게 하는 것이므로, 그 기간 진행의 기산점은 특별한 사정이 없는 한 원칙적으로 권리가 발생한 때이고, 당사자 사이에 위와 같이 위 매매예약완결권을 행사할 수 있는 시기를 특별히 약정한 경우에도 그 제척기간은 당초 권리의 발생일로부터 10년간의 기간이 경과되면 만료되는 것이지 그 기간을 넘어서 위 약정에 따라 권리를 행사할 수 있는 때로부터 10년이 되는 날까지로 연장된다고 볼 수 없다. 따라서 원·피고 사이에 위와 같은 매매예약완결권의 행사시기에 관한 합의가 있었다 하여, 그 제척기간이 그 약정시기인 1985. 3. 26.부터 10년이 경과되어야 만료된다고 할 수 없다.

☑ 쟁   점

위 판결은 예약완결권의 행사기간(제척기간), 그리고 당사자 사이에 예약완결권을 일정 시기 이후에 행사하도록 약정한 경우 그 약정시기부터 제척기간이 진행하는가 하는 점이 문제된 것이다.

☑ 검토할 사항

♦ 甲의 예약완결권 행사기간을 시효기간으로 볼 경우와 제척기간으로 볼 경우 법적 취급이 각각 어떻게 달라지는가?

♦ 예약완결권의 행사기간을 제척기간으로 본 이유는 무엇인가?

♦ 당사자 사이에 매매예약 완결권을 행사할 수 있는 시기(始期)를 특별히 약정한 경우에도 제척기간의 기산점은 예약이 성립한 때라고 하는 이유는 무엇인가?

☑ 관련사례

1) A소유의 토지를 국가가 징발재산정리에관한특별조치법에 의하여 A로부터 매수하여 등기를 한 후 군사상의 목적에 얼마간 사용하다가 1972. 11.경부터 이를 방치하자, A가 위 특별조치법 제20조에 의거 1982. 8.경 환매의 의사표시를 하고 그로부터 10여 년이 경과하기 전인 1989. 5. 27.에 이르러 소유권이전등기청구의 소를 제기한 경우, A의 소유권이전등기청구권의 소멸시효는 언제부터 얼마의 기간 동안 진행되는가? (대판 1991. 2. 2. 90다13420) 〈응용〉

2) A가 1979. 8. 23. B 등 3인과 사이에 토지를 매도하기로 하는 매매예약을 체결하고 9. 7. B 앞으로 위 매매예약을 원인으로 한 소유권이전청구권보전의 가등기를 경료하여 주었는데, A는 1989. 7. 28. 위의 B 등 3인에게 위 토지에 대한 그들의 지분을 인정하는 합의각서를 작성하여 주었다. 그런데 그 후 상당기간이 지나 A가 B 등에 대하여 위 가등기의 말소를 청구하였다. 타당한가? (대판 2003. 1. 10. 2000다26425) 〈응용〉

3) 제척기간의 적용을 받는 채권을 양도하고 이를 통지한 것이 제척기간 준수에 필요한 권리의 행사에 해당하는가? 즉 A 아파트 입주자대표회의가 B 분양회사를 상대로 하자담보추급에 의한 손해배상청구 소송을 제기하였다가, 소송계속 중 해당 손해배상청구권의 적법한 권리자인 구분소유자들로부터 그 권리를 양도받고 B 분양회사에게 양도통지가 마쳐진 후 양수금청구로 소를 변경한 경우, 위 손해배상청구권의 양도통지가 제척기간(인도일로부터 10년)의 준수에 필요한 권리행사에 해당하는가? (대판(전) 2012. 3. 22. 2010다28840) 〈심화〉

☑ 기타 검토사항

1) 권리행사기간이 소멸시효인가 제척기간인가를 판단하는 기준은 무엇인가?

2) 예약완결권이 형성권이라는 것과 예약완결권을 가등기할 수 있다고 하는 것과 조화되는지를 살피시오.

3) 제척기간의 적용을 받은 하자담보책임에 기한 매수인의 손해배상청구권에 대하여

소멸시효가 적용되는가?

☑ 참고문헌

◆ 김학동, 형성권에 관한 제척기간, 판례월보 322호 (1997. 07), 7면 이하.
◆ 양창수, 매매계약완결권의 행사기간의 기산점, 인권과 정의 241호 (1996. 09), 130면 이하.
◆ 오종근, 매매예약완결권 행사기간, 민사법학 31호(2006. 03), 237면 이하
◆ 이상태, 제척기간의 본질에 관한 연구, 저스티스 72호, 107면 이하, 2003.

Ⅱ. 소멸시효의 요건

소멸시효의 요건과 관련하여, 소멸시효 진행의 기산점인 '권리를 행사할 수 있는 때'의 의미를 권리 유형별로 살펴보고, 개별 권리들의 소멸시효기간을 살펴본다.

1. 소멸시효의 기산점

⑴ 일   반

● 판례 1-원칙

대판 2001. 11. 9. 2001다52568 〈기초〉 ·····································

[사안] 甲(피고)이 乙병원(원고)에서 1990. 3. 29. 척추전후유압술 및 장골이식술을 받았는데, 수술 후 하반신 완전마비의 후유증이 남게 되어 甲은 약 8년여 동안 위 병원에서 입원치료를 받아 오다가 1998. 12. 5. 퇴원하였다. 甲은 위 병원에서 입원치료를 받으면서 위 병원을 상대로 의료과오를 원인으로 한 손해배상청구소송을 제기하였는데, 그 소송이 1999. 12. 21.에 이르러서야 종결되었다. 乙은 甲이 제기한 위 소송이 종결된 후 이 소송에서 치료비의 지급을 청구하였다. 甲은 치료비청구권의 소멸시효가 완성하였다고 항변하였으며, 이에 대하여 乙은 다시 치료비청구권의 소멸시효는 퇴원시부터 진행하거나 아니면 甲이 제기한 소송이 종결된 때부터 진행한다고 주장하였다. 그 외에도 甲이 병원과 진료계약을 체결하면서 "입원료 기타 제요금이 체납될 시는 병원의 법적 조치에 대하여 아무런

이의를 하지 않겠다"고 약정하였는바 이는 치료비채무의 존재를 미리 승인한 것
이므로 甲의 시효항변은 부당하다고 주장하였다.

[판지] 1) 소멸시효는 객관적으로 권리가 발생하고 그 권리를 행사할 수 있는
때부터 진행한다고 할 것이며 따라서 권리를 행사할 수 없는 동안은 소멸시효는
진행할 수 없다고 할 것이지만, 이 때 '권리를 행사할 수 없는 때'라 함은 그 권
리행사에 법률상의 장애사유, 예를 들면 기간의 미도래나 조건 불성취 등이 있는
경우를 말하는 것이므로, 권리자의 개인적 사정이나 법률지식의 부족 등으로 인
하여 사실상 그 권리의 존재나 권리행사 가능성을 알지 못하였다거나 그와 같이
알지 못함에 있어서 과실 유무 등은 시효의 진행에 영향을 미치지 아니한다. 그
리고 민법 제163조 제2호 소정의 '의사의 치료에 관한 채권'에 있어서는, 특약이
없는 한 그 개개의 진료가 종료될 때마다 각각의 당해 진료에 필요한 비용의 이
행기가 도래하여 그에 대한 소멸시효가 진행된다고 해석함이 상당하고, 장기간
입원치료를 받는 경우라 하더라도 다른 특약이 없는 한 입원치료 중에 환자에 대
하여 치료비를 청구함에 아무런 장애가 없으므로 퇴원시부터 소멸시효가 진행된
다고 볼 수는 없다. 원심은 피고가 원고 병원을 상대로 의료과오를 원인으로 한
손해배상청구소송을 제기하여 그 소송이 1999. 12. 21.에 이르러서야 종결되었으
나, 그러한 사정만으로는 원고 병원이 피고들을 상대로 치료비를 청구하는 데 법
률상으로 아무런 장애가 되지 아니하므로 이 사건 치료비채권의 소멸시효가 피고
의 퇴원시부터 진행한다거나 위 손해배상청구소송이 종결된 날로부터 진행한다고
볼 수 없으며, 따라서 이 사건 소제기일로부터 역산하여 민법 제163조 소정의 단
기소멸시효기간 3년이 넘는 기간 동안에 발생한 치료비채권은 시효로 인하여 소
멸되었다고 판단하였는바, 이는 위 법리에 따른 것으로서 옳다.

2) 소멸시효의 중단사유로서의 승인은 시효이익을 받을 당사자인 채무자가 그
권리의 존재를 인식하고 있다는 뜻을 표시함으로써 성립하는 것이므로, 이는 소
멸시효의 진행이 개시된 이후에만 가능하고 그 이전에 승인을 하더라도 시효가
중단되지는 않는다고 할 것이고, 또한 현존하지 아니하는 장래의 채권을 미리 승
인하는 것은 채무자가 그 권리의 존재를 인식하고서 한 것이라고 볼 수 없어 허
용되지 않는다고 할 것이다. 원심은 피고들이 원고 병원과 진료계약을 체결하면
서 "입원료 기타 제요금이 체납될 시는 원고 병원의 법적 조치에 대하여 아무런
이의를 하지 않겠다"고 약정하였다 하더라도, 이로써 그 당시 아직 발생하지도

않은 이 사건 치료비 채무의 존재를 미리 승인하였다고 볼 수는 없다고 판단하였는바, 이는 위 법리에 따른 것으로서 옳다.

☑ 쟁   점

위 판결은 환자가 병원에서 수술받았는데 후유증이 발생하여 장기간 입원치료를 받으면서 병원을 상대로 의료과오를 이유로 손해배상청구소송을 제기하였는바, 병원이 이 소송이 종료된 후에 비로소 치료비청구소송을 제기한 경우, 치료비채권의 소멸시효가 언제부터 진행하는가 하는 점이 문제된 것이다.

☑ 검토할 사항

◆ 소멸시효의 기산점인 "권리를 행사할 수 있는 때"의 의미는 무엇인가?

◆ 乙의 치료비채권의 시효기간은 얼마인가?

◆ 환자가 병원에서 장기간 치료를 받은 경우, 치료비채권의 소멸시효는 각 치료시마다 별개로 진행하는가, 아니면 치료비 전부에 관하여 퇴원시부터 진행하는가?

◆ 환자가 병원에서 장기간 치료를 받고 퇴원한 후 병원이 그동안의 치료비 전부에 관하여 지급을 청구한 경우, 시효로 소멸되는 치료비채권의 범위는 어떠한가?

◆ 환자가 병원에 대하여 의료과오를 이유로 손해배상청구소송을 제기한 경우, 그로 인하여 병원의 치료비채권의 소멸시효는 진행하지 않는가? 그 이유는 무엇인가?

◆ 소멸시효의 중단사유로서의 승인은 소멸시효의 진행이 개시되기 이전에도 가능한가? 그 이유는 무엇인가?

☑ 관련사례

1) A는 소유 토지를 B에게 매도하고 1975. 12. 9.까지 그 대금 전액을 지급받았음에도 세법에 따른 양도차익 예정신고나 과세표준 확정신고를 하지 않다가, 1980. 12. 31.에 비로소 B에게로 위 매매에 기한 소유권이전등기를 경료하였다. 그리하여 관할세무소는 1983. 2. 7.에 A에 대하여 양도소득세의 부과처분을 내렸다. 타당한가? 즉 납세의무자로부터 소득세법 소정의 신고가 없어서 과세관청이 양도사실을 모르고 있었던 경우, 과세관청의 양도소득세 부과징수권의 소멸시효는 진행하지 않는가? (대판(전) 1984. 12. 26. 84누572; 대판 1992. 9. 14. 92누8194) 〈응용〉

2) A가 과세부과처분을 받고 이를 납부한 후 과세처분취소 혹은 무효확인소송을 제기하였는데 과세처분의 하자가 중대하고 명백하여 당연무효라는 판결이 확정된 경우, A로서는 과세처분이 무효인지 여부를 알 수 없었으므로 그의 과오납금에 대한 부당이득반환청구권의 소멸시효는 위 확정판결시부터 진행하는가? (대판(전) 1992. 3. 31. 91다32053── 이 판결은 시효의 중단 부분에서 살핌) 〈심화〉

3) A와 B는 1993. 12. 31. A가 B에게 투자한 금원의 대가로 B가 당시 신축 중인 다세대주택 중 일부 세대를 분양받기로 하는 매매계약을 체결하였으며, 위 주택은 1995. 9.경 완공되었다. A의 위 주택에 관한 소유권이전등기청구권의 소멸시효는 언제부터 진행하는가? (대판 2007. 8. 23. 2007다28024, 28031) 〈응용〉

☑ 기타 검토사항

1) 당사자가 원래의 소멸시효 기산점과 다른 날짜를 기산일로 주장하는 경우, 법원은 당사자가 주장하는 기산일과 다른 날짜를 기준으로 소멸시효를 계산할 수 없는가? 즉 C의 B에 대한 물품대금채무의 연대보증인인 A가 거래종료시점인 1990. 9. 30. 을 기산점으로 하여 소멸시효완성의 항변을 하였는데, 법원이 이행기 도래 시점이 1991. 3. 30.이라면서 그 시점을 기산점으로 하여 소멸시효가 완성되었다고 판단할 수 있는가?

● 판례 2-예외

대판 1993. 7. 13. 92다39822 〈응용〉 ·······························

[사안] A가 1988. 3. 11. B를 동승시켜 화물트럭을 운전하고 가다가 고속도로 커브길에서 노견을 이탈하여 도로 우측 아래의 논바닥으로 굴러 떨어져 A가 사망하고, B가 상해를 입었다. 검찰은 위 교통사고가 B의 운전 중에 발생한 것으로 알고 B를 기소하였는데, 1990. 7. 4. 제1심 법원에서 B가 운전한 것이 아님이 드러나 B가 무죄선고를 받았다. 그리하여 A의 부모 甲(원고)은 위 사고가 A의 운전 중 생긴 것임을 알고, 1990. 11. 23. A의 보험회사 乙(피고)에 대하여 (장기운전자복지보험)보험금청구소송을 제기하였다. 이에 대하여 乙은 위 보험사고발생일인 1988. 3. 11.부터 소멸시효가 진행하므로 甲의 보험금청구권은 소멸시효가 완성되어 소멸되었다고 항변하였다.

[판지] 우리 상법은 보험금액의 청구권은 2년간 행사하지 아니하면 소멸시효가 완성한다는 취지를 규정하고 있을 뿐(제662조), 보험금액청구권의 소멸시효의 기산점에 관하여는 아무 것도 규정하지 않고 있으므로, "소멸시효는 권리를 행사할 수 있는 때로부터 진행한다"고 소멸시효의 기산점에 관하여 규정한 민법 제166조 제1항에 따를 수밖에 없는바, 보험금액청구권은 보험사고가 발생하기 전에는 추상적인 권리에 지나지 아니할 뿐, 보험사고의 발생으로 인하여 구체적인 권리로 확정되어 그 때부터 그 권리를 행사할 수 있게 되는 것이므로, 특별한 다른

사정이 없는 한 원칙적으로 보험금액청구권의 소멸시효는 보험사고가 발생한 때로부터 진행한다고 해석하는 것이 상당하다. 그렇지만 보험사고가 발생한 것인지의 여부가 객관적으로 분명하지 아니하여 보험금액청구권자가 과실없이 보험사고의 발생을 알 수 없었던 경우에도 보험사고가 발생한 때로부터 보험금액청구권의 소멸시효가 진행한다고 해석하는 것은, 보험금액청구권자에게 너무 가혹하여 사회정의와 형평의 이념에 반할 뿐만 아니라 소멸시효제도의 존재이유에 부합된다고 볼 수도 없으므로, 이와 같이 객관적으로 보아 보험사고가 발생한 사실을 확인할 수 없는 사정이 있는 경우에는, 보험금액청구권자가 보험사고의 발생을 알았거나 알 수 있었던 때로부터 보험금액청구권의 소멸시효가 진행한다고 해석하는 것이 타당하다. 이 사건 장기운전자복지보험계약상의 보험사고는 1988. 3. 11.에 발생하였다고 볼 수밖에 없지만, B가 자동차를 운전하다가 교통사고를 일으킨 것으로 공소가 제기되어 1990. 7. 4. 제1심 법원에서 무죄의 판결을 선고받을 때까지는 A가 자동차를 운전하다가 교통사고를 일으켜 사망하는 이 사건 보험사고가 발생한 사실이 객관적으로 확인되지 않고 있다가, 1990. 7. 4.에야 보험사고의 발생이 객관적으로 확인될 수 있게 되었고, 보험금액청구권자인 원고들도 그때에야 보험사고의 발생을 알 수 있게 되었다고 보아야 할 것이므로, 원고들의 피고에 대한 보험금액청구권의 소멸시효는 그때부터 진행한다고 할 것이다.

☑ 쟁   점

위 판결은 A와 B가 함께 차를 타고 가던 중 사고가 발생하여 A가 사망하였는데, B가 기소되어 무죄판결이 내려짐으로써 A의 부모가 그 사고가 A의 운전으로 인한 것임을 알고 보험금을 청구한 경우, 그 보험청구권의 소멸시효가 언제부터 진행하는가 하는 점이 문제된 것이다.

☑ 검토할 사항

◆ 보험금청구권의 소멸시효기간은 얼마인가?
◆ 통상적으로 보험금청구권의 소멸시효는 언제부터 진행하는가?
◆ 판결이 위 사건에서 보험사고의 발생을 알 수 있게 된 때부터 보험금청구권의 소멸시효가 진행한다고 한 이유는 무엇인가?

☑ 관련사례

1) 경매목적물인 토지가 경락허가결정 이후 하천구역에 편입됨으로써 소유자의 경락

자에 대한 소유권이전등기의무가 이행불능이 된 경우, 경락자는 소유자가 지급받게 되는 손실보상금에 대하여 대상청구권을 가지는바, 이 대상청구권의 소멸시효의 기산점은 언제인가? 특히 법규의 미비 등으로 소유자가 보상금의 지급을 구할 수 있는 방법이나 절차가 없다가 상당한 기간이 지난 뒤에야 보상금청구의 방법과 절차가 마련된 경우, 대상청구권의 소멸시효는 언제부터 진행하는가? (대판 2002. 2. 8. 99다23901). 〈심화〉

2) 의료법인 A가 회사 B로부터 부동산을 매수하고 그 대금을 완납하였는데 A법인을 대표하여 위 매매계약을 체결한 대표자가 A법인 이사회의 결의없이 선임된 것이어서 위 매매계약이 무효인 경우, B의 부당이득반환청구권의 소멸시효는 언제부터 진행하는가? 그리고 그 시효기간은 어떠한가? (대판 2003. 4. 8. 2002다64957·64964). 〈심화〉

☑ 참고문헌

◆ 김홍엽, 보험금지급청구권의 소멸시효기산점, 인권과 정의 207호(1993. 11), 94-106면.

◆ 안창환, 경매목적물인 토지가 경락허가결정 이후 하천구역에 편입된 경우 그 손실보상금에 대한 경락자의 대상청구권 및 그 소멸시효의 기산점, 판례연구 15집(부산판례연구회), 217면 이하, 2004.

(2) 개별적 권리

㈎ 채무불이행으로 인한 손해배상채권

대판 1990. 11. 9. 90다카22513 〈응용〉···

[사안] 甲(원고)은 1976. 5. 4. 乙(피고)로부터 그 소유의 토지를 매수하고 乙에게 계약체결과 동시에 계약금을 지급하였고, 같은 달 25. 잔대금을 지급한 다음 乙로부터 매수한 토지를 인도까지 받았으나 소유권이전등기는 경료하지 않고 있었다. 그러던 중 乙이 위 토지를 1978. 12. 26. A에게 이중으로 매도하고, 그해 12. 30. 소유권이전등기를 넘겨주었다. 甲은 1988. 12. 9. 乙을 상대로 채무불이행을 이유로 손해배상을 청구하는 소를 제기하였다. 乙은 甲의 손해배상채권은 시효로 소멸되었다는 항변을 하였다.

[판지] 매매로 인한 부동산소유권 이전채무가 이행불능됨으로써 매수인이 매도인에 대하여 갖게 되는 손해배상채권은 그 부동산소유권의 이전채무가 이행불능된 때에 발생하는 것이고 그 계약체결일에 생기는 것은 아니므로, 위 손해배상채

권의 소멸시효는 계약체결일 아닌 소유권이전채무가 이행불능된 때부터 진행한다.

☑ 쟁   점

위 판결은 부동산의 매도인이 목적부동산을 이중양도하고 그 양수인에게 이전등기를
마친 경우, 제1매수인이 매도인에 대하여 가지는 손해배상채권의 소멸시효 기산점은
언제인가 하는 점이 문제된 것이다.

☑ 검토할 사항

◆ 위 경우에 손해배상채권의 소멸시효 기산점은 언제인가? 그 이유는 무엇인가?

☑ 관련사례

1) 계약체결의무를 지는 자가 계약체결을 거절함으로써 발생하는 손해배상청구권의
소멸시효기간은 얼마인가? 또한 이러한 손해배상청구권의 기산점은 언제인가? 즉
A 교회가 건축설계를 공모하면서 당선자로 선정된 자에게 건축공사 기본 및 실시
설계계약을 체결할 수 있는 권리를 부여하기로 하였는데, 위 공모에 B가 응모하여
최우수작으로 선정되었다. 그러나 A 교회와 B 사이에 설계보수에 관하여 다툼이
있자, A 교회는 1993. 11. 17. 3일 안에 A 교회의 안을 수용하지 않으면 설계계약
을 체결하지 않겠다는 최종적인 의사를 통보하였다. B는 1997. 1. 설계계약체결의
무 불이행에 따른 손해배상을 청구하였으며, A 교회는 소멸시효가 완성되었다고
항변하였다. A 교회의 항변은 타당한가? (대판 2005. 1. 14. 2002다57119) 〈심화〉

2) A가 B를 협박하여 B가 겁에 질려 상속부동산 중 자신의 지분을 A에게 증여한다
는 약정을 하였는데, B가 변호사의 자문에 따라 강박을 이유로 위 증여약정을 취
소하기에 앞서 위 상속지분을 타에 처분하여 먼저 등기를 경료하는 방법으로 재산
권을 실질적으로 확보하기로 하고, 위 상속지분을 위 변호사가 소개한 C에게 양도
하고 C가 위 상속지분에 처분금지가처분결정을 받고 또한 B에 대하여 이전등기청
구소송을 제기하여 승소판결이 확정된 경우, A의 B에 대한 증여계약상의 채무불이
행(이행불능)을 이유로 한 손해배상청구권의 소멸시효는 언제부터 진행하는가? (대
판 2002. 12. 27. 2000다47361) 〈심화〉

☑ 기타 검토사항

1) A는 B에게 계속해서 주류를 외상으로 공급하였는데, 1973. 8. 5. B가 주류외상대
금을 모두 승인한 이후부터는 A는 B와의 주류외상판매를 중단하였다. 다만 1974.
8. 27.까지는 현금으로 즉시 결제하는 방식으로 주류를 계속 공급하였다. A는
1976. 12. 20. B를 상대로 위 주류외상대금 중 미지급된 것에 관하여 지급명령을
신청하였다. B는 A의 주류외상대금채권은 3년의 단기소멸시효가 완성되었다고 항

변하였다. B의 항변은 타당한가?

☑ 참고문헌

- ◆ 오종근, 계약체결의무 불이행에 따른 손해배상청구권의 소멸시효기간, 민사판례연구 29권, 229면 이하, 2007.
- ◆ 정지형, 계속적 거래관계로 인하여 발생된 채권의 시효 기산점, 사법행정 19권 11호(1978. 11) 85면 이하.

(나) 조건·기한부 채권

대판 1997. 8. 29. 97다12990 〈심화〉 ···

[사안] 甲(원고)은 乙(피고)과 사이에 그의 막내 동생 A가 乙에 대하여 부담하고 있거나 장래 부담하게 될 모든 채무(단독 혹은 연대채무나 보증인으로서 기명날인한 차용금증서·각서·지급증서상의 채무와 어음·수표상의 채무, 기타 상거래로 인하여 생긴 모든 채무)를 담보하기 위하여 자신의 소유인 이 사건 부동산에 관하여 채권최고액 1,500만원으로 하는 근저당권설정계약을 체결하고, 1982. 5. 28. 이 사건 근저당권설정등기를 경료하였다. A는 1989. 4.경 乙에게 B가 1979. 12.경부터 1985. 2.경까지 동준상회 또는 제일상회라는 상호로 乙과 거래하면서 乙에 대하여 부담하고 있던 물품대금채무 중 34,179,920원을 연대하여 지급하겠다고 약정하였다. 그리고 그 변제방법으로 1989. 4. 1.부터 1991. 12. 30.까지는 대체로 3개월마다 금 200만원 또는 금 300만원씩 분할하여 변제하고 1992. 1.부터 같은 해 4. 30.까지는 매월 말에 금 250만원씩 분할하여 변제하기로 하되,「A가 약정한 분할변제기한을 1회라도 지체하였을 때에는 기한의 이익을 잃는 것으로 한다」는 특약을 하였다. 그리고 A는 위 연대변제약정과 동시에 乙에게 그 채무액과 동일한 금액을 최고한도로 하여 어음금액을 백지로 하고 그 지급기일을 1992. 4. 30. (위 연대변제약정상의 최종 분할변제기일)로 하는 약속어음을 발행 교부하였다. 그런데 A가 위 분할변제약정을 이행하지 아니하자, 乙이 위 근저당권에 기하여 위 부동산에 대하여 임의경매신청을 하여 1995. 1. 27.자 경매개시결정의 기입등기가 2. 2. 경료되었다. 그러자 甲이 A의 채무는 3년의 단기시효로 소멸되었다고 하면서, 乙에 대하여 위 근저당권설정등기의 말소를 소구하였다.

[원심] A가 연대변제약정에 의하여 부담하는 물품대금채무는 민법 제163조 제

6호 소정의 상인이 판매한 대가에 해당하여 그 채권은 3년의 단기소멸시효에 걸리는 채권인데, 위 연대변제약정을 한 시점은 1989. 4.경으로서 그 때로부터 3년이 경과하였고, 근저당권의 확정된 피담보채무가 시효로 소멸한 때에는 물상보증인의 지위에 있는 자도 이를 원용하여 근저당권설정계약을 해지하고 그 설정등기의 말소를 구할 수 있다고 하여, 원고의 청구를 인용하였다.

[판지] 기한이익 상실의 특약은 그 내용에 의하여 일정한 사유가 발생하면 채권자의 청구 등을 요함이 없이 당연히 기한의 이익이 상실되어 이행기가 도래하는 것으로 하는 것(정지조건부 기한이익 상실의 특약)과 일정한 사유가 발생한 후 채권자의 통지나 청구 등 채권자의 의사행위를 기다려 비로소 이행기가 도래하는 것으로 하는 것(형성권적 기한이익 상실의 특약)의 두 가지로 대별할 수 있고, 이른바 형성권적 기한이익 상실의 특약이 있는 경우에는 그 특약은 채권자의 이익을 위한 것으로서 기한이익의 상실사유가 발생하였다고 하더라도 채권자가 나머지 전액을 일시에 청구할 것인가 또는 종래대로 할부변제를 청구할 것인가를 자유로이 선택할 수 있다고 하여야 할 것이다. 그러므로 이와 같은 기한이익 상실의 특약이 있는 할부채무에 있어서는 1회의 불이행이 있더라도 각 할부금에 대해 그 각 변제기의 도래시마다 그 때부터 순차로 소멸시효가 진행하고, 채권자가 특히 잔존채무 전액의 변제를 구하는 취지의 의사를 표시한 경우에 한하여 전액에 대하여 그 때부터 소멸시효가 진행한다고 하여야 할 것이다. 한편 채권자가 물상보증인에 대하여 그 피담보채권의 실행으로서 임의경매를 신청하여 경매법원이 경매개시결정을 하고 경매절차의 이해관계인으로서의 채무자에게 그 결정이 송달되거나 또는 경매기일이 통지된 경우에는 시효의 이익을 받는 채무자는 민법 제176조에 의하여 당해 피담보채권의 소멸시효 중단의 효과를 받는다고 할 것이다. 이 사건 기한이익 상실의 특약은 그 문언에 채권자의 독촉·최고 등을 요함이 없이 당연히 기한의 이익이 상실되어 이행기가 도래하는 것으로 한다는 등의 명시적인 표시가 없고, 그 밖에 기록에 나타난 당사자 사이의 거래관계 및 위 연대변제약정을 하게 된 경위 등에 비추어 이른바 형성권적 기한이익 상실의 특약으로서의 성질을 가지는 것이라고 해석하여야 할 것이고, 더구나 이 사건에서는 A가 위 연대변제약정과 동시에 피고에게 그 채무액과 동일한 금액을 최고한도로 하여 어음금액을 백지로 하고 그 지급기일을 위 연대변제약정상의 최종 분할변제기일에 맞춘 1992. 4. 30.로 한 약속어음을 발행한 사정에 비추어 보면, 피고가 1992.

4. 30. 당시의 잔존채무액 전부를 행사하겠다는 의사를 유보하였다고 볼 여지도 있으므로, 채무자인 A가 위 분할변제를 게을리한 경우 채권자인 피고로서는 위 기한이익 상실의 특약에 의하여 일시에 잔존채무 전액을 청구하거나 또는 위 유보된 변제기인 1992. 4. 30. 이후까지 기다려 잔존채무 전액을 청구하거나를 선택할 수 있는 지위에 있다고 볼 수 있다 할 것이다. 따라서 이 사건의 경우 A가 위 연대변제약정에 의한 할부채무를 처음의 분할변제기부터 이행하지 아니하였다고 하더라도 그 때로부터 잔존채무 전액에 대하여 소멸시효가 진행한다고 볼 수는 없는 것이다. 그런데도 원심은 위 연대변제약정에 의한 A의 피고에 대한 할부채무 전액에 대하여 그 약정시인 1989. 4.경부터 소멸시효가 진행한다고 오해한 나머지 소멸시효 중단사유에 관한 주장의 의미가 있는 피고의 경매신청 주장의 취지를 석명하여 채무자인 A에게 위 경매개시결정 등이 언제 송달되어 위 할부변제채권의 소멸시효의 진행이 중단되었는지 여부를 따져 보지도 아니한 채 이 사건 근저당권의 피담보채무인 위 연대변제약정에 의한 할부채무 전액이 이미 시효로 인하여 소멸하였다고 판단하고 말았으니, 원심판결에는 소멸시효의 기산점에 관한 법리를 오해하고 심리를 다하지 아니하여 판결 결과에 영향을 미친 위법이 있다 할 것이다.

☑ 쟁   점

위 판결은 채무자가 채권자와 분할변제약정을 하면서 분할변제기한을 1회라도 지체하였을 때에는 기한의 이익을 잃는 것으로 한다는 특약을 하였는데 채무자가 분할변제약정을 이행하지 않은 경우, 그의 분할변제채무의 소멸시효가 언제부터 진행하는가 하는 점이 문제된 것이다.

☑ 검토할 사항

◆ 분할변제약정을 하면서 기한이익 상실의 특약을 부가한 경우, 그것은 정지조건부 기한이익 상실의 특약인가 형성권적 기한이익 상실의 특약인가? 양자의 차이는 무엇인가? 이 사건에서는 어떠한 특약인가?

◆ 형성권적 기한이익의 상실의 특약이 붙은 분할변제채무에서 각 변제기에 분할채무를 이행치 않은 경우, 채권자가 기한이익의 상실을 주장하였는지 여부를 불문하고 (즉 채권자가 잔존채무 전액의 변제를 구하는 취지의 의사를 표시하였는지 여부를 불문하고) 각 분할채무에 관하여 시효가 진행하는가?

◆ 위 판결에 따를 때, A의 각 분할금채무 중 소멸시효가 완성된 채무의 범위는?

◆ 채권자가 근저당권이 설정된 물상보증인의 부동산에 대해 경매를 신청하여 그 경매개시결정이 채무자에게 송달된 경우, 채무자에 대한 소멸시효 중단의 효과가 발생하는가?

☑ 관련사례

1) A는 1984. 9. 3. B에게 주택융자금 680만원을 1년 거치 19년 분할상환조건(1984. 10. 5.~2004. 9. 5.)으로 대여하면서, 위 대출금의 지급담보를 위하여 B소유의 토지지분에 관하여 근저당권설정등기를 경료하였다. 위 대출시 A와 B는 B가 약정한 이행의무를 한번이라도 지체하는 때에는 기한의 이익을 잃고 즉시 채무금 전액을 변제하기로 약정하였다. 그런데 B는 1984. 10. 5., 1984. 11. 5., 그리고 1985. 10. 17.에 위 분할채무 및 지연이자를 지급하였을 뿐, 그 이후로는 원금 또는 이자를 상환하지 않았다. A는 1998. 7. 15. 그 때까지의 할부원리금 채권의 회수를 위하여 B의 위 부동산에 대하여 압류를 하였다. 이에 B는 자신의 채무는 시효로 소멸하였다고 하면서 위 근저당권의 말소를 소구하였다. 타당한가? (대판 2002. 9. 4. 2002다28340) 〈응용〉

2) 채권이 채무자의 반대채권과 동시이행관계에 있는 경우 소멸시효의 기산점은 언제인가? 즉 A가 1964. 9. 24. B로부터 X부동산을 매수하였다. A는 매수대금잔금 지급기일인 1964. 12. 3.에 이를 지급하지 않았으나, B로부터 X부동산을 인도받아 점유하였다. 그로부터 10년(1974. 12. 3.)이 지나서 A는 B에 대하여 위 매매계약에 기해서 이전등기의 이행을 소구하였다. B는 매매대금을 지급받은 바 없어서 소유권이전등기청구에 응할 수 없다고 하였다. 이에 A는 B의 매매대금채권은 소멸시효가 완성되어 소멸하였다고 주장하였다. A의 주장은 타당한가? (대판 1991. 3. 22. 90다9797) 〈응용〉

3) 선택채권에서 소멸시효의 기산점은 언제인가? 즉 공유수면매립공사 시행사인 B 회사와 A가 공사도급계약을 체결하였다가 이를 합의해제하면서, 정산방법으로 B 회사는 매립공사 준공등기 후 즉시 매립토지 중 일정면적(100평)을 A에게 양도하되 그 위치는 중위분(바닷가 등 토지가격이 높은 토지가 아닌 보통 토지)으로 약정하였다. A는 1986. 6. 12. 양도받기로 한 매립지(100평)에 관한 권리를 甲에게 양도하였다. B 회사는 매립공사를 마치고 매립지 중 일부에 관하여 1985. 1. 23. 소유권보존등기를 마쳤으며, 그 후 매립지에 대한 도시계획결정 및 지적고시가 행해지고 다시 1986. 4. 4. 이의 면적과 경계가 정정되어 1987. 2. 26. 이 정정된 내용의 경정등기가 되었다. 甲은 1995. 3. A를 대위해서 B 회사에 대하여 A가 양도받기로 한 부분에 관하여 소유권이전등기의 이행을 청구하였다. 이에 대해 B 회사는 A의 이전등기청구권은 소멸시효기간(5년)이 경과하여 소멸하였다고 항변하였다. B 회사의 항변은 타당한가? (대판 2000. 5. 12. 98다23195) 〈심화〉

☑ 기타 검토사항

　1) 피담보채무가 시효로 소멸한 때에는 물상보증인의 지위에 있는 자도 이를 원용할 수 있는가?

　2) 위의 사례에서 A의 물품대금채무와 어음금채무의 소멸시효는 별개로 진행하는가? 만약 물품대금채무가——기한이익의 상실로 인하여 이미——시효가 완성하였다고 하더라도, 어음금채무의 지급기일은 1992. 4. 30.이므로 이의 시효는 완성하지 않은 것으로 되는가?

☑ 참고문헌

　◆ 엄동섭, 기한이익상실 약관과 소멸시효, 고시연구 32권 6호(2005. 06), 60면 이하.

　◆ 박재현, 기한이익상실의 특약과 소멸시효의 기산점, 재판과 판례 11집(대구판례연구회), 289면 이하, 2002.

　◆ 노재호, 소멸시효의 원용: 원용권자의 범위와 원용권자 상호간의 관계를 중심으로, 사법논집 52집, 227면 이하, 2011.

2. 소멸시효기간

(1) 민법상의 단기소멸시효의 적용을 받는 채무가 상사채무인 경우

대판 1966. 6. 28. 66다790 〈기초〉 ···

[사안] 甲(원고)이 乙(피고)과 체결한 영화상영계약과 관련해서 乙에 대하여 부당이득반환을 소구하였다. 乙은 甲의 채권은 민법 제164조의 단기소멸시효기간의 적용을 받는 것으로서 따라서 1년간 행사하지 않음으로서 소멸시효가 완성되었다고 항변하였다.

[원심] 피고는 객의 내집을 목적으로 하는 장옥의 거래를 영업으로 하는 자로서, 이와 같이 일방적 상행위인 경우에는 쌍방에 상법을 적용하는 것이며, 상법은 민법에 우선하는 것이므로 피고의 민법상의 단기소멸시효 주장은 이유 없다고 하여 피고의 항변을 배척하였다.

[판지] 상법 제64조에 명문으로 규정되어 있는 바와 같이, 상행위로 인한 채권의 소멸시효에 관하여도 다른 법령에 상사시효보다 단기의 시효의 규정이 있는 때에는 그 규정에 의하는 것이므로, 원고의 본소 청구 채권이 1년의 단기시효에 의하여 소멸되는 것이라면 상사시효에 관한 규정을 적용할 것이 아니라 1년의 단

기시효의 규정을 적용하여야 할 것이다.

☑ 쟁 점

위 판결은 채권이 상사채권이면서 아울러 민법상 단기소멸시효기간의 적용을 받는
것인 경우, 그 시효기간은 어떻게 되는가 하는 점이 문제된 것이다.

☑ 검토할 사항

◆ 상법은 민법의 특별법이다. 그럼에도 위 사안의 경우 소멸시효의 기간에 관해서는
민법의 규정을 적용하는 이유는 무엇인가?

(2) 주채무에 대한 확정판결과 보증채무

대판 2006. 8. 24. 2004다26287·26294 〈응용〉 ·······················

[사안] 보증보험회사 甲(피고)은 주식회사 A물산과 1991. 6. 13. 피보험자를 ○
○주식회사로 하는 지급보증 보험계약을 체결하였다. 그리고 A물산의 대표이사
C와 B(C의 아버지)는 1991. 6. 13. 甲에 대하여 위 보증보험계약에 기한 A물산의
구상금채무를 연대보증하였고, B는 아울러 위 채무의 담보로서 X토지에 甲 명의
의 근저당권설정등기를 마쳐주었다. 그 후 A물산이 부도나자, 甲은 1991. 11. 14.
위 보증보험계약에 따라 피보험자들에게 보험금을 지급한 후, 1991. 12. 16. 위 X
토지에 대한 임의경매를 신청하여 경매법원으로부터 1992. 11. 12. 일부의 배당을
받았다. 그 후 B가 1993. 9. 13. 사망하였으며(단 사망신고는 2001. 6. 29.경 이루어
짐), 그의 상속인으로는 乙 등(원고: 4인)과 C가 있으며, 상속재산 중 적극재산으
로는 Y토지와 Z임야가 있다. 甲은 1996. 6. 25. A물산, B, C를 상대로 하여 구상
금채권 중 위 임의경매를 통하여 변제받지 못한 나머지 부분의 지급을 구하는 소
를 제기하여(구상금소송), 같은 해 10. 16. 전부승소판결을 받았고, 위 판결은 같
은 해 11. 14. 확정되었다. 또한 甲은 2000. 7.경 B에 대한 구상금채권을 청구채
권으로 하여 법원에 B의 적극재산에 대한 가압류신청을 하였고, 2000. 7. 18. 가
압류결정을 받아, 같은 달 21. 가압류등기를 마쳤다. 乙 등은 자신들이 상속받은
위 연대보증계약에 기한 B의 구상금채무는 시효(상사시효 5년)의 완성으로 소멸
하였으므로 자신들의 채무가 부존재한다는 확인청구소송을 제기하였다. 이에 대
하여 甲은 2002. 7. 16. 반소로서, 甲이 1996. 6. 25. B를 상대로 제기한 위 구상

금소송과 2000. 7.경 B의 적극재산에 대하여 한 가압류결정으로 乙 등의 구상금
채무는 소멸시효가 중단되었으므로 구상금의 지급채무가 여전히 존재한다고 하면
서, 이의 이행을 청구하였다.

[원심]   1) 피고가 구상금채무의 주채무자인 A물산을 상대로 구상금채무의 이행
기로부터 5년이 경과하기 전인 1996. 6. 25. 구상금소송을 제기하여 승소판결을
받아 그 판결이 확정되었으므로, 이로써 위 소멸시효는 중단되었다 할 것이고,
주채무자인 A물산에 대한 시효의 중단은 보증인인 B에 대하여도 그 효력이 있으
므로(민법 제440조, 위 구상금소송은 보증인인 B에 대하여도 제기되어 그에 대하여도
판결이 선고되었는데, 소제기 당시 B가 이미 사망한 상태였으므로 구상금소송에 대한
판결 중 피고의 B에 대한 판결 부분은 당연무효라고 할 것이다), B의 사망으로 보증
채무를 상속한 원고들에 대한 구상금채권의 소멸시효 또한 1996. 6. 25.경 중단되
었다고 볼 것이다. 또한 주채무자에 대한 시효중단의 효력을 보증인에 대하여도
인정한 민법 제440조는 시효중단 이후의 시효기간에도 적용되는 것으로 해석하
는 것이 상당하다 할 것이므로, 피고의 원고들에 대한 구상금채권의 소멸시효는
주채무자인 A물산에 대한 구상금소송으로 중단되었고, 구상금소송의 확정일인
1996. 11. 14.로부터 10년이 경과되지 아니하였으므로, B에 대한 구상금채권은
시효완성으로 소멸하였다고 볼 수 없어 원고들의 주장은 이유 없다.
2) 사망한 자를 채무자로 한 가압류신청은 부적법하고 그 신청에 따른 가압류결
정이 있었다 하여도 그 결정은 당연무효라고 할 것이며, 그 효력이 상속인에게
미친다고 할 수는 없다 할 것이지만, 우리 민법이 가압류를 소멸시효 중단 사유
의 하나로 규정하고 있는 것은 가압류에 처분금지적 효력이 있어서가 아니라 가
압류 신청으로서 채권자의 권리 실현 의사가 객관화되었기 때문인 점에 비추어
보면, 사자를 상대로 한 가압류 결정의 '무효'는 가압류 본래의 효력인 처분금지
효가 없다는 의미일 뿐, 가압류신청 및 그 결정이 있었던 사실 자체를 없었던 것
으로 하여 소멸시효 중단 사유로서의 효력까지 부정하는 것은 아니라 할 것이므
로, 무효인 가압류라고 하더라도 그를 통하여 채권자의 권리 실현 의사가 객관화
되었다고 볼 수 있다면, 적어도 소멸시효 중단 사유로서의 효력은 인정할 수 있
을 것이다.
원고들이 B의 사망일로부터 이 사건 가압류결정이 있기까지 약 7년이 경과하였
음에도 불구하고 B에 대한 사망신고를 하지 아니하고, B의 적극재산에 대하여

상속을 원인으로 한 소유권이전등기도 마치지 아니함으로써, 피고로서는 B가 생존한 것으로 믿고 그를 채무자로 하여 이 사건 구상금채권을 보전하기 위한 가압류를 신청할 수밖에 없었을 것이고, 만약 피고가 호적등본이나 등기부등본 등을 통하여 B의 사망 사실을 인식하거나 B를 상대로 한 이 사건 가압류결정에 대하여 원고들이 이의신청을 하는 등으로 다투었다면, 피고는 그 상속인인 원고들을 채무자로 하여 가압류신청 등 권리보전 조치를 하였을 것임은 경험칙상 이를 쉽게 인정할 수 있는바, 결국 이 사건 가압류신청으로써 피고의 이 사건 구상금채권에 대한 권리실현 의사는 충분히 표현되었다고 봄이 상당하므로, 이 사건 구상금채권의 소멸시효는 이 사건 가압류결정으로 인하여 중단되었다 할 것이다. 뿐만 아니라, 원고들은 장기간 사망신고와 상속등기를 하지 아니하여 B가 생존해 있는 것과 같은 외관을 만들었고, 피고가 그 외관을 신뢰하여 신청한 이 사건 가압류결정 당시에도 피고에게 사망사실을 알리거나 이를 이유로 이의 등을 제기하지 아니하였는바, B의 사망일로부터 약 9년이 경과한 후에 제기된 이 사건 소송에서, 이 사건 가압류가 사망한 자를 상대로 한 것임을 들어 그 가압류에 시효중단의 효력이 없다고 주장하는 것은 신의칙에 반하여 허용될 수 없기도 하다.

[판지] 1) 민법 제440조가 "주채무자에 대한 시효의 중단은 보증인에 대하여 그 효력이 있다"고 정한 것은 민법 제169조에서 "시효의 중단은 당사자 및 그 승계인 간에만 효력이 있다"고 정한 것에 대한 예외를 인정한 것으로, 이는 보증채무의 부종성에 기인한 당연한 법리를 선언한 것이라기보다 채권자보호 내지 채권담보의 확보를 위하여 마련한 특별조항인바, 위 조항은 상충하는 채권자와 보증채무자의 이해관계를 조절하는 조항이라는 점을 고려하면 이를 해석함에 있어서는 가급적 문언에 충실함이 바람직하다 할 것인데, 위 조항의 문언상 의미는 주채무자에 대한 시효중단의 사유가 발생하였을 때는 그 보증인에 대한 별도의 중단조치가 이루어지지 아니하여도 동시에 시효중단의 효력이 생기도록 한 것에 불과하고 중단된 이후의 시효기간까지 당연히 보증인에게도 그 효력이 미친다고 하는 취지는 아니다. 한편 민법 제165조 제1항이 "판결에 의하여 확정된 채권은 단기의 소멸시효에 해당한 것이라도 그 소멸시효는 10년으로 한다"고 정한 것은 단기소멸시효가 적용되는 채권이라도 판결에 의하여 채권의 존재가 확정되면 그 성립이나 소멸에 관한 증거자료의 일실 등으로 인한 다툼의 여지가 없어지고, 법률관계를 조속히 확정할 필요성도 소멸하며, 채권자로 하여금 단기소멸시효 중단

을 위해 여러 차례 중단절차를 밟도록 하는 것은 바람직하지 않기 때문이다. 그런데 보증채무가 주채무에 부종한다 할지라도 원래 보증채무는 주채무와는 별개의 독립된 채무이어서 채권자와 주채무자 사이에서 주채무가 판결에 의하여 확정되었다고 하더라도 이로 인하여 보증채무 자체의 성립 및 소멸에 관한 분쟁까지 당연히 해결되어 보증채무의 존재가 명확하게 되는 것은 아니므로, 채권자가 보증채무에 대하여 뒤늦게 권리행사에 나선 경우 보증채무 자체의 성립과 소멸에 관한 분쟁에 대하여 단기소멸시효를 적용하여야 할 필요성은 여전히 남는다. 위와 같은 민법 제440조와 제165조의 규정 내용 및 입법 취지 등을 종합하면, 채권자와 주채무자 사이의 확정판결에 의하여 주채무가 확정되어 그 소멸시효기간이 10년으로 연장되었다 할지라도 이로 인해 그 보증채무까지 당연히 단기소멸시효의 적용이 배제되어 10년의 소멸시효기간이 적용되는 것은 아니고, 채권자와 연대보증인 사이에 있어서 연대보증채무의 소멸시효기간은 여전히 종전의 소멸시효기간에 따른다고 보아야 할 것이다.

2) 이미 사망한 자를 피신청인으로 한 가압류신청은 부적법하고 그 신청에 따른 가압류결정이 있었다고 하여도 그 결정은 당연 무효로서 그 효력이 상속인에게 미치지 않으며, 이러한 당연 무효의 가압류는 민법 제168조가 정한 소멸시효의 중단사유인 가압류에 해당하지 않는다고 볼 것이다. 이는 민법 제175조가 법률의 규정에 따르지 아니함으로 인하여 취소된 가압류에 대하여는 시효중단의 효력을 인정하지 않고 있는 점에 비추어 보아도 분명하고, 또 가압류에 의한 소멸시효 중단의 효력이 그 집행보전의 효력이 존속하는 동안 지속된다는 점에서 판결의 확정으로 중단되었던 소멸시효가 다시 진행하는 재판상 청구보다도 훨씬 강력하다는 사정을 고려하면 당연 무효인 가압류를 소멸시효 중단사유로 취급하는 것은 적절하다고 볼 수도 없다.

또한 상속채무를 부담하게 된 상속인의 행위가 단순히 피상속인에 대한 사망신고 및 상속부동산에 대한 상속등기를 게을리 함으로써 채권자로 하여금 사망한 피상속인을 피신청인으로 하여 상속부동산에 대하여 당연 무효의 가압류를 하도록 방치하고 그 가압류에 대하여 이의를 제기하거나 피상속인의 사망 사실을 채권자에게 알리지 않은 정도에 그치고, 그 외 달리 채권자의 권리 행사를 저지·방해할 만한 행위에 나아간 바 없다면 위와 같은 소극적인 행위만을 문제 삼아 상속인의 소멸시효 완성 주장이 신의성실의 원칙에 반하여 권리남용으로서 허용될 수 없다고 볼 것은 아니다.

☑ 쟁   점

위 판결은 주채무자에 대한 이행소송의 확정판결로 주채무의 소멸시효기간이 10년으로 연장된 경우, 단기소멸시효의 적용을 받던 보증채무의 소멸시효기간도 10년으로 연장되는가 하는 점과 이미 사망한 채무자에 대한 가압류에 의해 시효중단의 효력이 발생하는가 하는 점이 문제된 것이다.

☑ 검토할 사항

◆ 甲의 A에 대한 구상금채권의 소멸시효는 어떠한가?

◆ 제165조 및 제440조의 취지를 살피시오.

◆ 단기소멸시효에 해당하는 채권에 관하여 소를 제기하여 판결이 확정된 경우, 그 소멸시효는 어떻게 되는가? 그 이유는 무엇인가?

◆ 확정판결 등에 의하여 주채무의 시효기간이 연장된 경우, 보증채무의 소멸시효는 어떻게 되는가? 그 이유는 무엇인가?

◆ 甲은 1996. 6. 25.에 제기한 구상금 소송에서 B도 피고로 하였고 그리하여 B에 대하여도 판결이 선고되었음에도 B에 대하여 제165조가 적용되지 않는 이유는 무엇인가?

◆ 이미 사망한 자를 피신청인으로 한 가압류신청 및 그 신청에 따른 가압류결정은 효력이 있는가? 이러한 가압류는 민법 제168조가 정한 소멸시효의 중단사유인 가압류에 해당하는가?

☑ 관련사례

1) 주채무자에 대한 확정판결에 의하여 단기소멸시효(3년: 물품대금채무)에 해당하는 주채무의 소멸시효기간이 10년으로 연장된 상태에서 주채무를 보증한 경우, 보증채무의 소멸시효기간은 얼마인가? (대판 2014. 6. 12. 2011다76105) 〈심화〉

☑ 기타 검토사항

1) 상속인이 피상속인에 대한 사망신고 및 상속부동산에 대한 상속등기를 게을리 함으로써 채권자로 하여금 사망한 피상속인을 피신청인으로 하여 상속부동산에 대하여 당연 무효의 가압류를 하도록 방치하고 그 가압류에 대하여 이의를 제기하거나 피상속인의 사망 사실을 채권자에게 알리지 않은 경우, 상속인의 소멸시효 완성 주장은 신의성실의 원칙에 반하여 권리남용으로서 허용될 수 없는가?

의 신체감정을 필요로 하기 때문에, 앞으로 그러한 절차를 거친 후 그 결과에 따라 청구금액을 확장하겠다는 뜻을 소장에 객관적으로 명백히 표시한 경우에는, 그 소제기에 따른 시효중단의 효력은 소장에 기재된 일부 청구액뿐만 아니라 그 손해배상청구권 전부에 대하여 미친다는 이유로 이를 배척하였는바, 원심의 이러한 판단은 위 법리에 따른 것으로서 옳다.

☑ 쟁 점

위 판결들은 채권자가 시효기간 내에 채권액 중 일부에 관해서만 지급을 구하는 소를 제기한 경우, 소멸시효가 중단되는 범위는 그 일부의 채권액에 한정되는가 하는 점이 문제된 것이다.

☑ 검토할 사항

◆ 위의 두 판결에서의 각 채권의 소멸시효기간은 어떠한가?

◆ 일부청구의 경우에 원칙적으로 그 일부에 관해서만 시효중단의 효력이 생긴다고 하는 이유는 무엇인가?

◆ 일부청구의 경우에 채권액 전부에 관해서 시효중단의 효력이 생기는 경우는 언제이고, 그렇게 해석하는 이유는 무엇인가?

☑ 관련사례

1) 채권의 양수인이 채권양도의 대항요건을 갖추지 못한 상태에서 채무자를 상대로 재판상의 청구를 한 경우, 소멸시효 중단사유인 재판상의 청구에 해당하는가? (대판 2005. 11. 10. 2005다41818) 〈심화〉

2) 원인채권의 지급을 확보하기 위한 방법으로 어음이 수수된 경우, 원인채권의 행사는 어음채권의 소멸시효를 중단시키는 효력을 가지는가? 또 어음채권의 행사는 원인채권의 소멸시효를 중단시키는 효력을 가지는가? (대판 1999. 6. 11. 99다16378) 〈심화〉

☑ 기타 검토사항

1) 일부의 청구를 하여 승소판결을 받은 경우에, 나머지 부분의 채권액도 시효기간이 경과하지 않은 때에는 지급을 소구할 수 있는가?

2) 소를 제기하였으나 패소한 경우 혹은 소를 취하한 경우에 시효중단의 효력이 전혀 생기지 않는가?

3) 소의 제기에 의하여 중단된 소멸시효는 언제부터 다시 진행하는가? 그리고 그 시효기간은 어떠한가?

☑ 참고문헌

◆ 양창수, 소멸시효의 중단, 고시계 40권 8호(1995. 07), 85면 이하,
◆ 오종근, 소멸시효 중단사유에 관한 판례분석, 사법연구 제7집, 189면 이하, 2002.
◆ 이석선, 일부청구에 대한 소송법적 고찰, 민사법학의 제문제(김용한교수 화갑기념논문집), 241면 이하, 1990.

(2) 응　　소

대판(전) 1993. 12. 21. 92다47861 〈응용〉 ··

[사안]　甲(원고)은 乙(피고)로부터 변제기를 1976. 12. 11.로 정하여 금 470만원을 차용하면서 그 담보를 위하여 X부동산에 관하여 근저당권설정등기를 마쳐 주었다. 1981년에 甲이 乙을 상대로 위 피담보채권인 대여금채권이 부존재함을 이유로 위 근저당권설정등기의 말소청구소송을 제기하였으며, 乙은 이에 적극적으로 응소하여 원고청구기각의 판결을 구하고 위 대여금채권이 유효하게 성립된 것이어서 이를 피담보채권으로 하는 위 근저당권설정등기는 유효하다는 내용의 답변내용을 제출하였다. 그 결과 제1심 법원에서 乙의 위 주장을 받아들여 원고패소판결이 선고되었으며, 1982. 12. 14. 대법원에서 甲의 상고허가신청 기각결정에 의하여 위 판결이 그대로 확정되었다. 그 후 1991. 11. 21. 乙이 근저당권을 실행할 목적으로 X부동산에 대한 경매를 신청하자, 甲은 乙을 상대로 대여금채무가 존재하지 않는다는 확인의 소와 이를 전제로 한 근저당권설정등기의 말소등기절차의 이행을 구하는 소를 제기하였다. 乙은 이미 1981년의 甲의 소제기에 대하여 적극 응소를 하여 원고패소판결이 확정된 결과, 대여금채권은 소멸시효의 중단으로 인해 재판이 확정된 때인 1982. 12. 14.로부터 10년이 경과된 때에 비로소 소멸하고, 따라서 1991년에 제기한 소송 당시에는 대여금채권이 그대로 존속하고 있다는 시효중단의 항변을 하였다.

[판지]　민법 제168조 제1호, 제170조 제1항에서 시효중단사유의 하나로 규정하고 있는 재판상의 청구라 함은, 통상적으로는 권리자가 원고로서 시효를 주장하는 자를 피고로 하여 소송물인 권리를 소의 형식으로 주장하는 경우를 가리키지만, 이와 반대로 시효를 주장하는 자가 원고가 되어 소를 제기한 데 대하여 피고로서 응소하여 그 소송에서 적극적으로 권리를 주장하고 그것이 받아들여진 경우

도 마찬가지로 이에 포함되는 것으로 해석함이 타당하다. 원래 시효는 법률이 권리 위에 잠자는 자의 보호를 거부하고 사회생활상 영속되는 사실상태를 존중하여 여기에 일정한 법적효과를 부여하기 위하여 마련한 제도이므로, 위와 같은 사실상의 상태가 계속되던 중에 그 사실상태와 상용(相容)할 수 없는 다른 사정이 발생한 때에는 더 이상 그 사실상태를 존중할 이유가 없게 된다는 점을 고려하여, 이미 진행한 시효기간의 효력을 아예 상실케 하려는 데에 곧 시효중단을 인정하는 취지가 있는 것인바, 권리자가 시효를 주장하는 자로부터 제소당하여 직접 응소행위로서 상대방의 청구를 적극적으로 다투면서 자신의 권리를 주장하는 것은 자신이 권리 위에 잠자는 자가 아님을 표명한 것에 다름 아닐 뿐만 아니라, 계속된 사실상태와 상용할 수 없는 다른 사정이 발생한 때로 보아야 할 것이므로, 이를 민법이 시효중단사유로서 규정한 재판상의 청구에 준하는 것으로 보더라도 전혀 시효제도의 본지에 반한다고 말할 수는 없다 할 것이다. 사실관계가 위와 같다면 피고가 위 전소송에서 응소하여 한 위 담보목적의 대여금채권의 존재에 관한 주장은 소멸시효의 중단사유가 되는 재판상의 청구에 준하는 것이므로, 위 채권에 대하여는 피고의 위 응소행위에 의하여 일단 소멸시효의 진행이 중단되었다가 위 재판이 확정된 1982. 12. 14.부터 새로이 그 시효가 진행된다고 봄이 옳다 할 것이다.

☑ 쟁   점

위 판결은 소멸시효를 주장하는 자가 원고가 되어 제기한 종전의 소에서 채권자가 피고로서 응소하여 적극적으로 권리를 주장하고 그것이 받아들여진 경우, 응소는 시효중단사유인 재판상의 청구에 해당하는가 하는 점이 문제된 것이다.

☑ 검토할 사항

◆ 소멸시효의 중단을 인정한 이유는 무엇인가?

◆ 소멸시효의 중단사유로서의 '재판상 청구'에 응소가 포함되는 이유는 무엇인가?

◆ 중단사유가 종료되면 시효의 진행은 어떻게 되는가?

☑ 관련사례

1) 물상보증인이 제기한 저당권설정등기의 말소등기절차이행청구소송에서 채권자 겸 저당권자가 응소하여 피담보채권의 존재를 주장하는 것은 민법 제168조 제1호 소정의 '청구'에 해당하는가? (대판 2004. 1. 16. 2003다30890) 〈심화〉

2) 피고로서 응소하여 권리를 주장하였으나 피고 패소판결이 확정되었더라도 시효중단의 효력이 있는가? (대판 1988. 2. 23. 85누688) 〈응용〉

3) 시효를 주장하는 자가 원고가 되어 소를 제기한 경우, 피고가 응소행위를 한 것만으로 시효중단의 효과가 발생하는가, 아니면 변론에서 시효중단의 주장 또는 이러한 취지가 포함되었다고 볼 만한 주장을 해야 시효중단의 효력이 발생하는가? (대판 2003. 6. 13. 2003다17927, 17934) 〈심화〉

☑ 기타 검토사항

1) 응소로 인한 소멸시효 중단의 효력이 발생하는 시점은 언제인가?

☑ 참고문헌

◆ 김준호, 응소와 시효중단, 사법행정 35권 4호(1994. 04), 23면 이하.

◆ 한승, 응소와 시효중단, 민사판례연구 17권, 1면 이하, 1995.

(3) 행정소송

대판(전) 1992. 3. 31. 91다32053 〈심화〉 ························

[사안]   ① 甲(피고, 국가) 소속 치안본부는 乙을 비롯한 4개 교과서회사(원고)에 대한 세칭 검인정교과서 부정사건(조세포탈)에 대한 조사를 실시하면서, 乙회사의 간부들을 불법 감금하여 1개월 간에 걸쳐 강압적인 수사를 강행하였다. 이 과정에서 乙회사 간부들은 그들의 의사에 반하여 회사가 1971. 12. 11.부터 1977. 11. 30.까지 사이에 탈세하였다는 내용의 확인서, 진술서 등을 작성하였다. 이를 통보받은 국세청은 이와 같이 불법구속과 강압적 수사에 의하여 작성된 탈세확인서, 진술서와 고발 등에 기초해서 1984. 6. 1. 및 동년 7. 10. 乙에 대하여 법인세, 법인영업세 등 약 57억원을 과세하였다. 乙은 1984. 6. 15. 일단 세금을 납부한 후 위 과세처분에 대하여 취소소송을 제기하였다. 1985. 11. 1. 서울고등법원에서 乙의 승소판결이 선고되었으며(이 판결의 주문은 위 과세처분을 취소한다는 것이었으나 그 실질은 무효확인을 하는 것으로서 이른바 "무효확인을 하는 의미에서의 취소판결"이다), 1990. 7. 27. 대법원에서 위 판결이 그대로 확정되었다. 이에 乙은 1990. 9. 1. 무효인 과세처분에 기해서 납부한 위 세금(과오납)에 관해서 부당이득반환청구소송을 제기하였다.

[원심]   위 과세처분이 중대하고 명백한 하자가 있는 당연무효의 행정처분이라고 단정하기에 부족하고, 위 과세처분의 취소로 인한 이 사건 부당이득반환청구

권의 소멸시효는 위 과세처분을 취소한 판결이 확정된 1990. 7. 27.부터 진행한다. 가사 위 과세처분이 중대하고도 명백한 하자가 있는 당연무효의 처분이라고 하더라도, 전치절차를 거쳐 과세처분의 취소를 구하였으나 재판과정에서 그 과세처분이 무효로 밝혀진 이 사건과 같은 경우에는 그로 인한 부당이득반환청구권의 소멸시효의 기산점은 과세처분에 취소할 수 있는 하자가 있는 경우와 마찬가지로 그 판결확정시부터 진행한다고 봄이 상당하다.

[판지] 1) 이 사건 과세처분의 근거가 된 확인서, 명세서, 자술서, 각서 등은 과세관청 내지 그 상급관청이나 수사기관의 일방적이고 억압적인 강요로 작성자의 자유로운 의사에 반하여 별다른 합리적이고 타당한 근거도 없이 작성된 것으로서 이러한 자료들은 그 작성경위에 비추어 내용이 진정한 과세자료라고 볼 수 없으므로, 이러한 과세자료에 터잡은 이 사건 각 과세처분의 하자는 중대한 하자이고, 위와 같은 과세자료의 성립과정에 직접 관여하여 그 경위를 잘 아는 과세관청에 대한 관계에 있어서 객관적으로 명백한 하자이다.

2) 과세처분이 부존재하거나 당연무효인 경우에 이 과세처분에 의하여 납세의무자가 납부하거나 징수당한 오납금은 국가가 법률상 원인없이 취득한 부당이득에 해당하고, 이러한 오납금에 대한 납세의무자의 부당이득반환청구권은 처음부터 법률상 원인이 없이 납부 또는 징수된 것이므로 납부 또는 징수시에 발생하여 확정된다. 한편 소멸시효는 객관적으로 권리가 발생하여 그 권리를 행사할 수 있는 때로부터 진행하고 그 권리를 행사할 수 없는 동안만은 진행하지 않는바, 여기에서 권리를 행사할 수 없다고 함은 그 권리행사에 법률상의 장애사유, 예컨대 기간의 미도래나 조건불성취 등이 있는 경우를 말하는 것이고, 사실상 권리의 존재나 권리행사 가능성을 알지 못하였고 알지 못함에 과실이 없다고 하여도 이러한 사유는 법률상 장애사유에 해당하지 않는다는 것이 당원의 견해이다. 그러므로 이 사건에서 무효인 위 각 과세처분에 의하여 원고 회사가 납부한 오납금에 대한 원고들의 부당이득반환청구권은 납부시에 이미 발생하여 확정된 것이므로 이 때부터 그 권리의 소멸시효가 진행하고, 위 각 과세처분의 하자가 중대하고 명백하여 당연무효에 해당하는 여부를 당사자로서는 현실적으로 판단하기 어렵다거나, 당사자에게 처음부터 취소소송과 부당이득반환청구소송을 동시에 제기할 것을 기대할 수 없다고 하여도 이러한 사유는 법률상 장애사유가 아니라 사실상의 장애사유에 지나지 않는다. 또 이 사건과 같이 과세처분의 취소를 구하였으나 재판과

정에서 그 과세처분이 무효로 밝혀졌다고 하여도, 그 과세처분은 처음부터 무효이고 무효선언으로서의 취소판결이 확정됨으로써 비로소 무효로 되는 것은 아니므로 오납시부터 소멸시효가 진행함에는 차이가 없다.

3) 시효제도의 존재이유는 영속된 사실상태를 존중하고 권리 위에 잠자는 자를 보호하지 않는다는 데에 있고 특히 소멸시효에 있어서는 후자의 의미가 강하므로, 권리자가 재판상 그 권리를 주장하여 권리 위에 잠자는 것이 아님을 표명한 때에는 시효중단사유가 되는바, 이러한 시효중단사유로서의 재판상의 청구에는 그 권리 자체의 이행청구나 확인청구를 하는 경우만이 아니라, 그 권리가 발생한 기본적 법률관계에 관한 확인청구를 하는 경우에도 그 법률관계의 확인청구가 이로부터 발생한 권리의 실현수단이 될 수 있어 권리 위에 잠자는 것이 아님을 표명한 것으로 볼 수 있을 때에는 그 기본적 법률관계에 관한 확인청구도 이에 포함된다고 보는 것이 타당하다. 이 사건 각 과세처분은 당연무효의 처분이어서 원고 회사가 납부한 세금은 법률상 원인 없는 오납금이 되어 원고 회사에게 환급청구권, 즉 부당이득반환청구권이 발생한 것인데, 원고들은 이러한 부당이득반환청구권을 실행하기 위하여 먼저 그 권리의 기본적 법률관계인 위 각 과세처분에 대한 취소소송(무효선언으로서의 취소소송)을 제기하였음이 명백한바, 이러한 과세처분의 취소 또는 무효확인을 구하는 행정소송은 그 과세처분으로 오납한 조세에 대한 부당이득반환청구권을 실현하기 위한 수단으로서 권리 위에 잠자는 것이 아님을 표명한 것으로 볼 수 있으므로, 위 부당이득반환청구권의 소멸시효를 중단시키는 재판상 청구에 해당하는 것이고 이로서 그 소멸시효는 중단되었다고 보아야 할 것이다.

일반적으로 위법한 행정처분의 취소, 변경을 구하는 행정소송은 사권을 행사하는 것으로 볼 수 없으므로 사권에 대한 시효중단사유가 되지 못하는 것이나, 다만 이 사건과 같은 과세처분의 취소 또는 무효확인의 소는 그 소송물이 객관적인 조세채무의 존부확인으로서 실질적으로 민사소송인 채무부존재확인의 소와 유사할 뿐 아니라, 과세처분의 유효 여부는 그 과세처분으로 납부한 조세에 대한 환급청구권의 존부와 표리관계에 있어 실질적으로 동일당사자인 조세부과권자와 납세의무자 사이의 양면적 법률관계라고 볼 수 있으므로, 위와 같은 경우에는 과세처분의 취소 또는 무효확인청구의 소가 비록 행정소송이라고 할지라도 조세환급을 구하는 부당이득반환청구권의 소멸시효중단사유인 재판상 청구에 해당한다고 볼 수 있다.

☑ 쟁   점

위의 판결은 과세처분에 기해서 세금을 납부한 후 과세처분의 무효확인소송을 제기
하여 승소판결이 확정되자 위 납부한 세금에 관해서 부당이득반환청구소송을 제기한
경우, 부당이득반환청구권의 소멸시효는 과세처분 무효확인소송의 제기에 의하여 중
단된 것으로 되는가 하는 점이 문제된 것이다.

☑ 검토할 사항

◆ 조세부과처분에 하자가 있는 경우, 오납금의 반환청구권(부당이득반환청구권)의 시
  효기산점은 언제인가?
◆ 조세부과처분의 하자가 중대하고 명백한 것이어서 무효인 경우, 납세자로서는 그러
  한 사정을 알기 어려운바, 따라서 그의 부당이득반환청구권의 소멸시효는 진행하지
  않는가?
◆ 이 사건에서의 조세부과처분은 무효인가 아니면 단지 취소할 수 있는 것인가?
◆ 일반적으로 행정소송의 제기는 사법(私法)상 권리의 시효중단사유인가?
◆ 조세처분이 무효인 경우, 납세자의 조세처분 무효확인청구소송의 제기에 의해서 부
  당이득반환청구권의 시효가 중단되는가? 만약 중단된다고 한다면 그 근거는 무엇
  인가?

☑ 관련사례

1) 의원면직처분에 대한 무효확인소송은 급여채권의 소멸시효의 진행을 중단시키는
   가? (대판 1994. 5. 10. 93다21606) 〈응용〉

☑ 기타 검토사항

1) 피해자가 가해자를 상대로 고소하여 형사재판이 개시된 경우에 시효가 중단되는
   가? (대판 1999. 3. 12. 98다18124)

☑ 참고문헌

◆ 강인애, 과세처분의 당연무효와 국세환급청구권의 시효중단사유, 판례월보 266호
  (1992. 11), 40면 이하.
◆ 박송하, 조세채권의 소멸시효, 대법원판례해설 제7호 375면 이하, 1988.
◆ 임승순, 행정소송의 제기와 국세환급청구권의 시효중단, 대법원판례해설 17호, 243
  면 이하, 1992.
◆ 조용호, 조세채권의 소멸시효, 재판자료 제61집, 325면 이하, 1993.

2. 최   고

대판 **1983. 7. 12. 83다카437** 〈기초〉 ···

[사안] 甲(원고)은 회사 乙(피고)에 대하여 면사납품보증금 10,000,000원의 반환 채권 및 여러 번에 걸친 차용금에 대한 합계 금 22,180,000원의 채권을 가지고 있었으며, 이중 차용금채무의 이행기는 1976. 2. 27. 내지 3. 9.이고, 납품보증금반환채무의 이행기는 1976. 3. 21.이다. 그런데 乙이 위 채무를 이행하지 않았다. 이에 甲은 1981. 1. 29., 1981. 3. 20., 및 1981. 7. 25.에 거듭하여 乙에게 모든 채무에 대하여 그 이행을 최고하였으나 乙은 여전히 채무를 이행하지 않았다. 그리하여 甲은 1981. 8. 13. 채무의 이행을 구하는 소를 제기하였다. 이에 대하여 乙은 위 채무는 상사채권 소멸시효기간 5년의 경과로 소멸되었다고 항변하였다.

[판지] 재판상 청구가 아닌 최고는 최고를 한 후 6월 내에 재판상의 청구, 파산절차 참가, 화해를 위한 소환, 임의출석, 압류 또는 가압류·가처분을 하지 아니하면 시효중단의 효력이 없는 것인바, 최고를 여러 번 거듭하다가 재판상 청구 등을 한 경우에 시효중단의 효력은 항상 최초의 최고시에 발생하는 것이 아니라 재판상 청구 등을 한 시점을 기준으로 하여 이로부터 소급하여 6월 이내에 한 최고시에 발생한다고 보아야 할 것이다. 그렇다면 원고가 1981. 1. 29.에 최초의 최고를 하였다고 하여도 그로부터 6월 이내에 재판상 청구 등을 한 바 없으므로 위 최고시에 시효중단의 효력이 발생하였다고 볼 여지가 없고, 본소제기의 시점인 1981. 8. 13.을 기준으로 하여 이로부터 소급하여 6월 이내인 1981. 3. 20.에 한 최고시에 비로소 시효중단이 발생하였다고 볼 것이다. 그런데 원고의 납품보증금 10,000,000원의 채권은 그 상사채권 소멸시효기간 만료일이 1981. 3. 21.이므로 그 전에 있은 1981. 3. 20.자 최고에 의하여 시효중단의 효력이 발생하였다고 보겠으나, 대여금채권은 그 이행기가 1976. 2. 27. 내지 그 해 3. 9. 사이에 도래하였으므로 이때로부터 각 상사채권 소멸시효기간을 계산하면 1981. 2. 27. 내지 그 해 3. 9.에 이미 만료되었다. 그러므로 그 후에 있은 1981. 3. 20.자 최고에 의하여 시효중단의 효력이 생겼다고 볼 여지가 없다.

☑ 쟁 점

위 판결은 최고를 거듭하다가 재판상의 청구를 한 경우 소멸시효중단의 시점이 언제인가 하는 점이 문제된 것이다.

☑ 검토할 사항

◆ 최고를 시효의 중단사유로 둔 이유는 무엇이며, 최고가 '임시적 수단' 또는 '예비적 방법'이라고 하는 이유는 무엇인가?

◆ 최고에 의한 시효중단의 효력이 지속되기 위해서는 권리자가 어떠한 조치를 해야 하는가?

◆ 수차례에 걸쳐 최고한 경우에, 언제 행한 최고에 의하여 시효가 중단되는가?

☑ 관련사례

1) 채무이행을 최고받은 채무자가 그 이행의무의 존부 등에 대하여 조사를 해 볼 필요가 있다는 이유로 채권자에게 그 이행의 유예를 구한 경우, 재판상 청구 등을 하여야 하는 6월의 기산점은 언제인가? 즉 A는 소유토지를 군부대가 사용함으로써 징발재산정리에관한특별조치법에 따라 국가가 이를 매수하였다가 군부대가 철수하여 위 특별조치법에 따라 1982. 3. 12. 국방부장관에게 환매의 의사표시를 하였는데, 1992. 7. 20.에야 소유권이전등기절차의 이행을 구하는 소를 제기하였다. 그런데 그에 앞서 A는 1991. 11. 5. 국방부장관에게 위 토지를 반환해 달라는 취지의 진정서를 제출하였으며, 이에 대하여 국방부장관은 1991. 12. 4. '진정 내용을 조사보고토록 하였으며 그 결과에 따라 재회신하겠다'는 취지의 회신을 하였으며, 그 후 A의 위 소제기가 있자 1993. 2. 5.에 이르러 국방부장관이 확정적인 거절의 의사표시를 담은 회신을 하였다. A의 소유권이전등기청구권의 소멸시효는 완성되었다고 할 것인가? (대판 1995. 5. 12. 94다24336) 〈심화〉

2) 연대채무자 중 1인에 대한 경매신청은 다른 연대채무자에게도 시효중단의 효력이 발생하는가? 채권자가 연대채무자 중 1인에 대해 경매신청을 하고, 6월내에 다른 연대채무자에 대해서도 재판상 청구를 하여 다른 연대채무자에 대하여 시효중단의 효력이 발생한 경우, 중단된 시효가 새로 진행하는 시점은 언제인가? 즉 A가 B 및 C에 대하여 제기한 양수금청구소송에서 'B 및 C는 연대하여 지급하라'는 승소판결이 1978. 11. 19. 확정되었으며, A는 1988년 B의 X토지에 대하여 경매를 신청하여 1990. 6. 26. 그 경매절차에서 채무액의 일부를 배당받았다. 한편 A는 B 및 C에 대한 채권의 소멸시효 완성을 막기 위하여 B 및 C를 상대로 다시 양수금청구소송을 제기하여(X토지에 대한 경매신청시점으로부터 6월 이내임) 승소판결이 1989. 10. 24. 확정되었다. 그 후 A는 1999. 10. 25. C를 상대로 다시 양수금청구소송을 제기

하였다. 이에 대해 C는 승소판결이 확정된 1989. 10. 24.부터 10년이 경과하였으므로 시효가 완성되었다고 항변하였다. C의 항변은 타당한가?

3. 압류 및 가압류

대판 2003. 5. 13. 2003다16238 〈심화〉 ··

[사안] 甲(원고)은 A에 대한 구상금채권에 기하여 1994. 9. 28. 대구지방법원 경주지원에서 A가 乙회사(피고)로부터 매월 지급받는 급료 중 제세공과금을 공제한 실수령액의 2분의 1 및 A가 퇴직할 경우 퇴직금 중 2분의 1에 해당하는 돈이 청구금액에 이를 때까지의 금액에 관하여 채권가압류결정을 받았고, 위 결정은 1994. 9. 29. 乙회사에 송달되었다. 甲은 A를 상대로 위 법원에 구상금청구소송을 제기하여 1995. 4. 26. 승소판결이 내려지고, 이 판결은 1995. 6. 6. 확정되었다. 그 후 甲은 위 판결에 기하여 2001. 7. 4. 서울지방법원 북부지원으로부터 가압류를 본압류로 전이하는 채권압류 및 추심명령을 받았고, 위 명령은 2001. 7. 7. 乙회사에 송달되었다. 그리고 甲은 그로부터 6개월이 경과하기 전에 乙을 상대로 추심의 소를 제기하였다. 이에 대하여 乙은 A의 임금 및 퇴직금채권이 시효로 소멸하였다고 항변하였다. 한편 A는 1994. 1. 1. 乙 회사에 입사하여 감리지원팀 전무이사로 근무하다가 1998. 7. 31. 퇴직하였다.

[원심] 채권자가 채무자의 제3채무자에 대한 채권을 가압류한 경우 채권자의 채무자에 대한 채권(피보전채권)의 소멸시효는 그 진행이 중단되나, 채무자의 제3채무자에 대한 채권(피압류채권)에 관하여는 시효중단의 효력을 인정할 수 없고, 압류 및 추심명령의 송달을 채권자가 채무자에 대하여 채무의 이행을 청구하는 의사의 통지인 최고와 동일시할 수 없으므로, 위 가압류를 본압류로 전이하는 압류 및 추심명령의 송달로써 피고 회사에 대한 이행최고가 있었다고 볼 수 없다고 판단하여, A의 임금 및 퇴직금채권이 시효로 소멸하였다는 피고의 항변을 받아들여 원고의 청구를 기각하였다.

[판지] 1) 채권자가 채무자의 제3채무자에 대한 채권을 압류 또는 가압류한 경우에 채무자에 대한 채권자의 채권에 관하여 시효중단의 효력이 생긴다고 할 것이나, 압류 또는 가압류된 채무자의 제3채무자에 대한 채권에 대하여는 민법 제168조 제2호 소정의 소멸시효 중단사유에 준하는 확정적인 시효중단의 효력이

생긴다고 할 수 없다. 원심이 이 사건 가압류에 의하여 A의 피고 회사에 대한 임금 및 퇴직금채권에 대한 시효중단의 효력이 발생하였다고 볼 수 없다고 판단한 것은 위와 같은 법리에 따른 것으로 정당하다.

2) 그러나 원심이 위 채권압류 및 추심명령의 송달에 대하여 최고로서의 효력을 인정할 수 없다고 한 판단은 이를 수긍할 수 없다. 소멸시효 중단사유의 하나로서 민법 제174조가 규정하고 있는 최고는 채무자에 대하여 채무이행을 구한다는 채권자의 의사통지(준법률행위)로서, 이에는 특별한 형식이 요구되지 아니할 뿐 아니라 행위 당시 당사자가 시효중단의 효과를 발생시킨다는 점을 알거나 의욕하지 않았다 하더라도 이로써 권리행사의 주장을 하는 취지임이 명백하다면 최고에 해당하는 것으로 보아야 할 것이므로, 채권자가 확정판결에 기한 채권의 실현을 위하여 채무자의 제3채무자에 대한 채권에 관하여 압류 및 추심명령을 받아 그 결정이 제3채무자에게 송달이 되었다면 거기에 소멸시효 중단사유인 최고로서의 효력을 인정하여야 한다. 원심이 적법하게 확정한 사실관계에 의하면, 원고는 A의 임금 및 퇴직금채권 전부가 시효소멸하기 전에 위 압류 및 추심명령을 받아 집행법원을 통하여 제3채무자인 피고 회사에 송달하였고, 그로부터 6개월이 경과하기 전에 이 사건 추심의 소를 제기하였다고 할 것이므로, 위 압류 및 추심명령이 피고 회사에 송달되기 전에 이미 소멸시효가 완성된 임금채권을 제외한 A의 임금 및 퇴직금채권에 대한 소멸시효의 진행은 적법하게 중단되었다고 할 것이다. 그럼에도 불구하고, 원심이 위 압류 및 추심명령의 송달로써 피고 회사에 대한 최고가 있었다고 볼 수 없다고 판단한 후, A의 임금 및 퇴직금채권의 이행기를 구체적으로 심리하여 소멸시효의 진행이 중단된 채권의 범위를 확정하지도 아니한 채 원고의 청구를 모두 배척한 것은 상고이유의 주장과 같은 심리미진이나 소멸시효의 중단사유인 최고에 관한 법리오해의 위법을 범하였다고 할 것이다.

☑ 쟁 점

위 판결은 채권자 甲이 채무자 A의 제3채무자 乙에 대한 채권을 가압류한 경우 A의 乙에 대한 채권(피압류채권)에 관해서 시효중단의 효력이 발생하는가, 그리고 甲이 확정판결에 기한 채권의 실현을 위하여 A의 乙에 대한 채권에 관하여 압류 및 추심명령을 받고 그 결정이 乙에게 송달된 경우 소멸시효 중단사유인 최고로서의 효력이 인정되는가 하는 점이 문제된 것이다.

☑ 검토할 사항

  ◆ 채권자가 채무자의 제3채무자에 대한 채권을 가압류한 경우 채권자의 채무자에 대
    한 채권(피보전채권)의 소멸시효뿐만 아니라 채무자의 제3채무자에 대한 채권(피압
    류채권)에 관해서도 소멸시효가 확정적으로 중단되는가?

  ◆ 채권자가 확정판결에 기한 채권의 실현을 위하여 채무자의 제3채무자에 대한 채권
    에 관하여 압류 및 추심명령을 받고 그 결정이 제3채무자에게 송달된 경우, 소멸
    시효 중단사유인 최고로서의 효력이 인정되는가?

☑ 관련사례

  1) 채권자가 가분채권의 일부분을 피보전채권으로 주장하여 채무자 소유의 재산에
     대하여 가압류한 경우, 시효중단의 효력이 미치는 범위는 어떠한가? (대판 1976. 2.
     24. 75다1240) 〈응용〉

☑ 참고문헌

  ◆ 박순성, 채권의 압류 및 추심명령과 시효중단, 대법원판례해설 44호, 661면 이하,
    2004.

4. 승   인

대판 2005. 2. 17. 2004다59959 〈응용〉 ···

[사안]   甲(원고)은 1995. 9. 2. 乙(피고)에게 유기물 발효장치 등을 공급하고 乙
은 이를 대전과 충남 지역에서 판매하기로 하는 대리점계약을 체결한 후 위 물품
을 1996. 10. 21.까지 13회에 걸쳐 乙에게 공급하였으며, 乙은 1996. 9. 5.까지 11
회에 걸쳐 그 대금 중 일부를 변제하였으나 일부를 변제하지 않고 있다. 甲은
1999. 9. 10.경 乙에게 잔대금 지급을 최고한 후, 1999. 9. 16. 지급명령을 신청하
였다. 그런데 乙이 지급명령에 대하여 이의신청을 제기하여 이 사건 소송으로 이
행되었다. 이 소송에서 乙이 시효의 항변을 한데 대하여, 甲은 1996. 10. 21. 乙이
자신에게 상품을 주문함으로써 기왕에 공급된 물품대금채무를 승인하였으니 소멸
시효의 진행이 중단되었다고 주장하였다.

[판지]   소멸시효 중단사유로서의 채무의 승인은 시효이익을 받을 당사자인 채
무자가 소멸시효의 완성으로 권리를 상실하게 될 자에 대하여 그 권리가 존재함
을 인식하고 있다는 뜻을 표시함으로써 성립한다고 할 것이며, 그 표시의 방법은

아무런 형식을 요구하지 아니하고, 또 그 표시가 반드시 명시적일 것을 요하지 않고 묵시적인 방법으로도 가능한 것이기는 하지만, 그 묵시적인 승인의 표시는 적어도 채무자가 그 채무의 존재 및 액수에 대하여 인식하고 있음을 전제로 하여 그 표시를 대하는 상대방으로 하여금 채무자가 그 채무를 인식하고 있음을 그 표시를 통해 추단하게 할 수 있는 방법으로 행해져야 할 것이다. 원심은 원고의 시효중단의 주장에 대하여, 그와 같은 상품의 주문만으로는 피고가 원고에 대한 그 이전의 모든 채무에 대하여 승인하였다고 볼 수 없다 하여 이를 배척하였는바, 당사자 간에 계속적 거래관계가 있다고 하더라도 물품 등을 주문하고 공급하는 과정에서 기왕의 미변제채무에 대하여 서로 확인하거나 확인된 채무의 일부를 변제하는 등의 절차가 없었다면 기왕의 채무의 존부 및 액수에 대한 당사자 간의 인식이 다를 수도 있는 점에 비추어 볼 때, 피고가 단순히 기왕에 공급받던 것과 동종의 물품을 추가로 주문하고 공급받았다는 사실만으로는 기왕의 채무의 존부 및 액수에 대한 인식을 묵시적으로 표시하였다고 보기 어려우므로 원심의 판단은 정당하다.

☑ 쟁   점

위 판결은 甲이 乙과의 대리점계약에 기해서 乙에게 물품을 공급하였는데 乙이 대금의 일부를 지급치 않은 경우, 乙이 물품을 추가로 주문한 행위가 시효중단사유로서의 승인에 해당하는가 하는 점이 문제된 것이다.

☑ 검토할 사항

◆ 채무의 승인이 시효중단사유가 되기 위한 요건은 무엇인가?
◆ 계속적 물품거래관계에서 물품의 주문은 기왕의 물품대금채무에 대한 시효중단사유가 되는가? 그 이유는 무엇인가?
◆ 甲의 물품대금채권의 소멸시효기간은 얼마인가?
◆ 甲의 물품대금채권의 소멸시효는 언제부터 진행하는가? 즉 마지막으로 물품을 공급한 시점(거래 종료시점)부터 물품대금채권액 전부에 대하여 소멸시효가 진행하는가? 물품을 공급한 각 시점부터 각 대금채권의 소멸시효가 개별적으로 진행하는가? (전술한 대판 1978. 3. 28. 77다2463)

☑ 관련사례

1) 면책적 채무인수는 소멸시효의 중단사유인 채무승인에 해당하는가? (대판 1999.

7. 9. 99다12376) 〈심화〉

☑ 기타 검토사항

1) 시효중단사유로서의 승인의 의의와 법적 성질을 살피시오.

2) 시효중단사유로서 채무자의 채무승인이 있었다는 사실의 입증책임은 누가 부담하는가?

3) 승인에 의하여 시효가 중단된 경우에, 언제부터 시효가 다시 진행하는가? 그리고 이때 시효기간은 어떠한가?

4) 동일 당사자 간에 계속적인 금전거래로 인하여 수 개의 금전채무가 있는데 채무자가 채무액 전부를 변제하기에 부족한 금액을 변제한 경우, 그 일부변제는 수 개의 채무 전부에 대하여 승인을 하고 변제한 것으로 인정되는가?

5) 소멸시효가 진행하기 전의 사전의 승인도 시효중단사유로서 유효한가? (전술한 대판 2001. 11. 9. 2001다52568)

☑ 참고문헌

◆ 최종길, 가. 시효중단사유로서의 채무승인의 방법, 나. 당사자 간의 계속적 거래관계에서 물품을 추가로 주문하고 공급받은 행위가 기왕의 채무의 존부 및 액수에 대한 인식을 묵시적으로 표시하였다고 볼 수 있는지 여부(소극), 대법원판례해설 54호, 60면 이하, 2006.

Ⅳ. 소멸시효의 효과

1. 소멸시효 완성의 효과

(1) 시효완성의 효과

대판 1979. 2. 13. 78다2157 〈기초〉 ······················

[사안] 이 사건 임야는 원래 A와 B(원심 공동피고)의 공유였는데, B로부터 C가 위 임야 중 1/2지분을 매수하고 1943. 10. 14. 그 명의로 지분권이전등기를 경료하였고, D는 1951. 11. 19. C로부터 이를 매수하여 그 지분권이전등기를 경료하지 아니한 채 1957. 7. 20. E에게 매도하였고, E도 지분권이전등기를 경료함이 없이 같은 해 8. 13. 甲(원고)에게 이를 매도하였다. 乙(피고)은 A의 외동딸인 A'로부터 위 임야를 매수하였다고 하여 1969년 경 임야소유권이전등기에관한특별조

치법에 따라 위 임야 전부에 관한 소유권이전등기를 경료하였다. 그러자 甲은 1977. 11. 10.에 이르러, 위 임야 중 1/2지분에 관하여 C명의로 지분권이전등기가 경료된 후 乙이 A'로부터 위 임야 전부를 매수하고 이에 관한 소유권이전등기를 경료하였다 하더라도 임야 중 1/2지분에 관한 乙 명의의 소유권이전등기는 원인 무효로서 말소되어야 할 것이라고 하면서, 위 임야 중 1/2지분에 관한 E에 대한 이전등기청구권을 보전하기 위하여 C 및 D를 대위하여 乙의 위 소유권이전등기의 말소를 소구하였다. 이에 대하여 乙은 위 임야 중 1/2지분에 관한 甲의 D에 대한 이전등기청구권이 시효로 소멸되어 甲의 대위권 행사는 채권자대위권 행사의 요건을 갖추지 못한 것이라고 항변하였다. 甲은 위 임야를 인도받아 점유하고 있지 않다.

[원심] 원고가 이건 임야 중 1/2지분을 매수한 것이 1957. 8. 13.로서 민법시행 전이고 민법 부칙 제10조에 따라 위 매매로 인한 소유권이전등기청구권의 소멸시효는 1966. 1. 1.부터 진행된다고 할 것인바, 원고의 이 사건 제소일이 1977. 11. 10.임이 기록상 명백하고, 원고가 이건 토지를 매수한 후 인도받지 아니한 사실을 자인할 뿐더러, 달리 원고로부터 소멸시효의 중단이나 정지의 사유가 있었음에 관한 주장, 입증도 없는 이 건에 있어서 원고의 위 소유권이전등기는 소멸시효기간의 완성으로 소멸되었음이 역수상 명백하다. 그렇다면 원고가 이건 임야 중 1/2지분에 관하여 E에 대한 소유권이전등기청구권이 있음을 전제로 C 및 D를 대위하여 피고 명의로 된 이건 임야 중 1/2지분에 관한 소유권이전등기의 말소등기절차의 이행을 구하는 원고의 본소 청구는 이유 없다.

[판지] 신민법 부칙 제10조 제1항에 의하면 신민법 시행 이전에 부동산을 매수하여 소유권을 취득하였던 자라 할지라도 1965. 12. 31.까지 등기를 하지 아니하면 소유권을 상실하며, 그 원인관계로 인한 매수인의 소유권이전등기청구권은 상실되지 아니하나 이는 특별한 사정이 없는 한 1966. 1. 1.부터 소멸시효의 대상이 되는 것이며, 또 신민법상은 당사자의 원용이 없어도 시효완성의 사실로서 채무는 당연히 소멸되는 것이고 다만 변론주의의 원칙상 소멸시효의 이익을 받을 자가 그것을 포기하지 않고 실제 소송에 있어서 권리를 주장하는 자에 대항하여 시효소멸의 이익을 받겠다는 뜻을 항변을 하지 않는 이상 그 의사에 반하여 재판할 수 없을 뿐이고, 본건에서 피고는 소멸시효 완성으로 직접 의무를 면하게 되는 당사자로서 그 소멸시효의 이익을 받겠다는 뜻을 항변할 수 있는 자라 할 것이므

로, 같은 취지에서 한 원심판단은 정당하다.

☑ 쟁 점

위 판결은 소멸시효 완성의 효과, 그리고 甲이 채권자대위권에 기하여 C·D·E 등을 순차 대위하여 乙에 대하여 등기말소를 청구하였는데 이들의 청구권이 시효로 소멸한 경우 乙은 시효의 항변을 할 수 있는가 하는 점이 문제된 것이다.

☑ 검토할 사항

◆ 소멸시효 완성의 효과에 관한 이론을 살피시오.

◆ 법원은 당사자의 시효완성의 원용이 없으면 시효완성에 따라 재판할 수 없다고 하는 이유는 무엇인가?

☑ 관련사례

1) A의 B에 대한 사원지위확인청구소송에서 B가 실효의 원칙을 주장한 경우, 그러한 주장은 소멸시효 완성의 항변이거나 혹은 그러한 주장에 소멸시효의 주장도 포함되어 있는 것인가? (대판 1990. 8. 28. 90다카9619——이 판결은 신의성실의 원칙 부분에서 살폈음)〈기초〉

☑ 기타 검토사항

1) 위 사건에서 만약 C나 D·E 그리고 甲이 위 임야를 인도받아 점유하였다면 어떻게 될 것인가?

2) E의 이전등기청구권의 소멸시효는 언제부터 진행하는가?

3) 변론주의의 의의, 특히 권리의 존부에 관해서도 변론주의가 적용되는가를 살피시오.

☑ 참고문헌

◆ 김상일, 항변(Einwendung)과 항변권(Einrede), 비교사법 8권 1호, 121면 이하, 2001.

◆ 윤진수, 소멸시효 완성의 효과, 한국민법이론의 발전 I(이영준박사 화갑기념논문집), 184면 이하, 1999.

◆ 장석조, 소멸시효 항변에 대한 법원의 석명의무, 법적관점 표명의무, 인권과 정의 270호(1999. 02), 94면 이하.

◆ 장석조, 소멸시효 항변의 소송상 취급, 법조 48권 1호(1999. 1), 32면 이하.

(2) 시효원용권자

대판 1995. 7. 11. 95다12446 〈응용〉 ···

[사안] 이 사건 점포 4개(106호, 109호, 110호, 111호)에 관하여 1979. 4. 17. A 명의의 소유권보존등기가 경료되었고, 그 중 106호, 109호는 B 명의로, 110호, 111호는 C 명의로 1979. 4. 14. 매매예약을 원인으로 한 담보가등기가 경료되었다. 그 피담보채무는 각기 A가 B로부터 빌린 15,000,000원(변제기 1979. 5. 30.) 및 D로부터 빌린 금 5,000,000원(변제기 1979. 5. 30.)의 차용금채무이고, 다만 D 에 대한 채무에 대하여는 D가 지정하는 위 C 명의로 가등기를 한 것이었다. 그 런데 위 점포들에 대하여 A의 채권자인 L의 신청에 기하여 강제경매절차가 진행 되어, 1991. 9. 3. 甲 등(원고)이 각각 경락받아 1991. 10. 10. 甲 등의 명의로 소 유권이전등기가 경료되었다. 그 후 B와 C는 1991. 10. 17. A를 상대로 위 점포들 에 대하여 가등기에 기한 본등기청구소송을 제기하였고 1991. 12. 4. 의제자백에 의하여 승소판결을 받은 후 판결이 확정되어 1992. 4. 30. 자신들의 명의로 각각 가등기에 기한 본등기를 마쳤다. 그 후 B와 C는 위 점포를 乙 등(피고)에게 임대 하여 현재 이들이 위 점포를 점유하고 있다. 이에 甲 등은 B·C의 담보가등기의 피담보채권이 시효로 소멸하였으므로 이에 기해서 행해진 본등기는 무효이고 따 라서 위 점포는 자신들의 소유라고 주장하면서 乙 등을 상대로 점포의 명도를 청 구하였다. 이에 대하여 乙 등은, 甲 등은 피담보채권의 시효소멸을 독자적으로 원용할 수 없고 다만 채무자인 A를 대위해서만 시효이익을 원용할 수 있는 것인 데, 이미 A와 채권자들 사이에 가등기담보권의 실행으로 이 사건 점포들에 관하 여 소유권이전등기가 이루어졌으므로 A의 시효이익 원용권은 처분되어 소멸되었 고, 따라서 甲 등이 대위행사할 권리가 존재하지 않는다고 항변하였다.

[판지] 소멸시효를 원용할 수 있는 자는 권리의 소멸에 의하여 직접 이익을 받 는 자에 한정된다고 할 것인데, 담보가등기가 경료된 부동산을 양수하여 소유권 이전등기를 마친 제3자는 당해 가등기담보권의 피담보채권의 소멸에 의하여 직 접 이익을 받는 자라 할 것이므로, 위 부동산의 가등기담보권에 의하여 담보된 채권의 채무자가 아니라도 그 피담보채권에 관하여 소멸시효가 완성된 경우 이를 원용할 수 있다고 보아야 할 것이고, 이러한 직접 수익자의 소멸시효 원용권은 채무자의 소멸시효 원용권에 기초한 것이 아닌 독자적인 것으로서 채무자를 대위

하여서만 시효이익을 원용할 수 있음에 지나지 않는 것은 아니다. 그렇다면 채권 담보의 목적으로 가등기가 경료된 후 이 사건 부동산을 취득한 제3자에 해당하는 원고들로서는 가등기담보권의 피담보채권에 대한 소멸시효가 완성된 이상 그 피담보채권의 시효소멸을 원용할 수 있고, 비록 시효원용 이전에 이미 피담보채권이 시효소멸된 담보가등기에 기하여 위 부동산에 관하여 채권자들 앞으로 본등기가 경료되었다고 하더라도 달리 볼 것은 아니며, 가사 위 가등기에 기한 본등기 경료를 채무자의 채권자들에 대한 시효이익의 포기로 볼 수 있다고 하더라도 그 시효이익의 포기는 상대적 효과가 있음에 지나지 아니하여 채무자 이외의 이해관계자에 해당하는 원고들로서는 여전히 독자적으로 시효를 원용할 수 있다.

☑ 쟁   점

위 판결은 부동산에 담보가등기가 경료되었으나 그 피담보채무의 소멸시효가 완성된 경우, 그 부동산을 양수한 제3자는 피담보채무의 시효소멸을 원용할 수 있는가 하는 점이 문제된 것이다.

☑ 검토할 사항

◆ 소멸시효를 원용할 수 있는 자는 누구인가?

◆ 甲 등(담보가등기가 경료된 부동산을 양수하여 소유권이전등기를 마친 자)은 당해 가등기담보권의 피담보채권의 소멸에 의하여 직접 이익을 받는 자에 해당하는가?

◆ 甲 등은 채무자 A의 시효원용권을 대위행사하는 것인가?

◆ A가 가등기담보권자의 본등기이행청구소송에서 채무의 존재를 시인한 것은 시효이익의 포기로 볼 수 있는가?

◆ 시효이익 포기의 효력은 모든 자에게 미치는가?

◆ A가 시효이익을 포기하였다고 하더라도 甲 등이 시효완성을 원용할 수 있는 근거는 무엇인가?

☑ 관련사례

1) 물상보증인은 소멸시효의 주장을 할 수 있는 '그 시효의 이익을 받는 자'에 해당하는가? (대판 2004. 1. 16. 2003다30890) 〈응용〉

2) 사해행위 취소소송의 상대방이 된 사해행위의 수익자는 소멸시효의 주장을 할 수 있는 '그 시효의 이익을 받는 자'에 해당하는가? (대판 2007. 1. 29. 2007다54849) 〈응용〉

☑ 참고문헌

* 안영률, 소멸시효의 원용권자의 범위, 대법원판례해설 24호, 18면 이하, 1996.

(3) 시효원용과 권리남용

대판 1997. 12. 12. 95다29895 〈심화〉·····························

[사안] 甲회사(원고)는 1980. 2. 22. 乙(피고, 미국)의 주한미군 계약담당부를 대표한 계약담당관 L과 사이에서 甲이 주한미군의 휴양시설인 내자호텔 내의 상점에서 乙측으로부터 인가된 구매자들에게만 전자제품을 판매하기로 하는 계약을 체결하고, 4. 1.부터 영업을 개시하여 K회사로부터 공급받은 칼라TV 등을 판매하였다. 그런데 위 물품은 한미행정협정 및 대한민국의 세법에 의하면 면세가 되지 않는 것임에도, 乙 소속 공무원들은 관계법령의 검토 등을 거치지 아니한 채 甲에게 위 계약에 기하여 판매하는 물품에 관하여는 면세가 된다고 설명하고 이를 위 계약 내용의 일부로 포함시켰으며, 그리하여 甲은 위 물품을 모두 면세가격에 판매하였다. 그런데 위 판매물품에 관하여 甲에게 세금이 부과되어, 甲은 세금을 납부함으로써 손해를 입게 되었다. 甲은 위 계약체결시 L과 사이에서 계약과 관련된 분쟁이나 청구로서 합의에 의하여 해결되지 않은 것은 계약담당관의 결정을 받으며, 그 결정에 대하여는 계약담당관으로부터 결정서면을 받은 날로부터 30일 이내에 미군계약소청심사위원회(Armed Services Board of Contract Appeals)에 불복을 신청할 수 있다고 약정하였었다(甲과 L과의 위 계약에서는 위 위원회의 결정은 종국적인 것으로 한다는 내용의 약정을 하였으나, 乙의 연방법률집의 관련 조항에 의하면 미군계약소청심사위원회의 결정에 대하여는 절대적으로 제소할 수 없는 것이 아니라 사실관계에 대한 다툼은 더 이상 하지 못하되 사실관계가 아닌 법률적인 문제나 기타 위 소청심사위원회의 결정 자체에 상당한 하자가 있거나 그 결정이 상당한 증거에 기하여 내려진 것이 아닌 경우 등에는 연방순회법원에 제소할 수 있는 여지가 남겨져 있었다). 甲은 이러한 분쟁해결약정에 따라 1983. 3. 30. 乙측 계약담당관에게 위 세금의 부담으로 인한 손해에 관하여 손해배상청구서를 제출하였으나 1983. 4. 11. 기각되었으며, 그리하여 1983. 5. 10. 미군계약소청심사위원회에 이의를 제기하였다(이와는 별도로 甲은 한미행정협정 합동위원회에 대하여 조정신청을 하였는데, 이에 대하여 주한미군 부사령관 특별법률고문관은 1984. 2. 6. 甲에게 위와 같은 행정적

구제절차를 거치고도 분쟁을 해결하지 못한 때에는 한미행정협정에 따른 소송을 제기
할 수 있다고 회신하였다). 그런데 미군계약소청심사위원회에서는 1984. 7. 3.경 청
문을 개시하여 1986. 8. 25.에 이르러 甲의 세금부담으로 인한 乙에 대한 손해배
상청구는 이유있다는 결정을 하였다. 그런데 다른 한편으로 甲의 대표이사 C가
1981. 1. 20. 위 내자호텔 내의 상점에서 칼라TV를 비면세권자인 내국인들에게
판매하였다는 혐의로 수사를 받았으며, 1987. 11. 2. 검찰에서 위 혐의 사실을 인
정할 증거가 없다는 이유로 무혐의처분을 받았다. 그럼에도 불구하고 乙측이
1986. 9. 26. 위 소청심사위원회에 C 등의 위법행위에 대한 새로운 증거가 발견되
었다는 이유로 재심을 청구하여, 위 소청심사위원회는 1989. 9. 29. 甲의 청구를
모두 기각하는 결정을 하였으며, 이로써 甲의 乙에 대한 행정적 구제절차가 종료
되었다(그러나 위 소청심사위원회의 재심결정에는 상당한 채증법칙상의 오류 등이 있
음). 이에 甲은 乙을 상대로 우리의 법원에 손해배상청구소송을 제기하였다.
[판지]   1) 원심은 피고 소속 공무원들이 한미행정협정 및 대한민국의 세법에
의하면 면세가 되지 않는 물품의 판매에 관하여 관계법령의 검토 등을 거치지
아니한 채 만연히 원고에게 이 사건 계약에 기하여 판매하는 물품에 관하여는 면
세가 된다고 설명하여 이를 위 계약 내용의 일부로 포함시켜 원고로 하여금 위
물품을 면세가격으로 판매하도록 하는 등의 과실로 인한 행위로 말미암아 원고
는 면세가 되지 않는 물품들을 모두 면세가격에 판매하고서도 예기치 않게 위 물
품들에 관하여 부과된 세금 합계 금 95,969,529원을 추가로 지출하였으므로 피
고 소속 공무원들의 위와 같은 과실로 인한 위법행위로 말미암아 원고가 위 금액
상당의 손해를 입은 것이라는 취지로 판단하였는바, 원심의 이러한 판단은 정당
하다.
2) 원고로서는 1981. 4.경 이 사건 계약에 기하여 자신이 판매한 물품들에 관하
여 부과된 각종의 세금을 부담한 때에 위 불법행위로 인한 손해 및 가해자를 알
았다고 할 것이므로, 특별한 사정이 없는 한 그 때부터 소멸시효기간이 진행하여
1984. 4.경 3년의 단기소멸시효기간이 완료하게 될 것이다. 그러나 원고는 L과의
분쟁해결약정에 따라 1983. 3. 30. 피고측 계약담당관에게 위 세금의 부담으로 인
한 손해에 대한 미화 환산금 124,147.61달러를 포함하여 미화 234,351.84달러의
손해배상청구서를 제출하였으나 1983. 4. 11. 기각되자 1983. 5. 10. 미군계약소청
심사위원회에 이의를 제기한 사실, 이와는 별도로 원고가 한미행정협정 합동위원

회에 대하여 한 조정신청과 관련하여 주한미군 부사령관 특별법률고문관은 1984. 2. 6. 원고에게 위와 같은 행정적 구제절차를 거치고도 분쟁을 해결하지 못한 때에는 한미행정협정에 따른 소송을 제기할 수 있다고 회신한 사실, 미군계약소청 심사위원회에서는 이 사건 불법행위로 인한 손해배상청구권의 단기소멸시효기간이 지난 1984. 7. 3.경 청문을 개시하여 1986. 8. 25.에 이르러 원고의 피고에 대한 위 손해배상청구 중 위 세금 부담으로 인한 손해 미화 124,147.61달러에 한하여 이유 있다는 결정을 한 사실, 한편 원고의 대표이사인 C는 1981. 1. 20. 위 내자호텔 내의 상점에서 K사로부터 공급받은 칼라텔레비전들을 비면세권자인 내국인들에게 판매하였다는 혐의로 수사를 받다가, 1987. 11. 2. 검찰에서 위 혐의사실을 인정할 증거가 없다는 이유로 무혐의처분을 받은 사실, 그럼에도 불구하고 피고측이 1986. 9. 26. 위 소청심사위원회에 C 등 원고의 위와 같은 위법행위에 대한 새로운 증거가 발견되었다는 이유로 재심을 청구하자, 위 소청심사위원회는 1989. 9. 29. 원고가 피고측으로부터 인가받은 고객들에게 판매한 컬러텔레비전의 수량을 입증하여야 함에도 이를 입증하지 못하였다는 이유를 내세워 원고의 청구를 모두 기각하는 결정을 함으로써 이 때에 비로소 위 행정적 구제절차가 종료된 사실, 위 소청심사위원회의 재심결정에는 상당한 채증법칙상의 오류 등이 있는 사실, 그 후 원고는 1990. 1. 23. 이 사건 소를 제기한 사실 등을 알 수 있다. 위와 같은 제반 사정에 비추어 보면, 이 사건 불법행위로 인한 손해배상채권의 단기소멸시효기간이 경과하기 전에 채무자인 피고가 적극적으로 채권자인 원고의 소제기 등 시효중단 조치가 불필요하다고 믿게 하고 이를 위 소청심사위원회에 의한 구제절차의 종료시까지 미루도록 유인하는 행동을 하였다고 할 것이고, 또한 피고와의 약정에 따라 위와 같은 피고측의 행정적 구제절차를 충실히 밟고 이를 기다린 다음 상당한 기간 내에 이 사건 소를 제기한 원고에 대하여, 위 행정적 구제절차를 오래 끌어오면서 애초에는 원고의 청구를 인용하는 결정을 하였다가 오류가 있는 위 재심결정에 의하여 원고의 청구를 부정한 피고가 이번에는 단기소멸시효를 원용하여 채무이행을 거절하는 것은 현저히 부당하다고 할 것이므로, 피고의 소멸시효 항변은 신의성실의 원칙에 반하는 권리남용으로서 허용되지 않는다고 보아야 할 것이다.

☑ 쟁   점

위 판결은 甲이 乙(미국)의 과실로 손해를 입게 되어 乙과의 계약시 약정한 분쟁해결
절차에 따라 구제절차를 밟았으나 그 구제절차가 늦게 종료됨으로써 甲이 불법행위
를 이유로 한 손해배상청구권에 관한 시효기간을 도과해서 손해배상청구소송을 제기
한 경우, 乙이 소멸시효 완성을 주장하는 것이 신의칙에 반하는가 하는 점이 문제된
것이다.

☑ 검토할 사항

◆ 乙의 시효원용이 신의칙에 반한다고 판단한 이유는 무엇인가?

☑ 관련사례

1) 업무로 인하여 상병(傷病)을 입은 A가 근로복지공단에 요양급여를 신청하였으나
   불승인처분을 받자 그에 대한 취소소송을 제기하여 승소확정판결을 받은 다음 곧
   바로 휴업급여를 청구하였으나 이미 소멸시효가 완성되었다. 그런데 요양급여신청
   이 받아들여지지 않은 상태에서는 휴업급여청구가 받아들여지지 않는 것이 명백하
   여, 甲으로서는 먼저 요양급여불승인처분에 대하여 쟁송하느라 휴업급여청구를 지
   체하게 된 것이었다. 이 경우 근로복지공단이 소멸시효를 원용하는 것은 신의칙에
   위배되는가? (대판(전) 2008. 9. 18. 2007두2173) 〈응용〉

2) 선원 A가 행방불명되어 유족들(B)이 공제사업자 C에게 공제금지급에 관하여 문의
   하였는데 C가 사고조사 및 관련서류 구비 후에 지급을 청구할 것을 요구하므로 B
   가 공제금지급청구권에 관하여 시효중단조치를 취하지 않았는데, 후에 B가 C에 대
   하여 공제금의 지급을 소구한 데 대하여 C가 공제금지급청구권의 소멸시효가 완성
   되었음을 항변하는 것은 신의칙에 위배되는가? (대판 1998. 3. 13. 97다52622) 〈응
   용〉

3) 6·25 전쟁 중 학도의용군으로 참전·복무한 A가 국가로부터 징집영장을 받고 학
   도의용군으로 참전한 사실을 들어 징집 면제를 요청하였으나 거절되자, 다시 현역
   으로 입대·복무하여 만기 제대한 후, 위와 같은 재복무에 대하여 국가를 상대로
   불법행위로 인한 손해배상을 구하는 소를 제기한 경우, 국가가 손해배상청구권의
   소멸시효가 완성되었음을 항변하는 것은 신의칙에 위배되는가? (대판 2005. 5. 13.
   2004다71881) 〈응용〉

4) 1988. 11. 26. 대통령이 삼청교육과 관련한 사상자에 대하여 신고를 받아 피해보상
   을 하겠다는 특별담화를 발표하고 이어서 국방부장관이 그에 따른 보상대책을 수
   립하겠다고 한 경우, 이는 사법상으로 그 피해자들에 대한 국가배상채무를 승인하
   거나 또는 시효이익을 포기한 것으로 되는가? 만약 부인된다면, 국가가 그 후 피해

자의 손해배상청구에 대하여 소멸시효를 원용하는 것은 신의칙에 반하는가? (대판
(전) 1996. 12. 19. 94다22927) 〈응용〉

☑ 참고문헌

◆ 박종훈, 소멸시효의 운용과 권리남용, 판례연구 18집(부산판례연구회), 65면 이하,
 2007.
◆ 오세율, 소멸시효의 주장과 신의칙 위반, 재판과 판례 8집(대구판례연구회), 39면
 이하, 1999.
◆ 이범균, 국가의 소멸시효완성 주장이 신의칙에 반하여 권리남용에 해당하는지 여부
 에 관한 판단기준, 대법원판례해설 54호, 9면 이하, 2006.

2. 시효이익의 포기

대판 2001. 6. 12. 2001다3580 〈심화〉··

[사안] 상호신용금고 甲(원고)은 1986. 11. 27. A(乙의 처형)에게 1억원을 대여하
였으며, 1986. 12. 27.부터 1987. 4. 27.까지 5개월 동안 분할변제받기로 약정하였
다. 그리고 乙(피고)은 A의 위 대여금반환채무에 대하여 연대보증을 하고, 동시에
자신의 X부동산에 관하여 근저당권설정등기를 경료하였다. A는 1987. 10. 21.까
지 위 채무의 일부를 변제하였으나, 그 이후에는 이를 변제하지 않았다. 그리하
여 甲은 A의 채무불이행을 이유로 위 근저당권을 실행하여 X부동산에 대한 임의
경매를 신청하였고, 1996. 3. 7. 임의경매개시결정에 따라 경매절차가 진행되어
1999. 5. 17. 그 경락대금에서 위 대여금채권의 일부가 甲에게 배당되었다. 甲은
1999. 5. 31. 乙을 상대로 아직 변제받지 못한 대여금의 지급을 구하는 이 사건
소송을 제기하였다. 乙이 소멸시효의 항변을 제출한데 대하여, 甲은 X부동산에
대한 근저당권이 실행되어 임의경매절차가 진행되었음에도 乙이 이의를 제기하지
않은 점에서 乙은 시효이익을 포기한 것이라고 주장하였다.
[판지] 원심은 임의경매절차에서 피고가 이의를 제기하지 아니한 것만으로는
시효이익을 포기한 것으로 볼 수 없다 하여 원고의 시효이익 포기 주장을 배척하
였다. 그러나 채무자가 소멸시효완성 후 채무를 일부 변제한 때에는 그 액수에
관하여 다툼이 없는 한 그 채무 전체를 묵시적으로 승인한 것으로 보아야 하고,
이 경우 시효완성의 사실을 알고 그 이익을 포기한 것으로 추정되므로, 소멸시효

가 완성된 채무를 피담보채무로 하는 근저당권이 실행되어 채무자 소유의 부동산
이 경락되고 그 대금이 배당되어 채무의 일부 변제에 충당될 때까지 채무자가 아
무런 이의를 제기하지 아니하였다면, 경매절차의 진행을 채무자가 알지 못하였다
는 등 다른 특별한 사정이 없는 한, 채무자는 시효완성의 사실을 알고 그 채무를
묵시적으로 승인하여 시효의 이익을 포기한 것으로 보아야 한다. 이 사건에서 보
면 원고의 신청으로 이 사건 부동산에 관하여 1996. 3. 7. 임의경매절차가 개시되
어 1999. 5. 17. 배당기일에서 원고가 그 경락대금 중 147,664,070원을 배당받아
B에 대한 채권의 변제에 충당하였음이 인정되므로, 피고가 경매절차의 진행사실
을 알고도 아무런 이의를 제기하지 아니하였다면, 그 채무를 묵시적으로 승인하
여 시효의 이익을 포기한 것으로 된다. 그러므로 원심은 시효완성 후 채무의 승
인과 시효이익의 포기에 관한 법리를 오해한 것이다.

☑ 쟁   점

위 판결은 소멸시효가 완성된 채무를 피담보채무로 하는 근저당권이 실행됨에도 채
무자가 아무런 이의를 제기하지 않은 경우, 이를 시효이익의 포기로 볼 수 있는가 하
는 점이 문제된 것이다.

☑ 검토할 사항

◆ 소멸시효 이익의 포기의 성질은 무엇인가?

◆ 채무자가 시효완성 사실을 모르고 채무를 변제하거나 승인한 경우, 소멸시효의 완
  성을 원용할 수 있는가?

◆ 채무자가 채무를 변제하거나 승인한 경우, 판결은 왜 시효완성 사실을 알고 한 것
  으로 추정된다고 하는가?

◆ 시효완성 후 일부변제를 한 경우, 채무 전체에 관하여 승인한 것으로 인정되는가?

◆ 채무담보를 위하여 설정된 근저당권이 실행되어 담보부동산에 관하여 경매절차가
  진행됨에도 채무자 혹은 물상보증인이 아무런 이의를 제기하지 않은 경우, 채무자
  혹은 물상보증인은 시효완성의 사실을 알고 그 채무를 묵시적으로 승인한 것으로
  서 따라서 시효의 이익을 포기한 것으로 보아야 하는가?

◆ 저당권의 실행으로 인한 경매절차에서 피담보채무의 소멸시효가 완성하였음에도
  시효이익을 원용하지 않은 것은 주채무자 A가 아니라 물상보증인 乙이다. 이와 같
  이 물상보증인의 시효이익 포기에 의하여 주채무자도 시효이익을 포기한 것으로
  되는가?

☑ 관련사례

1) A가 B에게 금전을 대여하였는데 B가 차용금채무의 소멸시효가 완성된 이후에 차용금의 일부를 변제한 경우, B는 차용금 채무 전체에 관하여 시효이익을 포기한 것으로 되는가? (대판 1993. 10. 26. 93다14936) 〈응용〉

2) 소멸시효완성 이후에 있은 과세처분에 기하여 세액을 납부한 경우, 시효이익을 포기한 것으로 되는가? (대판 1988. 1. 19. 87다카70) 〈심화〉

3) A의 B에 대한 대여금채무의 시효기간이 도과하였으나, A가 B의 A에 대한 채권을 C에게 양도한다는 내용의 채권양도서에 입회인으로 서명날인을 한 경우, A는 B에 대한 채무를 승인한 것으로서 따라서 시효이익을 포기한 것이 되는가? (대판 1992. 5. 22. 92다4796) 〈심화〉

4) 채권자 A가 소멸시효기간이 지난 후 주채무자 B에게 찾아가 채무의 이행을 독촉하자, B가 기한을 연기해 달라고 요구하여 A가 이를 연기해 주었다. 그런데 B가 연기된 변제기에도 채무를 이행하지 않자, A는 연대보증인 C에게 보증채무의 이행을 청구하였다. C는 주채무의 시효소멸을 원용할 수 있는가? (대판 1991. 1. 29. 89다카1114) 〈심화〉

☑ 기타 검토사항

1) 위의 사안에서 채권자 甲은 상호신용금고로서 상인이지만, 채무자 A 혹은 연대보증인 乙은 상인이 아니다(일방적 상행위). 이러한 경우에도 채무의 소멸시효에 관하여 상법의 적용을 받는가?

2) 소멸시효 완성 전에도 시효이익을 포기할 수 있는가? 혹은 시효의 완성을 곤란하게 하는 특약은 유효한가? 시효완성 전에 시효요건을 경감하거나 시효기간을 단축하는 특약을 하는 것은 유효한가?

3) 특정한 채무의 이행을 청구할 수 있는 기간을 제한하고 그 기간을 도과할 경우 채무가 소멸하도록 하는 약정은 유효한가? (대판 2006. 4. 14. 2004다70253)

☑ 참고문헌

♦ 강일원, 근저당권의 실행과 시효이익의 포기, 대법원판례해설 36호, 27면 이하, 2001.
♦ 김세진, 시효이익의 포기에 관한 판례 분석과 그 이론구성에 관한 시론, 재판과 판례 5집(대구판례연구회), 21면 이하, 1996.
♦ 서광민, 소멸시효 완성된 채무의 일부변제의 효력, 고시계 39권3호(1994. 2), 165면 이하.
♦ 양창수, 시효이익의 포기와 보증관계, 민법연구 제3권, 361면 이하, 1995.

해   설

6쪽   ☑ 관련사례

1) 대판 1983. 6. 14. 80다3231—관습법은 제정법에 대하여 보충적 성격을 가지므로(1조 참조), 법령에 반하는 관습법은 법적 효력을 가지지 않는다. 다만 사실인 관습이 단지 임의규정에 반하는 때에는 이를 재판의 자료로 할 수 있다. 주장 입증에 관해서는 관습법은 법령과 같은 효력을 갖는 것이므로 당사자의 주장 입증을 기다림이 없이 법원이 직권으로 이를 확정하여야 하나, 사실인 관습을 법원이 재판의 자료로 삼기 위해서는 당사자의 주장과 입증이 있어야 한다. 다만 양자는 이와 같이 이론상으로는 주장 입증책임에 차이를 가지나, 실제로는 관습의 존부 자체도 명확하지 않고 나아가 그 관습이 사회의 법적 확신에 의하여 법적 규범으로까지 승인된 것이냐 여부를 가리기는 더욱 어려우므로, 관습법도 법원이 이를 알 수 없을 경우 결국은 당사자가 이를 주장 입증할 필요가 있으며, 이런 점에서 실제적으로는 차이를 가지지 않는다.

☑ 기타 검토사항

1) 판례의 변경은 법률의 변경이 아니라 이전의 판례가 법률을 잘못 해석했던 것을 시정하는 것으로서 이전부터도 새로운 판결에서의 해석내용이 법이었으므로, 새로운 판결의 취지는 판례변경 이전의 행위에도 적용되어야 함이 원칙이다. 즉 판례의 변경은 소급효를 가진다(대판 1999. 9. 17. 97도3349은 이를 명언한다. 그 외에 대판(전) 1999. 7. 15. 95도2870). 따라서 당해 사건 이전에 내려진 확정판결(구판결)도 변경된 판결(신판결)과 같은 내용으로 수정되어야 한다. 다만 이를 위해서는 구판결의 당사자가 재심의 소를 제기해야 한다(민사소송법 451조 1항 10호).

　　헌법재판소에서 내려진 위헌결정의 효력은 소급효가 없는 것(즉 위헌으로 결정된 법률(조항)은 그 결정이 있은 날부터 효력을 상실, 헌법재판소법 47조 2항 1문)과 차이를 가진다. 다만 형벌에 관한 법률에 대한 위헌결정은 소급효가 있다(동법 2항 2문). 〈필요한가?〉

2) 종중은 관습상의 제도이고, 종중 구성원의 자격에 관한 대법원 판결의 변경은 이에 대한 일반인의 인식변화와 전체 법질서의 변화로 인한 것이므로, 변경된 판결 이후

에 적용될 뿐이다. 그러나 이 사건에서 대법원이 종중 구성원의 자격에 관한 종래의 견해를 변경하는 것은 종래의 관습법의 효력을 배제하여 이 사건을 재판하려는 데 그 취지가 있으므로, 원고들이 피고 종회의 회원(종원) 지위의 확인을 구하는 이 사건 청구에 한해서는 위와 같이 변경된 견해가 소급하여 적용된다.

3) 민법 제1조에서 말하는 법률은 제정법을 의미하는 것으로서, 따라서 헌법이나 명령·규칙 등도 이에 포함된다. 헌법이 민법에 직접 적용되는가 하는 문제에 관해서는 견해가 대립될 수 있는데, 우리 학설은 대체로 헌법상의 기본권은 국민의 국가에 대한 권리로서 형성된 것이며, 만약 헌법상의 기본권이 사인간에도 직접 적용된다고 보게 되면 사적 자치는 형해화될 우려가 있다는 점을 근거로 헌법상의 평등권은 사인간에 직접 적용되지 않고, 단지 민법 제2조나 제103조 등을 통하여 간접적으로 적용될 뿐이라고 한다. 대판(전) 2003. 7. 24. 2001다48781의 원심(대구지법 2001. 6. 20. 선고 2000나11858)도 이러한 입장이다.

4) 이는 관습법과 제정법 간의 효력관계에 관한 견해에 따라 달라질 것이다. 이 문제에 관해서 만약 보충적효력설을 취한다면, 부인될 것이다. 그러나 대등적효력설에 의하면 긍정될 것이다.

8쪽   ☑ 관련사례

1) 대주주인 자가 이사직을 사임하였다고 하여 그것만으로 주채무자인 회사와의 신뢰관계가 상실되었다고 볼 수 없고, 이사의 지위에 있었기 때문에 부득이 보증인이 되었다고도 볼 수 없으므로 해지권이 인정되지 않는다.

2) 계속적 보증의 경우와는 달리, 이사직 사임이라는 사정변경을 이유로 일방적으로 보증계약을 해지할 수 없다.

☑ 기타 검토사항

1) 사정변경의 원칙(및 이하의 실효의 원칙·금반언의 원칙)은 추상적 원리로서의 신의성실의 원칙에 기초하여 도출된 구체적인 파생원칙이다.

2) 乙의 보증은 계속적 연대보증이다. 연대보증이란 보증인이 주채무자와 연대하여 채무를 부담함으로써 주채무의 이행을 담보하는 보증채무를 말하며, 일반의 보증과 달리 보충성과 분별의 이익이 없다. 계속적 보증은 계속적 계약관계로부터 발생하는 불확정한 채무에 대해 행해지는 보증으로서, 근보증이라고도 한다. 계속적 보증에서 보증인은 예상치 못한 범위의 과도한 책임을 부담하게 될 수 있으므로 판례는 근보증의 가혹함을 완화하려고 한다.

3) 계속적 보증계약은 그 기간이 지나치게 장기라든가 또는 기간의 약정이 없는 경우, 계약체결 후 상당한 기간이 경과하면 계속적 보증인 또는 채권자에게 계약을 해지할 수 있는 임의해지권이 발생한다. 위의 사건에서 乙의 연대보증계약은 3년이라는 기

간의 약정이 있었다. 3년이라는 계약기간은 거래관념에 비추어 볼 때, 지나치게 장기라고 보기도 어렵다. 그러므로 연대보증기간 중에 乙에게 임의해지권이 있다고 볼 수 없다.

4) 계약서의 문언상 기간이나 보증한도액을 정함이 없이 회사가 부담하는 모든 채무를 보증하는 것으로 되어 있다 하더라도 그 보증을 하게 된 동기와 목적, 피보증채무의 내용, 거래의 관행 등 제반사정에 비추어 당사자의 의사가 계약문언과는 달리 일정한 범위의 거래의 보증에 국한시키는 것이었다고 인정할 수 있는 경우에는 그 보증채무의 범위를 제한하여 새겨야 한다(82다카789). 그러나 위의 사건에서는 계약서의 문언상 기간의 정함이 있고 일정한 범위의 거래의 보증에 국한하고 있으므로 의사표시의 해석을 통한 책임부인방법이 타당하지 않다.

5) 해제와 달리 해지는 소급효가 없기 때문에, 乙은 보증계약 해지 전에 성립한 채무에 대해서는 연대보증인으로서의 책임을 져야 한다(94다35237).

6) 보증인보호를 위한 특별법 제4조 전단은 보증계약을 체결할 때에는 보증채무의 최고액을 서면으로 특정할 것을 요구한다. 위 사건에서는 이 요건을 충족하지 못하였으므로 위 계약은 무효이다(동법 제6조).

10쪽 ☑ 관련사례

1) 비록 위 매매계약을 체결한 후 9년이 지났고 시가가 올랐다 하더라도 그것만으로는 B가 위 매매계약을 해제할만한 사정변경이 있었다고 볼 수 없다.

2) 차임증가를 배제하는 특약이 있더라도 특약을 그대로 유지시키는 것이 신의칙에 반한다고 인정될 정도의 사정변경이 있을 경우에는, 형평의 원칙에 의하여 임대인에게 차임증액청구권이 인정된다. 하지만 위 사안에서 대법원은 그 약정후 위 차임불증액의 특약을 그대로 유지시킴이 신의칙에 반한다고 인정될 정도의 경제사정의 변동이 있었다고 볼 아무런 사정을 찾아볼 수 없다고 판시하였다.

3) Z토지상의 건축가능 여부는 A가 Z토지를 매수하게 된 주관적 목적에 불과할 뿐 위 매매계약성립에 있어 기초가 되었다고 보기 어렵다. 따라서 A는 사정변경을 사유로 하여 매매계약을 해제할 수 없다.

11쪽 ☑ 기타 검토사항

1) 매수인이 목적물을 인도받았다면 그의 등기청구권은 소멸시효가 진행하지 않는다.

2) 매도인이 매수인의 대금지급채무 불이행을 이유로 해제하기 위해서는 자신도 이전등기서류에 관한 이행제공을 하고(대판 1992. 7. 14, 92다5713) 매수인에게 대금지급을 최고하여야 하며 매수인이 최고기간이 지나도록 이행하지 않아야 한다(민법 제544조). 그러한 요건을 갖추지 못하였다면 채무불이행을 이유로 해제할 수 없다.

반면 사정변경의 원칙에 기해서 해제하기 위해서는, 계약성립 당시 당사자가 예견할 수 없었던 현저한 사정이 변경이 발생하였고 그러한 사정의 변경이 해제권을 취득하는 당사자에게 책임 없는 사유로 생긴 것으로서, 계약내용대로의 구속력을 인정한다면 신의칙에 현저히 반하는 결과가 생기는 경우에 해당하여야 한다.

15쪽 ☑ 관련사례

1) 정당하다. 8개월이라는 기간은 실효의 원칙을 적용하기에는 짧은 기간이기 때문이다. 하지만 대법원은 이의 없이 퇴직금을 수령한 A가 해고무효확인을 청구하는 것은 금반언의 원칙에 위배된다고 판시하였다.
2) 원심은 사직서 수리에 따른 면직처분이 강행법규에 위배되어 당연무효라고 판시한 데 반해, 대법원은 A의 권리행사는 실효의 원칙에 따라 허용되지 않는다고 판시하였다.

☑ 기타 검토사항

1) 노동분쟁은 대부분의 경우 근로자에게 있어서는 생존을 위한 분쟁을 의미한다. 오히려 신의칙의 보충적 적용이 그의 법률적 권리와 충돌하게 되면, 당연히 근로자의 본래의 권리가 우선해야 할 것이다. 신의칙은, 법률이 인정하는 그대로 법적 구속이 인정되면 당사자들 사이에 심각한 신뢰의 파기가 뒤따를 수밖에 없는 경우에 예외적·보충적으로만 적용될 수 있는 것이다.

   퇴직금을 수령하면서 이의를 제기했는가 하지 않았는가의 여부는 실효의 적용에 있어 결정적인 판단기준이 아니다. 이의제기를 하고 퇴직금을 수령한 경우라 하더라도 상대적으로 오랜 시간이 경과함으로써 상대방의 신뢰를 유발할 수도 있는 것이기 때문이다. 또한 해고 등에 의해 실직한 자가 생계유지를 위하여 다른 직장에 근무한다고 해서, 지체된 권리행사에 대한 비난가능성을 더할 수도 없으며, 특별한 사정이 없는 한 상대방의 신뢰를 더욱 확고히 하는 근거도 되지 못한다는 점에 주의해야 할 것이다.

2) 권리자의 권리행사가 억압된 사회적 환경에 의해 방해받고 있는 상황에서는 권리자의 권리불행사에 대한 상대방의 (객관적인) 신뢰가 형성될 수 없다. 그러므로 권리행사가 사회적인 영향으로 방해받고 있는 기간은 실효기간에서 제외해야 할 것이다.

3) 甲의 권리는 소멸시효완성으로 소멸된 것은 아니다. 임금청구권, 재해보상청구권, 휴업수당청구권, 퇴직금청구권 등과 이에 대응하는 의무들의 전제가 되고 또한 이들이 파생되어 나온 기본적인 고용에 관한 법률관계는 민법 제162조 제1항이 규정하는 채권이 될 수 없기 때문이다.

   - 소멸시효제도와의 차이점: 실효의 원칙을 적용하는 데 있어, 권리자에게 권리행사의 기회나 권리행사의 기대가능성이 있었는가의 여부, 더 나아가서는 어떠한 이유로 권리자가 자기 권리행사를 지체시켰는가의 여부를 가리는 것은 적어도 그 자체만으

로는 별다른 의의가 없다. 중요한 것은 오직 권리자의 권리지체의 사실이 상대방에 게 어떠한 신뢰를 가지도록 하였는가 하는 점이다.

- 소멸시효제도와의 유사성: 장기간 권리를 행사하지 않음에 의하여 권리가 소멸한 다는 점에서는 유사하다.

17쪽   ☑ 관련사례

1) 주장할 수 있다. 이 경우에는 임차인이 경락인이 건물을 경락받음에 있어서 임대차 를 고려하지 않고 경매가격을 결정하게끔 신뢰를 준 것이라고는 할 수 없기 때문이다.

☑ 기타 검토사항

1) 금반언의 사례에 있어서는 선행위와 후행위가 극도로 모순되기 때문에 상대방의 '신 뢰에 대한 파기'를 바로 끌어낼 수 있는 반면, 실효의 경우에는 상대방의 신뢰의 형 성 자체가 시간적 요건에 의존하고 있다.

2) 임차인이 임차보증금을 반환받지 못하였다면 경락인에게 임차권을 주장할 수 있다 (주택임대차보호법 제3조의5 단서).

3) 임차인이 임차보증금을 반환받지 못하였다 하더라도 임차권이 소멸하므로(주택임대 차보호법 제3조의5), 경락인에게 임차권을 주장할 수 없다.

4) 민법은 타인의 채무를 담보하기 위한 질권설정자가 그 채무를 변제하거나 질권실행 으로 인하여 질물의 소유권을 잃은 때에는 '보증채무에 관한 규정'에 의하여 채무자 에 대한 구상권이 있다고 규정하고(민법 제341조), 이 규정을 저당권에도 준용하고 있다(민법 제370조). A는 B의 부탁으로 물상보증인이 되었으므로 수탁보증인과 동일 한 구상권을 가지는데, 민법 제441조 제2항에 따라서 민법 제425조 제2항이 적용되 어 면책된 채무액과 면책된 날 이후의 법정이자, 피할 수 없는 비용, 기타 손해배상 을 포함하여 구상할 수 있다.

그런데 매각으로 인하여 담보부동산소유권을 상실한 물상보증인이 채무자로부터 구상받을 채권의 범위는 특별한 사정이 없는 한 그 부동산의 '소유권을 상실하게 된 매각허가결정 확정 당시의 부동산의 시가상당액'이다(대판 1978. 7. 11, 78다639).

20쪽   ☑ 관련사례

1) 신의칙에 반하지 않는다.

2) 강제경매를 저지하지 아니한 채무자 甲이 이미 종료된 유치원교육의 존립이나 목적 수행을 내세워 강제경매의 효력을 부정한다는 것은 신의칙에 위배된다.

3) 그 농지의 소작인이었던 매수인에게 농지개혁법을 내세워 매매의 효력을 부정한다는 것은 신의칙에 위배된다.

4) 위배되지 않는다.

22쪽 ☑ 관련사례

1) 권리행사가 권리의 남용에 해당한다고 할 수 있으려면 주관적으로 그 권리행사의 목적이 오직 상대방에게 고통을 주고 손해를 입히려는 데 있을 뿐 행사하는 사람에게 아무런 이익이 없을 경우이어야 하고, 객관적으로는 그 권리행사자 A가 사회질서에 위반된다고 볼 수 있어야 하는 것이며, 이와 같은 경우에 해당하지 않는 한 비록 그 권리의 행사에 의하여 권리행사자가 얻는 이익보다 상대방이 잃을 손해가 현저히 크다 하여도 그러한 사정만으로는 이를 권리남용이라 할 수 없다.

2) C가 이 사건 토지의 소유권을 행사하는 것이 권리남용이 되기 위하여는 그 권리행사가 사회질서에 위반된다고 볼 수 있는 객관적 요건 이외에 주관적으로 그 권리행사의 목적이 오로지 A에게 고통이나 손해를 주는 데 그칠 뿐 C에게는 아무런 이익이 없는 경우라야 할 것이므로 위 사유만으로는 권리남용이 인정되기 어렵다.

3) 건물이 건축된 지 수년이 지난 지금 법정 거리 안에 있는 건물부분을 철거하는 것은 B에게는 거의 어떠한 이익도 가져오지 못하고 오히려 사회, 경제적으로 보나 상린관계의 취지에서 보나 이를 철거한다는 것은 적절하지 아니하므로 B의 위 건물 부분의 철거청구는 권리의 사회성에 비추어 권리남용에 해당한다. (객관적 사정만을 들어 권리남용을 인정한 사례)

4) 위 처분행위는 A를 위한 것이 아니라 그 장남인 B만을 위한 것으로서 위 처분행위로 A는 아무런 대가도 지급받지 못하였으므로 A의 법정대리인인 친권자가 이를 B에게 증여한 행위는 당시 B가 이미 성년에 달하여 이해상반행위에는 해당하지 않으나 친권의 남용에 의한 것이므로 그 행위의 효과는 A에게 미치지 아니한다.

5) 채무자가 시효완성 전에 채권자의 권리행사나 시효중단을 불가능 또는 현저히 곤란하게 하거나 그러한 조치가 불필요하다고 믿게 하는 행동을 하였거나, 객관적으로 채권자가 권리를 행사할 수 없는 장애사유가 있었거나, 또는 일단 시효완성 후에 채무자가 시효를 원용하지 아니할 것 같은 태도를 보여 권리자로 하여금 그와 같이 신뢰하게 하였거나, 채권자 보호의 필요성이 크고 같은 조건의 다른 채권자가 채무의 변제를 수령하는 등의 사정이 있어 채무 이행의 거절을 인정함이 현저히 부당하거나 불공평하게 되는 등의 특별한 사정이 있는 경우에 한하여 채무자가 소멸시효의 완성을 주장하는 것이 신의성실의 원칙에 반하여 권리남용으로서 허용될 수 없다.

6) 위와 같은 사정에 비추어 보면, A는 자신의 점유침탈행위로 B의 유치권을 소멸케 하였고 나아가 고의적 점유 이전으로 B의 확정판결에 기한 점유회복조차 곤란하게 하였는바, 그럼에도 B가 현재까지 점유회복을 하지 못한 사실을 내세워 A가 B를 상대로 적극적으로 유치권부존재확인을 구하는 것은, 자신의 불법행위로 초래된 상황을 자기의 이익으로 원용하면서 피해자에 대하여는 불법행위로 인한 권리침해의 결과를 수용할 것을 요구하고, 나아가 법원으로부터는 위와 같은 불법적 권리침해의

결과를 승인받으려는 것으로서, 이는 명백히 정의 관념에 반하여 사회생활상 도저히 용인될 수 없는 것으로 권리남용에 해당하여 허용되지 않는다고 할 것이다.

7) 일반적으로 동시이행의 관계가 인정되는 경우에 그러한 항변권을 행사하는 자의 상대방이 그 동시이행의 의무를 이행하기 위하여 과다한 비용이 소요되거나 또는 그 의무의 이행이 실제적으로 어려운 반면 그 의무의 이행으로 인하여 항변권자가 얻는 이득은 별달리 크지 아니하여 동시이행의 항변권의 행사가 주로 자기 채무의 이행만을 회피하기 위한 수단이라고 보이는 경우에는 그 항변권의 행사는 권리남용으로서 배척되어야 할 것이다. 그러므로 B가 하자보수청구권을 행사하여 동시이행의 항변을 할 수 있는 기성공사대금의 범위는 하자 및 손해에 상응하는 금액으로 한정하는 것이 공평과 신의칙에 부합한다고 볼 것이다. 그러므로 B에게 기성공사대금 전부를 A의 이 사건 건물의 하자보수 완료와 상환으로 지급할 것을 명할 수는 없다.

8) A가 B 거주 위 아파트에 관하여 신청한 이 사건 강제집행은 이 사건 판결의 변론종결 전에 A의 보증채무 중 일부가 이미 소멸한 사실을 알았거나 쉽게 알 수 있었음에도 불구하고 그 보증채무 전액의 지급을 명하는 판결을 받았음을 기화로 B의 보증채무가 변제에 의하여 모두 소멸된 후에 이를 이중으로 지급받고자 하는 것일 뿐만 아니라 그 집행의 과정도 신의에 반하는 것으로서 그 부당함이 현저하고, 한편 주채무자의 보증인에 불과한 자로서 그 소유의 담보물건에 관하여 일차 경매가 실행된 바 있는 B에게 이미 소멸된 보증채무의 이중변제를 위하여 그 거주의 부동산에 대한 강제집행까지 수인하라는 것이 되어 가혹하다고 하지 않을 수 없으므로, 결국 이 사건 강제집행은 사회생활상 도저히 용인할 수 없어 권리남용이라고 보아야 할 것이다.

25쪽 ☑ 기타 검토사항

1) 원칙적으로는 권리남용이 되기 위하여 권리의 행사로 인한 권리자의 이익과 그로 인한 상대방의 불이익 사이에 현저한 불균형이라는 객관적 요건 외에 권리행사자에게 상대방에게 고통을 주려고 하는 가해의 의사나 목적과 같은 주관적 요건이 있어야 하지만(대판 2003. 2. 14. 2002다6239), 객관적 요건의 존재로부터 주관적 요건의 존재를 추정할 수 있다고 하거나, 상계권의 남용이나 상표권의 남용 등에 대해서는 주관적 요건을 요구하지 않는다고 한 사례가 있다[대판 2003. 4. 11. 2002다59481(상계권 남용 사례), 대판 2007. 1. 25. 2005다67223(상표권 남용사례)].

2) 일반적으로 권리의 가해 목적이나 가해의사를 요건으로 하는 것은 쉬카네(Schikane) 금지의 법리에서 유래하는 것인데 이를 입법화한 독일민법 제226조와는 달리 우리 민법 제2조는 스위스민법 제2조와 마찬가지로 가해목적이나 가해의사와 같은 주관적 요건을 명문으로 규정하고 있지 않은 데에도 판례실무가 이를 요구하는 것은 우리 민법 제2조의 규정 및 그 취지에 반드시 부합한다고는 볼 수 없다.

☑ 기타 쟁점

1) 어떤 토지가 지적 공부에 1필지의 토지로 등록되면 그 토지의 소재, 지번, 지적 및 경계는 다른 특별한 사정이 없는 한 이 등록으로써 특정되고, 그 소유권의 범위는 현실의 경계와 관계없이 공부상의 경계에 의하여 확정되는 것이지만, 지적도를 작성함에 있어서 그 기점을 잘못 선택하는 등 기술적인 착오로 말미암아 지적도상의 경계선이 진실한 경계선과 다르게 작성되었기 때문에 경계와 지적이 실제의 것과 일치하지 않게 되었고, 그 토지들이 전전 매도되면서도 당사자들이 사실상의 경계대로의 토지를 매매할 의사를 가지고 거래를 한 경우 등과 같은 특별한 사정이 있는 경우에는 그 토지의 경계는 실제의 경계에 의하여야 할 것이다(대법원 1993. 11. 9. 선고 93다22845 판결). 로스쿨 물권법 137면 참조.

28쪽 ☑ 관련사례

1) 위 건물부분이 철거되면 위 청사 건물의 절반 정도가 헐리게 되어 그 잔여부분으로서는 청사로서는 물론 건물로서도 그 효용을 거의 상실하는 결과가 되고, C市의 행정수행에 막대한 지장을 초래할 우려가 있더라도 토지의 불법점유자인 C市가 권리자인 A의 적정한 가격에 의한 매수요청을 받아들이지 아니하고, 또 A가 시종하여 적정가격에 의한 본건 매수요청을 계속하고 있는 한은 비록 위와 같이 A의 권리행사의 결과로서의 이익보다 C市의 손해가 막대하고 사회경제적 손실, 공익상의 지장이 크다고 하더라도 그 사유만으로는 A의 이 사건 토지명도, 건물철거의 청구가 권리남용이 된다고는 할 수 없다.

29쪽 ☑ 관련사례

1) 법정지상권을 가진 건물소유자로부터 건물을 양수하면서 법정지상권까지 양도받기로 한 자는 채권자대위의 법리에 따라 전 건물 소유자 및 대지 소유자에 대하여 차례로 지상권의 설정등기 및 이전등기절차이행을 구할 수 있으므로 이러한 법정지상권을 취득할 지위에 있는 자에 대하여 대지소유자가 소유권에 기하여 건물철거를 구하는 것은 지상권의 부담을 용인하고 그 설정등기를 이행할 의무가 있는 자가 그 권리자를 상대로 한 청구라 할 것이어서 신의성실의 원칙상 허용될 수 없다.

35쪽 ☑ 관련사례

1) 인간 생명의 존엄성과 그 가치의 무한함(헌법 제10조)에 비추어 볼 때, 어떠한 인간 또는 인간이 되려고 하는 존재가 타인에 대하여 자신의 출생을 막아 줄 것을 요구할 권리를 가진다고 보기 어렵고, 장애를 갖고 출생한 것 자체를 인공임신중절로 출생하지 않은 것과 비교해서 법률적으로 손해라고 단정할 수도 없으며, 그로 인하여 치료비 등 여러 가지 비용이 정상인에 비하여 더 소요된다고 하더라도 그 장애 자체가

의사나 다른 누구의 과실로 말미암은 것이 아닌 이상 이를 선천적으로 장애를 지닌
채 태어난 아이 자신이 청구할 수 있는 손해라고 할 수는 없다(대판 1996. 6. 11. 98
다22857).
2) 태아가 재산상속의 선순위나 동순위에 있는 경우에 그를 낙태하면 상속결격사유에
   해당하고, 이 경우 '살해의 고의' 이외에 '상속에 유리하다는 인식'을 필요로 하지는
   않는다(대판 1992. 5. 22. 92다2177).

37쪽   ☑ 기타 검토사항

1) 태아는 상속순위, 유증, 손해배상청구권과 관련해서는 민법이 이미 출생한 것으로
   간주하고 있으므로, 乙은 다른 재산에 대해서는 상속받을 수 있다.
2) 민법 시행 이전의 재산상속에 관한 관습법에 의하면, 호주가 사망하여 그 장남이 호
   주상속을 하고 차남 이하 중자가 수인 있는 경우에 그 장남은 호주상속과 동시에 일
   단 전호주의 유산전부를 승계한 다음 그 약 2분의 1은 자기가 취득하고 나머지는
   차남 이하의 중자들에게 원칙적으로 평등하게 분여하여 줄 의무가 있다는 것이 구민
   법 시행 당시의 민사령에 의한 관습이다(대판 1994. 11. 18. 94다36599).

38쪽   ☑ 기타 검토사항

1) 의사능력이 있는 미성년자라면 법정대리인의 동의 없이도 처벌불원의 의사표시를 유
   효하게 할 수 있다. 반의사불벌죄에 있어서 피해자의 피고인 또는 피의자에 대한 처
   벌을 희망하지 않는다는 의사표시 또는 처벌을 희망하는 의사표시의 철회는, 위와
   같은 형사소송절차에 있어서의 소송능력에 관한 일반원칙에 따라, 의사능력이 있는
   피해자가 단독으로 이를 할 수 있고, 거기에 법정대리인의 동의가 있어야 한다거나
   법정대리인에 의해 대리되어야만 한다고 볼 것은 아니다. 나아가 청소년의 성보호에
   관한 법률이 형사소송법과 다른 특별한 규정을 두고 있지 않는 한, 위와 같은 반의
   사불벌죄에 관한 해석론은 청소년의 성보호에 관한 법률의 경우에도 그대로 적용되
   어야 한다(대판 2009. 11. 19. 2009도6058 전합).
2) 甲과 그의 생모인 乙이 丙과의 사이에 계쟁부동산지분에 관하여 민·형사상의 이의
   를 제기하지 않기로 하는 취지의 약정을 하였더라도 약정 당시 甲은 미성년자로서
   행위무능력자이고 乙은 이미 재혼하여 친권을 상실한 자였다면 甲이 성년에 달한 후
   3년 이내에 위 부제소합의를 취소한 것은 적법하다.

41쪽   ☑ 관련사례

1) 미성년자는 원칙적으로 법정대리인에 의하여서만 소송행위를 할 수 있으나 미성년자
   자신의 노무제공에 따른 임금의 청구는 근로기준법 제54조의 규정에 의하여 미성년
   자가 독자적으로 할 수 있다(대판 1981. 8. 25. 80다3149).

2) 미성년자라 하더라도 권리만을 얻는 행위는 법정대리인의 동의가 필요 없으며 친권자와 자 사이에 이해상반되는 행위를 함에는 그 자의 특별대리인을 선임하도록 하는 규정이 있는 점에 비추어 볼 때, 청구인(미성년자인 혼인외의 자)은 피청구인(생부)이 인지를 함으로써 청구인의 친권자가 되어 법정대리인이 된다 하더라도 피청구인이 청구인을 부양하고 있지 않은 이상 그 부양료를 피청구인에게 직접 청구할 수 있다 할 것이다(대판 1972. 7. 11. 72므5).

☑ 기타 검토사항

1) 甲의 법정대리인으로부터 묵시적 처분허락을 받은 행위로 보기 어려울 것이다.
2) 미성년자가 신용카드발행인과 사이에 신용카드 이용계약을 체결하여 신용카드거래를 하다가 신용카드 이용계약을 취소하는 경우 미성년자는 그 행위로 인하여 받은 이익이 현존하는 한도에서 상환할 책임이 있는바, 신용카드 이용계약이 취소됨에도 불구하고 신용카드회원과 해당 가맹점 사이에 체결된 개별적인 매매계약은 특별한 사정이 없는 한 신용카드 이용계약취소와 무관하게 유효하게 존속한다(대판 2005. 4. 15. 2003다60297).
3) 신용카드발행인이 가맹점들에 대하여 그 신용카드사용대금을 지급한 것은 신용카드 이용계약과는 별개로 신용카드발행인과 가맹점 사이에 체결된 가맹점 계약에 따른 것으로서 유효하므로, 신용카드발행인의 가맹점에 대한 신용카드이용대금의 지급으로써 신용카드회원은 자신의 가맹점에 대한 매매대금 지급채무를 법률상 원인 없이 면제받는 이익을 얻었으며, 이러한 이익은 금전상의 이득으로서 특별한 사정이 없는 한 현존하는 것으로 추정된다(대판 2005. 4. 15. 2003다60297).

42쪽   ☑ 검토할 사항

1) 미성년자의 취소권을 배제하기 위하여 본조 소정의 미성년자가 사술을 썼다고 주장하는 때에는 그 주장자인 상대방 측에 그에 대한 입증책임이 있다(대판 1971. 12. 14. 71다2045).

☑ 관련사례

1) 본조에 이른바 "무능력자가 사술로써 능력자로 믿게 한 때"에 있어서의 사술을 쓴 것이라 함은 적극적으로 사기수단을 쓴 것을 말하는 것이고 단순히 자기가 능력자라 사언함은 사술을 쓴 것이라고 할 수 없다(대판 1971. 12. 14. 71다2045).

44쪽   ☑ 기타 검토사항

1) 의식불명의 식물상태와 같은 의사무능력 상태에 빠져 금치산선고를 받은 자의 배우자에게 부정행위나 악의의 유기 등과 같이 민법 제840조 각 호가 정한 이혼사유가 존재하고 나아가 금치산자의 이혼의사를 객관적으로 추정할 수 있는 경우에는, 민법

제947조, 제949조에 의하여 금치산자의 요양·감호와 그의 재산관리를 기본적 임무로 하는 후견인(민법 제940조에 의하여 배우자에서 변경된 후견인이다)으로서는 의사무능력 상태에 있는 금치산자를 대리하여 그 배우자를 상대로 재판상 이혼을 청구할 수 있다. 다만, 위와 같은 금치산자의 이혼의사를 추정할 수 있는 것은, 당해 이혼사유의 성질과 정도를 중심으로 금치산자 본인의 결혼관 내지 평소 일상생활을 통하여 가족, 친구 등에게 한 이혼에 관련된 의사표현, 금치산자가 의사능력을 상실하기 전까지 혼인생활의 순탄 정도와 부부간의 갈등해소방식, 혼인생활의 기간, 금치산자의 나이·신체·건강상태와 간병의 필요성 및 그 정도, 이혼사유 발생 이후 배우자가 취한 반성적 태도나 가족관계의 유지를 위한 구체적 노력의 유무, 금치산자의 보유재산에 관한 배우자의 부당한 관리·처분 여하, 자녀들의 이혼에 관한 의견 등의 제반 사정을 종합하여 혼인관계를 해소하는 것이 객관적으로 금치산자의 최선의 이익에 부합한다고 인정되고 금치산자에게 이혼청구권을 행사할 수 있는 기회가 주어지더라도 혼인관계의 해소를 선택하였을 것이라고 볼 수 있는 경우이어야 한다(대판 2010. 4. 29. 2009므639).

45쪽 ☑ 관련사례

1) 의사무능력자가 사실상의 후견인이었던 아버지의 보조를 받아 자신의 명의로 대출계약을 체결하고 자신 소유의 부동산에 관하여 근저당권을 설정한 후, 의사무능력자의 여동생이 특별대리인으로 선임되어 위 대출계약 및 근저당권설정계약의 효력을 부인하는 경우에, 이러한 무효 주장이 거래관계에 있는 당사자의 신뢰를 배신하고 정의의 관념에 반하는 예외적인 경우에 해당하지 않는 한, 의사무능력자에 의하여 행하여진 법률행위의 무효를 주장하는 것이 신의칙에 반하여 허용되지 않는다고 할 수 없다(대판 2006. 9. 22. 2004다51627).

2) 의사능력이 인정되기 위하여는 그 행위의 일상적인 의미뿐만 아니라 법률적인 의미나 효과에 대하여도 이해할 수 있을 것을 요한다고 보아야 하고, 의사능력의 유무는 구체적인 법률행위와 관련하여 개별적으로 판단되어야 하는데, 위 사안의 경우 연대보증계약은 의사무능력상태에서의 법률행위로서 무효이다(대판 2006. 9. 22. 2006다29358).

3) 대출로 받은 이익이 제3자에 대한 대여금채권 또는 부당이득반환채권의 형태로 현존하므로, 금융기관은 대출거래약정 등의 무효에 따른 원상회복으로서 위 대출금 자체의 반환을 구할 수는 없더라도 현존 이익인 위 채권의 양도를 구할 수 있다(대판 2009. 1. 15. 2008다58367).

49쪽 ☑ 관련사례

1) 의식불명의 식물인간 상태와 같이 의사무능력자인 금치산자의 경우, 민법 제947조,

제949조에 의하여 금치산자의 요양·감호와 그의 재산관리를 기본적 임무로 하는 후견인이 금치산자를 대리하여 그 배우자를 상대로 재판상 이혼을 청구할 수 있고, 그 후견인이 배우자인 때에는 가사소송법 제12조 본문, 민사소송법 제62조 제1, 2항에 따라 수소법원에 특별대리인의 선임을 신청하여 그 특별대리인이 배우자를 상대로 재판상 이혼을 청구할 수 있다(대판 2010. 4. 8. 2009므3652).

☑ 기타 검토사항

1) 법정대리인인 친권자와 그 자 사이의 이해상반의 유무는 전적으로 그 행위 자체를 객관적으로 관찰하여 판단하여야 할 것이지 그 행위의 동기나 연유를 고려하여 판단하여야 할 것은 아니다(대판 2002. 1. 11. 2001다65960). 행위의 객관적 성질상 친권자와 자 사이 또는 친권에 복종하는 수인의 자 사이에 이해의 대립이 생길 우려가 있는 행위를 가리키는 것으로서 친권자의 의도나 그 행위의 결과 실제로 이해의 대립이 생겼는가의 여부는 묻지 아니한다(대판 1993. 4. 13. 92다54524).

2) 이해상반행위의 경우 특별대리인을 선임하도록 하고, 그러한 특별대리인 선임 없이 한 이해상반행위의 대리행위는 무효로 한다. 또한 이해상반행위가 아니라 할지라도 친권자의 대리권 남용에 해당하는 경우에는 무효가 될 수 있다(대판 1997. 1. 24. 96다43928).

52쪽 ☑ 관련사례

1) 부재자의 모가 적법한 권한없이 원고(B)와 사이에 부재자 소유 부동산에 관한 매매계약을 체결하였으나, 그 후 부재자의 처인 소외인이 부재자의 재산관리인으로 선임된 후에 위 매매계약에 기한 소유권이전등기를 위하여 자기의 인감증명서를 원고(B)에게 교부하였다면 위 매매계약을 추인한 것으로 볼 것이다. 부재자의 재산관리인에 의한 부재자소유 부동산매각행위의 추인행위가 법원의 허가를 얻기 전이어서 권한없이 행하여진 것이라고 하더라도, 법원의 재산관리인의 초과행위 결정의 효력은 그 허가받은 재산에 대한 장래의 처분행위뿐만 아니라 기왕의 처분행위를 추인하는 행위로도 할 수 있는 것이므로 그 후 법원의 허가를 얻어 소유권이전등기절차를 경료케 한 행위에 의하여 종전에 권한 없이 한 처분행위를 추인한 것이라 할 것이다(대판 1982. 12. 14. 80다1872).

2) 부재자 재산관리인의 권한초과행위에 대한 법원의 사후허가는 사인의 법률행위에 대하여 법원이 후견적·감독적 입장에서 하는 비쟁송적인 것으로서 그 허가 여부는 전적으로 법원의 권한에 속하는 것이기는 하나 그 신청절차는 소의 제기 또는 그에 준하는 신청과는 달리 그 의사표시의 진술만 있으면 채무자의 적극적인 협력이나 계속적인 행위가 없더라도 그 목적을 달성할 수 있는 것이므로, 비록 그 허가신청이 소송행위로서 공법상의 청구권에 해당하더라도 부재자 재산관리인이 권한초과행위에

대하여 허가신청절차를 이행하기로 약정하고도 그 이행을 태만히 할 경우에는 상대
방은 위 약정에 기하여 그 절차의 이행을 소구할 수 있고, 이러한 의사 진술을 명하
는 판결이 확정되면 민사소송법 제695조 제1항에 의하여 허가신청의 진술이 있는
것으로 간주된다(대판 2000. 12. 26. 99다19278).

☑ 기타 검토사항

1) 부재자 재산관리인으로서의 지위는 종료되는 것이므로 상속인등에 의한 적법한 소송
   수계가 있을 때까지는 소송절차가 중단된다(대판 1987. 3. 24. 85다카1151).
2) 패소판결의 확정 후에 위 권한 초과행위에 대하여 법원의 허가를 받게 되면 다시 이
   사건 매매계약에 기한 소유권이전등기청구의 소를 제기할 수 있는 것이다(대판
   2002. 1. 11. 2001다41971). 이 경우는 기판력에 저촉되지 않는다.

54쪽   ☑ 기타 검토사항

1) 법원에 의하여 일단 부재자의 재산관리인 선임결정이 있었던 이상, 가령 부재자가
   그 이전에 사망하였음이 위 결정후에 확실하여졌다 하더라도 법에 정하여진 절차에
   의하여 결정이 취소되지 않는 한 선임된 부재자재산관리인의 권한이 당연히는 소멸
   되지 아니한다 함이 당원의 판례로 하는 견해이며 위 결정 이후에 이르러 취소된 경
   우에도 그 취소의 효력은 장래에 향하여서만 생기는 것이며 그간의 그 부재자재산관
   리인의 적법한 권한행사의 효과는 이미 사망한 그 부재자의 재산상속인에게 미친다
   할 것이다(대판 1970. 1. 27. 69다719).
2) 사망한 것으로 간주된 자가 그 이전에 생사불명의 부재자로서 그 재산관리에 관하여
   법원으로부터 재산관리인이 선임되어 있었다면 재산관리인은 그 부재자의 사망을 확
   인했다고 하더라도 선임결정이 취소되지 아니하는 한 계속하여 권한을 행사할 수 있
   다 할 것이므로 재산관리인에 대한 선임결정이 취소되기 전에 재산관리인의 처분행
   위에 기하여 경료된 등기는 법원의 처분허가 등 모든 절차를 거쳐 적법하게 경료된
   것으로 추정된다(대판 1991. 11. 26. 91다11810).
3) 부동산 소유권이전등기 말소등기절차 이행청구나 인도청구는 보전행위에 불과한 것
   이므로 법원에 의하여 선임된 부재자재산관리인은 법원의 허가없이 이를 할 수 있
   다. 이는 후견인의 권한 범위와 다른 것이다(대판 1964. 7. 23. 64다108).

55쪽   ☑ 기타 검토사항

1) 부재자의 자매로서 제2순위 상속인에 불과한 자는 부재자에 대한 실종선고의 여부에
   따라 상속지분에 차이가 생긴다고 하더라도 이는 부재자의 사망 간주시기에 따른 간
   접적인 영향에 불과하고 부재자의 실종선고 자체를 원인으로 한 직접적인 결과는 아
   니므로 부재자에 대한 실종선고를 청구할 이해관계인이 될 수 없다(대결 1986. 10.

10. 86스20).

2) 민법 제28조는 "실종선고를 받은 자는 민법 제27조 제1항 소정의 생사불명기간이 만료된 때에 사망한 것으로 본다"고 규정하고 있으므로 실종선고가 취소되지 않는 한 반증을 들어 실종선고의 효과를 다툴 수는 없다(대판 1995. 2. 17. 94다52751).

3) 실종선고의 효력이 발생하기 전에는 실종기간이 만료된 실종자라 하여도 소송상 당사자능력을 상실하는 것은 아니므로 실종선고 확정 전에는 실종기간이 만료된 실종자를 상대로 하여 제기된 소도 적법하고 실종자를 당사자로 하여 선고된 판결도 유효하며 그 판결이 확정되면 기판력도 발생한다고 할 것이고, 이처럼 판결이 유효하게 확정되어 기판력이 발생한 경우에는 그 판결이 해제조건부로 선고되었다는 등의 특별한 사정이 없는 한 그 효력이 유지되어 당사자로서는 그 판결이 재심이나 추완항소 등에 의하여 취소되지 않는 한 그 기판력에 반하는 주장을 할 수 없는 것이 원칙이라 할 것이며, 비록 실종자를 당사자로 한 판결이 확정된 후에 실종선고가 확정되어 그 사망간주의 시점이 소 제기 전으로 소급하는 경우에도 위 판결 자체가 소급하여 당사자능력이 없는 사망한 사람을 상대로 한 판결로서 무효가 된다고는 볼 수 없다(대판 1992. 7. 14. 92다2455).

4) 수난, 전란, 화재 기타 사변에 편승하여 타인의 불법행위로 사망한 경우에 있어서는 확정적인 증거의 포착이 손쉽지 않음을 예상하여 법은 인정사망, 위난실종선고 등의 제도와 그밖에도 보통실종선고제도도 마련해 놓고 있으나 그렇다고 하여 위와 같은 자료나 제도에 의함이 없는 사망사실의 인정을 수소법원이 절대로 할 수 없다는 법리는 없다(대판 1989. 1. 31. 87다카2954).

59쪽   ☑ 관련사례

1) 대판 1994. 4. 26. 93다51591

주택조합은 비법인사단으로서 위 주택조합이 사업주체가 되어 신축·완공한 아파트는 조합재산으로서 조합원 전원의 총유로 귀속된다. 또한 부동산등기법(법률 제4522호, 시행 1993. 4. 1.) 제30조는 비법인사단의 등기능력을 인정하고 있으므로 아파트에 대한 주택조합명의의 소유권보존등기도 가능하다.

2) 대판 1992. 10. 9. 92다23087

채무자인 건설회사(태양건설)에 대한 임차보증금 채권을 확보하기 위하여 '태양백화점 번영회'라는 명칭의 원고 명의의 단체를 만들고, 임원 선출 및 총회개최 등을 규정한 정관을 채택하고 위 정관에 따라 대표자를 회장으로 선출하였다면 위 단체는 그 구성원들의 태양건설에 대한 임차보증금반환채권의 회수라는 일정한 목적을 가진 다수인의 결합체로서 그 결합체의 의사를 결정하고 업무를 집행할 기관 및 대표자에 관한 정함이 있는 법인 아닌 사단으로서 당사자 능력이 있다.

(비교) 대판 1999. 4. 23. 99다4504

채권단이 채권자 133인이 채무자에 대한 채권회수 목적을 위해 구성한 단체로서, 대표자 10인을 선임하여 채권 회수를 위한 일체의 권한을 위임하였을 뿐, 정관 또는 규약을 제정하거나 사단으로서의 실체를 갖추기 위한 일체의 조직행위가 없었고, 사단으로서의 실체를 인정할 만한 조직, 그 재정적 기초, 총회의 운영, 재산의 관리 기타 단체로서의 활동이 없는 경우 이를 비법인사단으로 볼 수 없다.

☑ 기타 검토사항

1) 구성원과 독립하여 단체 자체에 대하여 또는 일정 목적을 위하여 제공된 재산에 대하여 권리·의무의 주체로서의 지위를 인정함으로써 '법률관계의 간편화'와 '유한책임의 확립'을 도모하기 위함이다.

2) 민법은 비영리법인으로서 사단법인과 재단법인 두 가지를 인정한다. 사단법인은 일정한 목적을 위해 결합한 사람의 단체, 즉 사단을 그 실체로 하는 법인이고 재단법인은 일정한 목적에 바쳐진 재산 즉 재단을 그 실체로 하는 법인이다. 양자는 설립행위, 정관의 변경, 기관의 종류, 해산사유 등에서 차이가 있다.

3) 민법은 사단법인 외에 일정한 목적에 마쳐진 재산 즉 재단을 실체로 하는 재단법인을 인정한다.

4) 아파트 입주자대표회의(대판 1991. 4. 23. 91다4478), 아파트 부녀회(대판 2006. 12. 21. 2006다52723), 주택건설촉진법에 의한 주택조합(대판 1995. 2. 3. 93다23862), 종중(대판 1994. 9. 30. 93다27703), 교회(대판 1967. 12. 18. 67다2202), 사찰(대판 2001. 1. 30. 99다42179) 등이 있다.

63쪽   ☑ 관련사례

1) 대판 1982. 10. 26. 81누363

비영리법인이 설립된 이후 그 법인에 대한 설립허가의 취소는 민법 제38조에 해당하는 경우에 한하여 가능한데, 민법 제38조는 법인의 기관이 공익을 침해하는 행위를 하거나 그 사원총회가 그러한 결의를 한 경우를 의미하므로, 법인 회장선거 및 운영을 둘러싸고 일부 회원 사이에 불미한 사실이 있었으나 그것이 원고법인의 기관의 행위이었거나 사원총회의 결의 내용이었다고 볼 증거가 없는 경우 주무관청의 법인설립허가취소처분은 취소되어야 한다.

2) 대판 1976. 7. 13. 75누254

기독교 교리에 전혀 없는 황당무계한 설교를 하여 신도들로부터 금품을 편취하는 등 교회 목사의 종교적 활동에 빙자한 불법행위는 모두 위 법인설립의 기본목적인 종교적 활동을 빙자하거나 가장하여 이루어진 것이므로 위 행위는 위 법인 기관의 조직적 의사의 발현이었다고 볼 수 있고, 이를 사유로 한 주무관청의 재단법인설립허가 취소처분은 정당하다.

☑ 기타 검토사항

1) (i) 비영리를 목적으로 하는 사단 또는 재단일 것, (ii) 설립행위(정관작성), (iii) 주무관청의 허가, (iv) 설립등기를 성립요건으로 한다.

65쪽   ☑ 관련사례

1) 유언으로 재단법인을 설립하는 경우 출연재산은 유언의 효력이 발생한 때 즉 유언자가 사망한 때부터 법인에 귀속하나(민법 제48조 제2항), 출연재산이 부동산인 경우 제3자에 대한 관계에서 법인에의 귀속은 법인의 설립 외에 등기를 필요로 하므로 재단법인이 그와 같은 등기를 마치지 아니하였다면 유언자의 상속인의 한 사람으로부터 부동산의 지분을 취득하여 이전등기를 마친 선의의 제3자에 대하여 대항할 수 없다.

☑ 기타 검토사항

1) 출연행위에 터잡아 법인이 성립되면 그로써 출연재산은 민법 제48조에 의하여 법인 성립시에 법인에게 귀속되어 법인의 재산이 되는 것이고, 출연재산이 부동산인 경우에 있어서도 재산출연자와 법인의 관계에 있어서는 법인의 성립 외에 등기를 필요로 하는 것이 아니므로, 사안의 경우 타인의 물건을 사용·수익한 것으로 볼 수 없어 재단은 부당이득반환의무를 지지 않는다.

68쪽   ☑ 기타 검토사항

1) 甲과 A 사이에 고용관계가 없으므로 신원보증이라 할 수 없고 오히려 A가 위 극장을 경영하면서 발생될 장래의 미확정 채무에 대한 보증이라 봄이 타당하다.

2) 보증계약에 있어서 그 기간이 정하여진 때에는 채권자와 주된 채무자의 계약으로 기간이 연장되어도 다른 사정이 없는 한 보증인을 구속하지 않는다. 乙이 보증기간을 위 계약기간중이라고 명시하였으므로 보증책임의 범위는 위 위탁경영기간 중 A가 부담할 금액에 한정되고 그 기간 경과후의 채무에 대해서는 보증책임을 지지 않는다.

3) 대판 1975. 12. 23. 75다1479
회사의 대표이사가 타인의 극장위탁경영으로 인한 손해배상의무를 연대보증한 것이 회사의 사업목적범위에 속하지 아니하는 경우에는 회사에게 효력 있는 적법한 보증이 아니므로 회사는 손해배상책임이 없다.

71쪽   ☑ 관련사례

1) 대판 2011. 4. 28. 2008다15438
민법 제35조 제1항의 '법인의 대표자'는 그 명칭이나 직위 여하, 또는 대표자로 등기되었는지 여부를 불문하고 당해 법인을 실질적으로 운영하면서 법인을 사실상 대표하여 법인의 사무를 집행하는 사람을 포함한다. 구체적인 사안에서 이러한 사람에 해당하는지는 법인과의 관계에서 그 지위와 역할, 법인의 사무 집행 절차와 방법, 공부상 대표자와의 관계 등 제반 사정을 종합적으로 고려하여 판단하여야 하며 이러한 법리는 주택조합과 같은 비법인사단에도 적용된다. 乙은 甲 주택조합을 실질적으로 운영하면서 법인을 사실상 대표하여 법인의 사무를 집행하는 사람으로서 민법 제35조에서 정한 '대표자'에 해당한다.

2) 대판 1999. 7. 27. 99다19384

   비법인사단인 조합의 조합원이 대표자의 직무상 불법행위로 인하여 직접 손해를 입은 경우에는 조합에 대하여 그 손해배상을 청구할 수 있으나, 대표자가 조합에게 과다한 채무를 부담하게 함으로써 조합이 손해를 입고 결과적으로 조합원의 경제적 이익이 침해되는 손해와 같은 간접적인 손해는 민법 제35조에서 말하는 손해의 개념에 포함되지 아니하므로 이에 대하여는 손해배상을 청구할 수 없다.

☑ 기타 검토사항

1) 임의분양분은 비법인사단인 甲 조합의 조합원 전원의 총유에 속하고, 총유물의 관리 및 처분에 관하여는 조합의 정관이나 규약에 정한 바가 있으면 이에 따라야 하고 없으면 조합원 총회의 결의에 의하여야 한다. 甲 조합의 정관에는 이에 관해 정한 바가 없어 조합원 총회의 결의에 의하여 임의분양분을 처분하여야 하는데도 그러한 절차를 거치지 않았으므로 대표자에 의한 분양계약이라 할지라도 무효이다.

2) A에 대해서는 그 자신의 불법행위책임을 물을 수 있다(민법 제35조 1항 2문, 제750조).

3) 조합의 대표자가 조합과의 계약 당사자가 되는 것을 모두 무효라고 볼 수는 없으나 조합과 대표자의 이익이 상반하는 사항에 관하여는 대표권이 없다(민법 제64조), 어떠한 사항이 이익상반사항인지는 구체적 계약 내용에 따라 판단하며, 이익상반사항에 해당하여 대표권이 없는 행위라 할지라도 조합의 추인으로 유효하게 될 수 있다.

4) 甲 조합은 조합원의 주거생활의 안정과 향상을 도모하기 위하여 아파트 건립과 이를 위한 자금조달 및 운영에 관하여 필요한 사업을 효율적으로 수행하기 위하여 설립된 비법인사단이고 그 구성원은 조합원 전원이므로, 조합의 신축 아파트는 조합원들의 총유재산에 해당한다.

74쪽   ☑ 기타 검토사항

1) A는 甲 회사에 대하여 임무위배로 인한 책임을 진다. 상법 제399조는 이사가 고의 또는 과실로 법령 또는 정관에 위반한 행위를 하거나 그 임무를 게을리한 경우에는 회사에 대하여 연대하여 손해를 배상할 책임이 있다고 규정한다.

2) 판례는 사단법인의 정관에 대표자가 채무를 인수할 때 사원총회와 이사회의 결의를
   거치도록 한 경우 대표권의 제한이라고 보았다(대판 1987. 11. 24. 86다카2484). 대표
   권의 제한은 정관에 기재하여야 효력이 생긴다(민법 제41조).

76쪽 ☑ 관련사례

1) 대판 2001. 5. 29. 2000다10246
   비법인사단인 재건축조합이 주체가 되어 신축 완공한 상가건물은 조합원 전원의
   총유에 속하며, 총유물의 관리 및 처분에 관하여 정관이나 규약에 정한 바가 있으면
   이에 따르고 없으면 조합원 총회의 결의에 의하여야 하므로, 재건축조합의 대표자가
   조합원총회의 결의 없이 한 처분행위는 무효이다.

2) 대판 1999. 7. 27. 98도4200
   비법인사단 대표자의 업무집행의 절차나 이에 대한 제한은 정관이나 총회의 결의
   등 조합의 의사결정방식에 따라서 하여야 하고 일일이 개개 조합원의 위임을 받아서
   하여야 하거나 개개 조합원이 이에 제한을 가할 수 있는 것은 아니다. 조합원으로부
   터 개별적인 위임장을 받음으로써 조합장이 비로소 분양계약을 체결할 권한이 생긴
   것은 아닌 것과 같은 법리로서, 조합원 개개인이 조합장에 대한 분양계약체결의 위
   임을 철회하는 방법으로 계약체결의 권한을 제한할 수는 없다.

3) 대판(전) 2007. 4. 19. 2004다60072, 60089
   비법인사단이 타인간의 금전채무를 보증하는 행위는 총유물 그 자체의 관리·처분
   이 따르지 아니하는 단순한 채무부담행위에 불과하므로 A가 채무보증계약을 체결하
   면서 조합원총회 결의를 거치지 않았다고 하더라도 그것만으로 바로 그 보증계약이
   무효라고 할 수는 없다. 다만 이 경우 총회의 결의를 거치도록 한 조합규약은 조합
   장의 대표권을 제한하는 규정에 해당하므로 C가 그와 같은 대표권 제한 및 그 위반
   사실을 알았거나 과실로 인하여 이를 알지 못한 때에는 그 보증계약이 무효로 된다.

4) 대판 2003. 7. 22. 2002다64780
   설계용역계약은 단순한 채무부담행위에 불과하여 총유물 그 자체에 대한 관리 및
   처분행위라고 볼 수 없다. 그에 대한 사원총회 결의사항은 비법인사단의 내부적 의
   사결정에 불과하므로 B가 위와 같은 대표권 제한 사실을 알았거나 알 수 있었을 경
   우가 아니라면 도급계약은 유효하다

77쪽 ☑ 기타 검토사항

1) 조합원 전원의 총유에 속한다.
2) 丁이 납부한 분양대금은 조합아파트의 건설대금으로 충당되었으므로 甲 조합에 대하
   여 부당이득반환으로서 분양대금의 반환을 청구해 볼 수 있을 것이다.
3) 甲 조합에 대하여 불법행위책임을 물을 수 있을 것이나, 丁이 丙의 행위가 적법한

대표행위가 아님을 알았거나 중대한 과실로 알지 못한 경우에는 甲 조합에 대하여 불법행위책임을 추궁할 수 없을 것이다.

4) 조합원들에 대해서는 불법행위책임을 물을 수 없다.

5) 조합원들은 특별한 사정이 없는 한 조합장 丙에 대하여 사용자의 지위에 있다고 볼 수 없어 사용자책임에 기한 손해배상을 물을 수 없다.

6) 조합장 丙에 대하여 불법행위책임을 추궁하고, 甲 조합에 대하여도 불법행위책임 또는 부당이득반환책임을 추궁하는 것이 가능할 것이다.

78쪽   ☑ 관련사례

1) 대판 1975. 4. 22. 74다410

사단법인은 중요하고 유일한 재산이라 할지라도 그 처분에 있어 반드시 사원총회의 결의를 필요로 하는 것은 아니다. 재산의 처분에 총회의 결의가 있어야 유효하다는 것을 대외적으로 주장하려면 대표권을 제한하여 총회의 결의를 필요로 한다는 대표권 제한의 취지를 등기하여야 한다.

☑ 기타 검토사항

1) 사단법인의 경우 사원총회의 의결로 대표권을 제한한 때에도 그것만으로는 효력이 없으며, 그 의결사항을 정관에 기재한 때에 비로소 그 효력이 생긴다(민법 제41조).

2) 민법 제35조 제1항은 법인의 대표가 '그 직무에 관하여' 타인에 대하여 불법행위를 한 경우에 한정하여 법인 자체가 불법행위책임을 부담하도록 하고 있으므로, 법인의 권리능력을 넘는 대표자의 행위는 '직무에 관하여'한 행위로 볼 수 없어 법인은 이에 대해 불법행위책임을 지지 않는다. 반면 대표권의 범위를 넘는 행위는 외형적·객관적으로 직무관련성이 인정될 수 있어 민법 제35조 제1항의 법인의 불법행위책임이 성립할 수 있다.

80쪽   ☑ 기타 검토사항

1) 판례는 대표권남용행위에 대체로 제107조 제1항 단서의 유추적용을 인정하나 대판 1987. 10. 13. 86다카1522는 권리남용설을 취하여 주식회사의 대표이사의 대표권남용행위는 일응 회사의 행위로서 유효하고 다만 그 행위의 상대방이 그와 같은 정을 알았던 경우에는 그로 인하여 취득한 권리를 회사에 대하여 주장하는 것이 신의칙에 반하므로 회사는 상대방의 악의를 입증하여 그 행위의 효과를 부인할 수 있을 뿐이라고 판시하였다.

2) 상대방이 악의인 경우 본인이 보호됨은 동일하나, 제107조 제1항 단서 유추적용설은 행위의 상대방이 과실이 있는 경우에도 본인이 보호되나, 권리남용설에 의하면 상대방이 중과실이 있는 때에만 본인이 보호된다.

3) 대표권은 정관에 의해 제한할 수 있고 정관에 기재한 경우에도 등기하지 않으면 제3
자에게 대항하지 못하되 등기한 경우에는 모든 제3자에게 대항할 수 있다. 대표권의
남용은 제107조 제1항의 유추적용설에 의할 경우 선의의 제3자에게 대항할 수 없다.

82쪽   ☑ 기타 검토사항

1) 甲회사가 A의 사임 후 거래하던 은행이나 다른 거래 업체와의 관계에서 대표이사
명의 변경의 절차를 취하지 않은 사실은 인정되었으나 대법원은 乙의 손해가 그러한
사실에 기인한 것이라고 볼 수 없다고 하여 甲회사의 불법행위책임을 인정하지 아니
하였다.

83쪽   ☑ 관련사례

1) 대판 2007. 7. 19. 2006두19297

임기가 만료된 구 이사나 감사는 그로 하여금 학교법인의 업무를 수행케 함이 부
적당하다고 인정할 만한 특별한 사정이 없는 한, 민법 제691조를 유추하여 후임이사
나 후임감사가 선임될 때까지 종전의 직무를 계속하여 수행할 긴급처리권이 인정되
고, 임기가 만료된 이사들의 참여 없이 후임 정식이사들을 선임할 수 없는 경우 임
기가 만료된 이사들로서는 위 긴급처리권에 의하여 후임 정식이사들을 선임할 권한
도 보유한다.

2) 대판 2006. 10. 27. 2006다23695

사임한 회장의 업무수행권은 종중이 정상적인 활동을 중단하게 되는 처지를 피하
기 위하여 보충적으로 인정되는 것이므로 별다른 급박한 사정이 없는 한 직무대행자
선출을 위한 것이 아닌 새로운 회장의 선출 등을 위한 총회를 소집하여 이를 제안하
는 일은 사임한 회장이 수행하기에 부적당한 임무이다.

3) 대판 1968. 9. 30. 68다515

아직 임기가 만료되지 않은 다른 이사들로서 정상적인 법인의 활동을 할 수 있는
경우에는 구 이사로 하여금 이사로서의 직무를 행사케 할 필요가 없다.

86쪽   ☑ 관련사례

1) 대판 2011. 2. 10. 2010다82639

위와 같은 경우 차석 또는 발기인(위 총회의 소집을 요구한 발의자들)이 소집권자
를 대신하여 그 총회를 소집할 수 있는 것이고, 반드시 민법 제70조를 준용하여 감
사가 총회를 소집하거나 종원이 법원의 허가를 얻어 총회를 소집하여야 하는 것은
아니다.

2) 대판 1996. 10. 25. 95다56866

총회소집통지에 회의의 목적사항을 기재토록 한 민법 제72조의 입법취지상 기타

사항이란 회의의 기본적인 목적사항과 관계가 되는 사항과 일상적인 운영을 위하여 필요한 사항에 국한되고, 조합장 이외의 임원의 선출은 위 소집통지의 기타 안건에 속한다고 볼 수 없다. 따라서 임원 선출 결의는 무효이나, 그 뒤에 개최된 정기총회에서 이를 추인하는 의결을 하였다면 위 임시총회 결의는 유효하게 된다.

89쪽 ☑ 기타 검토사항

1) 필수기관이 아니다(민법 제57조).
2) 대판 1998. 12. 23. 97다26142

　　일부 이사에게 소집통지를 누락한 이상 이사회결의는 무효이고, 통지가 누락된 일부 이사에게 이사회 소집통지를 하였다고 하더라도 그들이 이사회에 출석하지 아니하였을 것으로 예상된다거나, 그들이 출석하여 반대의 표결을 하였다고 하더라도 이사회결의의 성립에 아무런 영향이 없었다고 하여 위 이사회결의가 적법하게 되지 않는다.

3) 대판 1998. 12. 23. 97다26142

　　임기가 만료되지 아니한 이사들만으로 정상적인 법인의 활동을 할 수 없는 경우, 임기가 만료된 구 이사로 하여금 법인의 업무를 수행케 함이 부적당하다고 인정할 만한 특별한 사정이 없는 한, 구 이사는 후임이사가 선임될 때까지 종전의 직무를 수행할 수 있다. 이 경우 구 이사는 그 직무수행의 일환으로 이사회결의의 무효확인을 구할 법률상의 이익이 있고, 사안과 같은 사유만으로 이사회결의의 무효확인을 구하는 것이 신의칙에 반한다고 볼 수 없다.

91쪽 ☑ 관련사례

1) 대판 1983. 2. 8. 80다1194

　　종중이 종원의 자격을 박탈하는 징계처분은 공동선조의 후손으로서 혈연관계를 바탕으로 하여 자연적으로 구성되는 종족 단체인 종중의 본질에 반하는 것이므로 그러한 관행이나 징계처분은 무효이다.

2) 대판 1994. 5. 10. 93다21750

　　조합원에 대한 제명처분은 조합원의 의사에 반하여 그 조합원인 지위를 박탈하는 것이므로 조합의 이익을 위하여 불가피한 경우에 최종적인 수단으로서만 인정되어야 하는데, 문제된 행위는 그 수단이나 정도로 보아 단체의 구성원의 집행기관에 대한 정당한 비판활동에 해당하는 것이므로 제명처분은 무효이다.

☑ 기타 검토사항

1) 사원이 사단에 대하여 가지는 권리를 사원권이라고 하고 이는 공익권과 자익권으로 나누어진다. 공익권은 사단의 관리·운영에 참가하는 것을 내용으로 하는 권리로서,

결의권·소수사원권·업무집행권·감독권 등이 있다. 자익권은 사원 자신이 이익을 누리는 것을 내용으로 하는 권리이며 사단의 설비를 이용하는 권리 등이 이에 해당한다. 영리법인에서의 사원권은 자익권의 성격이 강하므로 양도나 상속이 허용되나 비영리법인의 사원권은 공익권의 성격이 강하므로 양도나 상속이 허용되지 않는다. 그러나 민법 제56조는 강행규정이 아니므로, 비영리법인의 사원권도 정관이나 관습에 의해 양도나 상속이 가능하다.

96쪽   ☑ 관련사례

1) 대판 2011. 2. 10. 2006다65774

재단법인의 기본재산은 재단법인의 실체를 이루는 것이므로, 출연자가 소유명의만을 재단법인에 귀속시키고 실질적 소유권은 출연자에게 유보하는 등의 부관을 붙여서 출연하는 것은 재단법인 설립취지에 어긋나는 것이어서 관할 관청은 이러한 부관이 붙은 출연재산을 기본재산으로 하는 재단법인의 설립을 허가할 수 없다. 또한 위와 같은 명의신탁계약의 효력을 인정할 경우 재단법인의 기본재산이 상실되어 재단법인의 존립 자체에 영향을 줄 것이므로, 위와 같은 명의신탁계약은 새로 설립된 재단법인에 대해서 효력이 없다. 출연자는 재단이 출연재산에 대한 소유권을 취득할 무렵 그 물적 요소의 상실로 인해 비법인사단으로서의 당사자능력을 상실하였고, 명의신탁약정의 존재가 그러한 결론에 영향을 미치지 않는다.

2) 대판 1978. 7. 25. 78다783

재단법인의 설립 후 취득한 토지가 재단법인의 기본재산으로 편입되려면 주무관청의 인가가 있어야 하고, 이러한 인가가 없는 경우 위 토지는 기본재산이 아니다. 재단이 기본재산이 아닌 토지를 처분하는 데는 주무관청의 허가가 필요 없으므로, 허가 없이 이루어진 위 토지의 처분행위는 유효하다.

3) 대판 1974. 6. 11. 73다1975

재단법인의 기본재산 처분은 정관변경을 요하는 것이므로 주무관청의 허가가 없으면 그 처분행위는 물권계약으로 무효일 뿐 아니라 채권계약으로서도 무효이다. 따라서 A는 교환계약상 의무를 전제로 한 후발적 불능에 따른 전보배상의 책임을 지지 않는다. 한편 B의 전보배상의 청구에는 민법 제535조의 신뢰이익 배상청구의 주장이 포함되어 있다고 보기 어렵다.

4) 대판 1995. 5. 9. 93다62478

학교법인의 기본재산에 편입된 명의신탁 부동산에 관하여 명의신탁자는 관할청의 허가 없이는 명의수탁자인 학교법인을 상대로 하여 명의신탁 해지를 원인으로 하는 소유권이전등기를 청구할 수 없다.

5) 대판 1987. 11. 10. 87다카1566, 1567

C의 점유는 그 권원의 성질상 자주점유이다. 비록 원고의 처분행위에 주무관청의

인가가 없었다 하더라도 이는 그 처분행위의 무효사유일 뿐이지 C의 점유가 이로 인하여 타주점유로 된다고 할 수 없다. 따라서 C의 취득시효 주장은 인정되고 A의 청구는 기각될 것이다. 그러나 C가 관할청의 허가 없이 계약이 체결된 사실을 알면서 그 목적물을 인도받아 점유를 개시하였다면 이 때의 점유는 자주점유로 인정할 수 없고, C의 시효취득 주장은 받아들여지지 않을 것이다(대판 1992. 5. 8. 91다37751).

☑ 기타 검토사항

1) (1) 사단법인의 경우 총사원의 3분의 2 이상의 동의가 있어야 하고, 주무관청의 허가를 얻어야 한다(민법 제42조). 변경사항이 등기사항인 때에는 그 변경을 등기하여야 제3자에게 대항할 수 있다. (2) 재단법인의 경우 (ⅰ) 정관의 변경방법이 정관에 정해져 있는 경우 그 방법에 따라 정관을 변경할 수 있다. (ⅱ) 재단법인의 목적달성 또는 재산의 보전을 위하여 적당한 때에는 명칭 또는 사무소의 소재지를 변경할 수 있다. (ⅲ) 재단법인의 목적을 달성할 수 없는 때에는 설립자나 이사는 설립의 취지를 참작하여 그 목적 또는 정관의 규정을 변경할 수 있다. 위 세 가지 경우 모두 주무관청의 허가가 있어야 변경의 효력이 발생하며, 변경된 사항이 등기사항이면 이를 등기하여야 제3자에게 대항할 수 있다.
2) 정관에서 그 정관을 변경할 수 없다고 규정하고 있더라도 모든 사원의 동의가 있으면 정관을 변경할 수 있다.

98쪽 ☑ 기타 검토사항

1) 법인의 소멸은 일정한 절차를 거쳐 단계적으로 이루어진다. 먼저 해산을 하고 이어서 청산으로 들어가게 되며, 청산이 종결된 때에 법인은 완전히 소멸한다.
2) 청산이 종결된 때에 법인의 인격이 소멸하는 바, 청산종결의 등기가 되었을지라도 청산사무가 종료되지 않은 경우에는 사실상 청산이 종결되지 아니한 것으로서 청산법인은 존속하고 당사자능력도 가지므로, 법인이 원고에게 위 토지에 관하여 소유권이전등기를 이행할 수 있다.
3) 대법원은 甲 법인이 청산중에 토지를 丙에게 매도처분한 것은 민법의 청산절차에 관한 규정 및 정관에 위반하는 청산 목적범위 외의 것으로 보았다. 그러나 정관이 규정하는 절차를 위반한 것이라 하더라도 소유 토지는 잔여재산이므로, 이의 처분행위는 잔여재산을 처분한 것으로서 행위의 추상적 성질에서 보면 청산의 목적을 위한 것으로 평가될 수 있다.

102쪽 ☑ 관련사례

1) 지하층부분만으로도 구분소유권의 대상이 될 수 있는 구조라는 점에서 독립된 건물

로서의 요건이 갖추어졌다고 할 것이다.

103쪽 ☑ 기타 검토사항

1) 토지와 건물은 독립 별개의 물건이므로, 토지에 있는 건물은 토지의 일부가 아니다. 따라서 토지에 저당권이 설정된 경우에 건물은 토지의 일부나 종물이 아니므로 저당권의 효력은 토지상의 건물에 미치지 않는다.

2) 토지의 정착물은 토지와 별개의 공시방법을 갖추고 있는지에 따라 토지와 별개의 독립한 물건인 것(예: 등기된 입목, 명인방법을 갖춘 수목이나 그 집단 또는 미분리과실 등)과 토지의 구성부분으로 그 일부에 지나지 않는 것(예: 다리, 담장 등)으로 구분된다.

3) A등기의 유효성은 신축중인 건물의 양도 당시 그 건물이 토지와 별개의 독립한 부동산으로 볼 수 있는지에 따라 다르다. 양도 당시 사회통념상 독립한 건물이라고 볼 수 있는 정도의 형태와 구조를 갖추지 못하였다면, 그 상태를 인도받아 자기의 비용과 노력으로 추가공사를 단행하여 건물 전부를 완공한 B가 그 건물의 원시취득자가 되므로 A명의의 등기는 무효의 등기가 된다. 반면 양도 당시 이미 사회통념상 독립한 건물이라고 볼 수 있는 형태와 구조를 갖추고 있었다면 A가 그 건물을 원시취득하게 된다.

4) 건축허가서는 허가된 건물에 관한 실체적 권리의 득실변경의 공시방법이 아니며 추정력도 없으므로 건축허가서에 건축주로 기재된 자가 건물의 소유권을 취득하는 것은 아니므로, 자기 비용과 노력으로 건물을 신축한 자는 그 건축허가가 타인의 명의로 된 여부에 관계없이 그 소유권을 원시취득한다(대판 2002. 4. 26. 2000다16350).

105쪽 ☑ 관련사례

1) 건물의 개수를 판단함에 있어서는 물리적 구조뿐만 아니라 거래 또는 이용의 목적물로서 관찰한 건물상태 등 객관적 사정은 물론 건축한 자의 의사와 같은 주관적 사정도 고려하여 판단하여야 하는바, 기존 건물부분과 증축건물부분이 잘 구분되어 있으나 구조상 독립하여 있는 것이 아니라 서로 벽을 통하여 인접함으로써 각 유지존립에 있어 불가분의 일체를 이루고 있고, 증축건물부분을 증축한 자가 이를 기존건물과 별개의 건물로 할 의사로써 증축한 것이 아니라면, 기존건물부분과 증축건물부분이 기초상태나 축조형태 및 건축자재가 다르다든지, 전자는 증축한 자의 거주용으로 후자는 임대용으로 하고 있어 그 용도를 달리하고 있다고 하더라도 1개의 건물로 볼 것이다.

2) 주유소의 지하에 매설된 유류저장탱크를 토지로부터 분리하는 데 과다한 비용이 들고 이를 분리하여 발굴할 경우 그 경제적 가치가 현저히 감소할 것이 분명하므로 그 유류저장탱크는 토지에 부합되었다고 볼 것이며, 주유소의 주유기는 유류저장탱크에

연결되어 유류를 수요자에게 공급하는 기구로서 주유소 영업을 위한 건물이 있는 토지의 지상에 설치되었고 그 주유기가 설치된 건물은 당초부터 주유소 영업을 위한 건물로 건축되었다는 점 등을 종합하여 볼 때, 그 주유기는 계속해서 주유소 건물 자체의 경제적 효용을 다하게 하는 작용을 하고 있으므로 주유소건물의 상용에 공하기 위하여 부속시킨 종물이라 할 것이다. 민법 제358조에 의하여 저당권의 효력은 저당권이 설정된 건물이나 토지의 종물 또는 부합물에 미치므로, C는 유류저장탱크 및 주유기도 취득한다.

3) 폐수처리시설이 공장저당법에 의하여 근저당권이 설정된 A 소유 토지와 그에 인접한 C 소유의 토지에 걸쳐서 설치되어 있는 경우에, 그것이 설치된 C 토지에 부합되었다고 보기보다는 그 구조, 형태 또는 기능 등에 비추어 볼 때, 공장저당의 목적인 공장에 속하는 토지와 건물 및 기계, 기구와 함께 일체를 이루는 기업시설로서 그 공장 소유자의 소유에 속한다고 봄이 상당하므로, 그 공장에 속하는 토지와 건물 및 기계, 기구 위에 설정된 B의 공장저당권의 효력은 그 폐수처리시설에도 미친다.

107쪽 ☑ 관련사례

1) 집합물에 대한 양도담보권설정계약이 이루어지면 그 집합물을 구성하는 개개의 물건이 변동되거나 변형되더라도 한 개의 물건으로서 동일성을 잃지 아니하므로 양도담보권의 효력은 항상 현재의 집합물 위에 미치는 것이므로, A의 양만장 내에 있던 뱀장어는 B의 소유이며, 따라서 C가 채무자 A의 소유가 아닌 B 소유의 뱀장어에 대하여 행한 가압류는 부당하다.

2) 특별한 사정이 없는 한 한우, 꽃사슴 등의 가축은 A의 소유라 할 것이므로 B에 대한 채무명의에 기하여 그 가축에 대하여 행한 가압류집행은 부당하다.

3) 돼지와 같은 유동집합물에 대한 양도담보의 목적인 집합물이 양도담보설정자로부터 제3자에게 양도된 경우에 양수인은 그 양도담보권의 부담을 인수한 채로 집합물을 양수한 것이 되어 양수인에게도 유동집합물에 대한 양도담보의 법리가 그대로 적용된다. 돈사에서 대량으로 사육되는 돼지를 집합물에 대한 양도담보의 목적물로 삼은 경우, 위 양도담보권의 효력은 양도담보설정자로부터 이를 양수한 양수인이 당초 양수한 돈사 내에 있던 돼지들 및 통상적인 양돈방식에 따라 그 돼지들을 사육·관리하면서 돼지를 출하하여 얻은 수익으로 새로 구입하거나 그 돼지와 교환한 돼지 또는 그 돼지로부터 출산시켜 얻은 새끼돼지에 한하여 미치는 것이지 양수인이 별도의 자금을 투입하여 반입한 돼지에까지는 미치지 않는다. 따라서 D가 K로부터 매수한 돼지를 통상적인 방식으로 사육관리하는 과정에서 늘어난 돼지에는 양도담보의 효력이 미치지 않으므로, 이에 대한 인도청구는 부당하다 할 것이다.

☑ 기타 검토사항

1) 당사자 간에 양도담보가 바뀐 돼지에게도 미친다는 약정을 한 경우에는 양도담보의 효력이 새끼돼지에도 미친다. 만약 그와 같은 약정이 없는 경우 돈사에 있던 돼지를 출하 처분하는 것은 양도담보의 효력이 미치는 물건을 양도담보설정자가 처분하는 행위로서 허용되지 않는 행위가 된다. 돼지 사육의 성격상 그 사육되는 돼지는 시간 이 흐름에 따라 처분, 사망, 구입, 새끼의 출산 등 여러 가지 사정으로 인하여 당연 히 변하는 것을 전제로 하고 있었고, 그러한 변화에도 불구하고 현재나 장래에 위 양돈장에서 사육되고 있거나 사육될 모든 돼지는 사육되기 시작한 시기나 원인 여하 를 묻지 않고 당연히 양도담보의 목적물로 할 의도였다고 보는 것이 계약당사자의 의사에 합치된다고 할 것이므로, 특정물의 양도담보가 아니라 내용물이 변하는 물건 에 대한 양도담보의 경우에는 그와 같은 약정이 있었다고 하는 것이 타당할 것이다.

110쪽 ☑ 관련사례

1) 이 경우 판례에 의하면, 특별한 사정이 없는 한 당사자가 그와 같은 문구를 기재한 객관적인 의미는 문면 그 자체로 볼 때 그러한 의무를 법적으로 부담할 수는 없지만 사정이 허락하는 한 그 이행을 사실상 하겠다는 취지로 해석함이 상당하다고 한다.

2) 이 경우 판례에 의하면, 그 임직원은 대출을 소개한 자로서 채무가 연체되지 않도록 사후관리를 하고 연체되거나 끝내 대출금이 변제되지 않는 경우에는 상호신용금고가 손해를 입지 않도록 대출금채무의 변제에 최선의 노력을 다하겠다는 취지를 기재한 것에 지나지 않고, 그 대출금채무에 관하여 민법상 보증채무를 부담하기로 의사표시 를 한 것으로 해석할 수는 없다고 한다.

3) 이 경우 판례에 의하면, 위 문구는 단기금융회사가 기관투자가와의 어음거래로 취득 하여 통장에 보관하는 모든 C.P어음에 대하여 그 지급을 보증하겠다는 취지로 해석 함이 상당하다고 한다.

4) 이 경우 판례에 의하면, 법적인 의무를 부담하겠다는 효과의사의 존재를 인정할 수 있지만 이러한 효과의사와 내심의 효과의사가 불일치하고 표의자가 그 사실을 인식 하고 있으므로 비진의표시(민법 제107조)의 문제가 된다고 한다.

111쪽 ☑ 기타 검토사항

1) 법률행위의 내용, 특히 당사자의 권리·의무의 내용을 확정할 필요가 있을 경우에 의사표시의 해석이 요구된다.

112쪽 ☑ 기타 검토사항

1) 의사표시의 해석에 있어서 일반적으로, 표시주의는 표시행위에, 의사주의는 효과의 사에 보다 더 비중을 두는 입장을 취한다.

2) 그 근거는 일반적으로 상대방 있는 의사표시의 경우 그 수령자인 상대방을 보호하기 위한 것이다.

3) 의사와 표시의 불일치에 관한 민법 제107조 내지 제109조(비진의표시, 통정허위표시, 착오)의 규정에 따라 표의자는 의사표시의 무효 또는 취소를 주장할 수 있다.

4) 상대방 없는 의사표시(예컨대 유언)의 경우 또는 상대방 있는 의사표시의 경우에도 양당사자의 내심의 효과의사가 일치하는 경우(이른바 誤表示 無害: falsa demonstratio non cet의 법칙이 적용되는 경우)에는 그 의사표시는 표시행위의 객관적 의미가 아니라 표의자의 주관적 효과의사에 따라 해석되어야 한다.

5) 불특정 다수인을 상대방으로 하는 약관의 경우에는 이른바 통일적 해석의 원칙(약관의 규제에 관한 법률 제5조 1항)이 적용된다.

114쪽 ☑ 관련사례

1) 판례에 따르면 이 경우 위 문서는 선행된 Y 재산의 분배와 무관하게 A와 B 사이의 잔여재산분배를 27(B) 대 18(A)의 비율로 하여 배분하기로한 것으로는 해석할 수 없고, 단지 동업자산의 균등한 분배라는 목적을 위해서 잔여재산을 예상가액에 처분하는 경우 A에게 18,000,000원을 지급하는 의미로 작성되었다고 보는 것이 당사자의 의사를 합리적으로 해석하는 것이므로 B의 주장은 타당하지 않다고 한다.

☑ 기타 검토사항

1) 이른바 오표시무해(falsa demonstratio non nocet)의 원칙이란 양당사자의 내심의 효과의사가 일치하고 그것이 표시행위의 객관적 의미와 다른 경우에는 일치하는 양당사자의 효과의사에 따라 의사표시를 해석해야 한다는 원칙을 말한다.

2) 판례에 따르면 부동산매수인이 매매목적물인 부동산을 인도받아 이를 점유사용하는 동안에는 그 등기청구권은 소멸시효가 걸리지 않는다고 한다(대판 1976.11.6. 76다148. 이 판결은 소멸시효 부분에서 소개함).

3) 이 경우에는 상대방 보호의 필요가 없거나 당사자의 의사가 존중되어야 하므로, 표시행위의 객관적 의미가 아니라 당사자의 내심의 효과의사가 해석의 기준이 된다.

117쪽 ☑ 관련사례

1) 보충적 해석의 경우와 마찬가지로 이 경우에도 이 의사는 실재하는 의사가 아니라 법률행위의 일부분이 무효임을 법률행위 당시에 알았다면 당사자 쌍방이 이에 대비하여 의욕하였을 가정적 의사를 말한다.

118쪽 ☑ 기타 검토사항

1) 보충적 해석의 경우에는 가정적 의사가 문제될 뿐 (실제적) 의사와 표시의 불일치(착오)는 존재하지 않기 때문에 甲은 증여계약을 취소할 수 없다(통설).

120쪽 ☑ 관련사례

1) 이 경우 판례에 의하면, B가 A에게 자기 명의로 구매약정을 체결하도록 승낙한 이 상, B의 의사는 위 약정에 관하여 주채무자로서 채무를 부담하겠다는 뜻으로 해석함 이 상당하며 나아가 A가 B의 승낙을 얻어 B 명의로 계약을 체결한다는 사정을 C가 알고 있었다고 하더라도 달리 볼 것은 아니라고 한다.

2) 이 경우 판례에 의하면, B의 의사는 위 대여에 관하여 자신이 주채무자로서 채무를 부담하겠다는 뜻이라고 해석함이 상당하다고 한다.

3) 이 경우 판례에 의하면, A가 자신의 이름이 B인 것 같이 행세하여 계약을 체결함으 로써 C는 A와 B가 동일인인 것으로 알고 계약을 맺게 되었으므로, 위 계약의 당사 자는 A이며 계약의 효력은 B에게 미치지 않는다고 한다. 따라서 B의 임차보증금반 환청구는 타당하지 않다.

121쪽 ☑ 기타 검토사항

1) 의사표시의 해석은 법률문제이므로 이를 이유로 상고할 수 있다(통설).

123쪽 ☑ 관련사례

1) 판례에 의하면 이 후유장해는 늦어도 우대퇴부 경부골절에 대한 수술을 받은 1997. 7. 28. 이전에 이미 발생하였다고 할 것인데, 단지 A가 이 사건 합의 이후에 다시 그에 대한 장해 판정을 받음으로써 비로소 알게 된 것일 뿐이라 할 것이므로 위 합 의 이후에 발생한 후발손해라고 할 수 없으며, 더욱이 우측하지단축의 장해가 위 합 의 이전에 받은 우대퇴부 골절에 대한 수술로 인하여 발생한 것인 점에 비추어 이로 인한 손해를 위 합의 당시 예상할 수 없었던 손해라고 단정할 수도 없다고 한다. 따 라서 A는 이 후유장해로 인한 손해배상을 청구할 수 없다.

2) 판례에 의하면 위 합의는 A가 장래에 들 치료기간 치료비용 등을 잘못 알고 B측의 주장에 넘어가 착오에 의하여 행한 의사표시이므로, 착오를 이유로 A는 합의를 취소 할 수 있다고 한다.

3) 판례에 의하면 이 경우 피해의 정도, 피해자의 학력, 피해자와 가해자의 관계, 합의 에 이르른 경위, 가해자가 다른 피해자와 합의한 내용 및 합의 후 단기간 내에 소송 을 제기한 점 등 제반 사정에 비추어 보면 위 합의서의 문구는 단순한 예문에 불과 할 뿐 이를 손해 전부에 대한 배상청구권의 포기나 부제소의 합의로는 볼 수 없다고 한다. 따라서 A는 이 합의에 구속되지 않는다.

127쪽 ☑ 관련사례

1) 판례에 의하면 당첨자에게 계약의 체결을 강제하기 위한 수단으로 분양용지의 공급

가액의 10%에 상당하는 분양신청금을 일방적으로 한국토지공사에게 귀속시키는 위
약관조항은, 고객인 당첨자에 대하여 부당하게 과중한 손해배상의무를 부담시키는
것으로서 신의성실의 원칙에 반하여 공정을 잃은 약관조항이라고 할 것이므로, 약관
의 규제에 관한 법률 제6조 및 제8조에 의해 무효라고 한다.

128쪽 ☑ 기타 검토사항

1) 사실인 관습이 해석의 자료가 되기 위해서는 당사자가 그 존재나 내용을 알고 있을
   필요는 없다(통설).
2) 양자가 속한 직업·계층 등의 관습이 공통되지 않는 경우에는 어느 쪽의 관습도 해
   석의 기준이 될 수 없다. 즉 양당사자 모두에게 공통적인 관습만이 해석의 기준이
   될 수 있다(통설).
3) 판례에 의하면 사실인 관습은 일상생활에 있어서의 일종의 경험칙에 속하는 것으로
   그 유무를 판단함에는 당사자의 주장이나 입증에 구애됨이 없이 법관 스스로의 직권
   에 의하여 이를 판단할 수 있다고 한다(대판 1976. 7. 13. 76다988; 대판 1977. 4. 12.
   76다1124).
4) 당사자의 의사가 명확하지 않은 경우 사실인 관습은 제정법인 임의규정에 우선하여
   해석의 기준이 된다(민법 제106조). 이는 당사자들의 법률행위는 통상적으로 관습을
   전제로 하여 이루어지고 있다고 볼 수 있기 때문이다.
5) 일반적으로 사실인 관습 이외에 당사자가 꾀하는 목적, 임의규정 등이 해석의 기준
   으로 제시되고 있으나, 임의규정은 해석의 기준이라기보다는 당해 법률행위에 '적용'
   되는 규범이라고 보는 것이 타당하다.

130쪽 ☑ 기타 검토사항

1) 원시적 불능을 목적으로 하는 법률행위를 무효로 하는 것은 논리적으로 당연한 귀결
   은 아니지만, 우리 민법은 이(이른바 무효 도그마)를 전제로 제535조에서 계약체결상
   의 과실책임을 규정하고 있다.
2) 대표적으로 매도인의 담보책임에 관한 규정(예컨대 목적물의 수량부족·일부멸실: 민법
   제574조)은 원시적 일부불능을 목적으로 한 매매계약의 유효를 전제로 하고 있다.

131쪽 ☑ 기타 검토사항

1) 민법 제569조에 의해 매도인은 타인으로부터 소유권을 취득하여 그 목적물을 매수
   인에게 이전하여야 할 의무를 부담하며, 이 의무를 이행할 수 없을 경우에는 제570
   조 이하에 따른 책임을 진다(상세한 것은 계약법 부분 참조).

133쪽　☑ 기타 검토사항

1) 위 판결은 같은 조건하에 있던 다른 토지에 관하여는 개인에게 소유권이전등기를 이
　행해준 사실이 있고 없고 간에 甲의 소유권이전등기청구를 거절하는 乙의 행위가 신
　의성실에 위반하는 행위라고는 할 수 없다고 한다.

135쪽　☑ 관련사례

1) 판례에 따르면 지방자치단체가 사경제의 주체로서 사인과 사법상의 계약을 체결함에
　있어 따라야 할 요건과 절차를 규정한 관련 법령은 그 계약의 내용을 명확히 하고,
　지방자치단체가 사인과 사법상 계약을 체결함에 있어 적법한 절차에 따를 것을 담보
　하기 위한 것으로서 강행규정이라고 한다. 따라서 위 계약은 무효이다.

137쪽　☑ 관련사례

1) 판례에 따르면 토지거래허가를 받을 것을 전제로 한 거래계약일 경우에는 허가를 받
　을 때까지는 법률상 미완성의 법률행위로서 소유권 등 권리의 이전 또는 설정에 관
　한 거래의 효력이 전혀 발생하지 않음은 확정적 무효의 경우와 다를 바 없지만, 일
　단 허가를 받으면 그 계약은 소급하여 유효한 계약이 되고 이와 달리 불허가가 된
　때에는 무효로 확정되므로 허가를 받기까지는 유동적 무효의 상태에 있다고 한다.
　따라서 甲의 청구는 타당하지 않다.

　☑ 기타 검토사항

1) 판례에 따르면 이 경우 적어도 사실심의 변론이 종결될 때까지는 소재지 관서의 증
　명을 얻어야 한다.
2) 판례에 따르면 이 경우 농지매수인이 농지매매계약의 무효를 주장하는 것은 신의칙
　에 위배된다고 한다.

139쪽　☑ 기타 검토사항

1) 판례에 의하면 강행법규를 위반한 자 스스로가 무효를 주장함이 권리남용 내지 신의
　성실원칙에 위배되는 권리의 행사라는 이유로 이를 배척한다면 강행법규의 입법취지
　를 완전히 몰각시키는 결과가 되므로 특별한 사정이 없는 한 그러한 주장이 권리남
　용에 해당되거나 신의성실원칙에 반한다고 할 수 없다고 한다.
2) 판례에 의하면 이미 유치원의 경영자의 신청에 의하여 유치원이 폐원되어 그 유치원
　교육의 존립발전이 더 이상 저해당할 우려가 없다면, 특단의 사정이 없는 한 양도계
　약의 당사자인 그 유치원 경영자가 사립학교법을 내세워 그의 소유이던 유치원 원지
　원사의 양도의 효력을 부정하는 것은 신의칙의 정신에 비추어 허용될 수 없다고 한다.

141쪽 ☑ 관련사례

1) 판례에 의하면 부동산중개업법의 중개료 상한규정은 부동산중개의 수수료 약정 중 소정의 한도액을 초과하는 부분에 대한 사법상의 효력을 제한함으로써 국민생활의 편의를 증진하고자 함에 그 목적이 있는 것이므로 이른바 강행법규에 속하는 것으로서 그 한도액을 초과하는 부분은 무효라고 보아야 한다. 따라서 A는 C에 대하여 초과부분의 반환을 청구할 수 있다.

2) 판례에 의하면 의료법의 위 규정은 의료인이나 의료법인 등이 아닌 자가 의료기관을 개설하여 운영하는 경우에 초래될 국민 보건위생상의 중대한 위험을 방지하기 위하여 제정된 이른바 강행법규에 속하는 것으로서 이에 위반하여 이루어진 약정은 무효라고 한다.

3) 하도급거래공정화에관한법률은 그 조항에 위반된 도급 또는 하도급약정의 효력에 관하여는 아무런 규정을 두지 않는 반면 위의 조항을 위반한 원사업자를 벌금형에 처하도록 하면서 그 조항 위반행위 중 일정한 경우만을 공정거래위원회에서 조사하게 하여 그 위원회로 하여금 그 결과에 따라 원사업자에게 시정조치를 명하거나 과징금을 부과하도록 규정하고 있을 뿐이어서 그 조항은 그에 위배한 원사업자와 수급사업자간의 계약의 사법상의 효력을 부인하는 조항이라고 볼 것은 아니라고 한다.

143쪽 ☑ 기타 검토사항

1) 통설·판례는 민법 제332조 및 제339조는 담보수단으로서 질권을 설정하는 경우에 한하여 적용되는 것이라고 보아 양도담보는 탈법행위로서 무효로 보지 않는다.

144쪽 ☑ 관련사례

1) 판례에 의하면 혼인관계가 존속중인 사실을 알면서 남의 첩이 되어 부첩행위를 계속한 경우에는 본처의 사전승인이 있었다 하더라도 장래의 부첩관계의 사전승인이라는 것은 선량한 풍속에 위배되는 행위이므로 본처에 대하여 불법행위가 성립한다.

146쪽 ☑ 기타 검토사항

1) 제1양수인은 아직 소유자가 아니므로 직접 등기말소를 청구할 수는 없고, 채권자대위권의 법리에 의해 양도인의 등기말소청구권을 대위행사하여야 한다.

2) 제1양수인은 양도인의 등기말소청구권을 대위행사하여 등기명의를 양도인에게 회복시킨 다음 양도인을 상대로 소유권이전등기청구를 행사함으로써 목적부동산의 소유권을 취득하게 된다.

147쪽 ☑ 관련사례

1) 해외파견된 근로자가 귀국일로부터 일정기간 소속회사에 근무하여야 한다는 사규나 약정은 민법 제103조 또는 제104조에 위반된다고 할 수 없고, 일정기간 근무하지 않으면 해외 파견 소요경비를 배상한다는 사규나 약정은 근로계약기간이 아니라 경비반환채무의 면제기간을 정한 것이므로 근로기준법 제21조에 위배하는 것도 아니라고 한다.

149쪽 ☑ 기타 검토사항

1) 민법 제116조 1항에 의하면 의사표시의 효력이 의사의 흠결, 사기 강박 또는 어느 사정을 알았거나 과실로 알지 못한 것으로 인하여 영향을 받을 경우에 그 사실의 유무는 대리인을 표준으로 하여 결정한다.

2) 민법 제746조(불법원인급여)가 적용되어 乙은 B에게 쌀의 반환을 청구할 수 없다.

151쪽 ☑ 기타 검토사항

1) 법률행위가 현저하게 공정을 잃었다고 하여 곧 그것이 궁박, 경솔하게 이루어진 것으로 추정되지 아니하므로 불공정한 법률행위의 법리가 적용되려면 그 주장하는 측에서 궁박, 경솔 또는 무경험으로 인하였음을 증명하여야 한다.

155쪽 ☑ 기타 검토사항

1) 가등기담보법 시행 이전에 양도담보가 이루어진 경우라면 위 판결에 따르면 甲은 乙에게 손해배상을 청구할 수밖에 없다.

가등기담보법 시행 이후에 양도담보가 이루어진 경우라면 甲은 청산금(담보목적부동산의 가액에서 그 채권액을 뺀 금액)을 변제받을 때까지 그 채무액(반환할 때까지의 이자와 손해금을 포함한다)을 乙에게 지급하고 그 채권담보의 목적으로 마친 소유권이전등기의 말소를 청구할 수 있다. 다만 甲의 채무의 변제기가 지난 때부터 10년이 지나거나 전득자 丙이 선의인 경우에는 그러하지 아니하다(가등기담보법 제4조 2항 및 제11조 참조).

157쪽 ☑ 기타 검토사항

1) 乙이 착오가 있었음을 알고 난 이후 B·C에게 지분일부를 양도하고 A에게 근저당권을 설정해준 행위는 민법 제145조 제5호 소정의 법정추인사유에 해당하므로 乙은 더 이상 착오를 이유로 매매계약을 취소할 수 없다.

162쪽 ☑ 관련사례

1) 대판 2000. 4. 25. 99다34475

근로자가 징계면직처분을 받은 후 당시 상황에서는 징계면직처분의 무효를 다투어 복직하기는 어렵다고 판단하여 퇴직금 수령 및 장래를 위하여 사직원을 제출하고 재심을 청구하여 종전의 징계면직처분이 취소되고 의원면직처리된 경우, 그 사직의 의사표시는 비진의 의사표시에 해당하지 않는다.

2) 대판 1992. 5. 26. 92다3670

근로자들이 의원면직의 형식을 빌렸을 뿐 실제로는 사용자의 지시에 따라 진의 아닌 사직의 의사표시를 하였고 사용자가 이러한 사정을 알면서 위 사직의 의사표시를 수리하였다면 위 사직의 의사표시는 비진의표시(민법 제107조)에 해당하여 무효라 할 것이고 사용자가 사직의 의사 없는 근로자로 하여금 어쩔 수 없이 사직서를 작성 제출케 하여 그 중 일부만을 선별수리하여 이들을 의원면직처리한 것은 정당한 이유나 정당한 절차를 거치지 아니한 해고조치로서 근로기준법 제27조 등의 강행법규에 위배되어 당연무효이다.

다만, 근로자들이 면직된 후 바로 퇴직금을 청구하여 수령하였으며 그로부터 9년이 지난 후 1980년해직공무원의보상등에관한특별조치법 소정의 보상금까지 수령하였다면 면직일로부터 10년이 다 되어 사용자로서도 위 면직처분이 유효한 것으로 믿고 이를 전제로 그 사이에 새로운 인사체제를 구축하여 조직을 관리·경영하여 오고 있는 마당에 새삼스럽게 면직처분무효확인의 소를 제기함은 신의성실의 원칙에 반하거나 실효의 원칙에 따라 그 권리의 행사가 허용되지 않는다.

3) 대판 1993. 7. 16. 92다41528, 41535

비진의의사표시에 있어서의 진의란 특정한 내용의 의사표시를 하고자 하는 표의자의 생각을 말하는 것이지 표의자가 진정으로 마음속에서 바라는 사항을 뜻하는 것은 아니라고 할 것이므로, 비록 재산을 강제로 뺏긴다는 것이 표의자의 본심으로 잠재되어 있었다 하여도 표의자가 강박에 의하여서나마 증여를 하기로 하고 그에 따른 증여의 의사표시를 한 이상 증여의 내심의 효과의사가 결여된 것이라고 할 수는 없다.

☑ 기타 검토사항

1) 대판 1987. 7. 7. 86다카1004

민법 제107조 제1항의 뜻은 표의자의 내심의 의사와 표시된 의사가 일치하지 아니한 경우에는 표의자의 진의가 어떠한 것이든 표시된 대로의 효력을 생기게 하여 거짓의 표의자를 보호하지 아니하는 반면에 만약 그 표의자의 상대방이 표의자의 진의 아님에 대하여 악의 또는 과실이 있는 경우라면 이때에는 그 상대방을 보호할 필요가 없이 표의자의 진의를 존중하여 그 진의 아닌 의사표시를 무효로 돌려버리려는

데 있다.

2) 사직원에 의하여 신청한 명예퇴직은 근로자가 명예퇴직의 신청(청약)을 하면 사용자
   가 요건을 심사한 후 이를 승인(승낙)함으로써 합의에 의하여 근로관계를 종료시키
   는 것으로, 명예퇴직의 신청은 근로계약에 대한 합의해지의 청약에 불과하여 이에
   대한 사용자의 승낙이 있어 근로계약이 합의해지되기 전에는 근로자가 임의로 그 청
   약의 의사표시를 철회할 수 있다.

165쪽 ☑ 관련사례

1) 대판 2001. 5. 29. 2001다11765

   사안이 위와 같은 경우, 제3자는 형식상의 명의만을 빌려 준 자에 불과하고 그 대
   출계약의 실질적인 당사자는 금융기관과 실질적 주채무자이므로, 제3자 명의로 되어
   있는 대출약정은 그 금융기관의 양해하에 그에 따른 채무부담의 의사 없이 형식적으
   로 이루어진 것에 불과하여 통정허위표시에 해당하는 무효의 법률행위이다.

☑ 기타 검토사항

1) 타인의 채무를 담보하기 위하여 저당권을 설정한 부동산의 소유자(물상보증인)로부
   터 소유권을 양수한 제3자는 채권자에 의하여 저당권이 실행되게 되면 저당부동산
   에 대한 소유권을 상실한다는 점에서 물상보증인과 유사한 지위에 있다고 할 것이므
   로, 물상보증의 목적물인 저당부동산의 제3취득자가 채무를 변제하거나 저당권의 실
   행으로 저당물의 소유권을 잃는 때에는 물상보증인의 구상권에 관한 민법 제370조,
   제341조의 규정을 유추적용하여 보증채무에 관한 규정에 의하여 채무자에 대한 구
   상권이 있다.

168쪽 ☑ 기타 검토사항

1) 상속, 공용징수, 판결, 경매 기타 법률의 규정에 의한 부동산에 관한 물권의 취득은
   등기를 요하지 않는데(민법 제187조), 여기서 판결이란 실체법상의 형성판결만을 말
   한다. 즉, 판결 자체에 의하여 부동산물권취득의 효력이 생기는 경우를 말하며, 민법
   제269조 제1항의 공유물분할판결이 대표적이다. 甲이 乙을 상대로 제기한 건물 및
   대지에 관한 소유권이전등기 말소소송에서 승소의 확정판결은 형성판결이 아니다.
   따라서 판결의 확정으로 그 소유권이 바로 甲에게 귀속되지 않으며, 확정판결에 기
   하여 실제로 등기가 행하여져야 한다.

2) 피담보채무가 변제되어 양도담보권이 소멸하면, 담보의 실질을 가지는 양도담보의
   소임이 끝나므로 담보제공자는 소유권이전등기의 말소를 청구할 수 있으며 그 말소
   를 통해 소유권이 복귀한다. 우리 민법은 저당권은 엄격한 부종성을 요구하는 바,
   피담보채무가 변제되면 저당권은 별도의 말소등기가 없더라도 당연히 소멸한다.

170쪽 ☑ 관련사례

1) 대판 1997. 9. 30. 95다39526

명의신탁 부동산을 명의수탁자가 임의로 처분할 경우에 대비하여 명의신탁자가 명의수탁자와 합의하여 자신의 명의로, 혹은 명의신탁자 이외의 다른 사람 명의로 소유권이전등기청구권 보전을 위한 가등기를 경료한 것이라면 비록 그 가등기의 등기원인을 매매예약으로 하고 있으며 명의신탁자와 명의수탁자 사이에 그와 같은 매매예약이 체결된 바 없다 하더라도 그와 같은 가등기를 하기로 하는 명의신탁자와 명의수탁자의 합의가 통정허위표시로서 무효라고 할 수 없다.

2) 대판 2002. 3. 12. 2000다24184, 24191

임대차는 임차인으로 하여금 목적물을 사용·수익하게 하는 것이 계약의 기본 내용이므로, 채권자가 주택임대차보호법상의 대항력을 취득하는 방법으로 기존 채권을 우선변제 받을 목적으로 주택임대차계약의 형식을 빌려 기존 채권을 임대차보증금으로 하기로 하고 주택의 인도와 주민등록을 마침으로써 주택임대차로서의 대항력을 취득한 것처럼 외관을 만들었을 뿐 실제 주택을 주거용으로 사용·수익할 목적을 갖지 아니 한 계약은 주택임대차계약으로서는 통정허위표시에 해당되어 무효라고 할 것이므로 이에 주택임대차보호법이 정하고 있는 대항력을 부여할 수는 없다.

3) 대판 1993. 8. 27. 93다12930

매도인이 경영하던 기업이 부도가 나서 그가 주식을 매도할 경우 매매대금이 모두 채권자은행에 귀속될 상황에 처하자 이러한 사정을 잘 아는 매수인이 매매계약서상의 매매대금은 형식상 금 8,000원으로 하고 나머지 실질적인 매매대금은 매도인의 처와 상의하여 그에게 적절히 지급하겠다고 하여 매도인이 그와 같은 주식매매계약을 체결한 경우, 매매계약상의 대금 8,000원이 적극적 은닉행위를 수반하는 허위표시라 하더라도 실지 지급하여야 할 매매대금의 약정이 있는 이상 위 매매대금에 관한 외형행위가 아닌 내면적 은닉행위는 유효하고 따라서 실지매매대금에 의한 위 매매계약은 유효하다.

173쪽 ☑ 기타 검토사항

1) 제108조 제2항에서 "대항하지 못한다"는 것은 당사자가 제3자에 대하여 허위표시의 무효를 주장할 수 없다는 뜻이다. 즉, 허위표시는 무효이지만 선의의 제3자에 대한 관계에서 표시된 대로의 효력이 생긴다는 의미이다. 제2항은 허위표시의 무효로부터 제3자를 보호하기 위한 규정이므로 선의의 제3자가 무효를 주장하는 것은 상관없다는 것이 일반적 견해이나, 반대의 주장도 있다.

2) 가장양수인으로부터 목적부동산을 양수한 자도 제108조 제2항의 제3자에 해당되므로 보호되어야 할 것이기 때문에, A는 C에 대해서 B와의 소유권이전등기의 무효를

주장할 수 없다.

3) 강제집행을 면할 목적으로 부동산에 허위의 근저당권설정등기를 경료하는 행위는 민법 제103조의 선량한 풍속 기타 사회질서에 위반한 사항을 내용으로 하는 법률행위로 볼 수 없다.

175쪽 ☑ 기타 검토사항

1) 채권자취소권은 채무자가 채권자를 해함을 알면서 일반채권자의 공동담보인 채무자의 총재산을 감소케 하는 법률행위를 한 경우에 그 감소행위의 효력을 부인하여 채무자의 재산을 원상에 회복함으로써 채권의 공동담보를 유지 보전하게 하기 위하여 채권자에게 부여된 권리이므로 채권자취소권의 대상이 되는 법률행위는 채권자를 해하는 것이라야 하며, 채권자를 해한다는 것은 채무자의 재산행위로 말미암아 채무자의 적극재산이 채무의 총액보다 감소되는 경우를 말하는 것이고 채무자의 재산적 법률행위라 하더라도 그 행위 당시의 채무총액에 비하여 채무자의 총재산에 감소를 초래하지 아니하는 경우에는 이를 사해행위라 할 수 없다. 이 사건 담보계약 당시는 위 부동산이 A의 일반채권자의 공동담보인 적극재산이 아니었으며, 위 부동산을 기존재산에 의하여 취득한 것은 아니고 甲으로부터 빌린 자금으로 매수하고, 그 빌린 돈의 담보로 제공하기로 하는 약정 하에 소유권 취득과 동시에 담보를 위한 가등기를 경료한 것이므로 위 매수대금 채권의 담보계약에 의하여 A의 재산상태에 어떠한 영향을 미쳤거나 재산적 감소가 있었다고 볼 수는 없으므로, 위 법률행위는 채권자취소의 대상이 되는 사해행위라 할 수 없다.

177쪽 ☑ 관련사례

1) 실제로는 전세권설정계약을 체결하지 않았으면서도 임대차계약에 기한 임차보증금반환채권을 담보하거나 또는 금융기관으로부터 자금을 융통할 목적으로 임차인과 임대인 사이의 합의에 따라 임차인 명의로 전세권설정등기를 경료한 경우에, 위 전세권설정계약이 통정허위표시에 해당하여 무효라 하더라도 위 전세권설정계약에 의하여 형성된 법률관계에 기초하여 새로이 법률상 이해관계를 가지게 된 제3자에 대하여는 그 제3자가 그와 같은 사정을 알고 있었던 경우에만 그 무효를 주장할 수 있다. 그리고 여기에서 선의의 제3자가 보호될 수 있는 법률상 이해관계는 위 전세권설정계약의 당사자를 상대로 하여 직접 법률상 이해관계를 가지는 경우 외에도 그 법률상 이해관계를 바탕으로 하여 다시 위 전세권설정계약에 의하여 형성된 법률관계와 새로이 법률상 이해관계를 가지게 되는 경우도 포함된다. 사안에 있어서 丙의 전세권근저당권부 채권은 통정허위표시에 의하여 외형상 형성된 전세권을 목적물로 하는 전세권근저당권의 피담보채권이고, 丁은 이러한 丙의 전세권근저당권부 채권을 가압류하고 압류명령을 얻음으로써 그 채권에 관한 담보권인 전세권근저당권의 목적물에

해당하는 전세권에 대하여 새로이 법률상 이해관계를 가지게 되었으므로, 丁이 통정
허위표시에 관하여 선의라면 비록 丙이 악의라 하더라도 허위표시자는 그에 대하여
전세권이 통정허위표시에 의한 것이라는 이유로 대항할 수 없다.

☑ 기타 검토사항

1) A와 B 사이의 매매가 당사자 사이에서는 허위표시로 무효한 것이 되므로 이 허위표
시를 원인으로 한 가등기도 원인무효의 등기이다. 따라서 위 부동산에 관한 甲 명의
의 소유권이전등기는 B가 무효인 가등기에 기하여 본등기를 경료함으로 인하여 잘
못 말소된 것이어서 甲은 여전히 위 각 부동산의 소유자이다. 한편, A의 B에게의 매
매가 허위표시로 무효라 하더라도 선의의 제3자에 대한 관계에서는 허위표시도 그
표시된 대로 효력이 있다. 그런데 이 때 제3자라 함은 허위표시에 의하여 외형상 형
성된 법률관계를 토대로 실질적으로 새로운 법률상 이해관계를 맺은 자이므로, A의
특별승계인 甲은 이에 해당되지 않는다

179쪽 ☑ 기타 검토사항

1) 대판 1959. 1. 29. 4291민상139, 대판 1993. 8. 13, 92다52665
   매수인이 목적물의 시가보다 싼 금액을 시가라고 말한 경우에도 이로써 매도인의
의사결정에 불법적으로 간섭한 것은 아니므로 기망행위가 되지 않는다. 그러나 신의
칙 및 거래관념에 비추어 어떤 상황을 고지할 법률상의 의무가 있음에도 불구하고
이를 고지하지 않는 경우에는 기망행위가 된다.

2) 대판 2000. 7. 6. 99다51258, 대판 2004. 2. 28. 2003다70041
   매수인은 매매계약의 당사자인 매도인에 대하여 취소의 의사표시를 하여야 하며
매매대금채권의 양수인에게 취소의 의사표시를 할 것은 아니다. 민법 제109조 제2항
의 제3자는 착오로 인한 의사표시를 기초로 하여 새로운 법률적 이해관계를 맺은
자를 말하며 착오로 인한 매매의 대금채권의 양수인은 여기서 말하는 제3자에 해당
한다. 따라서 매수인은 취소로서 양수인에게 대항할 수 없다.

181쪽 ☑ 관련사례

1) 대판 1997. 8. 26. 97다6063
   경계선을 침범하였다는 상대방의 강력한 주장에 의하여 착오로 그간의 경계 침범
에 대한 보상금 내지 위로금 명목으로 금원을 지급한 경우, 진정한 경계선에 관한
착오는 위의 금원 지급 약정을 하게 된 동기의 착오이지만 그와 같은 동기의 착오는
상대방의 강력한 주장에 의하여 생긴 것으로서 표의자가 그 동기를 의사표시의 내용
으로 표시하였다고 보아야 하고, 또한 표의자로서는 그와 같은 착오가 없었더라면
그 의사표시를 하지 아니하였으리라고 생각될 정도로 중요한 것이고 보통 일반인도

표의자의 처지에 섰더라면 그러한 의사표시를 하지 아니하였으리라고 생각될 정도로 중요한 것이라고 볼 수 있으므로, 위 금원 지급 의사표시는 그 내용의 중요 부분에 착오가 있는 것이 되어 이를 취소할 수 있다.

2) 대판 1990. 7. 10. 90다카7460

시로부터 공원휴게소 설치시행허가를 받음에 있어 담당공무원이 법규오해로 인하여 잘못 회신한 공문에 따라 동기의 착오를 일으켜 법률상 기부채납의무가 없는 휴게소부지의 16배나 되는 토지 전부와 휴게소건물을 시에 증여한 경우, 증여자가 시에게 이 사건 토지와 건물을 기부채납한 것은 이를 기부채납하지 아니하여도 휴게소 시설설치허가를 받을 수 있는 것인데도 이를 기부채납하지 아니하면 그 설치허가를 받을 수 없다는 시 소속담당공무원의 응답과 시의 증여자에 대한 회신의 내용을 믿은 나머지 그와 같이 오인한데서 기인한 것이라 할 것이고, 따라서 증여자가 기부채납하지 않고도 도시공원 내에 공원시설을 할 수 있는 것으로 알았다면 결코 이 사건 토지와 건물을 기부채납하지 않았을 것이라던 점에 비추어 보면, 증여자의 위 기부채납의 의사표시는 법률 행위의 내용의 중요부분에 착오가 있는 때에 해당하므로 휴게소부지와 그 지상시설물에 관한 부분을 제외한 나머지 토지에 관해서만 법률행위의 중요부분에 관한 착오이다.

184쪽 ☑ 관련사례

1) 대판 2012. 12. 13. 2012다65317

민법 제109조에서 규정한 바와 같이 의사표시에 착오가 있다고 하려면 법률행위를 할 당시에 실제로 없는 사실을 있는 사실로 잘못 깨닫거나 아니면 실제로 있는 사실을 없는 것으로 잘못 생각하듯이 표의자의 인식과 그 대조사실이 어긋나는 경우라야 하므로, 표의자가 행위를 할 당시 장래에 있을 어떤 사항의 발생이 미필적임을 알아 그 발생을 예기한 데 지나지 않는 경우는 표의자의 심리상태에 인식과 대조의 불일치가 있다고 할 수 없어 이를 착오로 다룰 수는 없다. 사안의 경우 B의 인식과 그 대조사실이 어긋나는 경우가 아니라 B의 미필적 인식에 기초한 재고용의 기대가 이루어지지 아니한 것에 불과하여 이를 위 합의에 있어서 법률행위의 중요부분에 착오가 있는 것으로 볼 수 없다.

2) 대판 2010. 4. 29. 2009다97864

주거용 주상복합건물의 부지와 그 인접 토지가 모두 일반상업지구에 속해 건축법상 일조 등의 확보를 위한 건축물의 높이 제한이 없고 그 인접 토지가 제3자 소유로 그 지상의 건물 건축으로 인한 조망·일조 저해가 분양자의 통제가능한 영역 밖에 있는 점 등 여러 사정에 비추어 주상복합건물의 수분양자가 일정한 조망·일조의 확보를 분양계약의 내용으로 삼을 것을 분양자에게 표시하고 의사표시의 해석상 그러한 내용이 분양계약의 내용으로 되었다고 인정하기 어렵다.

☑ 기타 검토사항

1) 매매잔금을 대출받을 것을 정지조건으로 매매계약이 성립한 경우에 甲이 대출을 받을 수 없게 되면 조건의 불성취로 확정되어 매매계약은 무효로 된다.

187쪽 ☑ 기타 검토사항

1) 보증계약의 당사자는 乙과 丙이고, 丙을 기망한 자는 B, C, D이다.

2) 대판 1999. 2. 23. 98다60828, 60835

상대방 있는 의사표시에 관하여 제3자가 사기나 강박을 한 경우에는 상대방이 그 사실을 알았거나 알 수 있었을 경우에 한하여 그 의사표시를 취소할 수 있다. 사안에서 제3자의 사기로 丙이 보증계약에 서명하였으나 상대방인 乙이 그 사실을 알지 못하였으므로 이를 취소할 수 없다.

190쪽 ☑ 관련사례

1) 대판 2009. 9. 24. 2009다40356, 40363

공인된 중개사나 신뢰성 있는 중개기관을 통하지 않고 개인적으로 토지 거래를 하는 경우, 매매계약 목적물의 특정에 대하여는 스스로의 책임으로 토지대장, 임야도 등의 공적인 자료 기타 공신력 있는 객관적인 자료에 의하여 그 토지가 과연 그가 매수하기를 원하는 토지인지를 확인하여야 할 최소한의 주의의무가 있다. 임야의 동일성에 관한 착오가 임야도, 임야대장 등을 확인하지 않은 A의 과실에 기인한 것으로서 위 매매계약을 취소할 수 없다.

☑ 기타 검토사항

1) 대판 2008. 1. 17. 2007다74188

착오를 이유로 의사표시를 취소하는 자는 법률행위의 내용에 착오가 있었다는 사실과 함께 그 착오가 의사표시에 결정적인 영향을 미쳤다는 점, 즉 만약 그 착오가 없었더라면 의사표시를 하지 않았을 것이라는 점을 증명하여야 한다. 표의자에게 중과실이 있다는 것에 대해서는 표의자의 상대방이 입증책임을 진다.

193쪽 ☑ 관련사례

1) 대판 1984. 10. 23. 83다카1187

동기에 착오를 일으켜서 계약을 체결한 경우에는 당사자 사이에 특히 그 동기를 계약의 내용으로 삼은 때에 한하여 이를 이유로 그 계약을 취소할 수 있다고 할 것인바, A가 B에 대하여 이 사건 토지의 매수동기를 표명함에 의하여 그 계약의 동기를 매매계약의 내용으로 삼았다면 A는 그 매매계약을 취소할 수 있다.

2) 대판 1993. 6. 29. 92다38881

452 해   설

A는 먼저 위 토지상에 A가 설립하고자 하는 공장을 건축할 수 있는지의 여부를
관할관청에 알아보아야 할 주의의무가 있고, 또 이와 같이 알아보았다면 위 토지상
에 A가 의도한 공장의 건축이 불가능함을 쉽게 알 수 있었다고 보이므로, A가 이러
한 주의의무를 다하지 아니한 채 이 사건 매매계약을 체결한 것에는 중대한 과실이
있다고 보아야 할 것이다. 따라서 A는 매매계약을 취소할 수 없다.

☑ 기타검토사항

1) 서울고법 1980. 10. 31. 80나2589

매도인의 담보책임에 관한 규정은 민법총칙의 착오에 관한 규정보다 우선 적용되
어야 할 성질의 것이므로 매도인의 담보책임이 성립하는 범위에서 민법 제109조가
적용되지 않는다.

195쪽 ☑ 관련사례

1) 대결 1990. 5. 22. 90다카7026

이 사건 부동산은 서울기지부근에 위치하여 보안상의 이유 등으로 매매계약체결당
시부터 그 지상에 고층아파트의 건축을 할 수 없는 부동산이었는바, 건설회사인 매
수인이 이 사건 부동산을 매수하게 된 동기에 착오가 있었으나, 의사표시의 동기에
착오가 있었음을 이유로 표의자가 이를 취소하기 위해서는 그 동기가 상대방에 표시
되고 의사표시내용의 중요부분이 착오로 인정될 경우이어야 하는데 매수인이 이 사
건 부동산에 대한 매매계약을 체결함에 있어 그 매수하는 동기를 매도인에게 표시하
였다고 볼 증거가 없으므로 매수인은 착오를 이유로 매매계약을 취소할 수 없다.

☑ 기타 검토사항

1) 대판 2010. 5. 27. 2009다94841

매매계약 당시 위 임야가 도시관리계획상 '관리지역'으로 지정되어 있었을 뿐 세
부용도지역으로 구분되어 있지 않은 상태에서 매수인이 위 임야가 장차 계획관리지
역으로 지정되어 공장설립이 가능할 것으로 생각하였다고 하더라도 이는 장래에 대
한 단순한 기대에 지나지 않는 것이므로 그 기대가 이루어지지 아니하였다고 하여
이를 법률행위의 내용의 중요부분에 착오가 있는 것으로는 볼 수 없다.

199쪽 ☑ 관련사례

1) 대판 1959. 9. 24. 4290민상627, 대판 1975. 1. 28. 74다2069

타인의 소유일지라도 매매의 목적물이 될 수 있는 것이므로, 매매목적물의 소유권
에 관한 착오는 중요부분의 착오가 아니다. 같은 취지로, 타인 소유의 부동산을 임
대한 것이 임대차계약을 해지할 사유는 될 수 없고 목적물이 반드시 임대인의 소유
일 것을 특히 계약의 내용으로 삼은 경우라야 착오를 이유로 임차인이 임대차계약을

취소할 수 있다.

2) 대판 1994. 9. 30. 94다11217

상대방을 토지소유자의 적법한 상속인인 것으로 잘못 알고 토지소유권을 환원시켜 주기로 하는 합의에 이른 것이라면 상대방이 적법한 상속인이라는 점은 그와 같은 합의를 하게 된 동기에 해당하고, 만약 이러한 동기가 그 합의 당시에 표시되었다면 이는 합의내용의 중요부분에 착오가 있는 경우에 해당한다. 화해계약은 착오를 이유로 취소하지 못하고 다만 화해당사자의 자격 또는 화해의 목적인 분쟁 이외의 사항에 착오가 있는 때에 한하여 취소할 수 있으므로, 사안의 합의를 화해계약으로 본다면 상대방이 토지소유자의 적법한 상속인인지의 여부가 화해의 목적인 분쟁의 대상으로 되었는지 아니면 분쟁의 전제 또는 기초가 된 사항으로서 상호 양보의 내용으로 되지 않고 다툼이 없는 사실로 양해된 사항인지의 여부를 가려 착오 주장의 당부를 판단하여야 한다. 또한 B가 농부이고 위 합의 당시 C의 고소로 수사기관으로부터 조사를 받고 있어서 어쩌면 구속될 지도 모른다는 사정에 처해 있었다는 사정만으로 위 합의가 궁박상태에서 이루어진 것으로 볼 수 없으므로 위 합의는 불공정한 법률행위에 해당하지 않는다.

201쪽 ☑ 관련사례

1) 대판 1993. 10. 22. 93다14912

기술신용보증기금이 B를 보증대상기업의 경영주로 오인하고 그에 대한 신용조사를 한 다음 신용보증을 하였다면 기술신용보증기금은 위 신용보증의 신청인이 A이라는 사실을 알았더라면 신용보증을 체결하지 아니하였을 것이 명백하고, A가 금융불실거래자가 아니라 신용 있는 자로 착각하여 위 신용보증을 하게 된 것으로서, 이는 법률행위의 중요부분에 착오가 있는 경우에 해당한다.

2) 대판 1986. 8. 9. 86다카448

일반적으로 근저당권설정계약 또는 보증계약을 맺음에 있어서 채무자가 누구인가에 관한 착오는 일응 의사표시의 중요부분에 관한 착오라고 못 볼 바 아니나 근저당권설정자 또는 보증인이 그 계약서에 나타난 채무자가 마음속으로 채무자라고 본 사람의 이름을 빌린 것에 불과하여 계약당시에 위 두 사람이 같은 사람이 아닌 것을 알았더라도 그 계약을 맺을 것이라고 보여지는 등 특별한 사정이 있는 경우에는 형식상 사람의 동일성에 관한 착오가 있는 것처럼 보이더라도 이를 가지고 법률행위의 중요부분에 관한 착오라고는 볼 수 없다. 사안의 경우 비록 이 사건 근저당권설정계약의 채무자가 형식상 C로 되어 있었던 사실을 알든 모르든 간에 특별한 사정이 없는 한 어차피 A로서는 B의 거래에 관하여 근저당권설정자 또는 연대보증인이 되어 줄 것이라고 보기에 어렵지 않다 할 것이므로, A는 착오를 이유로 취소할 수 없다.

203쪽 ☑ 관련사례

1) 서울고판 1990. 6. 8. 89나40930

위 보험계약의 체결은 그 중요부분의 착오로 인한 것이라 할 것이나 피보험자로부터 미합중국 캘리포니아주의 운전면허가 있다는 말을 들은 보험자로서는 피보험자가 국내법에 의한 운전면허 또는 도로교통법 소정의 국제운전면허를 취득하였는지 여부의 확인 및 그에 따른 면허증의 제시를 요구하는 등으로 위 청약서에 반드시 기재하도록 되어있는 피보험자의 운전면허취득 여부에 대하여 확인하여야 할 것이므로 보험자가 계약체결 당시 이러한 조치를 취한 바 없었다면 위 착오는 보험자의 중대한 과실로 인한 것이라 할 것이어서 이를 이유로 위 보험계약 체결의 의사표시를 취소할 수 없다.

207쪽 ☑ 관련사례

1) 대판 1991. 1. 25. 90다12526

민법상 화해에 있어서는 착오를 이유로 취소하지 못하는 것이지만 화해의 목적인 분쟁 이외의 사항, 즉 분쟁의 대상이 아니고 분쟁의 전제 또는 기초되는 사항으로 양 당사자가 예정한 것이어서 상호 양보의 내용으로 되지 않고 다툼이 없는 사실로서 양해된 사항에 착오가 있는 때에는 화해계약을 취소할 수 있다. 환자가 의료과실로 사망한 것으로 전제하고 A가 유족 C에게 손해배상금을 지급하기로 하는 합의가 이루어졌으나 그 사인이 진료와는 관련이 없는 것으로 판명되었다면 위 합의는 그 목적이 아닌 망인의 사인에 관한 착오로 이루어진 화해이므로 착오를 이유로 취소할 수 있다.

2) 대판 1979. 3. 27. 78다2493

회사 소속 차량에 사람이 치어 부상하였으나 사실은 회사차량 운전수 B에게는 아무런 과실이 없어 회사에 손해배상책임이 돌아올 수 없는 것임에도 불구하고 회사 사고담당직원이 회사 운전수에게 잘못이 있는 것으로 착각하고 회사를 대리하여 병원 경영자와 간에 환자의 입원치료비의 지급을 연대보증하기로 계약한 경우는, 의사표시의 동기에 착오가 있는 것에 불과하므로, 특히 그 동기를 계약내용으로 하는 의사를 표시하지 아니한 이상, 착오를 이유로 계약을 취소할 수 없다.

208쪽 ☑ 기타 검토사항

1) 대판 2008. 9. 11. 2008다15278

민법 제733조의 규정에 의하면, 화해계약은 화해당사자의 자격 또는 화해의 목적인 분쟁 이외의 사항에 착오가 있는 경우를 제외하고는 착오를 이유로 취소하지 못하지만, 화해계약이 사기로 인하여 이루어진 경우에는 화해의 목적인 분쟁에 관한 사항에 착오가 있는 때에도 민법 제110조에 따라 이를 취소할 수 있다고 할 것이다.

2) 대판 1997. 4. 11. 97다423

불법행위로 인한 손해배상에 관하여 가해자와 피해자 사이에 피해자가 일정한 금액을 지급받고 그 나머지 청구를 포기하기로 합의가 이루어진 때에는 그 후 그 이상의 손해가 발생하였다 하여 다시 그 배상을 청구할 수 없는 것이나, 다만 그 합의가 손해발생의 원인인 사고 후 얼마 지나지 아니하여 손해의 범위를 정확히 확인하기 어려운 상황에서 이루어진 것이고, 후발손해가 합의 당시의 사정으로 보아 예상이 불가능한 것으로서 당사자가 후발손해를 예상하였더라면 사회통념상 그 합의금액으로는 화해하지 않았을 것이라고 보는 것이 상당할 만큼 그 손해가 중대한 것일 때에는 당사자의 의사가 이러한 손해에 대해서까지 그 배상청구권을 포기한 것이라고 볼 수 없으므로 다시 그 배상을 청구할 수 있다고 보아야 한다.

210쪽 ☑ 관련사례

1) 대판 1994. 6. 10. 93다24810

매도인이 납부하여야 할 양도소득세 등의 세액이 매수인이 부담하기로 한 금액뿐이므로 매도인의 부담은 없을 것이라는 착오를 일으키지 않았더라면 매수인과 매매계약을 체결하지 않았거나 아니면 적어도 동일한 내용으로 계약을 체결하지는 않았을 것임이 명백하고, 나아가 매도인이 그와 같이 착오를 일으키게 된 계기를 제공한 원인이 매수인측에 있을 뿐만 아니라 매수인도 매도인이 납부하여야 할 세액에 관하여 매도인과 동일한 착오에 빠져 있었다면, 매도인의 위와 같은 착오는 매매계약의 내용의 중요부분에 관한 것에 해당한다. 또한 부동산의 양도가 있는 경우에 그에 대하여 부과될 양도소득세 등의 세액에 관한 착오가 미필적인 장래의 불확실한 사실에 관한 것이라도 민법 제109조 소정의 착오에서 제외되는 것은 아니다. 매도인은 착오를 이유로 위 매매계약을 취소할 수 있다.

2) 대판 1991. 8. 27. 91다11308

A가 이 사건 부동산을 매수한 것은 시유지인 제4부동산 전부를 불하받을 목적에서였고 매매가격 역시 그 부동산을 모두 불하받을 수 있으리라는 전제하에서 결정되었는데 실제로는 건물지번이 상이하여 불하받기 어렵거나 불하받더라도 그 일부분에 그친다는 것을 A가 알았더라면 이를 매수하지 않았으리라는 것은 쉽사리 짐작할 수 있고 이러한 A의 의사는 매매계약 당시 표시되어 B도 이를 알고 있었으므로 위와 같은 착오는 계약의 중요부분의 착오에 해당하여 위 매매계약은 원고의 위와 같은 취소의사표시에 의하여 적법하게 취소되었다.

또한 매도인이 매수인의 중도금 지급채무불이행을 이유로 매매계약을 적법하게 해제한 후라도 매수인으로서는 상대방이 한 계약해제의 효과로서 발생하는 손해배상책임을 지거나 매매계약에 따른 계약금의 반환을 받을 수 없는 불이익을 면하기 위하여 착오를 이유로 한 취소권을 행사하여 위 매매계약 전체를 무효로 돌리게 할 수 있다. 따라서 그 후에 A가 이 계약을 적법하게 취소한 이상 위 계약은 소급하여 무효로 돌아가므로 당초의 계약이 유효함을 전제로 그 매매계약상의 약정에 따른 중도금미지급으로 인한 해제의 효과를 주장하는 B의 주장은 이유 없다.

216쪽 ☑ 관련사례

1) 대판 1997. 10. 24. 95다11740

소의 취하는 원고가 제기한 소를 철회하여 소송계속을 소멸시키는 원고의 법원에 대한 소송행위이고 소송행위는 일반 사법상의 행위와는 달리 내심의 의사보다 그 표시를 기준으로 하여 효력 유무를 판정할 수밖에 없는 것인바, A의 소송대리인인 B로부터 소송대리인 사임신고서 제출을 지시받은 사무원은 B의 표시기관에 해당되어 그의 착오는 B의 착오라고 보아야 하므로, 사무원의 착오로 B의 의사에 반하여 소를 취하하였다고 하여도 이를 무효라고 볼 수는 없다.

217쪽 ☑ 관련사례

1) 분양대상 주택의 규모를 표시하여 분양이 쉽게 이루어지도록 하려는 의도에서 평수를 과장하여 광고한 행위가 사회적으로 용인될 수 있는 상술의 정도를 넘는 기망행위에 해당하지는 아니한다.
2) 기망행위에 해당된다.
3) 그러한 사항은 그 내용이 불확실하고 분양담당직원의 주관적 예상이나 희망의 진술에 불과한 것으로 봄이 상당하므로, 거래의 중요한 사항에 관한 구체적 사실을 신의성실의 의무에 비추어 비난받을 정도의 방법으로 허위로 고지한 경우에 해당한다고 볼 수는 없으므로 기망행위로 볼 수 없다.

218쪽 ☑ 기타 검토사항

1) 광고 및 분양계약 체결시의 설명은 청약의 유인에 불과할 뿐 상가 분양계약의 내용으로 되었다고 볼 수 없고, 따라서 분양 회사는 위 상가를 첨단 오락타운으로 조성·운영하거나 일정한 수익을 보장할 의무를 부담하지 않는다.

219쪽 ☑ 관련사례

1) 계약 또는 법령 등에 의하여 가격구성요소의 고지의무가 인정되는 등 특별한 사정이 없는 한 은행은 고객에게 제로 코스트인 장외파생상품의 구조 내에 포함된 옵션(option)의 이론가, 수수료 및 그로 인하여 발생하는 마이너스 시장가치에 대하여 고지하여야 할 의무가 있다고 할 수 없고, 기망행위가 되지 않는다.

220쪽 ☑ 기타 검토사항

1) 민법 제110조의 요건에 해당되는 경우에는 기망에 의한 의사표시로 취소할 수 있다.
2) 중개인의 행위가 불법행위를 구성하는 경우 이외에 중개계약상의 의무위반에 해당되는 경우에도 갑에게 발생한 손해에 대한 배상책임을 져야 할 것이지만, 갑에게 불리한 계약임을 알고서 의도적으로 중개한 경우 등과 같이 특별한 사정이 없는 한 위의 사례와 같은 경우에는 일반적으로 중개인에게 책임을 묻기 힘들 것이다.

221쪽 ☑ 기타 검토사항

1) 건축이 매수 목적이라는 것을 몰랐다면, 기망행위로 볼 수 없을 것이다.

223쪽 ☑ 관련사례

1) 간통으로 고소하지 않기로 하는 등의 대가로 많은 합의금을 받게 되었다고 하여, 피고가 부정한 이익을 목적으로 위법한 강박행위를 하였다고 볼 수 없으므로, 취소할 수 없다.

☑ 기타 검토사항

1) 선량한 풍속 기타 사회질서에 반하는 불공정행위라고 보기 힘들 것이다.
2) 을이 행한 갑의 소유권에 대한 침해행위가 민법 제750조 요건에 충족될 경우 을의 손해배상의무가 인정될 여지가 있다. 학설에 대립이 있으나, 사실심 변론종결시의 가격을 기준으로 하는 입장에서는 현재의 시가 상당액을 손해액으로 볼 수 있다.

225쪽 ☑ 관련사례

1) 국가기관이 헌법상 보장된 국민의 기본권을 침해하는 위헌적인 공권력을 행사한 결과 국민이 그 공권력의 행사에 외포되어 자유롭지 못한 의사표시를 하였다고 하더라도 그 의사표시의 효력은 의사표시의 하자에 관한 민법의 일반원리에 의하여 판단되어야 할 것이고, 그 강박행위의 주체가 국가 공권력이고 그 공권력 행사의 내용이 기본권을 침해하는 것이라고 하여 그 강박에 의한 의사표시가 항상 반사회성을 띠게 되어 당연히 무효로 된다고는 볼 수 없다.

☑ 기타 검토사항

1) 강박자의 고의, 강박행위의 위법성, 의사표시와의 인과관계 등이 인정될 여지가 있으므로 민법 제110조에 기하여 甲이 乙의 소유권 취득에 근거가 되는 법률행위를 취소할 수 있으나, 丙이 선의의 제3자인 경우에는 등기의 말소를 청구할 수 없다.
2) 이전행위가 무효라면, 丙은 무권리자와 거래한 것이므로, 甲은 乙과 丙 사이의 소유권이전등기의 말소를 청구할 수 있다.

228쪽 ☑ 관련사례

1) 신원보증서류에 서명날인한다는 착각에 빠진 상태로 연대보증의 서면에 서명날인한 행위는 강학상 기명날인의 착오(또는 서명의 착오), 즉 어떤 사람이 자신의 의사와 다른 법률효과를 발생시키는 내용의 서면에, 그것을 읽지 않거나 올바르게 이해하지 못한 채 기명날인을 하는 이른바 표시상의 착오에 해당하므로, 비록 위와 같은 착오가 제3자의 기망행위에 의하여 일어난 것이라 하더라도 그에 관하여는 사기에 의한 의사표시에 관한 법리, 특히 상대방이 그러한 제3자의 기망행위 사실을 알았거나 알수 있었을 경우가 아닌 한 의사표시자가 취소권을 행사할 수 없다는 민법 제110조 제2항의 규정을 적용할 것이 아니다.

☑ 기타 검토사항

1) 여기에서 제3자는 행위에 가담하지 않은 자, 즉 그의 행위에 대하여 상대방에게 책임을 지울 수 없는 자만을 의미한다고 엄격하게 해석하여야 한다. 대리인은 제3자가 아니다.

230쪽 ☑ 관련사례

1) 계약당사자의 일방이 계약을 해제하였을 때에는 계약은 소급하여 소멸하여 계약당사자는 각 원상회복의 의무를 지게 되나 이 경우 계약해제로 인한 원상회복등기 등이 이루어지기 이전에 계약의 해제를 주장하는 자와 양립되지 아니하는 법률관계를 가지게 되었고 계약해제 사실을 몰랐던 제3자에 대하여는 계약해제를 주장할 수 없다.

☑ 기타 검토사항

1) B가 선의의 제3자라면 국가는 반환청구를 할 수 없다.

233쪽 ☑ 관련사례

1) 채권양도의 통지서가 들어 있는 우편물을 채무자의 가정부가 수령한 직후 한집에 거주하고 있는 통지인인 채권자가 그 우편물을 바로 회수해 버렸다면 그 우편물의 내용이 무엇인지를 그 가정부가 알고 있었다는 등의 특별한 사정이 없었던 이상 그 채권양도의 통지는 사회관념상 채무자가 그 통지내용을 알 수 있는 객관적 상태에 놓여 있는 것이라고 볼 수 없으므로 그 통지는 피고에게 도달되었다고 볼 수 없을 것이다.

2) 우편물이 배달되었다고 하여 언제나 상대방있는 의사표시의 통지가 상대방에게 도달하였다고 볼 수는 없다. 집배원으로부터 우편물을 수령한 빌딩건물경비원이 원고나 그 동거인 또는 고용인에게 위 청문서를 전달하였다고 볼 수 없는 이상 청문서가 원고에게 적법하게 송달되었다고 볼 수 없다 할 것이고, 원고가 청문서를 송달받지 못하

여 청문절차에 불출석하였는데도 불응하는 것으로 보아 원고에게 의견진술기회를 주
지 아니한 채 이루어진 이 사건 처분은 영업정지사유가 인정된다 하더라도 위법하다.

3) 법인의 이사를 사임하는 행위는 상대방 있는 단독행위라 할 것이어서 그 의사표시가
상대방에게 도달함과 동시에 그 효력을 발생하고 그 의사표시가 효력을 발생한 후에
는 마음대로 이를 철회할 수 없음이 원칙이나, 사임서 제시 당시 즉각적인 철회권유
로 사임서 제출을 미루거나, 대표자에게 사표의 처리를 일임하거나, 사임서의 작성
일자를 제출일 이후로 기재한 경우 등 사임의사가 즉각적이라고 볼 수 없는 특별한
사정이 있을 경우에는 별도의 사임서 제출이나 대표자의 수리행위 등이 있어야 사임
의 효력이 발생하고, 그 이전에 사임의사를 철회할 수 있다.

4) 행정처분의 효력발생요건으로서의 도달이란 상대방이 그 내용을 현실적으로 양지할
필요까지는 없고 다만 양지할 수 있는 상태에 놓여짐으로써 충분하다고 할 것인데
이 사건에 있어서와 같이 원고의 처가 원고의 주소지에서 원고에 대한 정부인사발령
통지를 수령한 이상 비록 그때에 원고가 구치소에 수감중이었고 피고 역시 그와 같
은 사실을 알고 있었다거나 원고의 처가 위 통지서를 원고에게 전달하지 아니하고
폐기해 버렸다 하더라도 원고의 처가 위 통지서를 수령한 때에 그 내용을 양지할 수
있는 상태에 있었으므로 도달된 것이다.

5) 자신의 유고시 그 소유의 모든 재산을 특정인에게 기부한다는 내용의 유언장을 작성
하는 것은 사인증여로서 청약의 의사표시는 있었다고 할 것이나, 표의자가 위 유언
장을 은행의 대여금고에 보관해 둔 채 사망하였다면 위 청약의 의사표시가 상대방에
게 도달되었다고 볼 수 없을 뿐만 아니라 발신조차 되었다고 볼 수 없으므로 사인증
여계약이 성립되지 않았다.

234쪽 ☑ 기타 검토사항

1) 공시송달 제도가 있다.
2) 관념의 통지이다. 도달주의 원칙이 유추적용된다.
3) 대리인에 의한 통지가 가능하므로 양수인이 양도인의 대리인으로 통지할 수 있다.
4) 채권양도의 효력은 발생하지만, 채무자에 대하여 대항할 수 없다. 즉 채무자는 양수
인에 대하여 변제를 거절할 수 있고, 원래의 채권자(채권양도인)에게 유효한 변제를
할 수 있다.
5) 채권양도의 통지나 채무자의 승낙을 통하여 대항요건을 갖추기 전에 채무자가 양도
인 A에게 변제한 경우에는 양수인 갑은 양도인 을에 대하여 부당이득반환청구권을
가진다.

237쪽 ☑ 관련사례

1) B의 대리권의 범위는 'C에게의 건물의 매각'이다. 대리권을 수여할 때에 본인은 대

리인에게 그 거래행위의 상대방을 특정할 수 있다.

2) 대리권 수여의 범위는 담보부동산에 의하여 담보되는 피담보채무의 범위가 금 2,000 만원인 이상 그 담보의 형식이 무엇이든 그 차용의 형식이 어떠하든지 무방하다는 뜻이 포함된 것으로 볼 것이고, A가 차용을 부탁한 금 2,000만원의 한도내에서는 B 가 수여받은 대리권의 범위내에 속한다.

3) B의 위 은행에 대한 기존채무를 담보하기 위하여 근저당권을 설정한 것은 대리권의 범위를 벗어났지만 위 신규대출금의 담보를 위하여 근저당권을 설정한 것은 대리권 의 범위내의 행위라고 보아야 하며 따라서 이 근저당권설정등기는 유효하고 다만 그 피담보채무액은 1억 9천 5백만원에 한정된다.

4) 법률행위에 의하여 수여된 대리권은 그 원인된 법률관계의 종료에 의하여 소멸하는 것이므로 특별한 다른 사정이 없는 한 부동산을 매수할 권한을 수여받은 대리인에게 그 부동산을 처분할 대리권도 있다고 볼 수 없다.

5) 부동산의 소유자로부터 매매계약을 체결할 대리권을 수여받은 대리인은 특별한 다른 사정이 없는 한 그 매매계약에서 약정한 바에 따라 중도금이나 잔금을 수령할 수도 있다고 보아야 하고, 매매계약의 체결과 이행에 관하여 포괄적으로 대리권을 수여받 은 대리인은 특별한 다른 사정이 없는 한 상대방에 대하여 약정된 매매대금지급기일 을 연기하여 줄 권한도 가진다고 보아야 할 것이다.

6) 도박채무 부담행위 및 그 변제약정이 민법 제103조의 선량한 풍속 기타 사회질서에 위반되어 무효라 하더라도, 그 무효는 부동산을 제3자에게 처분한 대금으로 도박채 무의 변제에 충당한 부분에 한정되고, 부동산 처분에 관한 대리권을 도박 채권자에 게 수여한 행위 부분까지 무효라고 볼 수는 없다.

240쪽 ☑ 관련사례

1) 법률행위에 의하여 수여된 대리권은 원인된 법률관계의 종료에 의하여 소멸하는 것 이므로 특별한 다른 사정이 없는 한, 본인을 대리하여 금전소비대차 내지 그를 위한 담보권설정계약을 체결할 권한을 수여받은 대리인에게 본래의 계약관계를 해제할 대 리권까지 있다고 볼 수 없다.

2) 이해상반되는 행위라 함은 친권자인 부와 미성년자인 자가 각각 당사자일방이 되어 서 하는 법률행위뿐만 아니라 친권자에게는 이익이 되는데 미성년자에게는 불이익이 되는 행위도 포함된다.

3) 상속재산에 대하여 그 소유의 범위를 정하는 내용의 상속재산분할 협의는 민법 제 921조 소정의 이해상반되는 행위에 해당한다.

4) 법정대리인인 친권자가 부동산을 매수하여 이를 그 자에게 증여하는 행위는 미성년 자인 자에게 이익만을 주는 행위이므로 친권자와 자 사이의 이해상반행위에 속하지 아니하고, 또 자기계약이지만 유효하다. 법정대리인인 친권자가 그 자인 미성년자 소

유의 부동산을 그 장남에게 증여하는 처분행위는 그 장남만을 위한 것으로서 이해상
반행위에는 해당하지 않으나, 친권의 남용에 의한 것이라 할 것이므로 효력이 없다.
5) 미성년자의 친권자인 모가 자기 오빠의 제3자에 대한 채무의 담보로 미성년자 소유
의 부동산에 근저당권을 설정하는 행위가, 채무자를 위한 것으로서 미성년자에게는
불이익만을 주는 것이라고 하더라도, 민법 제921조 제1항에 규정된 "법정대리인인
친권자와 그 자 사이에 이해상반 되는 행위"라고 볼 수는 없다.
6) 미성년인 자에게는 불이익만을 주는 것이지만, 그 행위의 객관적 성질상 채무자 회
사의 채무를 담보하기 위한 것에 불과하므로 친권자와 그 자 사이에 이해의 대립이
생길 우려가 있는 이해상반행위라고 볼 수 없다.

☑ 기타 검토사항

1) B가 위 계약(병존적 채무인수계약)을 체결한 것은 제124조가 규정하는 자기계약에
해당한다. 하지만 C가 그 계약의 체결에 동의하였으므로 유효하다.
2) B와 甲은 乙에 대하여 연대보증인으로서 책임을 지게 되는데 이때 乙이 B에게 변제
를 받았다면 B와 甲의 부담부분에 따라 B는 甲에게 구상할 수 있게 된다.

243쪽 ☑ 관련사례

1) 대표자가 회사의 이익을 위해서가 아니라 제3자의 이익을 위해서 대표행위를 한 경
우 상대방이 대표이사의 진의를 알았거나 알 수 있었을 때에는 회사에 대하여 무효
가 된다.

244쪽 ☑ 기타 검토사항

1) 제107조 제1항 단서 유추적용설은 대리인의 배임적 의사를 상대방이 알았거나 알
수 있었을 때에는 민법 제107조 제1항 단서를 유추하여 대리행위의 효력을 부정하
며, 권리남용설은 상대방의 악의나 중과실에 의하여 상대방의 권리행사가 신의칙에
반하면 상대방이 대리인의 권한남용의 위험을 부담하여야 한다고 하여 대리행위의
효력을 부정하고, 무권대리설에서는 상대방이 대리인의 배임행위를 알았거나 정당한
이유 없이 알지 못한 때에는 무권대리가 된다고 한다. 판례는 대체로 제107조 제1항
단서 유추적용설을 따르고 있다.
2) 입증책임의 내용이 달라지고 법률효과도 달라진다.

246쪽 ☑ 관련사례

1) 매매위임장을 제시하고 매매계약을 체결하는 자는 특단의 사정이 없는 한 소유자를
대리하여 매매행위를 하는 것이라고 보아야 한다.

☑ 기타 검토사항

1) 어음은 문언증권성이 있으므로 기재된 문언을 중심으로 판단하여야 한다. 따라서 표의자의 진의를 기초로 해석할 것이 아니라 어음에 표시된 바를 기초로 해석하여야 한다.

2) 여기서 "본인을 위한 것임을 표시한다"는 것은 그 법률행위의 법률효과의 귀속자가 본인이라는 것이다. 따라서 그 법률행위로 인한 실제적인 이익이 자신 또는 제3자에게 귀속되는 경우라고 하더라도 그러한 표시는 비진의표시는 아니다.

248쪽 ☑ 관련사례

1) 전문 분양업체 B에게 그 소유자 A를 대리할 권한이 있고, 그 점포의 분양행위가 상법 제46조 제1호 소정의 부동산의 매매로서 본인인 A의 상행위가 되는 경우, B가 수분양자와 분양계약을 체결하면서 A의 대리인임을 표시하지 않았다 하더라도 상법 제48조에 의하여 유효한 대리행위로서 그 효과는 본인인 건물 소유자 A에게 귀속된다.

250쪽 ☑ 관련사례

1) 대리인이 본인을 대리하여 매매계약을 체결함에 있어서 매매대상 토지에 관한 저간의 사정을 잘 알고 그 배임행위에 가담하였다면, 대리행위의 하자 유무는 대리인을 표준으로 판단하여야 하므로, 설사 본인이 미리 그러한 사정을 몰랐거나 반사회성을 야기한 것이 아니라고 할지라도 그로 인하여 매매계약이 가지는 사회질서에 반한다는 장애사유가 부정되지 않는다.

2) 매도인의 대리인이 매매한 경우에 있어서 그 매매가 민법 제104조의 불공정한 법률행위인가를 판단함에는 매도인의 경솔, 무경험은 그 대리인을 기준으로 하여 판단하여야 하고 궁박 상태에 있었는지의 여부는 매도인 본인의 입장에서 판단되어야 한다.

☑ 기타 검토사항

1) 미성년자를 자기의 대리인으로 선임한 자는 그로 인한 불이익을 스스로 감수하여야 한다. 따라서 대리인의 행위무능력을 이유로 그 대리인이 한 법률행위를 취소할 수 없다.

2) 그 법률행위의 법률효과의 귀속자인 본인이 취소권을 갖는다.

252쪽 ☑ 기타 검토사항

1) A가 B의 이름으로 법률행위를 하는 때에 그러한 사실을 B가 모르게 하는 경우(명의모용)에는 계약당사자는 B와 C가 된다. 그러나 B는 그러한 계약의사가 없으므로 그 법률효과는 B에게 귀속하지 않는다. A는 계약당사자가 아니므로 A에게 법률효과가 귀속하지 않는다. A가 계약을 체결하면서 B의 명의를 빌리고 이를 계약상대방 C도

알고 이를 양해하는 경우(명의차용)에는 계약당사자는 A와 C이고 이들 사이에 계약이 성립한다. 따라서 형식상 당사자로 되어 있는 B와 C 사이에는 계약이 성립하지 않고 허위표시로서 무효가 된다. A가 계약을 체결하면서 B의 명의를 빌리고 이를 계약상대방 C가 모르는 경우에는 B와 C 사이에 계약이 성립한다.

2) 본인의 진의가 중요한 가족법상의 법률행위에서는 대리가 인정되지 않는다.

3) 대리인의 가해행위는 본인과 대리인 사이에 사용자 피용자의 관계가 성립하지 않는 한 본인은 이에 대하여 불법행위책임을 지지 않는다. 대리행위는 법률행위에 한한다.

4) 대리인이 물건을 보관 점유하는 경우 그 행위는 법률행위가 아니므로 대리행위가 아니다. 따라서 대리인의 점유행위는 본인의 행위가 아니다. 다만 그 법률효과는 본인이 누릴 수 있다.(간접점유)

254쪽 ☑ 관련사례

1) B가 C를 복대리인으로 선임한 것이고 그가 대리권의 범위를 넘어 대리권을 행사하였으니 권한유월의 표현대리가 문제된다.

2) 대리인이 대리권 소멸 후 복대리인을 선임하여 복대리인으로 하여금 상대방과 사이에 대리행위를 하도록 한 경우에도, 상대방이 대리권 소멸 사실을 알지 못하여 복대리인에게 적법한 대리권이 있는 것으로 믿었고 그와 같이 믿은 데 과실이 없다면 민법 제129조에 의한 표현대리가 성립할 수 있다.

☑ 기타 검토사항

1) 복대리인은 대리인과의 관계에서 명령 복종의 관계에 있지 않고 본인에 대하여 동등한 대리인의 지위를 갖는다. 이에 반하여 대리인의 피용인은 본인에 대하여 대리인과 독립한 지위를 갖지 못하고 대리인의 명령에 복종하는 관계에 있다.

2) 복대리인은 본인의 대리인이므로 대리인의 경우와 마찬가지로 월권행위에 대한 권한을 가진다고 믿은 것에 관하여 정당한 사유가 존재하느냐의 여부에 따라 표현대리의 성립 여부를 논의하여야 한다.

258쪽 ☑ 기타 검토사항

1) 표현대리가 성립하기 위하여 본인에게 귀책사유가 있어야 하는가에 대하여 판례와 학설은 이를 부인하고 있다.

2) 법정대리에도 월권대리에 대한 제126조가 적용된다고 보는 것도 그러한 입장으로 볼 수 있다.

259쪽 ☑ 관련사례

1) 양도담보계약의 체결은 종중을 위한 대리행위가 아니어서 표현대리 법리의 적용이 배제되고 있다.

2) 관리에 관한 대리권이 있었으므로 권한을 넘은 표현대리가 성립된다.

3) 대리인이 본인을 위한 것이 아니라 제3자를 위한 대리행위를 한 경우에는 본인은 표현대리책임을 지지 않는다.

☑ 기타 검토사항

1) 무권대리인의 책임을 져야 한다.

2) 대리제도와 타인명의의 모용 혹은 무권리자의 처분행위는 구분되어야 하기 때문이며, 타인 소유 물건의 처분과 관련하여 매수인을 보호하는 장치로는 매도인의 하자담보책임(민법 제570조)이 있다.

261쪽 ☑ 관련사례

1) 조합원 총유에 속하는 재산의 처분에 관하여는 조합원 총회의 결의를 거치지 아니하고는 이를 대리하여 결정할 권한이 없으므로, 권한이 없는 자의 행위로 무효이다.

2) 상대방에게 사임등기가 경료된 사실을 알지 못하였음에 대하여 정당한 사유가 없으므로 회사는 표현대리 책임을 지지 않는다.

265쪽 ☑ 기타 검토사항

1) 표현대리도 무권대리이다. 다만 법률의 규정에 의하여 본인이 책임을 져야 한다.

2) 대리행위가 본인에 대하여 효력을 가지려면, 대리행위를 할 당시에 대리권이 존재하여야 하므로, 대리권의 소멸하기 전에 대리행위가 이루어졌다면 유권대리이다.

268쪽 ☑ 관련사례

1) 사위가 자기 명의의 수표를 사용할 권한이 있다고 상대방이 믿게 할 만한 외관을 조성하였을 경우에는 대리권수여의 표시에 의한 표현대리에 해당한다.

2) 제3자가 그 타인에게 그와 같은 어음행위를 할 수 있는 권한이 있는 것이라고 믿을 만한 사유가 있고 본인에게 책임을 지울 만한 사유가 있는 경우에는 거래안전을 위하여 표현대리에 있어서와 같이 본인에게 책임이 있다.

270쪽 ☑ 관련사례

1) 민법 제126조의 표현대리가 성립하기 위하여는 무권대리인에게 법률행위에 관한 기본대리권이 있어야 하는데, 증권회사로부터 위임받은 고객의 유치, 투자상담 및 권유, 위탁매매약정실적의 제고 등의 업무는 사실행위에 불과하므로 이를 기본대리권으로 하여서는 권한초과의 표현대리가 성립할 수 없다.

☑ 기타 검토사항

1) 채권의 준점유자에 대한 변제도 채무자가 선의이며 무과실인 경우에 효력이 있다(민법 제470조 참조).

273쪽 ☑ 관련사례

1) 대리권의 존부를 확인하는 등 적절한 조사를 하지 못하였던 거래상대방에게 과실이
   인정되어 표현대리의 성립이 부인되었다.

274쪽 ☑ 관련사례

1) 우리의 경험칙에 어긋난다는 이유로 표현대리가 부인된다.

2) 관리권을 수여받았고, 소유권이전등기 소요서류를 보관하고 있었다는 사실만으로 부
   동산처분에 관한 대리권이 있다고 볼 수는 없다. 따라서 표현대리는 인정되지 않는
   다.

3) 인감증명서의 교부만으로 대리권이 수여되었다고 볼 수 없으므로 표현대리가 인정되
   지 않는다.

4) 본인으로부터 도장을 받고 이를 사용하여 본인을 위한 어떤 행위를 할 것을 위임 받
   은 자가 본인의 이름으로 권한외의 행위를 하여 그 상대편이 본인이 한 것이라고 믿
   었을 경우에는 민법 제126조의 표현대리가 인정된다.

275쪽 ☑ 기타 검토사항

1) 만약 그러한 관행이 인정될 경우에도 상대방이 선의 무과실이고, B에게 그러한 권한
   이 있다고 믿을 만한 정당한 사유가 있어야 한다.

278쪽 ☑ 기타 검토사항

1) 표현대리의 성립여부가 문제되는 것은 A가 대리한 甲과 B 사이의 거래이므로, 표현
   대리인인 A에게 대리권이 있다고 믿을 만한 정당한 사유가 거래상대방인 B에게 있
   었는지 여부가 기준이 된다.

2) 정당한 이유를 판단하시는 시기는 대리행위 당시이다.

3) 대리행위 당시의 사정이라고 볼 수 있다.

4) 대리권수여에 대하여 본인이 원인을 제공해야 한다는 입장은 법정대리권을 기본대리
   권으로 하는 경우에 민법 제126조를 적용하는 것과 조화롭지 못하다. 그러나 거래의
   안전을 위하여 법정대리에도 월권대리규정을 적용할 필요는 있다.

5) 표현대리 범위가 일상가사 범위 내에 속하거나 혹은 배우자가 그 행위에 대한 대리
   권을 주었다고 상대방이 믿을 만한 정당한 사유가 있는 경우라야 한다.

282쪽 ☑ 관련사례

1) 복임권이 없는 임의 대리인에 의하여 선임된 복대리인에 대하여도 표현대리의 규정
   이 적용될 수 있다.

284쪽 ☑ 관련사례

1) 수표발행의 직접 상대방에게 표현대리의 요건이 갖추어져 있는 이상 그로부터 수표를 전전양수한 소지인 E로서는 표현대리에 의한 위 수표행위의 효력을 주장할 수 있으므로 본인 A는 표현대리의 법리에 따라 그 책임을 부담한다.

☑ 기타 검토사항

1) A의 지위가 법인의 기관인 경우에는 민법 제35조의 기관책임이 문제가 되지만, 상무이사라는 직책에도 불구하고 고용계약의 당사자라면 민법 제756조의 요건의 충족될 경우에 甲회사는 사용자 책임을 진다.

286쪽 ☑ 기타 검토사항

1) 상대방으로서는 대리권의 존부에 대하여 확인조치를 취하는 등 적절한 조사를 하여야 하며, 그렇지 않았다면 과실이 있다고 볼 수 있다.

287쪽 ☑ 관련사례

1) 기본대리권이 등 기신청행위라할지라도 표현대리인이 그 권한을 유월하여 대물변제라는 사법행위를 한 경우에는 표현대리의 법리가 적용될 수 있다.

2) 신원보증계약에 대한 대리권을 준 이상, 그 대리 권한외의 법률행위에 대하여 표현대리의 성립이 가능하다.

3) 차용증 작성·교부 당시 B은 A을 대리하여 신원보증계약을 체결할 기본대리권이 있었고, 여러 가지 사정을 고려하면 C가 B에게 A을 대리하여 연대보증약정을 체결할 권한이 있다고 믿은 데에는 정당한 이유가 있었다고 볼 수 있다.

4) 대리인이 등기필권리증을 제시하지 못하였을 뿐만 아니라 실인(인감도장)을 소지 못하였다면 거래상대방은 의심을 갖고 대리권의 존부에 대하여 확인조치를 취하는 등 이에 대한 적절한 조사를 하여야 하고 그렇지 않은 경우 매수인으로서 의당 하여야 할 주의를 다하지 못한 과실이 있으므로 본인에 대하여 표현대리주장을 할 수 없다.

5) 등기절차를 밟을 당시 권리증서를 소지하고 있지 않았다하여 매수인에게 권리증을 소지하지 않은 이유를 확인할 의무가 있는 것은 아니며, 대리인이 본인의 위임장과 인감증명서를 가지고 본인을 대리하여 임야를 매수인 C에게 매도하고 소유권이전등기절차까지 마쳤다면, 대리인에게 대리할 권한이 있다고 믿을 만한 정당한 사유가 있었다고 볼 수 있다.

289쪽 ☑ 관련사례

1) 남편이 처에게 타인의 채무를 보증함에 필요한 대리권을 수여한다는 것은 사회통념상 이례에 속하므로, 처가 특별한 수권 없이 남편을 대리하여 위와 같은 행위를 하

였을 경우에 그것이 민법 제126조 소정의 표현대리가 되려면 처에게 일상가사대리권이 있었다는 것만이 아니라 상대방이 처에게 남편이 그 행위에 관한 대리의 권한을 주었다고 믿었음을 정당화할 만한 객관적인 사정이 있어야 하므로 이 경우에 표현대리가 성립하지 않는다.

2) 정당한 사유가 있다고 보기 어렵고, 표현대리가 성립되지 않는다.

3) 정당한 이유가 인정되고, 표현대리가 성립된다.

291쪽 ☑ 관련사례

1) 금전을 차용하고 보관중인 위와 같은 인장과권리증을 이용하여 남편인 A의 대리인이라고 칭하고 담보의미로서의 소유권 이전등기를 한 것이라면, 다른 특별한 사정이 없는 한, 표현대리 행위에 해당된다.

2) 정당한 이유가 인정되므로, 표현대리가 성립된다.

3) 일상가사대리권 외에 별도의 기본대리권이 있는 처가 근저당권설정등기에 필요한 각종 서류를 소지하고 있는 데다가 그 인감증명서가 본인인 남편이 발급받은 것이고, 남편 스스로 처에게 인감을 보냈음을 추단할 수 있는 문서와 남편의 무인이 찍힌 위임장 및 주민등록증 등을 제시하는 등 남편이 처에게 대리권을 수여하였다고 믿게 할 특별한 사정까지 있었다면 그 상대방으로서는 처가 남편을 대리할 적법한 권한이 있었다고 믿은 데 정당한 이유가 있다고 보아야 할 것이다.

4) C가 A에게 일상가사대리권 뿐만 아니라 B를 대리하여 연대보증을 할 권한이 있었다고 믿었다 하더라도, 실제로 대리권이 인정되지 않는 이상 C가 A에게 대리권이 있었다고 믿었음을 정당화할 만한 (추가적인) 객관적인 사정이 없는 경우에는 표현대리는 성립하지 않는다.

293쪽 ☑ 관련사례

1) 본인이 직접 발급받은 다른 용도의 보증용 인감증명서와 재산세 납부증명서를 소지하고 있었다는 사실만으로는 물품공급계약에 따른 대리인의 채무에 대하여 연대보증계약을 대신 체결할 권한이 있었다고 믿을 만한 정당한 이유가 있다고 볼 수 없다.

2) 보증보험약정서상의 연대보증인으로 입보한다는 의사가 객관적으로 표명된 인감증명서가 제출되어 있고, 인감증명서와 함께 제출된 한 묶음의 서류 중 일부의 인영날인 상태가 불량하지만 나머지 서류에 날인된 인영이 뚜렷하고 인감증명서의 그것과 동일하다면 날인상태가 불량한 서류의 진정성립이나 대리권한의 유무까지 별도로 조사하여야 할 의무는 없다.

3) 보증보험계약상 구상금채무에 대한 연대보증계약을 체결할 기본적 대리권이 있고, 인감도장이 날인된 보험약정서와 아울러 용도가 차보증용 및 공증용으로 된 본인 발급의 인감증명서 2매를 제출받았으므로 거래 상대방 회사로서는 대리인이 본인을

대리하여 위 연대보증계약을 체결할 권한이 있다고 믿을만한 정당한 이유가 있었다고 인정되어 표현대리의 성립이 인정되었다.

4) 보험회사 직원이 보험계약자에게 보증행위에 대한 대리권이 있다고 믿은 데에는 정당한 이유가 없다는 이유로, 매제의 표현대리책임이 부정되었다.

294쪽 ☑ 기타 검토사항

1) 표현대리에 의하여 보호되는 상대방은 표현대리행위의 직접 상대방으로 제한된다.
2) 표현대리의 상대방이 권리를 취득하지 못하면 전득자는 보호되지 않는다.

296쪽 ☑ 관련사례

1) 예금계약의 체결을 위임받은 자가 가지는 대리권에 당연히 그 예금을 담보로 하여 대부를 받거나 기타 이를 처분할 수 있는 대리권이 포함되어 있는 것은 아니므로 은행에 과실이 있고 정당한 이유가 있다고 볼 수도 없어 표현대리가 부인되었다.
2) 예금계약의 체결을 위임받은 자가 가지는 대리권에 당연히 그 예금을 담보로 하여 대출을 받거나 이를 처분할 수 있는 대리권이 포함되어 있는 것은 아니므로 새마을금고에 과실이 있고, 정당한 사유가 인정되지 않으므로 표현대리는 성립되지 않는다.

298쪽 ☑ 관련사례

1) 아니다. 채무자가 채권자의 대리인에게 그와 같은 면책적 채무인수의 약정을 할 권한이 있다고 믿었다고 하더라도 다른 특별한 사정이 없는 한 그렇게 믿은 데 정당한 이유가 있다고 하기는 어렵다. 따라서 표현대리의 성립이 부인되었다.
2) 정당하지 않다. 은행거래의 관행상 다른 담보를 제공하는 등의 특별한 사정없이 담보물의 물적 책임을 감경시켜 준다는 것은 이례적인 것이고, 대출관련업무를 취급하고 있었다는 사유만으로 그와 같은 권한이 있다고 믿을 만한 정당한 이유가 있다고 할 수 없다.
3) 인정되지 않는다. 공사를 도급받은 자가 그 공사에 의하여 완성될 다가구주택 전부 또는 일부를 도급인을 대리하여 임대하는 방법으로 공사대금에 충당하는 것이 통상적으로 행하여지는 거래형태라고는 볼 수 없을 것이므로, 하수급인이 하도급받은 공사대금 채권을 담보하기 위하여 하도급인과 사이에 장차 완공될 다가구주택의 일부에 대한 전세계약을 체결함에 있어서는, 건축주에게 직접 확인할 수 없는 부득이한 사정이 있는 경우를 제외하고는 직접 건축주에게 과연 당해 다가구주택을 담보로 제공할 의사를 가지고 있는지를 확인하여 보는 것이 보통인바, 하수급인이 아무런 조사도 하지 아니한 채 건축주의 인감증명서 1통만으로 그 대리권이 있는 것으로 믿었다면 그에게 과실이 있다.
4) 인정되지 않는다. 지방은행의 예금취급소장이 그 자격을 사용하여 액면이 거액인 개

인의 수표를 지급보증한다는 것은 이례에 속하는 것이므로 위 예금취급소장이 거액의 개인수표를 지급보증할 권한이 있는가를 지점이나 본점에 문의해 보는 조처를 취한 바 없다면 대리권 있는 것으로 믿은데 과실이 있다.

5) 표현대리가 인정될 수 있다. A는 B 등과 함께 대부업체를 공동으로 운영하면서 '사장' 직함을 사용하여 채무자에 대한 대부상담과 담보물건의 조사, 대부금 지급 및 변제금 회수, 담보권 설정 및 해지 등 대부 관련 업무 전반을 맡아보고, B는 '이사' 직함을 사용하면서 자신의 자금을 A을 통해 대부하거나 다른 전주(錢主)를 소개하는 방법으로 자금유치를 맡아보고 있는 등 여러 사정에 비추어 볼 때, 채무자 C가, B를 대리하여 금전소비대차계약 및 근저당권설정계약을 체결한 A에게 근저당권설정계약을 합의해제할 대리권이 있다고 믿은 데에 정당한 이유가 있다.

299쪽 ☑ 기타 검토사항

1) 민법 제756조 요건을 충족시키면 사용자 책임을 진다.

301쪽 ☑ 관련사례

1) 대리권소멸 후의 표현대리에 관한 민법 제129조는 법정대리인의 대리권소멸에 관하여도 적용이 있다.
2) 대표이사의 퇴임등기가 된 경우에 대하여 민법 제129조의 적용 내지 유추적용이 있다고 한다면 상업등기에 공시력을 인정한 의의가 상실될 것이어서, 이 경우에는 민법 제129조의 표현대리가 인정되지 않는다.

☑ 기타 검토사항

1) 사망사실을 알았을 개연성이 높고, 이에 대한 판단이 필요하다.

304쪽 ☑ 기타 검토사항

1) 그 무권대리행위가 유권대리라면 상대방이 본인에게 가졌을 청구권의 성질에 따라 일반 채권이면 10년, 민법 제163조의 채권이면 3년, 민법 제164조의 채권이면 1년이다.
2) 민법 제135조 제2항의 규정은 무권대리인의 무과실책임원칙에 관한 규정인 제1항의 예외적 규정이라고 할 것이므로 상대방이 대리권이 없음을 알았다는 사실 또는 알 수 있었음에도 불구하고 알지 못하였다는 사실에 관한 입증책임은 무권대리인 자신에게 있다.

309쪽 ☑ 관련사례

1) 무권대리행위의 추인은 무권대리인이나 상대방에게 명시 또는 묵시의 방법으로 할 수 있으므로 남편은 처의 위 무권대리행위를 추인한 것으로 보아야 한다.

2) 어음을 개서하면서 지급의 연기를 구하고 일부 변제까지 하였다면 추인한 것으로 보아야 한다.

3) 형사고소 등의 사유로 이런저런 사정을 한 것이라면 단순히 해약을 요청한다거나 변제기일을 연기해 달라고 한 것만으로는 추인한 것이라고 할 수 없다.

4) 무권대리행위에 대한 본인의 추인은 그 행위의 효과를 자기에게 귀속시키려는 것을 내용으로 하는 의사표시이니만큼 그러한 의사가 명시 또는 묵시로 표시 되었다고 볼 만한 사유가 없는 한 그 행위에 대한 권리들을 그 행위가 있었음을 알고서도 장기간 행사하지 않고 있었다는 사실만으로는 그 행위에 대하여 묵시적인 추인이 있었던 것이라고 할 수 없다.

311쪽 ☑ 기타 검토사항

1) 무권대리인의 상대방은 본인의 추인이 있을 때까지만 철회를 할 수 있다.(민법 제134조) 따라서 본인이 추인을 하였다면 이제는 철회할 수 없다고 하여야 한다.

312쪽 ☑ 관련사례

1) 무권리자가 타인의 권리를 자기의 이름으로 또는 자기의 권리로 처분한 경우, 권리자는 이를 추인함으로써 그 처분행위를 인정할 수 있고, 특별한 사정이 없는 한 권리자 본인에게 위 처분행위의 효력이 발생한다. 이 경우 추인은 명시적으로뿐만 아니라 묵시적인 방법으로도 가능하며 그 의사표시는 무권대리인이나 그 상대방 어느 쪽에 하여도 무방하다.

313쪽 ☑ 기타 검토사항

1) 누구도 자기가 가진 이상의 권리를 타인에게 이전할 수 없기 때문에 무권리자가 하는 처분행위는 당연 무효이다. 따라서 무권리자의 처분행위가 타인에게 효력이 발생하려면 대리행위로 할 수밖에 없다. 그러므로 '무권리자의 처분행위'를 '권리자를 위한 처분행위'로 전환하여 권리자의 추인을 통하여 유효로 될 여지가 있는 행위로서 민법 제138조를 직접 적용하는 것이다.

314쪽 ☑ 관련사례

1) 명의신탁계약의 무권대리행위로 법률상 평가될 수 있더라도 C가 그 대리권 없음을 알았다고 보여 위 명의신탁계약은 B의 A에 대한 관계에서 뿐만 아니라 B에 대한 관계에서도 아무런 효력을 발생할 수 없고, 원인무효인 그 등기를 기초로 하여 경료된 D 명의의 소유권이전등기의 말소를 B가 청구하는 것이 곧바로 금반언의 법칙이나 신의성실의 원칙에 어긋나는 것이라고 단정할 수는 없다.

317쪽 ☑ 기타 검토사항

1) 의사표시에서 진의는 마음속으로 바라는 효과가 아니라 법률상 효과의사를 말하기 때문에, 표의자가 의사표시의 내용을 진정으로 마음속에서 바라지는 아니하였다고 하더라도 당시의 상황에서는 그것이 최선이라고 판단하여 그 의사표시를 하였을 경우에는 이를 내심의 효과의사가 결여된 진의 아닌 의사표시라고 할 수 없다. 대판 2003. 4. 25. 2002다11458 〈기초〉

2) 무효인 법률행위는 처음부터 아무런 효력을 가지지 않지만, 취소할 수 있는 법률행위는 일단 유효이고 취소의 의사표시에 의해 소급해서 효력을 상실한다(제141조). 무효사유와 취소사유는 민법 전편에 개별적으로 규정되어 있다(전자에 예컨대 제103조, 제104조, 제108조, 제130조 등, 후자에 대해 제109조, 제110조 등).

320쪽 ☑ 관련사례

1) 국토이용관리법상의 토지거래허가를 받지 않아 유동적 무효 상태인 매매계약에 있어서도 당사자 사이의 매매계약은 매도인이 계약금의 배액을 상환하고 계약을 해제함으로써 적법하게 해제된다(대판 1997. 6. 27. 97다9369 〈응용〉).

2) 협력의무를 이행하지 아니하고 매매계약을 일방적으로 철회함으로써 상대방에 손해를 입힌 당사자는 협력의무 불이행과 인과관계가 있는 손해를 배상하여야 할 의무가 있다(대판 1995. 4. 28. 93다26397 〈기초〉).

321쪽 ☑ 기타 검토사항

1) 일반적으로 신의칙상 협력의무(제2조 제1항)가 그 근거라고 설명되고 있다.

2) 매매 자체가 무효이므로, 매매계약상 채무의 불이행이 있는 경우에도 해제나 손해배상은 가능하지 않다(대판 1992. 7. 28. 91다33612 〈기초〉 및 대판 1994. 1. 11. 93다22043; 1997. 7. 25. 97다4357). 〈기초〉

3) 불허가처분에 의해 확정적으로 무효가 되며(대판 1993. 8. 14. 91다41316 〈기초〉), 더 나아가 당사자 쌍방이 허가신청을 하지 아니하기로 의사표시를 명백히 한 경우에도 확정적으로 무효로 된다(대판 2010. 8. 19. 2010다31860,31877 〈기초〉).

325쪽 ☑ 관련사례

1) 양도약정이 변호사법에 저촉되어 무효라 하더라도 그 무효는 그 대가 약정부분에 한정되고 소송대리인 선임권한 위임부분까지 무효로 볼 수는 없으므로, A가 변호사보수금을 현실적으로 지급하지 아니 하였다면 B로서는 A가 위 약정에 따라 B의 이름으로 선임한 변호사에 대하여 그 보수금의 지급채무를 여전히 부담한다(대판 1987. 4. 28. 86다카1802 〈응용〉).

2) 근저당권설정계약은 금전소비대차계약과 결합하여 그 전체가 경제적, 사실적으로 일
   체로서 행하여진 것이고 더욱이 근저당권설정계약의 체결원인이 되었던 기망행위는
   금전소비대차계약에도 미쳤으므로 근저당권설정계약취소의 의사표시는 법률행위의
   일부무효이론과 궤를 같이 하는 법률행위의 일부취소의 법리에 따라 소비대차계약을
   포함한 전체에 대하여 취소의 효력이 있다(대판 1994. 9. 9. 93다31191 〈기초〉).

3) 문화관에 관한 도급계약이 허가가 없음을 이유로 무효이고 연구관에 관한 도급계약
   은 그와 일체를 이루므로 함께 무효이며, 일부무효를 인정할 만한 사정이 없다고 보
   인다(대판 2000. 9. 5. 2000다2344 〈기초〉).

326쪽 ☑ 기타 검토사항

1) 동법 제6조 제1항 제5호, 제8조 제6항, 제18조 등에 따른 규제를 밟지 아니한 일임
   매매약정은 무효로 보아야 한다.

2) 일률적으로 답할 수 없으며, 개별사안에서 증권회사 임직원의 주의의무위반이 인정
   될 때 불법행위 책임을 질 수 있고(제750조), 그 경우 직무와의 관련성이 긍정된다
   면 법인책임(제35조) 내지 사용자책임(제756조)에 따라 증권회사의 책임이 인정될
   수 있다. 그 밖에 「자본시장과 금융투자업에 관한 법률」 제64조에 따른 책임도 고려
   된다.

328쪽 ☑ 기타 검토사항

1) A의 대리행위가 무권대리로서 무효라면 丙은 비록 소유권이전등기를 경료하더라도,
   이는 원인관계를 결여하여 물권변동은 효력이 없을 것이다. 그렇다면 甲은 일부무효
   의 법리의 원용 없이 같은 결과에 도달할 수도 있었을 것이다.

329쪽 ☑ 관련사례

1) 추인 역시 양속위반에 해당하므로 무효이다(제103조).

2) 판례는 "무효인 신분행위 후 그 내용에 맞는 신분관계가 실질적으로 형성되어 쌍방
   당사자가 이의 없이 그 신분관계를 계속하여 왔다면, 그 신고가 부적법하다는 이유
   로 이미 형성되어 있는 신분관계의 효력을 부인하는 것은 당사자의 의사에 반하고
   그 이익을 해칠 뿐 아니라 그 실질적 신분관계의 외형과 등록부의 기재를 믿은 제3
   자의 이익도 침해할 우려가 있기 때문에 추인에 의하여 소급적으로 신분행위의 효력
   을 인정함으로써 신분관계의 형성이라는 신분관계의 본질적 요소를 보호하는 것이
   타당하다"고 하면서, 다만 당사자 간에 무효인 신고행위에 상응하는 신분관계가 실
   질적으로 형성되어 있지도 아니하고 또 앞으로도 그럴 가망이 없는 경우에는 무효의
   신분행위에 대한 추인의 의사표시만으로 그 무효행위의 효력을 인정할 수 없다"고
   한다(대판 2004. 11. 11. 2004므1484 〈기초〉). 그러한 의미에서 예시 사례에 대해 대

판 1965. 12. 28. 65므61; 1993. 9. 14. 93므430 〈기초〉 등을 참조하라.

3) 원인무효인 등기의 경유사실을 알고서 장기간 이의를 한 바 없다는 사유만으로 이를 추인한 것으로는 볼 수 없다(대판 1991. 3. 27. 90다17552 〈기초〉).

4) 사립학교법 해당 규율의 규범목적을 달성하기 위해 추인은 허용되지 않는다(대판 2000. 9. 5. 2000다2344 〈응용〉).

331쪽 ☑ 관련사례

1) 임의인지로서 효력을 가지며(대판 1971. 11. 15. 71다1983 〈기초〉 및 「가족관계의 등록 등에 관한 법률」 제57조), 무효행위 전환의 법리가 반영된 것이다.

2) 판례(대판 2010. 7. 15. 2009다50308 〈응용〉)는 신중한 조건 하에서 그러한 가능성을 시인하지만, 이에 대해서는 급부를 감축하는 내용으로 무효행위의 전환을 인정하는 것은 규정의 취지에 반한다는 반대 견해도 주장된다.

☑ 기타 검토사항

1) 방식의 규범목적을 고려할 때 원칙적으로 전환될 법률행위의 방식을 갖추어야 할 것이지만, 예외가 인정될 수 있다.

2) 미성년자입양이 법원의 통제를 받아야 한다는 개정규정의 취지를 고려할 때 더 이상 유지될 수 없다.

333쪽 ☑ 관련사례

1) 시간적으로 보나 그 당시의 상황으로 보아 아직 강박에서 벗어나지 아니한 상태에 있었다고 볼 수 있으므로, 甲의 근저당권설정계약서 작성 및 교부행위는 취소의 원인이 종료되기 전에 한 추인에 불과하여(제144조) 추인으로서의 효력이 없다고 보인다(대판 1982. 6. 8. 81다107 〈응용〉).

2) 제반사정에 따라 달라질 수 있는 문제이나, 통상 그러한 사정만으로는 추인이 있다고 하기는 어려울 것이다(대판 1967. 12. 18. 67다2294,2295 〈응용〉).

334쪽 ☑ 기타 검토사항

1) 제140조의 제한능력자이므로 가능하다.

2) 제140조에 따른 승계인에 포괄승계인인 상속인이 포함되는 것에는 의문이 없다. 취소할 수 있는 행위에 의하여 취득한 권리의 특정승계인도 취소할 수 있는지 여부에 대해서는 다툼이 있으나, 다수설은 이를 긍정한다.

335쪽 ☑ 관련사례

1) 다툼이 있는 문제이나, 판례는 취소권의 존재를 알고 있어야 법정추인도 가능하다고 한다(대판 1997. 5. 30. 97다2986 〈기초〉).

337쪽 ☑ 관련사례

1) 의사무능력의 경우 반환범위와 관련해서도 판례는 제141조 단서를 유추적용하므로 달라지지 않을 것이다(대판 2009. 1. 15. 2008다58367 〈기초〉).

339쪽 ☑ 관련사례

1) 채권양도의 통지는 관념의 통지에 불과한 것이어서 이행청구의 의사 등과 결부되어 있지 않는 한 권리의 재판외 행사로 볼 수 없을 것이다. 대판(전) 2012. 3. 22. 2010 다28840, 공보 2012, 619 〈응용〉

☑ 기타 검토사항

1) 반드시 재판상 권리행사가 필요하다는 견해도 있으나, 판례는 명문에서 재판상 권리 행사가 필요하다고 해석되는 경우 외에는(제204조, 제406조 등 참조) 재판외 권리행 사로도 충분하다고 한다. 대판 1993. 7. 27. 92다52795 〈기초〉

2) 법률관계를 조속히 확정한다는 제척기간의 취지상 제척기간의 중단은 있을 수 없다.

3) 다툼이 있는 문제이며, 다수설은 취소권의 제척기간이 취소로 인해 발생하는 권리의 제척기간이라고 해석하지만, 판례는 반대견해이다(대판 1991. 2. 22. 90다13420 〈기 초〉).

342쪽 ☑ 관련사례

1) 법률행위에서 조건은 법률행위의 효력의 발생 또는 소멸을 장래의 불확실한 사실의 성부에 의존하게 하는 법률행위의 부관으로서 법률행위의 효과의사와 일체적인 내용 을 이루는 의사표시이므로, 어떤 사실의 성부를 법률행위의 효력발생의 조건으로 하 기 위해서는 그러한 의사가 법률행위의 내용에 포함되어 외부에 표시되어야 한다(대 판 2012. 4. 26. 2011다105867).

2) 동산의 매매에서 그 대금을 모두 지급할 때까지는 목적물의 소유권을 매도인이 그대 로 보유하기로 하면서 목적물을 미리 매수인에게 인도하는 이른바 소유권유보약정이 있는 경우에, 다른 특별한 사정이 없는 한 매수인 앞으로의 소유권 이전에 관한 당 사자 사이의 물권적 합의는 대금이 모두 지급되는 것을 정지조건으로 하여 행하여진 다고 해석된다. 따라서 그 대금이 모두 지급되지 아니하고 있는 동안에는 비록 매수 인이 목적물을 인도받았어도 목적물의 소유권은 위 약정대로 여전히 매도인이 이를 가지고, 대금이 모두 지급됨으로써 그 정지조건이 완성되어 별도의 의사표시 없이 바로 목적물의 소유권이 매수인에게 이전된다. 그리고 이는 매수인이 매매대금의 상 당 부분을 지급하였다고 하여도 다를 바 없다. 그러므로 대금이 모두 지급되지 아니 한 상태에서 매수인이 목적물을 다른 사람에게 양도하더라도, 양수인이 선의취득의 요건을 갖추거나 소유자인 소유권유보매도인이 후에 처분을 추인하는 등의 특별한

사정이 없는 한 그 양도는 목적물의 소유자가 아닌 사람이 행한 것으로서 효력이 없어서, 그 양도로써 목적물의 소유권이 매수인에게 이전되지 아니한다. (대판2010. 2. 11. 2009다93671)

3) A가 B에게 C의 횡령금 중 일부를 지급하기로 한 약정은 A가 C의 오빠로서 C가 B에 대하여 부담하는 부당이득반환 또는 손해배상 채무 중 일부를 대신 변제한다는 취지이고, 그러한 약정을 하는 A의 내심에는 C가 처벌받지 않기를 바라는 동기 이외에 C가 실제로 처벌을 받는 경우에는 위 약정 자체가 무효라는 조건의사까지 있었을지도 모르지만, 그것만으로는 C의 선처를 조건으로 한 조건부 약정이 이루어졌다고 단정할 수 없고, 각서의 기재 내용과 그 작성 당시의 상황 및 상대방인 B의 의사 등 제반 사정에 비추어 보면 위 약정 자체의 효력이 B의 정식 고소나 C의 처벌이라는 사실의 발생만으로 당연히 소멸된다는 의미의 조건이 쌍방의 합의에 따라 위 약정에 붙어 있다고는 볼 수 없다. (대판 2003. 5. 13. 2003다10797)

4) 대법원이 인정하고 있는 사실에 비추어 보면 이 사건 연대보증계약은 1993. 7. 21.자 경영정상화협의서 내용에 따른 투자가 이루어지지 않아 B가 소외 회사를 경영하지도 못하는 것은 결국 A에 대한 관계에서는 A가 경영정상화협의에서 약정한 금 200,000,000원을 투자하지 않을 것을 해제조건으로 하는 조건부 계약으로 봄이 상당하다. (대판 1996. 2. 9. 95다47756 판결)

343쪽 ☑ 기타 검토사항

1) 매도인의 소유권이전채무와 매수인의 대금지급채무는 쌍무계약으로 인한 대가관계에 있는 것으로 부관과는 그 법적 성질이 다름

2) 조건을 붙이게 되면 법률행위의 효력이 불안정하게 되므로, 불안정을 꺼리는 법률행위에는 조건을 붙일 수 없다. 법률행위 가운데 조건을 붙일 수 없음이 명문으로 규정된 경우(민법 제493조 1항)도 있고, 법률행위의 효력이 확정적으로 발생하거나 존속할 것이 요구되는 가족법상의 법률행위나 어음·수표행위의 경우에는 조건을 붙일 수 없다.

3) 국토의 계획 및 이용에 관한 법률상 토지거래계약 허가구역 내의 토지에 관하여 허가를 배제하거나 잠탈하는 내용으로 매매계약이 체결된 경우에는 같은 법 제118조 제6항에 따라 그 계약은 체결된 때부터 확정적으로 무효이다. 그리고 이러한 허가의 배제·잠탈행위에는 토지거래허가가 필요한 계약을 허가가 필요하지 않은 것에 해당하도록 계약서를 허위로 작성하는 행위뿐만 아니라, 정상적으로는 토지거래허가를 받을 수 없는 계약을 허가를 받을 수 있도록 계약서를 허위로 작성하는 행위도 포함된다. (대판 2010. 6. 10. 2009다96328)

4) 건축주가 타인의 대지를 매수하여 연립주택을 신축하면서 대지 소유자와의 합의에 따라 대지 매매대금 채무의 담보를 위하여 그 연립주택에 관한 건축허가 및 그 소유

권보존등기를 대지 소유자의 명의로 하여 두었다면, 완성된 연립주택은 일단 이를 건축한 건축주가 원시적으로 취득한 후 대지 소유자 명의로 소유권보존등기를 마침으로써 담보 목적의 범위 내에서 대지 소유자에게 그 소유권이 이전되었다고 보아야 하고, 이러한 경우 원시취득인 건축주로부터 연립주택을 적법하게 임차하여 입주하고 있는 임차인에 대하여 대지 소유자가 그 소유자임을 내세워 명도를 구할 수는 없다. (대판 1996. 6. 28. 96다9218)

344쪽 ☑ 관련사례

1) 약혼예물의 수수는 약혼의 성립을 증명하고 혼인이 성립한 경우 당사자 내지 양가의 정리를 두텁게 할 목적으로 수수되는 것으로 혼인의 불성립을 해제조건으로 하는 증여와 유사한 성질을 가지므로, 예물의 수령자측이 혼인 당초부터 성실히 혼인을 계속할 의사가 없고 그로 인하여 혼인의 파국을 초래하였다고 인정되는 등 특별한 사정이 있는 경우에는 신의칙 내지 형평의 원칙에 비추어 혼인 불성립의 경우에 준하여 예물반환의무를 인정함이 상당하나, 그러한 특별한 사정이 없는 한 일단 부부관계가 성립하고 그 혼인이 상당 기간 지속된 이상 후일 혼인이 해소되어도 그 반환을 구할 수는 없으므로, 비록 혼인 파탄의 원인이 며느리에게 있더라도 혼인이 상당 기간 계속된 이상 약혼예물의 소유권은 며느리에게 있다. (대판 1996. 5. 14. 96다5506)

☑ 기타 검토사항

1) 정지조건은 법률행위의 효력의 발생을 장래의 불확실한 사실에 의존하게 하는 조건이고, 해제조건은 법률행위의 효력의 소멸을 장래의 불확실한 사실에 의존하게 하는 조건이다.

2) 상속재산 전부를 상속인 중 1인(을)에게 상속시킬 방편으로 그 나머지 상속인들이 상속포기신고를 하였으나 그 상속포기가 민법 제1019조 제1항 소정의 기간을 초과한 후에 신고된 것이어서 상속포기로서의 효력이 없더라도 을과 나머지 상속인들 사이에는 을이 고유의 상속분을 초과하여 상속재산 전부를 취득하고 나머지 상속인들은 그 상속재산을 전혀 취득하지 않기로 하는 의사의 합치가 있었다고 할 것이므로 그들 사이에 위와 같은 내용의 상속재산의 협의분할이 이루어진 것이라고 보아야 하고 공동상속인 상호간에 상속재산에 관하여 협의분할이 이루어짐으로써 공동상속인 중 1인이 고유의 상속분을 초과하여 상속재산을 취득하는 것은 상속개시 당시에 피상속인으로부터 상속에 의하여 직접 취득한 것으로 보아야 한다. (대판 1989. 9. 12. 88누9305)

347쪽 ☑ 관련사례

1) 이미 확정적으로 취득한 폐기물 소각처리시설 관련 권리를 포기하는 대신 상대방이

수주할 수 있는지 여부가 분명하지 않은 매립장 복원공사를 장차 그 상대방으로부터 하도급받기로 하는 내용의 약정을 체결한 사안에서, 위 약정은 상대방이 위 복원공사를 수주하지 못할 것을 해제조건으로 한 경개계약이라고 해석함이 상당하므로, 상대방이 위 복원공사를 수주하지 못하는 것으로 확정되면 위 약정은 효력을 잃게 되어 신채무인 위 복원공사의 하도급 채무는 성립하지 아니하고 구채무인 소각처리시설 관련 채무도 소멸하지 않는다. (대판 2007. 11. 15. 2005다31316)

2) 소취하시는 승소로 간주하여 성공보수를 지급한다는 변호사와 사건의뢰인 간의 특약은 의뢰인의 신의에 반한 행위를 제지하기 위한 것이므로, 승소의 가망있는 소송을 부당하게 취하하여 변호사의 조건부 권리를 침해하는 경우에 한하여 적용되고, 승소가망이 전혀 없는 소송취하의 경우에는 적용이 없다. (대판 1979. 6. 26. 77다2091)

3) 재산분할에 관한 협의는 혼인중 당사자 쌍방의 협력으로 이룩한 재산의 분할에 관하여 이미 이혼을 마친 당사자 또는 아직 이혼하지 않은 당사자 사이에 행하여지는 협의를 가리키는 것인바, 그 중 아직 이혼하지 않은 당사자가 장차 협의상 이혼할 것을 약정하면서 이를 전제로 하여 위 재산분할에 관한 협의를 하는 경우에 있어서는, 특별한 사정이 없는 한, 장차 당사자 사이에 협의상 이혼이 이루어질 것을 조건으로 하여 조건부 의사표시가 행하여지는 것이라 할 것이므로, 그 협의 후 당사자가 약정한대로 협의상 이혼이 이루어진 경우에 한하여 그 협의의 효력이 발생하는 것이지, 어떠한 원인으로든지 협의상 이혼이 이루어지지 아니하고 혼인관계가 존속하게 되거나 당사자 일방이 제기한 이혼청구의 소에 의하여 재판상 이혼(화해 또는 조정에 의한 이혼을 포함한다)이 이루어진 경우에는 위 협의는 조건의 불성취로 인하여 효력이 발생하지 않는다. (대판 2000. 10. 24. 99다33458)

☑ 기타 검토사항

1) 구 하도급거래 공정화에 관한 법률(2009. 4. 1. 법률 제9616호로 개정되기 전의 것, 이하 '구 하도급법'이라 한다) 및 구 하도급거래 공정화에 관한 법률 시행령(2010. 7. 21. 대통령령 제22297호로 전부 개정되기 전의 것, 이하 '구 하도급법 시행령'이라 한다)의 입법 취지를 고려하면 특별한 사정이 없는 한 도급인은 구 하도급법 시행령 제4조 제3항에 따라 수급인에 대한 대금지급의무를 한도로 하여 하도급대금의 직접지급의무를 부담하되, 구 하도급법 제14조 제4항에 따라 하수급인의 하도급대금에서 도급인이 수급인에게 이미 지급한 도급대금 중 당해 하수급인의 하도급대금에 해당하는 부분을 공제한 금액에 대하여 직접지급의무를 부담한다. (대판 2011. 7. 14. 2011다12194)

349쪽 ☑ 기타 검토사항

1) 소멸시효는 권리를 행사할 수 있는 때로부터 진행하며 여기서 권리를 행사할 수 있

478 해   설

는 때라 함은 권리행사에 법률상의 장애가 없는 때를 말하므로 정지조건부권리의 경우에는 조건 미성취의 동안은 권리를 행사할 수 없는 것이어서 소멸시효가 진행되지 않는다. (대판 1992. 12. 22. 92다28822; 대판 2009. 12. 24. 2007다64556)

2) 원고가 피고 교회의 담임 목사직을 자진은퇴하겠다는 의사를 표명한데 대하여 피고 교회에서 은퇴위로금으로 이건 부동산을 증여하기로 한 것이라면 이 증여는 원고의 자진사임을 조건으로 한 증여라고 보아야 할 것이므로 원고가 위 증여계약을 원인으로 피고에게 소유권이전등기를 구하려면 적어도 그후 자진사임함으로써 그 조건이 성취되었음을 입증할 책임이 있다. (대판 1984. 9. 25. 84다카967)

351쪽 ☑ 관련사례

1) 선투입비는 위 사업이 실패하게 되면 시행사가 위험을 부담하여야 하는 것이었던 점 등에 비추어 위 시행사의 선투입비 채권은 일정 기간 내에 일정 분양률이 충족되는 것을 정지조건으로 최대 90억 원까지 2순위로 지급받기로 약정된 것으로 보아야 한다. (대판 2011. 4. 28. 2010다89036)

2) 당사자가 불확정한 사실이 발생한 때를 이행기한으로 정한 경우에 있어서 그 사실이 발생한 때는 물론 그 사실의 발생이 불가능하게 된 때에도 이행기한은 도래한 것으로 보아야 하는 것이다. (대판 1989. 6. 27. 88다카10579)

3) 지방자치단체와 분쟁이 있던 은행이 분쟁해결을 위하여 지방자치단체가 청구권을 행사하지 않는 대신 지방자치단체의 문화시설 건립 비용을 부담하기로 하되 그 비용의 지급방법은 상호 협의에 의하여 정하기로 한 경우, 은행은 그 비용을 지방자치단체에 지급하되 그 이행시기를 지방자치단체와 협의가 성립한 때로 정한다는 의미로서 그 약정은 불확정기한부 화해계약이다. (대판 2002. 3. 29. 2001다41766)

4) 위 부관의 법적 성질을 거기서 정해진 사유가 발생하지 않는 한 언제까지라도 위 투자금을 반환할 의무가 성립하지 않는 정지조건이라기보다는 불확정기한으로 보아, 출자금반환의무는 위 약정사유가 발생하는 때는 물론이고 상당한 기간 내에 위 약정사유가 발생하지 않는 때에도 성립한다고 해석하는 것이 타당하다. (대판 2009. 5. 14. 선고 2009다16643)

353쪽 ☑ 관련사례

1) 상가건물의 점포를 분양하면서 분양대금을 완납하고 건물 준공 후 공부정리가 완료되는 즉시 소유권을 이전하기로 약정한 경우, 그 점포에 관한 소유권이전등기에 관하여 확정기한이 아니라 불확정기한을 이행기로 정하는 합의가 이루어진 것으로 보아야 할 것이며, 건설공사의 진척상황 및 사회경제적 상황에 비추어 분양대금이 완납되고 분양자가 건물을 준공한 날로부터 사용승인검사 및 소유권보존등기를 하는데 소요될 것으로 예상할 수 있는 합리적이고 상당한 기간이 경과한 때 그 이행기가

도래한다고 보아야 한다. (대판 2008. 12. 24. 2006다25745)

2) 일반적으로 건축중인 상가건물의 특정점포를 임차하면서 계약서에 그 점포의 인도시기(입점시기)를 기재하지 아니하고 건물의 준공예정일에 관한 설명만을 듣고서 그 점포에 관한 임대차계약을 체결한 경우, 그 점포의 인도시기에 관하여 당사자의 합리적인 의사는 확정기한을 이행기로 정한 것이라고 보기는 어렵고 불확정기한을 이행기로 정하는 합의가 이루어진 것으로 보아야 할 것이고, 그 불확정기한의 내용은 그 건설공사의 진척상황 및 사회경제적 상황에 비추어 예상할 수 있는 합리적인 공사지연기간이 경과한 때라고 하는, 매우 폭 넓고 탄력적인 것으로 보아야 한다. (대판 2000. 11. 28. 2000다7936)

3) 건축설계계약시 잔금은 공사착공시 지급하고 다만 공사착공이 건축허가일로부터 6개월을 초과하는 경우에는 허가일로부터 6개월 내에 지급하기로 약정한 경우, 잔금지급 약정의 경위와 계약의 목적 등에 비추어 볼 때, 계약체결 당시 계약이나 잔금지급채무의 효력을 공사착공 또는 건축허가의 성부에 의존케 할 의사로 위와 같이 약정하였다고 볼 수는 없고, 단지 잔금지급채무를 장래 도래할 시기가 확정되지 아니한 때로 유예 또는 연기한 것으로서 잔금지급채무의 시기에 관하여 불확정기한을 정한 것이라고 하여야 한다. (대판 1999. 7. 27. 98다23447)

354쪽　☑ 관련사례

1) 토지거래허가를 전제로 하는 매매계약의 경우 허가가 있기 전에는 매수인이나 매도인에게 그 계약내용에 따른 대금의 지급이나 소유권이전등기 소요서류의 이행제공의 의무가 있다고 할 수 없을 뿐 아니라, 매도인이 민법 제565조에 의하여 계약금의 배액을 제공하고 계약을 해제하고자 하는 경우에 이 해약금의 제공이 적법하지 못하였다면 해제권을 보유하고 있는 기간 안에 적법한 제공을 한 때에 계약이 해제된다고 볼 것이고, 매도인이 매수인에게 계약을 해제하겠다는 의사표시를 하고 일정한 기한까지 해약금의 수령을 최고하였다면, 중도금 등 지급기일은 매도인을 위하여서도 기한의 이익이 있는 것이므로 매수인은 매도인의 의사에 반하여 이행할 수 없다. (대판 1997. 6. 27. 97다9369)

2) 기한이익 상실의 특약은 그 내용에 의하여 일정한 사유가 발생하면 채권자의 청구 등을 요함이 없이 당연히 기한의 이익이 상실되어 이행기가 도래하는 것으로 하는 것(정지조건부 기한이익 상실의 특약)과 일정한 사유가 발생한 후 채권자의 통지나 청구 등 채권자의 의사행위를 기다려 비로소 이행기가 도래하는 것으로 하는 것(형성권적 기한이익 상실의 특약)의 두 가지로 대별할 수 있고, 이른바 형성권적 기한이익 상실의 특약이 있는 경우에는 그 특약은 채권자의 이익을 위한 것으로서 기한이익의 상실 사유가 발생하였다고 하더라도 채권자가 나머지 전액을 일시에 청구할 것인가 또는 종래대로 할부변제를 청구할 것인가를 자유로이 선택할 수 있으므로, 이

와 같은 기한이익 상실의 특약이 있는 할부채무에 있어서는 1회의 불이행이 있더라
도 각 할부금에 대해 그 각 변제기의 도래시마다 그 때부터 순차로 소멸시효가 진행
하고 채권자가 특히 잔존 채무 전액의 변제를 구하는 취지의 의사를 표시한 경우에
한하여 전액에 대하여 그 때부터 소멸시효가 진행한다. (대판 1997. 8. 29. 97다
12990; 대판 2002. 9. 4. 2002다28340; 대판 2010. 8. 26. 2008다42416, 42423)

355쪽 ☑ 기타 검토사항

1) 채무자는 기한의 이익을 포기할 수 있으므로 이행기 이전에도 채무를 변제할 수 있
   다. 다만 이행기 이전의 변제가 채권자에게 손해를 야기하는 경우에는 그 손해를 배
   상하여야 한다. 참고로 대판 2006. 2. 10. 2004다11599에서는 "민법 제565조가 해제
   권 행사의 시기를 당사자의 일방이 이행에 착수할 때까지로 제한한 것은 당사자의
   일방이 이미 이행에 착수한 때에는 그 당사자는 그에 필요한 비용을 지출하였을 것
   이고, 또 그 당사자는 계약이 이행될 것으로 기대하고 있는데 만일 이러한 단계에서
   상대방으로부터 계약이 해제된다면 예측하지 못한 손해를 입게 될 우려가 있으므로
   이를 방지하고자 함에 있고, 이행기의 약정이 있는 경우라 하더라도 당사자가 채무
   의 이행기 전에는 착수하지 아니하기로 하는 특약을 하는 등 특별한 사정이 없는 한
   이행기 전에 이행에 착수할 수 있다."고 하였다.
2) 기한의 이익이 누구에게 있는가에 따라 달라지는데, 기한의 이익이 채무자에게만 있
   는 경우에는 채무자는 남은 기간에 대한 이자를 부담하지 않지만, 기한의 이익이 채
   권자에게도 있는 경우에는 이행기까지의 이자도 함께 지급하여야 한다.

358쪽 ☑ 관련사례

1) 지방세법 제59조에 따르면 이 법 또는 이 법에 근거를 둔 조례에 정하는 기간의 계
   산에 있어서는 민법에 정하는 바에 의한다 하고 민법에서 기간의 계산은 초일을 산
   입하지 아니하는 것이 원칙이므로 내무부장관이 심사청구서를 접수한 날이 1978.
   10. 31이라면 지방세법 제38조제5조에 따른 내무부장관의 심사기간인 30일은 1978.
   11. 30로서 만료된다고 함이 분명하다 할 것이니 원심이 내무부장관의 심사기간을
   같은 해 11. 29까지라고 하였음은 위법하다. (대판 1981. 1. 13. 80누557)
2) 공무원임용령 제6조 제1항 본문의 규정에 의하면 공무원의 임용시기에 관하여 공무
   원은 임용장 또는 임용통지서에 기재된 일자에 임용된 것으로 본다고 되어 있고 이
   는 임용장 또는 임용통지서에 기재된 일자에 임용의 효과가 발생함을 말하는 것이므
   로, 임용 중 면직의 경우(같은령 제2조 제1호 참조)에는 면직발령장 또는 면직통지서
   에 기재된 일자에 면직의 효과가 발생하여 그날 영시(00:00)부터 공무원의 신분을
   상실한다. (대판 1985. 12. 24. 85누531)
3) 근로기준법 제19조 제1항 전단은 "평균임금이라 함은 이를 산정하여야 할 사유가

발생한 날 이전 3월간에 그 근로자에 대하여 지급된 임금의 총액을 그 기간의 총일
수로 제한 금액을 말한다."고 규정하고 있는바, 위의 사유가 발생한 날 이전 3월간
의 기산에 있어서 사유 발생한 날인 초일은 산입하지 않아야 한다. (대판 1996. 7. 9.
96누5469)

4) 민법 제155조는 "기간의 계산은 법령, 재판상의 처분 또는 법률행위에 다른 정한 바
가 없으면 본장의 규정에 의한다."고 규정하고 있으므로, 기간 계산에 있어서는 당
해 법령 등에 특별한 정함이 없는 한 민법의 규정에 따라야 한다. 한편 병역법 제88
조 제1항 제2호는 '공익근무요원 소집통지서를 받은 사람이 정당한 사유 없이 소집
기일부터 3일이 지나도 소집에 응하지 아니한 경우에는 3년 이하의 징역에 처한다.'
고 규정하고 있으나, 병역법은 기간 계산에 관하여 특별한 규정을 두고 있지 아니하
다. 따라서 병역법 제88조 제1항 제2호에서 정한 '소집기일부터 3일'이라는 기간을
계산할 때에도 기간 계산에 관한 민법의 규정이 적용되므로, 민법 제157조에 따라
기간의 초일은 산입하지 아니하고, 민법 제161조에 따라 기간의 말일이 토요일 또는
공휴일에 해당하는 때에는 기간은 그 익일로 만료한다고 보아야 한다. (대판 2012.
12. 26. 2012도13215)

360쪽 ☑ 관련사례

1) 국세기본법 제4조는 "이 법 또는 세법이 규정하는 기간의 계산은 이 법 또는 세법에
특별한 규정이 있는 것을 제외하고는 민법에 의한다."고 규정되어 있고 국세기본법
또는 다른 세법에 이의신청에 대한 결정기간의 말일에 관한 규정이 없으므로 그에
관하여는 민법 제161조의 규정에 따라 기간의 말일이 공휴일에 해당한 때에는 기간
은 그 익일로 만료한다. (대판 1987. 10. 13. 87누53)

2) 민법 제161조가 정하는 기간의 말일이 공휴일에 해당한 때에는 기간은 그 익일로
만료한다는 규정의 취의는 명문이 정하는 바와 같이 기간의 말일이 공휴일인 경우를
정하는 것이고, 이는 기간의 만료일이 공휴일에 해당함으로써 발생할 불이익을 막자
고 함에 그 뜻이 있는 것이므로 기간 기산의 초일은 이의적용이 없다고 풀이 하여야
할 것이다. (대판 1982. 2. 23. 81누204)

3) 근로기준법의 유급휴일인 근로자의 날이 보험약관에서 규정한 휴일(토요일과 「관공
서의 공휴일에 관한 규정」에서 정한 공휴일)에 해당되는가가 문제된 대법원 2000.
3. 28. 선고 2000다1440 판결에서는 "근로자의 날(5월 1일)은 「근로자의 날 제정에
관한 법률」에 의하여 근로기준법에 의한 유급휴일로 정하여진 날로서 「관공서의 공
휴일에 관한 규정」에 정한 공휴일에 해당하지 아니"한 것으로 판시하고 있다. 따라
서 민법 제161조에서 규정하는 공휴일에 근로자의 날은 포함되지 않는다.

363쪽 ☑ 관련사례

1) 부동산의 매수인이 매매 목적물을 인도받아 사용수익하고 있는 경우에는 그 매수인
의 이전등기청구권은 소멸시효에 걸리지 아니하나, 매수인이 그 목적물의 점유를 상
실하여 더 이상 사용수익하고 있는 상태가 아니라면 그 점유상실 시점부터 매수인의
이전등기청구권에 관한 소멸시효는 진행한다.

2) 부동산의 매수인이 그 부동산을 인도받은 이상 이를 사용수익하다가 그 부동산에 대
한 보다 적극적인 권리 행사의 일환으로 다른 사람에게 그 부동산을 처분하고 그 점
유를 승계하여 준 경우에도 그 이전등기청구권의 행사 여부에 관하여 그가 그 부동
산을 스스로 계속 사용수익만 하고 있는 경우와 특별히 다를 바 없으므로 위 두 어
느 경우에나 이전등기청구권의 소멸시효는 진행되지 않는다고 보아야 한다.

3) 부동산매수인이 부동산을 인도받아 타인에게 임대한 경우에도 매수인의 점유는 간접
점유의 형태로 계속되는 것이므로 매수인의 등기청구권은 소멸시효에 걸리지 않는
다.

4) 점유취득시효 완성으로 점유자가 등기부상 소유자에 대하여 갖는 소유권이전등기청
구권은 점유가 계속되는 한 소멸시효에 걸리지 않고, 점유를 상실한 때로부터 소멸
시효가 진행되는데, 사안에서 점유취득시효에 의해 등기청구권을 취득한 K교회가
위 부동산을 M에게 매도하고 점유를 이전하여 점유를 상실하였지만, 앞선 대판(전)
1999. 3. 18. 98다32175의 취지에 비추어 볼 때, 이는 적극적인 권리행사의 일환이
라고 볼 것이고, 따라서 이러한 점유승계의 경우에도 M의 점유가 계속되는 한 K교
회의 등기청구권은 소멸시효에 걸리지 않는다.

☑ 기타 검토사항

1) 소멸시효는 일정 기간 권리를 행사하지 않으면 권리를 소멸시키는 제도로서, 장기간
권리를 행사하지 않는 자는 보호할 가치가 없으며, 의무자가 실제 의무를 이행하였
음에도 장기간의 경과로 그 입증이 곤란하게 되어 이중변제의 위험에 빠지는 것을
방지하려는 데에 그 취지가 있다.

2) 실효의 원칙은 권리자가 장기간 권리를 행사하지 아니하여 상대방이 권리자가 더 이
상 권리를 행사하지 않으리라고 신뢰하고 그에 따라 행동하였는데 그 후 권리자가
그 권리의 행사를 주장하는 것은 신의칙에 반하여 허용되지 않는다는 원칙이다. 장
기간의 권리 불행사 요건은 소멸시효와 공통하지만, 실효의 원칙에서 권리 불행사
요건은 신의칙이 적용되기 위한 하나의 요소에 불과하며, 소멸시효에서 그 권리 불
행사기간은 획일적인데 반하여 실효의 원칙에서는 구체적 상황에 따라 개별적으로
결정되며, 소멸시효기간이 적용되지 않는 권리(예: 형성권)에 대해서도 실효의 원칙
이 적용될 수 있는 점에 차이가 있다.

3) 제척기간은 법률이 정한 권리의 존속기간을 말한다. 일정 기간 권리를 행사하지 않으면 권리가 소멸되는 점에서 소멸시효(절대적 소멸설을 취하는 경우)와 제척기간은 동일하다. 그러나 제척기간에는 소멸시효와 달리 통상적으로 중단이나 정지가 인정되지 않으며, 소송에서 당사자의 주장이 없더라도 법원이 직권으로 고려하여야 하며, 권리 소멸의 효과가 소급하지 않으며, 시효이익의 포기도 인정되지 않는다. 양자는 통상 법률 문언에 의해 구별하는데, "시효로 인하여 소멸한다" 혹은 "소멸시효가 완성한다"는 표현이 있는 경우에는 소멸시효기간이고 그러한 표현이 없으면 제척기간이라고 한다.

365쪽 ☑ 관련사례

1) 진정한 명의의 회복을 구하는 소유권이전등기청구권은 실체관계에 부합하지 않는 무효의 등기에 대해 진정한 소유자가 말소등기를 청구하는 대신에 소유권이전등기를 청구하는 것으로서 그 성질이 물권적 청구권이어서 소멸시효에 걸리지 않는다.

2) 이러한 경우 명의신탁자가 당해 부동산의 회복을 위해 명의수탁자에 대해 가지는 소유권이전등기청구권은 그 성질상 부당이득반환청구권으로서 10년의 기간이 경과함으로써 시효로 소멸한다.

3) 정산절차를 예정하고 있는 약한 의미의 양도담보에서는 채무의 변제기가 도과된 이후라 할지라도 채권자가 그 담보권을 실행하여 정산을 하기 전에는 채무자는 언제든지 채무를 변제하고 목적부동산에 경료된 소유권이전등기의 말소를 구할 수 있으며, 이러한 소유권이전등기말소청구권은 소멸시효에 걸리지 않는다.

☑ 기타 검토사항

1) A가 회사 B의 사원임의 확인을 구하는 청구는 A와 B 사이에 개별적으로 구체화되어 존재하는 고용계약상의 권리의무, 예컨대 임금청구권 재해보상청구권, 휴업수당청구권, 퇴직금청구권 등과 이에 대응하는 의무들의 확인을 구하는 것이 아니라 이들 권리의무의 전제가 되고 또한 이들이 파생되어 나온 기본적인 고용에 관한 법률관계 그 자체의 확인을 구하는 취지이며, 이러한 법률관계를 소멸시효의 대상이 되는 민법 제162조 제1항의 채권이라 할 수 없다(대판 1990. 8. 28. 90다카9619).

2) 미성년의 자녀를 양육한 자가 공동 양육의무자인 다른 쪽 상대방에 대하여 과거 양육비의 지급을 구하는 권리는 당초에는 기본적으로 친족관계를 바탕으로 하여 인정되는 하나의 추상적인 법적 지위이었던 것이 당사자의 협의 또는 당해 양육비의 내용 등을 재량적·형성적으로 정하는 가정법원의 심판에 의하여 구체적인 청구권으로 전환됨으로써 비로소 보다 뚜렷하게 독립한 재산적 권리로서의 성질을 가지게 되는 것으로서, 당사자의 협의 또는 가정법원의 심판에 의하여 구체적인 지급청구권으로 성립하기 전에는 과거 양육비에 관한 권리는 양육자가 그 권리를 행사할 수 있는 재

산권에 해당한다고 할 수 없으므로 그 상태에서는 소멸시효가 진행할 여지가 없다고 보아야 한다(대결 2011. 8. 16. 2010스85).

367쪽 ☑ 관련사례

1) 징발재산정리에관한특별조치법 제20조 소정의 환매권은 일종의 형성권으로서 그 존속기간 (국방부장관으로부터 환매권행사의 통지가 있은 경우에는 위 법조 제3항에 의하여 그때로부터 3월, 그렇지 않은 경우에는 환매권이 발생한 날 즉 징발재산의 전부 또는 일부가 군사상 필요없게 된 때로부터 10년)은 제척기간으로 보아야 하며, 위 환매권은 재판상이든 재판외이든 위 기간 내에 이를 행사하면 이로써 매매의 효력이 생기는 것이고 반드시 위 기간 내에 재판상 행사하여야 되는 것은 아니며, 또한 환매권의 행사로 발생한 소유권이전등기청구권은 위 기간 제한과는 별도로 환매권을 행사한 때로부터 일반채권과 같이 10년의 소멸시효기간이 진행되는 것이지 위 제척기간 내에 이를 행사하여야 하는 것은 아니다.

2) 매매예약완결권은 제척기간의 적용을 받으며, 제척기간은 기간의 중단이 있을 수 없으므로, 비록 A가 1989. 7. 28. B 등에게 이 사건 토지에 대한 그들의 지분을 인정하는 합의각서를 작성하여 준 사실이 있다고 하더라도, 위 매매예약완결권은 예약일인 1979. 8. 23.부터 10년이 되는 1989. 8. 23.이 경과함으로써 소멸되었으므로 A의 청구는 타당하지 않다.

3) 채권양도의 통지는 그 양도인이 채권이 양도되었다는 사실을 채무자에게 알리는 것에 그치는 행위이므로, 그것만으로 제척기간의 준수에 필요한 권리의 재판 외 행사에 해당한다고 할 수 없다. 따라서 A 아파트 입주자대표회의가 스스로 하자담보추급에 의한 손해배상청구권을 가짐을 전제로 하여 직접 B 분양회사를 상대로 손해배상청구소송을 제기하였다가, 그 소송 계속 중에 정당한 권리자인 구분소유자들로부터 그 손해배상채권을 양도받고 분양자에게 그 통지가 마쳐진 후 그에 따라 소를 변경한 경우, 그 채권양도통지에 채권양도의 사실을 알리는 것 외에 그 이행을 청구하는 뜻이 별도로 덧붙여지거나 그 밖에 구분소유자들이 재판 외에서 그 권리를 행사하였다는 등의 특별한 사정이 없는 한, 위 손해배상청구권은 A 입주자대표회의가 위와 같이 소를 변경한 시점에 비로소 행사된 것으로 보아야 한다.

☑ 기타 검토사항

1) 양자는 통상 법률 문언에 의해 구별하는데, "시효로 인하여 소멸한다" 혹은 "소멸시효가 완성한다"는 표현이 있는 경우에는 소멸시효기간이고 그러한 표현이 없으면 제척기간이라고 한다.

2) 가등기는 부동산 물권변동을 목적으로 하는 청구권을 보전하기 위해 하는 것이므로 (부동산등기법 제88조) 형성권인 예약완결권을 가등기할 수는 없고, 예약완결권을 가

등기할 수 있다는 것은 장차 예약완결권을 행사하였을 경우에 발생할 장래의 부동산 물권변동을 목적으로 하는 청구권(예를 들어 소유권이전청구권)을 가등기할 수 있다는 의미이다.

3) 하자담보책임에 기한 매수인의 손해배상청구권에 대하여는 민법 제582조의 제척기간이 적용되고, 이는 법률관계의 조속한 안정을 도모하고자 하는 데에 취지가 있다. 그런데 하자담보책임에 기한 매수인의 손해배상청구권은 권리의 내용·성질 및 취지에 비추어 민법 제162조 제1항의 채권 소멸시효규정이 적용되고, 민법 제582조의 제척기간 규정으로 인하여 소멸시효 규정의 적용이 배제된다고 볼 수 없으며, 이때 다른 특별한 사정이 없는 한 매수인이 매매 목적물을 인도받은 때부터 소멸시효가 진행한다고 해석함이 타당하다. (수급인의 하자담보책임에 기한 도급인의 손해배상청구권에 대하여 제척기간과 소멸시효기간이 경합하여 적용된다는 판결로는 대판 2012. 11. 15. 2011다56491이 있다)

370쪽 ☑ 관련사례

1) 양도소득에 대하여는 그 과세표준 확정신고 기간만료일의 다음날인 1976. 3. 1.부터 양도소득세의 부과징수를 할 수 있으므로, 이때부터 양도소득세 부과징수권의 5년의 소멸시효기간이 완성된 1981년 2월 말일이 경과함으로써 양도소득에 관한 조세채권은 시효로 소멸되었으며, 따라서 1983. 2. 7.의 양도소득세 부과처분은 위법하다. 그리고 A로부터 양도차익예정신고나 과세표준 확성신고가 없어서 소유권이전등기가 경료되기까지 과세관청이 그 양도사실을 모르고 있었더라도 그와 같은 사유는 권리행사를 할 수 없는 법률상의 장애사유에는 해당하지 아니하므로 소멸시효 진행에 아무런 영향을 미치지 않는다.

2) 과세처분이 당연무효의 처분이어서 A가 납부한 세금은 법률상 원인 없는 오납금이 되어 부당이득반환청구권이 발생한 것인데, A가 이러한 부당이득반환청구권을 실행하기 위하여 먼저 그 권리의 기본적 법률관계인 위 각 과세처분에 대한 취소 또는 무효확인을 구하는 행정소송은 그 과세처분으로 오납한 조세에 대한 부당이득반환청구권을 실현하기 위한 수단으로서 권리 위에 잠자는 것이 아님을 표명한 것으로 볼 수 있으므로, 과오납시에 발생한 위 부당이득반환청구권의 소멸시효를 중단시키는 재판상 청구에 해당한다. 따라서 과오납금에 대한 부당이득반환청구권의 소멸시효는 당연무효 판결이 확정된 때부터 다시 진행한다.

3) 건물에 관한 소유권이전등기청구권에서 건물이 완공되지 아니하여 이를 행사할 수 없었다는 사유는 법률상의 장애사유에 해당하므로, A의 소유권이전등기청구권의 소멸시효는 매매계약 체결일이 아니라 건물이 완공된 1995. 9.경부터 진행한다.

371쪽 ☑ 기타 검토사항

1) 소멸시효의 기산일은 채무의 소멸이라고 하는 법률효과 발생의 요건에 해당하는 소멸시효기간 계산의 시발점으로서 소멸시효 항변의 법률요건을 구성하는 구체적인 사실에 해당하므로 이는 변론주의의 적용대상이며, 따라서 본래의 소멸시효 기산일과 당사자가 주장하는 기산일이 서로 다른 경우 법원은 변론주의 원칙상 당사자가 주장하는 기산일을 기준으로 소멸시효를 계산하여야 하는데, 이는 당사자가 본래의 기산일보다 뒤의 날짜를 기산일로 하여 주장하는 경우는 물론이고, 그 반대의 경우에도 마찬가지이다. 왜냐하면 본래의 기산일이 당사자 주장하는 기산일보다 뒤의 날짜라 하여 법원이 본래의 기산일에 따라 소멸시효 기간을 인정하게 되면 그 기간 가운데에는 당사자가 주장한 기간 속에 들어 있지 아니한 부분이 있어 위 양자 사이에 전체가 부분을 포함하는 관계가 있다고는 할 수 없으므로 법원의 인정 사실은 당사자의 주장 사실과 전혀 별개의 것으로서 양자 사이에는 동일성이 없다 할 것이고, 나아가 당사자가 주장하는 기산일을 기준으로 심리·판단하여야만 상대방으로서도 법원이 임의의 날을 기산일로 인정하는 것에 의하여 예측하지 못한 불이익을 받음이 없이 이에 맞추어 권리를 행사할 수 있는 때에 해당하는지의 여부 및 소멸시효의 중단 사유가 있었는지의 여부 등에 관한 공격방어방법을 집중시킬 수 있기 때문이다. 따라서 A가 물품대금 채무에 대하여 거래 종료 시점인 1990. 9. 30.을 기산점으로 하여 소멸시효 완성의 항변을 하였는데, 법원이 그로부터 6개월 후인 1991. 3. 30.을 기산점으로 하여 소멸시효가 완성되었다고 판단한 것은 변론주의에 위배된다(대판 1995. 8. 25. 94다35886).

372쪽 ☑ 관련사례

1) 대상청구권은 매매 목적물의 수용 또는 국유화로 인하여 매도인의 소유권이전등기의무가 이행불능 되었을 때 매수인이 그 권리를 행사할 수 있으므로, 그 때부터 소멸시효도 진행하는 것이 원칙이지만, 국유화가 된 사유의 특수성과 법규의 미비 등으로 그 보상금의 지급을 구할 수 있는 방법이나 절차가 없다가 상당한 기간이 지난 뒤에야 보상금청구의 방법과 절차가 마련된 경우라면, 대상청구권자로서는 그 보상금청구의 방법이 마련되기 전에는 대상청구권을 행사하는 것이 불가능하였던 것이므로, 이러한 경우에는 보상금을 청구할 수 있는 방법이 마련된 시점부터 대상청구권에 대한 소멸시효가 진행한다.

2) 소멸시효의 진행은 당해 청구권이 성립한 때로부터 발생하고 원칙적으로 권리의 존재나 발생을 알지 못하였다고 하더라도 소멸시효의 진행에 장애가 되지 않는 것이지만, 법인의 이사회결의가 부존재함에 따라 발생하는 부당이득반환청구권처럼 법인이나 회사의 내부적인 법률관계가 개입되어 있어 청구권자가 권리의 발생 여부를 객관

적으로 알기 어려운 상황에 있고 청구권자가 과실 없이 이를 알지 못한 경우에는 이사회결의부존재확인판결의 확정과 같이 객관적으로 청구권의 발생을 알 수 있게 된 때로부터 소멸시효가 진행된다고 보는 것이 타당하다.

374쪽 ☑ 관련사례

1) 우수현상광고의 광고자로서 당선자에게 일정한 계약을 체결할 의무가 있는 자가 그 의무를 위반함으로써 계약의 종국적인 체결에 이르지 않게 되어 상대방이 그러한 계약체결의무의 채무불이행을 원인으로 하는 손해배상을 청구한 경우, 그 손해배상청구권은 계약이 체결되었을 경우에 취득하게 될 계약상의 이행청구권과 실질적이고 경제적으로 밀접한 관계가 형성되어 있기 때문에, 그 손해배상청구권의 소멸시효기간은 계약이 체결되었을 때 취득하게 될 이행청구권에 적용되는 소멸시효기간에 따른다. 우수현상광고의 당선자인 B는 광고주인 A 교회에 대하여 기본 및 실시설계계약의 체결을 청구할 수 있는 권리를 가지며, 이러한 청구권에 기하여 계약이 체결되었을 경우에 취득하게 될 계약상의 이행청구권은 "설계에 종사하는 자의 공사에 관한 채권"으로서 민법 제163조 제3호에 따라 3년의 단기소멸시효가 적용되므로, 위의 기본 및 실시설계계약 체결의무의 불이행으로 인한 손해배상청구권의 소멸시효 역시 3년의 단기소멸시효가 적용된다. 또한 채무불이행으로 인한 손해배상청구권의 소멸시효는 채무불이행시로부터 진행하며, A 교회가 1993. 11. 17. B에게 3일 안에 A 교회의 안을 수용하지 않으면 계약을 체결할 의사가 없음을 최종적으로 통보하였으므로, 이러한 이행거절에 의한 손해배상청구권의 소멸시효는 1993. 11. 21.부터 진행하여 B가 소송을 제기한 1997. 1. 당시 이미 3년이 경과하였다. 따라서 A 교회의 소멸시효 완성의 항변은 타당하다.
2) 소유권이전등기의무의 이행불능으로 인한 전보배상청구권의 소멸시효는 이전등기의무가 이행불능 상태에 돌아간 때로부터 진행되며, 매매의 목적이 된 부동산에 관하여 제3자의 처분금지가처분의 등기가 기입되었다 할지라도, 이는 단지 그에 저촉되는 범위 내에서 가처분채권자에게 대항할 수 없는 효과가 있다는 것일 뿐 그것에 의하여 곧바로 부동산 위에 어떤 지배관계가 생겨서 채무자가 그 부동산을 임의로 타에 처분하는 행위 자체를 금지하는 것은 아니라 하겠으므로, 그 가처분등기로 인하여 바로 계약이 이행불능으로 되는 것은 아니고, 제3자 앞으로 소유권이전등기가 경료되는 등 사회거래의 통념에 비추어 계약의 이행이 극히 곤란한 사정이 발생하는 때에 비로소 이행불능으로 된다.

☑ 기타 검토사항

1) 주류외상대금채권과 같이 상인이 판매한 상품의 대가는 민법 제163조 제6호에 따라 3년간 이를 행사하지 아니하면 소멸시효가 완성된다 할 것이다. 또한 계속적 물품공

급계약에 기하여 발생한 외상대금채권은 특별한 사정이 없는 한 개별 거래로 인한 각 외상대금채권이 발생한 때로부터 개별적으로 소멸시효가 진행하는 것이지 거래종료일부터 외상대금채권 총액에 대하여 한꺼번에 소멸시효가 기산한다고 할 수 없는 것이다. 따라서 A의 주류외상대금채권은 각각 주류외상판매가 중단된 1973. 8. 5. 이전에 발생한 것이고, A가 지급명령을 신청한 1976. 12. 20. 당시에는 이미 3년의 소멸시효가 완성되었으므로 B의 항변은 타당하다(대판 1978. 3. 28. 77다2463).

378쪽 ☑ 관련사례

1) 위의 기한이익 상실약정은 형성권적 기한이익 상실특약이라고 보아야 하며, 이러한 특약이 있는 할부채무에 있어서는 1회의 불이행이 있더라도 각 할부금에 대해 각 변제기의 도래시마다 그 때부터 순차로 소멸시효가 진행하고, 채권자가 특히 잔존채무 전액의 변제를 구하는 취지의 의사를 표시한 경우에 한하여 전액에 대하여 그 때부터 소멸시효가 진행하는 것인데, A가 이러한 전액 변제의 의사표시를 한 바 없다. 따라서 B의 할부원리금채무 중 A의 압류에 의해 소멸시효 진행이 중단된 1998. 7. 15. 시점부터 역산하여 10년(소멸시효기간)이 되는 시점인 1988. 7. 15. 전에 변제기에 도달한 각 할부원리금채무는 소멸시효가 완성되었으나, 변제기가 그 이후인 각 할부원리금채무는 소멸시효가 완성되지 않았으므로 B의 근저당권말소청구는 타당하지 않다.

2) 부동산에 대한 매매대금 채권이 소유권이전등기청구권과 동시이행의 관계에 있다 할지라도 매도인은 매매대금의 지급기일 이후 언제라도 그 대금의 지급을 청구할 수 있는 것이며, 다만 매수인은 매도인으로부터 그 이전등기에 관한 이행의 제공을 받기까지 그 지급을 거절할 수 있는 데 지나지 아니하므로 매매대금청구권은 그 지급기일 이후부터 소멸시효가 진행된다. 사안에서 매수대금잔금 지급기일인 1964. 12. 3.부터 이미 10년이 경과하였으므로, B의 매매대금채권은 소멸시효의 완성으로 소멸하였다.

3) B 회사와 A 사이의 매립지양도약정은 B 회사의 영업을 위하여 한 상행위에 해당하므로 위 약정에 따라 발생한 A의 소유권이전등기청구권은 상사채권으로서 5년의 단기소멸시효에 걸린다. 한편 매립지 중 100평을 선택하는 권한이 누구에게 있는지에 관하여 당초 약정이 없었으므로 민법 제380조에 의하여 채무자인 B 회사에게 있다고 볼 것이고, B 회사가 선택권을 행사하지 아니하는 경우에는 민법 제381조에 따라서 채권자인 A가 상당한 기간을 정하여 그 선택을 최고할 수 있고, 그래도 B 회사가 그 기간 내에 선택하지 아니할 때에 A가 선택할 수 있다. 따라서 A의 소유권이전등기청구권의 기산점은 자신이 100평의 선택권을 행사할 수 있는 때, 즉 B 회사가 100평을 선택할 수 있음에도 선택하지 아니한 때로부터 상당한 기간이 경과한 때라고 보아야 한다. 그런데 B 회사 명의의 소유권보존등기가 경료되고 도시계획결

정 및 지적고시가 이루어져 B 회사가 소유할 토지의 위치와 면적이 확정되어 공부
상 정리가 마쳐진 1987. 2. 26.에는 B 회사가 100평의 선택권을 행사할 수 있으므로,
이때부터 선택권을 행사하는 데 필요한 상당한 기간이 경과한 날로부터 A의 소유권
이전등기청구권의 소멸시효가 진행한다. 따라서 A의 소유권이전등기청구권은 늦어도
위 상당한 기간이 경과한 날로부터 상사소멸시효기간 5년이 경과한 1992. 3. 26.경에
는 소멸하였다고 볼 것이다.

379쪽 ☑ 기타 검토사항

1) 소멸시효를 원용할 수 있는 자는 권리의 소멸에 의하여 직접 이익을 받는 자에 한정
되며, 채권담보의 목적으로 담보물을 제공한 물상보증인과 담보목적물에 대한 제3취
득자(대판 1995. 7. 11. 95다12446 참조)는 피담보채권의 소멸에 의하여 직접이익을
받는 자라 할 것이므로, 피담보채권에 관하여 소멸시효가 완성된 경우 이를 원용할
수 있다.

2) 어음금채무는 원인채무인 물품대금채무와 별개로 만기일로부터 3년간 행사하지 아니
하면 소멸시효가 완성한다. 어음채무는 무인성 원칙에 따라 원칙적으로 원인채무의
무효 또는 소멸에 의해 영향을 받지 않으나, 직접의 어음당사자 간에는 원인채무의
무효 또는 소멸을 이유로 어음채무의 이행을 거절할 수 있다(어음법 제17조 참조).
예를 들어 약속어음의 발행인과 수취인 사이의 원인채무가 시효소멸한 경우, 약속어
음의 발행인은 수취인의 어음금지급 청구에 대해 이를 거절할 수 있다(대판 1993.
11. 9. 93다16390 참조). 따라서 A의 乙에 대한 물품대금채무가 시효로 소멸하였다
면, A는 乙의 어음금 지급청구에 대해서도 원인채무의 시효소멸을 이유로 거절할 수
있다.

384쪽 ☑ 관련사례

1) 보증채무는 주채무와는 별개의 독립한 채무이므로 보증채무와 주채무의 소멸시효기
간은 채무의 성질에 따라 각각 별개로 정해진다. 그리고 주채무자에 대한 확정판결
에 의하여 민법 제163조 각 호의 단기소멸시효에 해당하는 주채무의 소멸시효기간
이 10년으로 연장된 상태에서 주채무를 보증한 경우, 특별한 사정이 없는 한 보증채
무에 대하여는 민법 제163조 각 호의 단기소멸시효가 적용될 여지가 없고, 성질에
따라 보증인에 대한 채권이 민사채권인 경우에는 10년, 상사채권인 경우에는 5년의
소멸시효기간이 적용된다.

☑ 기타 검토사항

1) 상속채무를 부담하게 된 상속인의 행위가 단순히 피상속인에 대한 사망신고 및 상속
부동산에 대한 상속등기를 게을리 함으로써 채권자로 하여금 사망한 피상속인을 피

신청인으로 하여 상속부동산에 대하여 당연 무효의 가압류를 하도록 방치하고 그 가압류에 대하여 이의를 제기하거나 피상속인의 사망 사실을 채권자에게 알리지 않은 정도에 그치고, 그 외 달리 채권자의 권리 행사를 저지·방해할 만한 행위에 나아간 바 없다면 위와 같은 소극적인 행위만을 문제 삼아 상속인의 소멸시효 완성 주장이 신의성실의 원칙에 반하여 권리남용으로서 허용될 수 없다고 볼 것은 아니다.

387쪽 ☑ 관련사례

1) 채권양도에 의하여 채권은 그 동일성을 잃지 않고 양도인으로부터 양수인에게 이전되며, 이는 채권양도의 대항요건을 갖추지 못하였다고 하더라도 마찬가지인 점, 민법 제149조의 "조건의 성취가 미정한 권리의무는 일반규정에 의하여 처분, 상속, 보존 또는 담보로 할 수 있다."는 규정은 대항요건을 갖추지 못하여 채무자에게 대항하지 못한다고 하더라도 채권양도에 의하여 채권을 이전받은 양수인의 경우에도 그대로 준용될 수 있는 점, 채무자를 상대로 재판상의 청구를 한 채권의 양수인을 '권리 위에 잠자는 자'라고 할 수 없는 점 등에 비추어 보면, 비록 대항요건을 갖추지 못하여 채무자에게 대항하지 못한다고 하더라도 채권의 양수인이 채무자를 상대로 재판상의 청구를 하였다면 이는 소멸시효 중단사유인 재판상의 청구에 해당한다.

2) 원인채권의 지급을 확보하기 위한 방법으로 어음이 수수된 경우 원인채권과 어음채권은 별개로서 채권자는 그 선택에 따라 권리를 행사할 수 있고, 원인채권에 기하여 청구를 한 것만으로는 어음채권 그 자체를 행사한 것으로 볼 수 없어 어음채권의 소멸시효를 중단시키지 못하는 것이지만, 다른 한편, 이러한 어음은 경제적으로 동일한 급부를 위하여 원인채권의 지급수단으로 수수된 것으로서 그 어음채권의 행사는 원인채권을 실현하기 위한 것일 뿐만 아니라, 원인채권의 소멸시효는 어음금 청구소송에 있어서 채무자의 인적항변 사유에 해당하는 관계로 채권자가 어음채권의 소멸시효를 중단하여 두어도 채무자의 인적항변에 따라 그 권리를 실현할 수 없게 되는 불합리한 결과가 발생하게 되므로, 채권자가 어음채권에 기하여 청구를 하는 반대의 경우에는 원인채권의 소멸시효를 중단시키는 효력이 있다고 봄이 상당하다.

☑ 기타 검토사항

1) 일부청구에 대한 판결의 기판력이 잔부청구에도 미치는지 여부에 대해, 다수설 및 판례는 일부청구임을 명시한 경우에는 그 일부만이 소송물이 되고 잔부청구에 기판력이 미치지 않지만, 일부청구임을 명시하지 않았으면 그 청구는 채권 전체를 주장한 것으로 되어 채권 전부가 소송물이 되고 잔부청구는 기판력에 저촉된다고 한다. 따라서 전소에서 일부청구임을 명시한 경우에만 후소에서 나머지 부분의 청구가 가능하다.

2) 재판상 청구는 소송의 각하, 기각, 취하의 경우에는 시효중단의 효력이 없고, 다만

각하 또는 취하의 경우에는 6월 내에 다시 재판상 청구 등을 하면 시효는 중단되지만(민법 제170조), 이러한 조치가 없으면 재판외 최고의 효력만 있다(대판 1987. 12. 22. 87다카2337 참조). 반면에 기각판결이 확정된 경우에는 청구권의 부존재가 확정됨으로써 중단의 효력이 생길 수 없으므로 청구기각판결의 확정 후 재심을 청구하였다 하더라도 시효의 진행이 중단되지 않는다(대판1992. 4. 24. 92다6983 참조).

3) 재판상 청구에 의하여 중단된 소멸시효는 재판이 확정된 때로부터 새로 진행하며(민법 제178조), 판결에 의해 확정된 채권은 단기 소멸시효에 해당한 것이라도 그 소멸시효기간이 10년으로 된다(제165조).

389쪽 ☑ 관련사례

1) 타인의 채무를 담보하기 위하여 자기의 물건에 담보권을 설정한 물상보증인은 채권자에 대하여 물적 유한책임을 지고 있어 그 피담보채권의 소멸에 의하여 직접 이익을 받는 관계에 있으므로 소멸시효의 완성을 주장할 수 있지만, 채권자에 대하여는 아무런 채무도 부담하고 있지 아니하므로, 물상보증인이 그 피담보채무의 부존재 또는 소멸을 이유로 제기한 저당권설정등기 말소등기절차이행청구소송에서 채권자 겸 저당권자가 청구기각의 판결을 구하고 피담보채권의 존재를 주장하였다고 하더라도 이로써 직접 채무자에 대하여 재판상 청구를 한 것으로 볼 수는 없는 것이므로 피담보채권의 소멸시효에 관하여 규정한 민법 제168조 제1호 소정의 '청구'에 해당하지 아니한다.

2) 피고의 응소행위를 재판상청구에 준하는 권리의 주장으로 본다고 하더라도 그 소송의 결과 피고 패소판결이 선고되고 그 판결이 그대로 확정되었다면 위 응소행위에 시효중단의 효력은 생길 수 없다.

3) 시효를 주장하는 자가 원고가 되어 소를 제기한 경우에 있어서, 피고가 응소행위를 하였다고 하여 바로 시효중단의 효과가 발생하는 것은 아니고, 변론주의 원칙상 시효중단의 효과를 원하는 피고로서는 당해 소송 또는 다른 소송에서의 응소행위로서 시효가 중단되었다고 주장하지 않으면 아니 되고, 피고가 변론에서 시효중단의 주장 또는 이러한 취지가 포함되었다고 볼 만한 주장을 하지 아니하는 한, 피고의 응소행위가 있었다는 사정만으로 당연히 시효중단의 효력이 발생한다고 할 수는 없다. 유사한 판결로 대판 2007. 1. 11. 2006다33364(제3취득자가 제기한 소에서 채권자가 응소행위를 한 경우)가 있다.

390쪽 ☑ 기타 검토사항

1) 응소행위로 인한 시효중단의 효력은 피고가 현실적으로 권리를 행사하여 응소한 때에 발생하며, 원고가 피고를 상대로 소를 제기한 때로 소급하여 발생하는 것이 아니다(대판 2005. 12. 23. 2005다59383 · 59390 참조).

393쪽 ☑ 관련사례

1) 소멸시효의 존재이유는 영속된 사실상태를 존중하고 권리 위에 잠자는 자를 보호하지 않는다는 데에 특히 의미가 있으므로 권리자가 재판상 권리를 주장하여 권리 위에 잠자는 것이 아님을 표명한 때에는 시효중단사유가 되는 것이고, 이러한 시효중단사유로서의 재판상 청구에는 그 권리 자체의 이행청구나 확인청구를 하는 경우만이 아니라 그 권리가 발생한 기본적 법률관계에 관한 확인청구를 하는 경우에도 그 법률관계의 확인청구가 이로부터 발생한 권리의 실현수단이 될 수 있어 권리 위에 잠자는 것이 아님을 표명한 것으로 볼 수 있을 때에는 그 기본적 법률관계에 관한 확인청구도 이에 포함된다고 보는 것이 타당하다. 따라서 면직된 교직원이 학교법인을 상대로 제기한 의원면직처분 무효확인청구의 소는 그 교직원의 학교법인에 대한 급여청구의 한 실현수단이 될 수 있어 소멸시효의 중단사유로서의 재판상 청구에 해당한다.

☑ 기타 검토사항

1) 형사소송은 피고인에 대한 국가형벌권의 행사를 그 목적으로 하는 것이므로, 피해자가 형사소송에서 소송촉진등에관한특례법에서 정한 배상명령을 신청한 경우를 제외하고는 단지 피해자가 가해자를 상대로 고소하거나 그 고소에 기하여 형사재판이 개시되어도 이를 가지고 소멸시효의 중단사유인 재판상의 청구로 볼 수는 없다(대판 1999. 3. 12. 98다18124 참조).

395쪽 ☑ 관련사례

1) 시효중단제도는 그 제도의 취지에 비추어 볼 때 이에 관한 기산점이나 만료점은 원권리자를 위하여 너그럽게 해석하는 것이 상당하다. 민법 제174조 소정의 시효중단사유로서의 최고도 채무이행을 최고받은 채무자가 그 이행의무의 존부 등에 대하여 조사를 해 볼 필요가 있다는 이유로 채권자에 대하여 그 이행의 유예를 구한 경우에는 채권자가 그 회답을 받을 때까지는 최고의 효력이 계속된다고 보아야 하므로 같은 조 소정의 6월의 기간은 채권자가 채무자로부터 회답을 받은 때로부터 기산되는 것이라고 해석하여야 한다. 따라서 A가 국방부장관에게 토지를 반환해 달라는 취지의 진정서를 제출한 것은 소멸시효 중단사유가 되는 최고에 해당하고 국방부장관이 1991. 12. 4. 회신한 것은 A의 청구권의 존부에 관한 조사를 위하여 위 진정에 대한 조사와 심의, 결정을 통보할 때까지 이행의 유예를 구한 것에 해당하므로, 1993. 2. 5. 확정적인 거절의 의사표시를 담은 회신이 있기까지는 6월의 기간이 진행하지 않는다. 따라서 소멸시효는 완성되지 않았다. (동지: 대판 2010. 5. 27. 2010다9467)

2) A의 신청에 의한 경매개시결정에 따라 B의 X토지가 압류됨으로써 A의 B에 대한 채

권의 소멸시효는 중단되었지만, 압류에 의한 시효중단의 효력은 다른 연대채무자에게 미치지 아니하므로, 경매개시결정에 의한 시효중단의 효력을 C에게 주장할 수 없다. 다만 A의 경매신청은 최고로서의 효력을 가지고 있고, 연대채무자에 대한 이행청구는 다른 연대채무자에게도 효력이 있으므로, A가 B의 토지에 대해 경매신청을 한 후 6월내에 C를 상대로 재판상의 청구를 하였다면 A의 C에 대한 채권의 시효는 경매신청을 한 때부터 중단된다. 또한 이렇게 중단된 시효는 (B에 대한 경매절차가 종료된 때가 아니라) C에 대한 재판이 확정된 때로부터 새로 진행된다. 사안에서 A는 C에 대한 재판이 확정된 때(1989. 1. 24.)로부터 10년이 경과한 시점에 다시 재판상 청구를 하였으므로 A의 C에 대한 채권은 소멸시효가 완성되었다.

398쪽 ☑ 관련사례

1) 채권자가 가분채권의 일부분을 피보전채권으로 주장하여 채무자 소유의 재산에 대하여 가압류를 한 경우에 있어서는 그 피보전채권 부분만에 한하여 시효중단의 효력이 있다할 것이고 가압류에 의한 보전채권에 포함되지 아니한 나머지 채권에 대하여는 시효중단의 효력이 발생할 수 없다.

399쪽 ☑ 관련사례

1) 면책적 채무인수는 채무의 동일성을 유지하면서 이를 종래의 채무자로부터 제3자인 인수인에게 이전하는 것을 목적으로 하는 계약으로서, 채무인수로 인하여 인수인은 종래의 채무자와 지위를 교체하여 새로이 당사자로서 채무관계에 들어서서 종래의 채무자와 동일한 채무를 부담하는 것이므로, 채무인수는 곧 소멸시효 중단사유인 채무의 승인에 해당한다.

400쪽 ☑ 기타 검토사항

1) 시효중단사유로서 승인은 시효의 이익을 받을 자가 시효에 의하여 권리를 잃게 될 자에 대하여 그 권리의 존재를 인식하고 있다는 것을 표시하는 행위이며, 그 법적 성질은 관연의 통지이다.

2) 시효중단사유에 대한 입증책임은 시효완성을 다투는 자가 지며, 따라서 소멸시효 중단사유로서 채무자의 승인에 대한 입증책임은 채권자가 부담한다.

3) 승인에 의한 시효중단의 효력은 승인의 통지가 상대방에게 도달한 때에 발생함과 동시에 종료되어 그 다음 날로부터 새로 시효가 진행한다. 이때 시효기간은 종전과 동일하다.

4) 채무의 일부변제는 채무의 일부로서 변제한 이상 그 채무 전부에 관하여 시효중단의 효력을 발생하는 것으로 보아야 할 뿐만 아니라, 동일당사자간에 계속적인 금전거래로 인하여 수개의 금전채무가 있는 경우에 채무자가 전 채무액을 변제하기에 부족한

금액을 채무의 일부로 변제한 때에는 특별한 사정이 없는 한 기존의 수개의 채무전부에 대하여 승인을 하고 변제한 것으로 보는 것이 상당하다(대판 1980. 5. 13. 78다 1790).

5) 소멸시효의 중단사유로서의 승인은 시효이익을 받을 당사자인 채무자가 그 권리의 존재를 인식하고 있다는 뜻을 표시함으로써 성립하는 것이므로 이는 소멸시효의 진행이 개시된 이후에만 가능하고 그 이전에 승인을 하더라도 시효가 중단되지는 않는다. 또한 현존하지 아니하는 장래의 채권을 미리 승인하는 것은 채무자가 그 권리의 존재를 인식하고서 한 것이라고 볼 수 없어 허용되지 않는다.

402쪽 ☑ 관련사례

1) 대판 1990. 8. 28. 90다카9619

소멸시효기간의 만료로 인한 권리소멸의 효과는 그 시효의 이익을 받는 자가 시효완성의 항변을 하지 않는 한 그 의사에 반하여 이를 인정할 수가 없는 것인바, '조건부징계해임처분에 승복하여 그 효력을 다투지 아니한 채 약 10년이 경과한 뒤에 새삼스럽게 소를 제기하여 징계처분의 효력을 다투는 것은 신의칙에 반하여 허용될 수 없다'는 주장에는 소멸시효의 주장도 포함된 것으로 볼 수 없다.

한편, A가 B의 사원임의 확인을 구하는 청구는 A와 B 사이에 개별적으로 구체화되어 존재하는 고용계약상의 권리의무, 예컨대 책임청구권 등과 이에 대응하는 의무들의 확인을 구하는 것이 아니라 이들 권리의무의 전제가 되고 또한 이들이 파생되어 나온 기본적인 고용에 관한 법률관계 그 자체의 확인을 구하는 취지로 볼 것이어서 이러한 법률관계는 민법 제162조 제1항이 규정하는 채권관계가 될 수 없다.

☑ 기타 검토사항

1) 매매계약에 따른 소유권이전등기청구권은 매수인이 목적물을 인도받아 점유하고 있으면 소멸시효가 진행하지 않는다.

2) 신민법 부칙 제10조 제1항에 따르면, 신민법 시행일 전의 법률행위로 인한 부동산에 관한 물권의 득실변경은 신민법 시행일로부터 6년 내에 등기하지 아니하면 그 효력을 잃게 되므로 1966. 1. 1.부터 소멸시효가 진행한다.

3) 판결을 내려야 하는 법원은 우선 사실관계를 확정하여야 하고, 사실을 확정하려면 이에 대한 자료의 제출이 필요한데, 이것을 당사자의 권능과 책임으로 하는 것을 변론주의라 한다. 민사소송은 원래 당사자의 사익에 관한 분쟁해결이 목적이므로 소송자료의 제출을 당사자에게 맡기는 것이 보다 공평하고 능률적인 절차진행에 도움이 될 수 있을 것이다. 뿐만 아니라 법원이 이에 관하여 앞장서서 조사하게 되면 당사자의 소송수행에 대한 관심을 감소시키고 만일 진실을 발견하지 못하면 오히려 불공평한 결과를 일으키게 되므로 변론주의를 채택한 것이다. 권리의 존부는 변론주의의

대상이 아니다.

404쪽 ☑ 관련사례

1) 대판 2004. 1. 16. 2003다30890

　　물상보증인은 채권자에 대하여 물적 유한책임을 지고 있어 그 피담보채권의 소멸에 의하여 직접 이익을 받는 관계에 있으므로 소멸시효의 완성을 주장할 수 있는 그 시효의 이익을 받는 자에 해당한다.

2) 대판 2007. 1. 29. 2007다54849

　　소멸시효를 원용할 수 있는 사람은 권리의 소멸에 의하여 직접 이익을 받는 자에 한정되는바, 사해행위취소소송의 상대방이 된 사해행위의 수익자는, 사해행위가 취소되면 사해행위에 의하여 얻은 이익을 상실하고 사해행위취소권을 행사하는 채권자의 채권이 소멸하면 그와 같은 이익의 상실을 면하는 지위에 있으므로, 그 채권의 소멸에 의하여 직접 이익을 받는 자에 해당하는 것으로 보아야 한다.

408쪽 ☑ 관련사례

1) 대판(전) 2008. 9. 18. 2007두2173

　　근로자가 입은 부상이나 질병이 업무상 재해에 해당하는지 여부에 따라 요양급여 신청의 승인, 휴업급여청구권의 발생 여부가 차례로 결정되고, 따라서 근로복지공단의 요양불승인처분의 적법 여부는 사실상 근로자의 휴업급여청구권 발생의 전제가 된다고 볼 수 있는 점 등에 비추어, 근로자가 요양불승인에 대한 취소소송의 판결확정시까지 근로복지공단에 휴업급여를 청구하지 않았던 것은 이를 행사할 수 없는 사실상의 장애사유가 있었기 때문이라고 보아야 하므로, 근로복지공단의 소멸시효 항변은 신의성실의 원칙에 반한다.

2) 대판 1998. 3. 13. 97다52622

　　유족들이 공제금 지급에 관하여 문의하자 공제사업자가 공제사고의 발생 시기 등 정확한 사고조사를 기다려 본 후에 필요한 서류를 갖추어 공제금 지급청구를 하라고 대답하였으나 더 나아가 그 공제금청구권의 단기소멸시효기간이 경과하기 전에 채권자인 유족들로 하여금 소송에 의하지 아니하더라도 분쟁을 해결할 수 있다는 태도를 보여 소제기 등 시효중단 조치를 미루게 하는 유인을 주었거나 유족들의 권리 행사나 소제기 등 시효중단 조치를 불가능 또는 현저하게 곤란하게 하는 행동을 하였다는 등의 특별한 사정을 찾아볼 수 없는 경우, 유족들이 행방불명된 선원에 대한 실종선고 심판이 확정된 후 관련 서류를 갖추어 공제사업자에게 공제금 지급청구를 한 때부터 그에 대해 공제사업자가 공제사고가 공제가입일 이후에 발생한 것인지 명백하지 아니하다는 이유로 공제금의 지급을 거절하는 통지를 한 때까지의 기간을 소멸시효기간에 포함시켜 소멸시효의 완성을 주장하는 것은 신의성실의 원칙에 반하지 않는다.

3) 대판 2005. 5. 13. 2004다71881

국가의 소멸시효 완성 주장이 신의칙에 반하고 권리남용에 해당한다고 하려면, 채무자가 시효완성 전에 채권자의 권리행사나 시효중단을 불가능 또는 현저히 곤란하게 하였거나, 그러한 조치가 불필요하다고 믿게 하는 행동을 하였거나, 객관적으로 채권자가 권리를 행사할 수 없는 장애사유가 있었거나, 또는 일단 시효완성 후에 채무자가 시효를 원용하지 아니할 것 같은 태도를 보여 권리자로 하여금 그와 같이 신뢰하게 하였거나, 채권자보호의 필요성이 크고, 같은 조건의 다른 채권자가 채무의 변제를 수령하는 등의 사정이 있어 채무이행의 거절을 인정함이 현저히 부당하거나 불공평하게 되는 등의 특별한 사정이 인정되어야 한다. 사안에서는 이러한 사정이 보이지 않으므로 국가의 소멸시효 완성 주장을 신의칙에 반하는 권리남용으로 볼 수 없다.

4) 대판(전) 1996. 12. 19. 94다22927

삼청교육으로 인한 피해와 관련하여 대통령이 발표한 담화는 그 발표 경위와 취지 및 내용 등에 비추어 보면 그것은 사법상의 법률효과를 염두에 둔 것이 아니라 단순히 정치적으로 대통령으로서의 시정방침을 밝히면서 일반 국민들의 이해와 협조를 구한 것에 불과하므로 이로써 사법상으로 삼청교육 관련 피해자들에 대한 국가배상 채무를 승인하였다거나 또는 시효이익을 포기한 것으로 볼 수는 없고, 대통령에 이어 국방부장관이 대통령의 그와 같은 시정방침을 알리는 한편 그에 따른 보상대책을 수립하기 위한 기초자료를 수집할 목적으로 피해자 및 유족들에게 일정 기간 내에 신고할 것을 공고하는 담화를 발표하고 실제 신고를 받기까지 하였더라도 그 결론은 마찬가지이다. 따라서 국가가 피해자의 손해배상청구에 대하여 소멸시효를 원용하더라도 신의칙에 반하지 않는다.

411쪽 ☑ 관련사례

1) 대판 1993. 10. 26. 93다14936

동일당사자간에 계속적인 거래로 인하여 같은 종류를 목적으로 하는 수개의 채권관계가 성립되어 있는 경우에 채무자가 특정채무를 지정하지 아니하고 그 일부의 변제를 한 때에도 다른 특별한 사정이 없다면 잔존채무에 대하여도 승인을 한 것으로 보아 시효중단이나 포기의 효력을 인정할 수 있을 것이나, 그 채무가 별개로 성립되어 독립성을 갖고 있는 경우에는 일률적으로 그렇게만 해석할 수는 없을 것이고, 특히 채무자가 가압류 목적물에 대한 가압류를 해제받을 목적으로 피보전채권을 변제하는 경우에는 특별한 사정이 없는 한 피보전채권으로 적시되지 아니한 별개의 채무에 대하여서까지 소멸시효의 이익을 포기한 것이라고 볼 수는 없다.

2) 대판 1988. 1. 19. 87다카70

소멸시효완성 이후에 있은 과세처분에 기하여 세액을 납부하였다 하더라도 이를 들어 바로 소멸시효의 이익을 포기한 것으로 볼 수 없다. 왜냐하면 이를 납부하지 아니하면 재산이 압류되고 중가산금이 부과될 수 있기 때문에 이를 막기 위하여 먼저 세액을 납부한 후 그 부과의 적정성을 다툴 수 있기 때문이다.

3) 대판 1992. 5. 22. 92다4796

A의 B에 대한 대여금채무의 시효기간이 도과하였으나, A가 B의 A에 대한 채권을 C에게 양도한다는 내용의 채권양도서에 입회인으로 서명날인까지 하였다면 A는 소멸시효완성 후에 B에 대한 채무를 승인한 것이고, 시효완성 후 채무를 승인한 채무자는 시효완성의 사실을 알고 그 이익을 포기한 것이라 추정할 수 있다.

4) 대판 1991. 1. 29. 89다카1114

주채무가 시효로 소멸한 때에는 보증인도 그 시효소멸을 원용할 수 있으며, 주채무자가 시효의 이익을 포기하더라도 보증인에게는 그 효력이 없다.

☑ 기타 검토사항

1) 당사자 중 1인의 행위가 상행위인 때에는 전원에 대하여 상법을 적용하고(상법 제3조), 상행위로 인한 채권은 상법에 별도의 규정이 없는 한 그 소멸시효가 5년이다(상법 제64조 1문). 그러나 다른 법령에 이보다 단기의 시효의 규정이 있는 때에는 그 규정에 의하는데(상법 제64조 2문), 이 사건 대출금채권은 민법의 단기소멸시효의 대상이 아니다. 따라서 상행위로 인한 채권인 이 사건 대출금채권에 대해서는 상법이 적용되며 그 소멸시효 기간은 5년이다.

2) 소멸시효의 이익은 시효기간이 완성하기 전에 미리 포기하지 못한다(제184조 제1항). 채권자가 채무자의 궁박을 이용하여 미리 소멸시효의 이익을 포기하게 할 염려가 있기 때문에 이를 금지하는 것이다. 같은 취지에서 소멸시효의 완성을 곤란하게 하는 특약도 무효이다. 반면 소멸시효 기간을 단축하거나 시효요건을 경감하는 특약은 채무자에게 불리하지 않으므로 유효하다(제184조 제2항).

3) 특정한 채무의 이행을 청구할 수 있는 기간을 제한하고 그 기간을 도과할 경우 채무가 소멸하도록 하는 약정은 민법 또는 상법에 의한 소멸시효기간을 단축하는 약정으로서 특별한 사정이 없는 한 민법 제184조 제2항에 의하여 유효하다.